Raspberry Pi

La guía imprescindible para aprovechar su nano-ordenador

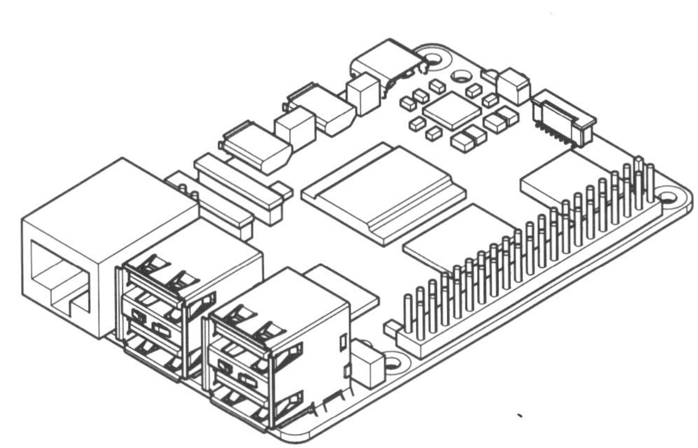

Alexandre Svetec - François Mocq

ISBN: 978-2-409-04896-8
Edición original: 978-2-409-04502-8

Ediciones ENI
P° Ferrocarriles Catalanes, 97-117, 2a pl. of. 18
08940 Cornellá de Llobregat (Barcelona)

Tel: 934 246 401
Fax: 934 231 576

e-mail : info@ediciones-eni.com
http://www.ediciones-eni.com

Autor: Alexandre Svetec - François Mocq
Edición española: Rosa Ana Ramos Giráldez, Roberto Salas
Colección **La Fábrica** dirigida por Émilie Villetorte

Prólogo

Diseñada con el objetivo de facilitar el aprendizaje de la programación informática, la Raspberry Pi ha tenido una acogida que ha sobrepasado ampliamente las expectativas de sus creadores.

Tras su aparición, el 28 de febrero de 2012, la Raspberry Pi vendió un millón de unidades el primer año. Las ventas alcanzaron los 2,3 millones de tarjetas a comienzos de 2014 y los 4 millones a primeros de 2015. La aparición de la Raspberry Pi 2 (el 2 de febrero de 2015) aceleró el movimiento con 500.000 unidades en los dos meses siguientes a su salida. En septiembre de 2016 se habían vendido 10 millones de tarjetas y en 2023 se pasó la barrera de los 50 millones. Este nano-ordenador, no más grande que una tarjeta de crédito y con un precio de entre 5 € y 100 € según la versión, ha permitido a un gran número de apasionados el acceso a un sistema informático.

La Raspberry Pi es por ejemplo capaz de mostrar vídeos en calidad Blu-ray full HD, servir como puesto de escritorio/Internet, de consola de videojuegos o de herramienta de iniciación a la informática. Gracias a sus puertos de hardware también puede recibir información de dispositivos de almacenamiento externos y controlar las acciones para manejar robots, vehículos, etc.

Este libro se dirige a un público variado, debido a que las aplicaciones de la Raspberry Pi son muy diversas y están en continua evolución:

- El estudiante que desee practicar la programación encontrará en los capítulos dedicados a Scratch y a Python las bases para empezar a escribir programas y adquirir las técnicas de desarrollo.

- El informático acostumbrado a los sistemas operativos propietarios descubrirá por un coste menor los diferentes sistemas libres disponibles en la Raspberry Pi, tanto por línea de comandos como en modo gráfico.
- El profesional audiovisual dispondrá de un sistema silencioso capaz de difundir los vídeos que podrá recuperar con Wi-Fi desde un servidor remoto en alta definición, 1080 líneas de exploración progresiva (1080p) a 30 imágenes por segundo.
- El profesional de la electrónica o, el fabricante de aparatos de control remoto, de robots, etc., dispondrá con la Raspberry Pi de un sistema de cálculo potente, con poco consumo, que podrá adaptar a sus operaciones.
- El friki amante de las novedades tecnológicas y apasionado de la informática podrá iniciar rápidamente su Raspberry Pi y probar sus posibilidades.

El objetivo del libro es ofrecer al lector debutante unas bases sólidas para explorar los recursos que ofrece la Raspberry Pi, tanto desde el punto de vista del sistema operativo como del desarrollo y de la interfaz física, etc. No es necesario ningún conocimiento previo en Linux, programación o electrónica.

La Raspberry Pi 3 y la Raspberry Pi Zero se presentan en este libro, así como toda la gama anterior y posterior. Después de una presentación física de la Raspberry Pi tendrá una visión general de los sistemas operativos compatibles con este nano-ordenador. Se le guiará para instalar rápidamente el sistema operativo de su elección en una tarjeta micro SD y hacer que su Raspberry Pi quede operativa.

La instalación de un sistema, la recuperación de una tarjeta micro SD y la gestión multiboot se explican en detalle. La presentación del escritorio gráfico de Raspberry Pi OS va seguida del uso de Linux por línea de comandos.

Después de un inicio en red, aprenderá a conectarse en modo remoto a la Raspberry Pi con VNC. Verá cómo usar las memorias de almacenamiento externo (llaves USB o disco duro USB) e iniciar la Raspberry Pi sin tarjeta micro SD en un soporte de almacenamiento externo. Aprenderá a usar los entornos de desarrollo disponibles para la Raspberry Pi: en Scratch y en Python.

La descripción de la GPIO, seguida de ejemplos de uso de los puertos de entrada/salida de la Raspberry Pi y de la puesta en marcha de tarjetas de interfaz, abren la vía a aplicaciones en las que Raspberry Pi se integra con el mundo físico.

Aprenderá a transformar su Raspberry Pi en un puesto de escritorio con la suite LibreOffice (edición e impresión), en un media center con LibreELEC, en un servidor web con lighttpd y WordPress o en una cámara de vídeo-vigilancia capaz de detectar un movimiento y avisarle por correo electrónico.

Para terminar, en el capítulo de ayuda, descubrirá cómo establecer un primer diagnóstico en caso de funcionamiento erróneo, así como las soluciones que se deben poner en marcha.

Podrá descargar algunos elementos de este libro en la página web de Ediciones ENI:
http://www.ediciones-eni.com.
Escriba la referencia ENI del libro **LFTHS-RASP** en la zona de búsqueda y valide.
Haga clic en el título y después en el botón de descarga.

Prólogo

Capítulo 1
Raspberry Pi

Capítulo 2
Descripción técnica

Capítulo 3
Los sistemas operativos disponibles

Capítulo 4
Instalar Raspberry Pi OS

Capítulo 5
Utilizar el modo gráfico

Capítulo 6
Utilizar la línea de comandos

Capítulo 7
Conectarse de forma remota a la Raspberry Pi

Capítulo 8
Gestión de la red

Capítulo 9
Utilizar una memoria de almacenamiento externa

Capítulo 10
Arrancar desde una unidad externa

Capítulo 11
¿Qué hacer con la Raspberry Pi?

Capítulo 12
Programar en Scratch

Capítulo 13
Programar en Python

Capítulo 14
La GPIO de la Raspberry Pi

Capítulo 15
Los periféricos

Capítulo 16

Solución de problemas en la Raspberry Pi

Capítulo 17
Anexo

Capítulo 1
Raspberry Pi

1. Introducción

Para muchas personas, el fenómeno Raspberry Pi parece haber sido brusco. A finales del primer trimestre de 2012, aparece de repente la pequeña tarjeta en muchas revistas, blogs, etc. Sin embargo, el desarrollo de esta pequeña maravilla empezó mucho antes de su aparición. La Fundación Raspberry Pi ha trabajado tanto en la definición del producto como en su puesta en producción. Este capítulo resume el largo camino que va desde una idea a un éxito, a través de los valores defendidos por la Fundación y las etapas que se han sucedido en este recorrido.

2. Presentación

Imagine un ordenador del tamaño de una tarjeta de crédito que cuesta menos de 40 € y que es capaz de proporcionar vídeos en 1080p (*full HD* = alta definición) a 30 imágenes por segundo...

¿Un sueño? Hoy es una realidad gracias a la Raspberry Pi 3.

La Raspberry Pi 3 reúne en una tarjeta de 85 × 56 mm todos los componentes necesarios para que pueda funcionar un sistema operativo (Linux) y, de esta manera, poder usar la Raspberry Pi 3 como un verdadero PC.

Hay disponibles herramientas básicas en la mayor parte de los distribuidores: tratamiento de texto, hoja de cálculo, juegos o navegadores de Internet.

Los creadores de hardware como impresoras 3D, aparatos teledirigidos (vehículos, drones, helicópteros, etc.), encontrarán decenas de aplicaciones insólitas, útiles... incluso totalmente inútiles o absolutamente necesarias.

Pero lo que ha motivado la creación de la Raspberry Pi es, sobre todo, es una voluntad de poner a disposición de los niños y adolescentes un ordenador de bajo coste que les permita descubrir la informática y la programación.

3. Historia de la creación de la Raspberry Pi

La Fundación Raspberry Pi explica la génesis del proyecto Raspberry Pi según los siguientes datos:

- En los años 1990, los estudiantes británicos de "nivel A" (nivel similar al bachillerato en España), eran en su mayor parte apasionados de la informática. Muchos de ellos se pasaban horas programando su Amiga, BBC Micro, ZX Spectrum o Comodore 64. Llegaban a tener un nivel de programador amateur y pasaban sin problemas las pruebas.
- En los años 2000, los estudiantes ya no tienen el mismo perfil. Se han convertido en usuarios de programas y como mucho, alguno de ellos habrá construido algunos sitios web.

Se han identificado las causas de esta evolución: los cursos de informática se han transformado en la formación en aplicaciones de escritorio y la creación de páginas web. Los PC han sustituido a los antiguos micro-ordenadores, que toda una generación habían utilizado para formarse en programación. Estos PC, mucho más costosos y misteriosos que la generación anterior de "pequeños ordenadores", han hecho que los padres prohíban a los programadores principiantes "trastear" con el PC familiar. Este se usa para navegar en la web, jugar y más raramente (mucho más) para gestionar la contabilidad familiar. Los jóvenes se han visto obligados a manejar las consolas de videojuegos. No han vuelto a tener acceso a la programación.

Un pequeño grupo de personas no puede hacer mucho contra los programas escolares inadaptados o los medios limitados por la crisis financiera. Pero la Fundación consideró que era necesario hacer algo contra la situación actual. Era necesario encontrar una plataforma que, al igual que los antiguos ordenadores, pudiera arrancar directamente en un entorno de programación. Para contrarrestar el hecho de que no se puede dejar a un joven experimentar sus programas en un PC, es necesaria una máquina con un precio tal que la noción de "riesgo" desaparezca.

De 2006 a 2008, Eben Upton ha construido varios prototipos de lo que se convertiría en la Raspberry Pi. A partir de 2008, los microprocesadores diseñados para usos móviles fueron más accesibles y lo suficientemente potentes como para ofrecer vídeo de excelente calidad. La Fundación pensó que esta característica podría hacer que la tarjeta estuviera al alcance de los jóvenes, no obligatoriamente interesados por una herramienta destinada a la programación pura.

El proyecto parecía realizable. Eben Upton (entonces diseñador de componentes en Broadcom), Robert Mullins, Jack Lang y Alan Mycroft, junto con Pete Lomas, director de ingeniería en Norcott Technologies, así como David Braben, autor del juego Elite para la BBC Micro, crearon la Fundación Raspberry Pi para que el proyecto fuera una realidad.

Tres años más tarde empezó la fabricación en serie gracias a los acuerdos de fabricación bajo licencia, formados con Farnell element14 y RS Components. Y solo era el comienzo de la historia de la Raspberry Pi.

La comunidad educativa ha manifestado un interés y un apoyo enormes. El equipo de Eben Upton está encantado y sorprendido de recibir peticiones de información de los usos de la Raspberry Pi muy por encima de las expectativas iniciales. Los países en vías de desarrollo están interesados en el uso de la Raspberry Pi como herramienta de productividad en las zonas donde no disponen ni de la alimentación eléctrica ni del hardware necesarios, para mantener un PC. Hospitales y museos quieren obtener información acerca de la capacidad de la Raspberry Pi para controlar los dispositivos de visualización. Los padres de niños gravemente discapacitados piensan en aplicaciones de vigilancia y accesibilidad. Miles de personas, armadas con un soldador, esperan la Raspberry Pi para hacer un robot.

Sin pretender tener todas las respuestas, ni creer que la Raspberry Pi va a dar una solución a todos los problemas informáticos del mundo, la Fundación estima que puede ser un catalizador. Quiere ver por todos lados ordenadores baratos, accesibles y programables y anima a otras empresas a copiar lo que hace. Quiere romper con la creencia de que es necesario gastar centenares de euros para usar Internet. Quiere que tener un ordenador realmente personal se convierta en algo normal para los niños.

4. Cronología

De 2006 a 2008, Eben Upton realizó varios prototipos de lo se convertiría en la Raspberry Pi.

Después de 2008, se integra al proyecto un SoC (*System on a Chip* = circuito integrado que agrupa todos los componentes de un ordenador) y se definen las características definitivas de la Raspberry Pi.

Cincuenta prototipos de tarjetas alpha se habían construido en agosto de 2011. Sus características eran idénticas a las de la Raspberry Pi actual, salvo por su tamaño, más grande por la presencia de conectores previstos para la depuración. Hay vídeos de demonstración que muestran LXDE (*Lightweight X11 Desktop Environment* = entorno de escritorio ligero en GNU/Linux), con el juego *Quake 3* en 1080 p (agosto de 2011) y la reproducción de un vídeo con calidad HD desde la tarjeta SD (septiembre de 2011).

Foto Paul Downey - Licencia Creative Comons - CC-By-2.0

La foto anterior muestra una tarjeta prototipo de la Raspberry Pi (2011). Los numerosos conectores utilizados para la depuración hacen que su tamaño sea superior al tamaño definitivo.

A finales de octubre de 2011, una versión de RISC OS (*Reduced Instruction Set Computer Operating System* - sistema operativo para microprocesador de juego de instrucciones reducido) funcionaba en la Raspberry Pi, y en diciembre se fabricaron 100 circuitos impresos del modelo B. Veinticinco de estas tarjetas modelo B se llenaron de componentes y se probaron. Los componentes eran idénticos a los previstos para la versión final. Solo se produjo un único error. Varias entradas del microprocesador que se tuvieron que mantener en alto, eran removibles. Los prototipos se corrigieron fácilmente y el error se eliminó cuando la tarjeta definitiva se puso en producción.

A finales de diciembre de 2011, estos prototipos de tarjetas demostraron su capacidad de arrancar en Linux, reproducir un vídeo en 1080p y ejecutar un software de prueba OpenGL, de la empresa Rightware.

Al inicio de 2012, diez de estos prototipos de tarjetas se subastaron en eBay. Se vendieron por un total de 16.000 £ (cerca de 18.600 €). La última tarjeta que se puso a la venta, el prototipo n°01, alcanzó 3.500 £, es decir, más de 4.000 €.

Las 10.000 primeras tarjetas no se fabricaron en Gran Bretaña, sino en China y Taiwán. El motivo fue la cantidad de impuestos de importación (que debían pagarse por cada componente individual y no por los productos terminados), además del plazo de cuatro semanas que necesitaban los fabricantes chinos, frente a las doce semanas de los británicos.

El anuncio de la comercialización de la Raspberry Pi se produjo a finales de febrero y provocó una saturación de los servidores de la Fundación, sobrecargados por los internautas que dejaban sus navegadores conectados a la página y refrescaban la conexión regularmente para ver la fecha exacta de comercialización.

Las grandes etapas de los comienzos de Raspberry Pi se resumen a continuación:

29 de febrero de 2012	07:00h de la mañana (hora española), es decir, 6 años después del comienzo de la aventura, la Fundación indica que la Raspberry Pi ha empezado su comercialización. Los sitios web de las tiendas de Farnell element14 y RS componentes se saturan completamente. El primer lote se vende por Farnell en pocos minutos. RS registra más de 100.000 pedidos anticipados durante el día. Los pedidos se limitan a una tarjeta por persona. Al mismo tiempo, la Fundación revela que el modelo A, inicialmente previsto con 128 MB de memoria, tendrá finalmente 256 MB de memoria RAM.

Marzo de 2012	La Fundación informa que por motivo de la implantación en las tarjetas de un conector Ethernet sin transformador de aislamiento, la entrega del primer lote se retrasa, el puerto Ethernet desprovisto de este transformador integrado no funciona. Farnell y RS participan en la provisión de los componentes y el problema se resuelve rápidamente.
Mayo de 2012	Se han entregado 22.000 Raspberry Pi. A mediados de julio de 2012, se alcanza un ritmo de fabricación de 4.000 tarjetas cada día y se elimina la restricción sobre el número de tarjetas pedidas por persona.
Septiembre de 2012	La Fundación anuncia la aparición de un modelo B Revisión 2, con algunas mejoras y modificaciones menores. Liz Upton declara que la producción de las Raspberry Pi se va a llevar a Gran Bretaña, a la fábrica Sony de Pencoed, en Gales. La producción se estima en 30.000 unidades cada mes, lo que permitirá la creación de 30 empleos. Ya se han vendido 500.000 Raspberry Pi.
Octubre de 2012	La Raspberry Pi modelo B tiene 512 MB de memoria, en lugar de 256 MB. El aumento de la producción y la bajada de precios de las memorias han permitido esta evolución, manteniendo un precio estable.
Diciembre de 2012	La Fundación pone a la venta las 12 primeras Raspberry Pi modelo A de preproducción, cuyas ganancias se destinan a fines caritativos.
Enero de 2013	La Fundación indica que se ha vendido un millón de Raspberry Pi. Sin embargo, los clientes se quejan de los tiempos de espera, que oscilan entre los cuatro y los seis meses. Esto se debe a las dificultades de aprovisionamiento del microprocesador y las previsiones de venta inferiores a la realidad.
Febrero de 2013	La Fundación anuncia la disponibilidad del modelo A para Europa.
Noviembre de 2013	Liz Upton informa a los lectores del blog de la Fundación que se ha vendido la unidad número dos millones de la Raspberry Pi en la semana del 24 al 31 de octubre de 2013.
Julio de 2014	El 14 de julio de 2014, la Fundación anuncia la aparición de un modelo B mejorado, llamado B+. Tiene 4 puertos USB, se ha mejorado la posición de las tomas y la alimentación se ha rediseñado para mejorar el funcionamiento y reducir el consumo. La tarjeta SD del primer modelo deja paso a una microSD.

Noviembre de 2014	El 10 de noviembre de 2014, la Fundación anuncia la aparición del nuevo modelo A+. Se beneficia de la alimentación desarrollada para el modelo B+. Solo tiene un puerto USB y no está equipada de puerto Ethernet. Se revisa la implantación de los componentes y el modelo A+ tiene las dimensiones más reducidas en relación a todos los modelos anteriores.
Finales de 2014	Se alcanzan los 4 millones de Raspberry Pi vendidas.
Febrero de 2015	El 2 de febrero de 2015, la Raspberry Pi 2 da la sorpresa. Conservando las mismas dimensiones y puertos que el modelo B+, tiene un procesador de 4 núcleos y 1 GB de memoria.
Abril de 2015	5 millones de Raspberry Pi se han vendido, de las cuales 500.000 son Raspberry Pi 2.
Noviembre de 2015	El 26 de noviembre de 2015, apareció la Raspberry Pi Zero, anunciada a un precio de venta de 5 $ (cerca de 9 € en España). Mientras que la comunidad imaginaba una evolución hacia una tarjeta más potente todavía, la Fundación sorprendió de nuevo al sacar una Raspberry Pi de dimensiones reducidas (65mm x 30mm x 5mm) equipada con un procesador mono-núcleo. 10.000 unidades se entregaron de manera gratuita con el N° 40 de la revista The MagPi y otras 20.000 se vendieron en menos de 24 horas.
Enero de 2016	Teniendo en cuenta todos los modelos, se habían vendido más de 7 millones de Raspberry Pi.
Febrero de 2016	El 29 de febrero, fecha del cuarto aniversario de la aparición de la Raspberry Pi, la fundación saca al mercado la Raspberry Pi 3, dotada de un procesador de 64 bits con 4 núcleos y 1 GB de RAM. En ese momento hay 8 millones de Raspberry Pi vendidas, 6 millones fabricadas en Gran Bretaña.
Abril de 2016	El 25 de abril de 2016, se pone a la venta un nuevo modelo de cámara CSI para la Raspberry Pi. Tiene 8 megapíxeles en su versión normal e infrarroja. Está destinada a sustituir al primer modelo (5 megapíxeles), del que el sensor ya no está disponible.
Septiembre de 2016	La Fundación anuncia que la Raspberry Pi ha alcanzado los 10 millones de unidades vendidas..
28 de Febrero de 2017	Salida de la Raspberry Pi Zero W.
15 de Enero de 2018	Salida de la Raspberry Pi Zero WH.
14 de Marzo de 2018	Actualización de la tarjeta de la Raspberry Pi 3B.

Noviembre de 2018	Salida del modelo Pi 3A.
Junio de 2019	Salida de las tarjetas Raspberry Pi 4B.
28 de Mayo de 2020	Llegada de una tarjeta Raspberry Pi 4B con 8GB de RAM.
Noviembre de 2020	La Fundación sorprende de nuevo con la comercialización de la Raspberry Pi 400.
Octubre de 2021	Salida de la Raspberry Pi Zero 2 W.
Noviembre de 2023	Salida de la Raspberry Pi 5.
Febrero de 2024	Después de 12 años de existencia, ¡se han vendido más de 60 millones de tarjetas en el mundo!

5. Logo

Más allá de las consideraciones técnicas y financieras, la Fundación también se preocupa por encontrar una imagen para representarla. Sin ninguna duda, el éxito de la Raspberry Pi desde su aparición ha sido rotundo. Era necesario poder identificar visualmente el producto.

El 5 de agosto de 2011 comienza un concurso gráfico. Pone como condición que el logo sea legible en un cuadrado de 1 cm por 1 cm, pero que su calidad también debe permitir usarlo en diferentes productos de tamaños diferentes. Para terminar, se debe identificar fácilmente tanto en color como en blanco y negro.

El 7 de octubre del mismo año, Liz Upton publica el resultado en el sitio de la Fundación. El logo, diseñado por Paul Beech, es elegido por votación del jurado.

La elección de este logo no es casual: representa una frambuesa, pero en forma de molécula C_{60}, compuesta de átomos de carbono. Esta molécula de forma esférica (lo que recuerda al número Pi), se compone de 20 hexágonos y 12 pentágonos, es decir, 32 caras. Y el procesador de la Raspberry Pi es un procesador 32 bits. Además, de estas 32 caras, 11 son visibles en el logo. Y el procesador de la Raspberry Pi es un ARM...¡11! Difícil encontrar más coincidencias.

6. El futuro de la Raspberry Pi

Con la Raspberry Pi, la Fundación ha demostrado que es posible construir un ordenador totalmente operativo, por una cantidad fijada desde el inicio en 35 $. El entusiasmo provocado es el previsto y responde a una necesidad, a la que nadie había sabido responder antes.

La aparición de la Raspberry Pi ha "agitado" este pequeño mundo. Nuevas tarjetas con rendimientos mejorados y a precios competitivos vienen a perturbar los cimientos de la Raspberry Pi. Intel empezó a comercializar a finales de noviembre de 2013 una tarjeta llamada Galileo, equipada con un Pentium de bajo consumo (SoC Quark X 1000) y compatible con Arduino Uno R3, sus *shields* (tarjetas de extensión) y sus *sketchs* (programas). Esta tarjeta se vende por 55 € y se distribuyen gratuitamente 50.000 unidades a 1.000 universidades en todo el mundo.

Otras tarjetas derivadas de la Raspberry Pi, llamadas Banana Pi o incluso Orange Pi, dotadas de rendimientos más elevados (procesadores A20 o A31, 1 GB de RAM, socket SATA, reloj RTC...), se posicionan en el nicho de la Raspberry Pi. Su precio continúa siendo más elevado (cercano a los 50 € para las versiones básicas y la ausencia de una comunidad real es un freno a su expansión).

Adoptada por muchos directores de proyectos que la integran en sus desarrollos, la Raspberry Pi también ha provocado el nacimiento de un ecosistema formado por empresas que van a producir complementos (tarjetas, cámaras, etc) o que integrarán la tarjeta del nano-ordenador en sus productos (aparatos de fotos, servidores multimedia, gatekeeper SIP, etc.).

Aislada en su rango de precios y con una comunidad muy activa, la pequeña tarjeta de la Fundación continua siendo atractiva, y el número de revistas que publican regularmente artículos de la Raspberry Pi es el esperado.

Aunque existan varias versiones de tarjta Raspberry Pi con diferentes rendimientos, e incluso clones sobrealimentados comercializados por otras empresas, algunas tarjetas más antiguas siguen siendo de actualidad para pequeñas necesidades o limitaciones de consumo. Además, la Fundación publica sus previsiones de soporte y producción para cada tarjeta, asegurando a usuarios y desarrolladores de productos una cierta forma de perennidad en los creados con Raspberry Pi, asi como prepararse para futuros desarrollos.

La disposición de pines del puerto GPIO, así como las especificaciones de forma de las tarjetas de expansión HAT, se han convertido en un estándar global. Cualquier nuevo nano-ordenador lanzado al mercado debe ser compatible tanto mecánica como eléctricamente con la gran variedad de tarjetas de expansión creadas. Lo mismo sucede con la carcasa o soportes de montaje que permiten la interoperabilidad con los accesorios disponibles en el mercado o los creados por los propios makers, lo cual es especialmente valorable en tiempos de escasez de componentes...

Observación

El precio de la Raspberry Pi 3 se ha fijado en un máximo de 40 $. En Europa se vende alrededor de los 35 €. En los siguientes capítulos se usan de manera indistinta ambas monedas.

Capítulo 2

Descripción técnica

1. Introducción

A causa de un uso incorrecto del lenguaje, a menudo hablamos de **una** Raspberry Pi. Ya hemos perdido la cuenta de cuántas veces se ha utilizado la frase "funciona con **una** Raspberry", prueba de que el nano-ordenador se ha convertido en un referente de la inteligencia colectiva. Sin embargo, tras más de diez años de existencia y sucesivas evoluciones, existen varias placas Raspberry Pi, por no hablar de los clones que quedan fuera del alcance de este libro.

Con el fin de orientarse en el conjunto de tarjetas producidas por la Fundación, este capítulo las clasifica según dos criterios principales: la generación y el factor de forma.

La generación es el nivel técnico de la tarjeta. Por supuesto, ha evolucionado con el tiempo y es representativa del rendimiento. En el momento de escribir estas líneas, existen 5 generaciones de Raspberry, numeradas del 1 al 5.

Pero.... ¿Y la Pi Zero?

Aquí es donde entra en juego el segundo criterio: el factor de forma. Hay cinco factores de forma: el Zero, el modelo A, el modelo B y el 400. También está el CM (*Compute Module*), pensado más para la industria.

Utilizando estos sencillos criterios, es fácil mapear toda la gama Raspberry Pi de la Fundación, reconociendo cada modelo e identificando el nivel de rendimiento requerido para una aplicación específica. La lista de placas producidas, así como sus previsiones de obsolescencia, puede consultarse en https://www.raspberrypi.com/products/.

Esta lista también incluye la placa Pico, que apareció a principios de 2021 y se presenta como un microcontrolador más que como un nano-ordenador. Capaz de ejecutar un único programa flasheado en su memoria no volátil, no está pensada para ejecutar un sistema operativo como Linux o Windows y es más comparable a las placas Arduino. La tarjeta Pico queda fuera del ámbito de este libro y no se tratará en las páginas siguientes.

2. Generación 1

2.1 Descripción

La Generación 1 es el conjunto de placas producidas desde el inicio de la historia de Raspberry Pi hasta el lanzamiento de Raspberry Pi 2 en julio de 2015. Esta generación se caracteriza principalmente por su procesador 32 bits ARM 11 integrado en el SoC Broadcom BCM2835. Estas placas tienen un máximo de 512 MB de RAM y la GPU Braodcom Video Core IV.

Esta generación tiene una serie de factores de forma que se describen a continuación.

2.2 Raspberry Pi 1

2.2.1 Modelo B Rev. 1

Esta es la primera tarjeta que se lanza entre febrero de 2012 y octubre de 2012.

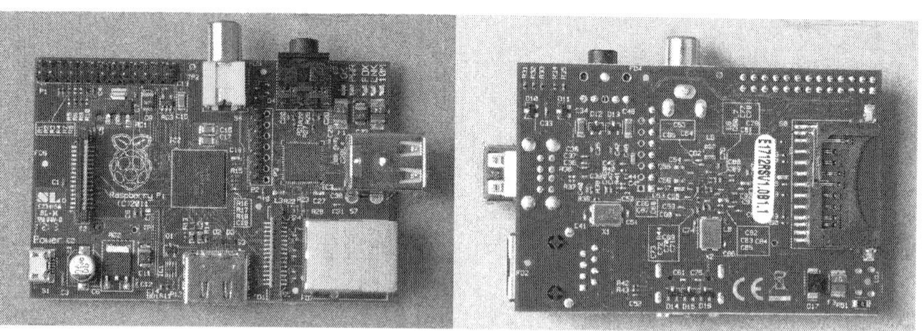

Raspberry Pi 1 modelo B Rev. 1 (RS Components) - © Alex Eames 2012 (Creative Commons) (https://raspi.tv/2012/high-resolution-raspberry-pi-photos)

Se trata de una tarjeta que es extremadamente rara, pero hay que saber identificarla. De hecho, su puerto GPIO de 26 pines no respeta el pinout de la gama actual. Esto hace que la Raspberry Pi sea incompatible con la mayoría de las tarjetas de expansión disponibles en el mercado. Su principal rasgo distintivo con respecto a su sucesora es la ausencia de orificios de montaje.

Aparte de estas dos características especiales, esta primera versión de la placa Raspberry Pi tiene los elementos básicos que se encontrarán en toda la gama, y que se describirán en detalle en el siguiente capítulo.

Esta tarjeta se confunde a menudo con su sustituta, la Rev. 2.

2.2.2 Modelo B Rev. 2

Lanzada en octubre de 2012, la Raspberry Pi 1 modelo B Rev. 2 es el primer modelo que se vende a gran escala.

Esta tarjeta incorpora un SoC Broadcom BCM2835 con un procesador ARM11 a 700 MHz, 512 MB de RAM y una GPU Broadcom VideoCore IV que permite la descodificación de vídeo.

En la parte superior izquierda, el puerto GPIO tiene los 26 pines estándar. A la derecha del puerto GPIO, un conector de formato CINCH actúa como salida de vídeo compuesto para su visualización en un televisor analógico antiguo. Siguiendo hacia la derecha, se encuentra la salida de sonido jack de 3,5 mm. En la esquina superior derecha se encuentran los LEDs de control ACT y PWR, seguidos de los LEDs de control FDX, LNK y el puerto 100 Ethernet.

En el lado derecho se puede acceder a dos puertos USB montados en el borde de la tarjeta. Justo debajo de ellos está el puerto Ethernet RJ45.

La fuente de alimentación es en formato micro-USB, y la pantalla en HDMI.

2.2.3 El modelo A

Previsto desde hacía tiempo, y después de varios retrasos, este modelo apareció en febrero de 2013.

A estas alturas, no podemos apreciar realmente ninguna diferencia en el factor de forma. Diseñado inicialmente para consumir muy poca energía, es una versión más ligera de su hermano mayor, el B Rev. 2, del que toma los mismos componentes, a excepción del puerto Ethernet y un único puerto USB. Este modelo se diseñó para incrustarse en proyectos propios sin conexión de red.

2.2.4 El modelo B+

En julio de 2014 se lanzó el Raspberry Pi modelo B+ . En aquel momento no estaba numerada, ya que aún no existían otras generaciones.

Este es uno de los mayores cambios en términos de diseño. Ahora podemos distinguir la forma característica de la Raspberry Pi. Los cambios notables incluyen el cambio a cuatro puertos USB para conectar periféricos adicionales al teclado y ratón esenciales. Estos puertos están alineados con el conector RJ45, que tiene sus propios LED de control. Los demás conectores (alimentación, HDMI y audio) están agrupados en el mismo lado, lo que deja más espacio para el paso de cables. También dispone de cuatro orificios de fijación reales distribuidos uniformemente por la tarjeta. La tarjeta de memoria es de formato micro SD. El puerto GPIO pasa de 26 a 40 pines, pero los primeros 26 son idénticos a los del modelo B Rev 2. Por tanto, las tarjetas de expansión desarrolladas anteriormente se pueden conectar a los 26 pines izquierdos de un puerto GPIO de 40 pines.

No cabe duda de que este modelo B+ está más perfeccionado, sin dejar de ser totalmente compatible desde el punto de vista electrónico: mismo procesador, misma memoria RAM, mismas interfaces con el mundo exterior.

2.2.5 El modelo A+

En noviembre de 2014 se lanzó el modelo A+ de Raspberry Pi.

Comparado con su predecesor el modelo A, este modelo A+ es un poco diferente: ocupa bastante menos espacio y tiene un número mucho menor de componentes, lo que significa que consume menos energía. Adopta el nuevo puerto GPIO de 40 pines, así como una tarjeta de memoria micro SD.

Es este factor de forma A+ el que se convertirá en el estándar que se sigue utilizando hoy en día.

2.3 La Raspberry Pi Zero generación 1

Las placas Raspberry Pi Zero de generación 1 utilizan los mismos componentes que las otras placas de generación 1. Veremos más adelante en el apartado Raspberry Pi Zero 2 W de este capítulo que ahora hay una Raspberry Pi Zero de generación 3.

2.3.1 Raspberry Pi Zero 1.2

Disponible desde noviembre de 2015, la Raspberry Pi Zero 1.2 es la primera de las Raspberry Pi Zero en salir al mercado. Lo que causó sorpresa en su lanzamiento fue su precio (5 dólares o unos 9 euros en aquel momento) y su tamaño.

La Raspberry Pi Zero toma prestado el mismo procesador, la misma cantidad de RAM y el mismo puerto GPIO que su hermano el modelo B+, y cuenta con un puerto HDMI en formato mini-HDMI. Pero la reducción de precio y tamaño supuso la eliminación de una serie de características: sin conectividad de red, un único puerto USB en formato micro-USB (la segunda toma micro-USB se utiliza como fuente de alimentación) y la desaparición de la salida de audio.

2.3.2 Raspberry Pi Zero 1.3

Apenas seis meses después del lanzamiento de la Raspberry Pi Zero 1.2, y en respuesta a numerosos comentarios de los usuarios, la Fundación lanza la Raspberry Pi Zero 1.3.

Idéntica en todo al modelo anterior, esta versión cuenta con un puerto CSI para conectar una cámara.

La foto anterior muestra una comparación visual entre 1.3 (arriba) y 1.2 (abajo) para el conector CSI en el borde derecho de la tarjeta. ¡Ya es posible conectar una cámara!

2.3.3 La Raspberry Pi Zero W

La Raspberry Pi Zero W se lanzó el 28 de febrero de 2017.

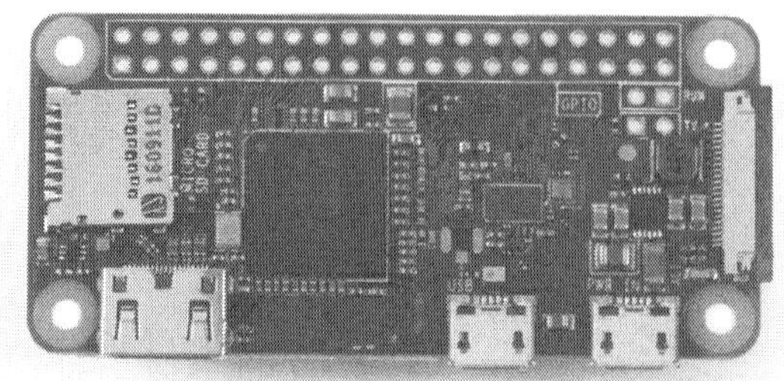

La "W" se refiere a Wi-Fi. Cuenta con conectividad Wi-Fi y Bluetooth. Su precio se duplica hasta los 10 dólares, pero la conectividad inalámbrica amplía considerablemente los proyectos para los que se puede utilizar.

Esta nueva versión es bastante fácil de reconocer. El chip Wi-Fi Bluetooth ha ocupado el lugar del logotipo de la frambuesa y es fácil ver la antena en forma de triángulo bajo el SoC, entre los puertos HDMI y USB.

2.3.4 El modelo Zero WH

En enero de 2018, se lanzó una variante de la Raspberry Pi Zero W: la Raspberry Pi Zero WH. A raíz de las numerosas críticas de los usuarios poco familiarizados con el uso del soldador, la Fundación decidió poner a disposición una Raspberry Pi Zero W equipada con un conector GPIO soldado (recuerde la "H" de Header en inglés, conector de cabeza). El precio subió unos euros, pero significa que todo el mundo, especialmente los niños, pueden disponer de una placa lista para usar con un conector GPIO.

Cabe señalar que esta variante de Raspberry Pi Zero WH está disponible a través de distribuidores y no de la propia Fundación. Aparte del conector, es idéntica en todos los aspectos a la Raspberry Pi Zero W.

3. La generación 2

3.1 Descripción

Esta generación de Raspberry Pi solo tiene un modelo de placa: la Raspberry Pi 2 modelo B. De hecho, no ha habido variaciones en los distintos factores de forma antes de la llegada de la generación 3.

Esta generación se caracteriza por la llegada de una nueva CPU de cuatro núcleos a 900 MHz (BCM2836) y la duplicación de la RAM hasta 1 GB. El resto de elementos son estrictamente idénticos a los modelos de la generación 1.

3.2 La Raspberry Pi 2 modelo B

Más potente que su predecesora, la Pi 1 modelo B+, la Raspberry Pi 2 modelo B adopta el mismo factor de forma.

No es fácil distinguirla de su predecesora. He aquí algunas maneras de distinguirlas.

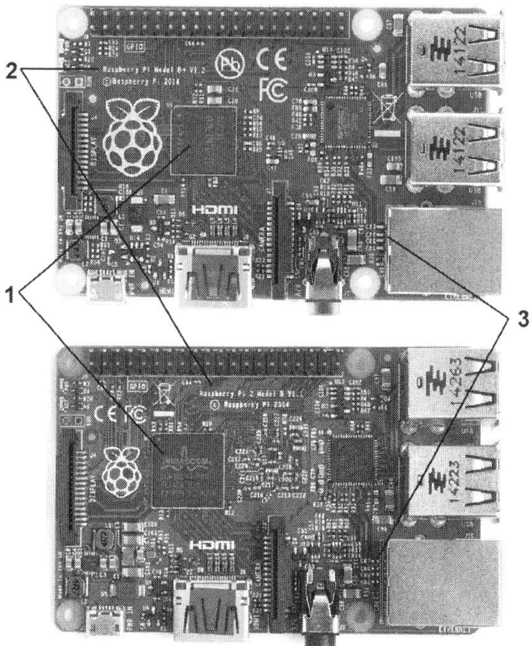

La foto anterior muestra una Pi 1 modelo B+, arriba, y una Pi 2 modelo B, abajo.

En primer lugar, la referencia en el procesador **(1)**da una indicación: si se lee BCM2836, es una Pi 2, de lo contrario es la RAM montada encima de la CPU y por lo tanto un modelo de generación 1.

Cuando el procesador está equipado de un refrigerador, hay que recurrir a observar el nombre comercial de la placa escrito en blanco **(2)**: "Raspberry Pi 2 Model B" significa una Pi de generación 2, "Raspberry Pi Model B+" significa una placa de generación 1. Si no se presta atención a cada carácter y al orden, es fácil confundirse.

Otra característica distintiva son los condensadores C87, C86, C89 y C88 situados junto al conector Ethernet **(3)**. Si están presentes, se trata de un modelo de generación 1; en la Pi 2 modelo B de generación 2, se han suprimido.

Por último, dando la vuelta a las tarjetas, aquí hay una diferencia importante.

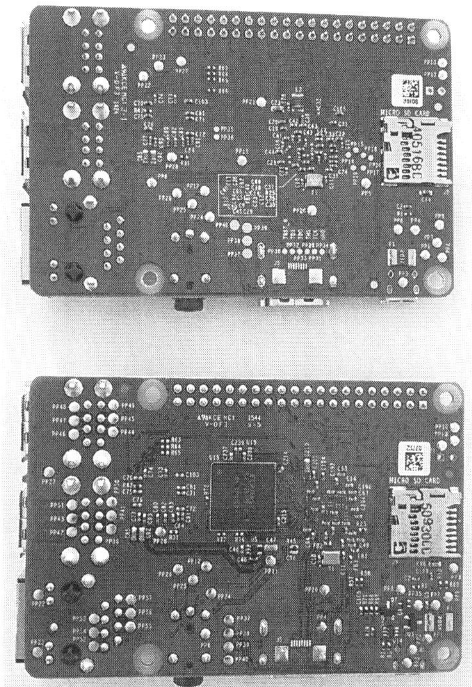

La Raspberry Pi B+ arriba y la Raspberry Pi 2 B abajo

En las Pi 2 modelo B de generación 2, la RAM se encuentra debajo del procesador (esto es lo que nos permitió leer BCM2836), mientras que en las placas de generación 1, la RAM está encima del procesador y no hay ningún chip debajo de la placa.

Tener buen ojo para diferenciar estas placas no es trivial. El cambio de CPU operado para la generación 2 abre la posibilidad de instalar otros sistemas operativos (como Ubuntu o Windows IoT Core, que veremos más adelante). Así que, a la hora de reciclar tarjetas, tenga cuidado de identificar las diferencias entre ellas.

Oficialmente, la Raspberry Pi 2 modelo B ya no debería utilizarse para nuevos proyectos, ya que su fecha de fin de producción está prevista para enero de 2026.

4. La generación 3

4.1 Descripción

En febrero de 2016 llegó esta nueva generación de Raspberry Pi, que utiliza una CPU ARM Cortex-A53, con lo que la Raspberry Pi entra en el mundo de los 64 bits. Esta CPU permite alcanzar o superar frecuencias de reloj de hasta 1 gigahercio.

La otra gran novedad es la integración de la conectividad de red Wi-Fi y Bluetooth. Ya no es necesario añadir llaves USB para disponer de conexión inalámbrica.

Esta generación está disponible en varios formatos, que veremos a continuación.

4.2 La Raspberry Pi 3 modelo B

Se trata del primer modelo de la generación 3 que salió a la venta el 29 de febrero de 2016, exactamente cuatro años después del lanzamiento de la primera Raspberry Pi.

Esta nueva tarjeta incorpora una nueva CPU a 1,2 GHz. Se introdujo la conectividad inalámbrica Wi-Fi mediante el estándar 802.11n, más conocido como Wi-Fi 4, con una velocidad máxima de 150 Mbps. Bluetooth es compatible con la versión 4.1 BLE (*Bluetooth Low Energy*).

Además del nuevo nombre comercial, más claro, con la adición del número 3, se introdujeron otros cambios.

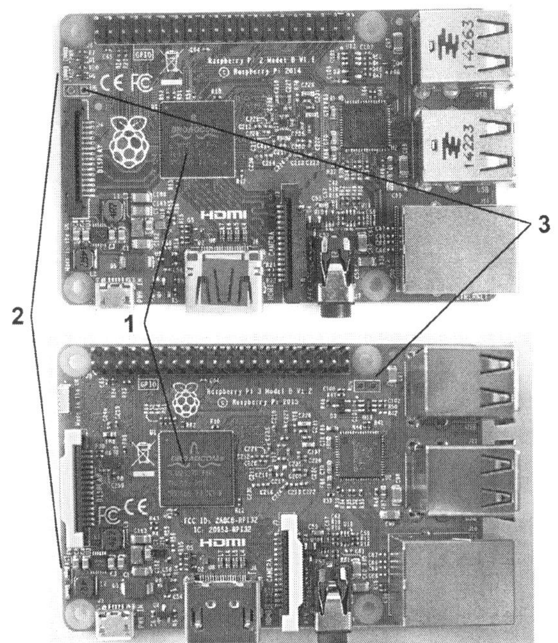

Aquí están las marcas distintivas entre una Raspberry Pi 2 modelo B (arriba) y una Raspberry Pi 3 modelo B (abajo). La referencia inscrita en el SoC **(1)**es ahora BCM2837, con la RAM todavía soldada a la parte posterior de la placa.

El cambio más problemático es la reubicación de los dos LED de control **(2)**para dejar paso a la antena inalámbrica. Esto penalizará la intercambiabilidad de tarjetas en determinados recintos opacos, por ejemplo.

El conector RUN también se ha desplazado **(3)** por las mismas razones.

4.3 La Raspberry Pi 3 modelo B+

En marzo de 2018 se lanzó la Raspberry Pi 3 modelo B+.

Se introdujeron dos cambios importantes. En primer lugar, una nueva versión de la CPU, que pasó a llamarse BCM2837B0 y funciona a 1,4 GHz. Por último, un cambio en la arquitectura interna del USB permite aumentar considerablemente las velocidades de red. Mientras que el puerto Ethernet admite ahora gigabits, la velocidad USB interna de la tarjeta limita las transferencias por cable a 300 Mbps. En cuanto a Wi-Fi, la adopción de 802.11ac (Wi-Fi 5) aumenta el rendimiento hasta un máximo de 300 Mbps. Bluetooth se ha actualizado a la versión 4.2 BLE.

Esta tarjeta Pi 3B+ es fácilmente reconocible gracias a su chip Wi-Fi grabado con el logotipo de Rapsberry.

También hay un conector de 4 pines entre el puerto GPIO y los puertos USB destinados para recibir una tarjeta de alimentación PoE.

4.4 La Raspberry Pi 3 modelo A+

En noviembre de 2018 se lanzó la versión 3A+.

Basada en el factor de forma del modelo A+, esta nueva versión tiene la misma CPU y conectividad de red que su hermano mayor, el modelo Raspberry Pi 3 B+.

4.5 La Raspberry Pi Zero 2 W

Al igual que cuando salió al mercado seis años antes, la Raspberry Pi Zero 2 W volvió a sorprender en octubre de 2021.

Como la Raspberry Pi 3 modelo A+, la versión pequeña de la Raspberry Pi tiene la misma CPU que la Raspberry Pi 3 modelo B+, lo que multiplica su potencial por diez. Aunque la RAM sigue siendo de 512 MB y la frecuencia de la CPU se reduce a 1 GHz, la utilización de una CPU ARM-Cortex A53 lleva a la pequeña placa a la generación 3, lista para ejecutar otros sistemas operativos.

Esta Raspberry Pi Zero 2 W se identifica fácilmente gracias al enorme chip Wi-Fi plateado y al logotipo de frambuesa grabado en el SoC, especialmente diseñado para esta placa. El nombre Raspberry Pi 2 W está claramente marcado en la parte posterior de la placa.

5. La generación 4

5.1 Descripción

Aparecida en junio de 2019, esta nueva generación de Raspberry Pi satisface a los usuarios más exigentes en términos de rendimiento. Con 1 a 8 GB de RAM, una nueva CPU ARM Cortex A72 de cuatro núcleos a una frecuencia de 1,5 a 1,8 GHz, la introducción de puertos USB 3.0 y Bluetooth 5.0 BLE, el uso de una nueva GPU VideoCore VI y salidas HDMI duales, la Raspberry Pi entró en una nueva era, compitiendo directamente con otros ordenadores y tabletas del mercado.

Pero este aumento del rendimiento tiene un precio. Mientras que la versión básica se mantiene en el precio base de 35 dólares, cuanto más rendimiento y memoria se añaden, más sube el precio, llegando a los 100 dólares. Y la escasez de chips no hace sino empeorar los precios, ya sea en el mercado de segunda mano o con ciertos revendedores ávidos de beneficios.

5.2 Las Raspberry Pi 4 modelo B

Por una vez, el título de este apartado es plural, porque la Raspberry Pi 4 modelo B se presenta en varias versiones, caracterizadas por la cantidad de RAM. En junio de 2019, la versión básica con 1 GB de RAM se abandonó en favor de la versión de 2 GB. Existe en el mercado una versión de 4 GB por unos 55 dólares y otra de 8 GB por 75 dólares.

La duplicación de las salidas HDMI significa que los conectores tienen ahora formato micro-HDMI. Pero eso no es todo: la Raspberry Pi 4 modelo B adopta USB-C para su fuente de alimentación. Dos de los cuatro puertos USB de la placa son azules: se trata de puertos USB 3.0 estándar. Internamente, hubieron algunos cambios importantes, con la introducción de un firmware que permite a la Pi arrancar sin una tarjeta SD.

La principal característica que distingue a esta placa de las demás es la inversión de los puertos USB y Ethernet. En otras palabras, la compatibilidad mecánica a la que la Fundación nos tenía acostumbrados desde la Raspberry Pi 1 modelo B+ se alteró.

5.3 La Raspberry Pi 400

En noviembre de 2020, otra novedad: la Raspberry Pi 400 hace su aparición.

Y trae otra sorpresa. En realidad, no es una placa, sino un teclado que alberga una placa Raspberry en un formato específico. Sin embargo, encontramos los componentes de una placa Raspberry Pi 4 modelo B con 4 GB de RAM y una CPU ligeramente overclockeada a 1,8 GHz. A pesar de ello, no hay ventilación forzada, ya que la placa se diseñó para permitir la ventilación natural a través de rejillas de ventilación situadas debajo del teclado. Todos los conectores están agrupados en la parte frontal del teclado.

Este nuevo formato está destinado a quienes por ejemplo desean utilizar la Pi en modo oficina, en un escritorio sin riesgo de cortocircuito. El puerto GPIO sigue siendo idéntico al de las otras placas, simplemente requiere el uso de una cinta de conexión para poder utilizar placas de extensión. Solo se eliminaron los buses CSI y DSI y la salida analógica de audio-vídeo. También se eliminó el puerto USB (se utiliza internamente para el teclado).

Comercializado principalmente como un kit disponible en varias distribuciones de teclado, este nuevo envase hará las delicias de quienes deseen una solución todo en uno. No es necesario pedir carcasa, fuente de alimentación, tarjeta SD ni cables HDMI. Todo está incluido en el kit, incluido un manual de usuario.

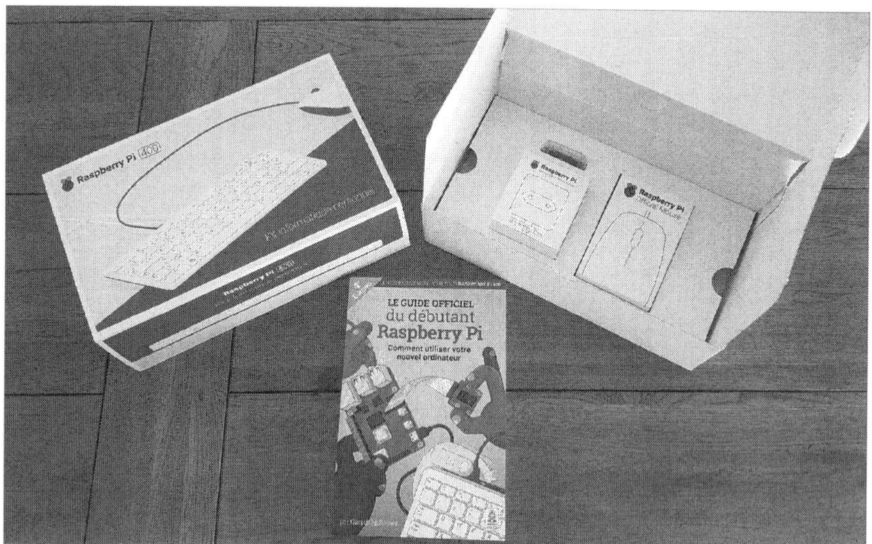

6. La generación 5: la Raspberry Pi 5

La generación 5, que apareció en otoño de 2023, siguió mejorando el rendimiento. Con una nueva CPU ARM Cortex A76 de cuatro núcleos a 2,4 GHz, vídeo mejorado con la nueva GPU Broadcom VideoCore VII y ofrece un doble visualización en 4K60p, la Raspberry Pi 5 está disponible actualmente en dos versiones: 4 GB u 8 GB de RAM.

Pero las mejoras no se acaban ahí. También se introdujeron cambios importantes en la arquitectura interna de la placa, es decir, en la forma en que se interconectan sus componentes, entre otros grandes cambios. La aparición del chip "southbridge RP1", por ejemplo, lo convierte en un auténtico conductor de entradas y salidas como la red, USB2.0, USB3.0, Bluetooth y PCI Express. De hecho, se añadió un conector PCIe en comparación con las generaciones anteriores.

También incorpora un reloj RTC para guardar la fecha y la hora. Para funcionar, requiere añadir una fuente de alimentación externa (batería o pila recargable) en el conector situado entre la fuente de alimentación y la primera salida HDMI.

El factor de forma permanece inalterado. Obsérvese la vuelta a la disposición de puertos USB/Ethernet a la que estamos acostumbrados desde el principio.

Por supuesto, más potencia y velocidad también significan más consumo de energía y más acumulación de calor. Hay disponible de serie una fuente de alimentación de 5 A, compatible con el estándar Power Delivery, una tecnología que permite que cualquier dispositivo compatible se comunique con el cargador para adaptar la corriente (lo que por ejemplo permite reutilizar cargadores para distintos teléfonos). Se incluye un pequeño disipador pasivo, y hay disponibles disipadores con ventiladores. Un pequeño conector dedicado permite controlar automáticamente estos ventiladores desde el sistema operativo.

7. Los elementos constitutivos

A pesar del gran número de modelos y versiones, una Raspberry Pi sigue estando compuesta por los mismos elementos básicos, que vamos a revisar. Para ello, vamos a centrarnos en dos versiones principales, la Pi Zero y la Pi 3 modelo B, con detalles añadidos para otros modelos cuando sea pertinente.

7.1 Formato Zero

7.1.1 Los componentes

Vista superior

Los componentes principales de la Raspberry Pi Zero se muestran en la imagen superior. Todos los componentes están montados en el mismo lado de la placa de circuito impreso, con el fin de reducir la altura de la placa.

Vista inferior

La Raspberry Pi Zero no tiene componentes bajo la placa de circuito impreso. Los únicos elementos identificables son las almohadillas de punto de prueba identificadas con las letras PP, utilizadas para pruebas de producción y/o resolución de problemas.

Se ha previsto una ubicación J5 para un conector en el extremo izquierdo de las fotos mostradas anteriormente, pero no está ocupada. Los contactos se utilizan para pruebas en proceso. Se trata de un conector JTAG (*Joint Test Action Group*).

Vista lateral

Arriba está la primera versión de la Raspberry Pi Zero sin puerto de cámara CSI; abajo está la versión con puerto CSI.

Con solo 5 mm de grosor, la Raspberry Pi Zero cabe en una amplia gama de objetos y proyectos. Todos los conectores están en el mismo lado (excepto el puerto de la cámara). Esto simplifica el embalaje.

7.1.2 El SoC

El SoC elegido para la Raspberry Pi Zero es el BCM2835 de la sociedad Broadcom. Este componente integra en un solo chip todos los elementos necesarios para construir un ordenador: el microprocesador, el procesador gráfico y todos los circuitos auxiliares utilizados en un sistema informático. El BCM2835 no es un SoC de última generación. Está pensado más para aplicaciones multimedia. Utiliza un microprocesador de una generación anterior, pero tiene un procesador gráfico muy potente.

Aquí, como en cualquier otra producción industrial, la elección de cada componente es un compromiso entre rendimiento, tamaño, precio...

En el caso de la Raspberry Pi, la elección del BCM2835 se guio principalmente por su bajo precio, a pesar de que su rendimiento se ve superado por el de las nuevas generaciones de SoC disponibles. La restricción era que el precio de la placa tenía que ser inferior a 5 dólares para la Raspberry Pi Zero, e inferior a 35 dólares para la Raspberry Pi 3. La apuesta ha merecido la pena.

Se trata de un sistema altamente integrado, diseñado originalmente para su uso en dispositivos móviles y sistemas integrados. Se ha diseñado y optimizado para ahorrar energía e incluye un procesador para aplicaciones multimedia Full HD (1080p a 30 fotogramas por segundo).

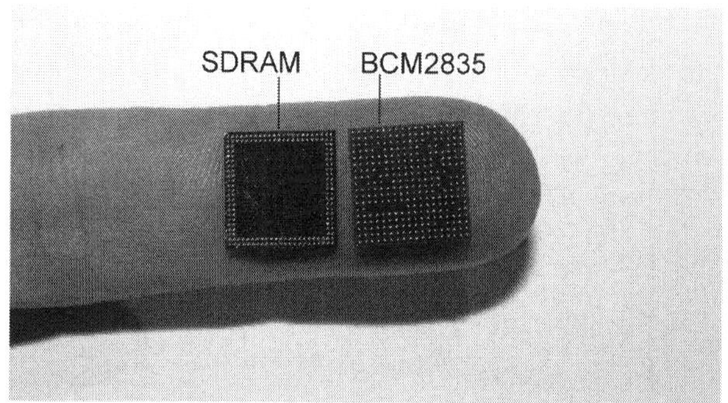

El SoC mide aproximadamente 12 mm x 12 mm (foto James H. - cortesía de raspberrypi.org). Se conecta a la placa de circuito impreso mediante puntos de soldadura dispuestos en un cuadrado de 18 contactos por 18 contactos. Veinticinco puntos no están conectados, por lo que quedan 299 conexiones por hacer. Broadcom no revela todos los detalles de este circuito. La familia BCM2708 incluye los procesadores BCM2835, 2836 y 2837. En el sitio web de la Fundación Raspberry Pi (http://www.raspberrypi.org/wp-content/uploads/2012/02/BCM2835-ARM-Peripherals.pdf) puede descargarse un manual técnico de más de 200 páginas. Se refiere a los periféricos a los que accede el microprocesador ARM (*Acorn Risc Machine*, posteriormente *Advanced Risc Machine Limited*). Los periféricos gestionados por el procesador gráfico no están documentados y Broadcom no recomienda su uso.

La información proporcionada en esta documentación es suficientemente detallada, según Broadcom, para permitir a un desarrollador adaptar un sistema operativo a la familia de SoC BCM2835, BCM2836 o BCM2837.

Entre ellos se incluyen temporizadores, controladores de interrupciones, GPIOs (*General Purpose Input/Output* o puertos de entrada/salida de uso general), puertos USB, etc.

Según la Fundación Raspberry Pi, la ausencia de información sobre las conexiones del SoC tiene por objeto proteger las inversiones de las empresas que han arriesgado fondos para hacer posible la producción de la Raspberry Pi. Sin embargo, actualmente se están desarrollando pinouts "no oficiales", basados en estudios de la placa de circuito impreso de la Raspberry Pi, observaciones de imágenes de rayos X, etc.

El SoC BCM2835 no incluye SDRAM (*Synchronous Dynamic Random Accesss Memory* o memoria dinámica síncrona de acceso aleatorio a la memoria RAM). Dado que el SoC está diseñado para dispositivos móviles pequeños y para reducir el espacio ocupado, esta SDRAM no está soldada al circuito impreso, sino al propio SoC. Esta disposición POP (*Package on a Package*) permite gestionar por separado la memoria y el procesador. Esto permite disponer de varios tamaños de memoria y varios proveedores, manteniendo un tamaño reducido, sobre todo para teléfonos móviles. El siguiente diagrama muestra el montaje POP del BCM2835 y la memoria SDRAM de la Raspberry Pi.

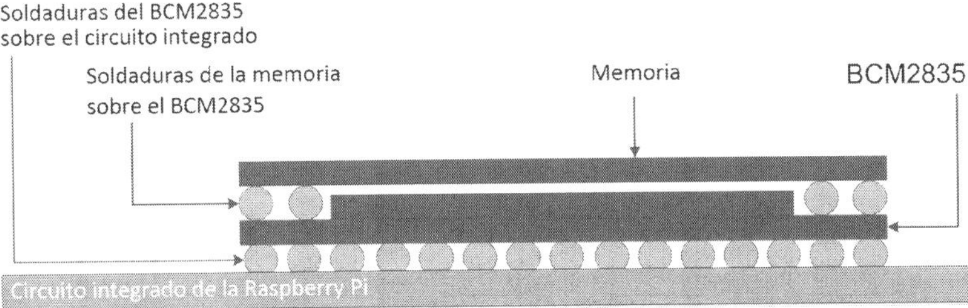

Dado el tamaño del BCM2835, con casi 300 contactos que soldar en el circuito impreso, más la memoria que se suelda encima y que contiene 168 bolas de soldadura, el montaje está totalmente automatizado y excluye cualquier intervención humana. Esto también congela el tamaño de la memoria SDRAM disponible, ya que se suelda mediante POP en el SoC. Por tanto, es imposible sustituir o ampliar la memoria de la Raspberry Pi.

Esta configuración se utiliza en todos los modelos de Raspberry Pi lanzados hasta febrero de 2015. A partir de esa fecha, la Raspberry Pi 2 cuenta con un SoC BCM2836 y la memoria está soldada a la parte inferior de la placa. Lo mismo ocurre con la Raspberry Pi 3, equipada con un SoC BCM2837. Con la Raspberry Pi Zero (noviembre de 2015), la Fundación vuelve a un SoC en el que la memoria SDRAM está soldada.

7.1.3 La CPU

La CPU (*Central Processing Unit*Unidad Central de Procesamiento) es un subconjunto del SoC. Se trata de un microprocesador de la familia ARM11, un ARM1176JZF-S que funciona a una frecuencia de 1 GHz. La familia de microprocesadores ARM11 reagrupa los microprocesadores con arquitectura RISC (*Reduced Instruction Set Computer* = microprocesador con juego de instrucciones reducido) de 32 bits. La familia ARM11 data de 2002. El ARM1176 de la Raspberry Pi utiliza el conjunto de instrucciones ARMv6.

Esta CPU es una BCM2835 como la que equipaba la primera Raspberry Pi. En su momento, esta CPU funcionaba a 700 MHz, pero su frecuencia podía aumentarse por sobrecadencia. Este aumento de velocidad y el sobrecalentamiento provocado podrían causar un deterioro más rápido de la CPU. Los avances en las técnicas de fabricación han permitido suministrar BCM2835 que funcionan de forma fiable a 1 GHz. Este es el modelo utilizado en la Raspberry Pi Zero.

La empresa británica Acorn Computers está detrás de estos microprocesadores RISC. En los años 80, Acorn fabricaba microordenadores, entre ellos el famoso BBC Micro. Después pasó a fabricar microprocesadores RISC, conocidos como ARM. ARM ya no fabrica circuitos, sino que vende licencias a los fabricantes que utilizan esta tecnología.

Este microprocesador o similares se encuentran en un número impresionante de teléfonos inteligentes, tabletas, lectores electrónicos, televisores digitales, consolas de juegos e incluso ordenadores portátiles. Se utilizó, por ejemplo, en el iPhone de primera generación.

Como esta gama de procesadores está tan extendida, muchos sistemas operativos son compatibles con procesadores ARM: iOS, GNU/Linux, BlackBerry OS, algunas versiones de Windows, Google Chrome, etc.

La fotografía de arriba muestra el apilamiento del SoC BCM2835 y la memoria en la placa Raspberry Pi Zero. Hay que distinguir entre las bolas de soldadura que hacen la conexión entre el SoC y la placa de circuito impreso, y las que hay entre la memoria y el SoC.

Sobreaceleración

La sobreaceleración (*overclocking*) es el aumento de la frecuencia de reloj de un microprocesador por encima de su frecuencia normal de funcionamiento(fuente: wiktionary). Cuando se fabrica un circuito integrado, se somete a pruebas para garantizar que funciona según lo previsto. Estas pruebas incluyen la medición de la frecuencia máxima de funcionamiento del circuito, es decir, la frecuencia a la que se vuelve inestable.

En una misma serie, dos componentes que salen de la misma línea de producción con algunos minutos de diferencia pueden tener frecuencias máximas de funcionamiento diferentes. Esto se debe a defectos en las placas de silicio utilizadas para la fabricación, o a diferencias mínimas que se producen durante el proceso de fabricación del circuito. Tras estas pruebas, el fabricante certifica que su circuito funciona a una frecuencia determinada (por ejemplo, el Raspberry Pi Zero funciona a 1 GHz), mientras que la mayoría de los circuitos funcionan a frecuencias más altas (1,1 GHz) y, en algunos casos más raros, a frecuencias mucho más altas (1,2 GHz). Al garantizar el funcionamiento a 1 GHz, el fabricante no asume ningún riesgo, pero es posible intentar aumentar la frecuencia del reloj del circuito para mejorar el rendimiento. En general, la garantía del fabricante no cubre el overclocking.

Originalmente fijada en 1 GHz, la frecuencia de la CPU puede aumentarse ligeramente. La temperatura de funcionamiento del SoC se monitoriza y, si alcanza los 85 °C, la frecuencia de funcionamiento se reduce automáticamente para preservar la vida útil del componente.

Por supuesto, como ocurre con cualquier overclocking, la estabilidad del sistema puede ponerse en entredicho, al igual que su vida útil. Pero con una tarjeta de 9 euros, el riesgo financiero es bajo para una mejora del rendimiento de alrededor del 10% (según las pruebas realizadas).

Puede probarlo añadiendo `arm_freq=1100` al archivo config.txt.

para intentar aumentar la frecuencia de la Raspberry Pi Zero. Bajo su responsabilidad...

7.1.4 La GPU

La GPU (*Graphics Processing Unit* o Unidad de Procesamiento Gráfico) de la Raspberry Pi es el Broadcom VideoCore IV a 250 MHz. Soporta varias versiones de OpenGL (*Open Graphics Library* = librería gráfica abierta). El estándar OpenGL se utiliza para calcular imágenes 2D y 3D en una amplia gama de aplicaciones (CAD/CAM, videojuegos, modelado 3D, etc.).

La aplicación simplemente envía a la GPU la información relativa a los objetos que se van a mostrar, es decir, las coordenadas de los puntos, vectores o polígonos y las texturas que se van a aplicar a estos objetos.

A continuación, corresponde a OpenGL utilizar la potencia de cálculo de la GPU para mostrar la escena en la pantalla, teniendo en cuenta las distancias, los objetos ocultos por otros, la luz, los reflejos...

En febrero de 2016 se publicó una versión experimental de OpenGL que utiliza aceleración gráfica. Permite el uso de juegos o software como FreeCAD y OpenSCAD.

La GPU también es compatible con OpenMAX, una interfaz que permite a las aplicaciones utilizar distintos códecs de vídeo de forma estandarizada.

Es capaz de mostrar vídeo 1080p a 30 fotogramas por segundo y descodificar H.264 High Profile, el estándar de los discos Blu-Ray y la televisión digital de alta definición en la mayoría de países.

La GPU también es capaz de descodificar MPEG-2, utilizado por la TDT y el DVD. También puede procesar el formato VC-1 de Microsoft, competidor del H.264, utilizado en los discos Blu-ray de Sony. Para utilizar estos dos códecs, es necesario adquirir una clave de licencia en el sitio web de la Fundación. Deberá facilitar el número de serie del procesador de su Raspberry Pi, ya que esta licencia está vinculada al procesador de su máquina y, por tanto, no es transferible a otra Raspberry Pi. La licencia MPEG-2 cuesta unos 3 euros. La licencia VC-1 cuesta 1,50 euros (según el tipo de cambio de la Libra esterlina).

También puede gestionar una cámara HD en directo y codificar vídeo.

En un principio, la GPU VideoCore no era gratuita, lo que significa que Broadcom no publicaba la información necesaria para utilizarla.

A finales de octubre de 2012, la Fundación Raspberry Pi publicó información en línea sobre el lanzamiento de la pila gráfica de la GPU. De hecho, en ese momento solo se publicó la capa que permite realizar llamadas al programa binario (no libre) que se ejecuta en la GPU.

El 28 de febrero de 2014, Eben Upton anunció la publicación de la documentación de la GPU por parte de Broadcom. La descripción completa de la GPU y las fuentes del controlador OpenGL están actualmente disponibles.

7.1.5 Memoria

La memoria disponible se reparte entre la CPU y la GPU. Esta operación se denomina división. No existe un valor predeterminado para el reparto de memoria entre la CPU y la GPU. Es la distribución de Linux utilizada la que establece la cantidad de memoria asignada a cada uno de los procesadores. Una distribución orientada a multimedia favorecerá a la GPU asignándole, por ejemplo, la mitad de la memoria disponible. Una distribución tradicional que haga poco uso de la GPU reservará la mayor parte de la memoria para la CPU, con el fin de facilitar la ejecución de los servicios del sistema.

La memoria de la Raspberry Pi Zero la suministra Elpida, que pertenece a la empresa estadounidense Micron. Es del tipo LPDDR2. Se trata de una SDRAM LP (*Low Power*) DDR2 (*Double Data Rate*) diseñada para smartphones.

Las memorias Elpida (imagen superior) son del tipo B4432BBPA-1D-F. El número 44 de la referencia indica el tamaño de la memoria: 4 Gbits = 512 MB. El número 32 significa que la memoria está organizada en bloques de 32 bits. Se trata de memorias DDR2 (*Double Data Rate*), alimentadas a 1,8 V y 1,2 V y especialmente diseñadas para un bajo consumo. La documentación de Elpida indica que pueden utilizarse en un rango de temperaturas de -30°C a +85°C y que pueden funcionar a una frecuencia de 533 MHz con un ancho de banda de 1066 Mbit/s.

7.1.6 El puerto USB

Para reducir el tamaño de este modelo, la Fundación ha optado por conectores en miniatura en los puertos USB y HDMI.

Todos los modelos anteriores de Raspberry Pi estaban equipados con tomas USB de tipo A. Esto permitía utilizar los mismos conectores que en los ordenadores personales. En la Raspberry Pi Zero, la reducción de tamaño llevó a elegir una toma micro USB para el puerto USB.

El puerto USB es único y está conectado directamente al SoC. Se trata de un puerto USB On-The-Go (OTG). El BCM2835 utilizado en la Raspberry Pi se diseñó originalmente para su uso en smartphones y tabletas. Estos tienen un único puerto USB que se puede utilizar para conectarse a un PC, así como para añadir periféricos al teléfono inteligente o tableta.

La conexión a un PC permite transferir archivos desde (o hacia) el smartphone. La conexión de un periférico a un dispositivo móvil permite utilizar un teclado real en una tableta, o transferir archivos desde (o hacia) una llave USB o una unidad USB externa.

En general, cualquier dispositivo soportado por Linux se puede utilizar con la Raspberry Pi Zero. De todos los sistemas operativos, Linux tiene probablemente el mayor número de controladores de hardware. A veces puede haber un retraso en el soporte de un dispositivo reciente, ya que los controladores de código abierto necesitan ser escritos para Linux con el fin de que reconozca el dispositivo.

En modo gráfico, si quiere utilizar un periférico con la Raspberry Pi, conéctelo. Lo más probable es que "simplemente funcione". Si está utilizando una interfaz gráfica (como el entorno de escritorio LXDE en Raspbian), es probable que un icono o ventana emergente le indique que el nuevo dispositivo está listo para funcionar.

Puede encontrar problemas con cámaras web USB 1.1 antiguas, tarjetas de sonido bastante exóticas o concentradores USB que utilicen la especificación USB Single-TT, donde TT significa *TransactionTranslator* (traductor de transacciones). Estos concentradores utilizan un único TT para todos los puertos, a diferencia de los concentradores Multi-TT (un TT por puerto).

En caso de duda, consulte la lista de compatibilidad disponible en http://elinux.org/RPi_VerifiedPeripherals. Esta lista muestra el hardware probado y si funciona con la Raspberry Pi.

La Raspberry Pi Zero no dispone de limitador de corriente en el puerto USB. Los 5 voltios disponibles se toman directamente de la fuente de alimentación. Así que tampoco hay protección. Si 'conecta en caliente' un dispositivo USB que consume mucha corriente, hay muchas posibilidades de que la Raspberry Pi Zero se bloquee.

7.1.7 Lanzamientos de vídeo

La Raspberry Pi Zero tiene dos salidas de vídeo:

- salida de vídeo compuesto;
- una salida HDMI (*High-Definition Multimedia Interface* = interfaz multimedia de alta definición).

Estas dos salidas no pueden funcionar simultáneamente. Si se detecta una conexión HDMI, la salida HDMI se activa y la salida de vídeo compuesto está inactiva. Si la Raspberry Pi no detecta una conexión HDMI, el vídeo se dirige a la salida compuesta (analógica).

Salida de vídeo analógica

Debido al reducido tamaño de la Raspberry Pi Zero, la Fundación ha prescindido del conector de 3,5 mm que proporcionaba vídeo compuesto en otros modelos. La salida de vídeo compuesto de la Raspberry Pi Zero es accesible a través de dos almohadillas de soldadura.

Las pastillas están en el interior de un rectángulo serigrafiado etiquetado **TV**. La masa de tierra se conecta a la almohadilla redonda. La señal de vídeo compuesto está disponible en la almohadilla cuadrada. El usuario puede soldar un cable directamente a esta salida. Para obtener los mejores resultados, se recomienda utilizar un cable coaxial. La trenza de blindaje del cable coaxial se conectará a tierra y el núcleo a la salida de vídeo compuesto (almohadilla cuadrada).

La salida de vídeo compuesto se utiliza para enviar la señal de vídeo que sale de la Raspberry Pi a una pantalla de TV analógica o a una pantalla digital con este tipo de entrada.

Salida de vídeo HDMI (digital)

El conector HDMI es una interfaz de audio y vídeo totalmente digital. Alrededor de 2005, sustituyó a la toma analógica Scart en los equipos de consumo capaces de mostrar vídeo de alta definición.

El puerto HDMI es capaz de transportar vídeo de hasta 340 megapíxeles por segundo en varios canales digitales, así como ocho canales de audio digital a 192 kHz.

Las señales de audio y vídeo se combinan y viajan en serie a alta velocidad. La codificación utilizada minimiza las interferencias y permite utilizar cables largos y baratos. Estas características son importantes para los equipos de consumo masivo.

Un parámetro en el archivo config.txt permite dirigir el vídeo a la salida HDMI o a la salida de vídeo compuesto. Al igual que con el vídeo compuesto, es posible ajustar la definición de la pantalla HDMI. La gama de ajustes es mucho más amplia que para el vídeo compuesto, con unos sesenta modos diferentes disponibles, desde 640 x 350 píxeles hasta 2560 x 1600 píxeles, incluyendo 1080p (1920 x 1080 píxeles) en Full HD. También en este caso es posible ajustar el tamaño de la imagen eliminando las bandas negras que la rodean, o reduciendo la visualización al tamaño de la pantalla si hubiera partes de la imagen invisibles porque queden rechazadas más allá de los bordes de la pantalla.

Los propietarios de monitores de ordenador con toma DVI (*Digital Video Interface* o interfaz de vídeo digital), pero sin toma HDMI, deben tener en cuenta un punto importante: no hay diferencia entre las señales que transmite una toma DVI y las que transmite una toma HDMI. Aparte de sus diferentes formas, las dos tomas son totalmente compatibles. Para utilizar una Raspberry Pi en una pantalla de ordenador con un conector DVI, basta con insertar un adaptador HDMI/DVI (foto de abajo). El precio de estos adaptadores, que constan únicamente de dos tomas y cableado entre ellas, es muy bajo (apenas unos euros). Sin embargo, algunos cables adaptadores HDMI/DVI chapados en oro, blindados y con ferritas antiparasitarias cuestan más que la Raspberry Pi...

También es posible convertir señales HDMI a VGA (*Video Graphics Array*), pero la norma VGA es un formato analógico y HDMI es un formato digital. Así que se necesita un adaptador "activo".

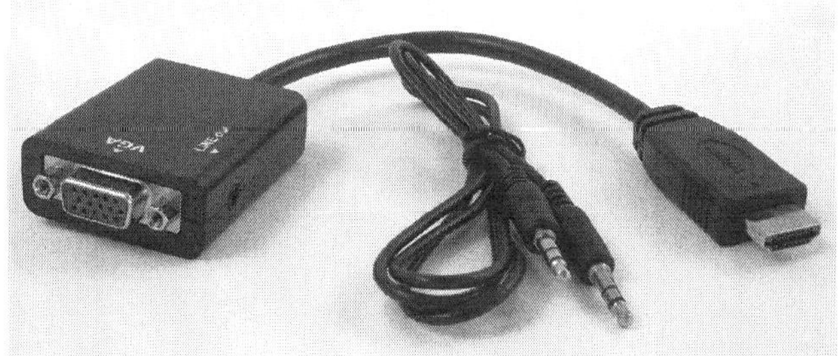

Este adaptador utiliza un circuito integrado para convertir flujos de datos digitales en señales adecuadas para la interfaz VGA. El circuito integrado procesa y separa las señales rojo/verde/azul y las señales de sincronización horizontal y vertical. A continuación, las envía a una toma VGA de 15 patillas.

Algunos adaptadores, como el de la foto anterior, también separan el sonido que envían a una toma de 3,5 mm. Un adaptador de este tipo contiene circuitos electrónicos. Es más caro (de 25 a 75 euros) que el conversor HDMI a DVI. Sin embargo, se puede utilizar con pantallas VGA antiguas que no tengan toma DVI o HDMI. En la Raspberry Pi, la corriente máxima permitida en la línea de 5 voltios es de 400 mA. Por encima de esta corriente, se activa un circuito de protección. El mismo circuito también desconecta el HDMI de 5 voltios de la fuente de alimentación de la placa en caso de cortocircuito, evitando que la Raspberry Pi se reinicie en caso de consumo excesivo de corriente en la toma HDMI.

7.1.8 El bus CSI

El bus CSI-2 (*Camera Serial Interface* o bus serie para cámara) es un bus estándar definido por la alianza MIPI (*Mobile Industry Processor Interface* o interfaz de procesador para la industria del móvil), que reúne a más de 200 empresas dedicadas a los terminales móviles. MIPI define los buses que enlazan los distintos componentes integrados en los dispositivos móviles.

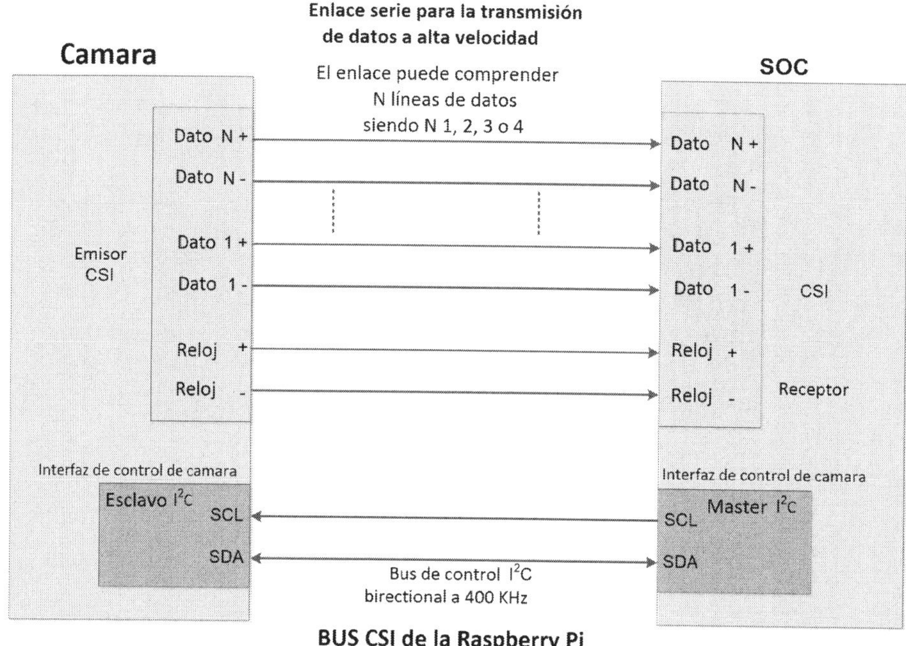

BUS CSI de la Raspberry Pi

Como el SoC Raspberry Pi proviene de la industria móvil, tiene un bus CSI. Este bus puede recibir un enlace a una cámara que cumpla este estándar.

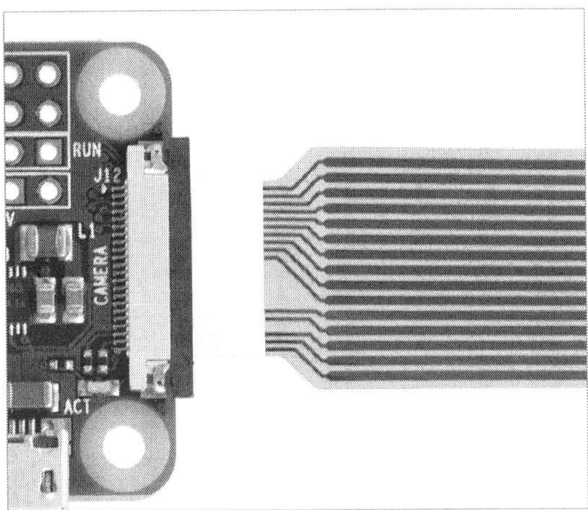

El bus CSI está situado en el extremo de la placa, entre los orificios de montaje (foto anterior). Para acomodarlo en el espacio disponible, la Fundación ha optado por un conector más estrecho que los modelos anteriores. El cable plano de la cámara de la Raspberry Pi ya no es adecuado, y hay que utilizar un adaptador para adaptar la salida de la cámara a la anchura del puerto CSI de la Raspberry Pi Zero.

El bus CSI consta de los siguientes elementos:

- Bus de control basado en el estándar I2C (*Inter Integrated Circuit* o circuito inter integrado), que fue utilizado en los años 80 por Philips para la comunicación entre los microprocesadores y los circuitos auxiliares utilizados en sus televisores, videocámaras, etc. Se ha convertido en un estándar industrial para la comunicación entre circuitos integrados. El bus I2C tiene dos señales: SDA (*Serial Data Line o línea de datos serie*) y SCL (Serial Clock Line o línea de reloj serie), que son suficientes para la comunicación bidireccional entre maestro y esclavo.
- Un bus de datos unidireccional de serie diferencial, con datos que van solo de la cámara al SoC. Cada línea de datos está formada por un par de hilos que funcionan en diferencial (un hilo positivo y el otro negativo) para reducir el efecto de las interferencias externas. Los enlaces de datos pueden constar de uno a cuatro pares de hilos, dependiendo de la velocidad de transmisión de datos que la cámara necesite enviar al procesador.

La presencia del conector CSI en la Raspberry Pi Zero allana el camino para aplicaciones más pequeñas que utilizan una cámara. En la imagen anterior, una cámara infrarroja PiNoIR v2.1 (8 megapíxeles) está conectada a una Raspberry Pi Zero v 1.3.

7.1.9 El GPIO en la Raspberry Pi Zero

El GPIO es una interfaz que conecta la Raspberry Pi Zero con el mundo real. Esta es la ubicación identificada como J8 y GPIO en la imagen a continuación.

El puerto GPIO consta de 40 pines en dos filas de 20, separados por 1/10 de pulgada (2,54 mm). El terminal 1 está marcado por una almohadilla cuadrada. La Raspberry Pi se entrega sin un conector GPIO soldado a la placa. Para utilizar tarjetas HAT u otras extensiones, tendrá que soldar un conector con dos filas de 20 pines a la ranura J8.

El GPIO se encuentra entre dos orificios de montaje en el lado de los componentes de la Raspberry Pi Zero, con el puerto GPIO en la parte superior. El pin numerado 1 es el más cercano a la marca J8. El pin 2 se encuentra en el borde de la placa, junto al pin 1. En el otro extremo de la fila de conectores, el pin 39 está en el lado marcado como RUN. El pin 40 está en el borde de la placa. Todas los pines impares están situados entre el pin 1 y el pin 39. Los pines pares están situados a lo largo del borde de la placa.

El siguiente diagrama muestra el conector GPIO (J8) desde arriba.

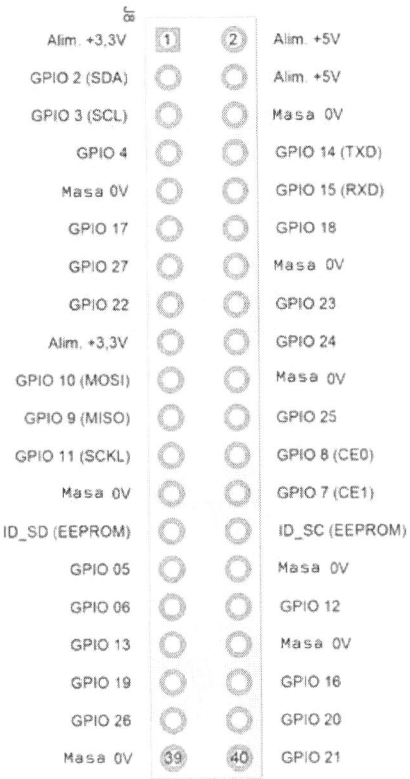

J8

Alim. +3,3V	1	2	Alim. +5V
GPIO 2 (SDA)			Alim. +5V
GPIO 3 (SCL)			Masa 0V
GPIO 4			GPIO 14 (TXD)
Masa 0V			GPIO 15 (RXD)
GPIO 17			GPIO 18
GPIO 27			Masa 0V
GPIO 22			GPIO 23
Alim. +3,3V			GPIO 24
GPIO 10 (MOSI)			Masa 0V
GPIO 9 (MISO)			GPIO 25
GPIO 11 (SCKL)			GPIO 8 (CE0)
Masa 0V			GPIO 7 (CE1)
ID_SD (EEPROM)			ID_SC (EEPROM)
GPIO 05			Masa 0V
GPIO 06			GPIO 12
GPIO 13			Masa 0V
GPIO 19			GPIO 16
GPIO 26			GPIO 20
Masa 0V	39	40	GPIO 21

Conector GPIO de Raspberry Pi

Para la alimentación se utilizan doce pines. Las tensiones de alimentación de 3,3 V y 5 V, así como la masa, son accesibles en los pines GPIO para alimentar circuitos externos. A la inversa, es posible alimentar la Raspberry Pi con 5 V desde los pines GPIO. El GPIO proporciona 2 pines de 3,3 V, 2 pines de 5 V y 8 pines de masa.

La siguiente tabla detalla el uso de los pines GPIO.

Pines	Utilización	Descripción
6-9-14-20-25-30-34-39	Alimentación	Masa
2-4	Alimentación	+ 5 V
1-17	Alimentación	+ 3,3 V
8-10	UART	Estos 2 pines dan acceso a un UART (*Universal Asynchronous Receiver Transmitter* o emisor y receptor asíncrono universal) que puede comunicarse con un terminal o cualquier otro dispositivo con un puerto serie. Estos pines son 8: TXD (*Transmitted Data* o Datos Transmitidos) y 10: RXD (*Received Data* o Datos Recibidos).
19-21-23-24-26	Bus SPI	Estos 5 pines proporcionan un bus SPI (*Serial Peripheral Interface* o interfaz de serie periférica). Se trata de un bus síncrono de transmisión de datos en serie. Se utiliza para permitir la comunicación entre circuitos integrados. Las señales son SCLK (23) (*Serial Clock*, reloj serie), MOSI (19) (*Master Out-Slave In* o envío maestro-receción esclavo), MISO (21) (Master *In-Slave Out o recepción maestro - envío esclavo*) y dos señales CE0 (24) (*Chip Enable* o selección del circuito) y CE1 (26) que van a permitir seleccionar el esclavo con el que se comunicará el maestro. La Raspberry Pi solo funciona en modo maestro y nativamente puede gestionar dos esclavos. Es posible gestionar más esclavos utilizando otros puertos GPIO para controlar las entradas CS de los circuitos utilizados.
3-5	Bus I²C	Estos dos contactos proporcionan un bus I²C. Se trata de SDA (3) (*Serial Data Line* o línea de datos serie) y SCL (5) (*Serial Data Clock* o reloj de datos serie). El bus I²C se utiliza para controlar los numerosos circuitos integrados compatibles con este tipo de bus.

Pines	Utilización	Descripción
27-28	I2C EEPROM	Estos 2 pines no deben utilizarse en ningún caso. Están reservados al diálogo con la EEPROM presente en las tarjetas de expansión que responden a las especificaciones HAT (*Hardware Attached on Top* = Material que se coloca encima de la Raspberry Pi).
7-11-12-13-15-16-18-	GPIO	Estos 17 pines son entradas/salidas digitales.
22-29-31-32-33-35-36-37-38-40		

Por supuesto, todos los pines GPIO pueden reconfigurarse a voluntad. Solo los pines TXD y RXD (GPIO 14 y GPIO 15) están configurados al inicio para suministrar señales UART. Si es necesario, pueden transformarse en pines GPIO estándar (como los pines SPI e I2C), para proporcionar hasta 26 entradas/salidas GPIO.

Por otro lado, los pines 27 y 28 (ID_SD e ID_SC) están reservados exclusivamente a la lectura de las EEPROM presentes en las tarjetas de expansión. En el arranque, la Raspberry Pi interroga a esta interfaz I2C para encontrar una EEPROM que le permita identificar la tarjeta conectada al GPIO. El contenido de esta EEPROM también define la configuración de los puertos de entrada/salida GPIO (y posiblemente los controladores Linux que se deban cargar). Estos pines no deben usarse para otra cosa que no sea conectarse a una EEPROM I2C. Deje estos pines desconectados si no hay EEPROM presente.

Se pueden utilizar varios tipos de conexión para conectarse al GPIO:

- cables soldados directamente a los pads GPIO;
- montaje de un conector de 2x40 patillas que debe soldarse a la placa de circuito impreso.

Es posible modificar el estado de los pines GPIO desde la línea de comandos, utilizando librerías como WiringPi (descargable desde https://github.com/WiringPi) o RPI.GPIO (https://pypi.python.org/pypi/RPi.GPIO), que proporciona una clase para controlar el GPIO de la Raspberry Pi en Python (el capítulo Raspberry Pi GPIO entra en más detalle sobre el uso de este puerto de entrada/salida).

El GPIO no tiene una entrada analógica, pero el SoC de un teléfono móvil realmente no la necesita. Para acceder a mediciones de valores analógicos, tendrá que utilizar un conversor analógico-digital, un microcontrolador Arduino y adquirir esta información en la Raspberry Pi.

Observación

El GPIO es idéntico para todas las placas Raspberry Pi, excepto para las primeras placas de generación 1, que solo tienen 26 pines. Sin embargo, estos primeros 26 pines se comportan de la misma manera.

7.1.10 El LED ACT

En la Raspberry Pi Zero v1.2, el LED ACT está situado en el borde de la placa. La versión v1.3 con el puerto CSI añadido al borde de la placa ve el LED ACT desplazado y menos visible (abajo).

También se ha reducido el número de LED para ahorrar espacio. Ahora solo hay un LED. El LED ACT indica la actividad de la Raspberry Pi de la misma manera que se hacía en los primeros modelos. Esto significa que cuando la Raspberry Pi Zero se inicia, no puede ser utilizado como un indicador de energía. Es solo cuando el sistema arranca que se gestiona y se ilumina para indicar la presencia de tensión. Se apaga (parpadea) para indicar el acceso a la tarjeta micro SD.

Si la Raspberry Pi Zero se inicia sin una tarjeta micro SD, con una tarjeta defectuosa o no compatible, el LED ACT no da ninguna indicación. Permanece apagado.

7.1.11 Alimentación

Como todos los modelos Raspberry Pi, la Raspberry Pi Zero se alimenta mediante una conexión micro USB.

La fuente de alimentación de la Raspberry Pi Zero se encuentra cerca de la conexión J1 (PWR IN).

El corazón de esta fuente de alimentación es el circuito U3, un PAM2306. Se trata de un convertidor de conmutación reductor doble que acepta una tensión máxima de 5,5 voltios. Con una frecuencia de conmutación de 1,5 MHz y una eficiencia de hasta el 96%, esta fuente de alimentación requiere solo una docena de componentes y es ideal para equipos de a bordo, sobre todo con alimentación por batería.

Las salidas de esta fuente de alimentación proporcionan los voltajes de 3,3 V y 1,8 V utilizados por el SoC. La tensión de 3,3 V también está disponible en el GPIO. Cada salida puede suministrar 1 A y la fuente de alimentación está protegida contra cortocircuitos y sobrecalentamiento.

7.1.12 El conector de la tarjeta micro SD

El conector de la tarjeta micro SD del Raspberry Pi Zero está situado en la parte superior de la placa de circuito impreso. Esta elección ayuda a mantener bajo el grosor total de la placa del nano-ordenador.

La tarjeta micro SD se inserta en el conector con los contactos apuntando hacia la placa de circuito impreso. Por lo tanto, debería ver que la marca de la tarjeta aparece en la parte superior, como en la foto anterior tomada con una tarjeta Samsung EVO de 16 GB.

A partir de la Raspberry Pi Zero, la Fundación está cambiando el tipo de conector utilizado para recibir la tarjeta micro SD. En versiones anteriores, el conector era un modelo *push-push*. Para insertar la tarjeta micro SD, tenía que empujarla en el conector hasta que escuchara (y sintiera) un clic. Para expulsar la tarjeta, había que empujarla de nuevo en el conector, lo que producía otro clic y desbloqueaba la tarjeta micro SD mientras la empujaba fuera del conector. A veces se podía ver cómo se expulsaba la tarjeta micro SD.

En la Raspberry Pi Zero, el conector de la tarjeta micro SD es *push-pull* (empujar-tirar). En otras palabras, la tarjeta micro SD se inserta simplemente empujándola en el conector hasta el tope. En la Raspberry Pi Zero, no hay ningún clic para asegurarse de que la tarjeta está correctamente insertada y bloqueada en su lugar. Podemos ver en la foto anterior que la tarjeta se mantiene en su lugar por las pestañas que presionan los contactos de la tarjeta micro SD, y por la presión lateral del contacto de presencia, que también actúa como un muelle de retención.

Observación

Si se utiliza una Raspberry Pi Zero en un equipo embarcado (vehículo, barco, dron, globo, etc.), el usuario debe asegurarse de que las vibraciones a las que se somete la Raspberry Pi Zero no expulsen finalmente la tarjeta micro SD del conector.

7.1.13 La miniaturización de los enchufes y sus consecuencias

Para reducir el tamaño de este modelo, la Fundación ha optado por conectores en miniatura en los puertos USB y HDMI.

La toma de alimentación de 5 V es un modelo micro USB, como en todos los modelos de la familia Raspberry Pi. Otra toma micro USB da acceso al único puerto USB de la Raspberry Pi Zero. Sustituye a las tomas USB de tipo A utilizadas anteriormente.

Observación

A pesar de su forma idéntica, estas dos tomas tienen usos claramente definidos para la Fundación. Es imposible acceder al bus USB a través de la toma de corriente. Sin embargo, en los modelos probados, la conexión de la Raspberry Pi a un concentrador USB alimentado utilizando solo la toma USB permite el funcionamiento de la placa, ahorrando un enchufe.

La toma HDMI también se ha sustituido por un modelo mini-HDMI en miniatura.

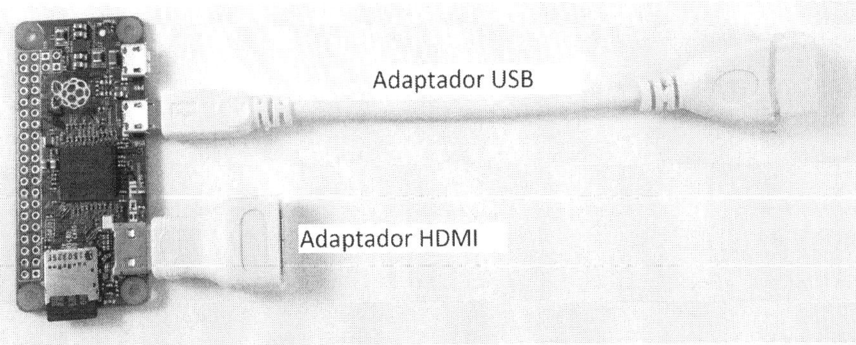

La consecuencia de estos cambios es que hay que utilizar un juego de adaptadores mini-HDMI a HDMI y USB micro-B a USB A hembra para conectar la tarjeta a los puertos estándar (arriba).

El tamaño de la Raspberry Pi Zero la hace ideal para aplicaciones en las que no se onectará a una pantalla HDMI o a un dispositivo USB. Todo lo que necesita es un conjunto de adaptadores para preparar la Raspberry Pi Zero antes de integrarla en el proyecto al que está destinada.

7.1.14 Dimensiones

Además de su precio, también sorprende el tamaño de la Raspberry Pi Zero. Con unas dimensiones tan reducidas como 65 mm x 30 mm x 5 mm, la potencia de cálculo de la Raspberry Pi puede incrustarse fácilmente en una amplia gama de objetos.

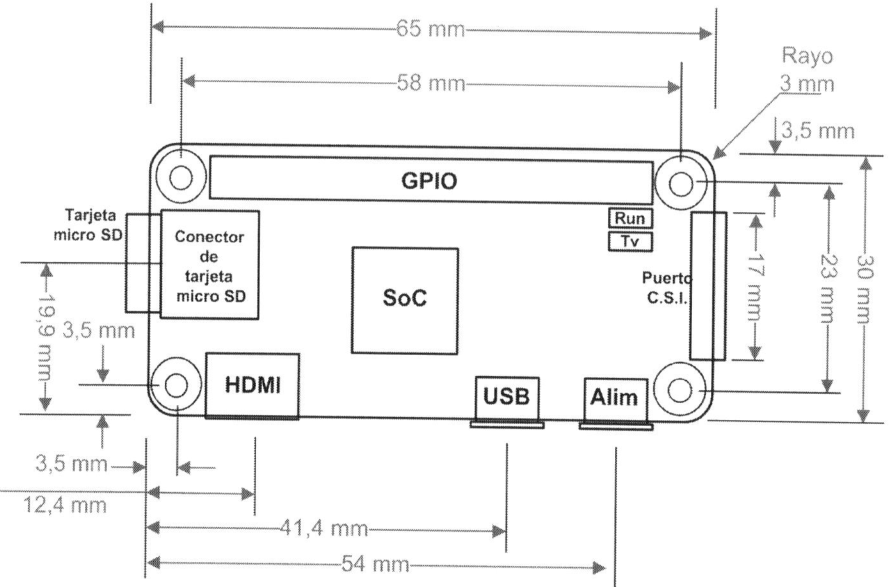

El modelo mostrado arriba es la Raspberry Pi Zero v1.3. La versión anterior es idéntica pero no tiene el puerto CSI en el lado derecho de la placa.

7.1.15 Reloj

Al igual que otras placas Raspberry Pi, la Raspberry Pi Zero no tiene un reloj capaz de proporcionar una hora precisa. Esta función puede ser necesaria para ciertas aplicaciones que requieren una marca de tiempo precisa de los eventos.

La utilización de una tarjeta de expansión (arriba) puede ofrecer una solución a este problema, a costa del tamaño y peso totales del sistema (para más detalles, consulte el capítulo Los periféricos).

7.2 El formato 3B

7.2.1 Los componentes

Vista superior

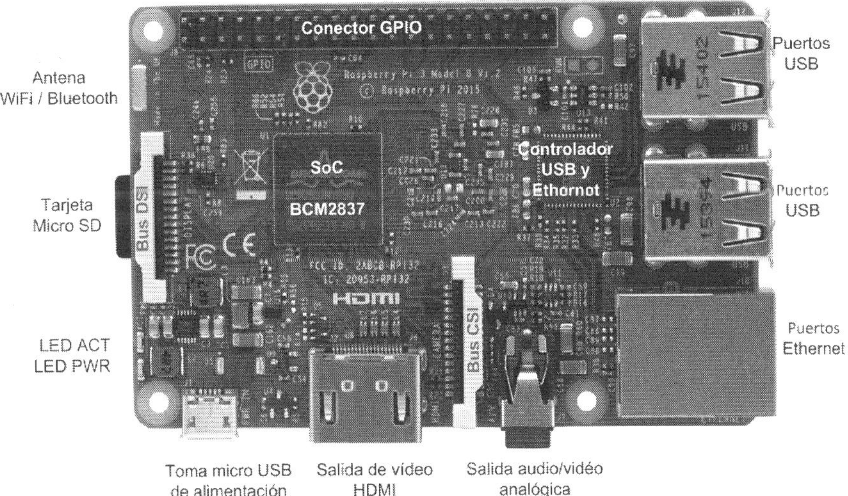

Los principales componentes de la Raspberry Pi 3 se muestran en la imagen anterior. Tenga en cuenta, sin embargo, que la adición de Wi-Fi a la Raspberry Pi 3 ha dado lugar a que los LEDs de estado se muevan de un lado del conector DSI al otro. Las carcasas opacas utilizadas en los modelos anteriores ya no permiten observar el estado de los LED.

Vista inferior

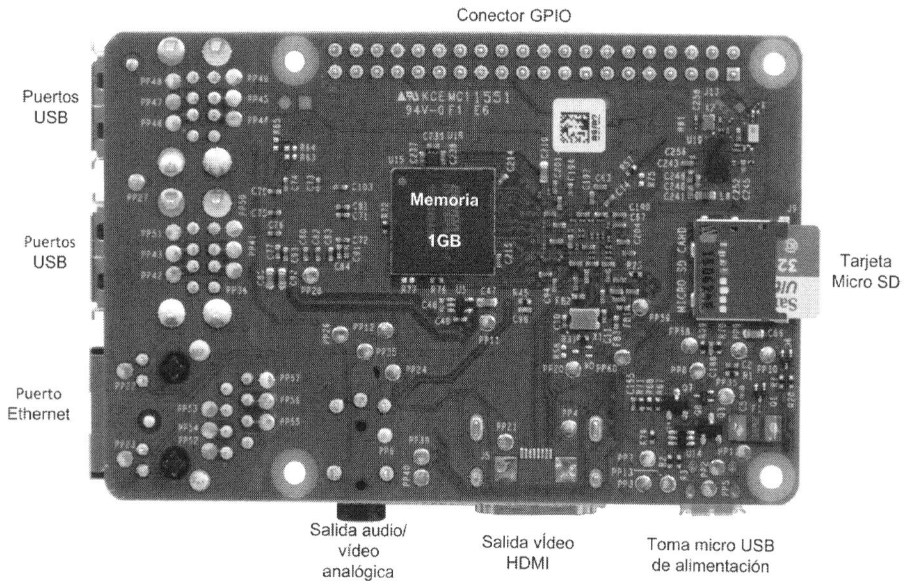

Los principales componentes bajo la placa Raspberry Pi 3 son la memoria de 1 GB y el conector de la tarjeta micro SD. Estos dos componentes no son muy gruesos, con una longitud inferior a la de los pines GPIO y los distintos zócalos soldados en la placa. Por lo tanto, su presencia no interfiere con la carcasa de la Raspberry Pi 3.

7.2.2 El SoC

La Raspberry Pi 3 está equipada con un SoC de la familia BCM2708 que integra todos los periféricos del SoC (bus SPI, I2C, etc.). Este núcleo es la base de toda la gama de procesadores utilizados sucesivamente en los distintos modelos de Raspberry Pi.

El SoC es un Broadcom BCM2837 (arriba).

7.2.3 La CPU

La CPU es un modelo de 64 bits, compatible con 32 bits, basado en una arquitectura ARMv8. Se trata de un microprocesador Cortex A53 de cuatro núcleos que funciona a 1,2 GHz.

Con la introducción de esta CPU, la Fundación anuncia un rendimiento dos veces superior al de la Raspberry Pi 2 y diez veces mayor que el de la Raspberry Pi original. Las pruebas demuestran que, si solo se utiliza uno de los núcleos, la ganancia se aproxima a 3. Es cuando se utilizan los cuatro núcleos cuando se alcanza la ganancia de 10, o incluso se supera. Sin embargo, el sistema operativo y las aplicaciones deben gestionar el uso de los cuatro núcleos.

7.2.4 La GPU

La GPU es un procesador gráfico VideoCore IV de doble núcleo que funciona a 400 MHz. Es compatible con OpenGL ES 2.0, una interfaz que permite a los programas generar objetos 2D o 3D en forma de puntos, vectores o polígonos. A continuación, OpenGL calcula la imagen que se mostrará en la pantalla, teniendo en cuenta el punto de vista elegido, la iluminación, las texturas, los reflejos, los objetos ocultos por otros, etc. El estándar OpenGL se utiliza para calcular imágenes 2D y 3D en una amplia gama de aplicaciones (CAO-DAO, videojuegos, modelado 3D, etc.).

VideoCore IV también admite la aceleración por hardware OpenVG. Diseñado originalmente para dispositivos móviles, OpenVG transfiere a la GPU los cálculos necesarios para mostrar gráficos vectoriales 2D. Esto hace posible crear interfaces en formato SVG (*Scalable Vector Graphics*) que permiten redimensionar una imagen o mapa conservando su calidad original, a diferencia de las imágenes de mapa de bits compuestas por puntos (ejemplo a continuación *Bitmap_VS_SVG.svg: Yug, CC BY-SA 2.5*).

La GPU de la Raspberry Pi 3 también descodifica 1080p30 H.264 de alto perfil. High Profile (HiP) es el perfil utilizado para emitir televisión de alta definición y almacenar vídeos en Blu-ray. También puede mostrar 1080p H.264 a 60 fps (*frames per second* o fotogramas por segundo) mediante descodificación por software.

El reloj de la GPU VideoCore IV se ha incrementado a 400 MHz y el núcleo de cálculo 3D funciona a 300 MHz. Las versiones anteriores funcionaban a 250 MHz. Por lo tanto, esta nueva versión de la Raspberry Pi acelera el procesamiento de imágenes, haciendo que la distribución de vídeo sea mucho más fluida. La memoria de 900 MHz de la Raspberry Pi 3 también contribuye a mejorar el rendimiento.

Esta GPU tiene las mismas funcionalidades de decodificación de vídeo que las descritas para la Pi Zero (ver el apartado Formato Zero - La GPU de este capítulo). En particular, necesitará comprar la licencia de decodificación MPEG-2 y Microsoft VC-1 para activar la decodificación por hardware. Tenga en cuenta, sin embargo, que la compra de esta licencia solo es útil si está utilizando software de vídeo que soporta decodificación por hardware (omxPlayer, por ejemplo) y solo para Raspberry Pi hasta la generación 3. La descodificación por hardware está completamente desactivada en la Pi 4 (solo descodificación por software) y la Pi 5 dispone de una nueva GPU VideoCore VII sin licencia.

7.2.5 Los puertos USB y Ethernet

En la Raspberry Pi 3, el puerto USB del SoC BCM2837 está conectado a un circuito LAN9514 de SMSC, en lugar de estar conectado directamente a la toma USB como en la Raspberry Pi Zero.

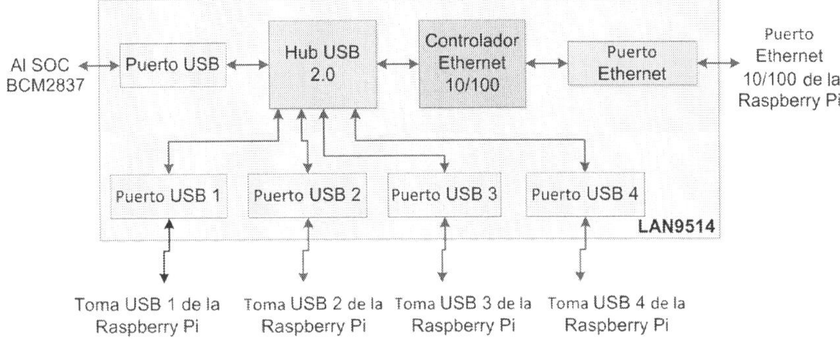

Este circuito integrado LAN9514 contiene un concentrador USB 2.0 de 6 puertos. Cuatro de los puertos USB están conectados físicamente a las dos tomas USB duales de la Raspberry Pi. Un quinto puerto está conectado internamente a un controlador Ethernet 10/100. El sexto puerto está conectado al SoC BCM2837. El diagrama anterior muestra cómo está organizado el LAN9514.

Una vez más, la elección de este componente, en el que el enlace Ethernet pasa por un puerto USB del BCM2837, es cuestionable, ya que el tráfico de red y la carga de los puertos USB tomarán la misma ruta hacia el SoC y provocarán posibles cuellos de botella. Se trata de nuevo de una elección económica que, aceptando una posible degradación del rendimiento, ha permitido mantener el precio de la tarjeta por debajo de los 35 euros.

En la foto anterior aparecen (de abajo hacia arriba y de izquierda a derecha): la toma Ethernet y los cuatro puertos USB, el circuito LAN9514 y los componentes utilizados para gestionar la corriente suministrada por los puertos USB. Los LED de estado del LAN9514 (Link y 100 Mb/s) están situados en el propio conector Ethernet (foto inferior). El LED amarillo situado en la parte inferior izquierda del conector Ethernet indica la velocidad de transmisión y se ilumina para una velocidad de datos de 100 Mb/s. El LED verde de la parte inferior derecha del conector Ethernet se enciende cuando se establece el enlace físico y parpadea cuando hay actividad en la red.

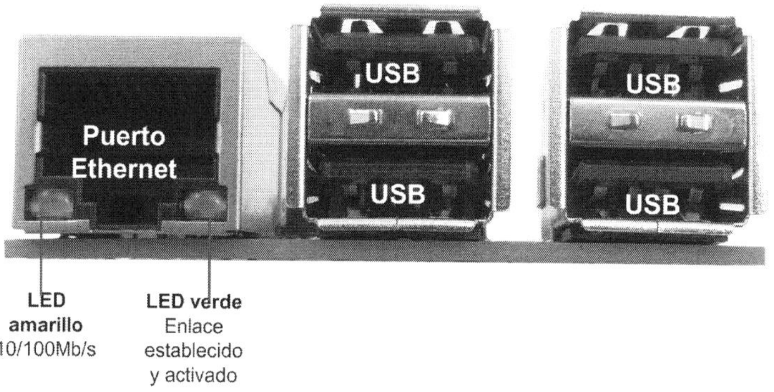

El controlador Ethernet del LAN9514 proporciona una dirección MAC (*Media Access Control*) y una conexión totalmente compatible con IEEE 802.3 en 10BASE-T (10 Mbit/s) y 802.3u en 100BASE-T (100 Mbit/s). La norma 802.3 se conoce generalmente como Ethernet.

El puerto Ethernet gestiona la autonegociación, la configuración half o full-duplex y el auto-MDIX (*Medium Dependent Interface Crossover*). En pocas palabras, esto significa que es capaz de detectar la configuración del enlace de red al que está conectado y adaptarse rápidamente (normalmente en menos de 0,5 segundos). Esto evita al usuario tener que gestionar el tipo de enlace de red que va a establecer (conmutador, PC, router, etc.) y adaptar el cable Ethernet en consecuencia (cable directo o cable cruzado).

Soporta una serie de métodos de gestión de activación, como *Magic* Packets (paquetes mágicos), *Wake on LAN* (activación por la red) y *Link Status Change* (cambio de estado de la conexión). Esto se puede utilizar para despertar una Raspberry Pi desde otra máquina para realizar tareas que no requieren que la placa esté funcionando todo el tiempo, o cuando la Raspberry Pi se alimenta con baterías o energía solar.

La documentación del fabricante indica que el LAN9514 solo consume 180 mA cuando la interfaz Ethernet está transfiriendo datos a 10BASE-T, frente a los 288 mA de 100BASE-T. Esto puede ser importante para aplicaciones integradas en las que el consumo de energía es crítico.

7.2.6 El Wi-Fi y el Bluetooth

Junto con la adopción de un microprocesador de 64 bits, la incorporación de la conectividad inalámbrica es la otra gran novedad de la Raspberry Pi 3.

El circuito elegido por la Fundación para realizar esta función es el Broadcom BCM43438 (arriba). Este circuito mide menos de 5 mm x 3 mm y está situado bajo la tarjeta. Está diseñado para dispositivos móviles y consume muy poca energía. Ofrece conectividad Wi-Fi 802.11 b/g/n de hasta 150 Mbps y Bluetooth 4.1 LE.

El circuito funciona a 2,4 GHz. La Fundación ha instalado una antena cerámica de 2,4 GHz compartida entre Wi-Fi y Bluetooth (abajo).

Esta pequeña antena ofrece un rendimiento Bluetooth aceptable. El alcance se acerca a los 10 m en campo abierto. En cambio, para Wi-Fi, el alcance es también de 10 m en campo abierto, lo que es inferior al rendimiento de una llave mini USB Wi-Fi, que a menudo puede utilizarse hasta a 30 m de distancia. Además, la pequeña antena de la Raspberry Pi 3 es muy sensible al entorno (carcasa metálica, por ejemplo). La posición de la antena también influye en la calidad de la conexión: la Wi-Fi utiliza principalmente ondas polarizadas verticalmente, mientras que la antena de la Raspberry Pi 3 polariza las ondas horizontalmente. Colocar la Raspberry Pi 3 en posición vertical puede aumentar ligeramente el alcance Wi-Fi.

El BCM43438 puede recibir radio FM. La entrada para la antena FM se encuentra debajo del circuito y no se ha conectado.

Debido al limitado espacio disponible en la placa Raspberry Pi y al hecho de que solo tiene el tamaño de una tarjeta de crédito, se tuvo que reorganizar la disposición de los componentes. Los LED de estado y sus transistores de control se desplazaron para dejar sitio al circuito Wi-Fi/Bluetooth, que ocupa poco más de un centímetro cuadrado (a continuación).

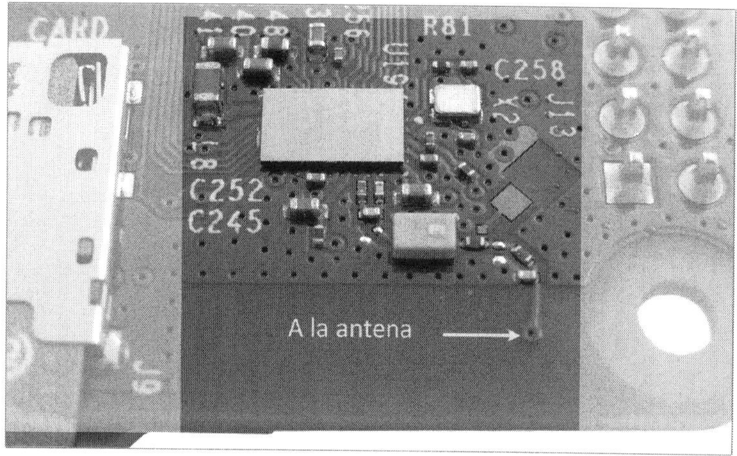

Esta foto muestra el BCM43438, un circuito **WL-CSP**. Esta tecnología, que se utiliza en la construcción de teléfonos móviles, consiste en utilizar el circuito desnudo, sin protegerlo con una carcasa. Durante la fabricación, las bolas de soldadura se depositan directamente sobre el chip, que se suelda tal cual al circuito impreso.

WL = *Wafer-level packaging* (acondicionamiento sobre el wafer) es una tecnología que consiste en acondicionar un circuito integrado mientras aún está en el wafer, el soporte de silicio que se utiliza para la fabricación. Tradicionalmente, el chip se recorta y se coloca en un envase antes de conectar las patas del envase al chip mediante finos alambres. A continuación, la caja se cierra y se sella. Aquí, en cambio, el circuito se prepara para el montaje cuando aún está en el wafer.

CSP = *Chip-Scale Package* (envase a escala de chip), el componente tiene prácticamente el mismo tamaño que el chip.

Esta tecnología permite, en el sitio de fabricación del wafer, acondicionar, probar y someter los componentes a un periodo de envejecimiento para la detección temprana de fallos. Esto permite que toda la cadena de fabricación, desde el silicio hasta el envío a los clientes, puede gestionarse en un solo lugar.

La foto anterior muestra una ranura vacía marcada como J13. En ella se podría instalar un conector U.FL en la Raspberry Pi, lo que permitiría conectar un cable y una antena a la salida para aumentar el alcance. Es posible que la Fundación haya decidido no instalar este conector para cumplir la normativa Wi-Fi.

Observación

Wi-Fi y Bluetooth pueden funcionar simultáneamente. Esto permite, por ejemplo ver un vídeo en línea a través de Wi-Fi, mientras se envía el sonido a un altavoz Bluetooth.

7.2.7 Salidas de vídeo de la Raspberry Pi

La Raspberry Pi tiene dos tipos de salida de vídeo, una digital HDMI y una analógica compuesta. Funcionan de la misma manera que las de la Raspberry Pi Zero, es decir, la imagen de vídeo se envía al conector HDMI si hay una pantalla conectada. En caso contrario, la imagen se envía a la salida compuesta del conector de audio. En la Raspberry Pi 4, es necesario activar la salida compuesta mediante la herramienta de configuración raspi-config (o el archivo config.txt) para obtener una señal.

Vídeo digital Raspberry Pi

La salida de vídeo HDMI de los dispositivos Raspberry Pi de las generaciones 1 a 3 utiliza un conector HDMI convencional. A partir de la generación 4 de Raspberry Pi, dos tomas HDMI en formato micro HDMI permiten conectar dos pantallas. Tenga en cuenta que, tal y como establece el estándar HDMI, el audio también puede transmitirse a través de este puerto y ser reproducido por pantallas compatibles.

Vídeo analógico de Raspberry Pi 3

La salida de vídeo analógico o vídeo compuesto está disponible en un conector jack de 3,5 mm con cuatro contactos y proporciona señales analógicas de audio y vídeo. La salida de vídeo compuesto se utiliza para enviar la señal de vídeo que sale de la Raspberry Pi a una pantalla de TV analógica o a una pantalla digital con este tipo de entrada.

El conector jack es un modelo de cuatro contactos también conocido como TRRS (*Tip-Ring-Ring-Sleeve* o punta-anillo-anillo-cuerpo).

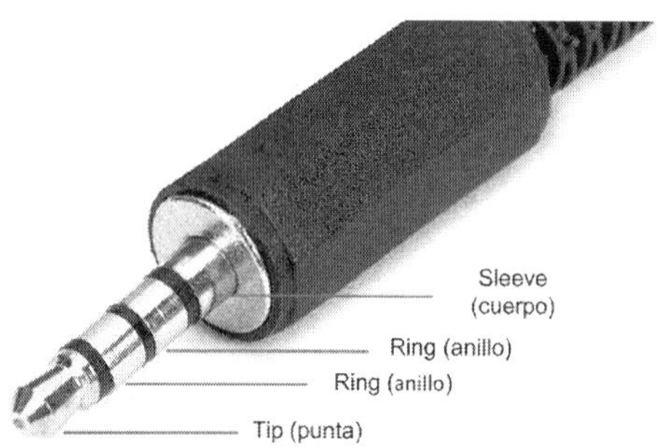

En el mercado existen varios cables adaptadores. La siguiente tabla muestra los modelos más comunes.

Raspberry Pi Modelo B+ Conector audio/vídeo Jack 3,5 mm

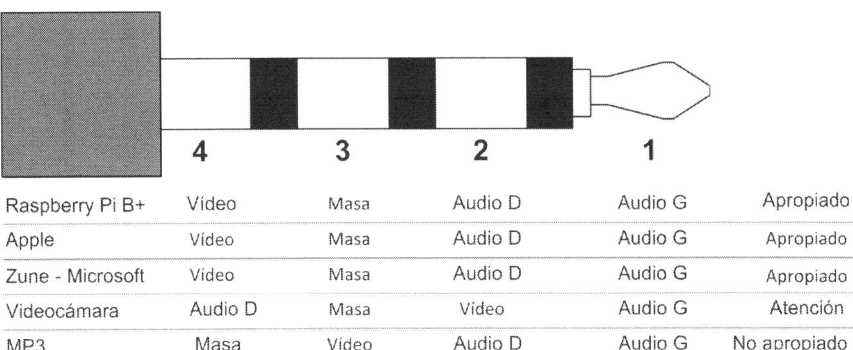

	4	3	2	1	
Raspberry Pi B+	Vídeo	Masa	Audio D	Audio G	Apropiado
Apple	Vídeo	Masa	Audio D	Audio G	Apropiado
Zune - Microsoft	Vídeo	Masa	Audio D	Audio G	Apropiado
Videocámara	Audio D	Masa	Vídeo	Audio G	Atención
MP3	Masa	Vídeo	Audio D	Audio G	No apropiado

Podemos ver que los modelos diseñados para dispositivos de las marcas Apple o Microsoft son adecuados para su uso con la Raspberry Pi B+. Los cables suministrados con algunas videocámaras pueden ser adecuados, siempre que se inviertan las tomas RCA de vídeo (amarillo) y audio derecho (rojo) en el otro extremo del cable. Por otro lado, los cables suministrados con algunos reproductores MP3 no funcionarán porque la toma de tierra no está en el lugar correcto. En caso de duda, lo mejor es comprobar las conexiones con un multímetro.

El nivel de las señales de audio y vídeo es próximo, por lo que invertir los cables durante las pruebas no debería causar ningún daño. La foto a continuación muestra un modelo de cable adaptador de TRRS a RCA disponible en tiendas online.

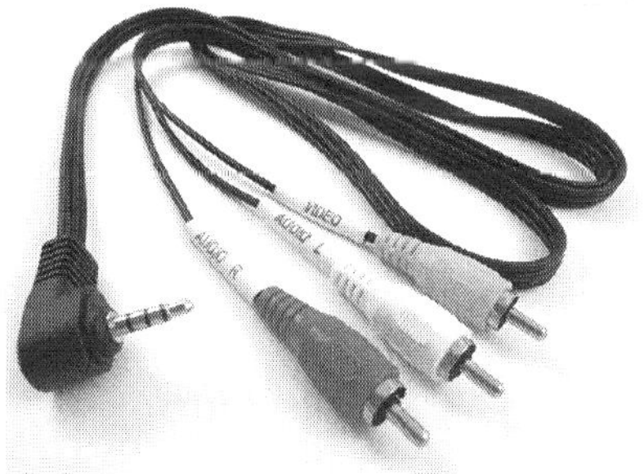

El uso de esta salida analógica de audio y vídeo permite reciclar un viejo televisor o conectar la Raspberry Pi a una pantalla en miniatura como las que se venden a bajo coste para hacer pantallas de marcha atrás para coches, por ejemplo. La imagen de abajo muestra un adaptador de audio/vídeo compuesto a SCART (también conocido como Péritel) al que se puede conectar el cable de la Raspberry Pi. La salida de vídeo está marcada por los conectores amarillos.

Formado por un único hilo central (el alma) rodeado por un blindaje (la trenza), el cable coaxial conectado a la toma de vídeo compuesto transporta por el único hilo central todas las señales de vídeo analógicas destinadas al monitor o al televisor. Las señales de audio no se transmiten al mismo tiempo. La señal de vídeo contiene información sobre la luz y el color de cada punto de la pantalla. A esto se añaden señales destinadas a sincronizar el monitor o el televisor con el barrido de la fuente que ha generado las señales de vídeo: las señales de sincronización horizontal indican el final de cada línea de la imagen y las señales de sincronización vertical indican el final de cada imagen de la pantalla. El término compuesto indica la presencia de esta información múltiple en la señal.

Utilizado desde los inicios de la televisión, este formato de transmisión de imágenes tiene el inconveniente de ser analógico y de que sus señales se ven distorsionadas por parásitos, perturbaciones atmosféricas...

Por otro lado, las normas utilizadas limitan la definición de las imágenes:

- 576i (576 líneas entrelazadas) para PAL (*Phase Alternating Line* o alternancia de fase por línea) y SECAM (Sequential Colour Memory) europeos;
- 480i (480 líneas entrelazadas) para el NTSC (*National Television System Committee* o comité nacional de sistema de televisión) estadounidense.

Estas definiciones, suficientes para la difusión de imágenes en movimiento, resultan difíciles de aceptar si se comparan con las actuales definiciones para sistemas informáticos, televisión digital, etc.

La salida de vídeo compuesto se puede configurar en el archivo config.txt de la tarjeta micro SD de la Raspberry Pi, que se lee al arrancar el sistema. Los estándares NTSC (versión estadounidense o versión japonesa) y PAL (versión europea o versión brasileña) están disponibles en tres formatos: 4:3, 14:9 y 16:9.

También es posible ajustar el tamaño de la imagen eliminando las bandas negras a su alrededor, o reduciendo la visualización al tamaño de la pantalla si hay partes de la imagen invisibles porque se rechazan más allá de los bordes de la pantalla.

7.2.8 Las salidas de audio

Salida de audio digital

El audio digital se emite a través del puerto HDMI en formato 5.1. El audio se combina con el vídeo.

Salida de audio analógica

La salida de audio analógica es un jack estéreo de 3,5 mm con cuatro polos (TRRS: véase el apartado Salidas de vídeo de Raspberry Pi - Vídeo analógico de Raspberry Pi 3, en este mismo capítulo, que muestra la distribución de las señales en los contactos del jack). Esta es la conexión estándar para la salida de sonido de muchos dispositivos (smartphones, PCs, consolas de juegos, reproductores de DVD portátiles, reproductores de MP3, etc.). Esta salida proporciona una señal de nivel de "línea" y debe estar conectada a un amplificador o a altavoces amplificados diseñados para un PC, por ejemplo. La potencia de salida de audio no está diseñada para auriculares o cascos de baja impedancia, que provocan una caída de la tensión de salida.

En lugar de audio analógico, la Raspberry Pi emite una señal digital PWM (*Pulse Width Modulation* = modulación por ancho de pulso). La señal está codificada en 11 bits (los CD de audio lo están en 16 bits), lo que podría ser adecuado para aplicaciones de voz sobre IP o efectos de sonido básicos (sonidos del sistema). Sin embargo, es insuficiente para escuchar música, ya que dista mucho de la calidad de los CD de audio. La salida se pone sucesivamente a 0 y 1 durante periodos de tiempo variables. La señal se filtra y el resultado es un sonido más o menos bueno, según la calidad de los circuitos utilizados. Una vez más, ha prevalecido una elección económica en detrimento de la calidad del sonido obtenido.

El circuito de alimentación de audio de las últimas generaciones de Raspberry Pi se ha mejorado en comparación con sus predecesores. El circuito de salida tiene ahora su propia fuente de alimentación, lo que reduce el ruido que podrían causar las llamadas de corriente de otros componentes de la placa. Para obtener la mejor calidad de esta salida de sonido, suba el volumen al máximo en la Raspberry Pi y cambie el volumen final utilizando los ajustes disponibles en el amplificador externo. Si baja el volumen en el software, notará un aumento del ruido.

Para obtener un sonido de calidad, probablemente tendrá que añadir una tarjeta de sonido conectada al puerto USB, equipada con un auténtico conversor digital-analógico y capaz de reproducir un sonido de calidad decente. También existen tarjetas de expansión que ofrecen sonido Hi-Fi. Estas pueden conectarse al conector GPIO. En el capítulo Loxs periféricos se muestra un ejemplo.

En este caso, es importante comprobar que el equipo elegido es gestionado por la distribución utilizada en la Raspberry Pi. La lista está disponible en:
https://elinux.org/RPi_VerifiedPeripherals#USB_Sound_Cards

7.2.9 El bus CSI

El funcionamiento del bus CSI en la Raspberry Pi modelo B es idéntico al de la Raspberry Pi Zero. Consulte este apartado en la descripción de la Raspberry Pi Zero.

Este bus CSI está situado entre el conector de audio/vídeo analógico y el conector HDMI (foto superior). Está diseñado para recibir directamente el cable plano del módulo de la cámara.

El módulo de cámara de la Raspberry Pi viene con un cable plano que encaja en el conector del bus CSI. Han aparecido en el mercado cámaras compatibles (ArduCam: foto anterior) que ofrecen la posibilidad de cambiar de objetivo, a diferencia de la cámara "oficial", que tiene un objetivo fijo. Al utilizar el mismo sensor que la cámara original, pueden utilizarse sin modificar el sistema ni el software. En la cámara de la derecha de la foto, se ha retirado el objetivo con montura CS, dejando al descubierto el sensor con su filtro de infrarrojos.

7.2.10 El bus DSI

Al igual que el CSI, el bus DSI (*Display Serial Interface* o interfaz serie de la pantalla) es una especificación de la alianza MIPI cuyo objetivo es reducir el precio de las pantallas utilizadas en los teléfonos móviles. Su estructura es similar a la del bus CSI, salvo que las líneas de datos van del SoC a la pantalla. El conector DSI (foto de abajo) se encuentra en un extremo de la placa Raspberry Pi, cerca del GPIO.

El bus DSI está controlado por la GPU. La Fundación lanzó una pantalla táctil oficial que utiliza este puerto DSI a principios de septiembre de 2015. Esta pantalla táctil tiene una definición de 800 x 480 píxeles a 60 ps y ofrece una buena calidad de imagen.

En la foto anterior, la Raspberry Pi 3 está conectada a través del puerto DSI a la placa de control de la pantalla táctil oficial. Se trata de una pantalla de 7 pulgadas (18 cm) en diagonal con un tamaño de visualización de aproximadamente 155 mm x 86 mm.

La pantalla consume hasta 470 mA además del consumo de energía de la Raspberry Pi. Necesitará una fuente de alimentación seria que proporcione al menos 2,5 A.

7.2.11 El GPIO

El GPIO de la Raspberry Pi modelo B es idéntico al de la Raspberry Pi Zero. Consulte esta parte del capítulo para obtener información sobre esta interfaz.

Raspberry Pi modelo B y modelo A se entregan con el conector GPIO instalado. Por lo tanto, es posible utilizar estas entradas/salidas soldando cables directamente al conector, utilizando conectores individuales o enchufando un adaptador para conectar el puerto GPIO a una placa externa.

Hay cables disponibles para conectar el puerto GPIO de la Raspberry Pi a una *protoboard*. Por ejemplo, el kit Pi T-Cobbler de Adafruit incluye un cable plano con dos conectores de 40 contactos engarzados en la cinta.

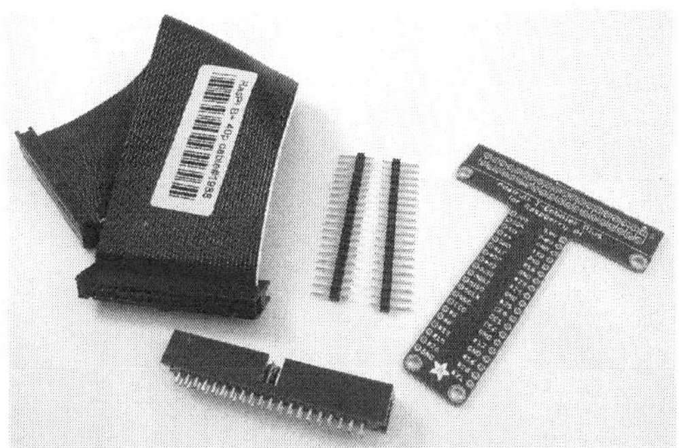

Una placa de circuito impreso en forma de T tiene marcas serigrafiadas que muestran el nombre de cada uno de los 40 pines. Se suministra un conector de 40 patillas, así como conectores para soldar en tiras. El conector de 40 patillas se soldará a la parte superior de la barra horizontal de la T y servirá de enlace con el cable plano. Los conectores en tira se soldarán bajo la placa de circuito impreso, a ambos lados de la barra vertical de la T. Permitirán enchufar el adaptador a una placa experimental.

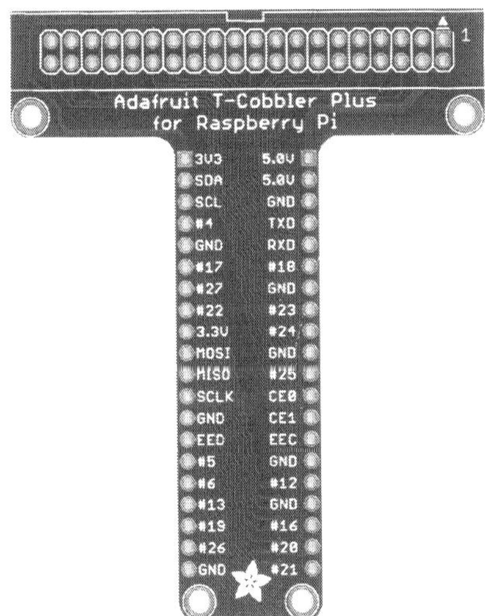

El cable obtenido soldando los pines entre sí proporciona una conexión limpia entre la Raspberry Pi y una placa experimental. La firme conexión entre el GPIO y la placa garantiza que no haya falsos contactos. La siguiente foto muestra una maqueta diseñada para probar un programa que lee el estado de un interruptor y utiliza esta información para controlar un LED.

El LED, el pulsador y las resistencias están cableados en la placa de prototipos. Esto permite trabajar con seguridad en el GPIO, sin provocar un cortocircuito involuntario.

Observación

Los pines GPIO están diseñados para funcionar a 3,3 V y no admiten absolutamente una tensión de 5 V. No hay protección contra la sobretensión. Es responsabilidad del usuario instalar los amplificadores o convertidores de nivel de tensión necesarios en la placa externa para proteger la placa Raspberry Pi.

En las primeras placas Raspberry Pi 1 modelo B (antes del modelo B+), el puerto GPIO contiene solo 26 pines. Estos 26 pines corresponden a los 26 pines izquierdos del puerto de 40 pines. Por lo tanto, puede conectar tarjetas de expansión más antiguas en un puerto de 40 pines.

7.2.12 La alimentación

A través de la conexión micro USB específica

La Raspberry Pi se alimenta normalmente a través de una conexión micro USB (foto de abajo) o USB-C a partir de la generación 4. No hay interruptor de encendido/apagado y es la inserción o extracción de la conexión micro USB la que actúa como interruptor. Algunos cargadores de teléfonos tienen una toma micro USB de este tipo. Sin embargo, es esencial que el voltaje suministrado a la Raspberry Pi 3 sea de 5 V a una corriente de al menos 1,5 A. La Raspberry Pi modelo 3 consume hasta 800 mA de pico. Si alimenta periféricos USB, este consumo debe añadirse al de la placa. De ahí la necesidad de una fuente de alimentación capaz de suministrar al menos 2 A. Una fuente de alimentación como la oficial (2,5 A máx.) es una buena elección para evitar los problemas asociados a las caídas de tensión.

La fuente de alimentación solo suministra la corriente que necesita el dispositivo al que está conectada. El hecho de que una fuente de alimentación esté etiquetada como 5 V/2 A no significa que vaya a enviar 2 A a la Raspberry Pi. Simplemente significa que es capaz de suministrar una corriente máxima de 2 A si la Raspberry Pi lo requiere. Por lo tanto, no hay ningún riesgo en conectar una fuente de alimentación capaz de suministrar una corriente superior a 1 A.

Sin embargo, es importante que la tensión sea igual a 5 V. Algunos adaptadores suministran una tensión ligeramente inferior a 5 V. La conexión de periféricos USB a la Raspberry Pi genera un elevado consumo de corriente que provoca una caída momentánea de la tensión suministrada. En algunos casos, esto podría hacer que la Raspberry Pi se reinicie a pesar de las protecciones existentes.

Además, el uso de un cable USB de mala calidad entre la fuente de alimentación y la toma micro USB de la Raspberry Pi puede empeorar aún más la situación al provocar una caída de tensión adicional. Las fuentes de alimentación con un cable de salida integrado no suelen plantear este tipo de problemas.

Si está utilizando un cargador de smartphone o tableta y aparece un cuadrado de color en la esquina superior derecha de la pantalla o el LED de alimentación parpadea (consulte el apartado LED de estado a continuación) es motivo de preocupación. En este caso, lo mejor es sustituir la fuente de alimentación en cuestión, ya que no es adecuada para su uso con la Raspberry Pi.

La fuente de alimentación de la Raspberry Pi es una de las partes de la placa que más cambios ha sufrido: se ha revisado por completo en comparación con los primeros modelos. Los reguladores analógicos de las versiones anteriores a la Raspberry Pi B+ reducían los 5 V a 3,3 V y 1,8 V, disipando el exceso de energía en forma de calor. Esto hacía que, en ocasiones, el regulador principal estuviera equipado con un pequeño disipador de calor para ayudar a disipar el calor y reducir el aumento de temperatura.

En la Raspberry Pi actual, los reguladores son modelos de conmutación que son mucho más eficientes (96%) y no disipan prácticamente nada de calor.

La foto de arriba muestra los componentes de la fuente de alimentación de la Raspberry Pi 3. No se ve ningún componente de alimentación. Los componentes marcados 4R7 son los selfs utilizados para regular los voltajes de 3,3 V y 1,8 V.

7.2.13 Vía el GPIO

Es posible alimentar la Raspberry Pi con 5 V a través del GPIO. Sin embargo, no se recomienda utilizar este método en placas de generación 4 y 5, debido a las altas corrientes que requieren estas placas.

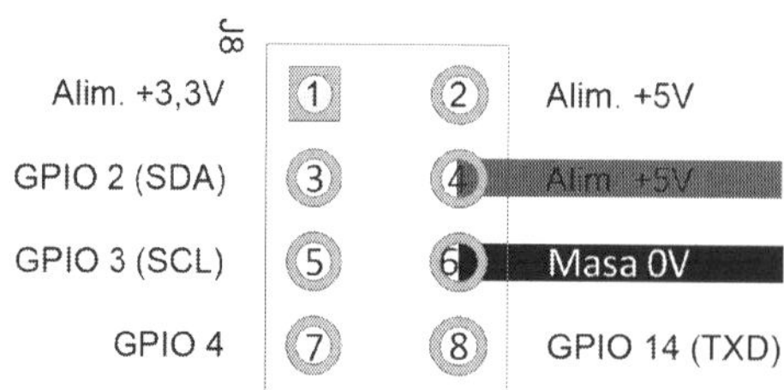

El cable rojo que transporta los + 5 V debe conectarse al pin 4 y la masa (cable negro) al pin 6.

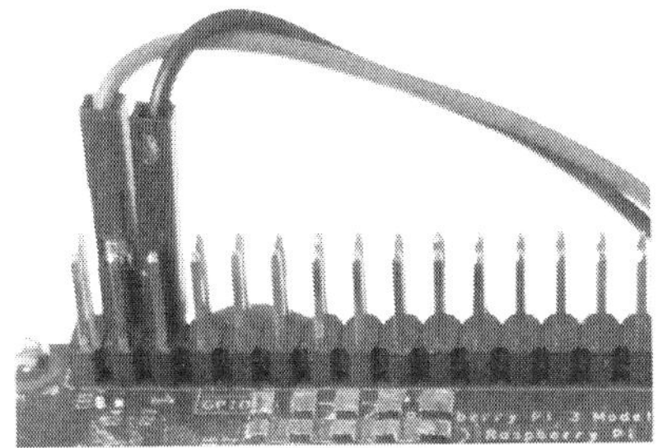

Este método requiere mucho cuidado, ya que el voltaje se aplicará directamente a los circuitos de la Raspberry Pi sin ningún tipo de seguridad o protección.

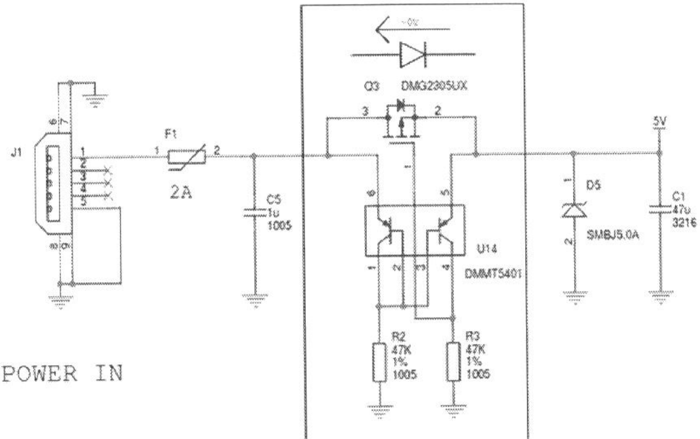

En el diagrama anterior de ENTRADA DE ALIMENTACIÓN, podemos ver que cuando la tensión de alimentación llega a la placa a través de la toma USB J1, se aplica primero a un fusible rearmable de 2A (polifusible) F1 (marcado Z592 en la foto a continuación). El bloque que sigue contiene un circuito equivalente a un diodo y solo permite que la corriente fluya en la dirección que le corresponde. Este circuito sustituye a un diodo cuya caída de tensión habría sido perjudicial. Aquí, el transistor Q3 realiza esta función con una caída de tensión extremadamente baja.

El bloque de protección de tensión inversa puede verse en la foto superior (U14 y Q3). El diodo D5, situado justo después de esta etapa de protección, se encarga de eliminar las sobretensiones transitorias que puedan producirse. La tensión marcada con 5 V a la derecha del esquema está destinada a la fuente de alimentación conmutada que produce los 3,3 V y 1,8 V. También alimenta los puertos USB y los pines de 5 V del GPIO.

Esto significa que si elige alimentar la Raspberry Pi a través del GPIO estará enviando los 5 V directamente a los circuitos de la Raspberry Pi, después del fusible y después de la protección contra la inversión de voltaje. Cualquier sobretensión o inversión de tensión a nivel GPIO será fatal para la Raspberry Pi.

7.2.14 Los LED de estado

Las placas Raspberry Pi tienen dos LEDs de estado, que se muestran arriba en el borde de la placa. El LED situado más a la derecha, de color rojo, es el LED PWR (*power* o alimentación). Se enciende cuando se aplican 5 V a la toma de alimentación micro USB. Cuando la tensión cae por debajo de 4,75 V, se apaga, indicando un problema de alimentación. Este puede ser el caso si se conecta un periférico que consume mucha corriente, si se utiliza una fuente de alimentación insuficientemente estable para la Raspberry Pi o si se utiliza un cable de alimentación inadecuado.

La marca PWR está desplazada por falta de espacio; el LED correspondiente se indica mediante una línea que parte de la base de la P.

El LED ACT a la derecha de la imagen de arriba indica la actividad de Raspberry Pi, es decir, el acceso a la tarjeta micro SD. El LED verde se enciende cuando se accede a la tarjeta. Si no inserta una tarjeta micro SD, permanecerá apagado.

7.2.15 El conector de la tarjeta micro SD

Situado en la parte inferior de la placa Raspberry Pi, el conector está diseñado para aceptar una tarjeta micro SD.

En comparación con el soporte de plástico para tarjetas SD utilizado en las primeras versiones de la Raspberry Pi, este modelo metálico es más robusto. Además, el pequeño saliente de la tarjeta micro SD (2 mm) evita que el conector se dañe al presionarla.

El conector es *push-pull*. No hay bloqueo mecánico cuando se inserta la tarjeta. Basta con empujarla hasta el fondo del conector. La tarjeta se mantendrá en su sitio gracias a las pestañas que descansan sobre los contactos de la tarjeta micro SD y al muelle formado por el contacto de presencia de la tarjeta, visible en la foto anterior en la esquina superior derecha del conector.

Para extraer la tarjeta, es necesario tirar de ella. Dependiendo de la configuración en la que esté instalada la Raspberry Pi, es posible que a veces tenga que utilizar unos pequeños alicates para extraer la tarjeta.

7.2.16 Las dimensiones

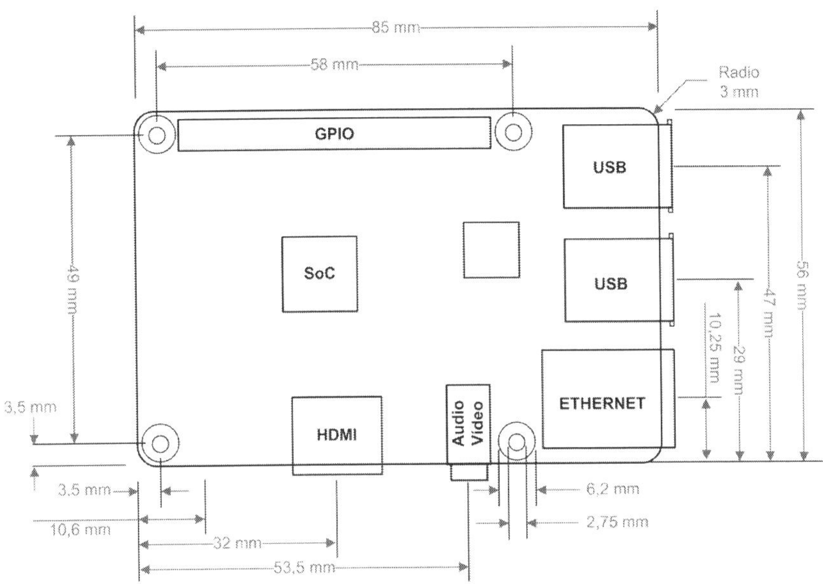

El factor de forma de la Raspberry Pi 3 es idéntico al de sus predecesoras Raspberry Pi B+ y Raspberry Pi 2 y sus sucesoras (aparte de la posición de algunos conectores). Tiene cuatro orificios de montaje dispuestos en las esquinas de un rectángulo de 58 x 49 mm, lo que facilita la fijación de la placa a un soporte y también permite montar placas de expansión de forma muy segura.

7.2.17 El reloj

Este apartado no debería existir, porque en la Raspberry Pi... ¡no hay reloj en tiempo real! La excepción es desde la generación 5, que incluye un reloj en el circuito de alimentación.

En general, el sistema ajusta su hora conectándose a un servidor NTP (*Network Time Protocol* o protocolo de sincronización horaria de red). El protocolo NTP sincroniza la hora del ordenador local con la de un servidor horario maestro. Los servidores primarios sincronizados con un reloj atómico transmiten la hora a un árbol de servidores secundarios, lo que garantiza una gran precisión.

El protocolo NTP gestiona:

- la frecuencia de la solicitud de hora enviada por el ordenador local al servidor;
- el cálculo de la diferencia entre la hora local y la hora del servidor;
- el cálculo del tiempo de ida y vuelta que tardan los mensajes en la red;
- el cálculo de las correcciones que deben aplicarse al reloj local para mantener la sincronización.

Por supuesto, si la Raspberry Pi no está conectada a Internet, la sincronización no puede tener lugar y la hora mostrada por la Raspberry Pi no tiene sentido. Tendrá que ajustar la hora manualmente.

Si la aplicación requiere que la información procesada lleve una marca de tiempo (estación meteorológica, registrador de rutas GPS, etc.), debe utilizarse un RTC (*Real Time Clock* o Reloj en Tiempo Real) con batería.

La placa de arriba es un ejemplo. Equipada con un circuito de reloj RTC DS1302, un reloj de cuarzo (el cilindro gris sobre el componente DS1302) y una pila de litio CR2032, mantiene la hora cuando la Raspberry Pi deja de recibir alimentación.

Cuando el sistema arranca, se lee la hora de este reloj RTC y se utiliza para ajustar el reloj del sistema.

La conexión con la Raspberry Pi se realiza a través de los puertos GPIO. No se trata de una conexión estándar I2C, SPI o de 1-wire (bus utilizado principalmente en domótica para conectar componentes con solo dos hilos), sino de una simple conexión serie. Existen módulos para gestionar este tipo de tarjetas con el sistema operativo Raspberry Pi.

Existen muchos otros modelos de tarjetas RTC, algunas de las cuales se conectan directamente al GPIO. Es necesario un estudio preliminar de las diferentes soluciones para elegir el reloj RTC que mejor se adapte a sus necesidades.

8. Los requisitos para iniciar

8.1 La alimentación

El ecosistema Raspberry Pi está diseñado para ser modular, adaptable y reutilizable. Sin embargo, hay ciertos elementos que no deben descuidarse, y la fuente de alimentación es uno de ellos. Muchos de los problemas del funcionamiento general de la placa se deben a un problema de alimentación. Estos problemas de alimentación generalmente se ponen de manifiesto por la extinción temporal del LED rojo PWR. Generalmente se deben a corrientes que se extraen del puerto GPIO, o de los periféricos USB conectados, que la fuente de alimentación no puede cubrir porque no es lo suficientemente potente.

Para empezar a utilizar la Raspberry Pi, es muy recomendable, si no obligatorio, utilizar una fuente de alimentación oficial diseñada por la Fundación Raspberry Pi. Los circuitos electrónicos internos de estas fuentes de alimentación, junto con su cable y su toma micro-USB, garantizan el suministro de una corriente adecuada. Nada le impide probar a alimentar su proyecto con otros cargadores de recuperación y seleccionar aquellos que suministren la corriente necesaria a su placa. Aquí tiene una pequeña tabla para hacerse una idea de esta corriente:

Generación	1	2	3	4	5
Corriente necesaria	1 A	1 A	2,5 A	3 A	4 A

8.2 La tarjeta micro SD

El rendimiento de la tarjeta micro SD es un factor importante en el rendimiento general de su sistema. Cuanto más avanzada sea la gama de la tarjeta Raspberry Pi que utilice, más cuidado deberá tener para que su tarjeta micro SD no sea un cuello de botella. Este tema se trata en detalle en el apartado Elección de la tarjeta SD del capítulo Instalación de la Raspberry Pi OS.

8.3 La pantalla

Conectar una pantalla a la salida HDMI de su Raspberry Pi es a veces esencial durante la fase de experimentación y desarrollo de su aplicación. Durante las fases de arranque o actualización del sistema, solo esta señal de vídeo le informará del estado o progreso de las operaciones en curso. Veremos en el capítulo Conexión a la Raspberry Pi de forma remota que también existen otras formas de acceder a la Raspberry Pi de forma remota.

De hecho, la Raspberry Pi se adapta a cualquier tipo de pantalla, incluso a los viejos televisores con salida de vídeo analógica. Es una obviedad utilizar una pantalla recuperada con una Raspberry Pi. Sea cual sea su tamaño, resolución o formato, cualquier pantalla es adecuada, lo que deja mucho espacio para reciclar viejas pantallas. Si tiene una entrada HDMI, es perfecta; si tiene una entrada DVI, comprar un cable HDMI/DVI vale perfectamente la pena; si la pantalla solo tiene entrada VGA, tendrá que comprar un adaptador HDMI/VGA más caro.

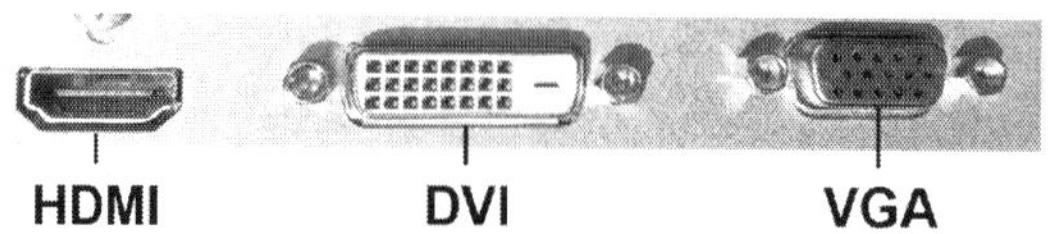

Por último, está la salida analógica compuesta, que sigue siendo compatible con los televisores o monitores de vídeo antiguos. La configuración, los ajustes y el cableado deben pensarse detenidamente, y son más complicados de implementar que la salida HDMI.

8.4 Un teclado, un ratón

Un teclado y un ratón USB son casi indispensables para empezar a trabajar cómodamente. Cuidado, sin embargo, con el consumo de energía de estos periféricos. Algunos ratones ópticos consumen mucha corriente y perturban la alimentación eléctrica, sobre todo en las placas de primera generación. Lo mismo ocurre con la parte sensible al tacto de ciertas pantallas, que pueden hacer que el LED rojo de tu Raspberry Pi parpadee.

Sin embargo, existen alternativas para conectar de todos modos estos periféricos. Utilizar un ratón y/o un teclado inalámbrico es una opción interesante, ya que la energía necesaria para hacerlos funcionar ya no se bombea desde la Raspberry Pi, sino desde las pilas incluidas en el periférico. En la mayoría de los casos, el dongle USB utilizado como transmisor inalámbrico consume muy poca energía. Y esto significa menos cables alrededor de su placa.

Otra forma de proceder, sobre todo con una pantalla táctil, es utilizar un concentrador USB alimentado, es decir, uno con su propia fuente de alimentación de 5 V. De este modo, la energía para los dispositivos USB ya no la suministra la Raspberry Pi. Pero eso no es todo. Su concentrador USB también debe tener un diodo antirretorno para evitar que la corriente eléctrica vuelva a su tu Raspberry Pi. Este es un punto muy importante, ya que es muy perjudicial para toda la placa.

He aquí cómo comprobarlo:

- Retire cualquier tarjeta SD de su Raspberry Pi.
- Desconecte todos los cables de su Raspberry Pi.
- Encienda el concentrador USB.
- Conecte su hub USB a uno de los puertos USB de su Raspberry Pi.

Si su Raspberry Pi se ilumina, es porque está recibiendo alimentación a través del concentrador USB y, por tanto, no dispone de diodo antirretorno. Estos concentradores USB no deben utilizarse, al menos no con su fuente de alimentación externa. Es posible utilizarlos sin una fuente de alimentación externa, pero esto pierde todo interés ya que entonces es la Raspberry Pi la que tiene que suministrar energía al hub y a los periféricos.

Si su Raspberry Pi no recibe alimentación de su concentrador USB, resérvelo. Aun así le permitirá conectar periféricos consumidores de energía a su placa favorita.

8.5 Las carcasas y la ventilación

Mientras que las primeras generaciones de Raspberry Pi y la Pi Zero no se calientan mucho, no se puede decir lo mismo de las placas de las generaciones 3, 4 o 5. El fenómeno se acentúa al encerrar la placa en una carcasa y al procesar vídeo, por ejemplo. Es una buena idea acostumbrarse a pegar un disipador de calor al SoC de su Pi utilizando un adhesivo térmico especial (este kit se suministra con una placa Pi 5). Esto aumenta la inercia térmica del SoC y ayuda a disipar cualquier exceso de calor.

Un olor a quemado o la imposibilidad de tocar un radiador demasiado caliente son claros indicios de sobrecalentamiento. Esto debe alertarle y debe tomar medidas de refrigeración para evitar una futura avería.

Muchos ventiladores están disponibles comercialmente y pueden ser controlados por el sistema operativo (consulte el apartado Opciones de rendimiento del capítulo Instalación del Raspberry Pi OS).

Una excepción es la Pi 400, en la que el tamaño de la carcasa del teclado y la forma específica de la placa interna la hacen adecuada para una ventilación natural no forzada.

8.6 Paciencia y método

A lo largo de sus proyectos o experimentos, seguro que en algún momento se encontrará con algo que no funciona, porque en la larga cadena que une cada elemento de un proyecto, hay un eslabón que no está bien, un cable que se ha olvidado, un falso contacto en un pin, un acceso a Internet que ya no funciona, una pila agotada, un componente quemado, interferencias electromagnéticas, el Bluetooth del vecino, etc. Su trabajo consistirá en encontrar el eslabón defectuoso, probando sistemática y metódicamente cada eslabón. Para ello, hay que comprender la función de cada eslabón y cómo encajan entre sí. No hay que entrar necesariamente en los detalles del funcionamiento de cada uno, sino simplemente aislar las funciones esenciales y probarlas individualmente para identificar dónde hay un problema o un error.

8.7 Diseño sencillo y adecuado

El punto fuerte de la Raspberry Pi es que pone a disposición del mayor público posible un nano-ordenador con funciones básicas para un enorme número de aplicaciones: sonido, vídeo, interacción táctil, pulsadores, mandos giratorios, mandos a distancia por infrarrojos, Wi-Fi, Bluetooth, LED, y la lista se multiplica por diez con tarjetas de expansión, módulos o periféricos USB. La potencia de la tarjeta, incluso la de las tarjetas de primera generación, comparable a la de un smartphone de hace unos años, no es un obstáculo siempre que se programe correctamente y se utilicen los periféricos adecuados. Y todo ello teniendo en cuenta la sencillez y las necesidades justas.

Capítulo 3
Los sistemas operativos disponibles

1. Introducción

Para hacer funcionar un ordenador se necesita un sistema operativo. Este OS (*Operating System*) es el director de orquesta que gestiona los recursos del ordenador y los asigna a las distintas tareas que se ejecutan, ya sean aplicaciones lanzadas por el usuario o servicios propios del sistema.

Cuando el software necesita un recurso de hardware, el sistema operativo se lo asigna. El sistema operativo gestiona el hardware (memoria y periféricos), el acceso a los archivos guardados en dispositivos de almacenamiento masivo y el intercambio de información a través de la red.

Cuando la Fundación creó la Raspberry Pi, mantener el precio por debajo del límite establecido al principio implicaba que no había que pagar licencia para utilizar el sistema operativo. Así que fue natural que los creadores recurrieran a Linux.

Este capítulo repasa brevemente la historia de Linux y presenta las distribuciones compatibles con la Raspberry Pi.

2. Linux

Linux debería llamarse GNU/Linux. Forma parte del proyecto GNU (*GNU's NOT Linux* = GNU NO es Linux) lanzado en 1983 por Richard Stallman. Es un sistema operativo libre con licencia GPL (*GNU General Public License* = Licencia Pública General de GNU). En otras palabras, los códigos fuente de los programas están a disposición de cualquiera. Cualquiera puede utilizar Linux, hacerse con los códigos, estudiarlos, modificarlos y redistribuirlos. Miles de desarrolladores, a veces pagados por empresas, participan en el desarrollo de Linux.

2.1 De Linus a Linux

En los años 90, los estudiantes universitarios trabajaban en terminales conectados a un potente ordenador central que se ejecutaba en UNIX. Los ordenadores personales que se podían comprar estaban basados en microprocesadores 80386 fabricados por Intel y ejecutaban MS-DOS, Windows (Microsoft) u OS/2 (Microsoft e IBM).

Linus Torvalds, un estudiante finlandés de la Universidad de Helsinki, compró un PC e instaló Minix, un sistema operativo similar a UNIX creado por el profesor Tanenbaum y utilizado con fines docentes. Insatisfecho con el funcionamiento de Minix y, en particular, con el emulador de terminal que utilizaba para conectarse al ordenador de la universidad, se puso a escribir su propio emulador de terminal. Al cabo de pocos meses, finalmente desarrolló un núcleo de sistema operativo que compartió con sus amigos y familiares. En el servidor FTP de la universidad, el directorio en el que se almacena el trabajo de Linus se llama "LINUX". Este fue el nombre elegido para el nuevo sistema operativo.

El 25 de agosto de 1991, Linus anunció en Usenet (un sistema de foros que funcionaba bajo UNIX) que había creado un sistema operativo e invitó a los desarrolladores a contribuir a su desarrollo. Al principio, Linux no era gratuito. Linus solo autorizó su distribución gratuita. Los comentarios que informaban de fallos en el kernel le animaron a continuar el desarrollo e introducir mejoras. Unos años más tarde, confiado en que su nombre estaría permanentemente ligado al núcleo Linux, Linus lo "liberó" decidiendo utilizar la licencia GPL.

Un concurso de dibujo ganado por Larry EWING en 1996 dio a Linux una mascota, el pingüino Tux. *Penguin* es la palabra inglesa para *pingüino*. Linus afirma en el "Manifiesto Linux" (https://www.gnu.org/gnu/manifesto.es.html) que Tux no tiene ningún significado concreto, sino que le recuerda un viaje a Australia durante el cual le mordió un pingüino al que intentaba domesticar. A la hora de buscar un logotipo, algunos proponían aburridos logotipos comerciales, pero Linus prefirió que se le asociara con un logotipo divertido y ligeramente irreverente antes que con algo estático y aburrido.

En cuanto al nombre Tux, procede del inglés *tuxedo*, que hace referencia a un smoking que se lleva para cenar, con camisa blanca y pajarita. A ir vestido con este atuendo se le conoce como... "ir de pingüino".

La gratuidad de Linux coincidió con el desarrollo de Internet. Miles de desarrolladores de todo el mundo, seducidos por el concepto, se unieron al proyecto. El desarrollo del núcleo continúa, y Linus sigue siendo quien decide en última instancia los cambios que se introducen en él.

Tras terminar su tesis en Helsinki, Linus se trasladó a Estados Unidos. De 1997 a 2003, trabajó para Transmeta (fabricante de microprocesadores). Pudo seguir trabajando en el núcleo Linux durante parte de su jornada laboral, con el permiso de su empleador. En 2003 se unió a la Fundación Linux, donde se dedicó por completo a Linux. En 2010 obtuvo la nacionalidad estadounidense.

2.2 El núcleo

2.2.1 Descripción del núcleo Linux

El núcleo de Linux es la parte central del sistema operativo. A través del kernel, el software accede al hardware, y es el kernel el que gestiona y asigna los recursos del sistema. Originalmente desarrollado para máquinas basadas en procesadores x86, es decir, máquinas con un microprocesador compatible con el 8086 de Intel, el núcleo Linux se ha ido adaptando gradualmente a otras arquitecturas.

El núcleo se escribe en C, un lenguaje ya utilizado para escribir UNIX. El código fuente elaborado por los desarrolladores se compila (se transforma en un programa ejecutable por un microprocesador). A partir de un único programa fuente, el compilador y las bibliotecas utilizadas permiten compilar el núcleo para distintos microprocesadores. Gracias a ello, hoy existen versiones del núcleo Linux adecuadas para una gran variedad de sistemas.

Además, la disponibilidad del código fuente permite adaptarlo a máquinas específicas, modificando las líneas de código afectadas por las diferencias que deben tenerse en cuenta en el núcleo.

2.2.2 Usos del núcleo Linux

Linux se utiliza en superordenadores (máquinas con cientos de miles de núcleos de procesamiento), teléfonos móviles, ordenadores personales y una amplia gama de hardware en los que es un sistema embarcado. En un sistema embarcado, el usuario no ve la máquina como un ordenador, sino que tiene otras funciones: caja de Internet, copiadoras digitales, grabadoras digitales, reproductores Mp3/Mp4, teléfonos IP, etc.

Versiones adaptadas de Linux se esconden en el sistema Android de Google, pero también en webOS, antes utilizado por Palm y Hewlett Packard, que LG va a implantar en sus televisores digitales y de Internet. La plataforma Maemo para teléfonos Nokia también se basa en un núcleo Linux.

Cuando se trata de superordenadores utilizados por grandes instituciones civiles y militares, o por empresas que operan a escala mundial, Linux ha aplastado literalmente a la competencia, equipando más del 92% de los superordenadores TOP500 (las 500 máquinas más potentes del planeta). En comparación, UNIX (5%) y Windows (0,4%) apenas están representados.

Empresas y organizaciones utilizan Linux a diario en sus servidores y estaciones de trabajo. Un poco más lejos, a 400 km sobre la Tierra, todos los portátiles de la Estación Espacial Internacional (ISS) migran a Debian (mayo de 2013), y el robot humanoide R2, diseñado para ayudar a los astronautas en maniobras peligrosas, también funciona con Linux. La elección de Debian (véase más adelante el apartado Seguridad del núcleo) se debió a la presencia de virus informáticos en los portátiles de la ISS. Un cosmonauta ruso los subió a bordo en su portátil sin Linux.

Resulta tranquilizador y divertido pensar que este mismo sistema operativo es el que hace funcionar la diminuta placa Raspberry Pi, y que todo lo aprendido en la Raspberry Pi puede transponerse a otros sistemas...

2.2.3 Seguridad del núcleo

El propio diseño del kernel, la separación entre lo que puede ejecutar el administrador del sistema y lo que puede ejecutar un simple usuario, impide que se ejecuten virus y, sobre todo, que se propaguen en Linux.

El sistema es gratuito, al igual que la mayoría de las aplicaciones que lo acompañan. Miles de personas han leído y releído el código para descubrir los fallos. Como en cualquier sistema, los fallos existen, pero la publicación de los parches suele producirse unas horas después del descubrimiento del fallo. También es posible modificar el código fuente para reforzar la seguridad del sistema.

El Ejército de Estados Unidos, por ejemplo, publica LPS (*Lightweight Portable Security* = seguridad portátil ligera), una versión segura de Linux diseñada para los empleados del Departamento de Defensa, que arranca en un CD o una llave USB, cifra los datos y es capaz de leer las tarjetas de acceso a los sitios gubernamentales.

Sin embargo, existen antivirus para Linux, lo que parece contradecir las líneas anteriores... En realidad, los antivirus para Linux se instalan en servidores (correo electrónico, compartición de archivos, FTP, etc.) a los que acceden máquinas con Windows, susceptibles de ser contaminadas por virus transmitidos en correos electrónicos o archivos. Los antivirus Linux no protegen la máquina Linux, sino los clientes Windows.

2.2.4 Versiones básicas

El núcleo original, escrito por Linus Torvalds en 1991, contenía unas 10.000 líneas de código. Su número de versión era 0.01. El primer núcleo estable y realmente utilizable se publicó en marzo de 1994. Llevaba el número 1.0 y contenía casi 200.000 líneas de código.

La numeración de las versiones sigue una regla sencilla:

- El primer número es el de la versión principal (versión del núcleo).
- El segundo número es el número de versión menor (revisión del núcleo).
- El tercer número es un número de revisión, que corresponde a correcciones de errores, fallos de seguridad o nuevas funciones.

El núcleo actual (en noviembre de 2024) es el 6.6. Contiene decenas de millones de líneas de código y lo mantienen miles de desarrolladores y cientos de empresas de todo el mundo. Algunas distribuciones, como Raspberry Pi OS, utilizan núcleos anteriores, por razones de estabilidad o seguridad.

2.3 Las distribuciones

El núcleo Linux es, en cierto sentido, el motor del sistema operativo. Pero, al igual que para construir un coche, el motor por sí solo no basta; hay que "vestir" este núcleo con aplicaciones que permitan utilizarlo.

A partir del mismo motor, es posible crear un 4x4, un utilitario, un monovolumen, un descapotable, etc. Del mismo modo, a partir del núcleo Linux, individuos, comunidades y empresas han construido paquetes de software, ensamblados con un propósito específico o con una filosofía particular en mente.

Este conjunto de programas, a menudo procedentes de empresas de software libre, se denomina distribución. Las distribuciones ofrecen una selección de:

- Facilidad de instalación.
- Facilidad de uso.
- Rapidez y poca necesidad de recursos.
- La cantidad de software disponible.
- Acceso a multimedia.
- La calidad de sus herramientas ofimáticas.
- La frecuencia de las actualizaciones.
- La disponibilidad de una comunidad de apoyo.
- Adaptación a una necesidad específica (desarrollo, informática científica, etc.).

- La seguridad proporcionada.

Por tanto, la elección de la distribución es determinante y debe adaptarse al nivel del usuario (principiante, experto), los recursos disponibles (Raspberry Pi, servidor multiprocesador), la aplicación prevista (ofimática, centro multimedia)...

Las distribuciones pueden derivar de otras distribuciones. Por ejemplo, Linux Mint deriva de Ubuntu, que a su vez deriva de Debian...

El sitio http://distrowatch.com enumera las distribuciones y las clasifica en función del número de visitas a la página que les dedica en el sitio. Por tanto, esta clasificación debe tomarse con cautela, ya que no incluye el número de sistemas realmente instalados. Hay muchas distribuciones basadas en Debian en las primeras posiciones.

3. Distribuciones Linux para Raspberry Pi

Inicialmente, la Fundación propuso una lista de sistemas operativos y distribuciones de Linux compatibles con la Raspberry Pi, al tiempo que recomendaba Raspbian, que mantenía internamente. Estos sistemas operativos y distribuciones podían instalarse a través de NOOBS (https://projects.raspberrypi.org/es-es/projects/noobs-install), una especie de programa de instalación que permitía al usuario seleccionar el sistema deseado. Ante el creciente número de sistemas operativos compatibles con la Raspberry Pi y la importante carga de trabajo necesaria para actualizarlos, la Fundación se concentró en su propio Raspberry Pi OS y abandonó NOOBS. Los demás sistemas operativos aún pueden instalarse, pero las instrucciones de instalación se mantienen en las páginas oficiales de estos sistemas.

En las siguientes líneas repasaremos los principales sistemas operativos disponibles en la actualidad, aunque esta lista no es exhaustiva.

3.1 Raspberry Pi OS

La distribución recomendada por la Fundación es Raspberry Pi OS, antes Raspbian. Se trata de una distribución basada en Debian y compilada para la Raspberry Pi. La página oficial de descargas es https://www.raspberrypi.com/software/operating-systems/.

Las últimas versiones recomendadas están disponibles en esta página. ¿Por qué las últimas versiones y no la última? Sencillamente porque han aparecido nuevas versiones, aún en fase de pruebas, o solo disponibles en determinadas generaciones de placas Raspberry Pi.

Vamos a echar un vistazo a estas versiones para ayudarle a hacer la mejor elección a la hora de descargar una.

3.1.1 Historial de versiones

Como Raspberry Pi OS está basado en Debian, sigue naturalmente la evolución de esta distribución. Cada versión de Debian pasa por varios estados (en pruebas, inestable, estable, obsoleta, etc.) y cada versión se mantiene y actualiza durante un periodo definido (LTS = *Long Term Support* = soporte a largo plazo). Las versiones de Debian y sus características específicas pueden consultarse en https://www.debian.org/releases/index.es.html.

Con cada nueva versión de Debian, ya sea mayor o menor, la Fundación publica una nueva versión de Raspberry Pi OS, así como sus variaciones. Aquí están los nombres de las versiones publicadas desde la existencia de las placas Raspberry Pi:

15/07/2012	Raspbian	Wheezy	Basado en Debian 7
24/09/2015	Raspbian	Jessie	Basado enDebian 8
16/08/2017	Raspbian	Stretch	Basado en Debian 9

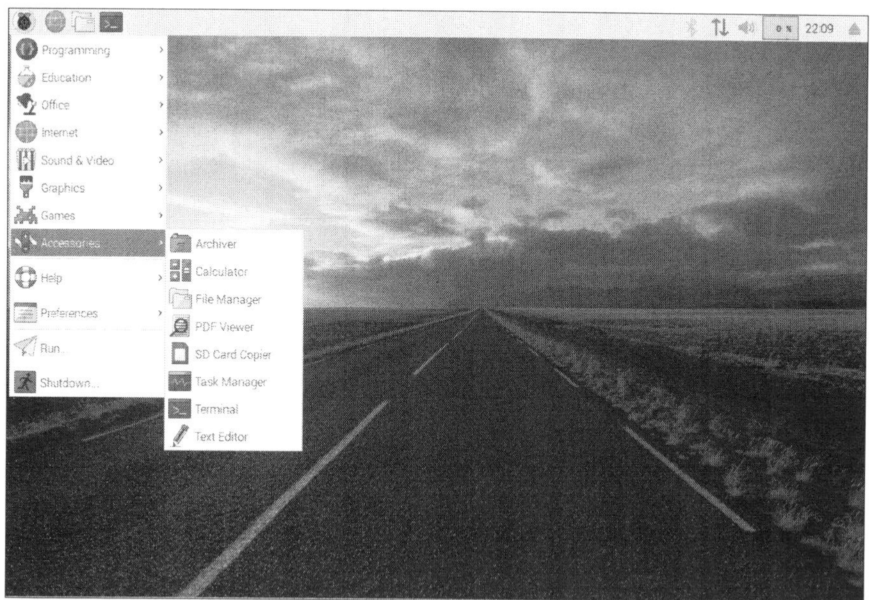

10/07/2019 28/05/2020	Raspbian Raspberry Pi OS	Buster	Basado en Debian 10

30/10/2021 Raspberry Pi OS Bullseye Basado en Debian 11

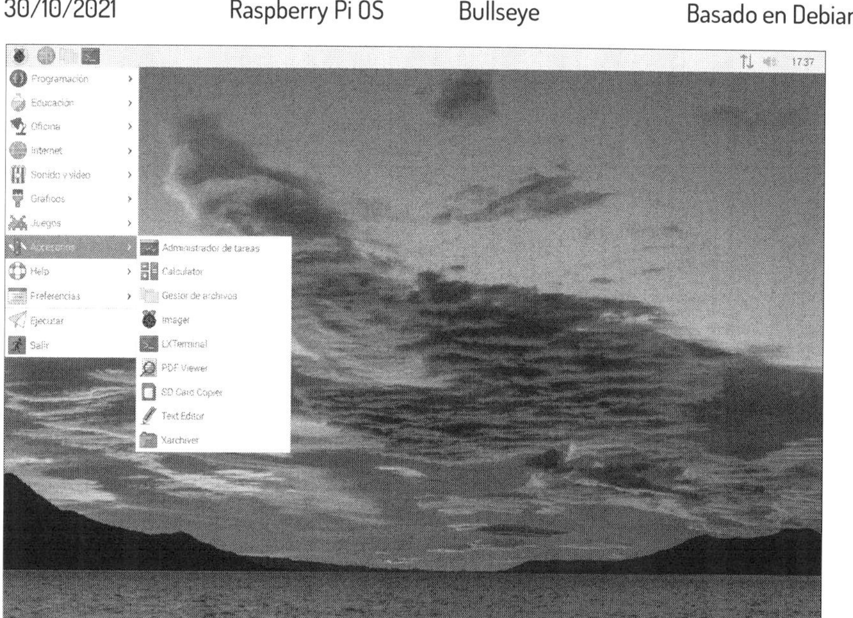

10/10/2023 Raspberry Pi OS Bookworm Basado en Debian 12

El nombre *Raspberry Pi OS* apareció en mayo de 2020, sustituyendo al nombre Raspbian. La última versión se puede encontrar en la página de descargas de la Fundación (https://www.raspberrypi.com/software/operating-systems/). Si necesita instalar una versión anterior por (rara) compatibilidad u otras razones, vaya al enlace **Archive** para encontrar la versión específica que desea.

Sea cual sea el modelo de placa Raspberry Pi, recomendamos instalar la versión propuesta por la Fundación, que naturalmente sigue la versión actual de Debian.

3.1.2 El Full, Desktop y Lite

Cada versión de Raspberry Pi OS se presenta en tres variantes. La diferencia entre cada variante radica en el número de programas y herramientas incluidos, por tanto, en el peso de la descarga y el tamaño de la tarjeta micro SD necesaria.

He aquí una descripción de cada una de ellas, de la más ligera a la más completa.

- **Lite**: la variante Lite, conocida como minimal, utiliza únicamente la línea de comandos (véase el capítulo Utilizar la línea de comandos). No hay entorno gráfico, ni ratón, solo comandos que escribir detrás del prompt. Es muy ligera, solo 360 MB. Está diseñada para proyectos que no requieren una pantalla, como el control de pequeños robots o la configuración de un servidor. Ideal para una Raspberry Pi Zero por su poco peso, es mejor reservarla para usuarios familiarizados con comandos Linux ejecutados desde un terminal remoto.
- **Desktop**: la variante Desktop (Escritorio) incluye el contenido de la variante Lite con un entorno gráfico integrado que se puede utilizar con el ratón (escritorio, barra de tareas, menús Raspberry , etc.). Es mucho más grande, alrededor de 1 GB, y solo contiene el mínimo de software preinstalado. Cuando se inicia la Raspberry Pi, el entorno gráfico se inicia por defecto, pero por supuesto es posible volver a una línea de comandos de inicio como en una variante Lite.
- **Full**: la variante Full (Completa), también conocida como « *with recommended software* » (es decir: con software recomendado), es una variante Desktop a la que se ha añadido un gran número de paquetes de software recomendados por la Fundación. Incluye software ofimático, herramientas, todo lo necesario para programar y mucho más. Tendrá que descargar 3 GB, pero buena parte del software ya estará preinstalado.

Por supuesto, es posible cambiar de una variante a otra a posteriori, especialmente en sentido ascendente; por ejemplo, para instalar el entorno gráfico en una versión *Lite*, o para añadir LibreOffice a una versión *Desktop*. El enfoque descendente rara vez se utiliza, ya que eliminar elementos siempre es complicado y no siempre garantiza que se libere completamente espacio en disco. Pero es perfectamente posible iniciar una variante *completa* desde la línea de comandos. Los gigabytes ocupados por el software y el entorno gráfico seguirán ocupando mucho espacio en la tarjeta SD, para nada... ¡A menos que un día cambie de opinión y vuelva a arrancar en modo gráfico!

En conclusión, como habrá comprendido, la elección de la variante a instalar está guiada por las necesidades futuras de su proyecto. Si está planeando un Raspberry Pi OS en una Pi Zero W diseñada para un pequeño robot autónomo, sin pantalla, teclado ni ratón, una variante *Lite* será más que suficiente. Si, por el contrario, se trata de su primera instalación en una Pi 400 destinada a un uso de oficina, tomarse el tiempo de instalar una variante *Full* es una elección sabia y prudente.

3.1.3 32 o 64 bits

Con la llegada de las placas Raspberry Pi de tercera generación equipadas con una CPU de 64 bits, es esencial disponer de un sistema operativo que aproveche al máximo esta nueva arquitectura. Sin embargo, cualquier software que se añada posteriormente también debe compilarse para esta nueva arquitectura y estar libre de errores. Y esa es otra historia. Por supuesto, aún es posible ejecutar software compilado para 32 bits en un sistema operativo de 64 bits, pero no tiene sentido hacerlo, ya que el modo de compatibilidad de 32 bits ralentiza muy ligeramente la ejecución general. Por otro lado, lo contrario no es posible. En un sistema de 32 bits, es imposible ejecutar software de 64 bits. Lo mismo ocurre con el hardware: es imposible ejecutar un sistema de 64 bits en una tarjeta de generación 1 o 2.

Así que, por decirlo de forma sencilla y para que empiece con buen pie, sea cual sea la tarjeta que utilice, la versión de 32 bits ofrece la mejor compatibilidad con todo su software, sin tener que hacerse preguntas.

Poco a poco, la versión de 64 bits se convertirá en estándar en las tarjetas que lo admitan, es decir, las de generación 3 y superiores. Entonces será posible experimentar con la nueva gestión de memoria, especialmente útil para aplicaciones que requieren mucha, como la edición de imágenes y vídeo.

3.1.4 Legacy

Muy a menudo, seguir la evolución de las versiones de Debian significa tomar decisiones y, por tanto, renunciar a ciertas cosas. Esto es lo que ocurrió cuando pasamos de la versión *Buster* (Debian 10) a la versión *Bullseye* (Debian 11). Algunos programas y controladores utilizados anteriormente en Raspbian resultaron incompatibles con la nueva versión Debian 11, como en el caso del motor de renderizado web Chromium, el nuevo kernel Linux 5.12 y algunos controladores de periféricos.

Para no penalizar a aquellos que quieran seguir beneficiándose de las correcciones de seguridad de las últimas versiones sin tener que volver a desarrollar su software o solución integrada (como los fabricantes que gestionan flotas enteras de Raspberry Pi), se puso a disposición de los usuarios la versión *Legacy* para garantizar la compatibilidad y beneficiarse al mismo tiempo de las actualizaciones de seguridad.

Destinada a desaparecer en beneficio de la versión *Bullseye*, esta versión *Legacy* solo tiene interés en casos muy particulares.

3.1.5 Raspberry Pi Desktop para PC y MAC

Puede que este pequeño inciso se salga un poco del ámbito de este libro, pero la mención de la existencia de esta variante del sistema operativo preferido por los usuarios de Raspberry bien merece el desvío. Hasta ahora, Raspberry Pi OS solo estaba destinado a las placas Raspberry Pi. ¡Ahora puedes instalarlo en un PC o Mac!

Qué mejor manera de reciclar un viejo portátil que se ha vuelto demasiado lento para Windows, o un viejo Mac demasiado limitado en sus capacidades. Y todo ello mientras recupera el hábito de utilizar su entorno gráfico favorito.

Encontrará más información en esta página:
https://projects.raspberrypi.org/en/projects/install-raspberry-pi-desktop

3.2 Las otras distribuciones de Linux

3.2.1 Arch Linux ARM

La filosofía de *Arch Linux* es combinar la sencillez con un control total por parte del usuario. Esta distribución proporciona una infraestructura mínima y ligera sobre la que los usuarios pueden construir un sistema que se adapte a sus necesidades.

La distribución es compatible con el conjunto de instrucciones de punto flotante de los procesadores ARMv7 y ARMv8 para Raspberry Pi generación 2 o superior.

La distribución no tiene versión, sino que utiliza un sistema denominado *rolling-release* (actualización continua), que permite actualizar la distribución diariamente.

La imagen comprimida tiene un tamaño de 235 MB y la completa de 1,9 GB. La versión Raspberry Pi arranca en unos 10 segundos aproximadamente. Pero a ese precio, todo lo que necesita es una línea de comandos y ¡ya está! Siguiendo la filosofía de la distribución, le toca a Vd. hacer el resto: descargar herramientas y software, instalar un escritorio gráfico, etc. Para que se haga una idea, cuando arranque por primera vez, si quiere utilizar el comando *sudo*, primero tendrá que instalarlo, ya que no está presente en el sistema base.

Las instrucciones de instalación y las imágenes descargables están disponibles en https://archlinuxarm.org/. En la página de inicio, seleccione la plataforma ARMv7 o ARMv8 y, a continuación, el fabricante Broadcom para ver las placas Raspberry Pi. Puede ejecutar los comandos necesarios para la instalación desde una línea de comandos en *Raspberry Pi OS* y utilizar un lector de tarjetas SD conectado por USB como destino de la instalación.

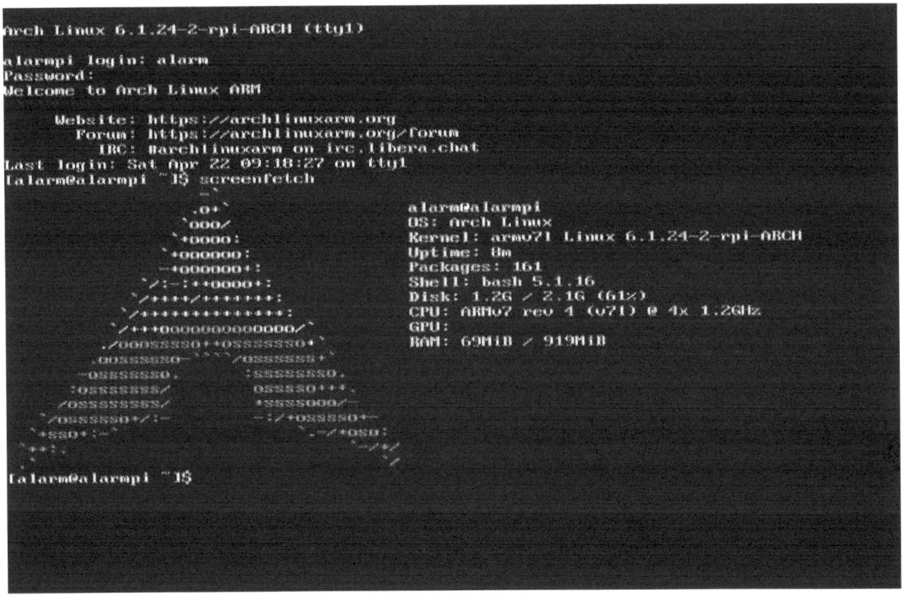

3.2.2 Ubuntu

La famosísima distribución *Ubuntu*, también basada en Debian, es la alternativa más extendida a la *Raspberry Pi OS* en los nanocomputadores. Sin embargo, necesitará al menos la potencia de una Raspberry Pi 4 con 2 GB de RAM para la versión con el escritorio familiar, Workstation. Las versiones Server y Core pueden instalarse en tarjetas de al menos generación 2.

Con esta distribución, especialmente la versión *Workstation*, obtendrá la comodidad de una instalación sencilla sin "tener que ensuciarse las manos", aunque pronto verá los límites en términos de rendimiento. Para mejorar significativamente el rendimiento, sustituir la tarjeta SD por un SSD externo es una solución poco interesante, pero solo para las tarjetas de la generación 4 (https://ubuntu.com/tutorials/how-to-install-ubuntu-desktop-on-raspberry-pi- 4#4-optional-boot-from-usb-with-an-external-ssd).

La instalación también puede realizarse directamente desde *Raspberry Pi Imager* (véase el capítulo siguiente), es decir, dejando que el software de la Fundación realice la descarga y la copia en la tarjeta SD.

Aquí encontrará todas las características y requisitos necesarios para tomar la decisión correcta:
https://ubuntu.com/download/raspberry-pi

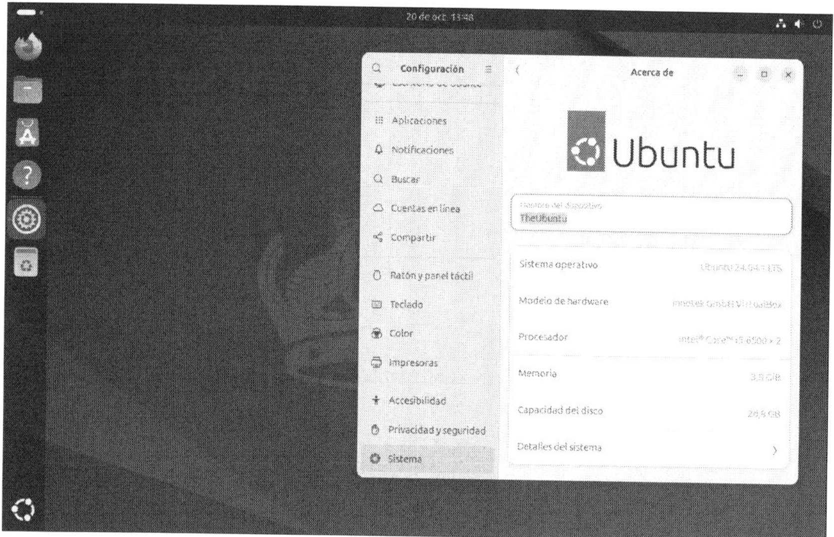

3.2.3 Fedora

Fedora es una distribución Linux independiente, lo que significa que no se basa en ninguna otra distribución. Desarrollada por una comunidad cercana a *RedHat*, una empresa comercial que proporciona soluciones de código abierto a grandes empresas, ofrece varias versiones: *Fedora Workstation*, destinada a la Raspberry Pi de generación 4, *Fedora Server*, instalable solo en arquitectura de 64 bits (es decir, las generaciones 3 y 4) y, por último, *Fedora IoT* disponible en 32 y 64 bits para todas las placas Raspberry Pi.

Al igual que *Ubuntu*, *Fedora* es una distribución fácil de manejar. La instalación para una placa Raspberry Pi es un poco más complicada y difiere dependiendo de si está instalando desde una máquina Windows, macOS, Linux o *Fedora 28*. El software *Fedora ARM* Installer solo está disponible para *Fedora 28*. Para otros sistemas, tendrá que descargar la imagen manualmente, teniendo cuidado de elegir la arquitectura correcta. *Raspberry Pi* Imager copiará la imagen a su tarjeta SD. Las combinaciones de máquina inicial, tarjeta Raspberry Pi de destino y versiones (que a veces ya no son compatibles) complican un poco el proceso.

Para los que quieran saber más y probarlo, toda está documentado aquí:
https://docs.fedoraproject.org/es/quick-docs/raspberry-pi/

3.3 Los mediacenters

Los centros multimedia (mediacenters), que normalmente no son considerados como un sistema operativo propiamente dicho, están compuestos por un sistema operativo generalmente libre y muy adaptable en el que se instala un software que permite la gestión multimedia. Conectada a una gran pantalla o a un videoproyector, la Raspberry Pi permite ver programas de televisión, acceder a plataformas VOD, reproducir archivos de vídeo o visualizar sus fotos.

Los dos ejemplos de mediacenters que se describen a continuación utilizan KODI, un software de gestión multimedia de código abierto. KODI, antes XBMC (*Xbox Media Center*), puede descargarse aquí https://kodi.tv/ e instalarse en cualquier sistema operativo como Windows, Android, Linux, macOS, iOS o tvOS.

KODI puede reproducir vídeos, fotos, música y podcasts. Puede grabar programas y actuar como PVR (*Private Video Recorder* = videograbador digital). Es compatible con uPnP (*Plug and Play universal* = conexión universal de periféricos) y puede reproducir secuencias desde hardware compatible con uPnP (un ordenador, caja de Internet, etc.).

3.3.1 LibreELEC

LibreELEC está diseñado como un sistema operativo embebido. El usuario no "ve" el sistema operativo, sino solo la pantalla de un centro multimedia. Es una distribución construida *from scratch* (a partir de programas fuente), que transforma la Raspberry Pi en un centro multimedia gracias a *KODI*. La versión compilada para la Raspberry Pi 3 ocupa menos de 116 MB, por lo que es muy ligera de instalar y ejecutar. Su lema: "El OS justo para KODI".

Una vez creada la tarjeta micro SD, el sistema se pone en marcha inmediatamente y requiere una configuración mínima. El centro multimedia puede controlarse con el mando a distancia del televisor, ya que *KODI* interpreta los comandos CEC (*Consumer Electronic Control* = control electrónico por el cliente). Se reconocen la mayoría de formatos; algunos, como MPEG2, requieren una licencia que puede adquirirse en el sitio web de la Fundación (véase el capítulo Instalar Raspberry Pi OS, apartado Licencias de descodificación de vídeo).

Esta distribución puede instalarse en cualquier tipo de placa Raspberry Pi para la versión 2020.11. Para versiones más recientes, se necesita al menos una placa de generación 2 o superior: https://libreelec.tv/downloads/raspberry/. Estas versiones recientes también se pueden descargar e instalar a través de Raspberry Pi Imager.

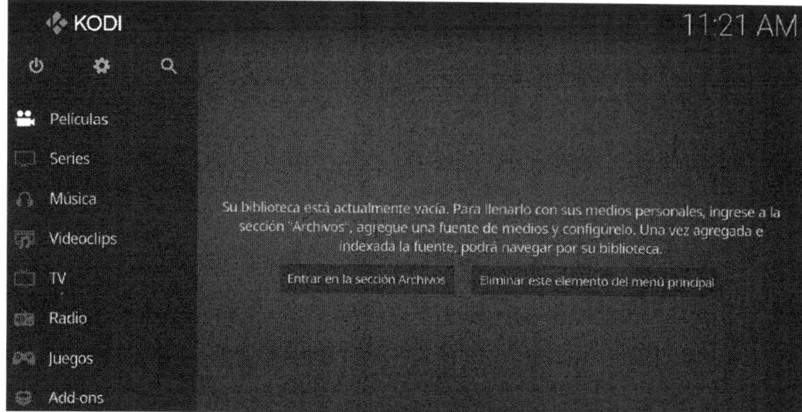

3.3.2 OSMC

OSMC está basado en Debian, sobre el que se ha instalado KODI. Así que básicamente, no hay ninguna diferencia importante con *LibreELEC*, ya que la parte visible para el usuario tiene las mismas funciones proporcionadas por KODI.

Sin embargo, como OSMC se basa en una distribución común, para "un manitas" será más fácil de hacer la ampliación, modificación o adaptación de su centro multimedia que con *LibreELEC*.

OSMC tiene su propio tema para la interfaz gráfica. Sin embargo, es posible volver al tema de *KODI* por defecto utilizado en *LibreELEC*.

OSMC está disponible en varias versiones. Las últimas son para las placas de generación 2, 3 y 4, mientras que las más antiguas son para las placas de generación 1: https://osmc.tv/download/. Todas estas versiones también se pueden descargar e instalar a través de *Raspberry Pi Imager*.

3.4 El Retrogaming

Al igual que los centros multimedia, las distribuciones orientadas a los juegos retro constan de un sistema operativo y uno o varios programas de software para emular videoconsolas. La gama de consolas compatibles es impresionante, seguro que encontrará su favorita: GameBoy, Amiga, Atari, DreamCast, NeoGeo, Nintendo, Pc DOS, Mac, PlayStation, Sega, Wii, Sharp, etc. A continuación, traiga el archivo ROM (*Read Only Memory* = memoria de solo lectura) del juego que quiera jugar, y se ejecuta en su Raspberry Pi. Tenga en cuenta que algunos juegos requieren una licencia adquirida al comprar el cartucho, cassette, CD-Rom o disquetes. Asegúrese de cumplir las condiciones de uso del editor del juego.

3.4.1 RetroPie

Especialmente diseñado a partir de *Raspbian* y para la Raspberry Pi poco después de que las primeras tarjetas llegaran al mercado, *RetroPie* fue durante mucho tiempo la primera y única distribución dedicada al retrogaming. Hasta la fecha, la versión *Buster* es la que sirve de base a la distribución, fácilmente identificable en el arranque, sobre la que se lanza *Emulation Station*.

RetroPie es sencillo, completo y, sobre todo, familiar para los usuarios de Raspbian. Reconoce un gran número de joysticks, y el abanico de consolas soportadas es enorme. Sin embargo, no tiene juegos preinstalados, y su interfaz gráfica y documentación solo están disponibles en inglés.

RetroPie también está disponible para otros clones de Raspberry Pi y para PC con Ubuntu o Debian. Más información en https://retropie.org.uk/.

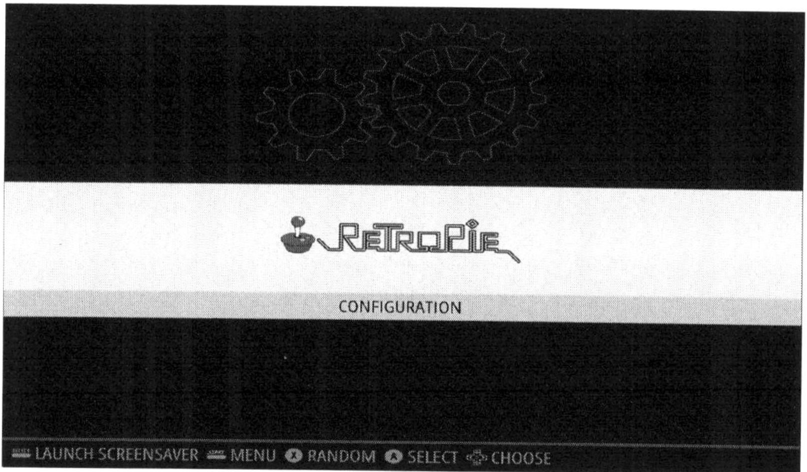

3.4.2 Recalbox

Lanzado en 2015, pero conocido desde 2017, *Recalbox* es más avanzado y fácil de instalar que su equivalente *RetroPie*. Se basa en un núcleo Linux a medida sobre el que se instala *Emulation Station*. Tiene una lista de ROMs preinstaladas que corresponden a muchas versiones gratuitas (también conocidas como versiones demo) de juegos.

La distribución se beneficia de una comunidad mundial amplia y muy activa. Dispone de abundante documentación y tutoriales en francés para reconstruir, reproducir o imitar las consolas de antaño. *Recalbox* se utiliza como motor de software para una serie de kits de hardware listos para montar con el aspecto de las consolas de antaño, como la Game Boy basada en Raspberry Pi Zero.

La interfaz gráfica se puede cambiar al francés, y todo se controla desde el teclado o el joystick. *KODI* está preinstalado. Así que podrás cambiar tu consola a un centro multimedia como *LibreELEC* u *OSMC*.

Descargas, tutoriales, documentación, tienda, blog, foros: visite https://www.recalbox.com/es/.

4. Los otros sistemas operativos

Aunque la Raspberry Pi se diseñó originalmente para ejecutar un sistema operativo Linux, se le han ido añadiendo otros sistemas operativos. Vamos a echar un vistazo a algunos de ellos, aunque no es posible ser exhaustivos, ya que la gama no deja de crecer.

4.1 RISC OS

Creado en Cambridge (Reino Unido) por Acorn, *RISC OS* se lanzó en 1987.

Sus orígenes se remontan al primer equipo que desarrolló el microprocesador ARM. En la actualidad, el *RISC OS* es propiedad de Castle Technology y su mantenimiento corre a cargo de *RISC OS Open Limited*.

RISC OS no es Linux. El núcleo del sistema es monotarea, y es la interfaz gráfica WIMP (Windows, Icons, Menus, Pointer) la que da vida a la multitarea. El aspecto de las ventanas recuerda a los sistemas Windows o Macintosh del siglo pasado, pero el sistema arranca en menos de 10 segundos. Sus funciones son bastante básicas pero muy ligeras, lo que significa que RISC OS puede funcionar en sistemas con pocos recursos.

RISC OS funciona en todos los ordenadores Raspberry Pi. El sitio web oficial se encuentra en http://riscos.com. *RISC* OS también puede instalarse directamente desde *Raspberry Pi Imager*.

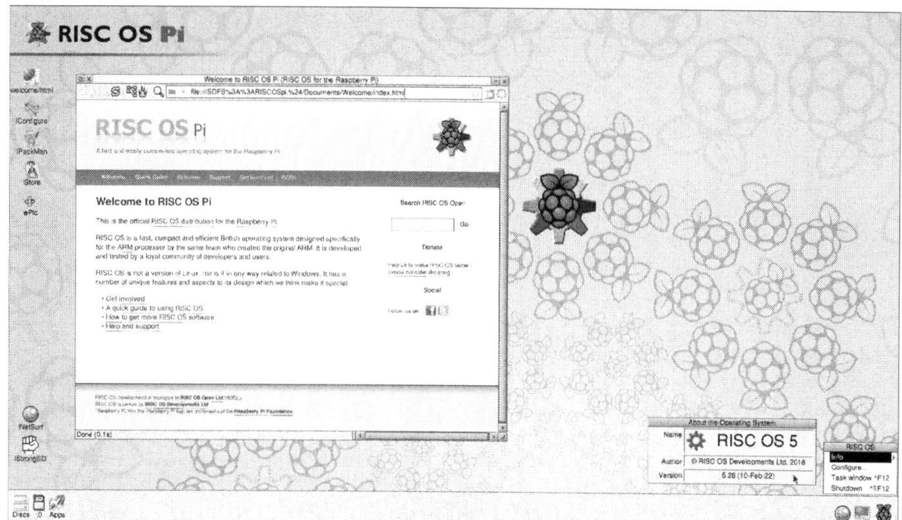

4.2 Windows

4.2.1 Windows 10 IoT Standard

Inicialmente denominado *Windows IoT Core*, *Windows 10 IoT Standard* es una versión más ligera de Windows 10 producida gratuitamente por Microsoft para pequeños ordenadores (DragonBoard, MinnowBoard, NXP i.MX). La compatibilidad con las placas Raspberry Pi se limita a las Raspberry Pi 2 modelo B y 3 modelo B, y parcialmente a la Pi 3 modelo B+.

Esta versión más ligera no tiene escritorio, menú de inicio ni explorador de archivos. Pero el entorno gráfico está ahí para ejecutar su aplicación desarrollada en .NET/UWP. El primer arranque lanza una aplicación básica preinstalada que le permite explorar el sistema. La mayor parte de la administración, control y supervisión de la máquina se realiza de forma remota a través de la página web denominada Windows Device Portal, o desde la línea de comandos mediante PowerShell.

Las nuevas placas Raspberry Pi no contarán con el apoyo de Microsoft. De hecho, el gigante estadounidense ofrece ahora instalar .NET 5.0 (y versiones superiores) en Linux para ejecutar su aplicación multiplataforma directamente en *Raspberry Pi OS*.

La descarga y la instalación se realizan mediante el software Windows IoT Dashboard, que se instala en un PC con Windows. Para más información y para empezar a utilizar Windows 10 IoT: https://learn.microsoft.com/es-es/windows/iot-core/windows-iot-core

4.2.2 Windows ARM

Dejemos una cosa clara desde el principio: la versión *ARM de Windows* no está soportada oficialmente por Microsoft en la Raspberry Pi, pero un grupo de desarrolladores, tentados por el reto, consiguieron arrancar *Windows 10 ARM* en una Raspberry Pi 3 (aunque arrancar sean palabras mayores, ¡porque tardaron nada menos que 2 minutos en conseguir que el escritorio apareciera en la pantalla! El reto realmente dio que hablar).

Luego, con la llegada de la 4ª generación de Raspberry Pi y las optimizaciones realizadas por Microsoft en *Windows 11 ARM*, las cosas mejoraron. El grupo de desarrolladores (WOR Project = *Windows On Raspberry Project*) compiló los controladores que faltaban, creó firmware y automatizó la adaptación de las imágenes ISO oficiales de Microsoft, igual que hacen todos los fabricantes de PC con el DVD suministrado con sus ordenadores.

Aunque las instalaciones iniciales eran laboriosas, el proceso de creación del soporte de instalación se automatizó con un asistente Wor.exe que puede descargarse y ejecutarse en un PC con Windows. Este asistente recopilará los parámetros y creará la tarjeta SD a partir de una imagen oficial descargada previamente. Todo lo que queda por hacer es arrancar la tarjeta SD en la Raspberry y el proceso de instalación de Windows ARM comienza. Es obvio que es necesario ser paciente.

Tal y como se define en la política de licencias de Microsoft, tendrá acceso a una versión de evaluación, sin posibilidad de adquirir una licencia oficial, ya que Microsoft solo vende licencias a los fabricantes de hardware (conocidos como OEM). El software que desee instalar tendrá que estar compilado para procesadores ARM, lo que no es habitual en el modo Microsoft.

Aquí tiene el enlace a toda la información: https://worproject.com/

4.3 LineageOS (Android)

Basado en un núcleo Linux, *LineageOS* es la versión de código abierto de Android, es decir, la versión sin las aplicaciones propietarias de Google cuyo código fuente no se publica (*como Google Play Store*). Al igual que *Windows ARM*, una versión modificada y adaptada de *LineageOS* puede instalarse en ordenadores Raspberry Pi de 3ª o 4ª generación.

Tampoco en este caso hay soporte oficial. Para acceder al catálogo de aplicaciones de *Google Play Store*, tendrá que instalar *OpenGApps*, una alternativa de código abierto a las aplicaciones de Google ya instaladas en tabletas y smartphones.

Puede descargarlo aquí (https://konstakang.com) seleccionando la Raspberry Pi de su elección como *Device*, luego la versión de *LineageOS* que quiera. Puede usar *Raspberry Pi Imager* para copiar el archivo a una tarjeta SD.

4.4 FydeOS (Chromium OS)

En esta sección analizaremos los sistemas operativos basados en *Chromium OS*, el sistema operativo minimalista de código abierto que constituye la base de los ordenadores ligeros *Chrome Book* comercializados por Google. Aunque *Chromium OS* puede instalarse en una Raspberry Pi de generación 3 o 4, no es realmente utilizable en el día a día (https://github.com/FydeOS/chromium_os-raspberry_pi/releases). *Chromium OS* está pensado para desarrolladores y se utiliza como base para desarrollar y probar *Google Chrome OS* o *FydeOS*. Este último, mantenido por el equipo chino de Fyde, incluye los subsistemas Linux y Android para que las aplicaciones compiladas para estos entornos puedan instalarse y utilizarse.

Mientras que la versión *FydeOS para PC* es completamente gratuita, la versión Raspberry *Pi FydeOS* for You está limitada a 90 días. Después, tendrá que pagar 13 dólares al año. Solo admite tarjetas de la generación 4. Para descargar la imagen, vaya a https://fydeos.io/download/you#sbc y seleccione Raspberry Pi 400 & Pi 4. La tarjeta SD se puede copiar utilizando *Raspberry Pi Imager*. Tenga en cuenta que el asistente de instalación le sugiere que instale *FydeOS* en su medio de almacenamiento preferido, o que pruebe *FydeOS* desde su medio actual. En nuestro caso, elegiremos la segunda opción.

5. Conclusión

Aunque el resto del libro estará dedicado exclusivamente a la Raspberry Pi ejecutando e *Raspberry Pi OS*, es interesante explorar las alternativas en términos de sistema operativo. Esto demuestra que la placa se ha convertido en una especie de estándar con el que es posible ejecutar un gran número de sistemas operativos. Así, la placa puede utilizarse como base para desarrollar un dispositivo con un sistema operativo concreto.

La lista continúa. *FreeBSD* u *OpenBSD* (UNIX), Plan 9, distribuciones Linux especializadas como *Kali*, clientes ligeros para Microsoft, Citrix o VMware... Las posibilidades son múltiples y la tarjeta se adaptará a sus necesidades.

Capítulo 4
Instalar Raspberry Pi OS

1. Introducción

En este capítulo, vamos a hablar de la **instalación** de Raspberry Pi OS, el sistema operativo Linux mantenido y recomendado por la Fundación, en su tarjeta SD.

Durante muchos años, se necesitaba un ordenador con Windows para preparar la tarjeta SD mediante Win32DiskImager. Las tarjetas SD preinstaladas con la utilidad NOOBS (*New Out of Box Software* o nuevo software operativo recién sacado de la caja) permitían prescindir de Windows. Pero si quería reinstalar su sistema operativo, incluso a través de NOOBS, tenía que iniciar la operación bajo Windows.

Este requisito planteaba verdaderos problemas a quienes no disponían de equipos basados en Windows. Desde entonces, las cosas han cambiado y veremos que ahora existen distintas formas de instalar el sistema, incluso desde la propia Raspberry Pi, pero todas a través de la misma utilidad, Raspberry Pi Imager, ya mencionada muchas veces en el capítulo anterior.

2. Elección de la tarjeta SD

Aunque hay otros medios de almacenamiento externo que se pueden utilizar con las tarjetas Raspberry Pi, como veremos en el capítulo Utilizar una memoria de almacenamiento externa, el principal medio de almacenamiento utilizado es la tarjeta micro SD. Ahora un estándar esencial en la fotografía y el vídeo, las tarjetas micro SD vienen en una gama de capacidades, niveles de rendimiento y precios.

¿Quién no se ha encontrado ante infinidad de tarjetas disponibles para su compra sin tener los conocimientos reales para hacer una elección informada? Ese es el tema de las siguientes líneas, porque el rendimiento de la tarjeta SD tiene una enorme influencia en el rendimiento general de su sistema basado en Raspberry Pi, especialmente en el modo gráfico.

2.1 Características de la tarjeta SD

2.1.1 El formato

Mientras que la primera generación 1 de placas Raspberry Pi tienen una ranura de formato SD, todas las demás placas Raspberry Pi tienen una ranura micro SD.

La foto de arriba muestra una tarjeta de formato SD a la izquierda y una tarjeta de formato micro SD a la derecha. A la hora de comprar una tarjeta, no hay duda. El formato micro SD es el más compatible y el más común. Sobre todo, porque una tarjeta micro SD se vende muy a menudo con su adaptador. Los kits oficiales vienen con un adaptador de los colores de la Raspberry Pi.

Si, por ejemplo, consigue una "tarjeta SD de gama superalta" de una cámara, existe a la venta un adaptador que hace lo contrario: en forma de cinta, permite conectar una tarjeta de gran formato a la ranura micro SD de la tarjeta Raspberry Pi.

Observación

También existe un formato mini SD, entre los formatos SD y micro SD. Si usted consigue este inusual tipo de tarjeta, es totalmente compatible electrónicamente, pero necesitará un adaptador adecuado para insertarla en una ranura SD o micro SD.

2.1.2 La capacidad

Hasta la fecha, existen tarjetas de hasta 1 TB de capacidad. Aunque esta última capacidad está bastante injustificada por su precio (entre 250 y 500 euros), ahora es posible encontrar tarjetas de 32 GB por menos de 10 euros.

En el momento de escribir este libro, estos son los requisitos mínimos de almacenamiento para las últimas variantes de Raspberry Pi OS (Bullseye):

Variante de Raspberry Pi OS	Capacidad mínima requerida de la tarjeta SD
Lite	2 GB
Desktop	4,1 GB
Desktop Full	11 GB

Por supuesto, tiene que añadir un margen de funcionamiento para su futuro sistema y los datos o programas que quiera instalar más adelante.

La capacidad suele indicarse claramente en GB (gigabytes). La capacidad estándar de las tarjetas SD indica una capacidad mínima y máxima en función de su estructura interna. Esta pequeña tabla es útil para evaluar una tarjeta SD sin una capacidad claramente indicada:

	SD	SD HC	SD XC	SD UC
Capacidad mínima	128 MB	2 GB	32 GB	2 A
Capacidad máxima	2 GB	32 GB	2 A	128 A

2.1.3 La velocidad

Aquí llegamos a un punto esencial que tendrá una gran influencia en el rendimiento final de su sistema. La velocidad de su tarjeta SD puede ser uno de los eslabones más débiles de un sistema lento, especialmente en un entorno gráfico.

De hecho, cuando se trata de tarjetas SD, deberíamos hablar de velocidades en plural. Hay una velocidad de lectura, una velocidad de escritura, una velocidad de acceso secuencial (varios bytes contiguos seguidos) y una velocidad de acceso aleatorio (al azar en toda la memoria). Una operación de lectura de datos es extremadamente más rápida que una operación de escritura, que requiere un voltaje más alto para programar las EEPROM internas. Y algunas tarjetas SD están especialmente diseñadas para ofrecer velocidades de acceso secuencial extraordinarias (las dedicadas a cámaras fotográficas o de vídeo) al tiempo que ofrecen velocidades de acceso aleatorio convencionales.

Así que echemos un vistazo a lo que los fabricantes quieren decir con las inscripciones en sus tarjetas SD, para que podamos hacer las mejores elecciones para nuestra Raspberry Pi.

El bus UHS

El bus UHS corresponde a la anchura del bus de comunicación con la tarjeta SD. Se indica mediante un número romano. Los valores posibles son de 1 a 3, es decir, I, II o III. En las tarjetas SD UHS-II y UHS-III, hay una fila adicional de contactos eléctricos para aumentar la velocidad de transferencia de datos. Para nuestras tarjetas Raspberry, el bus estándar USH-I es el único soportado.

Las clases de velocidad C, U y V

Las clases C, U y V caracterizan la velocidad mínima garantizada para la escritura secuencial. Estas clases han ido apareciendo con el tiempo y son equivalentes entre sí, como se resume en la tabla siguiente:

Velocidad mínima garantizada para escritura secuencial	Clase C	Clase U (clase UHS)	Clase V (clase de vídeo)
2 Mb/s	2		
4 Mb/s	4		
6 Mb/s	6		V6
10 Mb/s	10	1	V10
30 Mb/s		3	V30
60 Mb/s			V60
90 Mb/s			V90

Por supuesto, si pasa una de sus tarjetas por un software de pruebas de rendimiento, es muy probable que obtenga cifras mucho más altas, especialmente en lectura. Esto es normal, y debe tener en cuenta que, con el tiempo, el rendimiento disminuye gradualmente en función del número de escrituras realizadas en cada celda de memoria.

Aunque estas clases son una indicación valiosa del rendimiento, este valor solo tendrá un efecto limitado en el rendimiento general de su Raspberry Pi, ya que se concentra en el acceso secuencial, es decir, la lectura de bytes uno tras otro en el orden en que está organizada la memoria. Este es el caso de la grabación de grandes archivos de vídeo, comparable a una larga secuencia continua. La Raspberry Pi, en cambio, realizará más a menudo accesos aleatorios (o escrituras) a diferentes lugares, ya que los archivos están dispersos.

La clase A

Recientemente surgida debido al uso masivo de tarjetas SD en nano-ordenadores, entre los cuales se incluye la Raspberry Pi, la clase A, llamada también *Application Performance Class* introduce la noción de IOPS aleatorias (*Input/Output Operations Per Second* u operaciones de entrada/salida por segundo). Se simboliza con la letra A seguida de un número. Hasta la fecha, solo existen las clases A1 y A2:

Velocidad mínima garantizada para escritura secuencial	IOPS aleatorias mínimas		Clase A
	En Lectura	En Escritura	
10 Mo/s	1500	500	A1
	4000	2000	A2

En el momento de escribir estas líneas, la Fundación Raspberry recomienda utilizar tarjetas SD de clase A1. La herramienta oficial de prueba de tarjetas SD incluida en Raspberry Pi OS, que veremos en el capítulo Utilizar el modo gráfico, comprueba esta característica esencial. La clase A2 todavía no ofrece ningún avance real en el rendimiento de las tarjetas Raspberry Pi existentes.

2.1.4 Conclusión

Tenga en cuenta que la presencia de uno de estos logotipos invalida la garantía del fabricante si no se respetan las velocidades de transmisión de datos. En cambio, las diferentes denominaciones comerciales, a veces incluso combinadas (Ultra, Extreme, Plus, Pro, etc.) o cualquier velocidad de transmisión de datos (a veces seguida de un asterisco...) no tienen realmente ningún valor.

Si se enfrenta a una amplia gama de tarjetas SD, aquí tiene una guía rápida que le ayudará a elegir:

- Optar por la clase A1 es un requisito mínimo por encima de cualquier otro criterio.
- Adapte la capacidad de la tarjeta a su presupuesto. A menudo es contraproducente optar por una gran capacidad "por si". Si su Raspberry Pi necesita poder almacenar muchos datos, considere un segundo medio de almacenamiento adaptado a sus necesidades, como un disco duro mecánico o SSD, más fiable en el tiempo y mucho más barato por gigabyte.
- Por último, si es posible, añada la clase U3. Aumentará las transferencias de grandes archivos, pero realmente no notará diferencia en el uso cotidiano de su sistema.

2.2 Las tarjetas SD listas para usar

Durante mucho tiempo, las tarjetas micro SD fueron, y a menudo siguen siendo, la única alternativa para quienes no tienen un PC o un Mac. Muchos comercios ofrecen este tipo de tarjetas micro SD, pero cuidado con la características que acabamos de ver.

Los kits oficiales de la Fundación siempre incluyen tarjetas SD de clase A1. Este no es necesariamente el caso de las tarjetas SD vendidas por otros distribuidores.

Si quiere ser completamente autónomo, es decir, no depender de un PC Windows o Mac, se recomienda la siguiente estrategia:

- Comprar una tarjeta SD lista para usar que le dará el sistema inicial Raspberry Pi OS Linux. Mantendrá este sistema inicial en esta tarjeta para que pueda utilizarlo para generar otras tarjetas SD.
- Comprar una segunda tarjeta SD y un pequeño adaptador USB/micro SD. Así podrá conectar esta segunda tarjeta micro SD a su Raspberry Pi y utilizarla para futuros sistemas.

El otro método es instalar Raspberry Pi OS a través de Internet, pero esto está reservado para la generación 4 de placas Raspberry con firmware actualizado (ver el apartado Instalación desde Internet de este capítulo).

3. Instalación del sistema operativo

Para este paso crucial, vamos a utilizar la herramienta Raspberry Pi Imager proporcionada por la Fundación. Es multiplataforma, lo que significa que está disponible para Windows, macOS, Ubuntu y Raspberry Pi OS. Por supuesto, es perfectamente posible instalar el sistema manualmente, como veremos más adelante en el capítulo Arrancar desde un disco externo. Pero la aparición de esta herramienta ha hecho este paso mucho más fácil, incluso para instalar algo que no sea Raspberry Pi OS.

3.1 Raspberry Pi Imager

3.1.1 Descargar

⇉ Utilizando su navegador, vaya a https://www.raspberrypi.com/software/. La página detecta automáticamente su sistema operativo actual y, por defecto, muestra un botón azul con la versión adecuada.

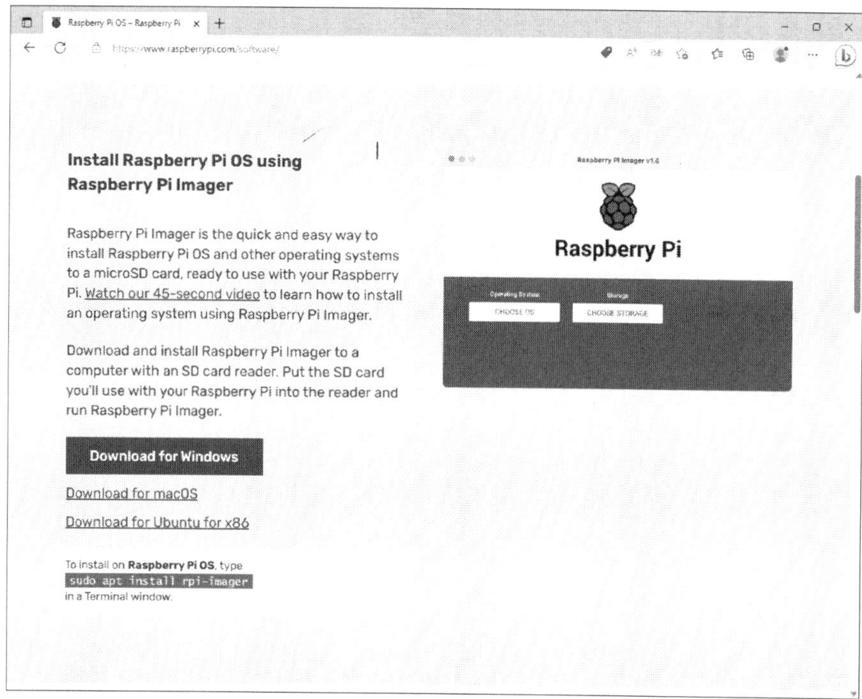

⇉Haga clic en la versión que desee para iniciar la descarga.

3.1.2 Instalación

En Windows

Raspberry Pi Imager funciona con todas las últimas versiones de Windows (7, 8, 10 u 11). El archivo descargado es un ejecutable que le permite instalar la herramienta en su máquina.

⇉Una vez descargado el archivo Imager_x.x.x.exe, haga doble clic en él para ejecutarlo. Aparecerá en pantalla una solicitud de elevación de derechos. Haga clic en **Sí** para aceptar la solicitud de elevación de derechos.

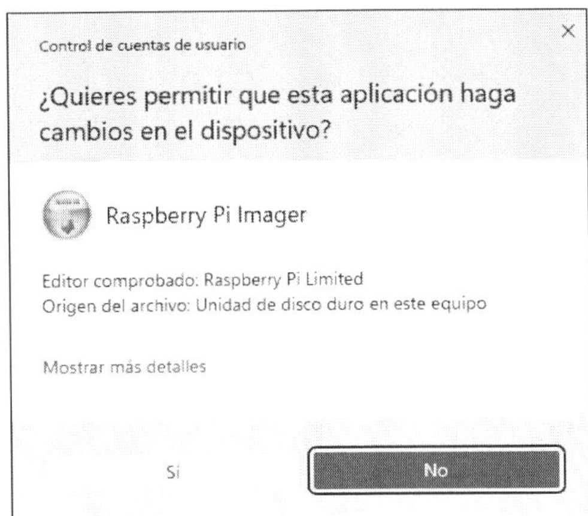

⇉ Se iniciará el asistente de instalación. Haga clic en **Install**.

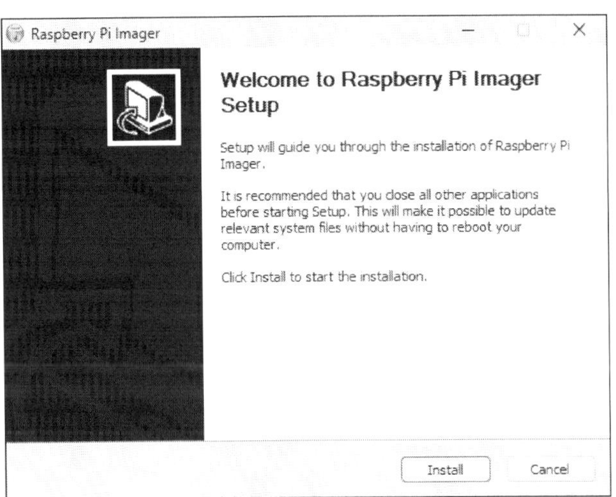

⇉ Deje que se ejecute la instalación.

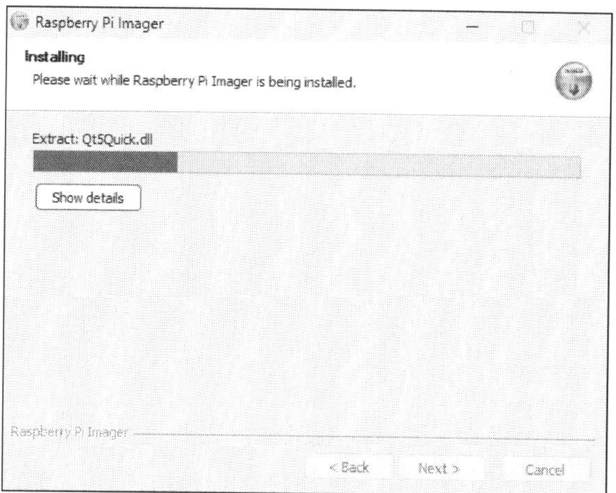

⇉ Haga clic en **Finish**. Si deja marcada la casilla **Run Raspberry Pi Imager**, la herramienta se iniciará inmediatamente después de cerrar la instalación.

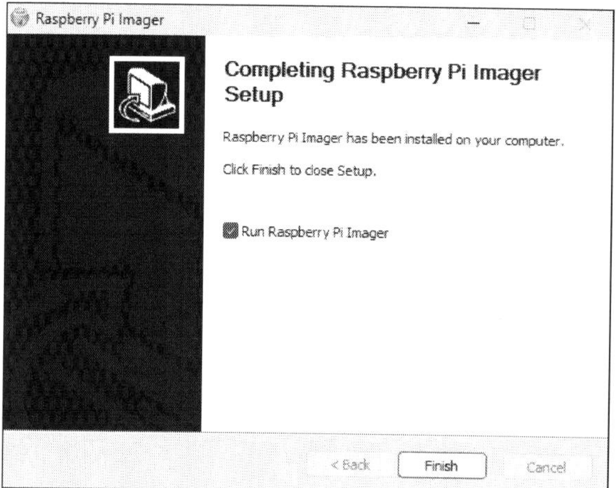

Se puede acceder a la aplicación desde el menú **Inicio**, luego **Todas las aplicaciones** bajo el nombre **Raspberry Pi Imager**.

Cada vez que inicie Raspberry Pi Imager, debe elevar sus derechos para que funcione.

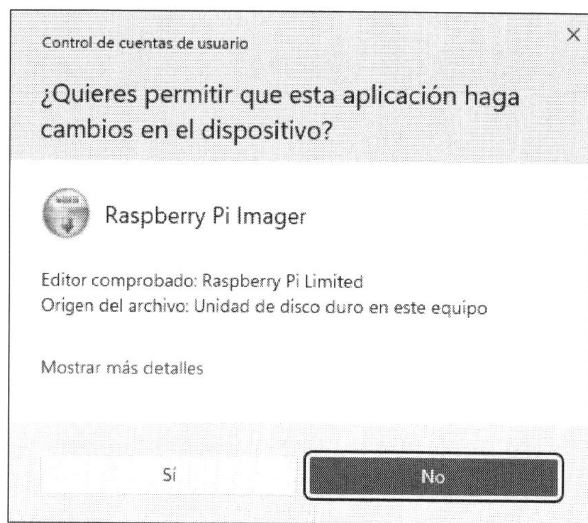

Deberá aceptar esta actualización cada vez haciendo clic en **Sí**.

En macOS

En macOS, la descarga adopta la forma de un archivo de imagen en formato .dmg que contiene la herramienta. Puede ejecutarla directamente desde el archivo .dmg o instalar la aplicación en su Mac.

⇒ Haga doble clic en el archivo imager_x.x.x.dmg. El archivo se abre en su escritorio y el sistema le presenta una ventana con un icono de frambuesa llamado Raspberry Pi Imager y la carpeta **Aplicaciones**.

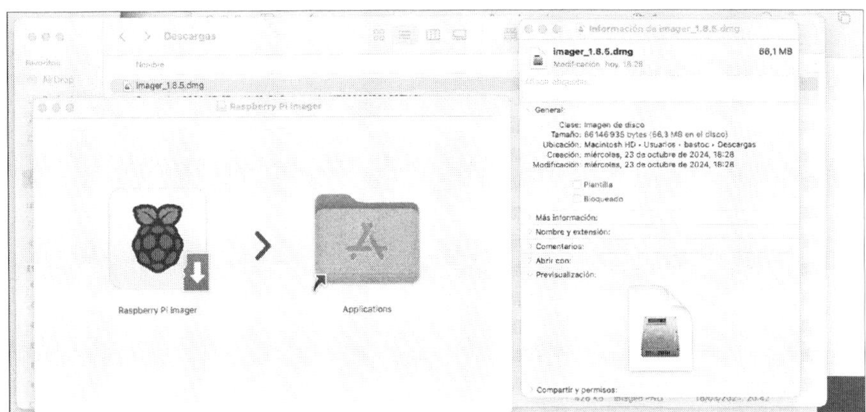

⥽ Si simplemente quiere lanzar la aplicación, haga doble clic en el icono de la frambuesa. Para estas líneas, vamos a instalar la herramienta en el Mac.

⥽ Arrastre el icono **Raspberry Pi Imager** a la carpeta **Aplicaciones**.
Una señal sonora le informa de que la operación se ha realizado correctamente.

⥽ Abra **Finder**, despliegue el área de **Aplicaciones** y localice la herramienta **Raspberry Pi mager**.

⥽ Para iniciar la herramienta, haga doble clic en su icono. La primera vez que inicie la herramienta, el sistema le advertirá de que la aplicación se ha descargado de Internet y no procede del Apple Store.

⥽ Haga clic en **Abrir** para iniciar la herramienta.

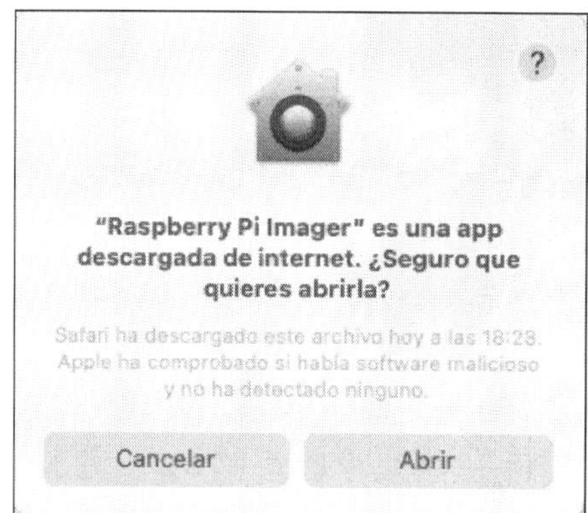

En Ubuntu

En Ubuntu, el archivo descargado adopta la forma de un paquete Debian.

Una vez descargado el archivo Imager_x.x.x_amd64.deb, abra un **Terminal** para obtener una línea de comandos.

Escriba la siguiente línea de comandos:

```
sudo apt install <ruta_al_archivo>/imager_x.x.x_amd64.deb
```

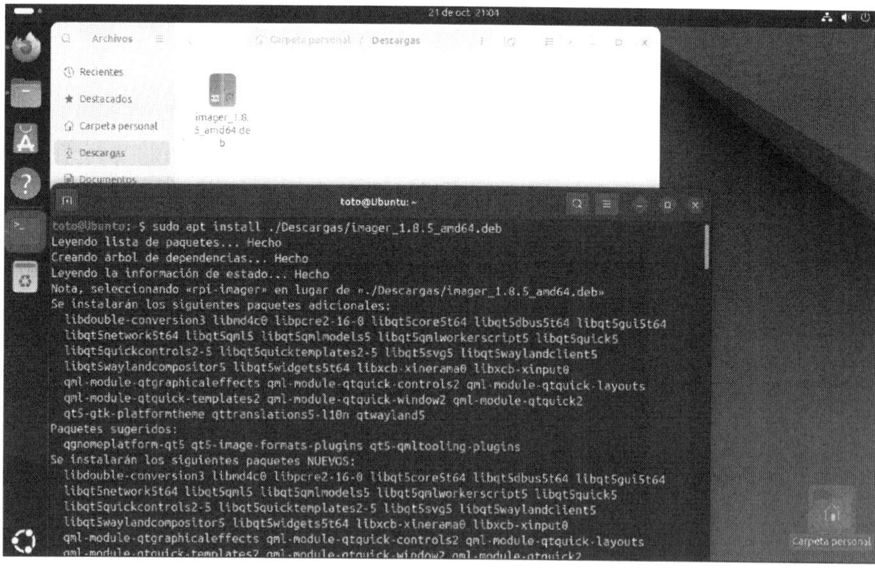

⇉ Desplácese por el menú de aplicaciones (hasta el botón en la parte inferior izquierda de la pantalla) hasta localizar el icono con forma de frambuesa llamado **Imager**.

⇉ Haga doble clic en el icono **Imager** para iniciar la herramienta.

En Raspberry Pi OS

Raspberry Pi Imager ha aparecido bajo Raspberry Pi OS, permitiendo que cualquier sistema Raspberry Pi pueda ser utilizado para generar nuevos sistemas Raspberry Pi. La instalación es desde la línea de comandos.

⇉ Abra una línea de comandos LXTerminal .

⇉ Introduzca el siguiente comando y confirme:

```
sudo apt install rpi-imager
```

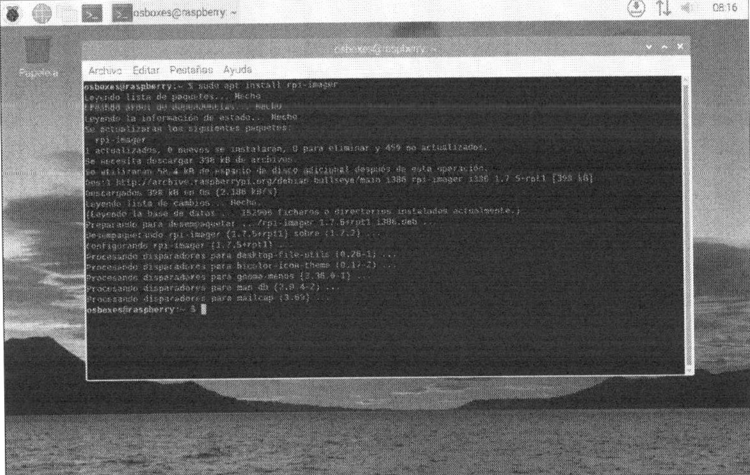

⇉ Una vez instalada la herramienta en su sistema, localícela en el menú **Raspberry**, **Accesorios**, **Imager**.

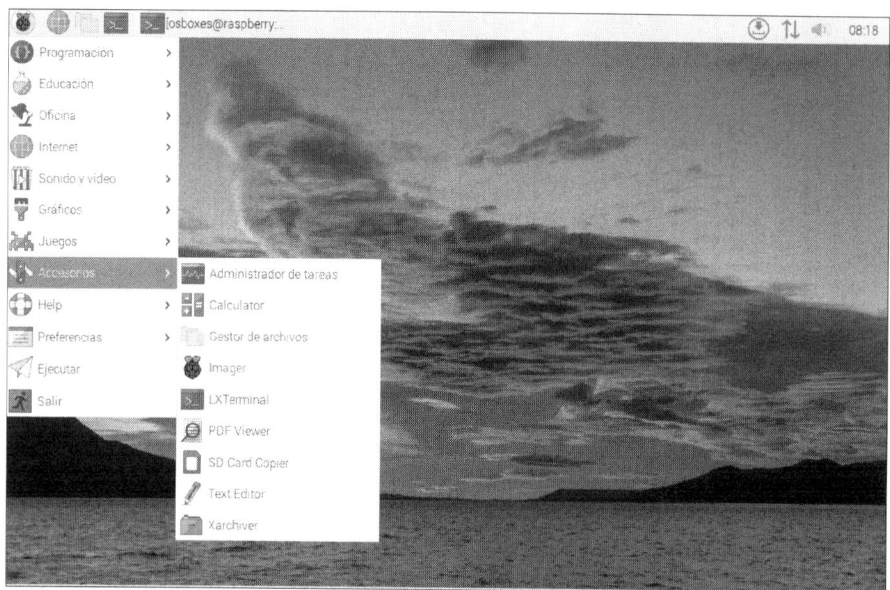

⇉ Haga clic en el icono **Imager** para iniciar la herramienta.

3.1.3 Utilización

La instalación del sistema operativo en la tarjeta SD consta de tres etapas: elegir el sistema que se va a instalar, elegir el destino y escribir en la tarjeta.

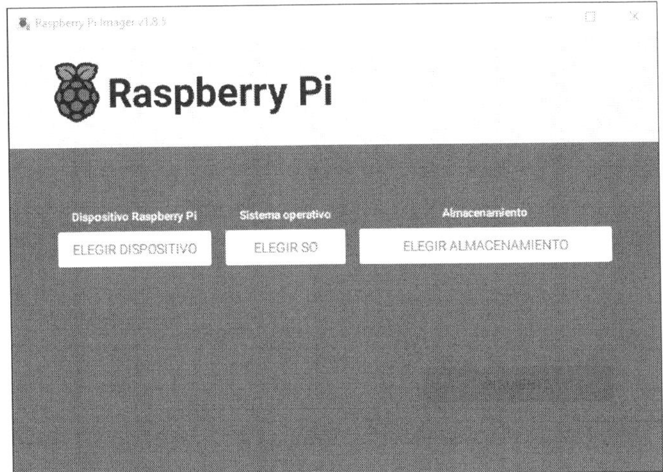

Elegir el sistema operativo

⇉ Haga clic en el botón **ELEGIR SO** para acceder a la lista de sistemas disponibles para descarga.

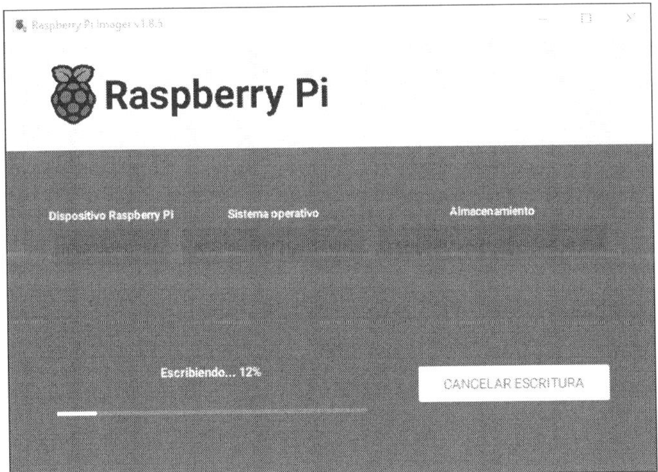

La primera opción por defecto es la versión Desktop de 32 bits de Raspberry Pi OS. Si desea instalar las otras versiones (Lite, Full, 64-bit, Legacy, etc.), debe abrir el submenú **Raspberry Pi OS (other)**.

Desplácese por este menú y los submenús para encontrar otros sistemas operativos. Al final de la lista, la opción **Utilizar una imagen personalizada** le permite instalar otro sistema operativo que no esté en la lista y que haya descargado previamente en su máquina en forma de archivo de imagen.

⇉ Haga clic en la primera opción predeterminada **Raspberry Pi OS (32 bits)**.

Elija el destino

El segundo paso consiste en designar la tarjeta SD de destino.

⇉ Haga clic en el botón **ELEGIR ALMACENAMIENTO**.

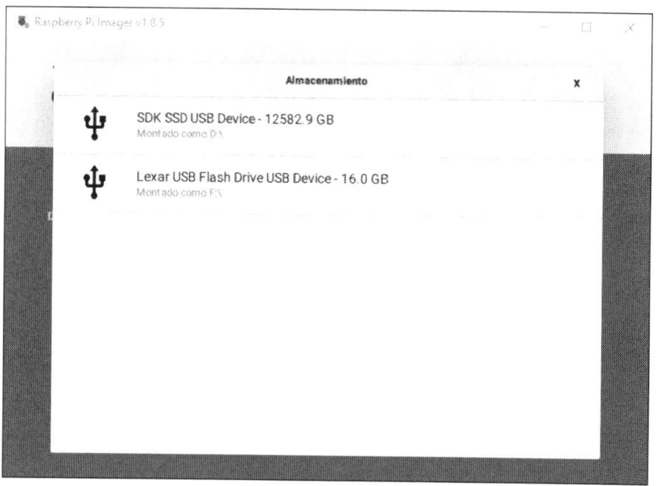

Para que la tarjeta SD de destino aparezca en la ventana de almacenamiento, debe haberla insertado en el ordenador. Puede utilizar el lector de tarjetas integrado si su ordenador dispone de él, o utilizar un adaptador USB/micro SD.

Como se muestra en la captura de pantalla anterior, esta lista mostrará todos los dispositivos de almacenamiento extraíbles, como memorias USB o unidades externas conectadas actualmente al ordenador. Debe tener mucho cuidado con lo que elige aquí, porque la herramienta simplemente eliminará todo el dispositivo, sin posibilidad de volver atrás. Así que tenga cuidado si tiene otros dispositivos conectados, y utilice la información proporcionada con cada elemento de la lista para hacer la elección correcta del dispositivo de destino.

Escritura en la tarjeta SD

⇉ Una vez realizadas estas selecciones, podrá acceder al botón **SIGUIENTE**. Pulse este botón.

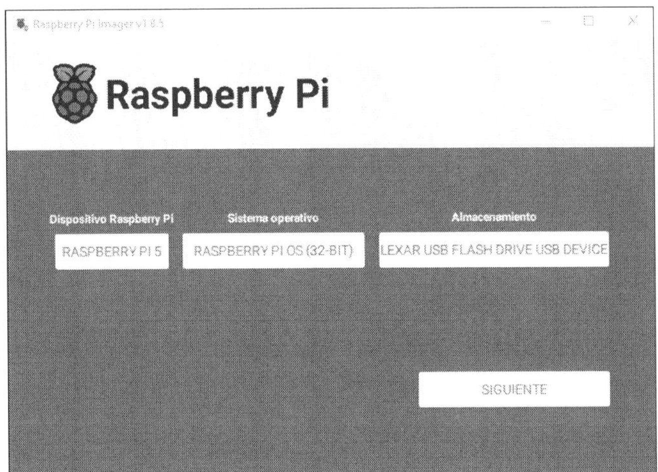

La herramienta le advertirá de que va a borrar todo el dispositivo que ha elegido. **Es la última oportunidad para asegurarse de su elección del dispositivo de destino**.

⇉ Haga clic en **SÍ**.

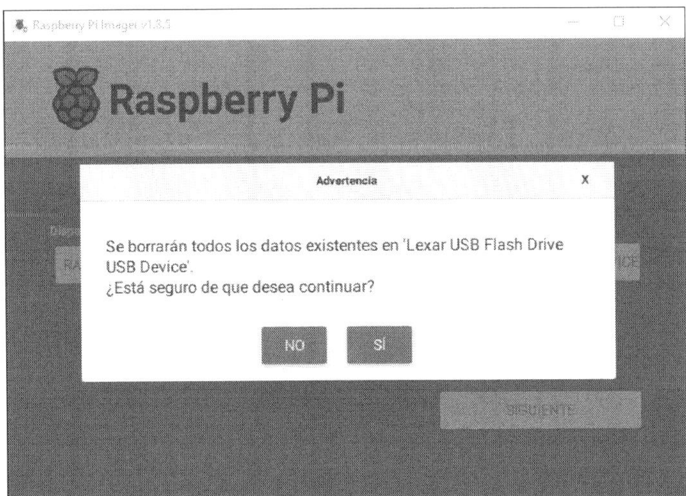

Observación

En esta fase, dependiendo de su sistema operativo (Windows, macOS, Ubuntu, etc.), en algunos casos, es necesario elevar los derechos y tendrá que introducir la contraseña de administración de la máquina para empezar la escritura.

A continuación, se suceden varias fases: inicialización de la descarga, escritura y comprobación.

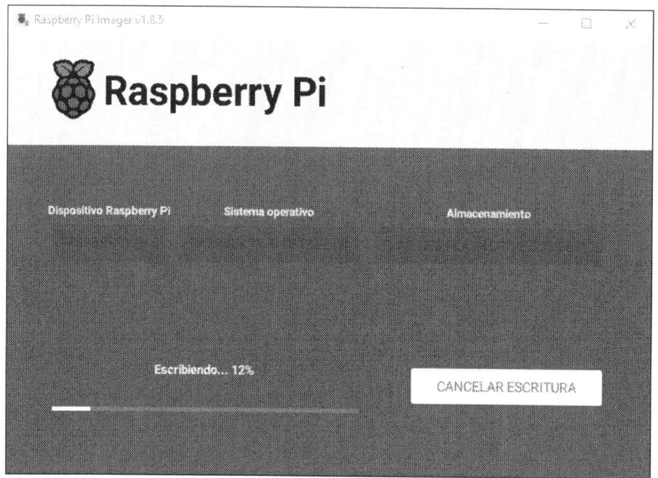

Una vez completadas todas estas operaciones, aparecerá el mensaje:

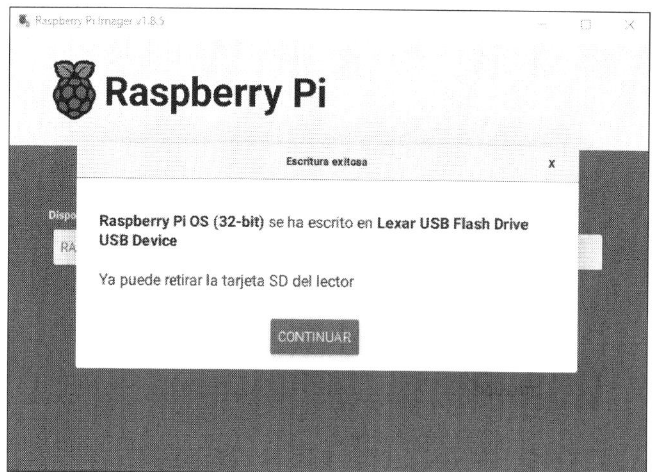

Su tarjeta SD está ahora lista para ser arrancada en su Raspberry Pi.

Caché de descarga

Raspberry Pi Imager almacena en caché la descarga más reciente (si hay espacio libre disponible en su ordenador). Así, si realiza varias instalaciones idénticas, la primera instalación descarga la imagen de Internet y las instalaciones posteriores se realizan desde esta caché sin monopolizar su conexión a Internet. El resultado es una escritura mucho más rápida en la tarjeta SD, especialmente para aquellos con una conexión a Internet deficiente. Tampoco hay que preocuparse por las actualizaciones, ya que Raspberry Pi Imager comprueba la existencia de una nueva versión antes de descargarla. Esta información se da bajo la etiqueta de cada sistema operativo.

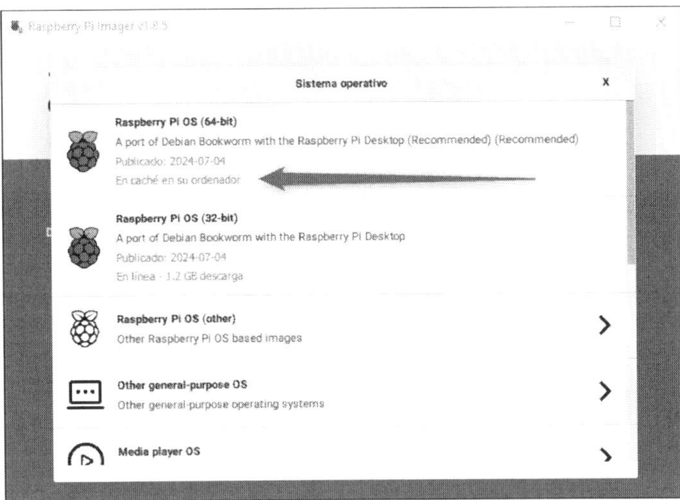

El caché y la fecha de publicación aparecen en gris.

El inconveniente es que esta caché monopoliza el espacio en disco de su ordenador, que puede llegar a ser de varios gigabytes dependiendo de su última descarga. Para ayudarle a sacar el máximo partido de esta función, que tiene sus ventajas y sus inconvenientes, aquí tiene la ruta completa para cada sistema operativo del archivo lastdownload.cache que debe eliminar:

Windows	%UserProfile%\AppData\Local\Raspberry Pi\Imager\cache
Mac OS	~/Library/Caches/Raspberry Pi/Imager
Linux	~/.cache/Raspberry Pi/Imager

3.1.4 Configuración avanzada

Observación

Para las primeras instalaciones de Raspberry Pi OS, los ajustes avanzados no son de interés inmediato. Puede pasar a la sección Primera puesta en marcha y volver aquí más tarde, cuando haya descubierto a qué corresponden los preajustes disponibles en estos ajustes avanzados.

En las versiones aniguas, es posible que justo después de seleccionar su sistema operativo a descargar, haya visto que aparece un botón con una rueda dentada en la parte inferior derecha de la herramienta: . Se trata de los ajustes avanzados. Tenga en cuenta que es posible mostrar los ajustes avanzados utilizando el atajo de teclado [Mayús] [Ctrl] X.

La primera parte de estos ajustes avanzados está dedicada a la personalización de Raspberry Pi OS, por lo que solo se puede acceder a ella cuando este sistema ha sido seleccionado como el sistema a instalar. Puede hacer que estos ajustes avanzados persistan para todas las instalaciones futuras seleccionando **para todas las sesiones** en la lista desplegable **Image customization options**. De lo contrario (es decir, seleccionando **solo para esta sesión**), los ajustes avanzados solo se aplicarán a la instalación actual.

Nombre del host

La primera configuración avanzada le permite personalizar el nombre de host de su Raspberry Pi en la red.

GENERAL SERVICIOS OPCIONES

Establecer nombre de anfitrión: raspberrypis .local

Corresponde a la opción **S4 - Hostname** en la herramienta raspi-config (consulte el apartado Opciones del sistema de este capítulo) o el campo **Hostname** en la pestaña **Sistema** de la aplicación Configuración de Raspberry Pi (consulte el apartado Pestaña Sistema de este capítulo). Consulte estos apartados para conocer las restricciones de los nombres de host.

Si esta casilla no está marcada, se establecerá el nombre de host por defecto **raspberrypi** para su nueva instalación.

Activación de SSH

La activación de la consola remota a través de SSH puede es posible marcando la casilla **Activar SSH**.

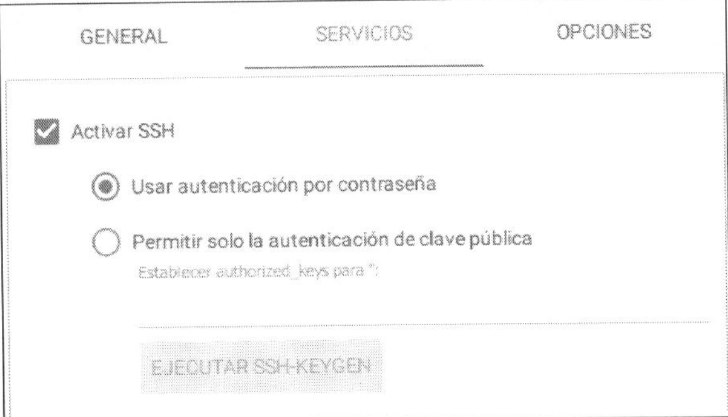

Puede autenticarse con la contraseña de usuario por defecto (elija **Usar autenticación por contraseña**), o inyectar una clave pública en su sistema operativo que será reconocida automáticamente cuando se realice una petición de conexión (elija **Permitir solo la autenticación de clave pública**). Si se selecciona la autenticación con contraseña, la opción avanzada que aparece justo debajo, llamada **Definir nombre de usuario y contraseña**, se marcará automáticamente para introducir la contraseña requerida por SSH.

La activación SSH puede ser habilitada más tarde usando la herramienta raspi-config, opción **I2 - SSH** (ver el apartado Interface Options de este capítulo) o a través de la aplicación Configuración Raspberry Pi, pestaña **Interfaces**, interruptor **SSH** (ver el apartado Pestaña Interfaces de este capítulo).

Usuario y contraseña por defecto

Si quiere que el primer arranque tenga lugar sin ninguna pregunta al usuario, aquí necesitará al menos definir un nombre de usuario y una contraseña. Ya no hay un usuario pi por defecto con una contraseña de frambuesa. Así que, si no se definen aquí, la pregunta se hará necesariamente durante el primer arranque.

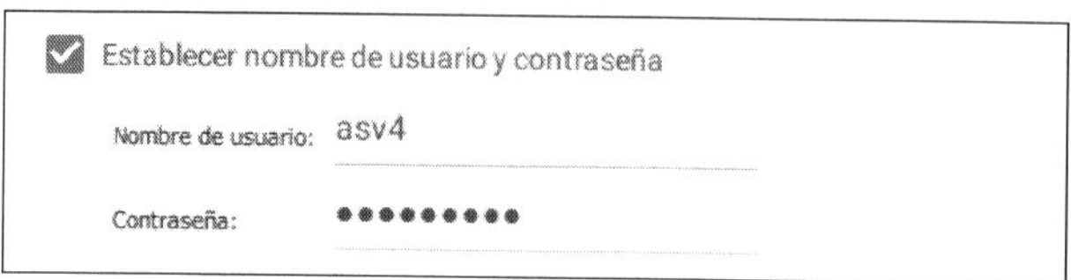

La contraseña se puede cambiar más tarde a través de la opción **S3 - Password** en la herramienta raspi-config (consulte el apartado Opciones del sistema de este capítulo) o a través de la pestaña **Sistema** de la aplicación Raspberry Pi Configuration, botón **Cambiar contraseña** (consulte el apartado Pestaña sistema de este capítulo). Cambiar el usuario por defecto es más complicado más adelante. Haga su elección con cuidado y, sobre todo, no vuelva a utilizar pi, ¡la seguridad de su sistema está en juego!

Configuración de Wi-Fi

Marcando la casilla Configurar Wi-Fi, puede predefinir una red Wi-Fi que se deba contactar en el primer arranque. Esto es muy útil en placas Raspberry Pi Zero W utilizadas sin pantalla ni teclado.

⇒ Introduzca el nombre de la red Wi-Fi que se deba contactar en el campo **SSID**. Si esta red Wi-Fi está oculta, marque la casilla **SSID oculta** para que su futuro sistema pueda buscar redes Wi-Fi ocultas.

⇒ Introduzca la contraseña de su red Wi-Fi en el campo **Contraseña**. Si es necesario, utilice la casilla **Mostrar contraseña** para ayudarle a introducirla.

⇒ Por último, tenga cuidado de seleccionar el **País de LAN inalámbrica** para que su Raspberry pi se ajuste a las frecuencias y potencias de transmisión correctas vigentes en su país.

Configurar LAN inalámbrica
SSID:
Contraseña:
Mostrar contraseña SSID oculta
País de LAN inalámbrica: ES

Estos ajustes son equivalentes a las opciones **S1 - Wireless LAN y L3 - WLAN country** en la herramienta raspi-config (véase los apartados Opciones del Sistema y Localisation Options en este capítulo). En la aplicación Raspberry Pi Configuration, solo el ajuste **Wi-Fi Country** aparece en la pestaña **Location** (ver los apartados Opciones del Sistema y Localisation Options en este capítulo). Puede configurar la red Wi-Fi desde el icono de gestión de red en la parte derecha de la barra de tareas (consulte el apartado Conectarse a una red Wi-Fi en el capítulo Utilizar el modo gráfico).

Establecer ajustes regionales

Al marcar la casilla **Establecer ajustes regionales**, dos campos le permiten preseleccionar la **Zona horaria** y la **Distribución del teclado**.

Zona horaria corresponde a la opción **L2 - Timezone** de la herramienta raspi-config (ver el apartado Localisation Options de este capítulo) y es equivalente al botón **Definir zona horaria** de la pestaña **Localización** de la aplicación Raspberry Pi Configuration (ver el apartado Pestaña Localización de este capítulo). La **Distribución del teclado** es una preselección simplificada desde la opción **L3 - Keyboard** de la herramienta raspi-config, o desde el botón **Definir teclado** en la pestaña Localización de la aplicación Raspberry Pi Configuration.

Ajustes permanentes

Al final de esta lista de ajustes avanzados hay una sección llamada **Ajustes permanentes** con tres opciones que son completamente independientes del sistema operativo elegido. Afectan al funcionamiento de la aplicación cuando termina de escribir en la tarjeta SD.

Reproducir sonido al finalizar
Expulsar soporte al finalizar
Activar telemetría

Mientras que las dos primeras casillas de verificación, **Reproducir sonido al finalizar** y **Expulsar soporte al finalizar**, se entienden bastante bien y no requieren ninguna aclaración particular, la última, Activar telemetría, puede dejarle con la duda.

Telemetría debe entenderse como estadísticas. Si esta casilla está marcada, su herramienta Raspberry Pi Imager alimentará las estadísticas generales para la instalación de sistemas operativos en Raspberry Pi, que pueden verse en https://rpi-imager-stats.rasp- berrypi.com/.

3.2 Instalación desde Internet

Se trata de una de las mayores novedades de las últimas placas Raspberry Pi: la posibilidad de descargar e instalar su sistema operativo directamente a través de Internet. Pero esta función está reservada a las placas Raspberry Pi de generación 4, con firmware instalado después de marzo de 2022.

Observación

En el momento de redactar este libro, las tarjetas de la generación 5 aún no tienen esta funcionalidad. Cuando esté disponible, habrá que actualizar el firmware, al igual que para las tarjetas de la generación 4 anteriores a marzo de 2022.

Para empezar a utilizar el firmware interno, simplemente arranque su Raspberry Pi 4 conectándola a Internet a través de un cable de red y sin insertar una tarjeta SD o una llave USB. A continuación, manteniendo pulsada la tecla [Shift], el firmware descargará la herramienta Raspberry Pi Imager. Esto funciona de la misma manera que se describe en el apartado anterior.

⇉ Ponga en marcha su Raspberry Pi 4 equipada con un teclado, un ratón, una pantalla y un cable de red conectado a Internet. Después de unos segundos, tendrá esta pantalla:

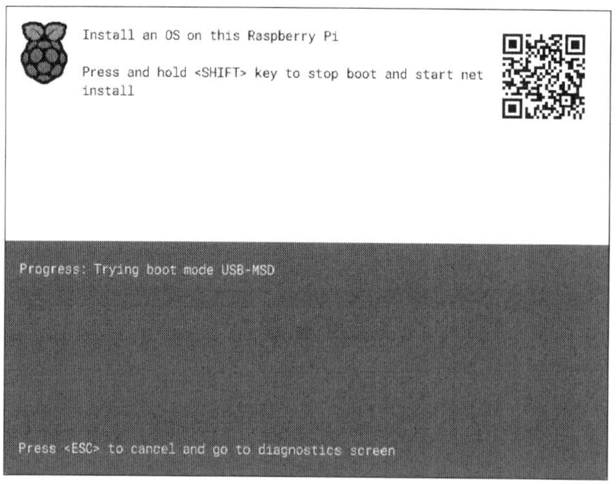

Observación

Si no aparece, actualice el firmware.

⇉ Como se le había indicado, mantenga pulsada la tecla [Mayús] para iniciar la instalación a través de Internet.

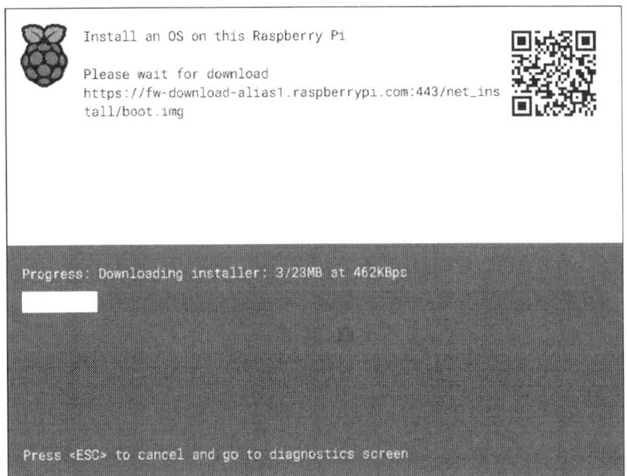

Una vez finalizada la descarga, se inicia el Raspberry Pi Imager, siendo posible hacerlo en español gracias a la barra de idioma amarilla en la parte inferior de la pantalla.

A partir de este punto, puede utilizar las mismas funciones del Raspberry Pi Imager descritas en el apartado anterior. Puede insertar su tarjeta SD de destino en la ranura interna de su Raspberry Pi y designarla como destino de la instalación.

Una vez finalizado el proceso de escritura y verificación, la Raspberry Pi se reinicia automáticamente en la tarjeta SD recién instalada.

4. Primera puesta en marcha

4.1 Preparación de la Raspberry Pi

4.1.1 Insertar la tarjeta SD

La gran mayoría de las tarjetas Raspberry Pi tienen una ranura micro SD situada en la parte inferior de la tarjeta. Los contactos de la tarjeta SD deben mirar hacia la placa de circuito impreso de la Raspberry Pi, como se muestra en la foto de abajo.

El principio es el mismo que el de las tarjetas de la primera generación 1, pero en formato SD.

En la Pi 400, hay una ranura para tarjetas micro SD situada entre el conector GPIO y las tomas HDMI, encima de la tecla [F8].

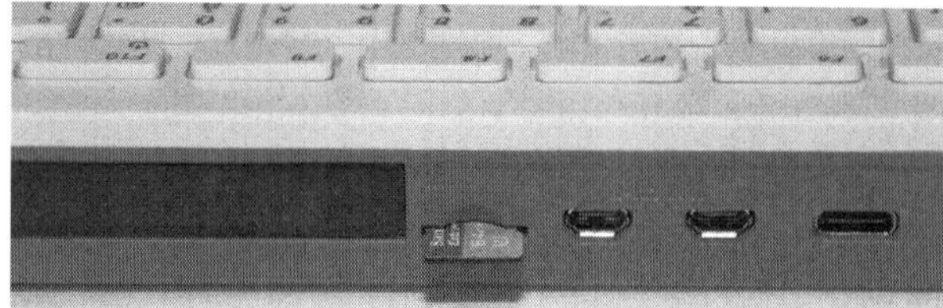

Hay dos tipos de ranura micro SD:

- En las Pi Zero, Pi 3 y Pi 4, la tarjeta micro SD se sujeta simplemente por fricción. Para extraerla, basta con tirar suavemente de ella para sacarla de su ranura.
- Las Pi 1 modelo B+, Pi 2 y Pi 400 tienen una ranura de bloqueo. Cuando inserte su tarjeta micro SD en estos modelos de Raspberry Pi, notará un clic al empujar ligeramente la tarjeta micro SD. Para extraerla, presione de nuevo para desbloquearla, y un muelle la expulsará de la ranura.

Dado que la tarjeta micro SD sobresale de la placa de circuito impreso, se recomienda encarecidamente extraerla antes de manipular la placa. En algunos casos, la ranura es tan fina que es frecuente romper la tarjeta micro SD por la mitad al hacer palanca para sacar la Raspberry Pi de su caja.

4.1.2 Conexión de los cables

Una Raspberry Pi es capaz de arrancar y funcionar con solo una tarjeta SD y una fuente de alimentación. No necesita teclado, ratón, pantalla ni conexión de red. Sin embargo, para asegurarse de tenerlo todo controlado cuando arranque por primera vez y para la configuración inicial, esto es lo que vamos a conectar:

- **Una pantalla**: conecte el cable HDMI a la Raspberry Pi y a la pantalla si tiene una entrada HDMI. De lo contrario, utilice uno de los adaptadores mencionados en el apartado Salidas de vídeo de la Raspberry Pi del capítulo Descripción técnica. Para la Pi 4 y la Pi 400, se requiere al menos una pantalla.
- **Un teclado**: conecte la toma USB de su teclado a una toma USB de su Raspberry (el teclado es inútil para una Pi 400).
- **Fuente de alimentación**: no conecte la fuente de alimentación a la red eléctrica de momento, solo inserte el conector micro USB o USB-C en su Raspberry Pi. Enchufará la fuente de alimentación a la red eléctrica cuando vaya a iniciar.
- **Un cable de red conectado a Internet**: esta conexión es opcional, pero se utilizará para recuperar la fecha y hora actuales, así como las actualizaciones del sistema.
- **Un ratón**: si ha optado por el entorno gráfico, le será muy útil para navegar de los botones a las ventanas. Conecte el ratón a una toma USB de su Raspberry Pi.

En una Pi Zero, tendrá que utilizar un concentrador USB para conectar simultáneamente el teclado, el ratón y posiblemente la conexión de red al único puerto micro USB. El puerto USB es la toma micro USB situada en el centro de la placa. Se identifica por las letras **USB**. No debe confundirse con la otra toma micro USB, cerca de la esquina de la tarjeta, que recibe la alimentación eléctrica. Se puede identificar por la etiqueta **PWR IN**.

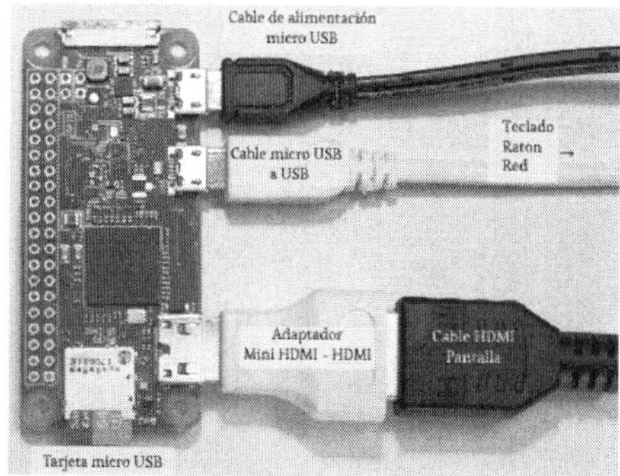

En las placas de la primera generación 1, el teclado y el ratón utilizan los dos puertos USB .

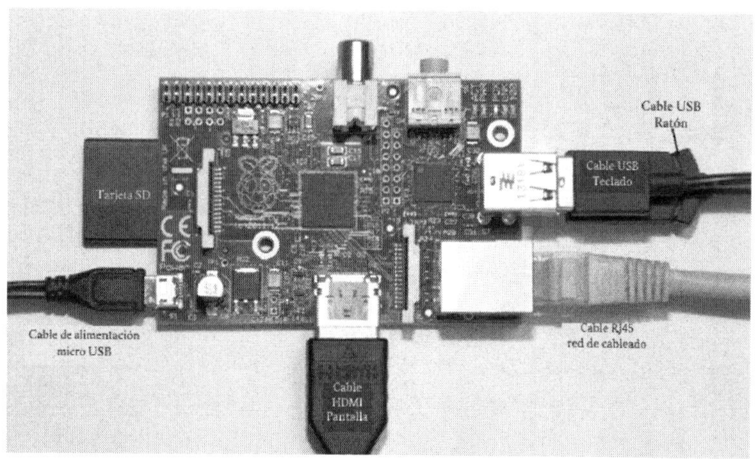

En Pi 1 modelo B+, Pi 2 y Pi 3:

Para Pi 4:

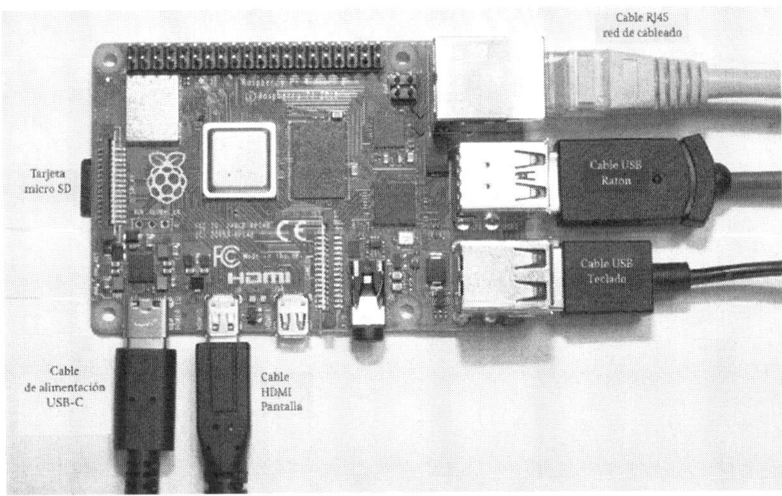

Para el Pi 400:

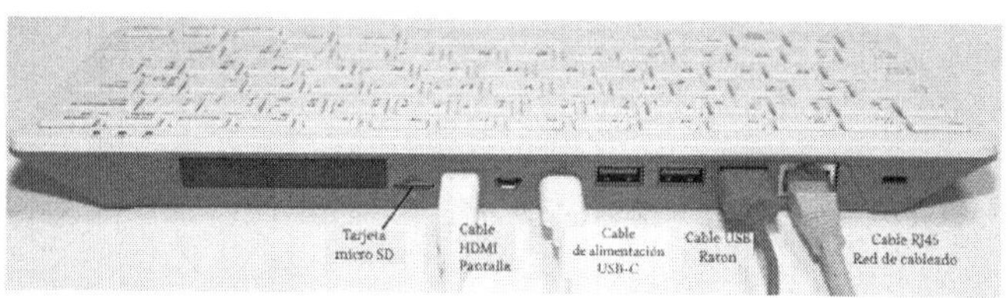

Observación

Para la Pi 4 y la Pi 400, se requiere una sola pantalla. No hay preferencia entre las dos Salidas HDMI micro, puede utilizarse cualquiera de ellas.

4.1.3 Encendido

Este es el momento más esperado para cualquiera que compre una placa Raspberry Pi: el encendido.

Sin embargo, una última recomendación: elija bien la fuente de alimentación. Aunque existe una cantidad ilimitada de fuentes de alimentación de calidad variable, también puede perfectamente utilizar un cargador viejo de teléfono. La Raspberry Pi también se ha diseñado para eso, para reciclar fuentes de alimentación antiguas... hasta ciertos límites físicos que implican que, si el voltaje o la potencia ya no son los adecuados, el sistema no funcionará o dejará de responder.

Como en cualquier experimento, lo más importante es empezar con las menores incertidumbres posibles. Por ello, utilizar inicialmente una fuente de alimentación oficial de la Fundación es una garantía de tranquilidad. No hay nada que le impida probar otras fuentes de alimentación más adelante, una vez que haya comprobado la fiabilidad del sistema. Si tiene problemas, tendrá la certeza de que se debe a la nueva fuente de alimentación.

Póngase en marcha, Enchufe la fuente de alimentación a una toma de corriente.

4.2 Primera puesta en marcha

En el encendido, si su pantalla se enciende lo suficientemente rápido , puede que vea el patrón de prueba de arranque coloreado.

Al cabo de unos instantes, una pantalla azul muestra las operaciones en curso: redimensionamiento del sistema de archivos, generación de claves SSH, etc.

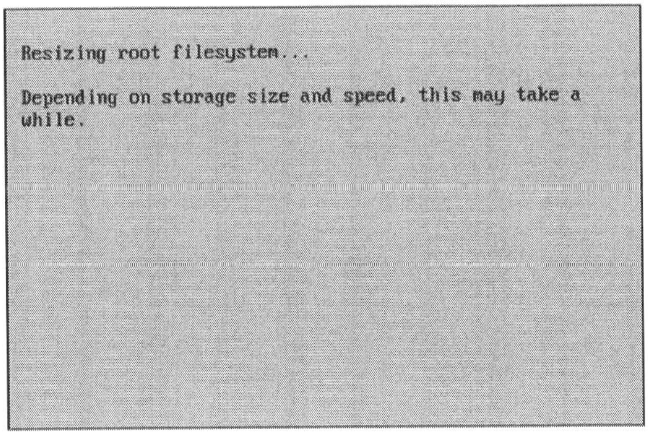

```
Resizing root filesystem...

Depending on storage size and speed, this may take a
while.
```

Finalmente, el sistema se reinicia.

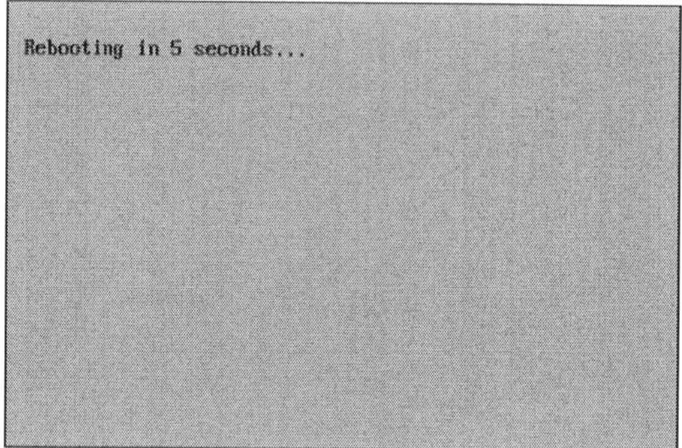

4.2.1 En modo gráfico

Si ha optado por la versión de escritorio gráfico, se mostrará furtivamente la pantalla de inicio del entorno de escritorio.

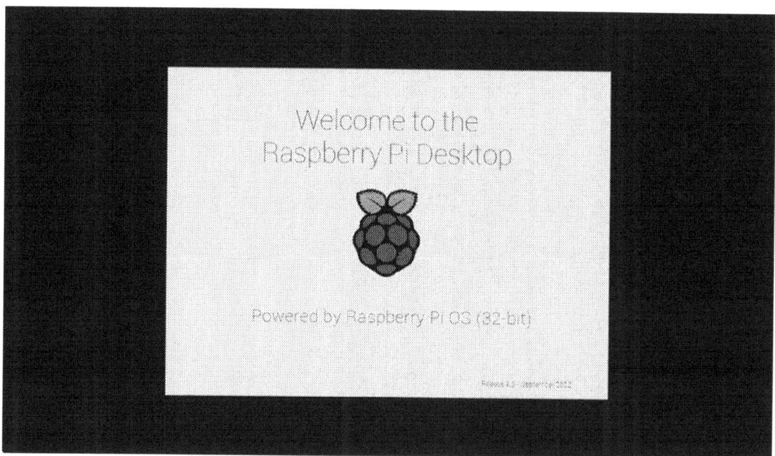

Luego comenzará la configuración del sistema.

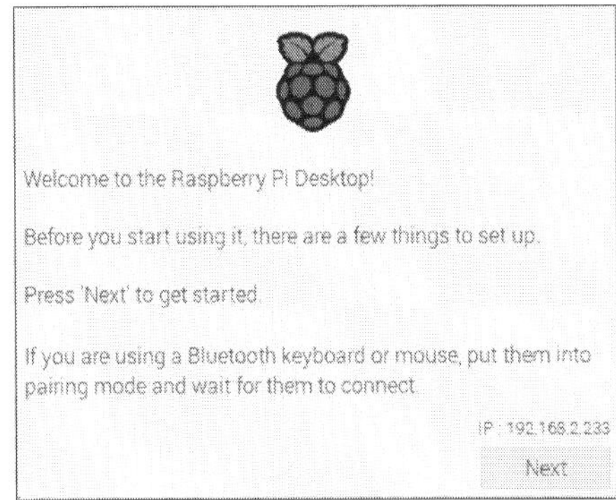

Observación

Durante esta visualización, se escucha un mensaje de audio sintético cada 15 segundos invitándole a pulscar [Ctrl][Alt][Espacio]. Este es el asistente de voz que le pide que active la lectura automática de la información en pantalla para las personas con discapacidad visual. Esta combinación de teclas instalará un paquete de software especial y reiniciará el sistema. Su sistema podrá entonces generar mensajes de audio que describan la información en pantalla.

Haga clic en **Next** para empezar a configurar los parámetros.

Establecer el país y la región

El asistente de instalación le pedirá que seleccione el **país**, el **idioma** y la **zona** horaria.

Elija **España** (o el país en que se encuentre), **Español** y **Madrid** (o la zona que le corresponda), y deje las casillas **Use English langage** y **Use US keyboard** sin marcar. Haga clic en **Next**.

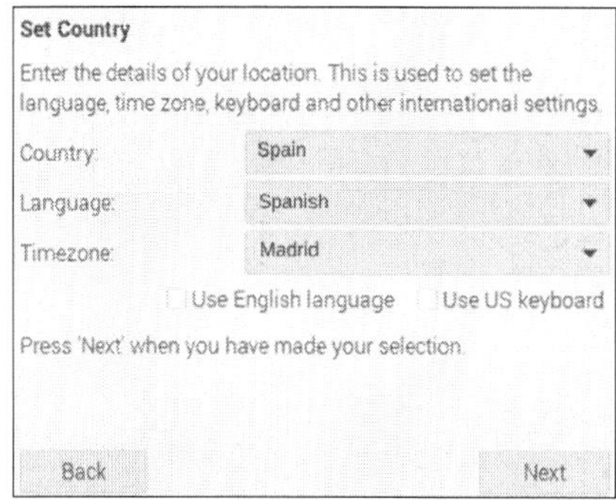

Cuenta de usuario

Al cabo de unos instantes, el asistente le pedirá que cree una cuenta de usuario.

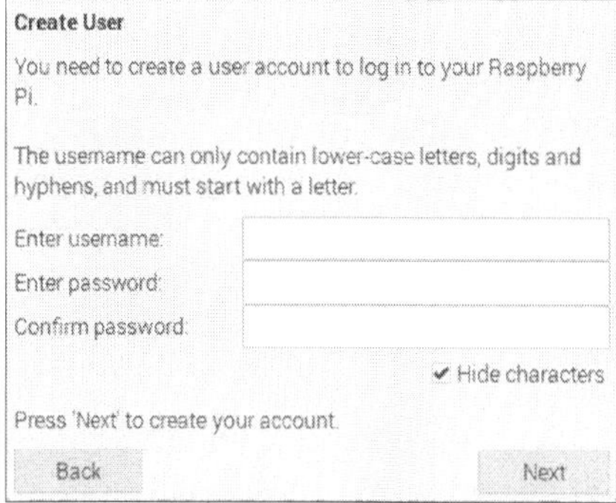

En versiones anteriores de Raspberry Pi OS, ya se creaba una cuenta de usuario por defecto. Su nombre era pi, y su contraseña era raspberry. Obviamente, esta práctica va en contra de las normas básicas de seguridad. Ahora es necesario introducir un nombre de usuario personalizado. De hecho, si decide seguir utilizando Pi como nombre de usuario, el asistente se lo desaconseja encarecidamente.

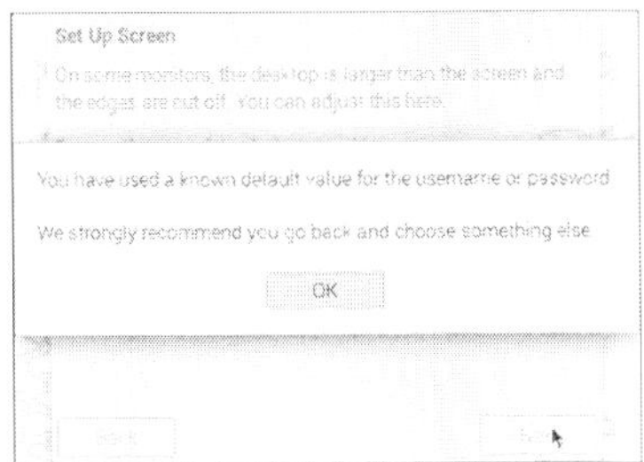

⇉ Introduzca su nombre de usuario en el campo **Enter username** y, a continuación, su contraseña en **Enter password** y **Confirm password**. La contraseña introducida puede verse desmarcando la casilla **Hide characters**.

Aquí tiene algunos consejos para asegurarse de que su contraseña es "segura":

- Evite todo aquello que pueda relacionarse con usted: nombre, nombres de mascotas, fecha de nacimiento, número de teléfono, código postal, etc. Evite también utilizar nombres comunes o propios si existen en los diccionarios.
- Cuanto más larga sea la contraseña, más difícil será encontrarla. Elija contraseñas de entre ocho y quince caracteres, o combine varias palabras, por ejemplo.
- Mezcle letras mayúsculas y minúsculas, números y caracteres especiales (&, #, €...) teniendo cuidado sin embargo con algunos, como las letras acentuadas, que pueden no estar disponibles en otras distribuciones de teclado.
- Memorice la contraseña, no la escriba en un papel.
- Utilice frases fáciles de memorizar: "Después de cantar todo el verano la cigarra se encontró muy desprovista al llegar el viento frío." podría ser la contraseña **ddctev1csemd@llevf**, tomando la primera letra de cada palabra y sustituyendo la "l" por un 1 o la "a" por por @... Esto es solo un ejemplo, así que no la utilice tal cual, cree su propia contraseña.

⇉ Una vez que haya introducido su nombre de usuario y contraseña, haga clic en **Next**.

Adaptar la pantalla

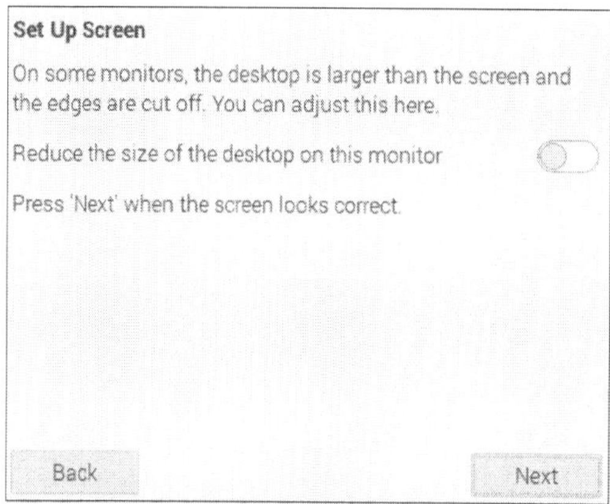

Cuando se utilizan determinadas pantallas, la mejor resolución detectada no siempre es la correcta. En este paso, puede adaptar la pantalla reduciendo el área de visualización del escritorio.

⇒ Realice una prueba activando o no el botón **Reduce the size of the desktop on this monitor** y haga clic en **Next** una vez obtenida la mejor visualización.

Configuración Wi-Fi

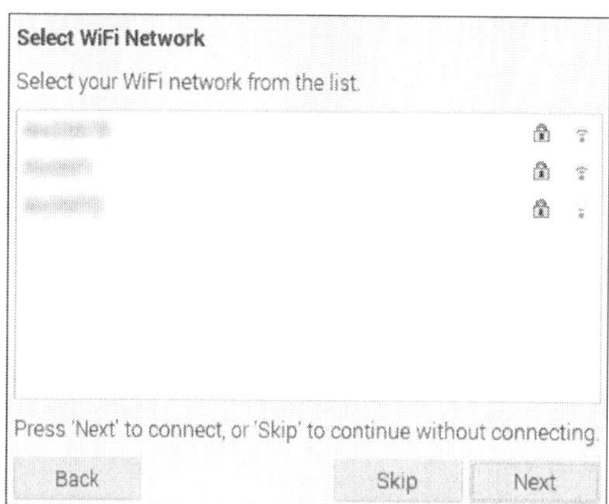

Si su Raspberry Pi tiene un adaptador Wi-Fi (ya sea integrado en la placa o conectado y reconocido a través del USB), ahora tiene que seleccionar la conexión de red inalámbrica.

Por supuesto, es posible aplazar estos ajustes hasta otro momento. En ese caso, pulse **Skip**.

⇉ Seleccione su red WiFi de la lista titulada **Select your WiFi network from the list** y, a continuación, haga clic en **Next**.

A continuación, se le pedirá que introduzca la contraseña de la red Wi-Fi seleccionada.

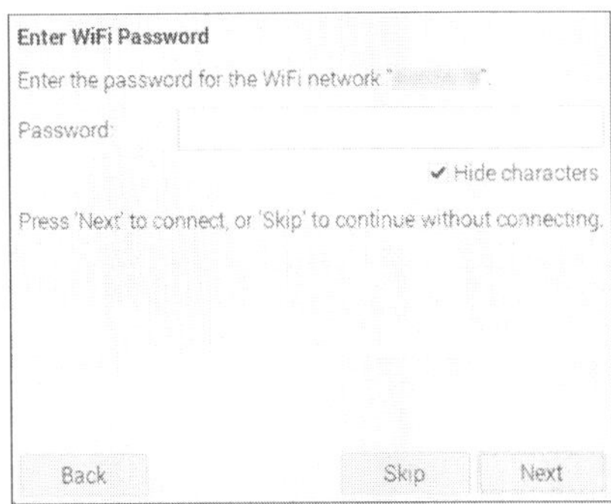

⇉ Introduzca la contraseña de su red Wi-Fi en el campo **Password**. Utilice la casilla **Hide characters** si es necesario. Pulse **Next**.

Actualización del sistema

Esta es la etapa final del asistente, la actualización de su sistema.

Dependiendo de la fecha de lanzamiento de su instalación descargada por Raspberry Pi Imager, entre tanto pueden haberse publicado actualizaciones del sistema. Aunque es aconsejable llevar a cabo estas actualizaciones, como la operación lleva un poco de tiempo, también puede posponerla hasta más tarde haciendo clic en el botón **Skip**.

⇉ Haga clic en **Next** para descargar e instalar las últimas actualizaciones.

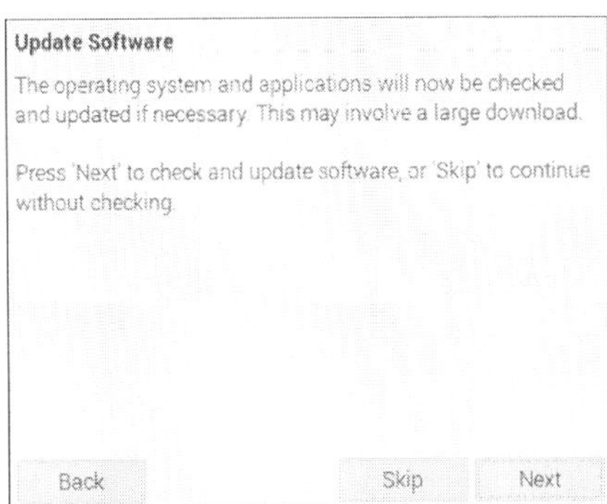

Una vez finalizadas las operaciones de actualización, aparecerá este mensaje:

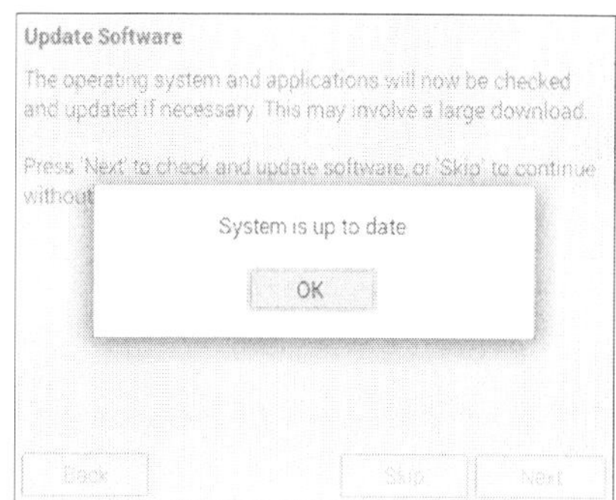

⇉ Haga clic en **OK**.

Reinicio final

Por último, el asistente de instalación le informa de que los ajustes han finalizado.

⇉ Haga clic en **Restart** para reiniciar su Raspberry Pi.

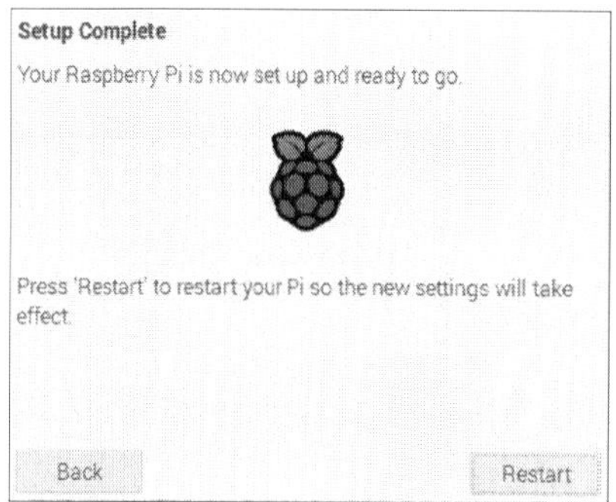

El sistema se reinicia y al cabo de unos instantes aparece el escritorio.

4.2.2 En la línea de comandos

Al elegir la versión Lite de Raspberry Pi OS, dispondrá de un sistema ligero que se adapta especialmente bien a las Raspberry Pi de primera generación. El inconveniente es que tendrá que interactuar con el sistema desde la línea de comandos.

Pero que no cunda el pánico. Hay varias herramientas disponibles, y la navegación con el teclado (e incluso con el ratón en algunos casos) no presenta mayores dificultades.

A continuación, el sistema muestra en pantalla la traza de ejecución del sistema.

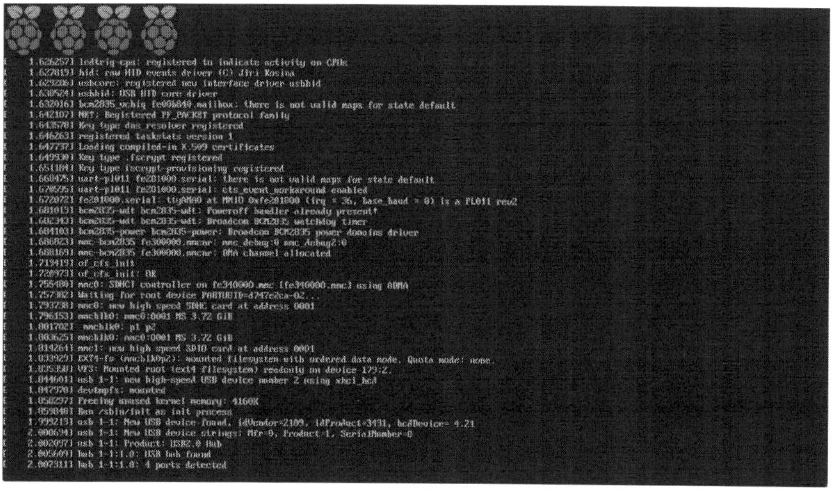

Disposición del teclado

El primer ajuste se refiere al teclado.

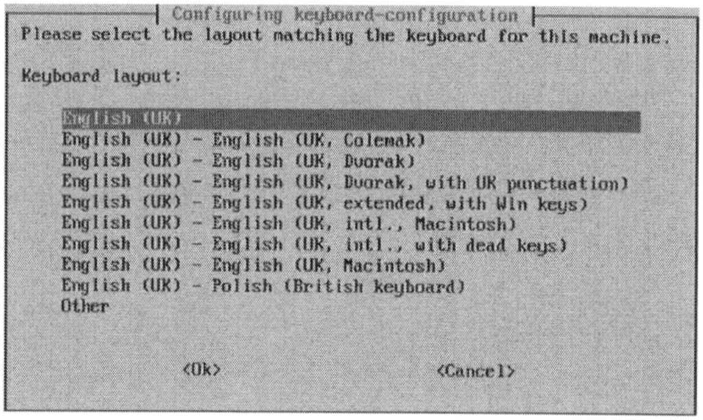

```
Configuring keyboard-configuration
Please select the layout matching the keyboard for this machine.

Keyboard layout:

    English (UK)
    English (UK) - English (UK, Colemak)
    English (UK) - English (UK, Dvorak)
    English (UK) - English (UK, Dvorak, with UK punctuation)
    English (UK) - English (UK, extended, with Win keys)
    English (UK) - English (UK, intl., Macintosh)
    English (UK) - English (UK, intl., with dead keys)
    English (UK) - English (UK, Macintosh)
    English (UK) - Polish (British keyboard)
    Other

         <Ok>                    <Cancel>
```

⇉ Con la tecla [Flecha abajo] del teclado, mueva la selección roja a la opción **Other**.

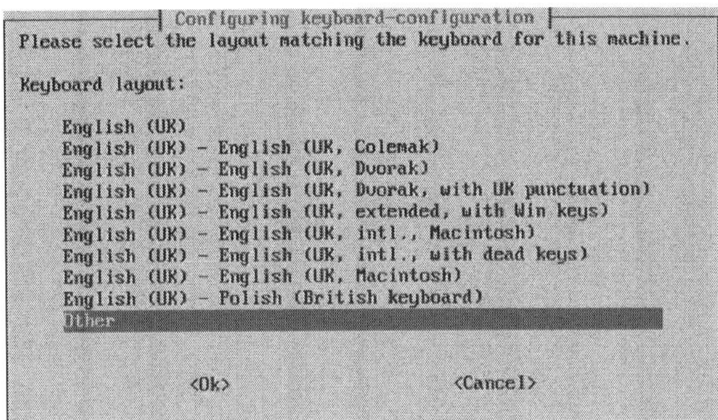

Cada vez que pulse la tecla [Tab], podrá navegar entre la lista de **Keyboard layout** y los botones **<Ok>** y **<Cancel>**.

⇉ Con la tecla [Tab], resalte el botón **<Ok>** en rojo y confírmelo pulsando la tecla [Intro].

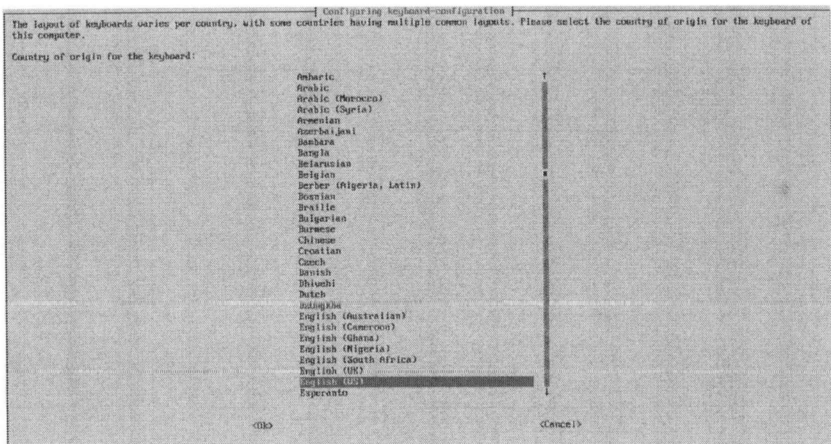

Ahora debe elegir el país de origen del teclado.

⇉ Con las teclas [Flecha arriba] y [Flecha abajo], resalte en rojo **Spanish**.

⇉ Para confirmar directamente su elección, pulse la tecla [Intro] una vez seleccionada la opción **Español**.

Configuración de keyboard-configuration
Por favor, seleccione la distribución del teclado de este equipo.
Distribución de teclado:
Español
Español - Asturiano (España, con H y L con punto bajo)
Español - Catalán (España, con L con punto medio)
Español - Español (Dvorak)
Español - Español (Macintosh)
Español - Español (sin teclas muertas)
Español - Español (teclas muertas de Sun)
Español - Español (teclas Windows)
Español - Español (tilde muerta)
Otro
<Aceptar> <Cancelar>

⇉ Seleccione la distribución de su teclado. En la mayoría de los casos, la primera opción será **Español**.

⇉ Confirme la distribución del teclado con [Intro].

Cuenta de usuario

Al igual que con la versión de escritorio, es necesario crear una cuenta de usuario.

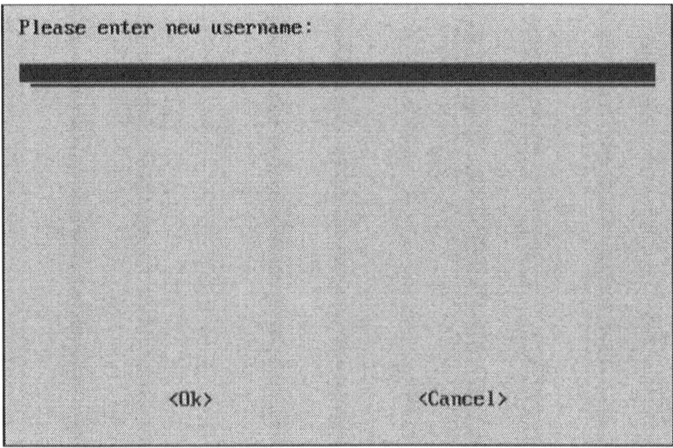

En esta fase, si nota algún problema con el teclado, siempre puede volver atrás y cambiar la distribución del teclado resaltando el botón **<Cancel>**.

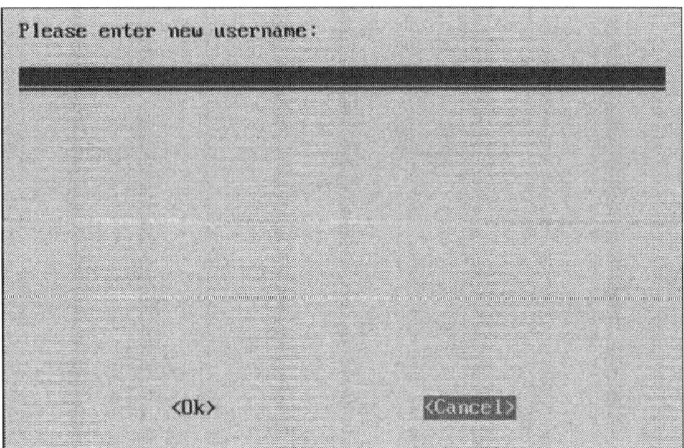

⇉ A continuación, pulse [Intro] para confirmar que desea volver a la etapa anterior.

⇉ Introduzca el nombre de usuario deseado y pulse [Intro].

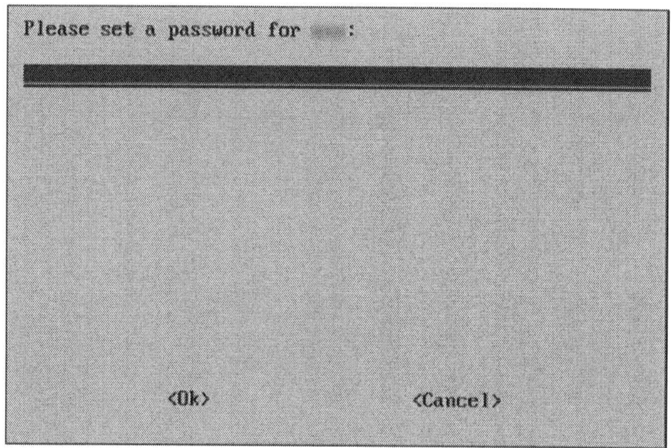

⇉ Introduzca la contraseña y pulse [Intro] para confirmar.

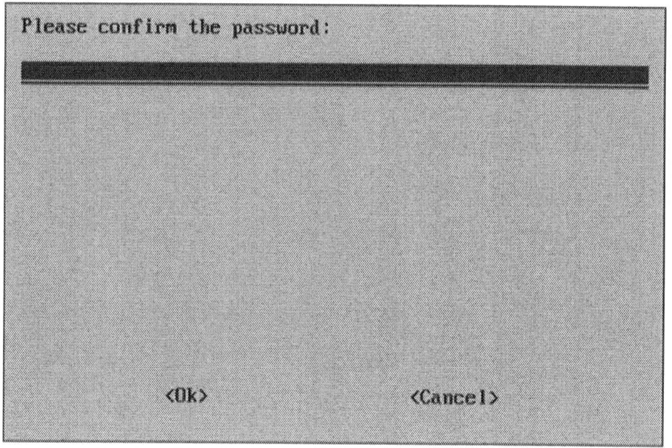

⇉ Confirme su contraseña y pulse [Intro] para confirmar.

La elección de la disposición del teclado es importante en esta fase, ya que no es posible comprobar que los caracteres introducidos coincidan exactamente. Sin embargo, sin cambiar la distribución del teclado, la contraseña se introducirá correctamente, aunque no se corresponda exactamente con lo que ha seleccionado.

Ya se han realizado los primeros ajustes de inicio. Ya puede iniciar sesión.

```
[  OK  ] Reached target Network.
         Starting /etc/rc.local Compatibility...
         Starting Permit User Sessions...
[  OK  ] Started /etc/rc.local Compatibility.
[  OK  ] Finished Permit User Sessions.
         Starting User configuration dialog...
[  OK  ] Started Authorization Manager.
         Starting Modem Manager...
[  OK  ] Finished Check for Raspberry Pi EEPROM updates.
[  OK  ] Started LSB: Resize the root filesystem to fill partition.
[  OK  ] Started Disk Manager.
[  OK  ] Started Modem Manager.
[  OK  ] Finished Remove Stale Online ext4 Metadata Check Snapshots.
[  OK  ] Started Configure Bluetooth Modems connected by UART.
[  OK  ] Created slice system-bthelper.slice.
         Starting Raspberry Pi bluetooth helper...
         Starting Load/Save RF Kill Switch Status...
[  OK  ] Started DHCP Client Daemon.
[  OK  ] Started Load/Save RF Kill Switch Status.
[  OK  ] Finished Raspberry Pi bluetooth helper.
         Starting Bluetooth service...
[  OK  ] Started Bluetooth service.
[  OK  ] Reached target Bluetooth.
         Starting Hostname Service...
[  OK  ] Started Hostname Service.
         Starting Online ext4 Metadata Check for All Filesystems...
         Starting Rotate log files...
         Starting Daily man-db regeneration...
[  OK  ] Finished Online ext4 Metadata Check for All Filesystems.
[  OK  ] Finished Rotate log files.
[  OK  ] Finished Daily man-db regeneration.
         Starting Daily apt upgrade and clean activities...
[  OK  ] Finished Daily apt upgrade and clean activities.
         Starting Cleanup of Temporary Directories...
[  OK  ] Finished Cleanup of Temporary Directories.
[FAILED] Failed to start User configuration dialog.
See 'systemctl status userconfig.service' for details.
[  OK  ] Reached target Multi-User System.
[  OK  ] Reached target Graphical Interface.
         Starting Update UTMP about System Runlevel Changes...
[  OK  ] Finished Update UTMP about System Runlevel Changes.

Raspbian GNU/Linux 11 raspberrypi tty1

raspberrypi login:
```

5. Configurar el sistema operativo

5.1 La herramienta raspi-config

5.1.1 ¿De qué se trata?

Descripción

Como ya se ha mencionado, Raspberry Pi OS deriva de Debian, una distribución de Linux diseñada para una amplia gama de hardware informático. Centrándonos en el ecosistema Raspberry Pi, una serie de características específicas soportadas por las placas Raspberry Pi no están necesariamente detalladas en la distribución.

Así es como la Fundación ideó la herramienta de configuración raspi-config, dedicada a configurar toda una serie de opciones propias de las placas Raspberry Pi, así como a facilitar ciertos ajustes, como los de la red.

La herramienta raspi-config está disponible en todas las versiones de Raspberry Pi OS en modo semi-gráfico. Se lanza desde la consola (versión Lite) o en un Terminal en el entorno de escritorio.

Esta herramienta permite modificar los archivos de configuración del sistema en lugar del usuario, habilitando o deshabilitando determinadas funciones sin tener que 'ensuciarse las manos' en archivos de configuración como /boot/config.txt.

Iniciar raspi-config

⇒ Ejecute raspi-config con el siguiente comando (si se encuentra en un entorno gráfico, escriba este comando en un terminal):

```
sudo raspi-config
```

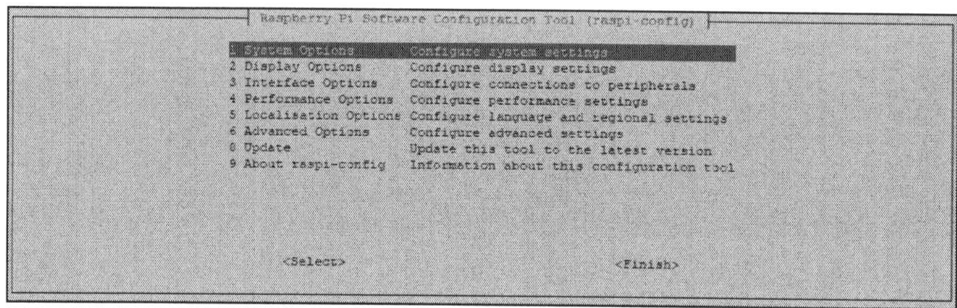

Además del menú general que aparece en pantalla, es interesante observar el nombre completo de la placa Raspberry Pi en uso en la esquina superior izquierda. Esta información es muy útil en algunos casos para identificar con precisión el tipo de placa Raspberry Pi cuando no es posible acceder físicamente a ella en detalle.

Navegando por raspi-config

Estas son las pautas generales para navegar por raspi-config:

- Para desplazar la selección resaltada en rojo, utilice las teclas [Flecha arriba] y [Flecha abajo].
- Para confirmar una opción resaltada, pulse [Intro].
- Para volver atrás o cancelar, pulse la tecla [Esc].

Otro método consiste en utilizar los botones de la parte inferior de la ventana, que pueden llamarse **<Select>**, **<Ok>**, **<Cancel>**, **<Back>** o **<Finish>**. Para resaltar uno de estos botones, pulse la tecla [Tab] varias veces. Una vez resaltado correctamente, confirme su elección con la tecla [Intro].

Algunas opciones tienen la forma de casillas de verificación simbolizadas por un espacio entre dos corchetes **[ ]**. Para marcar la casilla, desplace el cursor rojo hasta ella con las teclas [Flecha arriba] y [Flecha abajo] y, a continuación, pulse la barra espaciadora: aparecerá un asterisco entre los dos corchetes **[*]** para indicar que la casilla está marcada. Para desmarcar la casilla, utilice la barra espaciadora del mismo modo.

Para desplazarse más rápidamente por largas listas de parámetros, utilice la tecla [Av Pág] y [Re Pág] para mover la selección de una página a otra.

Tenga en cuenta que la traducción al española es solo parcial. Es posible ver algunas partes traducidas al español y otras permanecen en inglés.

Los submenús

La lista de opciones disponibles varía mucho en función de los desarrollos de software, y también de la placa Raspberry Pi utilizada. Intentaremos proporcionar una descripción lo más completa posible utilizando la versión actual (20230214) en el momento de escribir este libro. También es posible que ciertas opciones no tengan ningún efecto si la placa Raspberry Pi no es capaz de soportar la opción (por ejemplo, Wi-Fi en una placa de generación 1 o 2 sin un dongle Wi-Fi USB conectado).

5.1.2 Opciones del sistema

Este menú contiene las siguientes opciones de configuración del sistema:

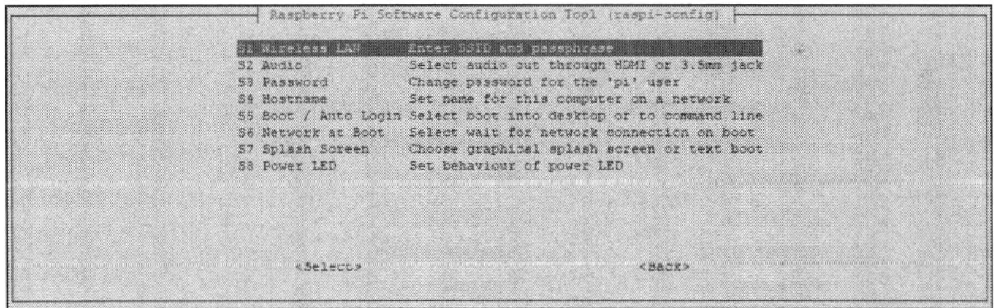

S1 - Wireless LAN

Esta opción le permite añadir una conexión a una red inalámbrica Wi-Fi.

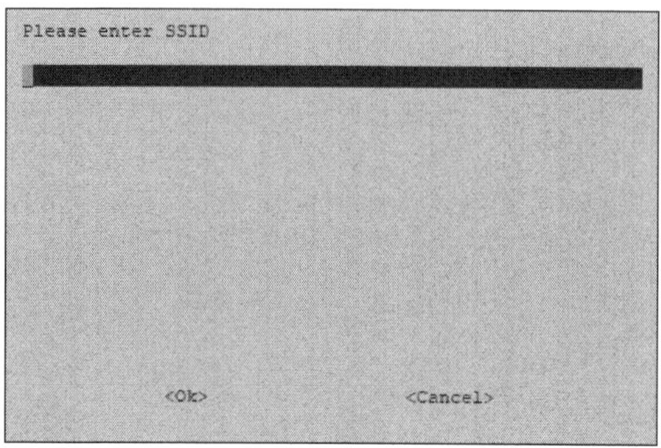

Observación

Si nunca ha iniciado una conexión Wi-Fi, es posible que raspi-config le pregunte primero por el país en el que se utilizará la Raspberry Pi. Esto corresponde al **L4 - WLAN Country** descrito en el apartado Localisation Options de este capítulo.

⇉ Introduzca el nombre SSID de la red Wi-Fi a la que desea conectarse y pulse [Intro].

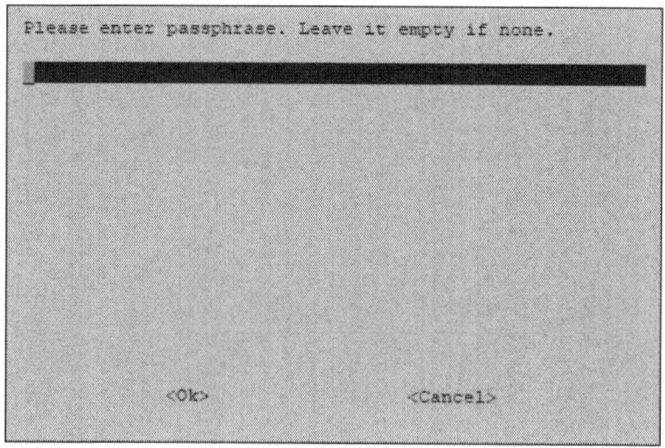

⇉ A continuación, introduzca la contraseña de la red Wi-Fi y pulse [Intro] para confirmar. La conexión se activará automáticamente.

Si utiliza un entorno de escritorio gráfico, esta opción es poco útil. La barra de tareas dispone de una herramienta gráfica de conexión Wi-Fi más fácil de utilizar (véase el capítulo Utilizar el modo gráfico, apartado Conectarse a una red Wi-Fi).

Esta opción es muy útil en modo consola con la versión Lite, donde solía tener que editar a mano el archivo /etc/wpa_supplicant.conf para insertar la nueva conexión (como se describe en el capítulo Gestión de la red, subsección Modificación del archivo /etc/wpa_supplicant/ wpa_supplicant.conf). Ahora es mucho más fácil con esta opción, que hace el trabajo por Vd.

S2 -Audio

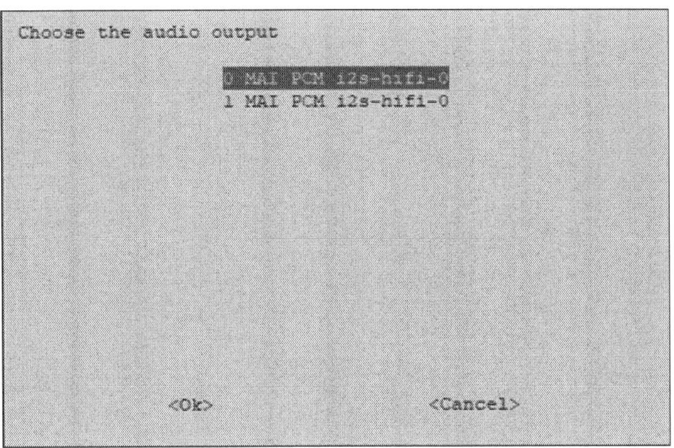

Esta opción permite elegir la salida de audio donde se producirá el sonido. Las opciones disponibles dependen de la placa Raspberry Pi utilizada y de los periféricos de producción de sonido disponibles. Estas opciones incluyen la salida de audio analógica en la toma de 3,5 mm, llamada Auriculares, salida(s) digital(es) HDMI bajo varios nombres como PCM principal i2s-hifi-0, o modo Auto.

Esta opción es muy útil cuando se utiliza una pantalla conectada a DVI, donde desafortunadamente el audio tiene que ir a través de un cable analógico aparte. Aquí es donde se fuerza la señal de audio en la toma de 3,5 mm. También es útil en la Raspberry Pi generación 4 para determinar cuál de las dos pantallas HDMI debe reproducir el audio (tenga en cuenta que solo tendrá la opción si dos pantallas HDMI están conectadas y ambas son capaces de producir sonido).

En un entorno gráfico, es más fácil utilizar la herramienta de audio disponible en la barra de tareas (véase el capítulo Utilizar el modo gráfico, apartado El sonido).

S3 - Password

Esta opción le permite cambiar la contraseña de la cuenta de usuario por defecto. Recuerde que la cuenta de usuario se creó cuando se inició por primera vez Raspberry Pi OS. Por lo tanto, puede cambiarla aquí.

Al confirmar esta opción, aparecerá una ventana indicándole que deberá introducir una nueva contraseña para el usuario indicado.

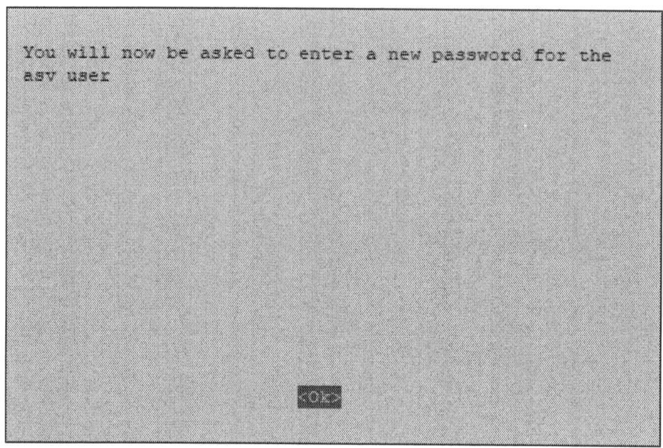

⇒ Confirme el cambio de contraseña pulsando [Intro].

```
asv@Pi3:~ $ sudo raspi-config
New password:
```

⇒ La pantalla vuelve al modo consola con el mensaje **New password**:. Escriba su nueva contraseña y pulse [Intro] para confirmar.

⇒ Todavía en modo consola, aparece el mensaje **Retype new password**:. Vuelva a escribir la nueva contraseña para confirmarla y pulse [Intro].

Si las dos contraseñas introducidas son idénticas, aparecerá una ventana confirmando que se ha cambiado la contraseña.

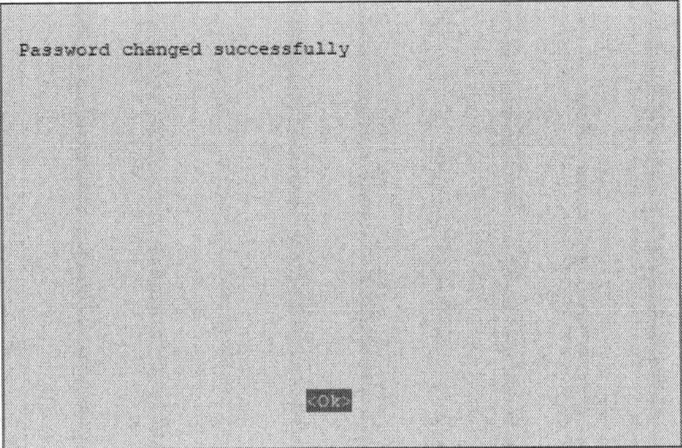

Si las dos contraseñas introducidas son diferentes, aparecerá una ventana de error y no se cambiará la contraseña.

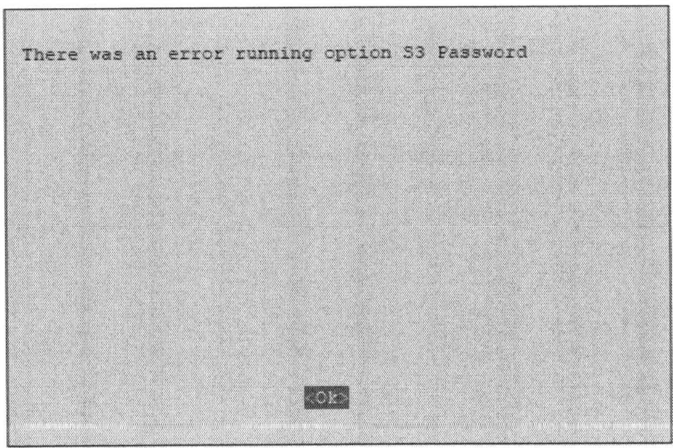

A continuación, debe repetirse el cambio de contraseña seleccionando la opción **S3 - Password**.

También es posible cambiar la contraseña utilizando la herramienta gráfica de Configuración de Raspberry Pi (consulte el apartado de Pestaña Sistema de este capítulo).

S4 - Hostname

Todo el hardware conectado a una red tiene un nombre de host. Este nombre, en forma de cadena de caracteres, identifica el hardware en la red de forma más explícita que su dirección IP.

Por defecto, la instalación de Raspberry Pi OS asigna el nombre de host raspberry. Puede cambiar este nombre de host aquí para identificar su placa Raspberry Pi más claramente en la red.

Existen restricciones en el uso de caracteres en este nombre de host. Se le recordarán estas restricciones antes de que empiece a escribir.

```
Please note: RFCs mandate that a hostname's labels may contain
only the ASCII letters 'a' through 'z' (case-insensitive),
the digits '0' through '9', and the hyphen.
Hostname labels cannot begin or end with a hyphen.
No other symbols, punctuation characters, or blank spaces are
permitted.

                              <Ok>
```

He aquí una traducción estricta:

"Tenga en cuenta: las normas internacionales RFC dictan que un nombre de host debe contener únicamente letras ASCII de la 'a' a la 'z' (sin distinguir mayúsculas de minúsculas), dígitos del '0' al '9' y el guion. Los nombres de host no pueden empezar ni terminar con un guion. No se permiten otros símbolos, caracteres de puntuación o espacios.

Confirme la ventana de restricciones pulsando [Intro].

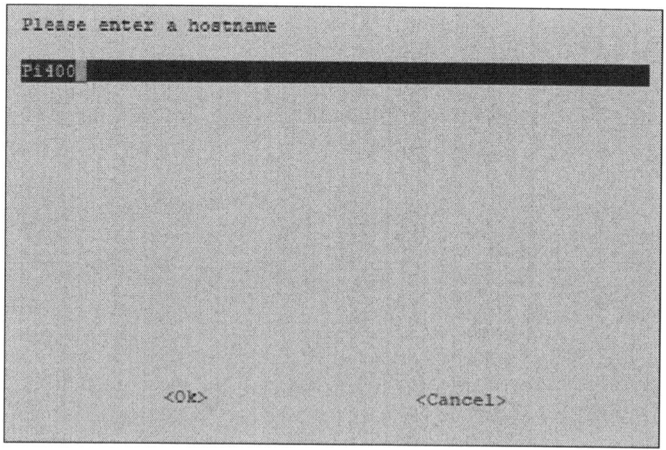

⇒ El nombre de host actual aparece en el cuadro de edición. Modifique el nombre del host y confirme pulsando [Intro].

Para que este nuevo nombre de host tenga efecto, necesitará reiniciar su sistema. Cuando salga de raspi-config, una ventana le pedirá que lo haga.

Puede cambiar este nombre de host en la versión gráfica de la Raspberry Pi Configuration (consulte el apartado Pestaña Sistema de este capítulo).

S5 - Boot / Autologin

Esta opción le permite elegir cómo se iniciará la distribución.

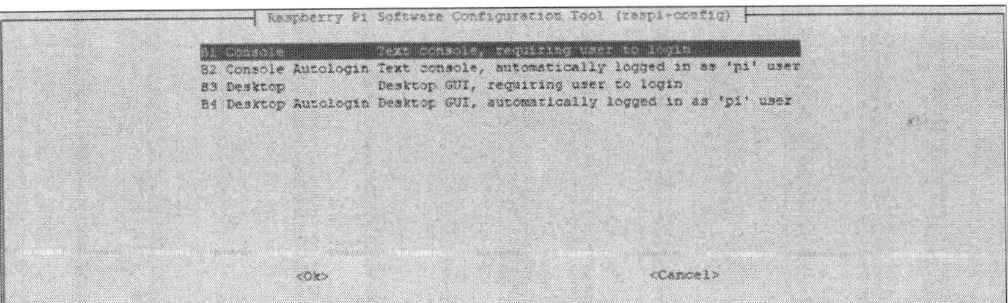

Para la versión Lite de Raspberry Pi OS, solo funcionan las dos primeras opciones. Si intenta seleccionar **B3** o **B4**, que requieren el entorno gráfico, raspi-config le pedirá que lo instale (lightdm) antes de poder seleccionarlas.

Las opciones se describen a continuación:

- **B1 Console** se iniciará en modo consola, solicitando al usuario un nombre de usuario y una contraseña. Este es el modo por defecto para la versión Lite.
- **B2 Console Autologin** se iniciará en modo consola sin requerir un login o contraseña del usuario. La cuenta de usuario definida durante la instalación se conectará automáticamente.

- **B3 Desktop** se iniciará en modo gráfico, solicitando al usuario un nombre de usuario y una contraseña.
- **B4 Desktop Autologin** se iniciará en modo gráfico sin requerir un login o contraseña del usuario. La cuenta de usuario definida durante la instalación se conectará automáticamente. Este es el modo por defecto para las versiones Desktop y Full.

Estas opciones también se pueden configurar en la herramienta gráfica de Raspberry Pi Configuration (consulte el apartado Pestaña Sistema de este capítulo).

S6 - Network at boot

Por defecto, el proceso de arranque está diseñado para ejecutarse lo más rápidamente posible. Eventualmente esto puede significar que la secuencia de arranque se complete antes de que una conexión de red esté realmente operativa. Esto puede causar problemas para algunas aplicaciones que necesitan una conexión de red durante el arranque.

Si se selecciona esta opción, el proceso de arranque no se completará hasta que se haya establecido una conexión de red. Como resultado, la secuencia de arranque puede tardar más tiempo. Esta opción está desactivada por defecto. Actívela solo si tiene problemas con aplicaciones que requieren una conexión de red.

⇒ Para esperar a que se establezca la conexión de red durante el arranque, responda **<Sí>** a la siguiente pregunta.

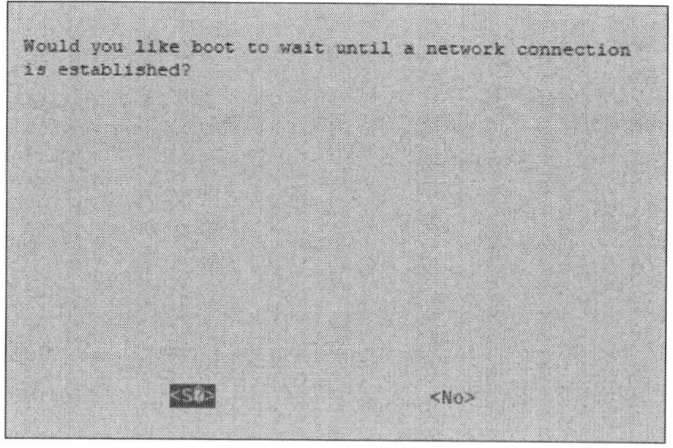

Esta opción también se puede configurar en la herramienta gráfica de Raspberry Pi Configuration (consulte el apartado Pestaña Sistema de este capítulo).

S7 - Splash screen

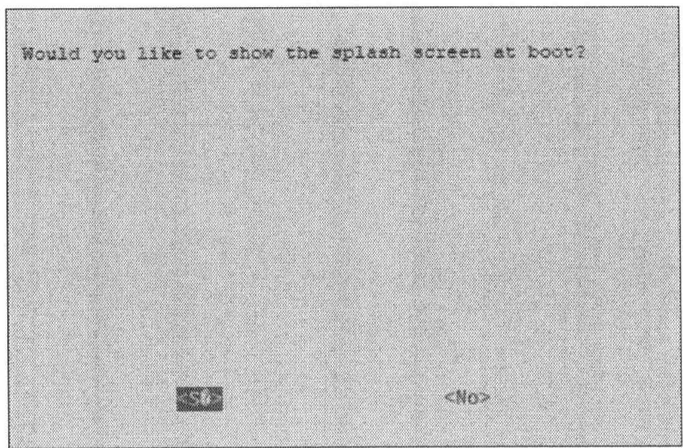

Esta opción solo es válida para iniciar el entorno gráfico. Al responder **<Sí>** a la pregunta anterior, la pantalla de arranque de la Raspberry Pi OS se mostrará durante todo el proceso de arranque del sistema, hasta que se muestre el escritorio.

La pantalla de inicio de la Raspberry Pi OS

Si responde **<No>**, el sistema se inicia en modo consola, desplazándose por todos los mensajes del sistema en la pantalla hasta que se muestra el escritorio.

Esta opción es puramente estética y no afecta al rendimiento en modo alguno.

Esta opción también se puede configurar en la herramienta gráfica de Raspberry Pi Configuration (consulte el apartado Pestaña Sistema de este capítulo).

S8 - Power LED

Hubo un tiempo en el que era posible modificar el comportamiento del LED rojo de encendido. Parece que a medida que cambian las versiones y las placas Raspberry Pi, esta opción ya no está soportada en raspi-config, ya que produce el mismo mensaje en todas las placas Raspberry Pi: "El comportamiento del LED no se puede cambiar en este modelo de Raspberry Pi".

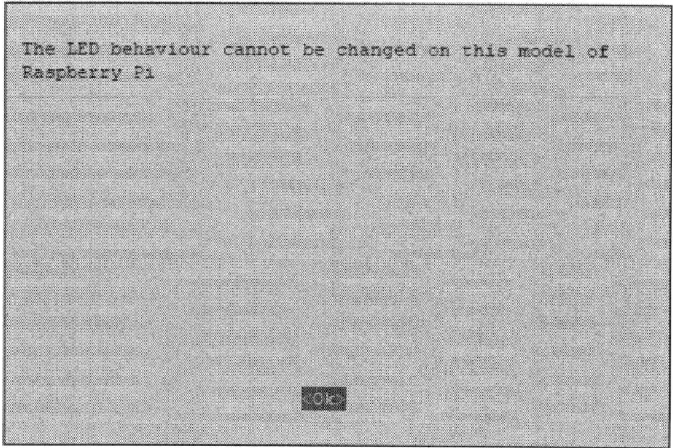

En el archivo /boot/config.txt se pueden encontrar ajustes más detallados.

5.1.3 Display Options

Este menú contiene opciones relativas a la pantalla.

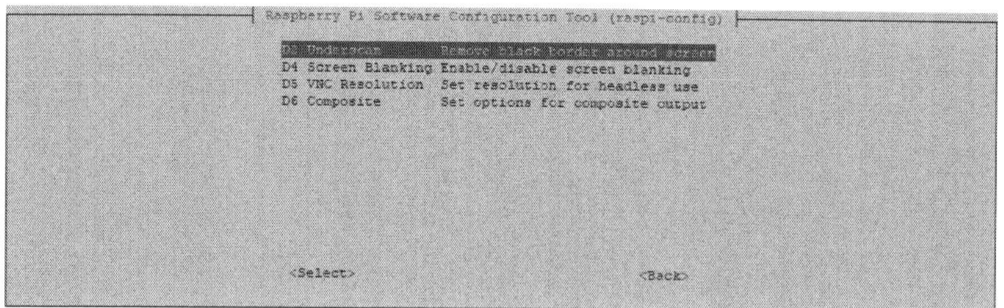

D2 - Underscan

En algunos televisores antiguos, e incluso en algunas pantallas, pueden aparecer bandas negras alrededor del borde de la pantalla, reduciendo el área útil de visualización. Una forma de volver a la pantalla completa es responder **<Sí>** a esta opción.

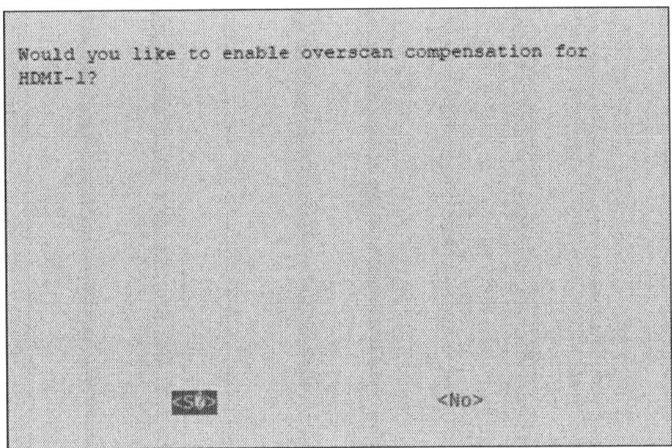

Se requiere un reinicio para tener en cuenta esta nueva configuración. En el archivo /boot/config.txt se pueden encontrar ajustes más detallados (véase el apartado Pantalla de este capítulo).

Esta opción también se puede configurar en la herramienta gráfica de Configuración de Raspberry Pi (consulte la subsección de la pestaña Pantalla de este capítulo).

D4 - Screen Blanking

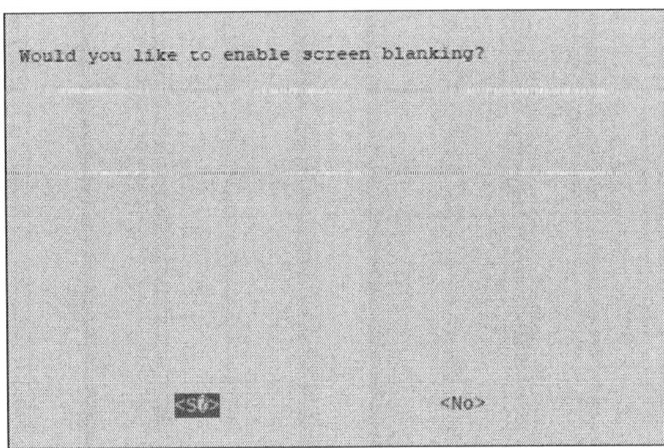

Después de que su sistema haya estado inactivo durante unos minutos, la pantalla pasa al modo de espera (la pantalla se vuelve negra). Activada por defecto, esta función puede desactivarse respondiendo **<No>** a la pregunta anterior.

Esta opción también se puede configurar en la herramienta gráfica de Raspberry Pi Configuration (consulte el apartado la Pestaña Display de este capítulo).

D5 - VNC Resolution

Cuando arranca su Raspberry Pi sin una pantalla o televisor conectado, no puede comunicarse con la pantalla para averiguar su resolución de pantalla óptima. Esto puede provocar problemas con algunos programas, en particular con el control remoto VNC.

Para superar este problema, puede definir una resolución por defecto que será adoptada automáticamente por su sistema si no se detecta ningún dispositivo de visualización.

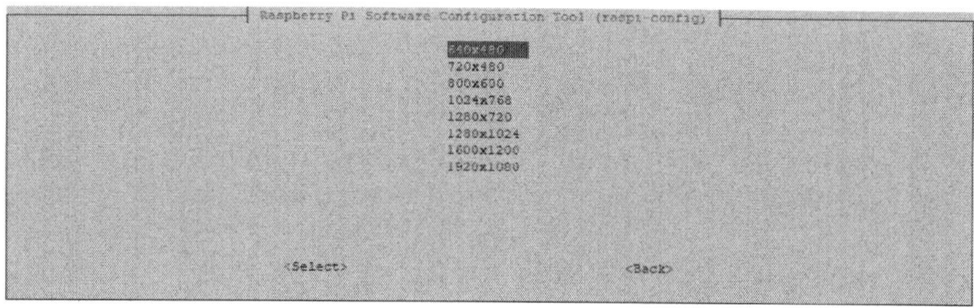

Esta opción también se puede configurar en la herramienta gráfica de Configuración de Raspberry Pi (consulte el apartado Pestaña Display de este capítulo).

D6 - Composite

Esta opción permite realizar ajustes en la salida de vídeo compuesto (composite). Las opciones disponibles dependen de la placa Raspberry Pi utilizada.

En todos los modelos anteriores a la Raspberry Pi 4, la salida de vídeo compuesto se puede activar respondiendo **<Yes>** o desactivar respondiendo **<No>**.

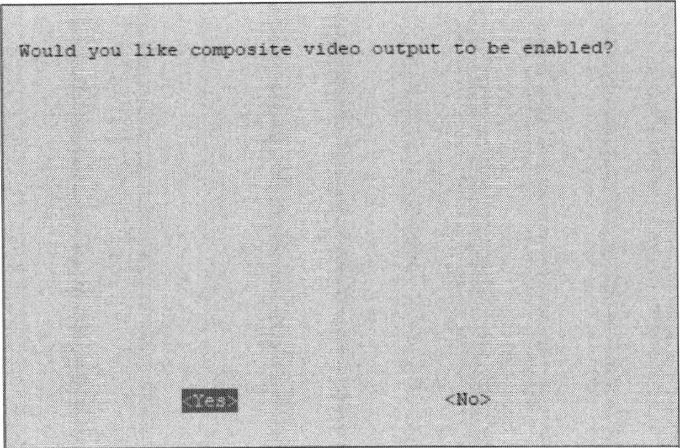

Este ajuste no afecta a la salida HDMI.

Para la Raspberry Pi de generación 4, las opciones son diferentes:

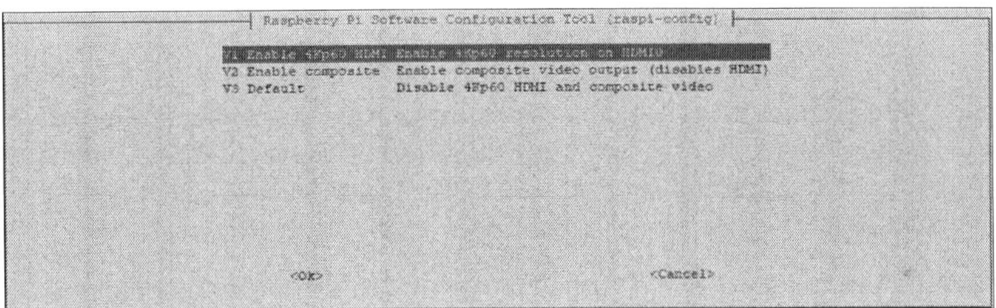

- **V1 Enable 4Kp60 HDMI**: dirige la pantalla a las salidas HDMI. Esta es la configuración predeterminada.
- **V2 Enable composite**: dirige la pantalla a la salida compuesta (excepto en la Raspberry Pi 400, que no tiene salida compuesta). Tenga en cuenta que la salida HDMI está desactivada en este caso. Aparece un mensaje de advertencia.

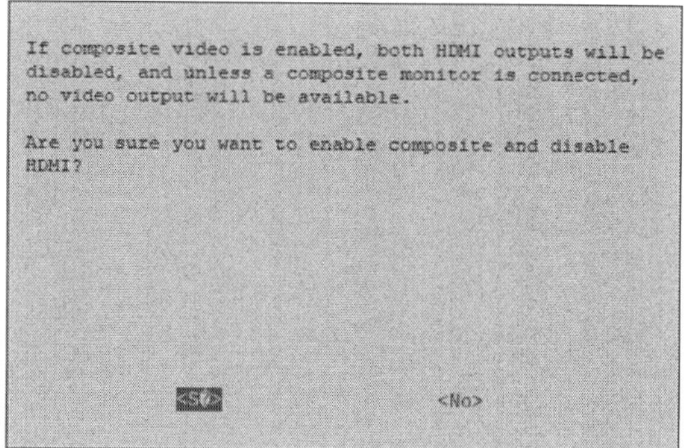

He aquí la traducción:

"Si se activa la salida de vídeo compuesta, se desactivarán las dos salidas HDMI y, a menos que se conecte un monitor compuesto, no habrá disponible ninguna visualización de vídeo. ¿Está seguro/a de que desea habilitar la salida de vídeo compuesto y deshabilitar las salidas HDMI?".

Evidentemente, si activa accidentalmente la salida compuesta, corre el riesgo de acabar con la pantalla en negro, sin poder cambiar nada. De ahí el mensaje de advertencia. Sin embargo, debe saber que el acceso SSH (véase el capítulo Conectarse de forma remota a la Raspberry Pi, sección Modo texto) y el servidor VNC (véase el capítulo Conectarse de forma remota a la Raspberry Pi, sección Modo gráfico) son formas de acceder a su sistema remotamente para poder volver atrás. Sin embargo, uno de ellos debe estar activado...

– **- V3 Default**: desactive las salidas HDMI y compuesta. Aquí estará completamente a oscuras.

5.1.4 Interface Options

Este menú permite controlar la utilización de determinadas interfaces de comunicación.

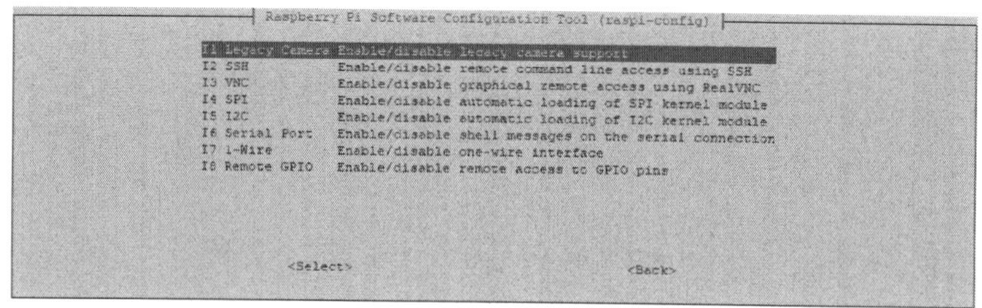

I1 - Cámara

Esta opción habilita o deshabilita el uso del puerto CSI para conectar una cámara de vídeo (excepto en la Pi 400, que no tiene tal puerto).

I2 - SSH

Esta opción le permite autorizar el uso de una consola remota a través de la red. Muy útil para sistemas sin pantalla, este protocolo permite abrir una línea de comandos como si el teclado y la pantalla estuvieran directamente conectados a la placa Raspberry Pi.

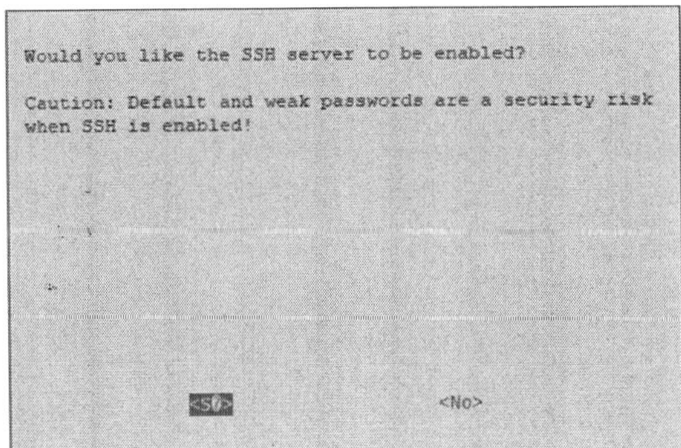

SSH está desactivado por defecto por razones de seguridad. Si lo habilita para su proyecto, asegúrese de proteger su cuenta de usuario predeterminada y de controlar la seguridad de la red a la que está conectado.

Esta opción también puede configurarse en la herramienta gráfica Raspberry Pi Configuration (consulte el apartado Pestaña Interfaces de este capítulo).

13 - VNC

Esta opción activa o desactiva el servidor VNC interno de su sistema. Al igual que SSH, el servidor VNC permite el control remoto, esta vez gráfico, utilizando otro ordenador con un cliente VNC.

Esta opción está desactivada por defecto. Al igual que con SSH, asegúrese de estar familiarizado con la seguridad de la red a la que está conectado antes de habilitarla.

Esta opción también puede configurarse en la herramienta gráfica Raspberry Pi Configuration (consulte el apartado Interfaces de este capítulo).

14 - SPI

Esta opción habilita o deshabilita el módulo SPI en el kernel de Linux. El bus SPI, disponible en ciertos pines del puerto GPIO, permite dialogar con ciertas tarjetas de expansión, como la PiFace Digital.

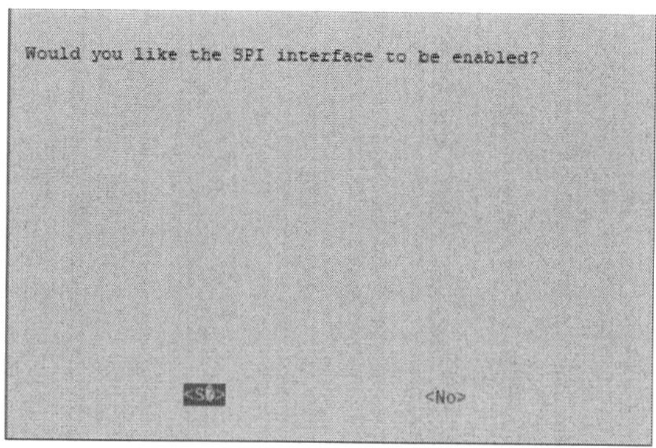

Esta opción requiere reiniciar el sistema para que surta efecto.

Esta opción también puede configurarse en la herramienta gráfica Raspberry Pi Configuration (consulte el apartado Petaña Interfaces de este capítulo).

I5 - I2C

Similar a la opción SPI, esta opción habilita o deshabilita el módulo I²C en el kernel de Linux. El bus I²C está disponible en ciertos pines del puerto GPIO y permite la comunicación con ciertas placas de expansión.

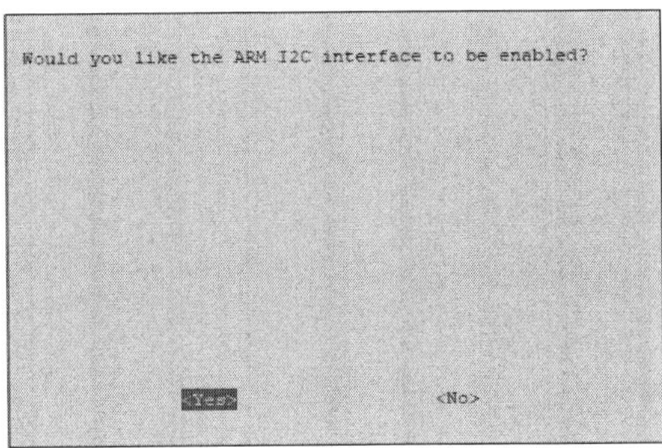

Esta opción requiere reiniciar el sistema para que surta efecto.

Esta opción también puede configurarse en la herramienta gráfica Raspberry Pi Configuration (consulte el apartado Pestaña Interfaces de este capítulo).

I6 - Serial Port

Esta opción le permite utilizar el puerto serie del puerto GPIO de la placa Raspberry para mostrar mensajes del kernel de Linux.

Would you like a login shell to be accessible over serial?

<Yes> <No>

Esta opción está activada por defecto.

Esta opción también puede configurarse en la herramienta gráfica Raspberry Pi Configuration (consulte el apartado Pestaña Interfaces de este capítulo).

17 - 1-Wire

Esta opción controla el uso del bus 1-Wire utilizado para comunicarse con ciertos sensores compatibles. El pin GPIO 4 se utiliza por defecto para este bus, pero es posible utilizar cualquier otro pin GPIO interviniendo directamente en el comando /boot/config.txt.

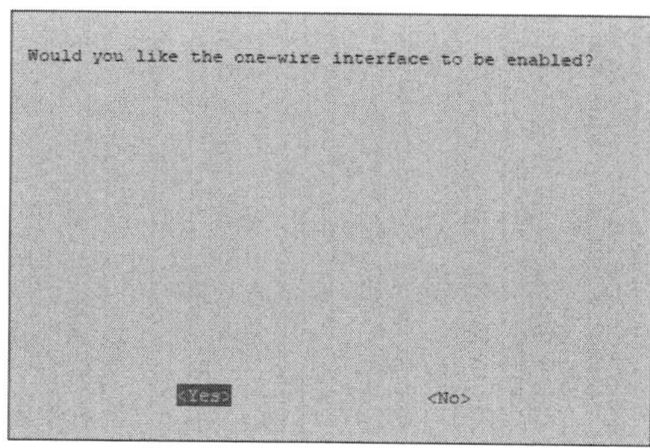

Esta opción también se puede configurar en la herramienta gráfica Raspberry Pi Configuration (consulte el apartado Pestaña Interfaces de este capítulo).

18 - Remote GPIO

Esta opción activa o desactiva el uso remoto del puerto GPIO a través del módulo interno `pigpio`.

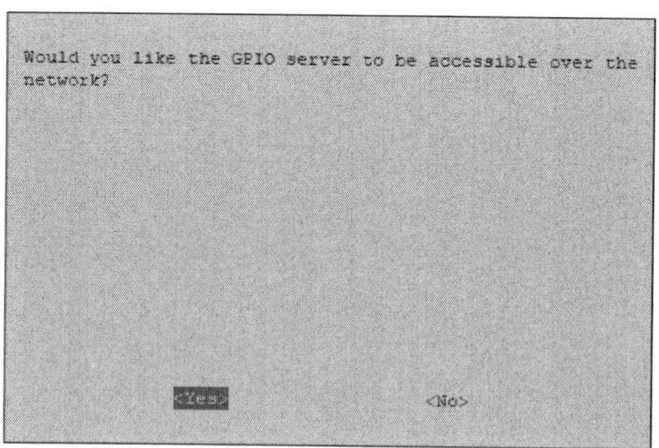

Esta opción también se puede configurar en la herramienta gráfica Raspberry Pi Configuration (consulte el apartado Pestaña Interfaces de este capítulo).

5.1.5 Performance Options

Este menú da acceso a los parámetros de configuración que afectan al rendimiento de su placa Raspberry Pi.

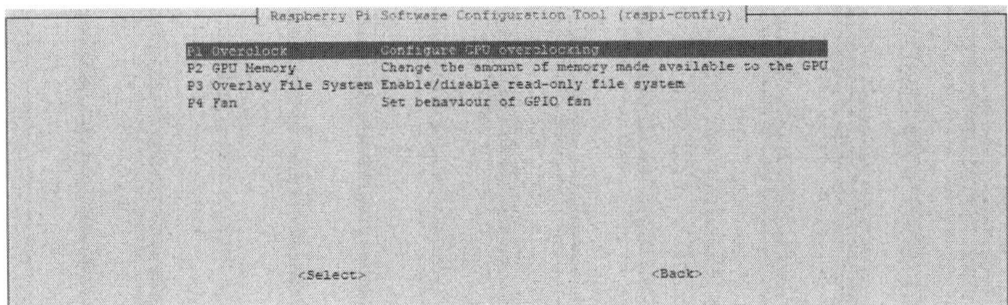

P1 - Overclock

El overclocking consiste en aumentar la frecuencia y el voltaje de la CPU para mejorar el rendimiento general del sistema, con el inconveniente del calentamiento adicional e incluso la inestabilidad general del sistema. Esta operación solo es posible en las placas de las generaciones 1 y 2 (excluidas las Pi Zero), en las que el margen de funcionamiento de la CPU era relativamente grande.

Cuidado: el overclocking anula todas las garantías y puede ser arriesgado para la tarjeta Raspberry Pi en términos de sobrecalentamiento, como se menciona en la advertencia a continuación.

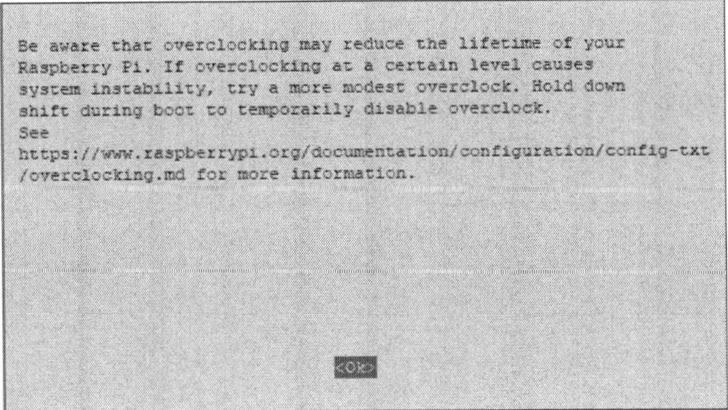

He aquí la traducción:

"Tenga en cuenta que el overclocking puede reducir la vida útil de su Raspberry Pi. Si el overclocking a un cierto nivel causa inestabilidades en el sistema, pruebe con un nivel más modesto. Mantenga pulsada la tecla [Shift] durante el arranque del sistema para desactivar temporalmente el overclocking.

La siguiente pantalla muestra los posibles niveles de overclocking.

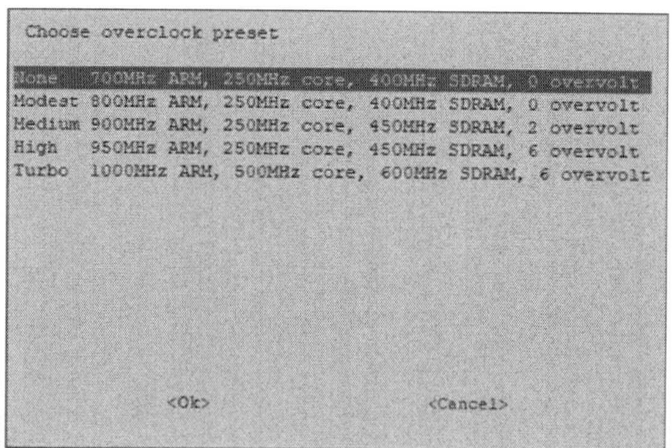

None es la configuración por defecto de la placa. Los niveles **Modest**, **Medium**, **High** y **Turbo** (Moderado, Medio, Alto y Turbo respectivamente) ofrecen parámetros de frecuencia y voltaje adaptados a su tarjeta Raspberry Pi. Lo ideal es aumentar progresivamente el nivel de overclocking, comprobando la estabilidad del sistema durante un largo periodo de uso. Es esencial utilizar una fuente de alimentación de calidad y, sobre todo, cuidar la refrigeración, utilizando un radiador y un ventilador.

P2 - GPU Memory

Esta opción permite dividir la memoria entre los dos procesadores de la Raspberry Pi, la CPU y la GPU. No existe un "mejor valor". La cantidad de memoria a reservar para cada procesador depende de la aplicación y de la cantidad de RAM de la tarjeta Raspberry Pi.

Aquí están los valores predeterminados preconfigurados para cada tarjeta Raspberry Pi:

<table>
<tr><th>Tarjeta</th><th>Memoria GPU por defecto</th></tr>
<tr><td>Pi Cero</td><td rowspan="4">64 MB</td></tr>
<tr><td>Pi Zero 2W</td></tr>
<tr><td>Pi 1 modelo B</td></tr>
<tr><td>Pi 1 modelo B+</td></tr>
<tr><td>Pi 2 modelo B</td><td rowspan="3">76 Mo</td></tr>
<tr><td>Pi 3 modelo B</td></tr>
<tr><td>Pi 3 modelo B+</td></tr>
</table>

Tarjeta	Memoria GPU por defecto
Pi 4	128 MB
Pi 400	
Pi 5	

El resto de la memoria disponible queda a disposición de la CPU. Por ejemplo, en una Raspberry Pi Zero equipada con 512 MB de RAM, con el valor predeterminado de 64 MB de memoria asignados a la GPU, quedarán 448 MB de RAM para la CPU.

Un centro multimedia o una consola de juegos requieren más memoria en la GPU, mientras que un servidor en modo texto, sin pantalla conectada, requerirá más recursos de memoria para la CPU. Reservar más memoria para la GPU mejora el rendimiento del modo gráfico, pero limita el número de aplicaciones que pueden cargarse simultáneamente en memoria y puede reducir el rendimiento de otros programas.

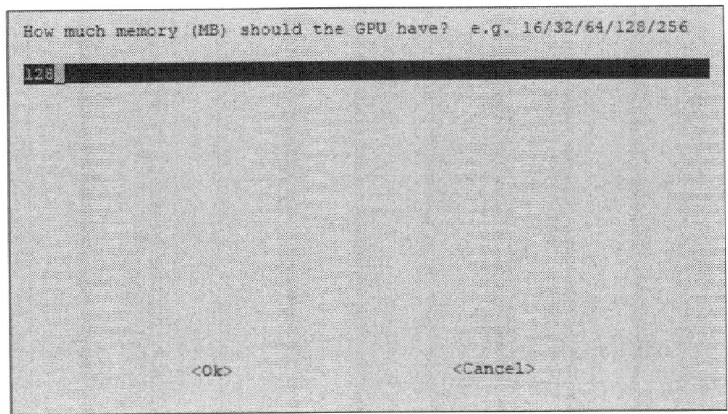

⇉ Una vez especificada la cantidad de memoria asignada a la GPU, pulse [Intro] para confirmar.

La asignación de memoria se hará efectiva la próxima vez que se reinicie el sistema.

Es posible realizar una configuración más detallada interviniendo directamente en el archivo /boot/ config.txt (véase el apartado Filtros condicionales de este capítulo).

Esta opción también se puede configurar en la herramienta gráfica Raspberry Pi Configuration (consulte el apartado Pestaña Rendimiento de este capítulo).

P3 - Overlay File system

En algunas aplicaciones concretas, tiene sentido proteger el sistema operativo contra cualquier cambio. Es lo que permite esta opción.

Cuando se activa, cualquier información modificada o creada se pierde al arrancar de nuevo. Práctico para asegurarse de que su sistema funciona cada vez que lo arranque, pero es imposible guardar ningún dato. Su sistema está totalmente protegido.

Se solicita la activación (o desactivación) del sistema general de archivos.

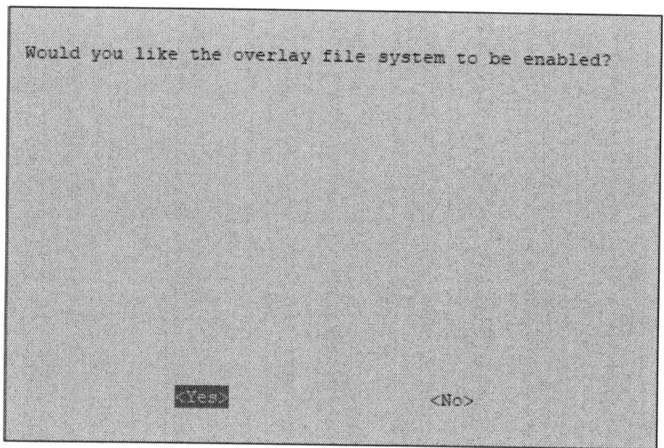

En segundo lugar, se solicita la misma opción para la partición /boot.

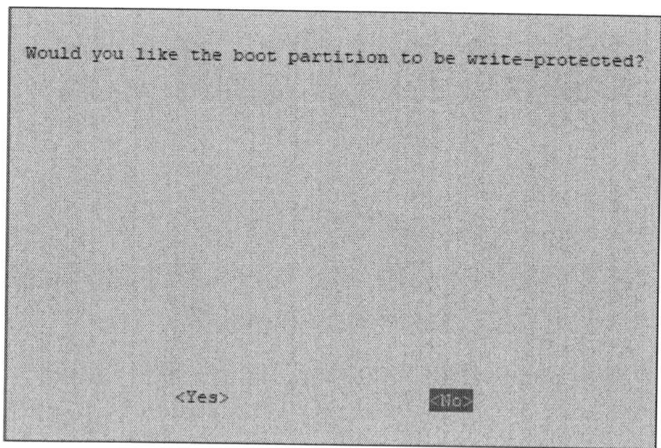

Deberá reiniciar el sistema para que esta opción surta efecto.

Esta opción también se puede configurar en la herramienta gráfica Raspberry Pi Configuration (consulte el apartado Pestaña Rendimiento de este capítulo).

P4 - Fan

Esta opción permite controlar la velocidad de un ventilador en función de la temperatura de la CPU.

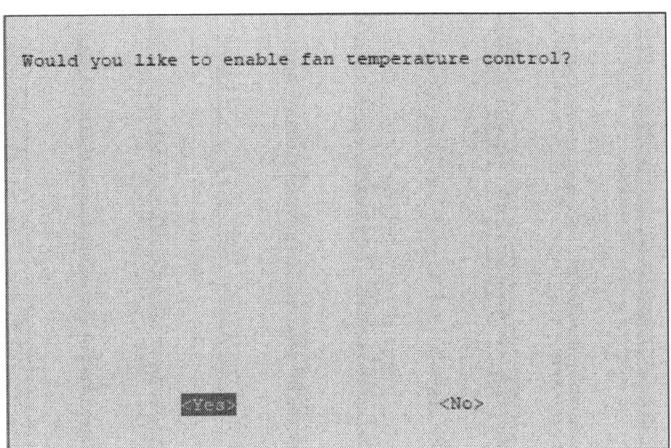

Una vez activada, esta opción requiere dos parámetros. El primero es el número del pin GPIO utilizado para controlar la velocidad del ventilador.

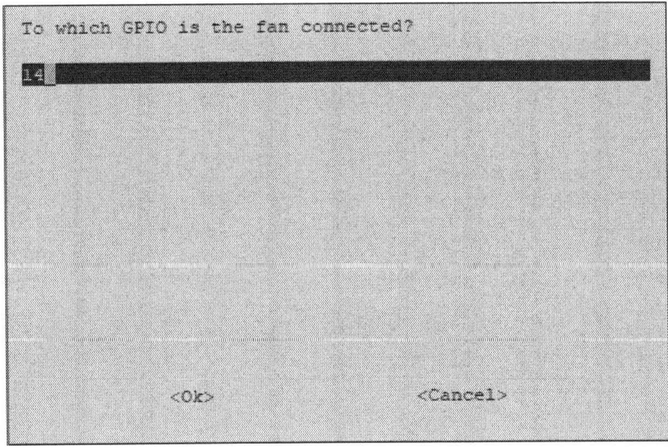

Por último, se solicita el umbral de temperatura en grados centígrados a partir del cual el ventilador aumentará gradualmente la velocidad.

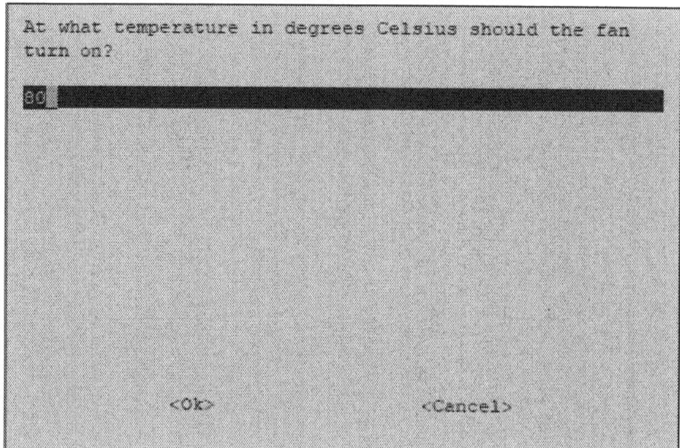

Debe utilizarse un ventilador compatible (tensión y señal PWM). Hay muchos disponibles en el mercado.

Esta opción también se puede configurar en la herramienta gráfica Raspberry Pi Configuration (consulte el apartado Pestaña Rendimiento de este capítulo).

5.1.6 Localisation Options

Este menú contiene ajustes regionales, como el idioma y la zona horaria.

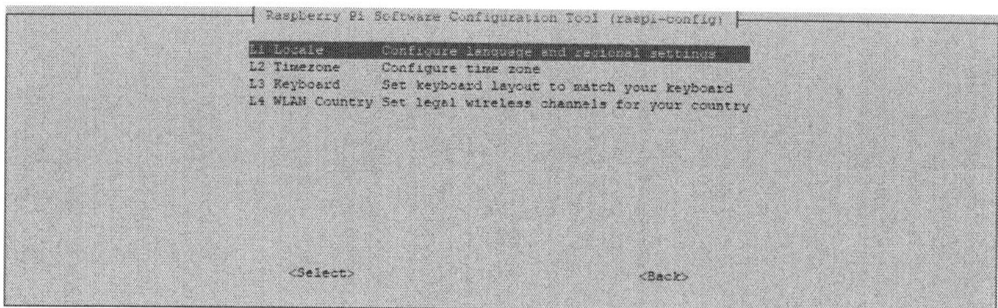

L1 - Locale

Esta opción le permite definir un conjunto de parámetros regionales específicos para su ubicación e idioma. Entre ellos se incluyen la tabla de caracteres, los órdenes de clasificación, el formato de los números, las fechas, las horas, la moneda, etc.

En un mismo sistema Linux pueden coexistir varias "configuraciones regionales", pero solo una estará activa en cada momento. Por defecto, la configuración regional **en-GB.UTF-8** está instalada y activa. Representa el conjunto de parámetros regionales de Gran Bretaña, país de origen de la Fundación.

La herramienta raspi-config se puede utilizar para generar un conjunto de configuraciones regionales de modo que se pueda utilizar una por defecto. Una larga lista de configuraciones regionales se presenta en la pantalla. Debe marcar la(s) que desea generar.

⇉ Localice y marque en la lista la que más le convenga y pulse [Intro] para confirmar (si se encuentra en España, **ES.UTF-8 UTF-8** es la mejor opción).

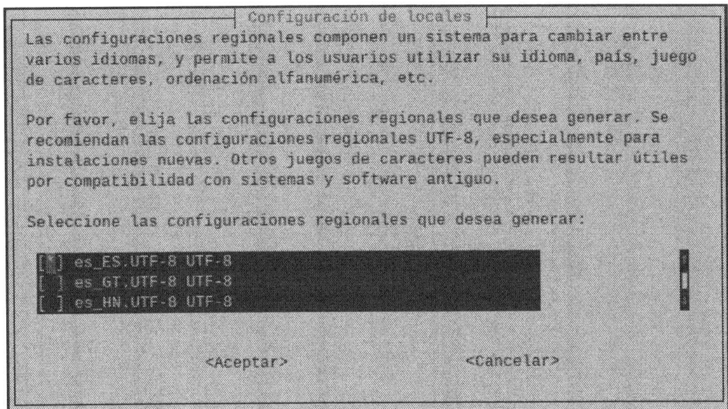

La segunda pantalla muestra la lista de configuraciones regionales generadas en el sistema y pregunta cuál utilizar por defecto.

Mueva la parte resaltada en rojo a **es_ES.UTF-8** y pulse [Intro].

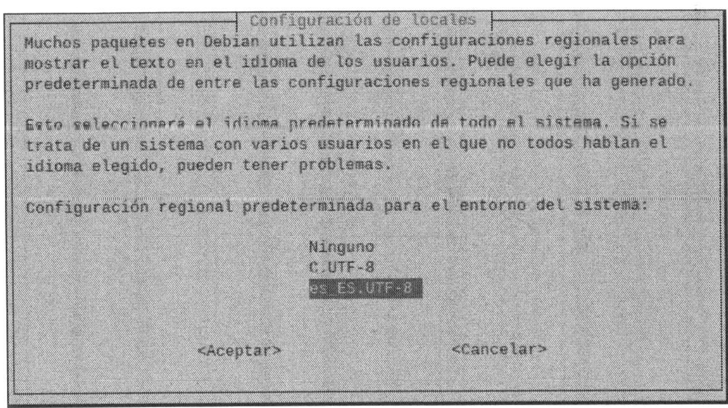

El sistema generará ahora la lista de configuraciones regionales y, a continuación, establecerá la configuración regional por defecto. Esta opción es la que permite traducir al Español las interfaces gráficas de la aplicación.

Tendrá que reiniciar el sistema para que esta opción surta efecto, en particular para los elementos del menú Raspberry.

Esta opción también se puede configurar en la herramienta gráfica de Configuración de Raspberry Pi (consulte el apartado Pestaña Localización de este capítulo).

L2 - Timezone

Conocido como huso horario, este parámetro se utiliza para definir la zona horaria, así como las reglas específicas que se le aplican, como las fechas en las que cambia el horario de verano y de invierno.

Los husos horarios están agrupados por continentes.

⇒ Seleccione el continente donde se encuentre (por ejemplo, para España, seleccione **Europa**) y, a continuación, pulse [Intro].

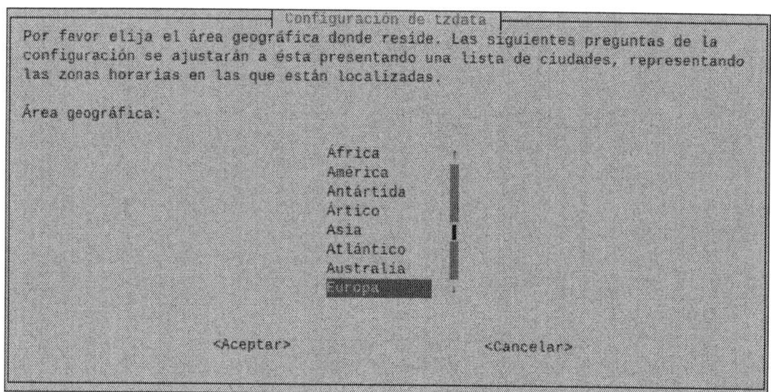

⇒ Siguiendo con el ejemplo de España, seleccione **Madrid** y, a continuación, pulse [Intro].

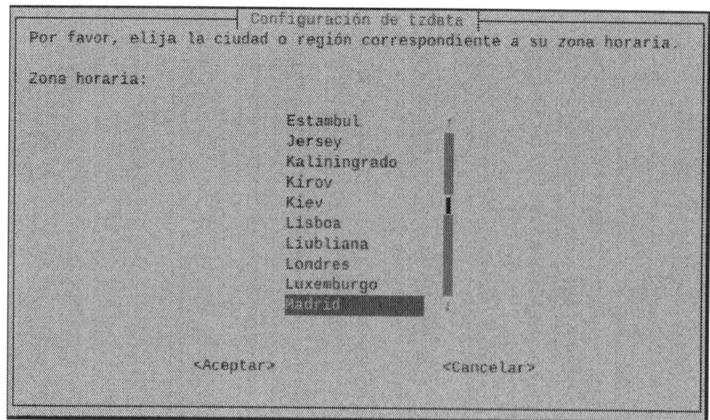

⇉ Salga de raspi-config seleccionando el botón **<Finalizar>** y observe las últimas líneas de la consola. Allí observará los detalles de la fecha y hora expresados en tiempo universal UTC y en la zona horaria local seleccionado.

```
toto@raspberry:~ $ sudo raspi-config

Current default time zone: 'Europe/Madrid'
Local time is now:      Fri Oct 25 17:16:37 CEST 2024.
Universal Time is now:  Fri Oct 25 15:16:37 UTC 2024.
```

Observación

Para que su Raspberry Pi esté en hora, debe poder sincronizarse con un servidor de hora a través de una conexión de red o incluso de una conexión a Internet. Si no ha sido posible sincronizar el sistema, se utiliza la última hora válida.

L3 - Keyboard

Esta opción le permite definir la disposición del teclado. La disposición de las teclas varía de un país a otro en función de las letras más utilizadas. En España, si bien la disposición QWERTY heredada de las máquinas de escribir mecánicas del siglo pasado sigue siendo muy utilizada, existen otras disposiciones posibles, como la BEPO, concebida para limitar el movimiento de las manos y los dedos al teclear.

La primera opción es el modelo de teclado.

```
Configuración de keyboard-configuration
Por favor, elija el tipo de teclado que tiene este equipo.

Modelo de teclado:

    NEC SK-6200
    NEC SK-7100
    Northgate OmniKey 101
    OLPC
    Ortek Multimedia/Internet MCK-800
    PC genérico 101 teclas
    PC genérico 102 teclas
    PC genérico 104 teclas
    PC genérico 104 teclas con Intro en forma de L
    PC genérico 105 teclas

            <Aceptar>                <Cancelar>
```

⇒ La mayoría de los teclados de PC responden a la elección **PC genérico 105 teclas (intl.)**. Para una Pi 400, seleccione **Genérico 101 teclas**.

La segunda opción especifica la disposición de las teclas.

De hecho, para un mismo modelo de teclado, puede definir la ubicación de cada característica de varias maneras. En general, la disposición QWERTY es la más utilizada, pero también puede definir la disposición BEPO (comprando un teclado adecuado o pegando etiquetas en cada tecla de un teclado QWERTY. Seguro que hay uno viejo en el fondo de un cajón...).

⇒ Seleccione **Español** como distribución del teclado y, a continuación, pulse [Intro] para confirmar.

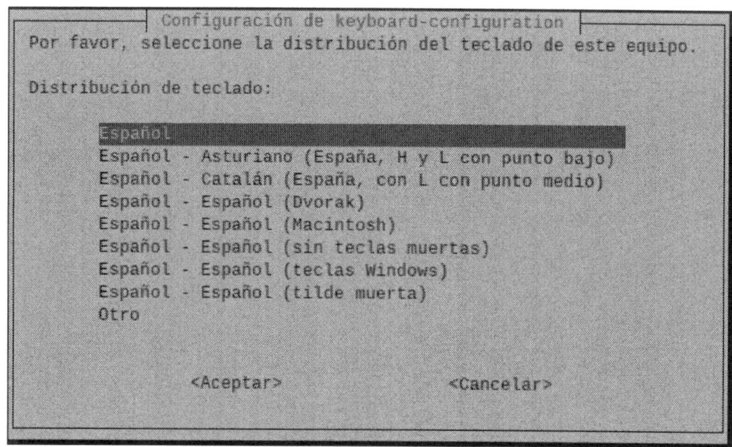

Ahora tenemos que definir el comportamiento de la tecla [AltGr].

Esta tecla simula la pulsación simultánea de las teclas [Alt] y [Ctrl]. Aunque ahora es estándar, no existe necesariamente en todos los teclados, por lo que raspi-config ofrece alternativas a ella.

⇉ Para un teclado estándar, deje **Distribución por omisión del teclado** y pulse [Intro].

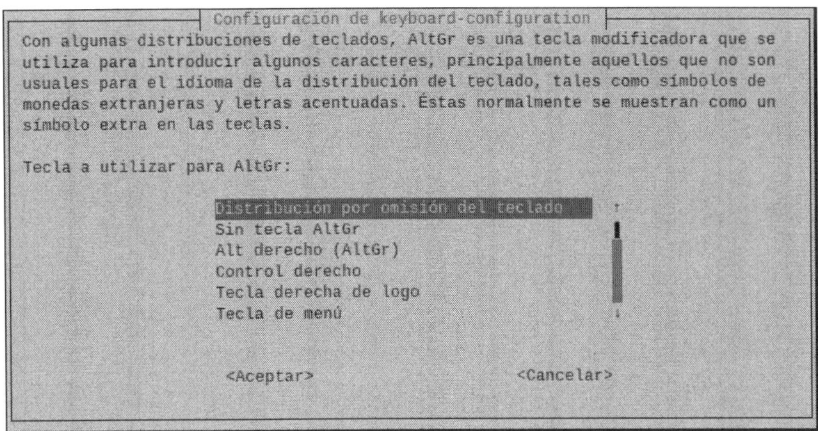

⇉ Para un teclado estándar, seleccione **Sin tecla modificadora** y, a continuación, pulse [Intro].

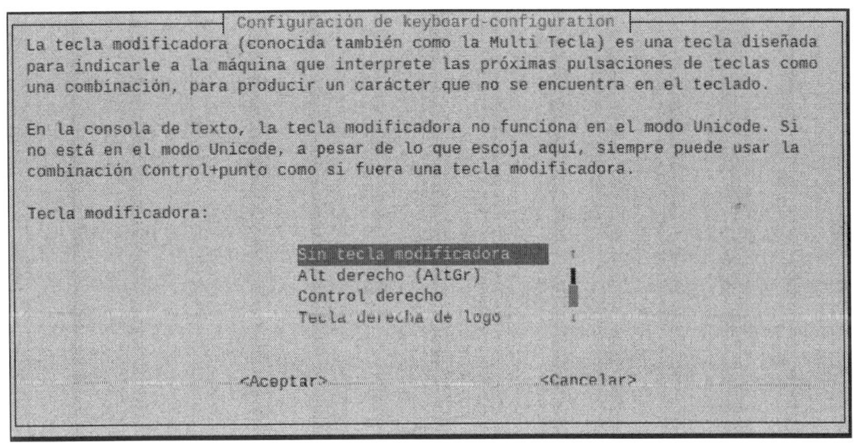

⇉ Por último, puede definir el atajo de teclado [Ctrl][Alt][Retroceso] para salir del entorno de escritorio. Deje la opción por defecto, **No**, y pulse [Intro].

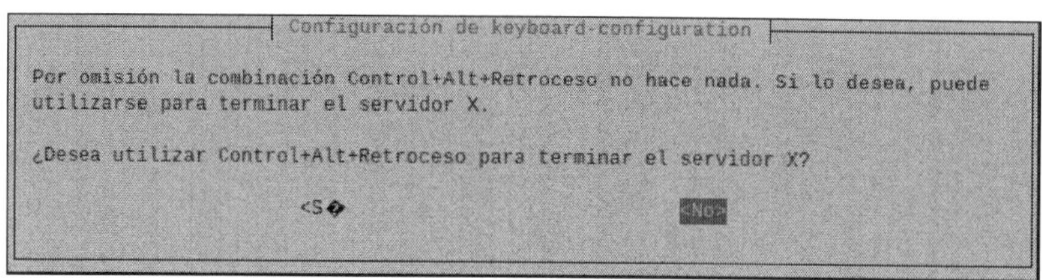

El sistema regenera su distribución de teclado y la aplica inmediatamente.

Algunas de estas opciones también se pueden configurar en la herramienta gráfica Raspberry Pi Configuration (consulte el apartado Pestaña Localización de este capítulo).

L4 - WLAN country

Las normas Wi-Fi internacionales definen un determinado número de frecuencias reservadas para el uso de Wi-Fi, dependiendo del país. Para que todos los dispositivos Wi-Fi puedan comunicarse correctamente entre sí, deben utilizar las mismas frecuencias.

Cada país ha definido la gama de frecuencias que pueden utilizarse. Por lo tanto, debe configurar su sistema correctamente para el país en el que vive para garantizar el correcto funcionamiento Wi-Fi, así como el cumplimiento de los canales utilizados y la potencia de transmisión autorizada.

⇉ Desplácese por la lista y seleccione el país donde se encuentre (por ejemplo **ES -España**). A continuación, pulse [Intro].

Una pantalla de confirmación le mostrará que ha seleccionado el país correcto.

Esta opción también se puede configurar en la herramienta gráfica de Raspberry Pi Configuration (consulte el apartado Pestaña Localización de este capítulo).

5.1.7 Advanced options

Este menú contiene opciones avanzadas.

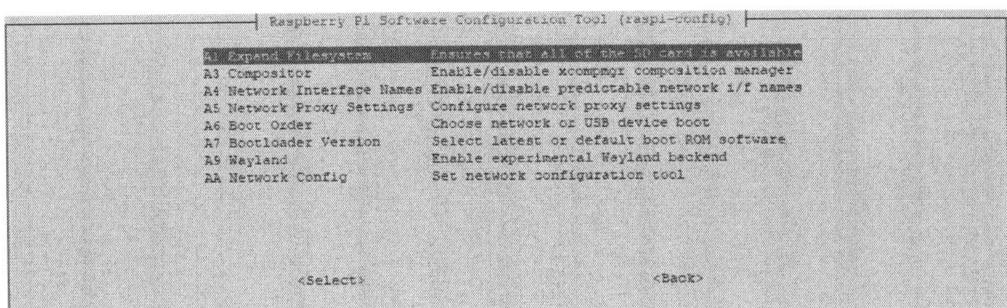

A1 - Expand Filesystem

Esta operación, que antes se realizaba manualmente, ahora se lleva a cabo automáticamente al inicio del primer arranque de una tarjeta micro SD recién instalada. La imagen suministrada por la Fundación presenta una partición del sistema del menor tamaño posible para limitar los tiempos de descarga y para que pueda instalarse en una tarjeta de cualquier capacidad, siempre que sea al menos superior o igual. Por lo tanto, esta partición del sistema debe ampliarse a todo el espacio disponible en la tarjeta micro SD, y es aquí que esta operación está disponible.

No hay parámetros que suministrar, solo una pantalla de confirmación que indica que la operación se ha realizado con éxito.

Esta operación no es necesaria, puesto que ya la ha realizado en el momento de la instalación, a menos que esté copiando la instalación existente en una nueva tarjeta micro SD de mayor capacidad, en cuyo caso puede ampliar el espacio a toda la tarjeta micro SD.

A2 - GL driver

Esta opción permite activar o desactivar el uso de controladores OpenGL para la aceleración gráfica y 3D disponible en la GPU Braodcom VideoCore IV. Esta opción solo aparece en tarjetas Raspberry Pi de generación 3 o inferior. Además, existen ciertos límites en términos de memoria RAM que pueden bloquear la activación de este controlador en tarjetas con menos de 512 MB de RAM.

Esta opción puede presentar varias opciones diferentes en función de la versión del sistema operativo.

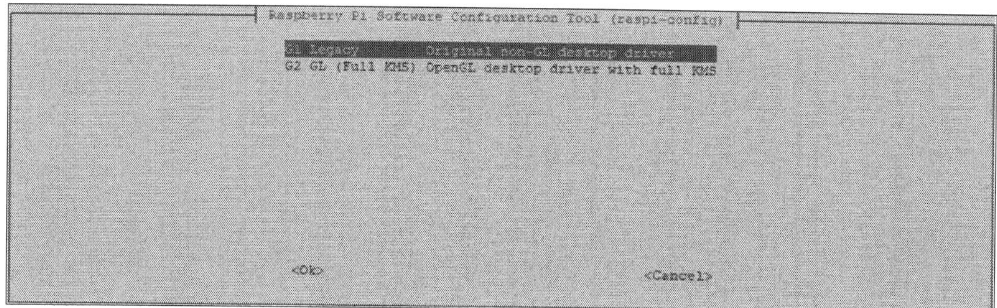

G1 - Legacy es la opción por defecto, es decir, sin utilizar OpenGL. Tendrá que experimentar con las otras opciones, utilizando juegos como Neverball o software de modelado 3D como FreeCAD.

A3 - Compositor

Esta opción activa o desactiva el sistema de composición gráfica xcompmgr.

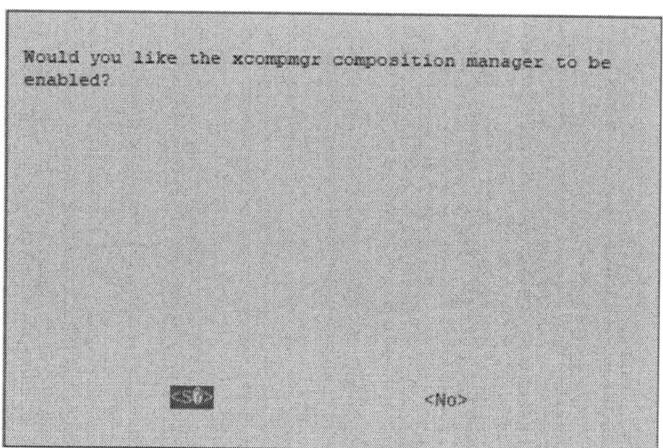

Entre otras cosas, este sistema permite sombrear las ventanas o hacerlas transparentes. Esta opción solo funciona en placas Raspberry Pi de generación 4.

A4 - Network Interface Names

Esta opción le permite elegir el tipo de denominación de las interfaces de red de su sistema. Por defecto, las interfaces de red son numeradas por el sistema cuando se inicia y son de la forma eth0, eth1, wlan0, etc. Esta numeración puede causar problemas cuando se conecta una nueva interfaz de red, por ejemplo, una interfaz USB: la renumeración puede cambiar el orden de las interfaces.

⇉ Para cambiar a una enumeración predecible y fija para cada interfaz de red basada en el firmware, la topología y la ubicación de la interfaz de red, active esta opción.

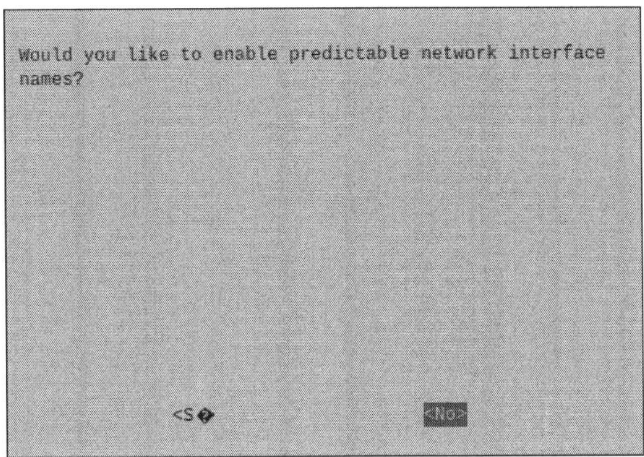

Los nombres de las interfaces de red serán entonces menos intuitivos, ya que adoptarán la forma enx o wlx, seguida de la dirección MAC de la interfaz.

A5 - Network Proxy Settings

Esta opción permite definir la configuración del servidor proxy para el acceso a Internet. Muy utilizado en las empresas, un servidor proxy permite controlar el tráfico entrante y saliente de Internet a través de un punto central, así como determinados parámetros de seguridad.

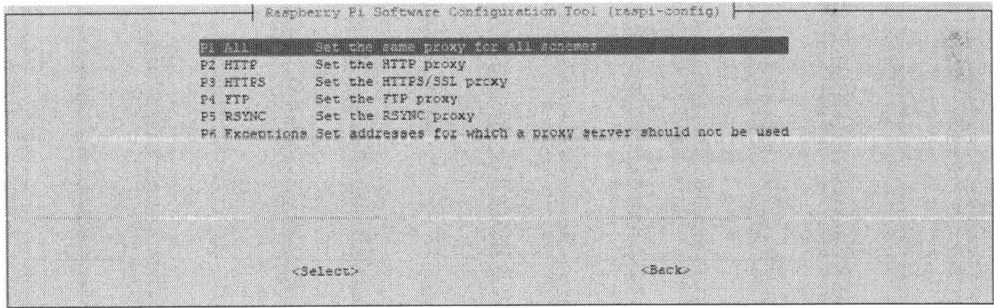

Presenta diferentes subopciones para cada protocolo. Estas opciones solo deben configurarse con el administrador de la red. En las redes domésticas proporcionadas por defecto por las cajas de Internet de los operadores, esta opción no debe utilizarse a menos que la se domine la configuración y sea avanzada.

A6 - Boot Order

Disponible solo en las tarjetas de la generación 4, esta opción permite controlar el orden de búsqueda de un dispositivo de almacenamiento desde el que se arranca.

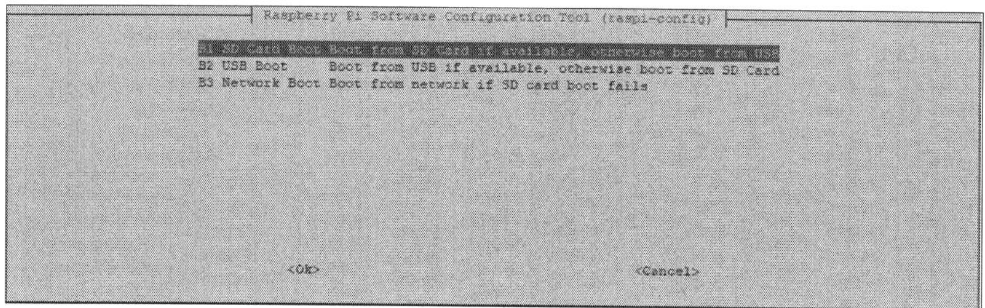

Estas son las posibles opciones:

- **B1 - SD Card Boot** es la opción por defecto. El sistema intenta arrancar desde la tarjeta micro SD, de lo contrario intenta arrancar desde un dispositivo USB. Esta secuencia se repite hasta que se encuentra un dispositivo de almacenamiento de arranque.
- **B2 - USB Boot**: la secuencia es la misma que para B1, pero comienza con el USB y luego la tarjeta micro SD.
- **B3 - Network Boot**: si falla el arranque desde la tarjeta micro SD, el sistema intentará arrancar desde la red. Esta secuencia se repite hasta que se encuentra un arranque.

A7 - Booloader Version

Solo disponible en la generación 4 de Raspberry Pi, esta opción le permite elegir qué firmware utilizar en el arranque.

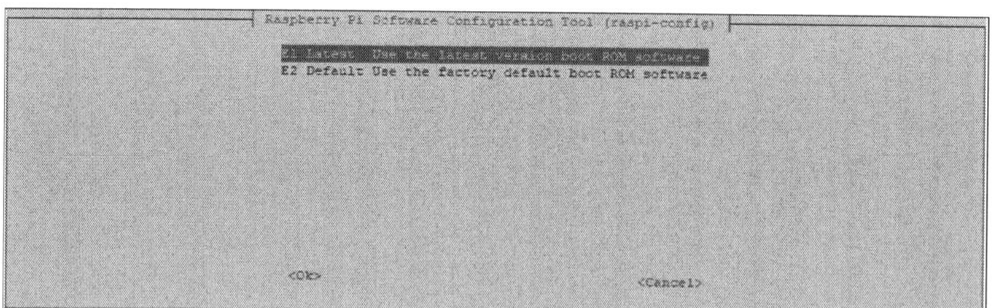

Raspberry Pi 4 dispone de dos zonas de memoria EEPROM:

- **A1 - Latest**: es la memoria de arranque por defecto. Esta es la memoria que se actualizará con el nuevo firmware.
- **A2 - Default**: es la memoria de reserva, en caso de que la zona A1 deje de funcionar.

A8 - Glamor

Esta opción, disponible solo en las tarjetas de las generaciones 1, 2 y 3, permite activar o desactivar la aceleración gráfica Glamor.

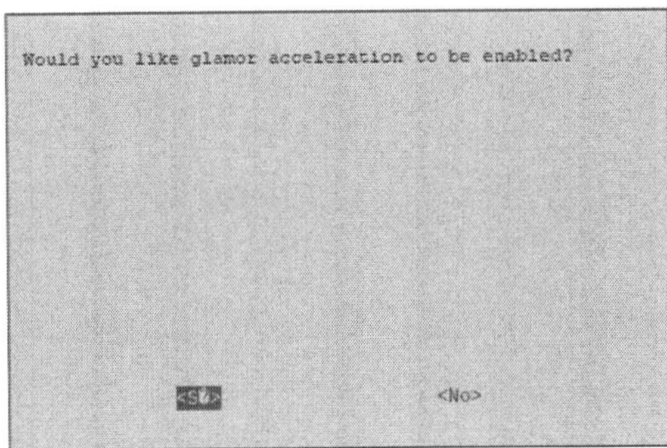

Esta opción se ha puesto a disposición de forma experimental y debe utilizarse con pleno conocimiento de causa para el software específico que requiera esta configuración, en combinación con las opciones **A2 - GL driver** y **P2 - GPU Memory**.

A9 - Wayland

Esta opción permite activar o desactivar el uso del nuevo sistema gráfico Wayland en lugar del conocido sistema X Window.

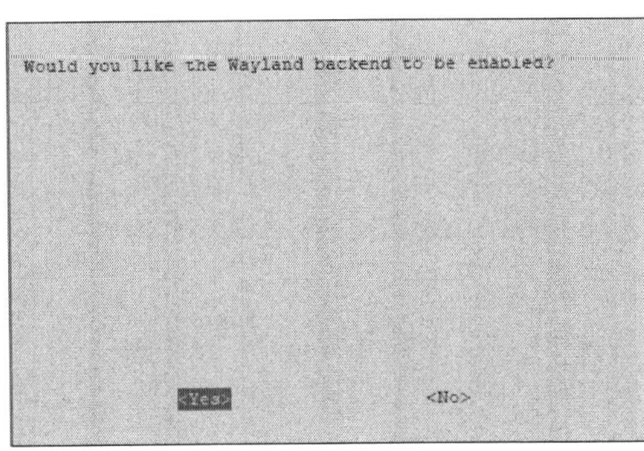

Aunque muchas distribuciones de Linux funcionan perfectamente con el más rápido y seguro Wayland, esta opción solo se ofrece de forma experimental para las placas de la generación 4. Aunque el futuro de Linux parece estar en Wayland, todavía no es realmente funcional en Raspberry Pi OS.

AA - Network Config

Esta opción le permite elegir qué servicio de configuración de red utilizar en nuestra distribución Linux.

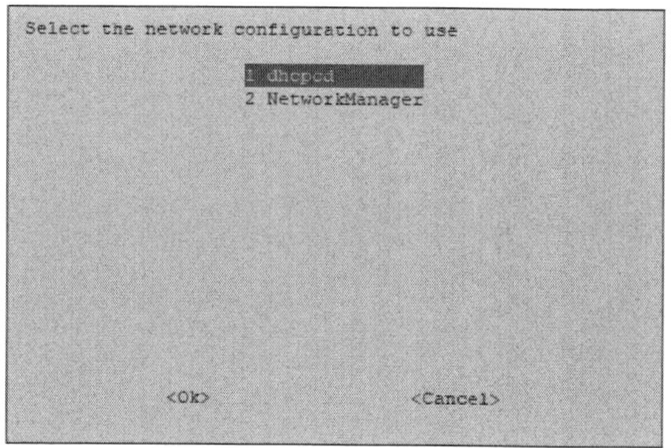

Puede elegir entre dos servicios: `dhcpcd` o `NetworkManager`. Ambos tienen la misma misión, realizar conexiones a la red, ya sean cableadas, inalámbricas, con parámetros fijos o automáticas (DHCP). La opción por defecto es `dhcpcd`, que es la más común. `NetworkManager` es más reciente y completo (el menú de red en la parte superior izquierda de la barra de tareas será más extenso). Tenga en cuenta que cada servicio tiene sus propios archivos de configuración, por lo que si usted está trabajando directamente con estos archivos, tendrá que elegir los del servicio que se esté ejecutando en ese momento.

Para el resto de este libro usaremos `dhcpcd`.

5.1.8 Update

Esta opción se utiliza para actualizar la herramienta raspi-config. Una vez seleccionada, la herramienta se descarga e instala. Por último, la herramienta se reinicia para utilizar la nueva versión.

5.1.9 About raspi-config

Esta opción muestra la versión actual de la herramienta raspi-config.

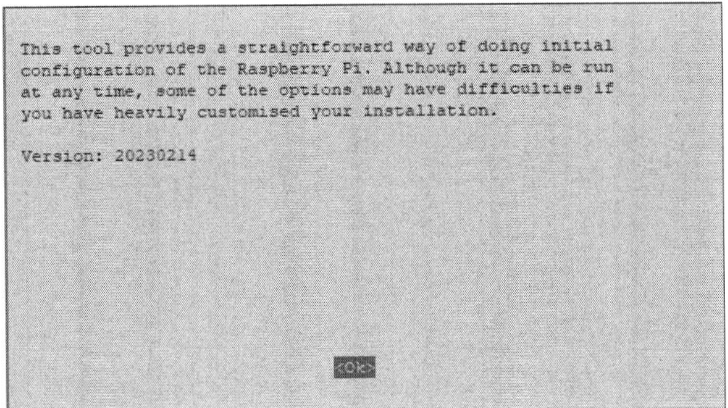

5.2 Configuración de la Raspberry Pi

5.2.1 ¿De qué se trata?

Aunque la herramienta raspi-config es la referencia para configurar el sistema operativo Raspberry Pi OS, adolece de una interfaz semigráfica que no se puede utilizar con el ratón. Para paliar esta carencia, la Fundación ha creado la herramienta **Raspberry Pi Configuration**, accesible desde el menú **Raspberry** y luego **Preferencias**.

Presenta las opciones más comunes organizadas en pestañas, con una interfaz gráfica completa que puede utilizarse con el ratón. Además, al pasar el puntero del ratón por encima de un botón, un conmutador o una lista desplegable, aparece una descripción del parámetro.

5.2.2 Pestaña Sistema

La pestaña **Sistema** muestra los parámetros del submenú **System Options** de raspi-config:

- **Clave** corresponde a la opción **S3 - Password**;
- **Hostname** corresponde a la opción **S4 - Hostname**;
- **Iniciar en** e **Ingreso automático** corresponden a la opción **S5 - Boot / Autologin**;
- **Red al inicial** corresponde a la opción **S6 - Network at boot**;
- **Splash Screen** corresponde a la opción **S7 - Splash Screen**.

5.2.3 Pestaña Display

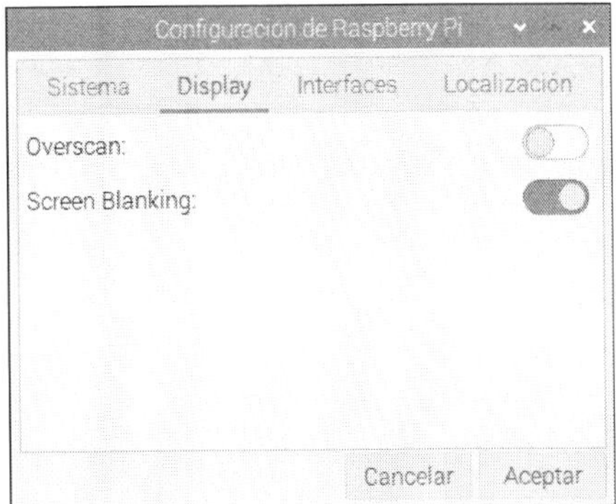

La pestaña **Display** contiene los ajustes del submenú **Display Options** del menú raspi-config:

- **Overscan** corresponde a la opción **D2 - Underscan**;
- **Screen Blanking** corresponde a la opción **D4 - Screen Blanking**;
- **Headless Resolution** (versiones antiguas) corresponde a la opción **D5 - VNC Resolution**.

5.2.4 Pestaña Interfaces

En la pestaña **Interfaces** se encuentran las opciones del submenú :

- **SSH** corresponde a la opción **I2 - SSH**;
- **VNC** corresponde a la opción **I3 - VNC**;
- **SPI** corresponde a la opción **I4 - SPI**;
- **I2C** corresponde a la opción **I5 - I2C**;
- **Serial Port** y **Serial Console** corresponden a la opción **I6 - Serial Port**;
- **1-Wire** corresponde a la opción **I7 - 1-Wire**;
- **Remote GPIO** corresponde a la opción **I8 - Remote GPIO**.

5.2.5 Pestaña Rendimiento

La pestaña **Rendimiento** contiene las opciones del submenú **Performance Options** de raspi-config:

- **Overclock** corresponde a la opción **P1 - Overclock** (para tarjetas compatibles);
- **Memoria GPU** corresponde a la opción **P2 - GPU Memory**;
- **Overlay File System** corresponde a la opción **P3 - Overlay File System**;
- **Fan**, **Fan GPIO** y **Fan Temperature** corresponden a la opción **P4 - Fan**.

5.2.6 Pestaña Localización

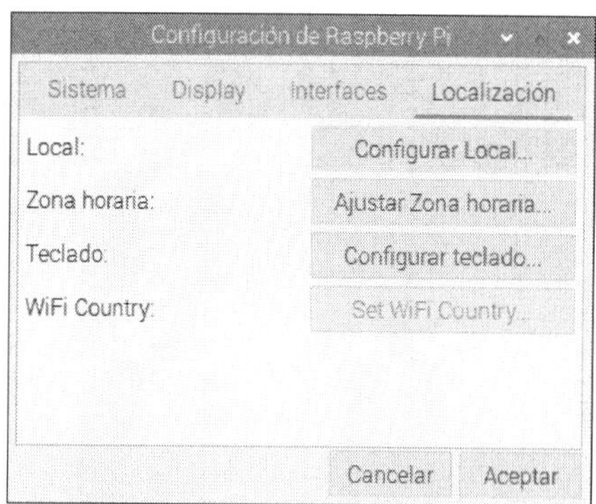

La pestaña **Localización** muestra las opciones del submenú **Opciones de ubicación** de raspi-config:

- **Local** corresponde a la opción **L1 - Locale**;
- **Zona horaria** corresponde a la opción **L2 - Timezone**;

- **Teclado** corresponde a la opción **L3 - Keyboard**;
- **WiFi Country** corresponde a la opción **L4 – WLAN Country**.

5.3 La herramienta raspi-config en línea de comandos

Para los usuarios nuevos en la configuración de su sistema, el modo gráfico o semigráfico de raspi-config proporciona una guía extremadamente útil de todos los parámetros. Por otro lado, para usuarios experimentados que conocen la herramienta de memoria, configurar su sistema navegando por los menús y submenús, y volviendo a pasar por las pantallas de aviso y confirmación se hace muy tedioso.

Por ello, la herramienta raspi-config se ha equipado con parámetros de línea de comandos para una configuración rápida e incluso la automatización de scripts. Así es como está estructurada la línea de comandos:

```
sudo raspi-config nonint <comando> <argumentos>
```

Los dos primeros elementos sudo y `raspi-config` son los mismos con los que lanzaríamos la herramienta de forma tradicional. A estos dos elementos se añade nonint, abreviatura de modo no interactivo. A continuación, aparece el comando `<command>`, que describe con precisión el parámetro que se desea modificar. Por último, los argumentos `<arguments>` enumeran los valores que deben asignarse al parámetro en cuestión. Cuando se requieren varios argumentos, deben ir separados por un espacio.

Aunque la existencia de este modo no interactivo está muy bien, solo cubre parcialmente la lista de parámetros de raspi-config. Algunos comandos tienen errores o solo funcionan a medias. Los usuarios más expertos pueden consultar el código fuente de la herramienta en https://github.com/RPi-Distro/raspi-config para leer en detalle el comportamiento exacto de la herramienta raspi-config y no desesperarse dando vueltas cuando su línea de comandos no da el resultado esperado.

No obstante, he aquí una lista no exhaustiva de comandos y su(s) argumento(s) correspondiente(s).

Opción	Comando	Argumento(s)
S1 - WirelessLAN	`do_wifi_ssid_passphrase`	- Nombre de la red Wi-Fi - Contraseña de la red Wi-Fi
S2 - Audio	`do_audio`	`0` = toma Jack; `1` = HDMI `0`; `2` - HDMI 1 *(1 y 2 solo en la generación 4)*
S3 - Password	`do_change_pass`	No toma ningún parámetro, pero pide al usuario la nueva contraseña y la confirmación.
S4 - Hostname	`do_hostname`	El nuevo nombre de host
S6 - Network at boot	`do_boot_wait`	`0` = desactivado; `1` = activado
S7 - SplashScreen	`do_boot_splash`	`0` = desactivado; `1` = activado
D2 - Underscan	`do_overscan`	`0` = desactivado; `1` = activado
D4 - Screen Blanking	`do_blanking`	`0` = desactivado; `1` = activado
D6 - Composite	`do_composite`	`0` = desactivado; `1` = activado
I1 - Camera	`do_camera`	`0` = desactivado; `1` = activado
I2 - SSH	`do_ssh`	`0` = desactivado; `1` = activado
I3 - VNC	`do_vnc`	`0` = desactivado; `1` = activado
I4 - SPI	`do_spi`	`0` = desactivado; `1` = activado
I5 - I2C	`do_i2c`	`0` = desactivado; `1` = activado
I6 - Serial Port	`do_serial`	`0` = activado con salida de consola; `1` = desactivado; `2` activado sin salida de consola
I7 - 1-Wire	`do_onewire`	`0` = desactivado; `1` = activado
I8 - Remote GPIO	`do_rgpio`	`0` = desactivado; `1`= activado
P1 - Overclock	`do_overclock`	`Ninguno`; `Modesto`; `Media`; `Alta`; `Turbo`

Opción	Comando	Argumento(s)
P2 - GPU Memory	`do_memory_split`	Cantidad de memoria en megabytes para la GPU
P3 - Overlay File System	`do_overlayfs`	`0` = desactivado; `1` = activado
P4 - Fan	`do_fan`	- `0` = desactivado; `1` = activado - Número de pin GPIO - Temperatura de arranque del ventilador en grados Celsius
L1 - Locale	`do_change_locale`	La nueva ubicación a utilizar
L2 - Timezone	`do_change_timezone`	La nueva zona horaria en la forma *<Continente>/<Ciudad>*
L3 - Keyboard	`do_configure_keyboard`	La nueva distribución del teclado
L4 - WLAN Country	`do_wifi_country`	El código del país
A1 - Expand Filesystem	`do_expand_rootfs`	No toma ningún parámetro y ejecuta inmediatamente la expansión del sistema de ficheros.
A4 - Network interface names	`do_net_names`	`0` = desactivado; `1` = activado
A5 - Network Proxy Settings	`do_proxy`	- El protocolo a configurar - La dirección de servidor proxy para este protocolo
A6 - Boot order	`do_boot_order`	`B1`; `B2`; `B3`

5.4 Configuración avanzada con el archivo config.txt

La configuración avanzada del sistema se lleva a cabo a través del archivo /boot/config.txt. Es este archivo el que raspi-config modifica, entre otras cosas, cuando se realizan cambios en las opciones más relacionadas con el hardware. También es posible acceder a configuraciones más finas y complejas que las proporcionadas de forma estándar por raspi-config.

5.4.1 Descripción del archivo config.txt

El archivo config.txt es un archivo de configuración en modo texto, de los primeros que se leen al inicio del proceso de arranque de la tarjeta. Para que sea operativo, debe estar ubicado en la raíz de la primera partición de la tarjeta micro SD llamada boot, de ahí el nombre comúnmente utilizado `/boot/config.txt` para el mundo Linux. Si inserta su tarjeta micro SD en un Mac o PC con Windows, es esta partición la que verá en el escritorio o en el explorador de archivos, junto con los archivos bootcode.bin y start.elf.

Las líneas que componen este archivo siguen fielmente el formato de los antiguos archivos de configuración de Windows con extensión .ini. Cada línea puede adoptar una de las siguientes formas:

- Una línea que comienza con **#** representa un comentario. Todo lo que sigue al carácter **#** hasta el siguiente salto de línea se ignora. Esto es útil para activar o desactivar una línea o comentar un parámetro.
- Las líneas que comienzan con un corchete de apertura **[** y terminan con un corchete de cierre **]** constituyen el inicio de una sección (o filtro), identificada por el nombre entre los corchetes. Estas secciones se utilizan para seleccionar el tipo de tarjeta Raspberry Pi y se describirán en el apartado siguiente Filtros condicionales.
- Todas las demás líneas no vacías deben tener el formato `<NombreDeLaPropiedad>=<Valor>`, sin superar el límite de 98 caracteres.

Estas reglas de funcionamiento, bastante sencillas, deben respetarse escrupulosamente, ya que, de lo contrario, es posible que no se tenga en cuenta la configuración de algún parámetro o incluso que se produzcan fallos en el arranque. Cuando algo va mal en el arranque, especialmente al principio del proceso, lo primero que hay que hacer es comprobar el archivo config.txt para ver si todo está en orden. Después de múltiples cambios a través de raspi-config o la herramienta gráfica de Configuración de la Raspberry Pi, o incluso de otros programas que han insertado sus propios ajustes, las adiciones sucesivas pueden tener efectos secundarios en otros parámetros. Así que es una buena idea limpiar las líneas de este archivo de vez en cuando.

Una forma bastante eficaz de abrir, leer e incluso modificar este archivo config.txt es a través del conocido editor de texto de Windows NotePad++ (https://notepad-plus-plus.org/). Este editor ofrece resaltado de sintaxis y una práctica función de desplegar/plegar para orientarse por las secciones. Dicho esto, cualquier editor de texto en cualquier sistema operativo servirá.

El fichero config.txt tiene muchas propiedades, que evolucionan con el tiempo y con las nuevas características proporcionadas por nuevas tarjetas o nuevas versiones del sistema operativo Debian.

5.4.2 Filtros condicionales

Las secciones en el archivo config.txt se pueden utilizar para crear filtros condicionales para aplicar ajustes al hardware detectado, principalmente en relación con la tarjeta Raspberry Pi utilizada, pero no solo con ella: verá en la tabla siguiente que también es posible activar una sección en función del monitor de vídeo conectado o el estado de los pines GPIO.

Filtros de modelo de tarjeta

Nombre del filtro	Modelos de tarjetas
`[pi1]`	1A, 1B, 1A+, 1B+, CM 1
`[ft2]`	2B (basado en BCM2836 o BCM2837)
`[ft3]`	3B, 3B+, 3A+, CM 3, CM 3+, CM 3+.
`[pi3+]`	3A+, 3B+ Y
`[pi4]`	4B, Pi 400, CM 4, CM 4S
`[pi400]`	Pi 400
`[cm4]`	CM 4
`[cm4s]`	CM 4S
`[pi0]`	Zero, Zero W, Zero 2 W
`[pi0w]`	Zero W
`[pi02]`	Zero 2 W
`[board-type=<Type>]`	`<Tipo>` corresponde al código de revisión de la tarjeta.

Observación

Algunos filtros, como `[pi0]`, incluyen todos los dispositivos Raspberry Pi Zero. Si desea filtrar en tarjetas Pi Zeros originales, excluyendo Pi Zeros W y Pi Zeros 2W, necesita usar el filtro `[board-type=0x900092]`, por ejemplo.

Filtro del monitor de visualización de vídeo

El filtro [EDID=*<NombreMonitor>*] permite aplicar una configuración específica cuando se conecta al inicio un monitor de visualización con el nombre <NombreMonitor>. Para averiguar el nombre de su monitor, utilice el comando `tvservice-n`.

Filtrar por número de serie

Cada tarjeta Raspberry Pi tiene un número de serie único. Con este filtro [*<NoSerie>*], tendrá como objetivo una y solo una tarjeta. Para averiguar el número de serie de su tarjeta, utilice el comando `cat /proc/cpuinfo`.

Filtrar por estado de pin GPIO

El filtro [gpio*<NoPin>*=*<Estado>*] se utiliza para filtrar el estado de los pines GPIO en el arranque. Por ejemplo, el filtro `[gpio14=1]` se ejecutará si el pin GPIO número 14 está alto en el arranque.

Filtro de salida de pantalla HDMI

Solo para la generación 4, este filtro diferencia entre las dos salidas de vídeo: `[HDMI:0]` o `[HDMI:1]`.

Filtro [none]

Este filtro se ignora. Es equivalente a comentar, para que los parámetros puedan mantenerse en memoria sin ser ejecutados (y para no tener que insertar varios # al principio de cada línea).

Filtrar [all]

Tenga en cuenta que todos los filtros descritos anteriormente se combinan, es decir, si sigue una sección `[HDMI:0]` con una sección `[pi400]`, el contenido de `[HDMI:0]` solo se aplicará si está en una Pi 400.

Aquí es donde entra en juego la sección `[all]`, que pone a cero un filtro en curso. Usando nuestro ejemplo, si quiere aplicar `[HDMI:0]` a todas las tarjetas, necesitará precederlo con una sección `[all]`. También es habitual terminar su archivo config.txt con una sección `[all]`, incluso vacía, para anticipar futuras adiciones de parámetros que se harán con raspi-config, por ejemplo.

La organización de los filtros puede descontrolarse rápidamente, por lo que hay que tener cuidado al utilizarlos. Para ayudar en el diagnóstico, se puede utilizar el comando `vcgencmd get_config` para mostrar los parámetros actuales en modo consola.

5.4.3 Gestión de la memoria

Memoria GPU

El parámetro `gpu_mem` especifica la cantidad de RAM asignada a la GPU. Corresponde a la opción **P2 - GPU Memoria** en raspi-config. Es posible utilizar las propiedades `gpu_mem_256`, `gpu_mem_512` y `gpu_mem_1024` para aplicar ajustes específicos a tarjetas con 256 MB, 512 MB o más de 1 GB de RAM respectivamente. Estos tres últimos parámetros tienen prioridad sobre `gpu_mem`.

Limitación de RAM

En ciertos casos de prueba muy concretos, es útil poder limitar el uso de RAM a una cantidad definida utilizando total_mem. Por ejemplo, para simular el uso de una Raspberry Pi 4 con 1 GB de RAM en una Raspberry Pi 4 con 8 GB de RAM, añada la línea `total_mem=1024`.

Acceso a la memoria caché L2

El parámetro `disable_l2cache` habilita (`=0`) o deshabilita (`=1`) el acceso a la memoria caché de nivel 2 desde la GPU a la CPU. Esta opción requiere un kernel Linux adecuado. El valor por defecto se establece automáticamente en función de la tarjeta utilizada. Por lo tanto, este parámetro debe modificarse directamente en el archivo config.txt con conocimiento de causa.

5.4.4 Gestión del arranque del kernel

Selección de archivos de microprogramas de GPU

Los parámetros `start_file` y `fixup_file` definen el archivo de microprograma de la GPU VideoCore y el archivo de la zona de memoria respectivamente. Estos dos archivos van de la mano, es decir, si especifica dos archivos que no coinciden, el proceso de arranque se detendrá. Esta configuración está reservada a usuarios muy experimentados con los procesos de arranque. Es preferible utilizar `start_x` y `start_debug` inicialmente.

Preselección de archivos de firmware de GPU

Los parámetros start_x y start_debug preseleccionan los archivos de microprogramas de la GPU.

Parámetro	Equivalente
start_x=1	start_file=start_x.elf fixup_file=fixup_x.dat
start_debug=1	start_file=start_db.elf fixup_file=fixup_db.dat

La preselección start_x=1 es utilizada por raspi-config cuando se activa el módulo de la cámara.

Gestión de la información ATAGS

Establecer el parámetro disable_commandline_tags a 1 evita que el firmware GPU start.elf modifique la información ATAGS antes de que arranque el kernel. La información ATAGS es un conjunto de características de hardware almacenadas en un área de memoria determinada. Su manipulación está reservada a los desarrolladores de firmware.

Línea de comandos del núcleo

Por defecto, se utiliza el archivo cmdline.txt para contener los parámetros de arranque del kernel. El parámetro cmdline se puede utilizar para especificar otro archivo de texto que se utilizará para arrancar el kernel.

Carga del núcleo

El parámetro kernel define el archivo que contiene el kernel Linux a arrancar. Estos son los valores por defecto utilizados para Raspberry Pi OS:

Archivo del núcleo	Tarjetas afectadas
kernel.img	Generación 1
kernel7.img	Generaciones 2 y 3
kernel8.img	Generación 4 de 32 bits
kernel7l.img	Generación 4 de 64 bits

El parámetro kernel_address se utiliza para definir la dirección de memoria donde se cargará el kernel. Se definen direcciones por defecto: 0x8000 para 32 bits y 0x200000 para 64 bits.

Si el parámetro `kernel_old` es `1`, el kernel se carga en la dirección `0x0`.

Modo de núcleo de 64 bits

Cuando el parámetro `arm_64bit` tiene el valor `1`, el kernel arranca en modo de 64 bits. Un valor de `0` selecciona el modo de 32 bits. El modo de 64 bits solo es posible en las placas de generación 3 y 4. Está activo por defecto en las placas de generación 4.

Código ARM base

El parámetro `armstub` se utiliza para especificar un archivo concreto que contiene el código ARM base. Por defecto, el código ARM base apropiado para la placa Raspberry Pi se extrae del firmware. Este parámetro es solo para usuarios avanzados.

Mode High Peripheral

Si se establece `arm_peri_high` posicionado a `1`, se activa el modo *High Peripheral*. Este modo, disponible solo en placas de generación 4, utiliza una dirección de memoria base diferente para acceder a los periféricos. Requiere código base ARM `armstub` específico.

Sistema de archivos temporal en RAM

ramfs es un sistema de archivos temporal montado en RAM del que deriva tmpfs. Permite almacenar archivos temporales sin persistencia y ofrece tiempos de acceso muy cortos.

El parámetro `ramfsfile` puede usarse para definir un archivo ramfs a cargar, o varios archivos separados por comas para el último firmware que lo soporte.

El parámetro `ramfsaddr` especifica la dirección de memoria en la que cargar el archivo ramfsfile.

Por último, el parámetro `initramfs` se utiliza para especificar tanto el archivo como la dirección de memoria, separados por espacios (ejemplo: `initramfs initramf.gz 0x00800000`). Esta sintaxis en particular no utiliza el signo = que normalmente se requiere en el parámetro `<Empresa>=<valor>` impuesto en el archivo config.txt. Si deben cargarse varios ramfs, irán separados por comas.

Estos parámetros están estrechamente relacionados con el núcleo Linux utilizado.

Puerto serie

El parámetro `init_uart_baud` define la tasa de transferencia inicial configurada en el puerto serie. Su valor por defecto es 115 200.

El parámetro `init_uart_clock` define la frecuencia de reloj inicial interna del puerto serie. El valor por defecto es 48.000.000 Hz, es decir, 48 MHz.

El parámetro `enable_uart` ajustado a 1 indica al kernel que cree una consola serie accesible en los pines GPIO 14 y 15. Debe utilizarse junto con el parámetro `console=serial0` en el archivo cmdline.txt.

Establecer `sha256` a un valor distinto de 0 permite que los valores hash de los archivos cargados en el arranque (kernel, ramfs, .dtb, etc.) se muestren en el puerto serie. Esta opción se utiliza principalmente para depurar problemas de arranque y ralentiza considerablemente el tiempo de arranque. Su valor por defecto es `0`.

El parámetro `uart_2ndstage` posicionado a 1 instruye al código de arranque (el firmware para Raspberry Pi 4 o el `bootcode.bin` para otras placas) y al `start.elf` para mostrar información de diagnóstico en el puerto serie UART0. Esta opción se utiliza principalmente para diagnosticar problemas de arranque para usuarios experimentados. Su valor por defecto es `0`.

Tiempos de arranque

El parámetro `bootcode_delay` especifica el número de segundos que se debe esperar en `bootcode.bin` justo antes de que se cargue `start.elf`. Este parámetro puede ayudar a resolver problemas de detección de monitores. Al encenderse, algunos monitores de vídeo aún no son totalmente funcionales y todavía no pueden proporcionar su información EDID.

Los parámetros `boot_delay` y `boot_delay_ms` especifican respectivamente el número de segundos y el número de milisegundos esperados en `start.elf`justo antes de que se cargue el kernel. Estos dos valores se suman mediante la fórmula (`boot_delay` x1000)+ `boot_delay_ms` para obtener la duración total en milisegundos realmente esperada.

Gestión de puertos I²C HAT

Aunque no haya ninguna tarjeta PoE HAT conectada a su Raspberry Pi, se ejecuta una consulta en el bus I²C para intentar ponerse en contacto con la gestión del ventilador que ofrece la tarjeta PoE HAT. Establecer el parámetro `disable_poe_fan` a 1 desactiva esta comprobación y por lo tanto optimiza el tiempo de arranque si no está utilizando una tarjeta PoE HAT.

Establecer el parámetro `force_eeprom_read` a 0 evita que el firmware interrogue al puerto I²C para localizar una tarjeta de expansión HAT.

Visualización de la pantalla de arranque en color

El parámetro `disable_splash` se utiliza para controlar la visualización del cuadrado de color al inicio del proceso de arranque. El valor por defecto es `0`, lo que hace que se muestre el cuadrado de color. Establecer el valor a `1` evita que se muestre.

Gestión del controlador de interrupciones (en Raspberry Pi 4)

Establecer `enable_gic` a 0 permite enrutar las interrupciones al núcleo ARM utilizando el controlador de interrupciones convencional. Si su valor es 1 (valor por defecto), se utiliza en su lugar el controlador de interrupciones GIC-400.

Gestión del modo OTG del puerto USB-C (en Raspberry Pi 4)

El parámetro `otg_mode` establecido en 0 (valor predeterminado) permite que el puerto USB-C de la Raspberry Pi 4 (el que se utiliza para la alimentación eléctrica) se utilice en modo OTG (On-The-Go: permite que el puerto USB sea un periférico USB o un host periférico). Establecer este valor a 1 permite activar el controlador USB2 XHCI en este mismo puerto USB-C, lo que le da más funcionalidad USB.

Carga de módulos del sistema en el núcleo

Los parámetros `dtoverlay` y `dtparam` ordenan al kernel cargar módulos adicionales del sistema en el arranque. Por lo tanto, puede haber varias líneas `dtoverlay` en su archivo config.txt, cada una de las cuales simboliza el módulo específico que se debe cargar. Cada línea `dtoverlay` puede ir seguida de una o más líneas `dtparam` que describen los parámetros que se pasarán al módulo. Los parámetros también se pueden pasar a través de `dtoverlay`, separados por comas.

Una línea `dtoverlay` con un valor vacío simboliza el final de la lista de módulos que se deben cargar. Si le siguen otras líneas `dtoverlay`, se ignorarán. Esto evita que se añadan nuevas líneas que puedan entrar en conflicto con las ya existentes.

5.4.5 Gestión de pantallas de vídeo

Gestión del overscan

El parámetro `disable_overscan` permite activar o desactivar el overscan. Este parámetro es modificado por la opción **D2 - Underscan** en raspi-config. Su valor por defecto es 0. Se deben realizar pruebas para cambiar el valor a 1 con el monitor de vídeo conectado.

Los parámetros `overscan_left`, `overscan_right`, `overscan_top` y `overscan_bottom` se utilizan para añadir un desplazamiento a cada borde de la pantalla para compensar un fallo de visualización. El valor por defecto de estos parámetros es `0`. Al aumentar su valor, se produce un desplazamiento hacia el interior de la pantalla (puede aparecer un borde negro). Disminuir su valor provocará un desplazamiento hacia el exterior de la pantalla (en ese caso, parte de la imagen puede aparecer truncada).

Establecer el parámetro `overscan_scale` a 1 obliga a la imagen a ajustarse a la configuración de overscan del hardware en el lado de la pantalla. Esta configuración no es recomendable, ya que puede dar lugar a una imagen de baja calidad si la imagen también se redimensiona en la GPU.

Gestión de la 4K en Raspberry Pi 4

Por defecto, cuando se conecta una pantalla de vídeo compatible con 4K a una de las salidas HDMI de la placa Raspberry Pi, la frecuencia de actualización se establece en 30 Hz. Si el parámetro `hdmi_enable_4kp60` se establece en 1, la frecuencia de actualización aumentará a 60 Hz. Tenga en cuenta que esta configuración aumenta el consumo de energía y el calentamiento de la placa, e inhibe la segunda salida HDMI.

Detección de pantalla

Si el parámetro `display_auto_detect` se establece en 1, el firmware indicará al kernel que cargue los módulos del sistema necesarios para reconocer esta pantalla en Raspberry Pi OS. Desde la versión Bullseye, este parámetro está activo por defecto.

El parámetro `hdmi_force_hotplug`, ajustado a 1, indica al sistema que asuma que la señal hotplug del cable HDMI está activa. En otras palabras, con este ajuste, la salida HDMI siempre será utilizada por el sistema operativo, aunque no haya ninguna pantalla HDMI conectada físicamente.

Por el contrario, si se establece el parámetro `hdmi_ignore_hotplug` en `1`, el sistema asume que la señal hotplug del cable HDMI está inactiva. En este caso, la salida HDMI nunca se utilizará, aunque haya una pantalla HDMI conectada físicamente.

Modo de compatibilidad HDMI máxima

El parámetro `hdmi_safe` posicionado a `1`, indica al sistema que arranque con la máxima compatibilidad HDMI. Esto corresponde al siguiente conjunto de valores:

```
hdmi_force_hotplug=1

hdmi_ignore_edid=0xa5000080

config_hdmi_boost=4

hdmi_group=2

hdmi_mode=4

disable_overscan=0

overscan_left=24

overscan_right=24

overscan_top=24

overscan_bottom=24
```

Información EDID

La información EDID (*Extended Display Identification Data* o datos de identificación de visualización extendida) es suministrada por la pantalla a la placa Raspberry Pi para que ambas puedan ponerse de acuerdo sobre el formato de los datos de imagen que se van a transferir. Básicamente, esta información describe las capacidades de la pantalla.

Cuando el parámetro `hdmi_ignore_edid` se establece en `0xa5000080`, el sistema ignora la información EDID suministrada por el monitor de vídeo. El valor a asignar es muy específico para no activar esta función sin querer.

Cuando el parámetro `hdmi_edid_file` se establece en `1`, la GPU leerá la información EDID del archivo edid.dat, que debe estar presente en la raiz de la partición /boot. Puede obtener un archivo de información EDID de su monitor de vídeo utilizando el comando `sudo tvservice -d /boot.edid.dat`.

En los dispositivos Raspberry Pi de generación 4 con dos salidas HDMI, es posible especificar archivos de información EDID particulares para cada salida HDMI utilizando el parámetro `hdmi_edid_filename:`*<NoPortHDMI>*. *<NoPortHDMI>* puede tomar el valor `0` o `1`. El parámetro `hdmi_edid_filename` debe utilizarse con `hdmi_edid_file=1`. He aquí un ejemplo:

```
hdmi_edid_file=1
hdmi_edid_filename:0=Monitor0.edid
hdmi_edid_filename:1=Monitor1.edid
```

Establecer el parámetro `hdmi_force_edid_audio` a `1` fuerza el uso del audio disponible en el monitor aunque la información EDID no informe de soporte para el formato de audio.

Por el contrario, si se establece el parámetro `hdmi_ignore_edid_audio` en `1`, se ignora el audio disponible en el monitor y se utiliza por defecto la salida analógica para la producción de sonido.

Si se establece el parámetro `hdmi_force_edid_3d` en 1, se fuerza el uso de 3D en todos los modos CEA, aunque la información EDID no indique que el monitor lo admite.

El parámetro `edid_content_type` se utiliza para forzar el tipo de contenido devuelto por la visualización a uno de los siguientes valores:

Valor	Significado	Descripción
0	`EDID_ContentType_NODATA`	Ningún tipo
1	`EDID_ContentType_Graphics`	Tipo gráfico
2	`EDID_ContentType_Photo`	Tipo foto
3	`EDID_ContentType_Cine`	Tipo cine
4	`EDID_ContentType_Game`	Tipo juego

Por defecto, el firmware se encarga de leer la información EDID y transmitirla al kernel de Linux antes del arranque. Si quiere que sea el propio kernel de Linux el que lea la información EDID, establezca el parámetro `disable_fw_kms_setup` en `1`.

HDMI CEC

El protocolo HDMI CEC (*Consumer Electronics Control*) permite que varios dispositivos HDMI intercambien información de control. Es el canal por el que pasa la información del mando a distancia por infrarrojos cuando controla el reproductor de DVD desde el mando a distancia del televisor.

El parámetro hdmi_ignore_cec_init establecido en 1 evita que la información de encendido del televisor se envíe cuando se inicia la Raspberry Pi. Esto evita que un televisor compatible con CEC se encienda automáticamente y se establezca en esta entrada cada vez que se inicia la placa Raspberry Pi.

El parámetro hdmi_ignore_cec ajustado a 1 indica al sistema que ningún dispositivo HDMI conectado es compatible con CEC. Ninguna funcionalidad CEC estará operativa.

El parámetro cec_osd_name establece el nombre del dispositivo dentro del protocolo CEC. El nombre por defecto es Raspberry Pi.

Pixels HDMI

El parámetro hdmi_pixel_encoding se utiliza para forzar el uso de una codificación de color de píxel, además de la proporcionada en la información EDID. Los valores posibles son los siguientes:

hdmi_pixel_encoding	Codificación de colores
0	Codificación por defecto (RGB limitado en modo CEA, RGB completo en modo DMT)
1	RGB limitado (16-235)
2	RGB completo (0-255)
3	YCbCr limitado (16-235)
4	YCbCr completo (0-255)

El parámetro hdmi_max_pixel_freq se utiliza para especificar la frecuencia máxima de píxeles. Se utiliza para filtrar los modos HDMI bajando el valor de la frecuencia máxima. No debe confundirse con la frecuencia de refresco de la imagen.

Modo suspensión de la pantalla

El parámetro hdmi_blanking controla la manera cómo el sistema operativo pedirá a la pantalla que entre en reposo. Dos valores son posibles: 0 tiene el efecto de borrar la imagen; 1 pide a la pantalla que se ponga en modo suspensión y luego borra la imagen. El valor por defecto es 0. Si quiere reducir el consumo de energía de su pantalla, configurando esto a 1 la pondrá realmente en modo de bajo consumo, aunque no siempre es compatible con el software (omxplayer por ejemplo).

Modo HDMI o DVI

El parámetro hdmi_drive se utiliza para controlar la producción de sonido. Un valor de 1 selecciona el modo DVI sin sonido. Un valor de 2 selecciona el modo HDMI con producción de sonido por la pantalla.

Intensidad de la señal HDMI

El parámetro config_hdmi_boost se utiliza para configurar la intensidad de la señal HDMI producida por la placa Raspberry Pi. Esto se puede utilizar, por ejemplo, para compensar un mal funcionamiento de la pantalla cuando se utiliza un cable HDMI largo. Un valor entre 0 y 11 es posible, pero los valores altos deben utilizarse con precaución. El valor por defecto es 2 en las placas Raspberry Pi 1 y 5 en las placas Raspberry Pi 1B+ y posteriores. Esta opción se ignora en las placas Raspberry Pi de generación 4.

Grupos y modos HDMI

El parámetro hdmi_group se utiliza para seleccionar entre los dos grupos de estándares de vídeo: el valor 0 (por defecto) utilizará el grupo HDMI devuelto en la información EDID. Un valor de 1 seleccionará el grupo CEA (*Consumer Electronics Association*), que es más comúnmente utilizado en televisores. El valor 2 seleccionará el modo DMT (*Discrete Monitor Timings*) utilizado en el mundo de los ordenadores y monitores de vídeo.

El parámetro hdmi_mode se utiliza para seleccionar el formato de salida de la imagen en el puerto HDMI. En modo CEA (hdmi_group=1), son posibles los siguientes valores:

hdmi_mode	Resolución de pantalla	Frecuencia refrigeración	Proporciones	Comentarios
1	VGA (640x480)	60 Hz	4:3	
2	480p	60 Hz	4:3	
3	480p	60 Hz	16:9	
4	720p	60 Hz	16:9	
5	1080i	60 Hz	16:9	
6	480i	60 Hz	4:3	
7	480i	60 Hz	16:9	
8	240p	60 Hz	4:3	
9	240p	60 Hz	16:9	
10	480i	60 Hz	4:3	Cuadruplicación de píxeles

hdmi_mode	Resolución de pantalla	Frecuencia refrigeración	Proporciones	Comentarios
11	480i	60 Hz	16:9	Cuadruplicación de píxeles
12	240p	60 Hz	4:3	Cuadruplicación de píxeles
13	240p	60 Hz	16:9	Cuadruplicación de píxeles
14	480p	60 Hz	4:3	Duplicación de píxeles
15	480p	60 Hz	16:9	Duplicación de píxeles
16	1080p	60 Hz	16:9	
17	576p	50 Hz	4:3	
18	576p	50 Hz	16:9	
19	720p	50 Hz	16:9	
20	1080i	50 Hz	16:9	
21	576i	50 Hz	4:3	
22	576i	50 Hz	16:9	
23	288p	50 Hz	4:3	
24	288p	50 Hz	16:9	
25	576i	50 Hz	4:3	Cuadruplicación de pixeles
26	576i	50 Hz	16:9	Cuadruplicación de píxeles
27	288p	50 Hz	4:3	Cuadruplicación de píxeles
28	288p	50 Hz	16:9	Cuadruplicación de píxeles
29	576p	50 Hz	4:3	Duplicación de píxeles
30	576p	50 Hz	16:9	Duplicación de píxeles

hdmi_mode	Resolución de pantalla	Frecuencia refrigeración	Proporciones	Comentarios
31	1080p	50 Hz	16:9	
32	1080p	24 Hz	16:9	
33	1080p	25 Hz	16:9	
34	1080p	30 Hz	16:9	
35	480p	60 Hz	4:3	Cuadruplicación de píxeles
36	480p	60 Hz	16:9	Cuadruplicación de píxeles
37	576p	50 Hz	4:3	Cuadruplicación de píxeles
38	576p	50 Hz	16:9	Cuadruplicación de píxeles
39	1080i	50 Hz	16:9	Vaciado reducido *
40	1080i	100 Hz	16:9	
41	720p	100 Hz	16:9	
42	576p	100 Hz	4:3	
43	576p	100 Hz	16:9	
44	576i	100 Hz	4:3	
45	576i	100 Hz	16:9	
46	1080i	120 Hz	16:9	
47	720p	120 Hz	16:9	
48	480p	120 Hz	4:3	
49	480p	120 Hz	16:9	
50	480i	120 Hz	4:3	
51	480i	120 Hz	16:9	
52	576p	200 Hz	4:3	
53	576p	200 Hz	16:9	
54	576i	200 Hz	4:3	
55	576i	200 Hz	16:9	

hdmi_mode	Resolución de pantalla	Frecuencia refrigeración	Proporciones	Comentarios
56	480p	240 Hz	4:3	
57	480p	240 Hz	16:9	
58	480i	240 Hz	4:3	
59	480i	240 Hz	16:9	
60	720p	24 Hz	16:9	
61	720p	25 Hz	16:9	
62	720p	30 Hz	16:9	
63	1080p	120 Hz	16:9	
64	1080p	100 Hz	16:9	
65	Personalizado			
66	720p	25 Hz	64:27	Solo en Pi 4
67	720p	30 Hz	64:27	Solo en Pi 4
68	720p	50 Hz	64:27	Solo en Pi 4
69	720p	60 Hz	64:27	Solo en Pi 4
70	720p	100 Hz	64:27	Solo en Pi 4
71	720p	120 Hz	64:27	Solo en Pi 4
72	1080p	24 Hz	64:27	Solo en Pi 4
73	1080p	25 Hz	64:27	Solo en Pi 4
74	1080p	30 Hz	64:27	Solo en Pi 4
75	1080p	50 Hz	64:27	Solo en Pi 4
76	1080p	60 Hz	64:27	Solo en Pi 4
77	1080p	100 Hz	64:27	Solo en Pi 4
78	1080p	120 Hz	64:27	Solo en Pi 4
79	1680x720	24 Hz	64:27	Solo en Pi 4
80	1680x720	25z	64:27	Solo en Pi 4
81	1680x720	30 Hz	64:27	Solo en Pi 4
82	1680x720	50 Hz	64:27	Solo en Pi 4
83	1680x720	60 Hz	64:27	Solo en Pi 4

hdmi_mode	Resolución de pantalla	Frecuencia refrigeración	Proporciones	Comentarios
84	1680x720	100 Hz	64:27	Solo en Pi 4
85	1680x720	120 Hz	64:27	Solo en Pi 4
86	2560x720	24 Hz	64:27	Solo en Pi 4
87	2560x720	25 Hz	64:27	Solo en Pi 4
88	2560x720	30 Hz	64:27	Solo en Pi 4
89	2560x720	50 Hz	64:27	Solo en Pi 4
90	2560x720	60 Hz	64:27	Solo en Pi 4
91	2560x720	100 Hz	64:27	Solo en Pi 4
92	2560x720	120 Hz	64:27	Solo en Pi 4
93	2160p	24 Hz	16:9	Solo en Pi 4
94	2160p	25 Hz	16:9	Solo en Pi 4
95	2160p	30 Hz	16:9	Solo en Pi 4
96	2160p	50 Hz	16:9	Solo en Pi 4
97	2160p	60 Hz	16:9	Solo en Pi 4
98	4096x2160	24 Hz	256:135	Solo en Pi 4
99	4096x2160	25 Hz	256:135	Solo en Pi 4
100	4096x2160	30 Hz	256:135	Solo en Pi 4
101	4096x2160	50 Hz	256:135	En Pi 4 solo con overclocking (core_freq_-min=600 y core_freq=600)
102	4096x2160	60 Hz	256:135	En Pi 4 solo con overclocking (core_freq_-min=600 y core_freq=600)
103	2160p	24 Hz	64:27	Solo en Pi 4
104	2160p	25 Hz	64:27	Solo en Pi 4
105	2160p	30 Hz	64:27	Solo en Pi 4

hdmi_mode	Resolución de pantalla	Frecuencia refrigeración	Proporciones	Comentarios
106	2160p	50 Hz	64:27	Solo en Pi 4
107	2160p	60 Hz	64:27	Solo en Pi 4

Estos son los valores posibles en modo DMT (`hdmi_group=2`):

hdmi_mode	Resolución de pantalla	Frecuencia refrigeración	Proporciones	Comentarios
1	640x350	85 Hz		
2	640x400	85 Hz	16:10	
3	720x400	85 Hz		
4	640x480	60 Hz	4:3	
5	640x480	72 Hz	4:3	
6	640x480	75 Hz	4:3	
7	640x480	85 Hz	4:3	
8	800x600	56 Hz	4:3	
9	800x600	60 Hz	4:3	
10	800x600	72 Hz	4:3	
11	800x600	75 Hz	4:3	
12	800x600	85 Hz	4:3	
13	800x600	120 Hz	4:3	
14	848x480	60 Hz	16:9	
15	1024x768	43 Hz	4:3	No compatible con Raspberry Pi
16	1024x768	60 Hz	4:3	
17	1024x768	70 Hz	4:3	
18	1024x768	75 Hz	4:3	
19	1024x768	85 Hz	4:3	
20	1024x768	120 Hz	4:3	
21	1152x864	75 Hz	4:3	

hdmi_mode	Resolución de pantalla	Frecuencia refrigeración	Proporciones	Comentarios
22	1280x768	60 Hz	15:9	Reducción del vaciado *
23	1280x768	60 Hz	15:9	
24	1280x768	75 Hz	15:9	
25	1280x768	85 Hz	15:9	
26	1280x768	120 Hz	15:9	Reducción del vaciado *
27	1280x800	60	16:10	Reducción del vaciado *
28	1280x800	60 Hz	16:10	
29	1280x800	75 Hz	16:10	
30	1280x800	85 Hz	16:10	
31	1280x800	120 Hz	16:10	Reducción del vaciado *
32	1280x960	60 Hz	4:3	
33	1280x960	85 Hz	4:3	
34	1280x960	120 Hz	4:3	Reducción del vaciado *
35	1280x1024	60 Hz	5:4	
36	1280x1024	75 Hz	5:4	
37	1280x1024	85 Hz	5:4	
38	1280x1024	120 Hz	5:4	Reducción del vaciado *
39	1360x768	60 Hz	16:9	
40	1360x768	120 Hz	16:9	Reducción del vaciado *
41	1400x1050	60 Hz	4:3	Reducción del vaciado *
42	1400x1050	60 Hz	4:3	
43	1400x1050	75 Hz	4:3	

hdmi_mode	Resolución de pantalla	Frecuencia refrigeración	Proporciones	Comentarios
44	1400x1050	85 Hz	4:3	
45	1400x1050	120 Hz	4:3	Reducción del vaciado *
46	1440x900	60 Hz	16:10	Reducción del vaciado *
47	1440x900	60 Hz	16:10	
48	1440x900	75 Hz	16:10	
49	1440x900	85 Hz	16:10	
50	1440x900	120 Hz	16:10	Reducción del vaciado *
51	1600x1200	60 Hz	4:3	
52	1600x1200	65 Hz	4:3	
53	1600x1200	70 Hz	4:3	
54	1600x1200	75 Hz	4:3	
55	1600x1200	85 Hz	4:3	
56	1600x1200	120 Hz	4:3	Reducción del vaciado *
57	1680x1050	60 Hz	16:10	Reducción del vaciado *
58	1680x1050	60 Hz	16:10	
59	1680x1050	75 Hz	16:10	
60	1680x1050	85 Hz	16:10	
61	1680x1050	120 Hz	16:10	Reducción del vaciado *
62	1792x1344	60 Hz	4:3	
63	1792x1344	75 Hz	4:3	
64	1792x1344	120 Hz	4:3	Reducción del vaciado *
65	1856x1392	60 Hz	4:3	
66	1856x1392	75 Hz	4:3	

hdmi_mode	Resolución de pantalla	Frecuencia refrigeración	Proporciones	Comentarios
67	1856x1392	120 Hz	4:3	Reducción del vaciado *
68	1920x1200	60 Hz	16:10	Reducción del vaciado *
69	1920x1200	60 Hz	16:10	
70	1920x1200	75 Hz	16:10	
71	1920x1200	85 Hz	16:10	
72	1920x1200	120 Hz	16:10	Reducción del vaciado *
73	1920x1440	60 Hz	4:3	
74	1920x1440	75 Hz	4:3	
75	1920x1440	120 Hz	4:3	Reducción del vaciado *
76	2560x1600	60 Hz	16:10	Reducción del vaciado *
77	2560x1600	60 Hz	16:10	
78	2560x1600	75 Hz	16:10	
79	2560x1600	85 Hz	16:10	
80	2560x1600	120 Hz	16:10	Reducción del vaciado *
81	1366x768	60 Hz	16:9	Excepto en Raspberry Pi 4.
82	1920x1080	60 Hz	16:9	1080p
83	1600x900	60 Hz	16:9	Reducción del vaciado *
84	2048x1152	60 Hz	16:9	Reducción del vaciado *
85	1280x720	60 Hz	16:9	720p
86	1366x768	60 Hz	16:9	Reducción del vaciado *

(*) La reducción del vaciado reduce el tiempo necesario para borrar el búfer de memoria de imagen y, por lo tanto, aumenta la frecuencia de actualización.

Si no encuentra lo que busca en estas preselecciones, puede crear sus propios parámetros configurando `hdmi_group=2` y `hdmi_mode=87`, y definiendo el parámetro `hdmi_timings` con los valores de abajo en orden y separados por un espacio:

Valor	Significado
`h_active_pixels`	horizontal pixels (width)
`h_sync_polarity`	invert hsync polarity
`h_front_porch`	horizontal forward padding from DE active edge
`h_sync_pulse`	hsync pulse width in pixel clocks
`h_back_porch`	vertical back padding from DE active edge
`v_active_lines`	vertical pixels height (lines)
`v_sync_polarity`	invert vsync polarity
`v_front_porch`	vertical forward padding from DE active edge
`v_sync_pulse`	vsync pulse width in pixel clocks
`v_back_porch`	vertical back padding from DE active edge
`v_sync_offset_a`	`0`
`v_sync_offset_b`	`0`
`pixel_rep`	`0`
`frame_rate`	screen refresh rate in Hz
`interlaced`	`0`
`pixel_freq`	clock frequency (width*height*framerate)
`aspect_ratio`	- - 1 = 4:3 - - 2 = 14:9 - - 3 = 16:9 - - 4 = 5:4 - - 5 = 16:10 - - 6 = 15:9 - - 7 = 21:9 - - 8 = 64:27

Para los monitores compatibles con CVT, también es posible definir el parámetro hdmi_cvt seguido de los siguientes valores, en orden y separados por un espacio:

Valor	Significado
width	Anchura en píxeles
height	Altura en píxeles
framerate	Frecuencia de actualización en Hz
aspect	- - 1 = 4:3 - - 2 = 14:9 - - 3 = 16:9 - - 4 = 5:4 - - 5 = 16:10 - - 6 = 15:9
margins	0 = márgenes desactivados 1 = márgenes activados
interlace	- 0 = progresivo - 1 = entrelazado
reduced blanking	- 0 = normal - 1 = vaciado reducido

Al igual que con hdmi_timings, configure hdmi_group=2 y hdmi_mode=87.

Establecer el parámetro hdmi_force_mode a 1 limita la lista interna de posibles modos HDMI al que haya especificado en el archivo config.txt. Esto permite que ciertos monitores que no siempre se detectan bien solo puedan elegir el modo especificado.

Salida de vídeo compuesto

El parámetro `sdtv_mode` se utiliza para definir el estándar de TV que se utilizará para codificar la señal de vídeo analógica. Puede tomar los siguientes valores:

Valor	Significado
0	NTSC
1	NTSC Japonés
2	PAL
3	PAL brasileño (525/60 en lugar de 625/50)
16	NTSC progresivo
18	PAL progresivo

El parámetro `sdtv_aspect` se utiliza para definir las proporciones de la imagen. Su valor por defecto es `1`, que corresponde a 4:3, y puede tomar el valor `2` para 14:9 o `3` para 16:9.

Ajustando el parámetro `sdtv_disable_colourburst` a `1` se desactiva la inserción de información en color. La imagen se muestra en blanco y negro, pero con mejor definición.

El parámetro `enable_tvout` se utiliza para controlar la salida de vídeo compuesto. En términos generales, un valor de 1 activa la salida de vídeo compuesto, mientras que un valor de 0 la desactiva. Para todas las placas Raspberry Pi que no sean de la generación 4, el valor por defecto es `1`, es decir, activa. Sin embargo, no se debe detectar ningún monitor HDMI en el puerto HDMI o `hdmi_ignore_hotplug` debe estar ajustado a `1`. Para las placas Raspberry Pi 4 (la Pi 400 no tiene salida de vídeo compuesto), el valor por defecto es `0`, es decir, desactivada. Por lo tanto, es necesario establecer explícitamente el valor a `1` para obtener una señal de vídeo en la salida compuesta.

El parámetro `test_mode` permite visualizar una imagen de prueba al inicio y reproducir sonido solo en la salida de vídeo compuesto. El valor representa el número de segundos que se muestra este patrón de prueba. Una vez transcurrido este tiempo, se reanuda el arranque normal.

Pantalla táctil LCD

La pantalla táctil LCD producida por la Fundación se puede conectar al puerto DSI de las placas Raspberry Pi (excepto la Pi Zero y la Pi 400), y tiene opciones específicas en el archivo config.txt.

Configurando `ignore_lcd` a `1` evitará la fase de detección de la pantalla LCD mediante sondeo del bus I²C. Aunque haya una pantalla LCD conectada, no se utilizará.

Por defecto, una pantalla LCD conectada al puerto DSI es utilizada por el sistema operativo como sistema de visualización primario. Sin embargo, si desea utilizar la salida HDMI como pantalla principal y mantener la pantalla LCD como pantalla secundaria, deberá establecer el parámetro `display_default_lcd` en `0`.

El parámetro `lcd_framerate` recibe con qué frecuencia se quiere refrescar, expresada en Hz. El valor por defecto es 60 Hz.

Establecer el parámetro `lcd_rotate` a 2 permitirá utilizar la pantalla LCD en modo retrato.

Configurando el parámetro `disable_touchscreen` a `1` inhibirá la función táctil de la pantalla LCD.

Establecer `enable_dpi_lcd` a `1` habilita un puerto de pantalla paralelo RGB en los pines GPIO. Esto permite el uso de pantallas LCD en forma de tarjetas de expansión que se conectan al puerto GPIO.

Los parámetros `dpi_group`, `dpi_mode` y `dpi_timings` son equivalentes a `hdmi_group`, `hdmi_mode` y `hdmi_timings`, pero en la dirección de la pantalla LCD. Los valores tienen el mismo formato. El parámetro dpi_output_format recibe una tabla de booleanos que permiten ajustes adicionales de la pantalla LCD, específicos del hardware utilizado.

El parámetro `display_lcd_rotate` controla la orientación de la imagen en la pantalla LCD. A diferencia de `lcd_rotate`, que es una función de hardware de pantalla, `display_lcd_rotate` es una función de GPU y, por tanto, puede aplicarse a todas las pantallas LCD. Los valores posibles son los mismos que para `display_hdmi_rotate`.

Búfer de imágenes

Los parámetros framebuffer_width y framebuffer_height especifican respectivamente la anchura y la altura en píxeles del frame buffer.

Los parámetros max_framebuffer_width y max_framebuffer_heightfijan las dimensiones máximas del frame buffer.

El parámetro framebuffer_depth especifica la profundidad de codificación de un píxel en bits. El valor por defecto es 16; otros valores posibles que pueden dar resultados inesperados son 8, 24 o 32. Este ajuste está estrechamente relacionado con el hardware integrado en el sistema de visualización.

El parámetro framebuffer_ignore_alpha establecido a 1 ignora el canal alfa en la codificación de un píxel. Este ajuste puede ayudar a garantizar una visualización correcta cuando se utiliza framebuffer_depth=32.

El parámetro framebuffer_priority se utiliza en sistemas con múltiples pantallas basados en controladores gráficos clásicos (pre-KMS). Establece la prioridad de la pantalla que se convertirá en la principal. Los valores posibles son:

framebuffer_priority	Pantalla prioritaria para ser la pantalla principal
0	LCD principal
1	LCD secundaria
2	HDMI 0
3	Vídeo compuesto
7	HDMI 1

El parametro max_framebuffers limita el número máximo de frame buffers creados. Los valores posibles son 0, 1 o 2. El número de memorias intermedias depende del número de pantallas detectadas en el arranque. En el caso de un sistema sin pantallas, puede ser una buena idea fijar el valor en 0 para ahorrar memoria.

Rotación de la pantalla

El parámetro `display_hdmi_rotate` controla la orientación de la imagen en la salida HDMI. Puede tomar los siguientes valores:

display_hdmi_rotate	Significado
0	Sin rotación: modo horizontal (valor por defecto)
1	Rotación de 90° en el sentido de las agujas del reloj: modo retrato
2	Rotación de 180° en el sentido de las agujas del reloj: modo horizontal invertido
3	Giro de 270° en el sentido de las agujas del reloj: modo retrato invertido
0x10000	Simetría horizontal
0x20000	Simetría vertical

Ambos modos de paisaje requieren más memoria de GPU. Estos dos modos no pueden funcionar con `gpu_mem=16`.

El parámetro `display_rotate` ya no se utiliza, pero sigue siendo funcional por razones de compatibilidad. Es equivalente a `display_hmdi_rotate`.

5.4.6 Licencias de descodificación de vídeo

Parte del software de descodificación de vídeo integrado en el hardware (GPU) está sujeto a licencias. Es el caso de los formatos de vídeo MPEG2 y VC1. Si quiere utilizar estos decodificadores de hardware, tiene que pagar por estas licencias, y obtener una clave de desbloqueo basada en el número de serie de su placa Raspberry Pi. Estas claves deben insertarse en tu archivo config.txt.

Observación

Los dispositivos Raspberry Pi de generación 4 no se ven afectados por estas licencias ya que la descodificación del vídeo lo hace exclusivamente el software.

Suscribirse a una de estas licencias solo tiene sentido si cumple las siguientes condiciones:

- Necesita descodificar específicamente secuencias de vídeo MPEG-2 o VC1. Otros formatos no se ven afectados.
- Estas secuencias de vídeo se descodifican en tarjetas de bajo consumo: generación 1 o incluso 2. La cuestión es más ambigua en la generación 3 e inexistente en la generación 4, que solo realiza descodificación por software.
- Tiene que utilizar un software que admita la descodificación por hardware. Este es el caso de omxplayer, por ejemplo, pero no de VLC.

Las claves de licencia pueden adquirirse en la siguiente dirección: https://codecs.raspberry-pi.com/license-keys/. Deberá proporcionar el número de serie de su placa Raspberry Pi, al que se puede acceder mediante el siguiente comando:

```
/proc/cpuinfo
```

La última línea denominada Serial presenta el número de serie que debe proporcionarse para la compra.

Una vez que haya recibido las claves por correo electrónico, deberá introducirlas en los parámetros `decode_MPG2` y `decode_WVC1`. Si su tarjeta micro SD se va a utilizar en más de una Raspberry Pi, puede añadir hasta ocho claves de licencia, separadas por comas.

5.4.7 Gestión de cámaras

Detección de cámara

Si el parámetro `camera_auto_detect` se establece en `1`, el firmware se encargará de indicar al kernel que cargue los módulos del sistema para el reconocimiento de la cámara en Raspberry Pi OS. Desde la versión Bullseye, este parámetro está activo por defecto.

Control por LED

Ajustando el parámetro `disable_camera_led` a `1` se evita que el LED de la cámara se encienda durante las operaciones de grabación.

Gestión de infrarrojos

El parámetro `awb_auto_is_greyworld` debe establecerse en `1` cuando se utilice una cámara NoIR o cuando se haya retirado el filtro de infrarrojos de la cámara HQ.

5.4.8 Gestión de audio analógico

Calidad de la salida de audio analógica

El parámetro `audio_pwm_mode` permite seleccionar la calidad de la producción de sonido en la salida de audio analógica. El valor por defecto es 2, seleccionando alta calidad. El valor `1` selecciona el modo clásico (modulación PWM) ampliamente utilizado en las primeras generaciones de tarjetas.

El parámetro `pwm_sample_bits` ajusta la profundidad de muestreo utilizada por el generador de sonido. Su valor por defecto es `11` y se puede bajar a 8. Este parámetro se utiliza generalmente solo para demostrar el funcionamiento del generador de sonido PWM.

Filtrado

Por defecto, se aplica un filtro antioscilación al flujo de audio analógico, lo que puede provocar ruido de fondo audible. Establecer el parámetro `disable_audio_dither` a `1` desactiva este filtro.

Si la profundidad de las muestras de sonido supera los 16 bits, este filtro está desactivado por defecto. Si desea activarlo para todas las profundidades, añada el parámetro `enabled_audio_dither` seguido del valor `1`.

5.4.9 Gestión de puertos GPIO

Configuración de los pines GPIO en el arranque

Cada pin de entrada/salida del puerto GPIO puede configurarse en el arranque. Esta característica requiere que se cargue el módulo `dt-blob.bin`. Una o más líneas `gpio` pueden ser insertadas en el archivo config.txt para configurar uno o más pines. La sintaxis de una línea es la siguiente:

```
gpio=<GrupoHusillo>=<Orden>[,<Orden>]
```

`<PinGroup>` especifica el número o números de los pines GPIO. Un solo número apunta a un solo pin. Un guion entre dos números apunta a todos los pines entre esos dos números (por ejemplo 0-27 apunta a los 28 pines GPIO). Comas entre pines o grupos de pines permiten añadir pines al grupo.

<Comando> es una de las acciones posibles a continuación:

<Comando>	**Acción**
`ip`	Configura el pin de entrada
`op`	Configura el pin de salida
`a0 a a5`	Configura el pin en uno de los modos alternativos de 0 a 5
`dh`	Pone la salida en estado alto
`dl`	Pone la salida en estado bajo
`pu`	Configura la resistencia pull-up en la entrada
`pd`	Configura la resistencia pull-down en la entrada
`pn`	Desactiva cualquier resistencia pull-up en la entrada

Los posibles modos alternativos para cada pin están documentados en la documentación del SoC suministrada por Braodcom.

Se pueden aplicar varios comandos a los pines, separados por comas. La siguiente línea de ejemplo establece los pines 4, 18, 19 y 20 a salida baja:

```
gpio=4,18-20=op,dl
```

Activación del puerto JTAG

El parámetro `enable_jtag_gpio` se utiliza para configurar que los pines GPIO 22 a 27 proporcionen la interfaz JTAG para la CPU ARM. Esta interfaz se utiliza para la depuración avanzada de los programas del sistema.

5.4.10 Gestión del overclocking

La herramienta raspi-config proporciona cuatro niveles de overclocking preestablecidos solo para la generación 1 y 2 de placas. En el archivo config.txt, es posible ajustar con precisión cada parámetro de overclocking para todas las placas Raspberry Pi. La lista de estos parámetros se describe brevemente aquí para facilitar la comprensión. Tenga en cuenta que modificar ciertos parámetros modifica permanentemente el bit de overclocking del SoC, haciendo definitivamente detectable que se ha intentado una operación de overclocking en la placa.

<NombrePropiedad>	Significado
arm_freq	Frecuencia de la CPU ARM en MHz.
arm_boost	Cuando se establece en 1, aumenta arm_freq a la frecuencia más alta soportada por la CPU.
gpu_freq	Establece los parámetros core_freq, h264_freq, isp_freq, v3d_freq y hevc_freq.
core_freq	Frecuencia de la GPU en MHz.
h264_freq	Frecuencia en MHz del bloque hardware dedicado al vídeo.
isp_freq	Frecuencia en MHz del bloque hardware dedicado a la imagen.
v3d_freq	Frecuencia en MHz del bloque hardware dedicado a 3D.
hevc_freq	Frecuencia en MHz del bloque *High Efficiency Video Codec*.
sdram_freq	Frecuencia de la SDRAM en MHz.
over_voltage	Límite superior de la tensión de alimentación de la CPU y la GPU. El valor debe estar comprendido entre -16 y 8. Corresponde a un límite superior que va de 0,95 V a 1,55 V (0,8 V a 1,4 V para Raspberry Pi 1) en intervalos de 0,025 V.
over_voltage_sdram	Establece juntos los parámetros over_voltage_sdram_c, over_voltage_sdram_i y over_voltage_sdram_p.
over_voltage_sdram_c	Voltaje del controlador SDRAM. El valor debe estar comprendido entre -16 y 8. Corresponde a una tensión de 0,8 V a 1,4 V en intervalos de 0,025 V.
over_voltage_sdram_i	Tensión de entrada/salida de la SDRAM. El valor debe estar comprendido entre -16 y 8. Corresponde a una tensión de 0,8 V a 1,4 V en intervalos de 0,025 V.
over_voltage_sdram_p	Tensión física de la SDRAM. El valor debe estar comprendido entre -16 y 8. Corresponde a una tensión de 0,8 V a 1,4 V en intervalos de 0,025 V.
force_turbo	Fuerza el modo de frecuencia turbo aunque la CPU no esté ocupada.

<NombrePropiedad>	Significado
initial_turbo	Duración del modo de frecuencia turbo en el arranque (60 máx.).
arm_freq_min	Valor mínimo de arm_freq utilizado para la gestión dinámica de la frecuencia.
gpu_freq_min	Valor mínimo de gpu_freq utilizado para la gestión dinámica de la frecuencia.
core_freq_min	Valor mínimo de core_freq utilizado para la gestión dinámica de la frecuencia.
h264_freq_min	Valor mínimo de h264_freq utilizado para la gestión dinámica de la frecuencia.
isp_freq_min	Valor mínimo de isp_freq utilizado para la gestión dinámica de la frecuencia.
v3d_freq_min	Valor mínimo de v3d_freq utilizado para la gestión dinámica de la frecuencia.
hevc_freq_min	Valor mínimo de hevc_freq utilizado para la gestión dinámica de la frecuencia.
sdram_freq_min	Valor mínimo de sdram_freq utilizado para la gestión dinámica de la frecuencia.
sobretensión_mín	Valor mínimo de sobre_tensión utilizado para la gestión dinámica de la frecuencia
temp_limit	Protección contra sobrecalentamiento (85°C máx.).
temp_soft_limit	Solo en Pi 3B+ y Pi 3A+, umbral de temperatura por encima del cual se reduce la velocidad de la CPU (70°C máx.).

Establecer el parámetro nerver_over_voltage a 1establece un bit en la memoria OTP que impedirá futuras operaciones de aumento de voltaje.

En las placas Raspberry Pi 2 y Rapsberry Pi 3, el parámetro disable_auto_turbo evita que la tarjeta pase al modo turbo durante determinados incrementos de carga de la CPU.

5.4.11 Varias opciones

El parámetro `avoid_warnings` ajustado a 1 evita que se muestren los iconos de advertencia de potencia de la CPU y sobrecalentamiento.

El parámetro `logging_level` gestiona el nivel de monitorización de los mensajes de VideoCore. Su valor es una tabla de bits específica de la GPU.

El parámetro `max_usb_current` ya no se utiliza. Establecido en 1, se utilizó en las primeras placas Raspberry Pi para superar el límite de 600 mA de corriente de alimentación en los puertos USB. Todo el firmware tiene ahora este parámetro para disponer de 1200 mA de corriente en los puertos USB.

6. Conclusión

En este capítulo, hemos repasado los pasos necesarios para instalar el sistema operativo Raspberry Pi OS, desde el desembalaje del hardware hasta la visualización del sistema operativo. Ahora ya está preparado para dominar sus parámetros de personalización, ya sea antes, durante o después de la instalación.

Pasaremos a utilizar Raspberry Pi OS, tanto si ha elegido el modo consola como el modo gráfico.

Capítulo 5
Utilizar el modo gráfico

1. Introducción

Si opta por la variante Desktop o Full de Raspberry Pi OS, el sistema arrancará automáticamente en el entorno gráfico. Es más fácil de usar y más accesible que el modo consola de la variante Lite. Aunque esta última ofrece innumerables posibilidades.

En Windows o macOS, se ofrece una única interfaz gráfica. Por supuesto, se puede personalizar, pero es parte integrante del sistema operativo. No puede eliminarse ni sustituirse por otra.

Las distribuciones de Linux difieren en este aspecto. Todas se basan en un núcleo que se comunica con el mundo exterior en modo consola: esta es la base del sistema operativo que corresponde a la variante Lite de Raspberry Pi OS. Así, es posible instalar una interfaz gráfica del mismo modo que instalaría un programa de ofimática o su navegador favorito.

Existen varias interfaces gráficas en Linux. Estas son las más utilizadas:

- **Enlightment** es un entorno gráfico y de escritorio. Funciona en PC y notebooks, así como en dispositivos portátiles, tabletas y teléfonos inteligentes. El entorno es personalizable, extremadamente fácil de utilizar y permite las funciones más avanzadas. El aspecto de las ventanas es muy sofisticado y recuerda a la interfaz de Mac OS X (http://www.enlightenment.org/).
- **GNOME** es uno de los entornos de escritorio más utilizados. Pero no es solo un entorno gráfico: se instala con un gran número de aplicaciones incluidas. GNOME incluye originalmente software de correo electrónico, un visor de PDF, un softphone para telefonía IP, juegos, un terminal, un gestor de archivos, un reproductor multimedia, etc. (https://www.gnome.org/).

- **KDE** está incluido en la mayoría de las distribuciones de Linux, al igual que GNOME. Muchas aplicaciones desarrolladas específicamente para KDE permiten a los usuarios acceder a una gran biblioteca de programas. Las aplicaciones desarrolladas para KDE tienen nombres que contienen una K. Kmail es un gestor de correo, KOrganizer una agenda, Konqueror un gestor de archivos, AmaroK un reproductor multimedia, KWrite un editor de texto, Konsole un emulador de terminal, etc. (https://kde.org).
- **LXDE** es un entorno de escritorio ligero. Está diseñado para consumir la menor cantidad de recursos posible y ser rápido. LXDE viene con muy pocas aplicaciones. LXPanel gestiona la apariencia del escritorio, las barras de herramientas y los applets que muestran. LXSession gestiona la apertura de una sesión en la estación de trabajo y LXTask permite controlar la actividad de la máquina (carga del procesador, ocupación de la memoria, programas en ejecución). Windows y los escritorios virtuales son gestionados por Openbox (http://www.lxde.org/).
- **XFCE** también es un entorno de escritorio ligero. Su filosofía se basa en tres principios: facilidad de uso, velocidad y bajo consumo de recursos del sistema. XFCE incluye varias aplicaciones: un emulador de terminal, un visor de imágenes, una herramienta de captura de pantalla y un reproductor multimedia (https://www.xfce.org/).

La Fundación ha elegido LXDE para equipar su distribución. La decisión se basa, evidentemente, en su bajo consumo de memoria y su bajo consumo de recursos. Sin embargo, es posible que, en su lugar, oiga hablar de PIXEL. De hecho, la Fundación ha modificado tanto LXDE que ha decidido renombrar su versión: **Pi I**mproved **X**windows **E**nvironment, **L**ightweight = Entorno Xwindows mejorado y ligero para la PI.

Este capítulo va a guiarle paso a paso por el entorno de escritorio del Raspberry Pi OS.

2. Descubrir Raspberry Pi OS

2.1 El escritorio

Como habrá notado al iniciar por primera vez Raspberry Pi OS, el escritorio se ha reducido a su forma más simple.

Todos los iconos que aparecían en las primeras versiones de Raspbian han desaparecido, en favor del acceso a través del **Menú Raspberry**, situado en la esquina superior izquierda de la pantalla. Solo la papelera de reciclaje se ha mantenido en el escritorio.

Observación

A continuación, se describe toda la interfaz gráfica utilizando los términos en español si se han traducido. Si, en su escritorio, no ve el término **Papelera**, es el momento de configurar su sistema al español desde la aplicación Raspberry Pi Configuration, vaya a la pestaña **Localización** como se describe en el capítulo Instalar Raspberry Pi OS.

No obstante, existen varias opciones de configuración, como la visualización de determinados iconos en el escritorio. Para acceder a ellas, basta con hacer clic con el botón derecho del ratón en una parte libre del escritorio y elegir **Preferencias del escritorio**.

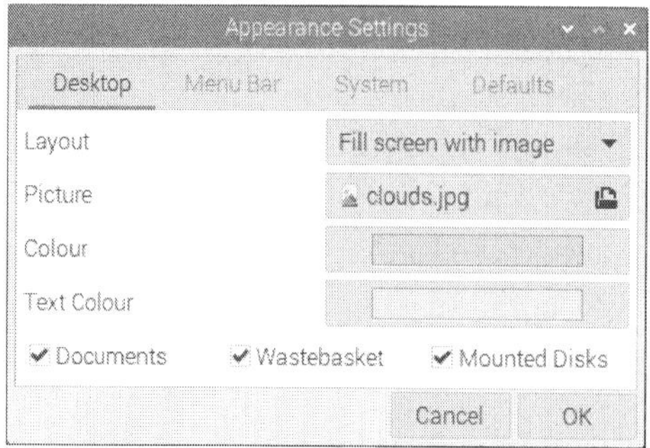

La ventana **Appearence Settings** aparecerá en el escritorio. Esta ventana se divide en cuatro pestañas:

- La pestaña **Desktop** determina el color de fondo, el color del texto, la imagen que se muestra de fondo y la forma en que aparece: centrada, repetida, ajustada, etc. Esta pestaña también tiene tres casillas de verificación **Documents**, **Wastebasket** y **Mounted Disks**, que al marcarlas muestran los iconos respectivos de **Documentos** y **Papelera** en el escritorio, así como los dispositivos de almacenamiento montados actualmente en el sistema.
- La pestaña **Menu Bar** afecta al panel de control por defecto. Tenga en cuenta que aquí solo se puede acceder a algunas opciones y que otras opciones más completas estarán disponibles directamente desde el panel de control predeterminado (consulte el apartado El panel de control).
- La pestaña **System** permite elegir el tipo de letra utilizado y el color del texto en modo normal y en modo resaltado.
- Por último, la pestaña **Defaults** ofrece tres configuraciones.

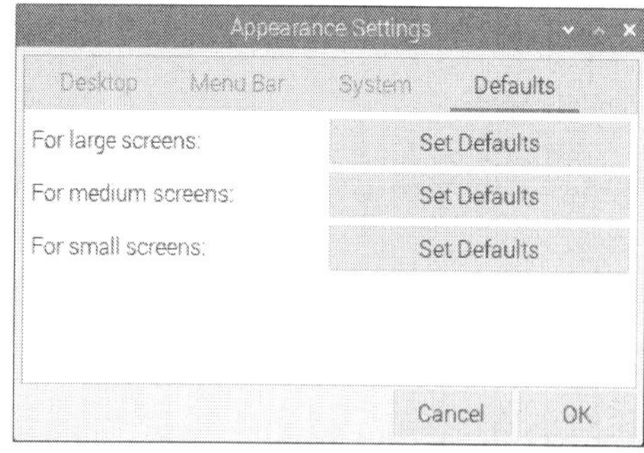

Estas configuraciones proporcionan una mejor visibilidad en función del tamaño de la pantalla. Por defecto, para pantallas clásicas de unas veinte pulgadasel ajuste **For medium screens** está seleccionado. Para pantallas más grandes, como las HDTV, haga clic en el botón **Set Defaults** frente a **For large screens** para reducir el tamaño de los iconos y el texto y compensar así el tamaño de la pantalla. Por el contrario, para pantallas pequeñas como la pantalla táctil oficial de 7", pulse el botón **Set Defaults** situado frente a **For small screens** para aumentar el tamaño del texto y los iconos de modo que sigan siendo legibles para el usuario.

2.2 El panel de control

2.2.1 Descripción

El panel de control es el equivalente de la barra de tareas en Windows o del Dock en macOS. De color gris, está situado por defecto en la parte superior de la pantalla y siempre es visible para el usuario. En esta fase, para simplificar, vamos a suponer que tiene tres partes: una parte izquierda, una parte central y una parte derecha. Pero más adelante veremos que puede configurarse completamente a voluntad.

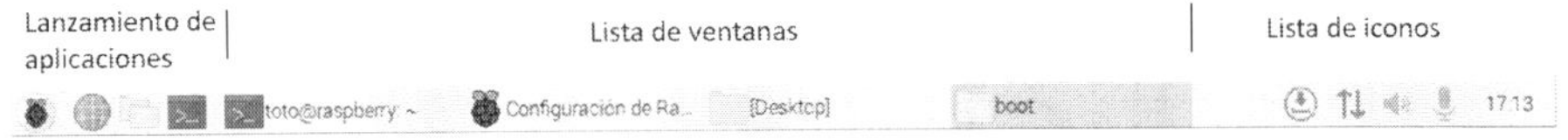

En cualquier momento, al cabo de unos instantes de haber situado el puntero del ratón sobre cualquier elemento, se muestra una breve descripción. Esto resulta muy útil para comprender su significado.

La parte izquierda

La parte izquierda del panel está dedicada al inicio de aplicaciones.

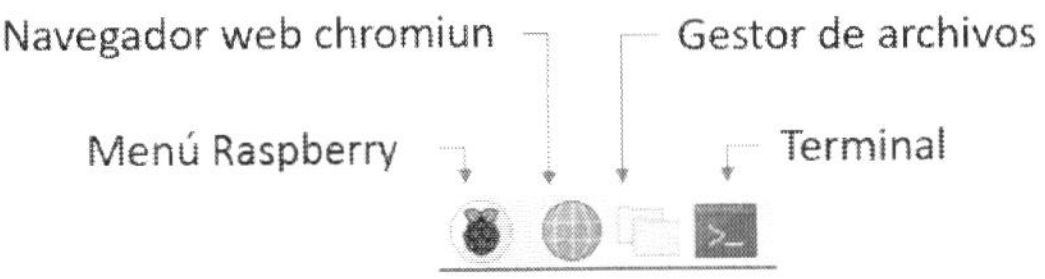

El **Menú Raspberry** está ubicado el primero. Es desde este menú que usted tendrá acceso a todo lo instalado en su sistema. Veremos esto en detalle en la sección Menú Raspberry de este capítulo.

Luego están los accesos directos para acceder rápidamente a una aplicación específica. Hay tres de ellos en un sistema recién instalado: el navegador web Chromium, el gestor de archivos y el terminal para ejecutar comandos en modo consola. Estos tres accesos directos también están presentes en el **Menú Raspberry**.

La parte central

La parte central de la barra de tareas muestra la lista de ventanas que se están ejecutando en ese momento.

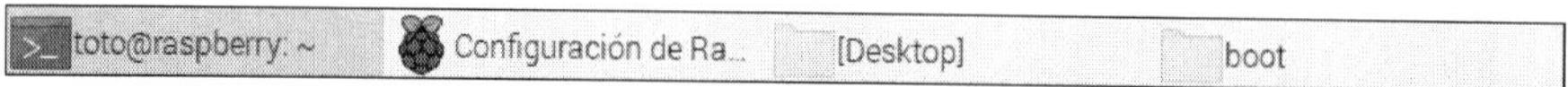

En esta captura de pantalla, de izquierda a derecha, primero vemos un terminal actualmente activo en la pantalla y después la aplicación Raspberry Pi Configuration y dos administradores de archivos que también se están ejecutando. Estas ventanas pueden estar presentes en la pantalla o minimizadas. Al hacer clic en sus botones, vuelven a mostrarse.

La parte derecha

La parte derecha del panel muestra una lista de iconos que dan acceso al estado de varios elementos del sistema.

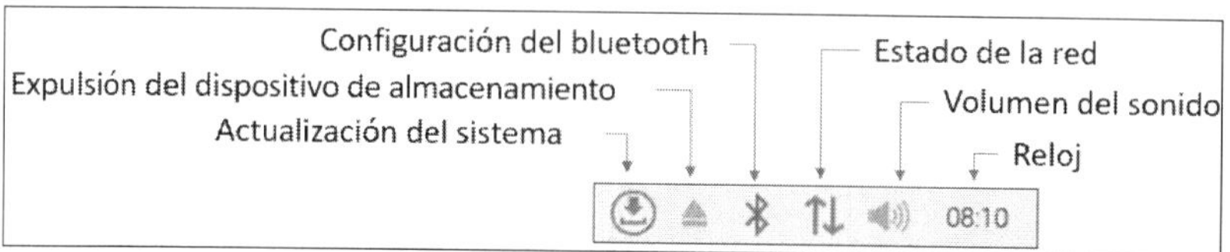

En esta captura de pantalla, de izquierda a derecha, puede ver las actualizaciones del sistema, el icono de expulsión del dispositivo de almacenamiento extraíble, Bluetooth, el estado de la red, el volumen del sonido y el reloj. Tenga en cuenta que esto es solo un ejemplo, ya que pueden aparecer o desaparecer otros iconos .

En general, haciendo clic con el botón izquierdo del ratón sobre el icono tenemos acceso a sus funciones, mientras que haciéndolo con el botón derecho tenemos acceso al menú de configuración, que permite acceder a la configuración del elemento.

Todos los iconos mostrados en la captura de pantalla y otros se describirán en la sección Los iconos de la derecha del panel de control de este capítulo.

2.2.2 Parametrización de la configuración del panel

La configuración por defecto del panel de control de Raspberry Pi OS es la que acabamos de describir. Pero nada le impide a usted modificarlo, o incluso crear otros a su gusto, como veremos en el apartado Añadir un nuevo panel de control. Eso sí, tenga cuidado porque no es fácil volver a la configuración original. Recuerde anotar el valor original de los parámetros que está modificando, ya que puede ser difícil volver atrás, especialmente si está modificando la configuración del panel por defecto. Tenga en cuenta también que el panel de control por defecto no se puede borrar.

⇉ Para acceder a la parametrización de la configuración del panel, haga clic con el botón derecho del ratón en cualquier lugar de la barra de tareas de la ventana.

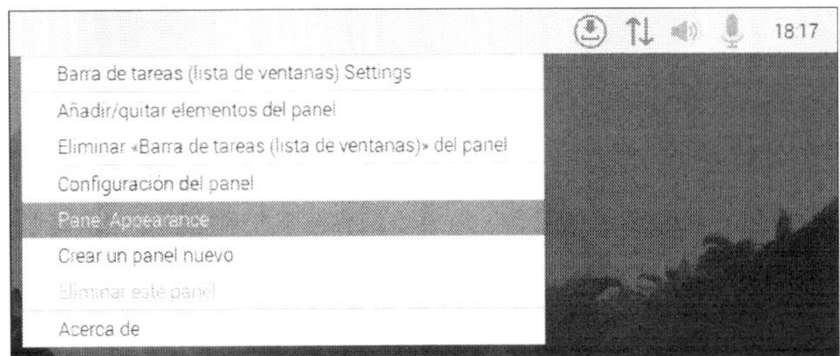

⇉ Seleccione **Panel Appearance** (Preferencias del panel).

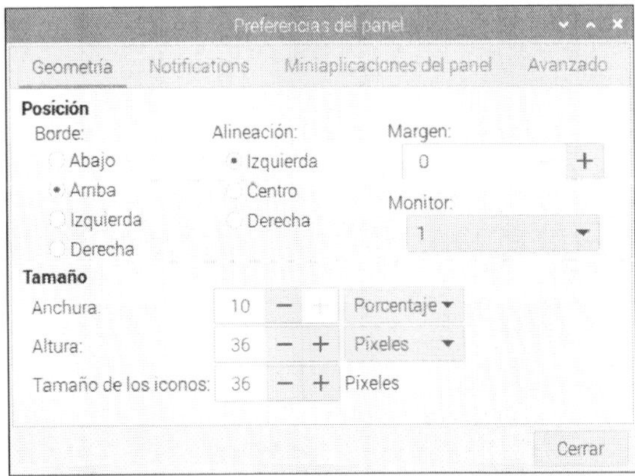

Aparece la ventana **Preferencias del panel**, que le muestra todas las opciones de configuración, divididas en cuatro pestañas:

- La pestaña **Geometría** le permite definir la apariencia de su panel, incluyendo dónde se mostrará (arriba, izquierda, abajo, derecha, en qué pantalla, etc.).
- La pestaña **Notifications** especifica si deben aparecer notificaciones y durante cuánto tiempo.
- La pestaña **Avanzado** permite ocultar automáticamente el panel y ajustar su tamaño.
- Por último, la pestaña **Miniaplicaciones del panel** presenta una lista personalizable de todo lo que compone actualmente su panel de control. Merece la pena echar un vistazo a esta lista.

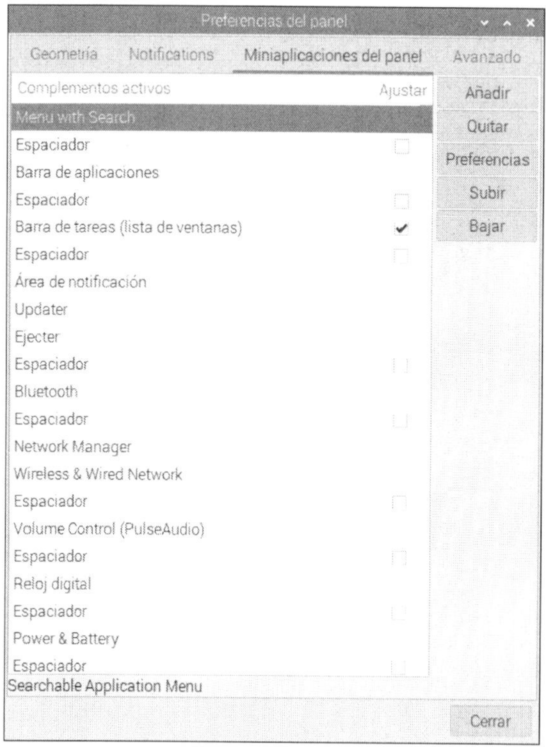

Recordemos que habíamos supuesto que el panel de control se dividía en tres partes. De hecho, aquí vemos que hay muchas más. Cada elemento de la lista se denomina plugin. Echemos un vistazo rápido a algunos de estos plug-ins para entender la composición de la configuración del panel.

Menu with Search es simplemente el **Menú Raspberry**.

El plugin **Espaciador** se utiliza para insertar un espacio entre otros dos plugins. Al seleccionar el plugin **Espaciador** y hacer clic en el botón **Preferencias**, puede especificar su tamaño en píxeles. Hay varios en el panel por defecto.

El complemento de **la Barra de tareas e iniciador de aplicaciones** es el área de accesos directos del software. Una vez seleccionado este plug-in, haga clic en el botón **Preferencias**, y podrá personalizar los iconos que se muestran en la selección de los iconos disponibles en el **Menú Raspberry** (consulte la sección Menú Raspberry de este capítulo).

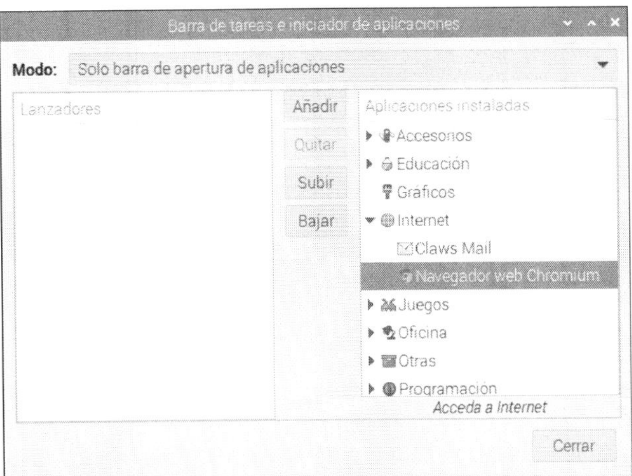

La **barra de tareas (lista de ventanas)** es el área central para mostrar las ventanas que se están ejecutando en ese momento. La casilla **Estirar** permite estirarla a lo largo de todo el espacio disponible, una vez mostrados todos los iconos a izquierda y derecha de la barra. La barra de tareas tiene opciones configurables a las que se puede acceder haciendo clic con el botón derecho del ratón sobre ella y seleccionando **Configuración de la barra de tareas (lista de ventanas) Settings**, o utilizando el botón **Preferencias** de la ventana **Preferencias del panel**, pestaña **Miniaplicaciones del panel**.

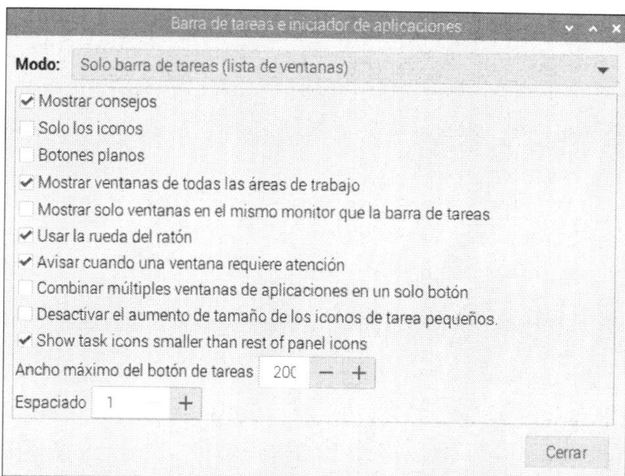

Luego hay toda una lista de plugins que componen la parte derecha de nuestro panel: **Updater** para actualizaciones del sistema, **Ejecter** para expulsar periféricos, **Bluetooth**, **Wireless & Wired Network** para redes cableadas e inalámbricas, **Volume Control (PulseAudio)** para el volumen del sonido, y el **Digital Clock**. La lista de los principales plug-ins se describe en detalle en la sección Los iconos de la derecha del panel de control de este capítulo.

Los botones de la parte derecha de la ventana **Preferencias del panel** permiten modificar esta lista. Ya hemos visto el botón **Preferencias**, que sirve para configurar el plugin seleccionado. Los botones **Arriba** y **Abajo** se pueden utilizar para cambiar el orden en el que se muestran los plugins moviéndolos hacia arriba o hacia abajo. Por ejemplo, si lo desea, puede colocar el **Menú Raspberry** a la derecha de la lista, moviéndolo hacia abajo. El botón **Eliminar** borra lo seleccionado y el botón **Añadir** le da acceso a la lista de complementos disponibles.

Uno de los complementos más útiles para cualquier usuario de Raspberry Pi es el **Monitor de Recursos**, que le permite ver la carga del procesador y la cantidad de RAM que se está utilizando en tiempo real. Una vez que haya añadido este plugin, todo lo que necesita hacer es echar un vistazo para tener una idea del estado de salud de su sistema, si por ejemplo está funcionando lento. Veamos cómo añadirlo.

⇉ En la ventana **Preferencias del panel**, pulse el botón **Añadir**. La lista de complementos se muestra en una ventana llamada **Añadir un complemento al panel**.

⇛ Seleccione el plugin **Monitores de recursos** y haga clic en el botón **Add**.

⇛ El plugin **Monitores de recursos** se ha añadido al final de la lista. Haga clic en el botón **Subir** varias veces para que aparezca justo antes del **Reloj Digital**.

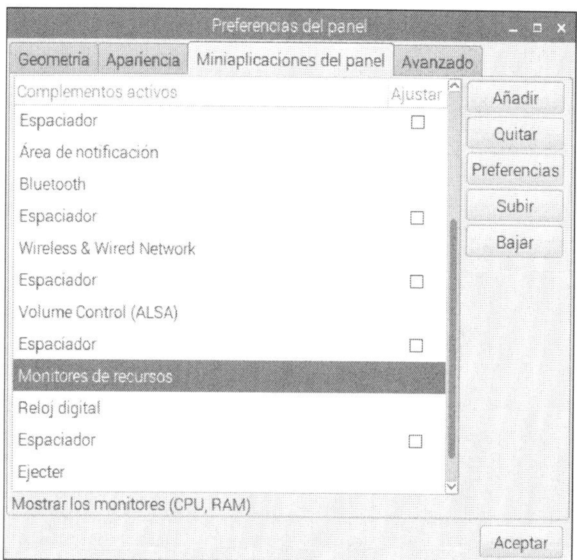

⇉ Ahora aparece un cuadrado negro justo después de la hora en la parte derecha del panel de control. Para configurarlo, haga clic con el botón derecho del ratón.

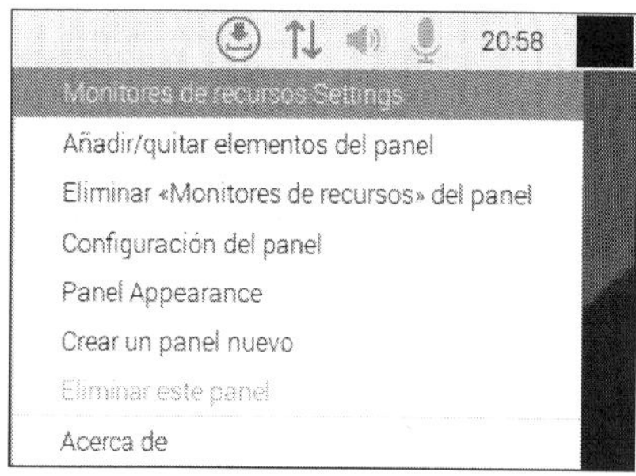

⇉ Seleccione **Monitores de recursos Settings**.

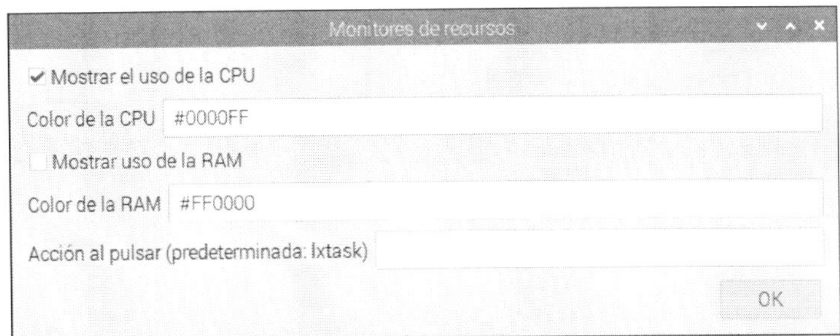

⇉ Por defecto, el primer cuadrado negro mostrará un gráfico que muestra la carga del procesador con el color azul (#FF0000) muy visible. Cambie este color a rojo (#00FF00).

⇉ Marque la casilla **Mostrar uso de la RAM** y especifique el color verde, por ejemplo #00FF00.

⇉ Haga clic en **OK**.

⇉ Ahora aparecen dos cuadrados negros en el panel de control. Mueva el puntero del ratón sobre ellos: un mensaje muestra el uso del procesador o la RAM utilizada.

Como puede ver, las posibilidades de personalización son inmensas. En la sección Los iconos de la derecha del panel de control de este capítulo encontrará una lista no exhaustiva de complementos y sus descripciones.

2.2.3 Añadir un nuevo panel de control

Hasta ahora, solo hemos visto el panel de control por defecto que tenemos con el sistema recién instalado. Pero es perfectamente posible crear un nuevo panel totalmente a su gusto. Para ello, siga los pasos que se indican a continuación:

⇉ Haga clic con el botón derecho del ratón en uno de los paneles existentes.

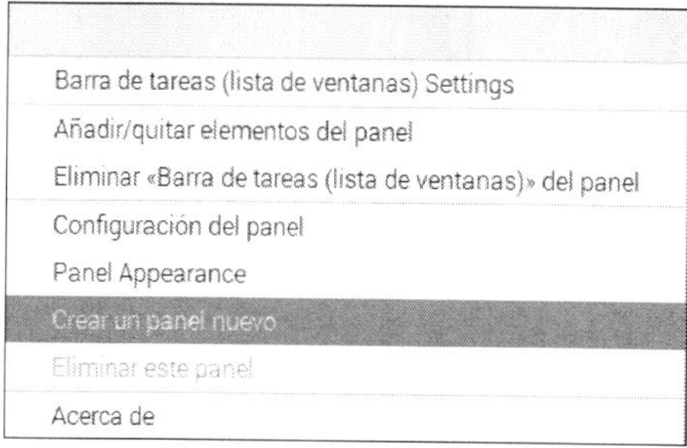

⇉ Seleccione **Crear un panel nuevo**.

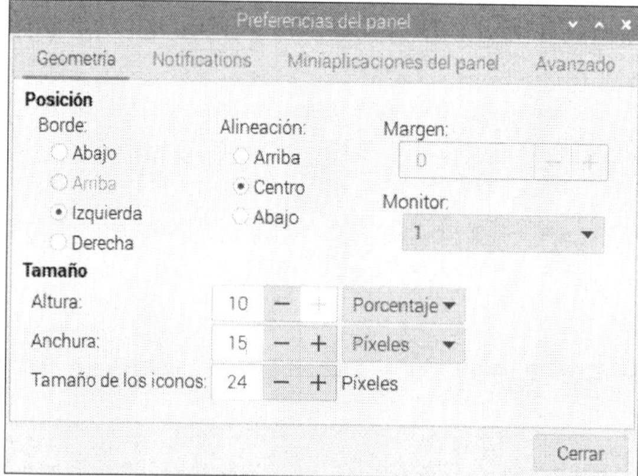

Se crea un nuevo panel vacío en la parte izquierda de la pantalla y aparece la ventana de **Preferencias del panel**. Todo lo que tiene que hacer a continuación es personalizar su nuevo panel, en particular la lista de complementos en la pestaña **Miniaplicaciones del panel**.

2.2.4 Suprimir un panel

⇒ Para eliminar un panel, haga clic con el botón derecho en el cuadro de mando y seleccione **Eliminar este panel de control**.

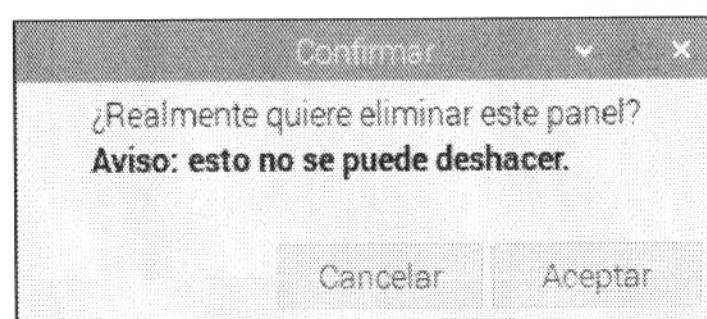

Tenga en cuenta que el borrado es irreversible, de ahí el mensaje de advertencia que debe validarse antes de proceder a la supresión.

3. Menú Raspberry

Todo el software, aplicaciones y herramientas instaladas en su sistema Raspberry Pi OS serán accesibles a través de este **Menú Raspberry**, disponible en la parte superior izquierda del panel de control por defecto. Puede hacer que aparezca inmediatamente utilizando la tecla **Raspberry** en una Pi 400, por ejemplo, o utilizando la tecla **Windows** en un teclado convencional. Esta tecla se encuentra entre las teclas [Alt] y [Ctrl] a la izquierda.

Todos los elementos se clasifican en categorías, que vamos a repasar.

Observación

La lista de aplicaciones presentadas aquí, es la lista por defecto suministrada con la variante Full de Raspberry Pi OS. Si ha seleccionado la variante Desktop clásica, tendrá que instalar algunos programas manualmente.

3.1 Programación

Esta sección enumera las herramientas de desarrollo que la Fundación Raspberry Pi considera útiles para los usuarios de Raspberry Pi.

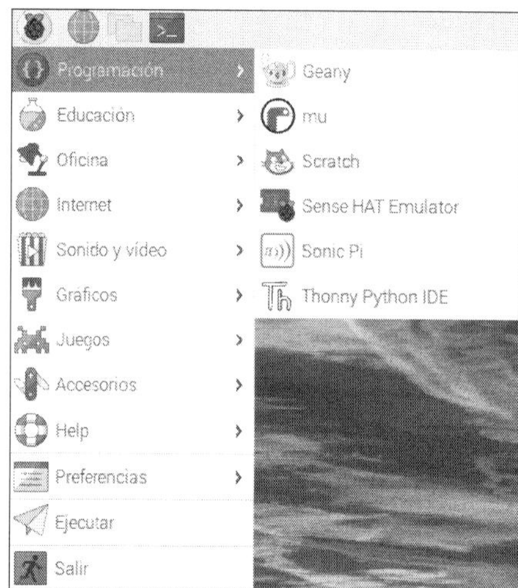

Algunas pueden ser utilizadas por principiantes, mientras que otras requieren un poco más de experiencia. Por supuesto, es posible instalar otras.

3.1.1 Geany

Geany es un IDE (*Integrated Development Environment* = Entorno de Desarrollo Integrado) ligero. Ha sido desarrollado para proporcionar un IDE simple y rápido con las mínimas dependencias de otros paquetes. **Geany** solo requiere las librerías GTK2.

Sus principales características son:

- coloración sintáctica;
- sangría del código;
- autocompletado;
- cierre automático de etiquetas XML y HTML;
- compatibilidad con una amplia gama de tipos de archivo: C, Java, PHP, HTML, Python, Perl, Pascal...;
- gestión sencilla de proyectos;
- la disponibilidad de una interfaz para añadir plugins (véase Plugins).

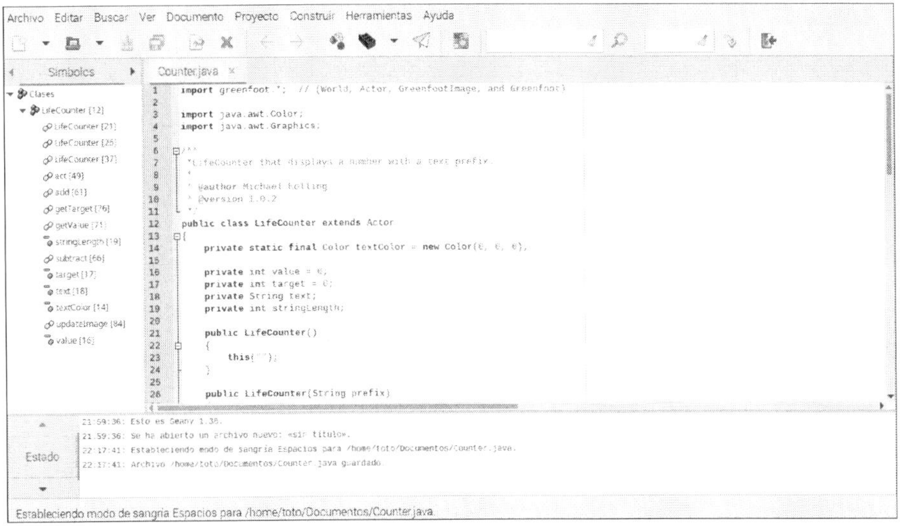

Geany es un IDE multi-interfaces que proporciona a los desarrolladores que utilizan la Raspberry Pi un entorno de desarrollo muy práctico. El resaltado de sintaxis y la sangría facilitan la organización de los programas y la búsqueda de errores. La parte inferior del IDE contiene pestañas que muestran mensajes de estado de Geany, mensajes de salida del compilador y un terminal donde los desarrolladores pueden actuar directamente sobre el sistema operativo.

Encontrará más información y un manual de usuario en http://www.geany.org.

3.1.2 Greenfoot Java IDE

Creado por la Universidad de Kent, **Greenfoot** se utiliza para enseñar programación orientada a objetos con Java. Utiliza "actores" que evolucionan en "mundos" para crear juegos, simulaciones y otros programas gráficos.

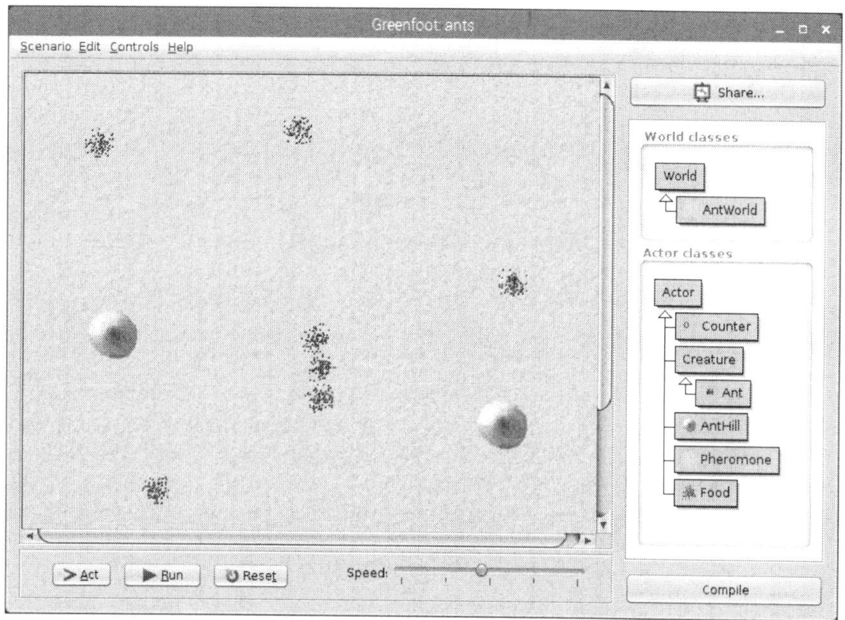

Las herramientas para gestionar las interacciones y visualizar los resultados de los programas están integradas en el IDE. Los programas Java se escriben en forma de texto. **Greenfoot** combina la escritura de código tradicional con un entorno de ejecución visual.

3.1.3 Mathematica

El software **Mathematica** se ha utilizado en círculos científicos durante más de veinticinco años. Mathematica ha sido adaptado para Raspberry Pi y se ha puesto a disposición de los usuarios de forma gratuita; sin embargo, el software sigue siendo cerrado y está sujeto a una licencia restrictiva (http://www.wolfram.com/legal/agreements/wolfram-mathematica-raspberry-pi.html).

Al hacer clic en el icono de **Mathematica** se abre la ventana del software. La llegada de la Raspberry Pi ha tenido un efecto beneficioso en la velocidad de ejecución de **Mathematica**, ya que el tiempo necesario para abrir el programa se ha reducido de varios minutos a menos de 10 segundos.

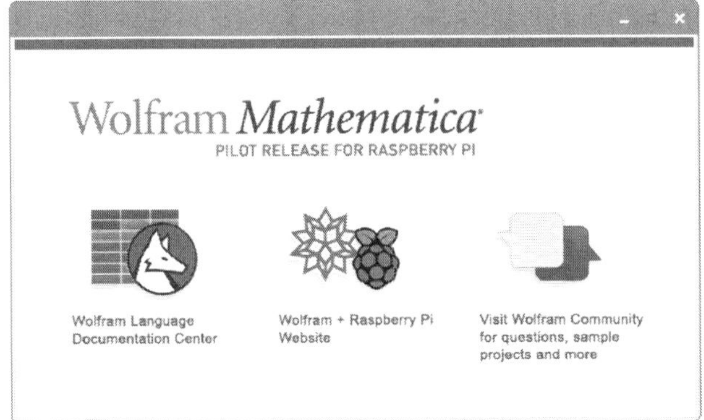

Se abre la ventana de Wolfram Mathematica y una pantalla de bienvenida le da acceso a:

- **Wolfram Language Documentation Center**: documentación en línea de Wolfram Language.
- **Wolfram + Raspberry Pi Website**: ofrece ejemplos de proyectos que combinan una Raspberry Pi y Wolfram Language. Encontrará un grabador GPS, una estación meteorológica, cómo utilizar el GPIO y cómo hacer fotos con la cámara de la Raspberry Pi.
- **Visit Wolfram Community**: este es el foro de la comunidad Wolfram. Está en inglés. Si tiene problemas con su versión de Mathematica, este es sin duda el lugar donde encontrará una solución.

⇉ Si no desea acceder a estos recursos, cierre la pantalla de inicio haciendo clic en el botón de la esquina superior derecha.

Esto le lleva a la ventana de **Wolfram Mathematica**. Se trata de un terminal en el que puede introducir comandos en Wolfram Language.

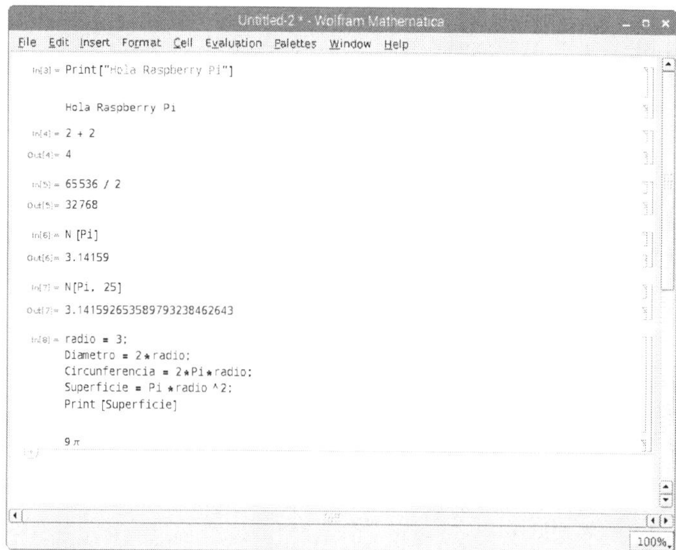

⇒ Comience introduciendo el siguiente código:

```
Print ["Hola Raspberry Pi "]
```

⇒ A continuación, confirme pulsando simultáneamente las teclas [Mayús] + [Intro].

Mathematica añade **In[1]:=** delante de su entrada y tras unos segundos muestra el resultado de la operación escribiendo el texto *Hola Raspberry Pi* en la pantalla.

Pruebe también otras operaciones. **Mathematica** es una calculadora avanzada.

⇒ Si introduce:

```
N [Pi]
```

Mathematica devuelve 3.14159 (6 dígitos por defecto).

¿Necesita más decimales? Pruebe:

```
N [Pi, 25]
```

También es posible guardar los resultados de los cálculos en variables:

```
radio = 3;
diámetro = 2 * radio;
circunferencia = 2 * Pi * radio;
área = Pi * radio^2;
```

El punto y coma al final de la línea impide que los resultados se muestren en la pantalla. Las variables pueden utilizarse en los cálculos:

```
Imprimir [superficie]
9 π
```

Mathematica también puede representar funciones en un plano o en tres dimensiones, como se muestra en el siguiente ejemplo.

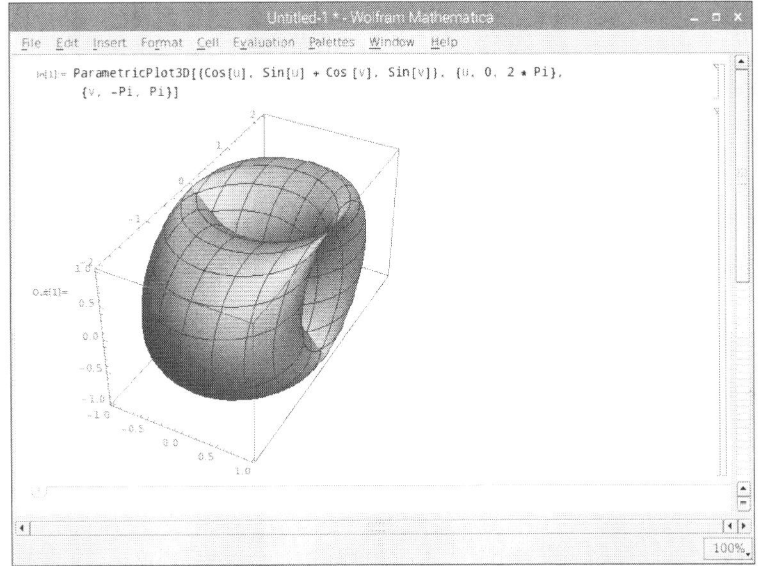

Puede consultar la documentación en línea de Wolfram Language para Raspberry Pi en http://reference.wolfram.com/language/guide/RaspberryPi.html.

3.1.4 Mu

Mu es un editor de código Python e IDE para principiantes. Está dirigido a los nuevos programadores de Python.

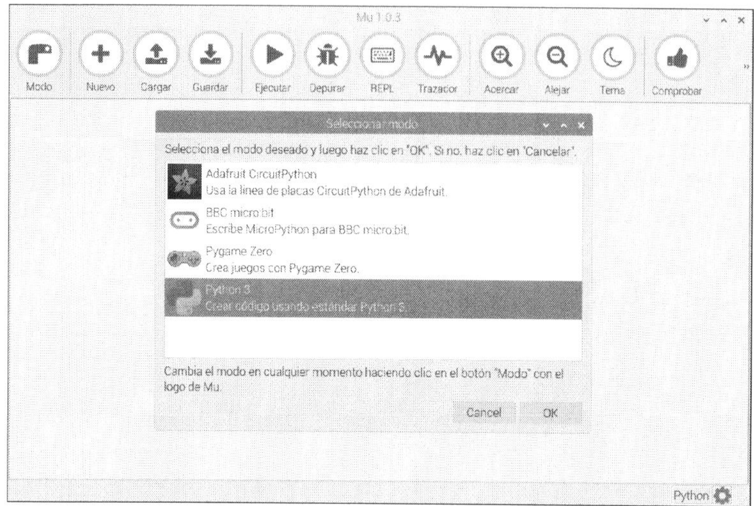

Mu puede iniciarse de modos diferentes, en función de cómo desee utilizarlo. Estos modos le permiten iniciar el software solo con las opciones más adecuadas para su uso.

Puede introducir su código Python directamente en la ventana y utilizar los botones de acción más básicos para descubrir el lenguaje Python de la forma más sencilla posible.

3.1.5 Scratch

Scratch es un lenguaje de programación desarrollado por el MIT (*Massachusetts Institute of Technology* = Instituto Tecnológico de Massachusetts). Su primera versión data de 2003. Permite crear programas de forma visual y muy lúdica ensamblando bloques de código. Se puede elegir entre una veintena de lenguajes. Se pueden compartir, descargar y modificar más de tres millones de proyectos.

El enfoque gráfico de **Scratch** permite que, sin haber límite de edad, niños de tan solo ocho años puedan crear programas. Scratch es una gran introducción a la programación informática para todas las edades.

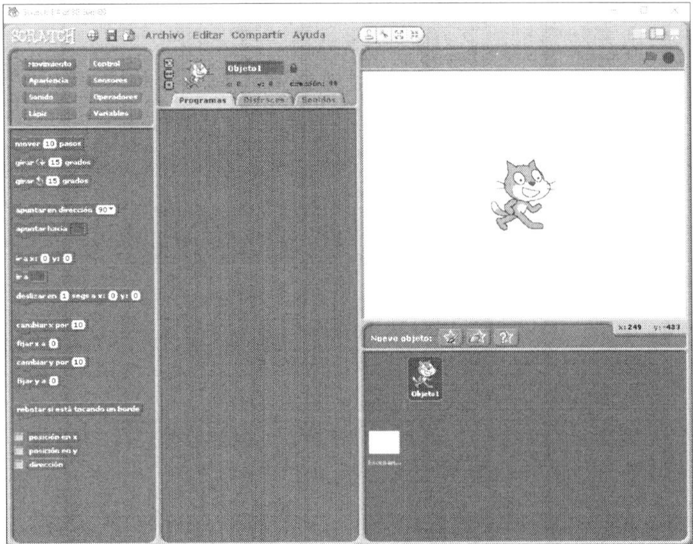

Scratch está disponible en línea, así como en varias plataformas: Mac, Windows y ciertas versiones de Linux (32 bits). Raspberry Pi OS viene con las versiones 1.4 y 3 de Scratch. El principio de programación sigue siendo el mismo en las dos versiones, siendo la 1.4 más ligera y la 3.0 más completa y lograda.

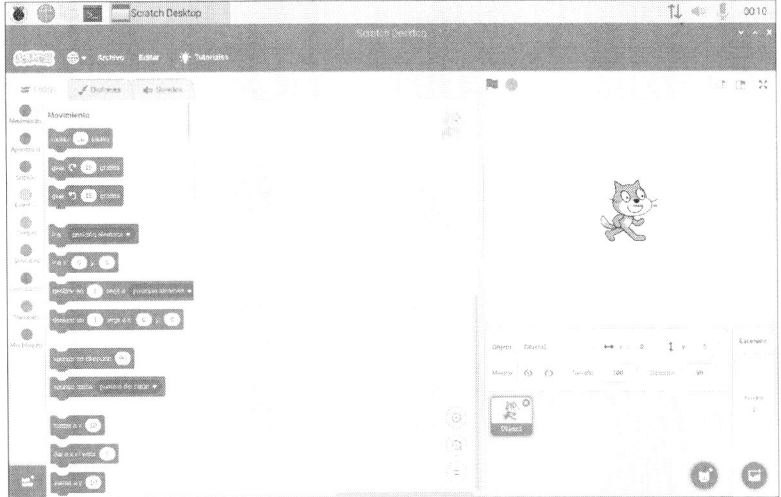

La ventaja de **Scratch** reside en el uso de bloques estructurados, que proporcionan un enfoque intuitivo de los algoritmos. El capítulo Programar en Scratch ofrece más detalles sobre este lenguaje de programación.

3.1.6 Sense HAT emulator

La placa de expansión Sense HAT es una placa para experimentar con la programación orientada a sensores y pantallas. Dispone de una matriz de 64 LED RGB que permite mostrar mensajes, símbolos o niveles, además de sensores como giroscopio, acelerómetro, magnetómetro y sensores de temperatura, presión y humedad.

Dos ordenadores Raspberry Pi equipados con esta placa de ampliación se enviaron al espacio a bordo de la ISS (Estación Espacial Internacional). El objetivo era que los astronautas ejecutaran en el espacio los programas escritos por estudiantes británicos de primaria, secundaria y preparatoria y enviaran los resultados a la Tierra. Los experimentos tuvieron lugar entre diciembre de 2015 y junio de 2016.

Este simulador Sense HAT le permite preparar programas sin tener a su disposición una placa Sense HAT. Los controles deslizantes y los botones simulan los sensores y la pantalla funciona exactamente igual que la pantalla real.

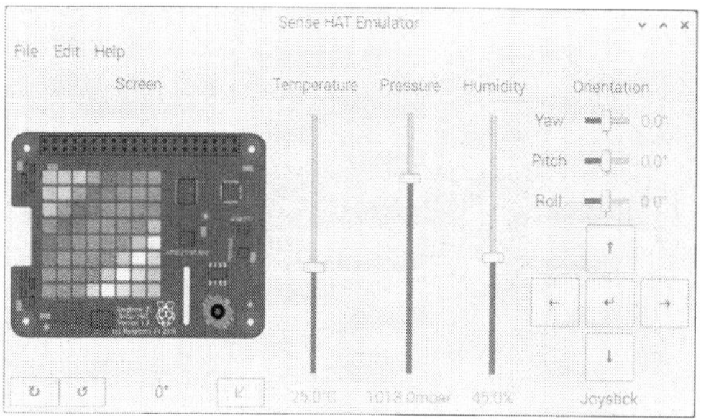

3.1.7 Sonic Pi

Sonic Pi es un entorno de programación de código abierto diseñado para explorar y aprender conceptos de programación a través del proceso de creación de nuevos sonidos. **Sonic Pi** se entrega con un entorno de trabajo que hace hincapié en la importancia de la creatividad en el proceso de aprendizaje y ofrece a los usuarios la oportunidad de transformar sus ideas en sonidos (http://www.cl.cam.ac.uk/projects/raspberrypi/sonicpi/).

Al iniciar la aplicación, una pantalla de bienvenida le ofrece información sobre la versión de **Sonic Pi** y los autores del programa.

A continuación, se abre la pantalla **Sonic Pi**, donde hay varias áreas de trabajo disponibles, así como botones que dan acceso a las funciones del software:

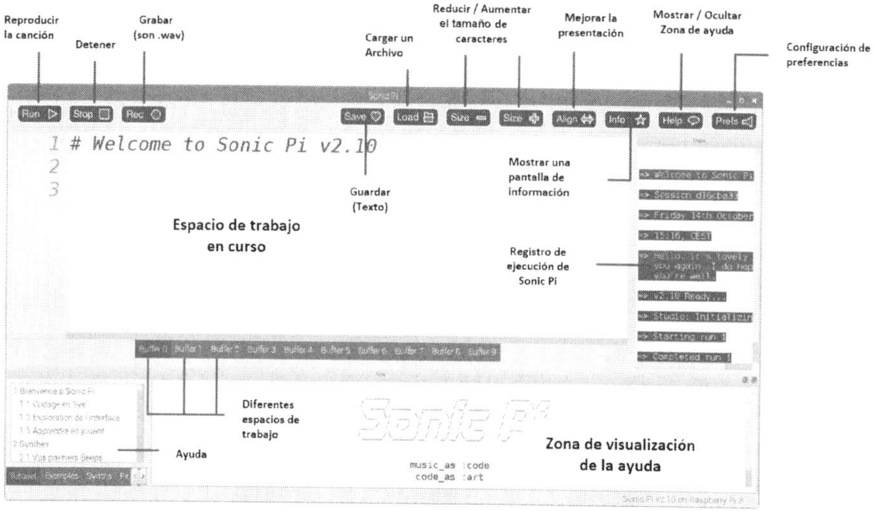

Reproducir la canción
Detener
Grabar (son .wav)
Cargar un Archivo
Reducir / Aumentar el tamaño de caracteres
Mejorar la presentación
Mostrar / Ocultar Zona de ayuda
Configuración de preferencias
Guardar (Texto)
Mostrar una pantalla de información
Espacio de trabajo en curso
Registro de ejecución de Sonic Pi
Diferentes espacios de trabajo
Ayuda
Zona de visualización de la ayuda

La zona de ayuda también proporciona acceso a programas de muestra.

Prefs (en la parte superior derecha de la ventana) da acceso a varios ajustes: dirigir la salida de sonido al puerto que elija, personalizar la pantalla de **Sonic Pi** o buscar actualizaciones.

Tocar una nota con Sonic Pi

Para tocar una nota, utilice el comando play, seguido del número de tecla (en el orden de un teclado de piano).

⇉ Escriba la línea siguiente en un espacio de trabajo (después de borrar `# Welcome to Sonic Pi v2.0`). Por favor, respete las minúsculas o de lo contrario puede obtener un error.

```
play 60
```

⇉ A continuación, pulse el botón **Run**. Si hay altavoces conectados a la salida a la que se envía el sonido, debería oír la nota correspondiente.

La equivalencia entre las notas y el número se muestra en la tabla siguiente.

Do	Re	Mi	Fa	Sol	La	Si
60	62	64	65	67	69	71

⇉ Modifique el programa a:

```
play  60
play  64
play  67
```

⇉ Vuelva a pulsar el botón **Run**. Esta vez se reproducen tres notas, pero tan rápido que se oyen simultáneamente. Para separar las notas, añada un intervalo (`sleep 1` = un segundo) durante el cual el programa esperará:

```
play 60
sleep 1
play 64
sleep 1
play 67
```

Esta vez, al pulsar el botón **Run**, las tres notas se reproducen por separado.

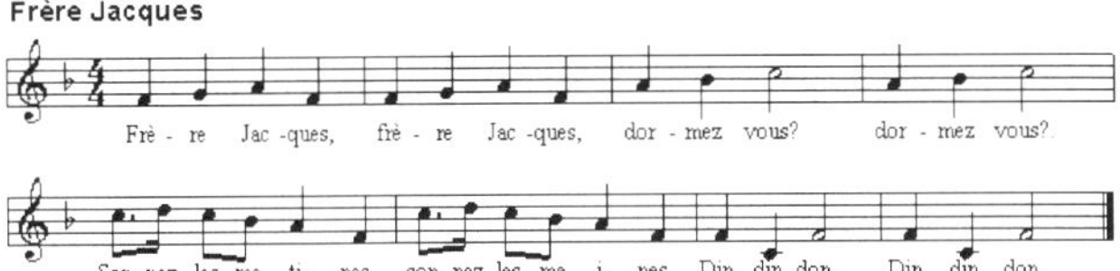

Ahora es posible tocar melodías, como Fray Santiago (Frère Jacques en francés), cuyos dos primeros compases son:

```
play 60
sleep 0.5
play 62
sleep 0.5play 64
sleep 0.5
play 60
sleep 0.5
play 60
sleep 0.5
play 62
sleep 0.5
play 64
sleep 0.5
play 60
sleep 0.5
```

Los dos primeros compases se repiten idénticamente. **Sonic Pi** puede manejar estas repeticiones, solo tiene que decirle cuántas hay y enmarcar las notas entre **do** y **end**, lo que da para los dos primeros compases:

```
2.times do play 60
  sleep 0.5
  play 62
  sleep 0.5
  play 64
  sleep 0.5
  play 60
  sleep 0.5
end
```

Observación

Encontrará en el anexo la totalidad de la melodía.

Sonic Pi ofrece un amplio abanico de posibilidades. Puede utilizar varios sintetizadores, sincronizar varias partituras y añadir reverberación, como se muestra aquí, por ejemplo:

```
with_fx :reverb do |r|
  play 50
  sleep 0.5
  control r, mix: 0.7
  play 55
  sleep 1
  control r, mix: 0.9
  sleep 1
  play 62
end
```

La lectura de la ayuda (en inglés) y la utilización de los ejemplos proporcionados como punto de partida son una buena forma de descubrir las posibilidades de este programa. Hay que tener en cuenta, sin embargo, que cuando se pide a la Raspberry Pi que reproduzca canciones complejas, la carga del procesador sube rápidamente al 100% y pueden escucharse fallos.

3.1.8 Thonny

Al igual que Mu, **Thonny** es un entorno de desarrollo Python para principiantes. Tiene las mismas características de depuración y seguimiento de variables, así como una consola Python. Por defecto, se inicia en modo simple.

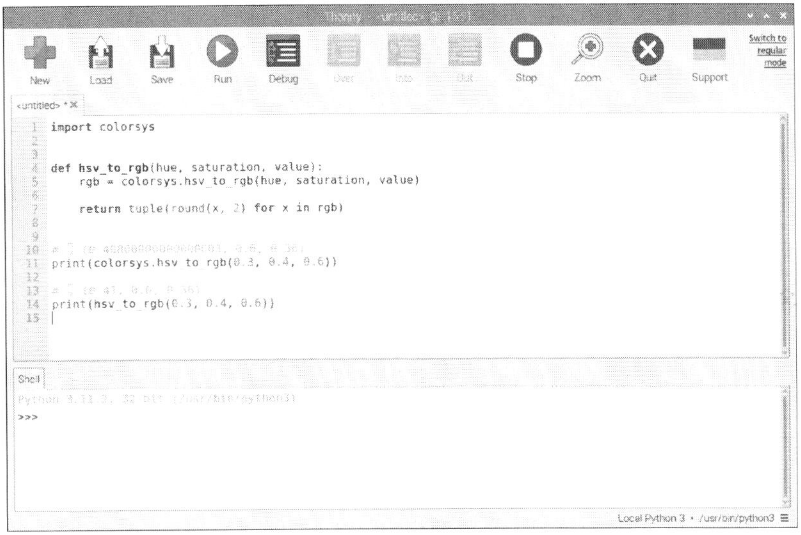

Para abrir el menú, basta con hacer clic en el enlace azul de la parte superior derecha de la ventana titulado **Switch to regular mode**. Un mensaje le indica que este modo normal se seleccionará automáticamente la próxima vez que inicie el software. Cuando se sienta más cómodo con la programación en Python, puede cambiar al modo experto.

Thonny se ha integrado en Raspberry Pi OS porque, entre otras cosas, dispone de un plugin para programar la Raspberry Pi Pico desarrollado en colaboración con la Fundación. Por supuesto, no se limita a este uso, gracias a su amplia biblioteca de plugins que extienden su funcionalidad a otros proyectos (https://thonny.org/).

3.1.9 Wolfram

Esta opción de menú abre un terminal en el que puede escribir directamente en el **Wolfram**, el lenguaje utilizado en **Mathematica**.

```
Wolfram Language (Raspberry Pi Pilot Release)
Copyright 1988-2016 Wolfram Research
Information & help: wolfram.com/raspi

In[1]:= pins = {4, 17, 27, 22, 18, 23, 24, 25}

Out[1]= {4, 17, 27, 22, 18, 23, 24, 25}

In[2]:= Do[
        DeviceWrite[ "GPIO", pins[[i]] ->1 ];
        Pause[.2];
        DeviceWrite[ "GPIO", pins[[i]] ->0 ];
        , {i, 8}]
Updating from Wolfram Research server ...

In[3]:=
```

Wolfram es un lenguaje de propósito muy general que puede utilizarse en una amplia gama de campos. En la Raspberry Pi, es posible controlar los GPIO, pero también procesar información de un GPS y de una amplia gama de sensores. **Wolfram** puede dibujar gráficos en 2D o 3D y procesar imágenes de cámaras en tiempo real, para detectar caras o difuminarlas en un vídeo, por ejemplo.

3.2 Educación

SmartSim

SmartSim es un paquete de software de código abierto que permite diseñar y simular circuitos electrónicos.

Su autor, Ashley Newson, fue el ganador del *Raspberry Pi Summer Coding Contest* en la categoría de 14 a 18 años organizado por la Fundación. La sencillez de este software lo hace ideal para uso educativo, pero por supuesto puede utilizarlo para todos sus circuitos electrónicos. También está disponible para Windows (https://smartsim.org.uk).

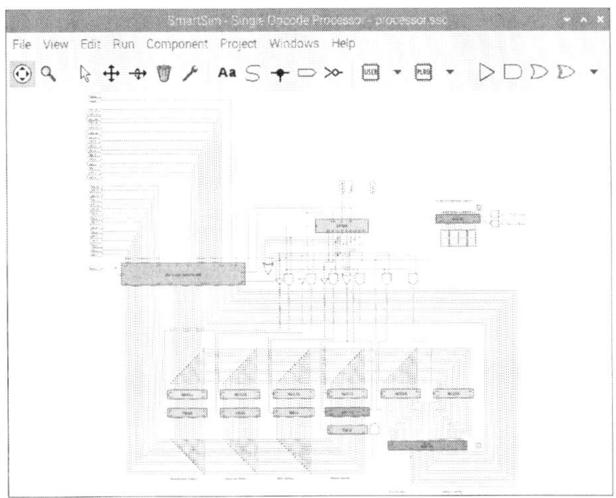

3.3 Oficina

Este menú incluye la popular suite ofimática **LibreOffice**.

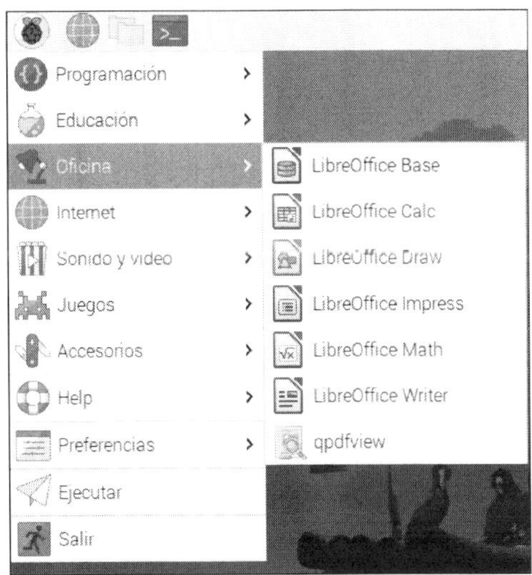

Desde la llegada de las generaciones 3 y 4 de placas Raspberry Pi, la suite ofimática **LibreOffice** funciona sin problemas. Es utilizada por muchas empresas y autoridades locales como una alternativa altamente profesional y totalmente gratuita al paquete Office de Microsoft. Utiliza por defecto el formato abierto OpenDocument, pero también puede abrir, importar o exportar archivos a/desde otras suites ofimáticas como el formato .doc (Word) o las hojas de cálculo .xls (Excel).

Lo primero que hay que hacer antes de lanzar cualquiera de las aplicaciones del paquete es instalar la interfaz en español, utilizando el siguiente comando (que debe escribirse y ejecutarse en un terminal):

```
sudo apt install libreoffice-l10n-es libreoffice-help-es myspell-es
```

Esta es la dirección del sitio web de LibreOffice en español: https://es.libreoffice.org/.

3.3.1 LibreOffice Base

LibreOffice Base es la aplicación de gestión de bases de datos.

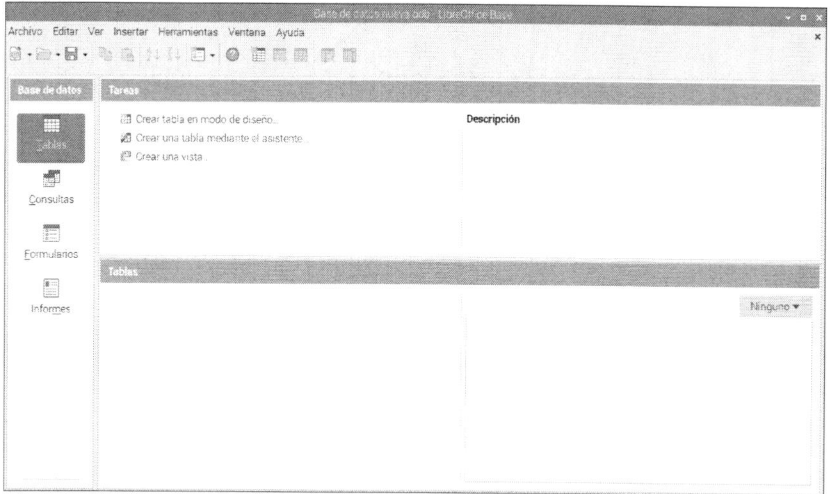

Soporta un gran número de los formatos de bases de datos más utilizados: MariaDB, MySQL, PostgresSQL, Microsoft Access, etc. El módulo integrado HSQLDB está desarrollado en Java y proporciona al usuario un motor de base de datos interno, eliminando la necesidad de una base de datos externa.

3.3.2 LibreOffice Calc

LibreOffice Calc es la aplicación de hoja de cálculo de la suite ofimática. Tiene todas las funciones necesarias para un uso profesional y es compatible con Microsoft Excel.

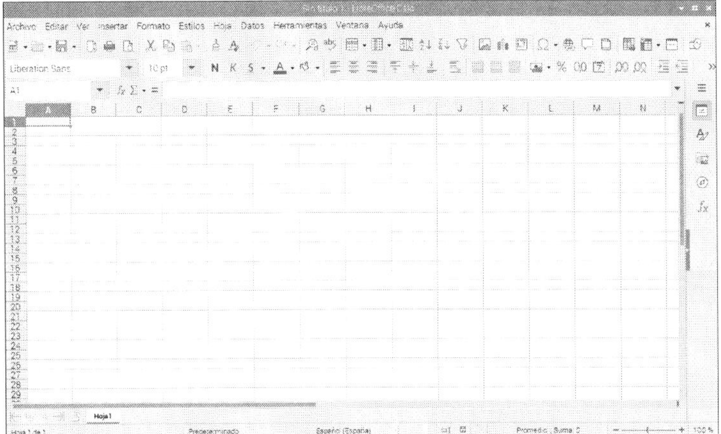

3.3.3 LibreOffice Draw

LibreOffice Draw es la aplicación que permite producir gráficos vectoriales. Facilita la creación de diagramas, ilustraciones y organigramas.

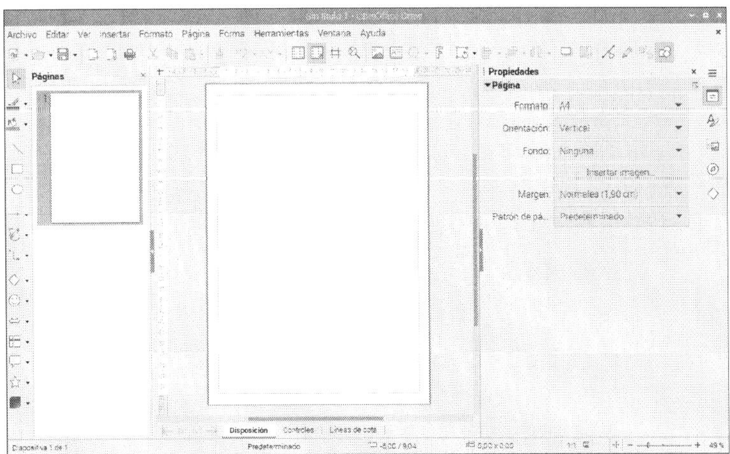

Tiene disponibles muchas galerías con iconos o dibujos.

3.3.4 LibreOffice Impress

LibreOffice Impress le permite crear y presentar diapositivas. Es el equivalente de Microsoft PowerPoint, con el que es compatible.

Dispone de herramientas de edición para los distintos niveles de realización. El modo **Normal** permite preparar las diapositivas. El modo **Esquema** presenta el contenido de las diapositivas organizado en forma de esquema. **Notes** es la pestaña donde puede añadir notas a cada diapositiva. **Prospecto** reúne varias diapositivas en una sola página, que puede imprimirse y entregarse por ejemplo a los participantes en una reunión. El **Clasificador de diapositivas** permite ordenar las imágenes y añadir o eliminar diapositivas.

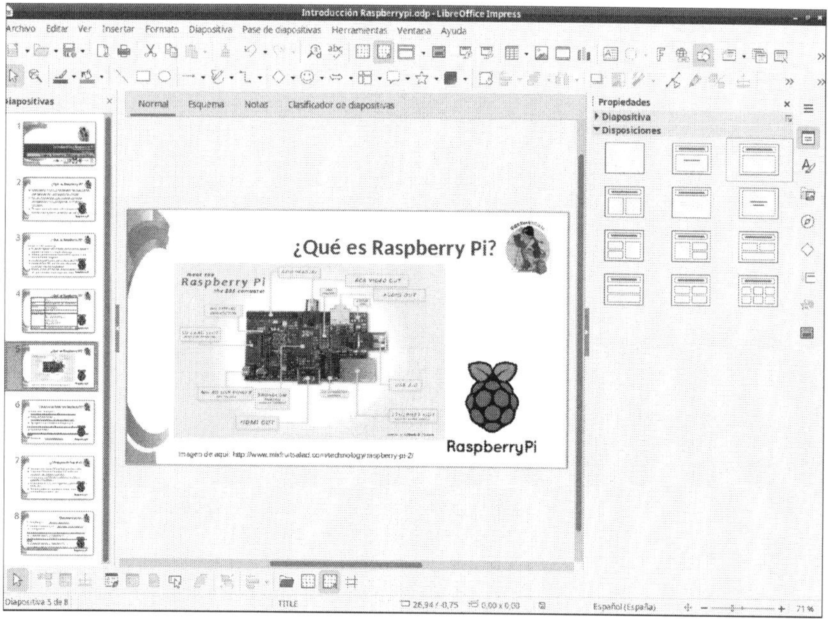

El diseño de las diapositivas no presenta ningún problema particular ni lentitud en su realización. Por otro lado, algunas diapositivas cargadas con gráficos o animaciones pueden hacer que las imágenes salten ligeramente cuando se muestra la presentación. Dada la potencia de cálculo disponible en la Raspberry Pi, es mejor mantener las cosas simples...

3.3.5 LibreOffice Math

LibreOffice Math es un editor de fórmulas y ecuaciones que facilita la inserción de fórmulas matemáticas perfectamente formateadas en todos sus documentos, ya sean textos, hojas de cálculo, presentaciones o dibujos.

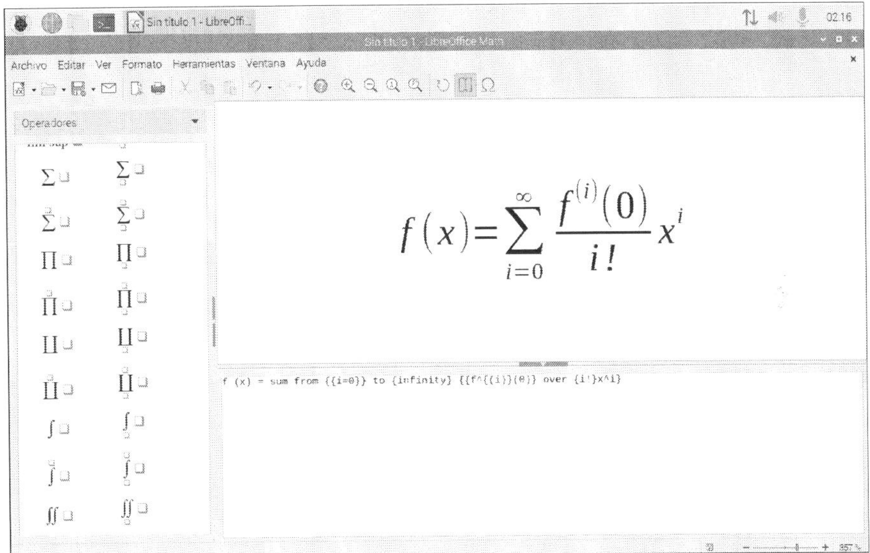

La parte izquierda de la ventana ofrece una serie de categorías (operadores, funciones, conjuntos, etc.) para construir la fórmula. La zona inferior está reservada para escribir fórmulas utilizando el lenguaje dedicado. La fórmula aparece en la parte superior.

Esta aplicación puede utilizarse sola (como en la captura de pantalla anterior) o llamarse desde otra aplicación en el lugar en el que desea insertar su fórmula matemática (menú **Insertar**, después **Objeto OLE** y por último **Objeto Fórmula**...). En este caso, las ventanas izquierda e inferior se abren y la fórmula aparece directamente en su documento original.

3.3.6 LibreOffice Writer

LibreOffice Writer es el procesador de textos de la suite. Incluye las funciones clásicas de cualquier procesador de textos para elaborar documentos profesionales, con la función de exportación a PDF.

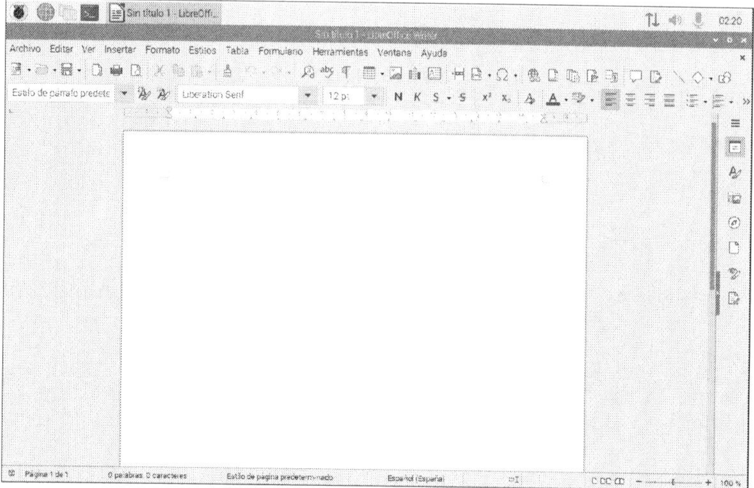

Los asistentes proporcionan plantillas de documentos para facilitar la creación de nuevos documentos.

3.4 Internet

Esta sección presenta el software relacionado con Internet.

3.4.1 Claws Mail

Claws Mail es un cliente de mensajería muy completo y similar a los clientes de mensajería comúnmente utilizados. Ligero y fácil de configurar, ofrece a los usuarios de Raspberry Pi una forma sencilla de acceder a sus distintas cuentas de correo electrónico, ya sea mediante POP (*Post Office Protocol*), que descarga los mensajes en la máquina local, o IMAP (*Internet Message Access Protocol*), que permite consultar los mensajes en el servidor de correo electrónico. IMAP garantiza la sincronización entre las distintas máquinas que trabajan en un mismo buzón.

Observación

Las instrucciones que figuran en este capítulo son válidas en el momento de su redacción pero es posible que se hayan producido cambios tanto en el cliente de correo electrónico como en el servicio remoto. Le corresponde a usted adaptar las instrucciones en función de esos cambios.

⇉ Inicie **Claws Mail** haciendo clic en el icono del **Menú Rapsberry**, sección **Internet**.

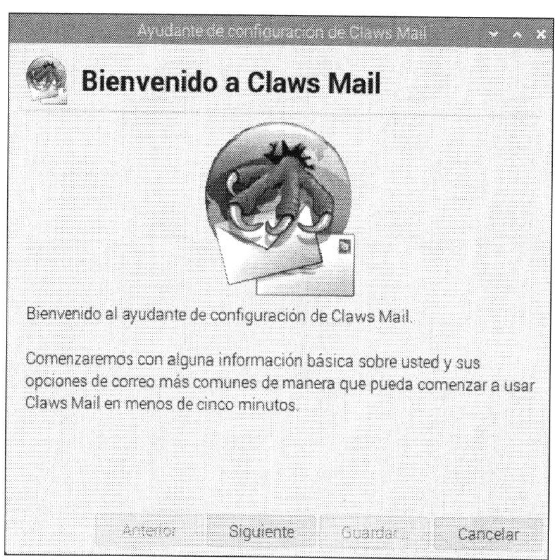

Al iniciar **Claws Mail** por primera vez, es necesario configurar la(s) cuenta(s) de correo electrónico que se utilizará(n). Posteriormente, este mensaje de bienvenida ya no se mostrará.

⇉ Haga clic en **Siguiente**.

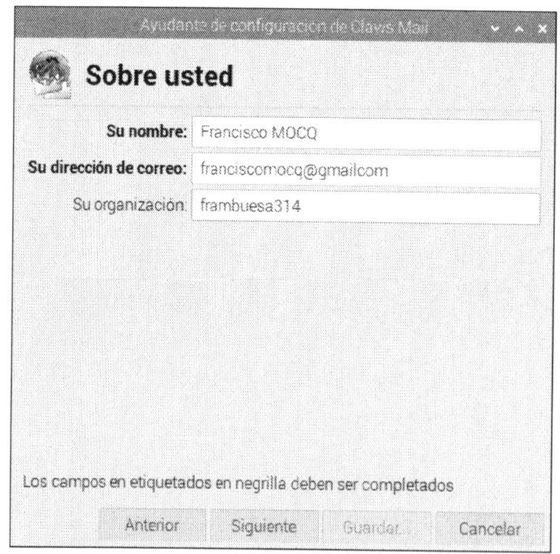

⇉ Introduzca **Su nombre** y **Su dirección de correo electrónico** y haga clic en **Siguiente**.

Para rellenar los campos de las siguientes ventanas, necesitará la información proporcionada por su servicio de correo electrónico. En el caso de Google Mail, consulte https://support.google.com/mail/troubleshooter/1668960?hl=en para obtener instrucciones sobre cómo configurar su cliente de correo electrónico. Consulte la página de ayuda de su servicio de correo electrónico para obtener esta información.

Servidor de correo entrante (IMAP)	pop.gmail.com Requiere SSL: Sí Puerto: 993
Servidor de correo saliente (SMTP)	smtp.gmail.com Requiere SSL: Sí Requiere TLS: Sí (si está disponible) Requiere autenticación: Sí Puerto para TLS/STARTTLS: 587 **Si utilizas Gmail con tu cuenta profesional o educativa**, consulta con tu administrador si la configuración de SMTP es correcta.
Tiempos de espera del servidor	Más de 1 minuto (se recomiendan 5)
Nombre completo o nombre para mostrar	Te llamas
Nombre de cuenta, nombre de usuario o dirección de correo electrónico	Su dirección de correo electrónico
Contraseña	Tu contraseña de Gmail

⇉ Complete la información necesaria para recibir correo. El buzón utilizado aquí es un buzón de Gmail consultado mediante IMAP. Deberá adaptar las respuestas a la configuración de su propio servidor.

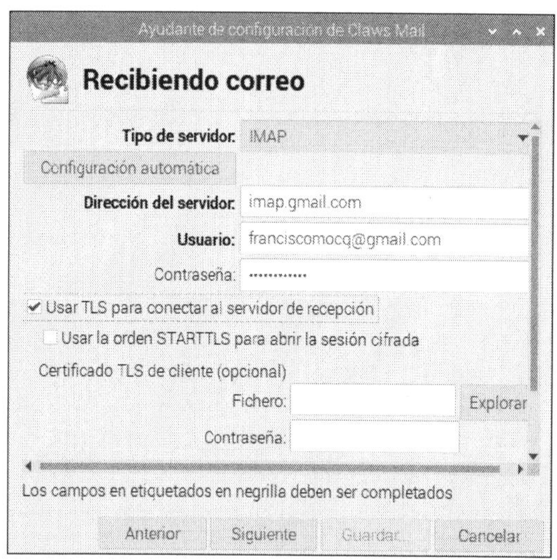

⇉ Una vez que completados los datos para recibir correo, haga clic en **Siguiente**.

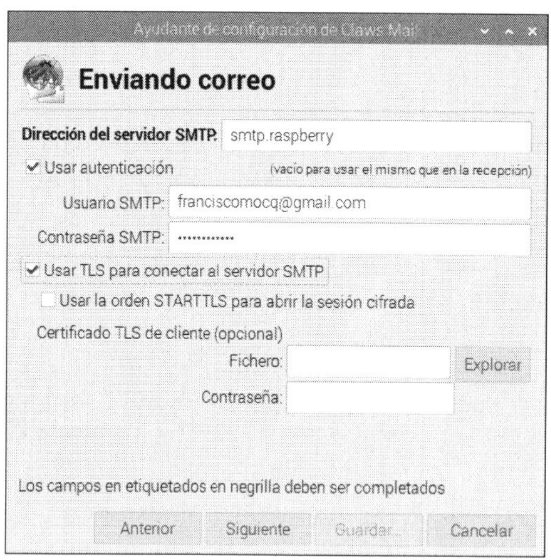

⇉ A continuación, introduzca la información para enviar el correo y haga clic en **Siguiente**.

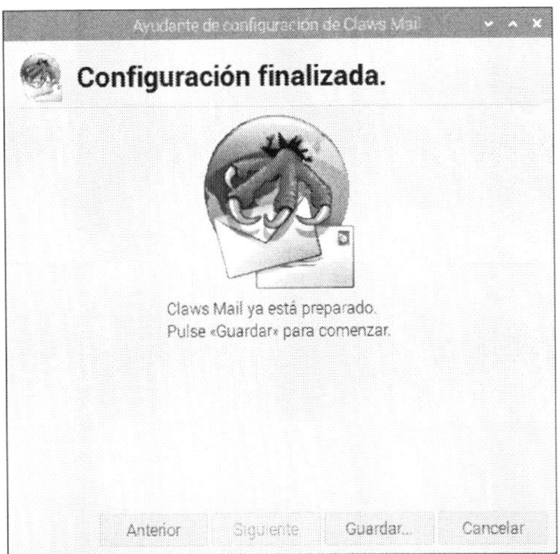

Claws Mail le informa de que se ha creado su primera cuenta de correo electrónico.

⇉ Haga clic en el botón **Guardar** para guardar la información.

Cuando se utiliza el correo electrónico por primera vez, el certificado suministrado por Gmail es desconocido para la aplicación. Este certificado se utiliza para proteger los intercambios entre el correo electrónico y la Raspberry Pi cifrando los mensajes.

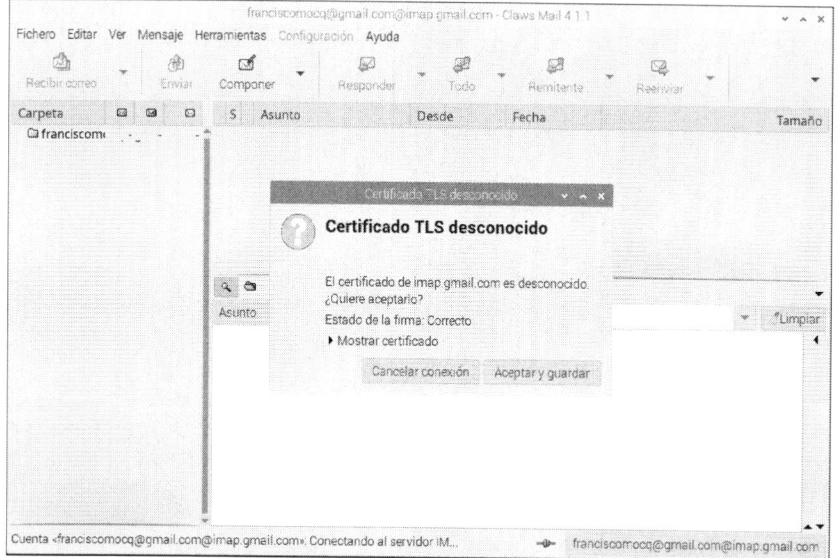

⇒ Haciendo clic en **Mostrar certificado**, puede comprobar que los campos del certificado son los que espera (campos **Propietario** y **Firmante**).

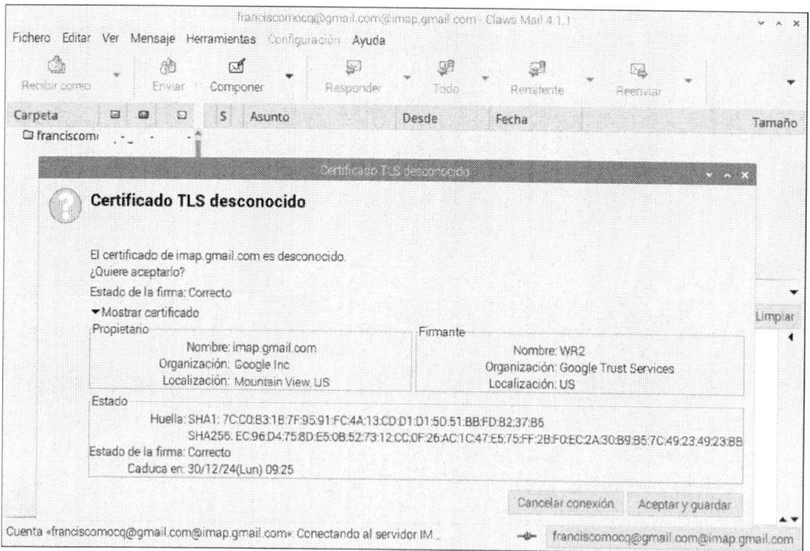

⇉ Una vez que haya comprobado que esta información corresponde al servicio al que se está conectando, pulse el botón **Aceptar y guardar**. El certificado se guardará y no se le pedirá que lo verifique de nuevo.

Con algunos servicios de correo electrónico, como Gmail, es posible que se rechace la conexión desde una aplicación como **Claws Mail**. Aunque introduzca el nombre de usuario y la contraseña correctos, habrá que generar una contraseña para la aplicación. En Gmail, deberá introducir una cadena de 16 caracteres para conectarte desde **Claws Mail**.

⇉ Para Gmail, vaya a https://security.google.com/settings/security/apppasswords:

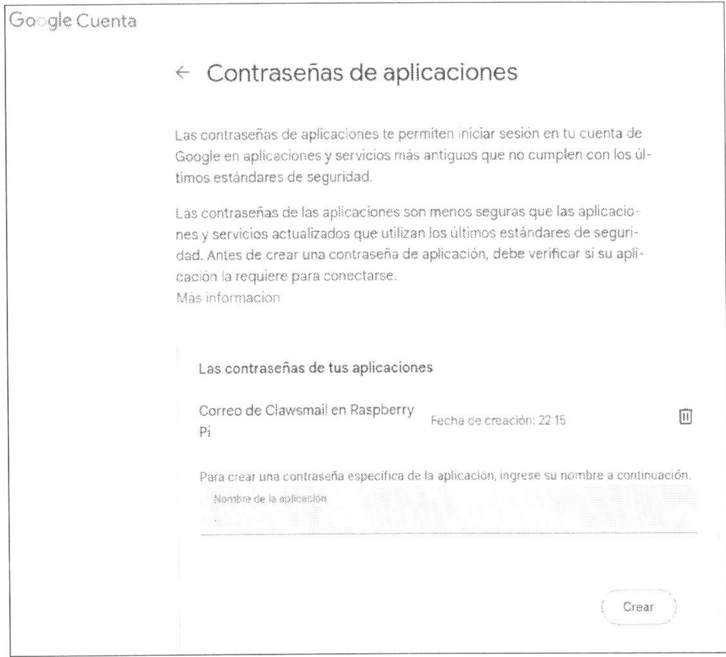

⇉ Pulse el botón **CREAR** para obtener una contraseña para la aplicación **Claws Mail**.

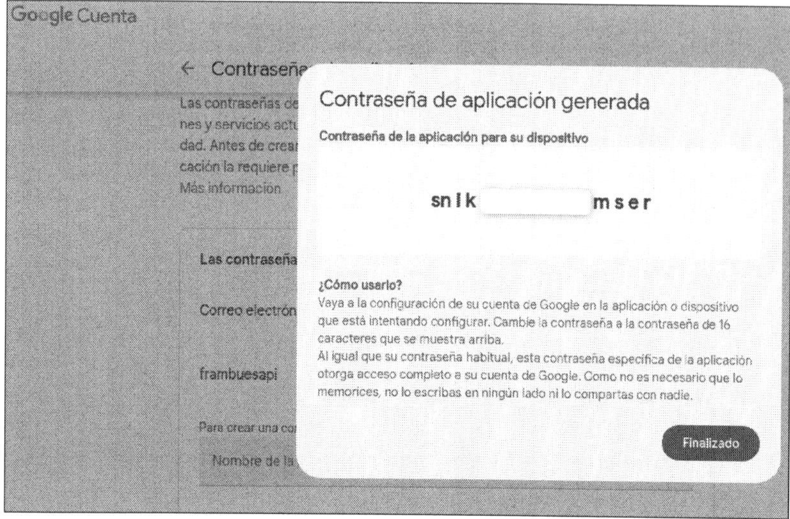

⇉ Anote esta contraseña, que se le pedirá más tarde cuando se conecte desde la aplicación.

La próxima vez que acceda a su buzón con su dirección de correo electrónico y contraseña, aparecerá el siguiente cuadro de diálogo:

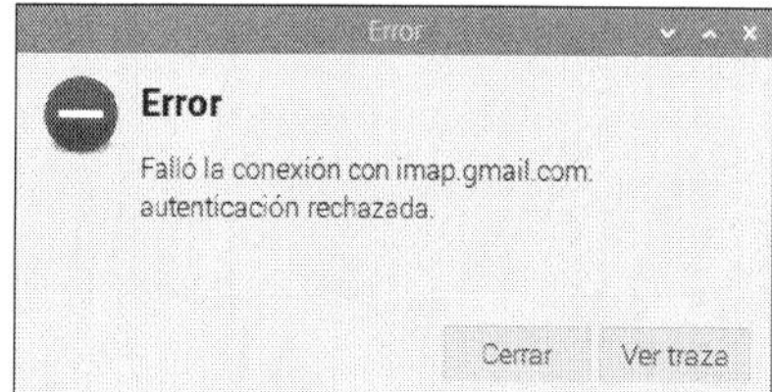

Este es el aviso que indica que Gmail ha rechazado la conexión.

⇉ Pulse el botón **Cerrar** e introduzca la contraseña de la aplicación (16 caracteres) en el cuadro de texto de la ventana a continuación:

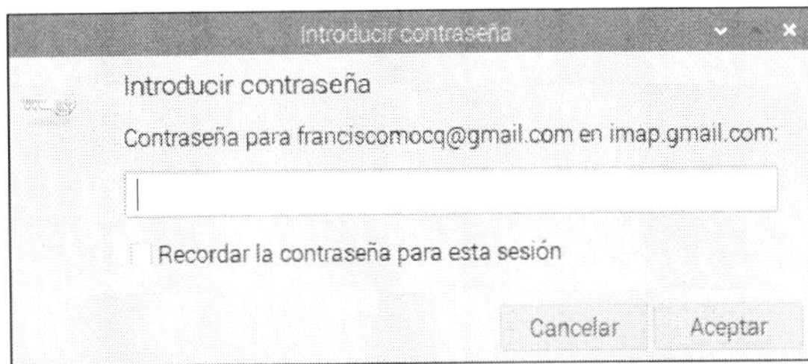

La primera vez que se conecte, **Claws Mail** va a reconstruir la estructura de carpetas de su buzón consultando el servidor remoto.

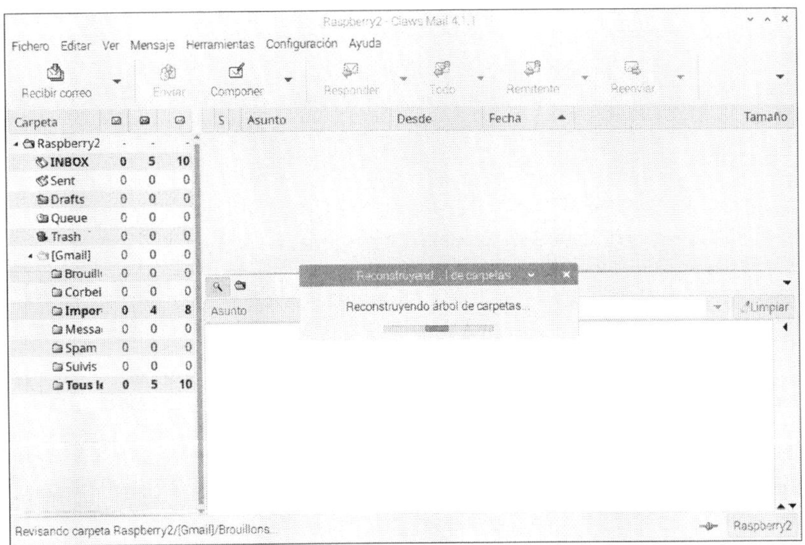

Tendrá entonces a disposición su propio buzón en la Raspberry Pi. Los botones de la barra superior dan acceso a las funciones habituales de los clientes de correo electrónico: escribir, responder, reenviar...

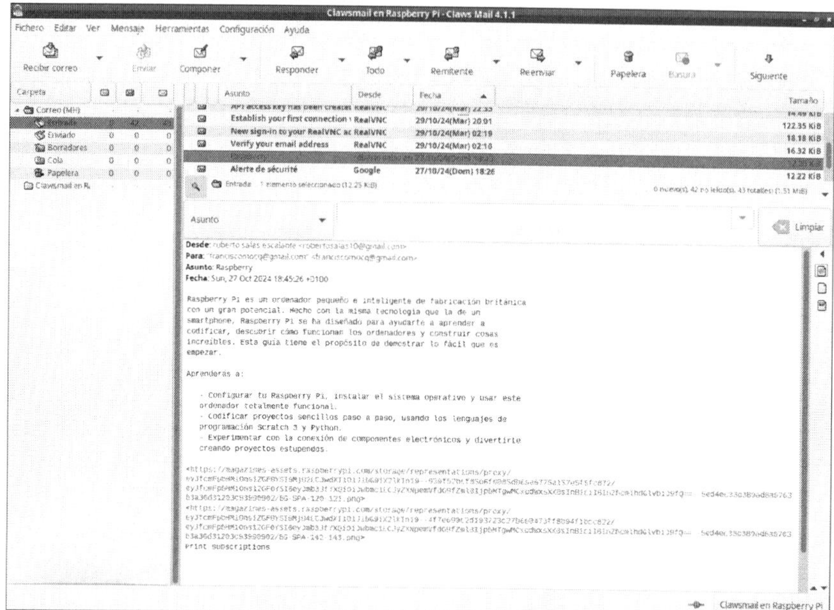

Al hacer clic en el menú **Configuración** y luego en **Crear una nueva cuenta**, puede configurar varias cuentas de correo electrónico en **Claws Mail**.

3.4.2 Navegador web Chromium

Con PIXEL, el navegador web **Chromium** está integrado por defecto en *Raspberry Pi OS*. **Chromium** es un navegador web de código abierto que sirve de base al navegador web propietario Google Chrome. En ocasiones, los usuarios prefieren **Chromium** a Google Chrome por considerar que las aportaciones de este último son innecesarias o perjudiciales, en particular sus funciones de rastreo (fuente: Wikipedia).

Chromium muestra por defecto la página web de la Fundación al iniciarse por primera vez.

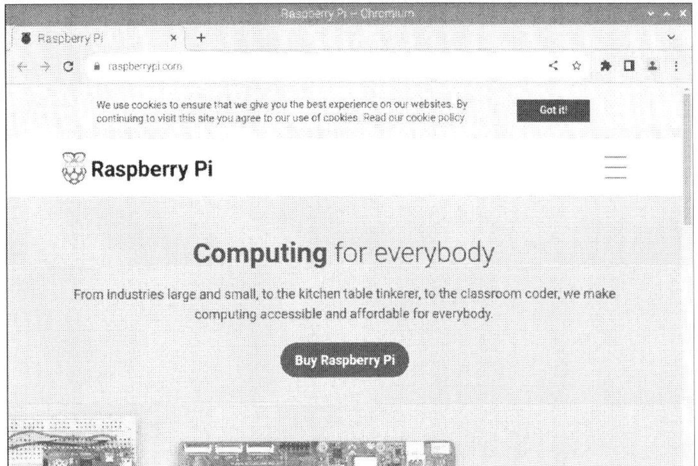

Chromium ofrece una serie de mejoras con respecto a Epiphany, el anterior navegador web proporcionado y mantenido por la Fundación, en particular una mejor compatibilidad con HTML5. Un equipo de desarrollo especializado (https://www.chromium.org) permite disponer de nuevas funciones y actualizaciones sin tener que esperar a que la Fundación las ponga a disposición de los usuarios.

En una Raspberry Pi, usar **Chromium** obviamente no puede competir con la experiencia de usar un navegador como Chrome o Firefox en un PC o Mac. Aun así, en los ordenadores Raspberry Pi de generación 4, las velocidades de visualización de las páginas son perfectamente aceptables, siempre y cuando el sitio que esté visitando no sea demasiado 'gordo'. En muchos casos, es el diseño del sitio el que hace que el navegador realice toda una serie de operaciones complejas, que pueden pasar desapercibidas en una máquina grande, pero que se vuelven engorrosas en un nano-ordenador. Para ello, la Fundación ha preinstalado dos conocidas extensiones que optimizan los tiempos de respuesta y que veremos a continuación.

La barra de navegación

La barra de navegación de **Chromium** contiene pestañas para las páginas que está viendo en ese momento, así como varios botones para la navegación.

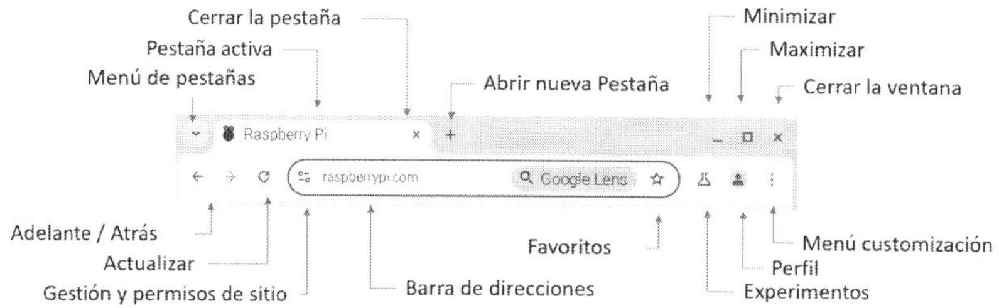

A la izquierda de la barra de navegación, marcados con flechas, están los botones para navegar a la página anterior o la siguiente. La flecha circular actualiza la página.

A continuación, la barra de direcciones es el lugar en el que introduce la dirección del sitio web que desea visitar. A la izquierda de la barra de direcciones, verá un candado cerrado que confirma que está utilizando el protocolo seguro HTTPS con un certificado de autenticación emitido por una autoridad de confianza. Si el certificado está autofirmado, aparece un candado con fondo rojo.

Si introduce una palabra o una serie de palabras en la barra de direcciones, el navegador realiza una búsqueda utilizando **Duck Duck Go**. Este motor de búsqueda garantiza que no guarda ninguna información personal de sus visitantes, ya sea su dirección IP o las búsquedas que han realizado lo que evita que le "sigan la pista" mientras se mueve por la Web con anuncios dirigidos.

A la derecha de la barra de direcciones están los iconos de perfil web y el icono de añadir a favoritos. Cuando el fondo de la estrella ya está rellenado, significa que la página ya está añadida.

A continuación, aparece el menú para gestionar las extensiones y la consola. Las extensiones son una especie de mini-software especialmente diseñado para integrarse con Chromium con el fin de ampliar o mejorar el funcionamiento del navegador. Como ya hemos mencionado, la Fundación ha incluido dos extensiones que ofrecen una navegación optimizada.

⇉ Haga clic en el botón de extensiones para abrir el panel de extensiones.

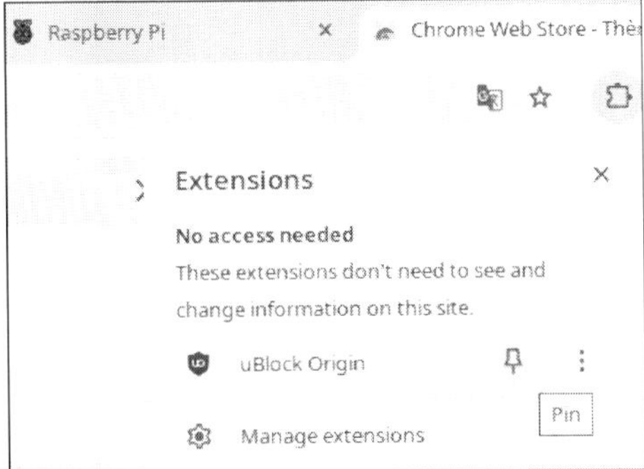

La primera extensión es el no menos famoso bloqueador de anuncios **uBlock Origin**.

⇉ Haga clic en el botón "**Pin**" de la extensión **uBlock Origin** para que aparezca en la barra de navegación.

⇉ Haga clic en el icono del escudo rojo que aparece en la barra de navegación para ver información sobre el sitio que está visitando en ese momento.

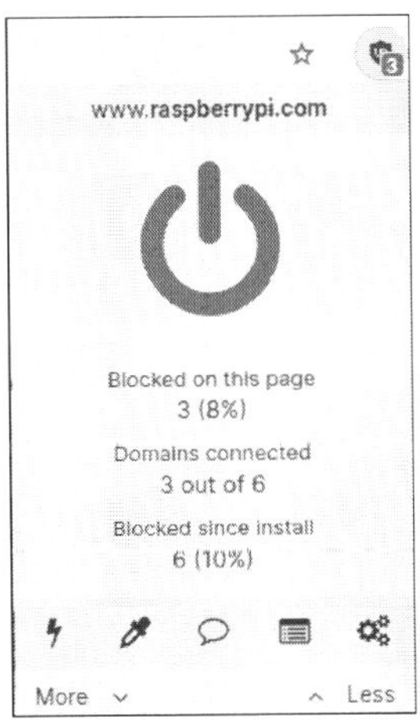

Aquí puede ver que el sitio https://www.raspberrypi.com tiene algunos elementos bloqueados (ventanas emergentes, elementos pesados para descargar, etc.). No es el caso de otros sitios, en los que **uBlock Origin** bloquea muchos elementos para aligerar la página a mostrar. Esta extensión no eliminará toda la publicidad, sino solo la que se considere agresiva o de seguimiento en otros sitios conectados. El botón azul grande de encendido/apagado permite desactivar la extensión para el sitio, ya que a veces esto interrumpe su funcionamiento.

La segunda extensión instalada por la Fundación es **h264ify**, que es una extensión que pide a YouTube que envíe los vídeos en formato H.264 para que sean compatibles con la descodificación por hardware que ofrece la GPU Raspberry Pi (solo generaciones 1, 2 y 3). Esta extensión hace que la reproducción de vídeo sea más fluida y consuma menos recursos de la CPU.

Por último, en el extremo derecho de la barra de navegación encontrará el menú de pestañas (buscar pestañas, explorar pestañas cerradas recientemente, etc.), el menú de inicio de sesión de la cuenta de Chromium y el menú principal de **Chromium**.

⇉ Pulse el botón del menú principal para ver las opciones disponibles:

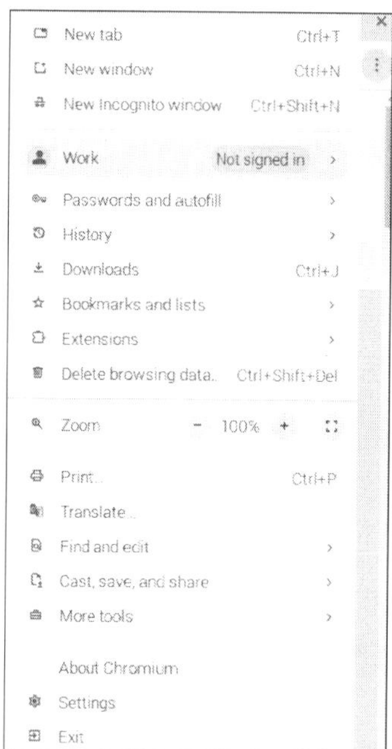

Además de las clásicas **New tab** y **New window**, existe el elemento **New incognito window**, que abre una nueva ventana del navegador web especialmente configurada para proteger la privacidad del usuario. Por ejemplo, impide el almacenamiento persistente de cookies, para que el sitio no pueda averiguar lo que ya ha consultado en visitas anteriores.

Fíjese también en la opción **Settings**, que da acceso a varios de ajustes del navegador.

Uso de Chromium

Cuando se utiliza en la Raspberry Pi, **Chromium** demuestra ser sencillo y eficaz, siempre y cuando el sitio consultado esté correctamente desarrollado. No es raro encontrarse con un sitio muy pesado que no esté en absoluto optimizado, donde el rendimiento será catastrófico ya que la carga de visualización es demasiado pesada para nuestro nano-ordenador. Por supuesto, en tarjetas pequeñas como la Raspberry Pi Zero, la capacidad de respuesta será mucho más lenta, pero estas tarjetas no están diseñadas para la ofimática o la navegación web.

Por último, **Chromium** está disponible para otros sistemas operativos como Windows y Mac OS. Lo mismo ocurre con las extensiones **uBlock Origin** y **h264ify**, que están disponibles para otros navegadores como Firefox, Edge, Safari y, por supuesto, Google Chrome.

3.4.3 VNC Viewer

Las herramientas VNC son un conjunto de programas para el control remoto. Para que el control remoto funcione, necesitará un servidor VNC en la máquina que quiere controlar, y un **VNC Viewer** instalado en la máquina desde la que quiere controlarla.

El uso de software de control remoto es objeto de un capítulo completo en este libro. En el capítulo Conectarse de forma remota a la Raspberry Pi se detalla **VNC Viewer** se da .

3.5 Sonido y vídeo

Esta sección muestra el software multimedia. Solo uno está preinstalado, y no el menos importante: el famoso VLC.

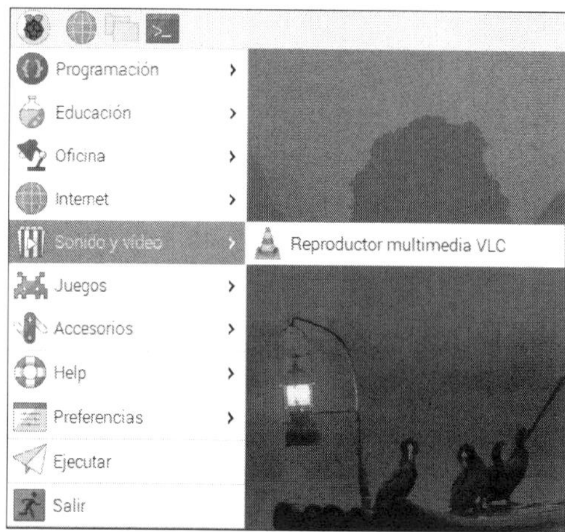

VLC

VLC es un reproductor multimedia gratuito y de código abierto que data de finales de los noventa. Puede reproducir un número impresionante de formatos de audio y vídeo, convertirlos a otro formato y distribuirlos por la red. Está disponible para una veintena de sistemas operativos diferentes.

Tenga en cuenta que **VLC** nunca utilizará la aceleración por hardware que ofrece la GPU de las generaciones 1, 2 y 3. Hay una forma de recompilar VLC para que tenga en cuenta la GPU (https://forums.raspberrypi.com/viewtopic.php?t=59814), pero a costa de la facilidad de uso (solo se puede controlar el software mediante las teclas del teclado). Si la aceleración por hardware es esencial para su uso, tendrá que acercarse a **omxplayer** (https://github.com/popcornmix/omxplayer), que era el reproductor multimedia más adecuado para las primeras Raspberry Pi.

3.6 Gráficos

Esta sección contiene software relacionado con gráficos e imágenes.

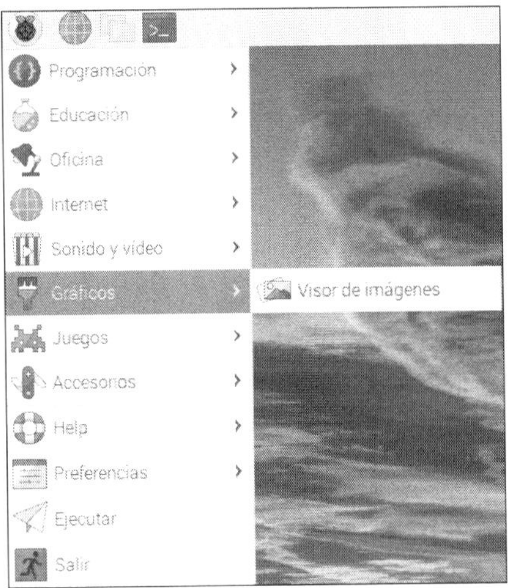

Visor de imágenes

GPicView es el programa elegido para mostrar imágenes. Cuando se ejecuta, muestra la primera imagen encontrada en el directorio en que se encuentre. Funciona de forma similar al Visor de Windows.

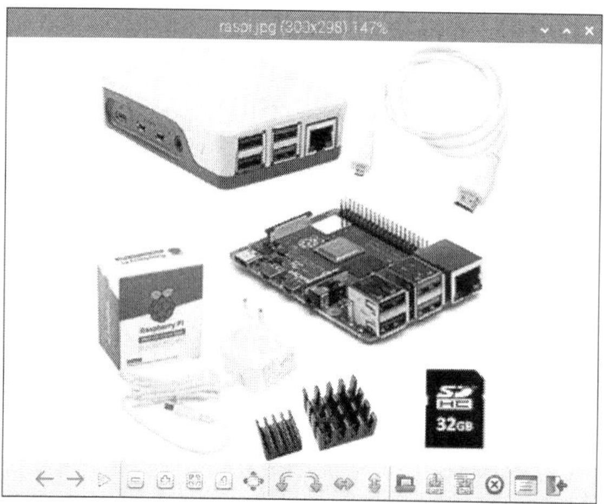

La captura de pantalla anterior muestra la visualización en pantalla de una foto. El nombre de la imagen aparece en la línea superior. Los botones de la línea inferior se pueden utilizar para desplazarse por las imágenes, iniciar una presentación de diapositivas, ajustar el tamaño de la imagen o girarla.

Haga clic con el botón derecho del ratón en la ventana **GPicView** para acceder al menú de la aplicación. Este contiene las opciones ofrecidas por los botones de la línea inferior, que pueden ocultarse. La opción **Preferencias** abre la siguiente ventana.

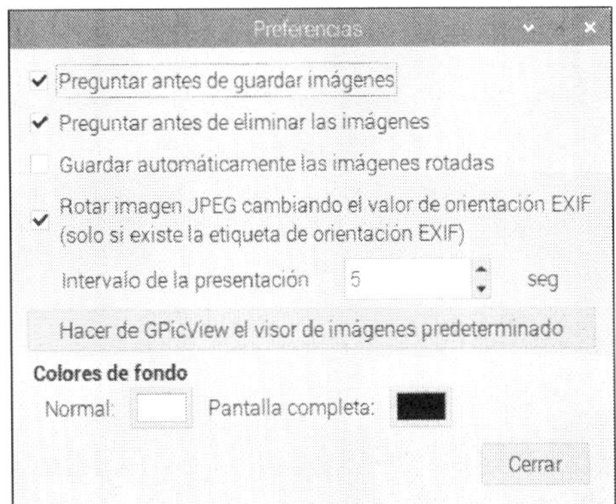

Por ejemplo, puede elegir el color de fondo, el intervalo de tiempo entre diapositivas para la presentación o establecer **GPicView** como visor de imágenes predeterminado.

3.7 Juegos

Esta sección contiene los juegos instalados en su sistema.

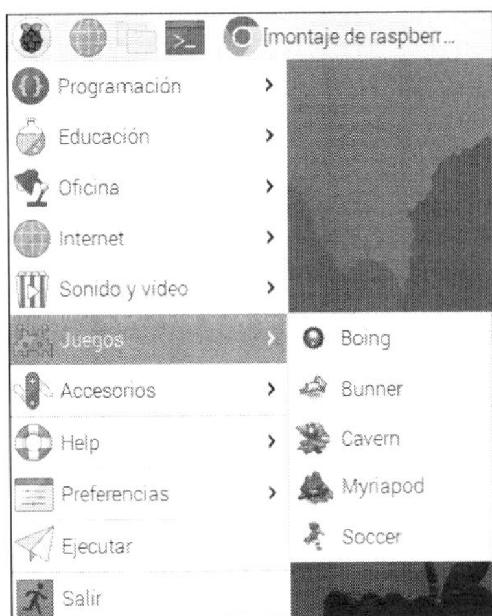

Hay cinco juegos preinstalados que se han programado en Python. Por lo tanto, su código fuente está disponible (https://github.com/Wireframe-Magazine/Code-the-Classics) y proporcionan una forma divertida de aprender sobre el mundo de la programación en Python.

3.7.1 Boing

Boing es la reproducción del juego de pong. Basado en el principio del tenis, enfrenta a dos jugadores que tienen que golpear la pelota de un lado a otro con una raqueta móvil.

3.7.2 Bunner

Infinite Bunner es un juego arcade cuyo objetivo es dirigir un conejito a través de un laberinto de obstáculos.

3.7.3 Cavern

Cavern es un juego arcade en el que debe moverse por un laberinto infestado de enemigos que debe evitar y destruir.

3.7.4 Myriapod

Myriapod es un shooter ambientado en el espacio. A los mandos de su nave espacial, tendrá que eliminar enemigos de todo tipo antes de que le alcancen.

3.7.5 Soccer

Soccer es una reproducción de un partido de fútbol. ¡De usted depende marcar el mayor número de goles!

3.8 Accesorios

La sección **Accesorios** ofrece una serie de programas informáticos.

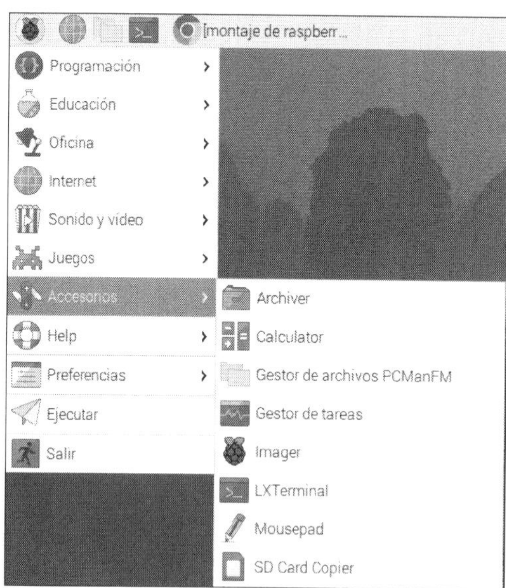

3.8.1 Calculator

Calculator es una calculadora con tres modos de funcionamiento accesibles desde el menú **Ver**:

- **El Modo Básico** muestra una calculadora básica para las cuatro operaciones, la raíz cuadrada y el cálculo de porcentajes. También dispone de una función de memoria para almacenar resultados (**MS** y luego **guardar aquí**), recuperarlos (**MR**) o sumarlos (**M+**).
- **El Modo Científico** ofrece una calculadora más completa con una amplia gama de funciones (potencias, factoriales, logaritmos, trigonometría, etc.). Las constantes pi y e están presentes, y es posible definir la base numérica y las unidades angulares por defecto. Para quienes estén familiarizados con las calculadoras HP que utilizan este modo de entrada, existe un modo de Notación Polaca Inversa.

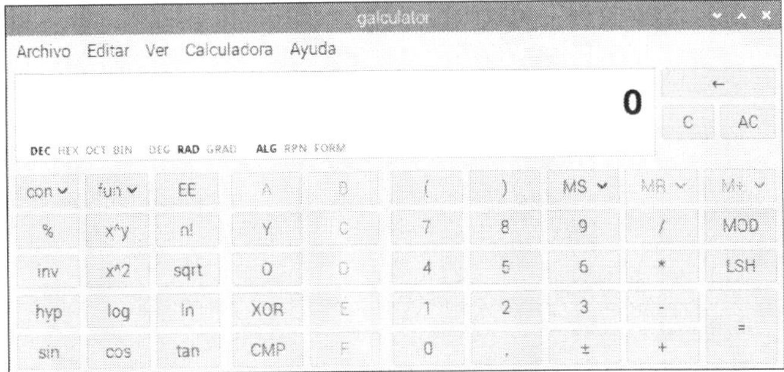

- El **Paper Mode** funciona línea por línea como si el usuario estuviera contando en una hoja de papel. Este modo acepta todas las operaciones y gestiona los niveles de corchetes.

3.8.2 Gestor de tareas

Herramienta esencial en cualquier sistema operativo, el **Gestor de tareas** mantiene informado al usuario sobre el funcionamiento del sistema operativo.

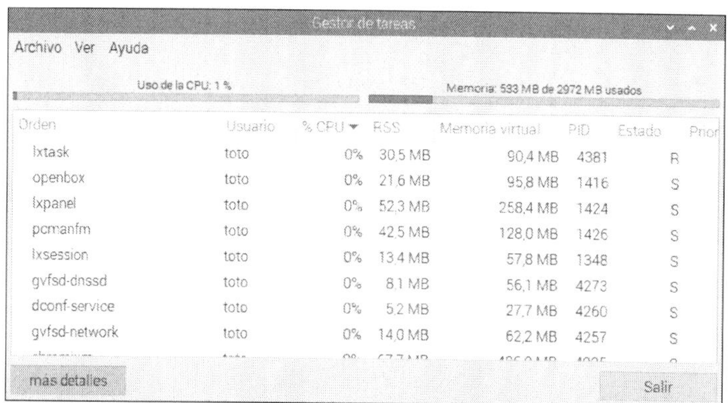

La parte superior de la ventana muestra dos indicadores de uso de la CPU y RAM. La parte inferior enumera los procesos que se están ejecutando en ese momento, con una serie de características para cada uno, como el usuario que lanzó el proceso, su carga de CPU, la cantidad de RAM utilizada (RSS = *Resident Set Size*) y el PID (*Process Identifier* = identificador de procesos).

Esta visualización de los recursos de su sistema operativo es una información esencial para diagnosticar y comprender ciertos problemas de ralentización de la Raspberry Pi, generalmente causados por procesos que monopolizan la CPU.

3.8.3 Imager

Aquí encontramos la herramienta Raspberry Pi Imager utilizada para instalar Raspberry Pi OS en una tarjeta SD. Esta herramienta se describe en detalle en el apartado Raspberry Pi Imager del capítulo Instalar Raspberry Pi OS de este libro.

3.8.4 LXTerminal

LXTerminal es nada más y nada menos que una ventana que ofrece una línea de comandos en el entorno gráfico. Su icono de acceso directo también está presente en el panel de control.

En relación con el sistema, se comporta como un terminal en modo texto y muestra los caracteres que recibe en una ventana. Es posible lanzar varias instancias de **LXTerminal**, es decir, mostrar simultáneamente varias ventanas de **LXTerminal** en la pantalla, cada una de las cuales puede ejecutar una o varias tareas diferentes. La barra de título contiene el prompt, es decir, una cadena de caracteres formada por el nombre del usuario que ejecuta la línea de comandos, separado por @ del nombre de la máquina en la que se están ejecutando las líneas de comandos, separado por : del directorio actual. Este prompt se repite en caracteres verdes y azules en cada línea que acepte caracteres del teclado.

Al abrirse, el tamaño del terminal se ajusta a las normas de los terminales informáticos, mostrando 24 líneas de 80 caracteres. Puede cambiar el tamaño de la ventana de la siguiente manera:

- Mantenga el ratón sobre una de las esquinas de la ventana **LXTerminal**. El cursor aparecerá como una doble flecha oblicua.

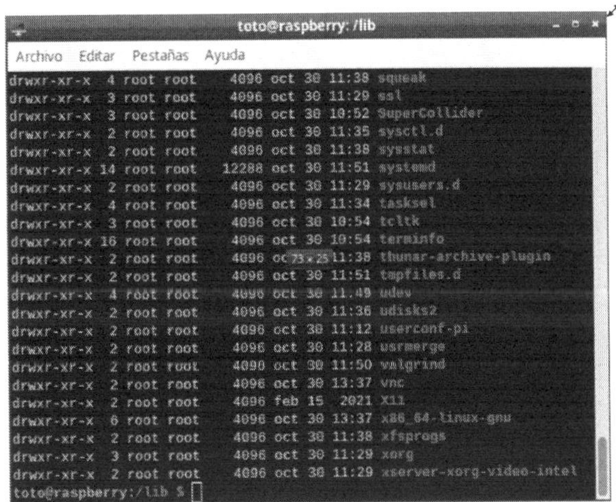

- Cuando el cursor sea una flecha diagonal doble, pulse el botón izquierdo del ratón y muévalo mientras lo mantiene pulsado.

- Cuando haya alcanzado el tamaño deseado, suelte el ratón.

LXTerminal dispone de una barra de menús con las opciones **Archivo**, **Edición**, **Pestañas** y **Ayuda**. Al pulsar la tecla [Alt], las letras del menú aparecen subrayadas. Estas letras subrayadas indican los atajos de teclado para acceder a los menús: pulsando simultáneamente las teclas [Alt] y A se abre el menú **Archivo**.

El menú **Archivo** permite abrir una nueva ventana de **LXTerminal** o una nueva pestaña dentro del propio **LXTerminal**. También es posible cerrar la pestaña activa o salir completamente de **LXTerminal**.

El menú **Edición** le ofrece la posibilidad de copiar y pegar, así como de acercar y alejar la imagen. La opción **Preferencias** le da acceso a una serie de opciones:

- La pestaña **Estilo** agrupa las opciones de fuente, tamaño de fuente, color de fondo, color de fuente y tipo de cursor.
- La pestaña **Mostrar** permite elegir la posición de las pestañas (arriba, abajo, derecha o izquierda), el número de líneas de texto almacenadas (1000 por defecto) y la visualización de las distintas barras y botones.
- La pestaña **Avanzado** le permite modificar la elección de caracteres para la selección de palabras, y el uso de las teclas [F10] y [Alt] N. Normalmente no hay cambios que hacer en esta pestaña.
- Por último, la pestaña **Atajos** permite definir las combinaciones de teclas asociadas a un conjunto de acciones que se deban realizar en **LXTerminal**, como abrir o cerrar ventanas o pestañas.

El menú **Pestañas** permite asignar un nombre a las pestañas, lo que puede resultar útil cuando hay varias abiertas. En este menú también puedes pasar de una pestaña a otra (izquierda o derecha) y mover las propias pestañas para organizar el espacio de trabajo.

El menú **Ayuda** solo contiene una opción: **Acerca de**, que ofrece el número de versión de **LX-Terminal**, un enlace a lxde.org, los nombres y datos de contacto de los autores y el traductor, y el texto de la licencia del terminal.

3.8.5 Gestor de archivos

El elemento **Abrir en el gestor de archivos** abre PCManFM (*PCMan File Manager*). Este es el gestor de archivos por defecto proporcionado por LXDE.

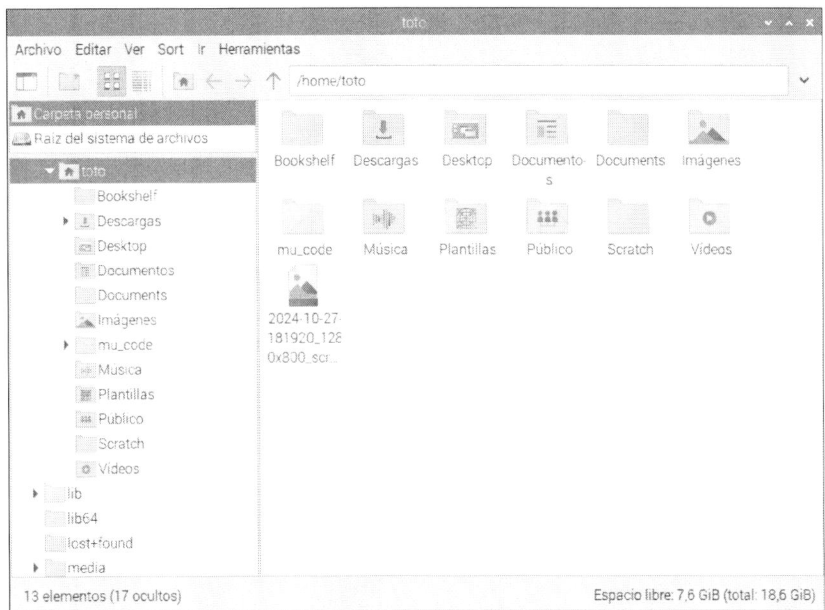

PCManFM es de uso intuitivo y muy similar al de otros gestores de archivos. En el menú **Editar**, la opción **Preferencias** le permite ajustar la configuración del programa a sus gustos o necesidades. Por ejemplo, las imágenes aparecen como previsualizaciones si su tamaño no supera los 2 MB. Las imágenes de tamaño superior se representan con un icono estándar para no ralentizar la visualización. Esta propiedad se ajusta en la categoría **Pantalla** de la ventana **Preferencias**.

Puede activar la visualización de archivos ocultos en el menú **Ver**, marcando la casilla correspondiente.

Cuando se conecta una llave USB al sistema, un mensaje de advertencia indica que es compatible. Se pide al usuario que abra el dispositivo en el gestor de archivos.

Con solo utilizar PCManFM y explorar los menús, se familiarizará rápidamente con la herramienta.

3.8.6 Visor de PDF

PDF Viewer es un visor de documentos. Se utiliza principalmente para leer archivos PDF, aunque también puede abrir imágenes u otros formatos de documento como EPUB o XPS.

Los documentos abiertos se organizan en pestañas, que pueden gestionarse mediante el menú **Pestañas**. Otros menús permiten abrir y cerrar documentos, buscar, visualizar (una página, dos páginas, continuo, etc.) y gestionar el zoom y la rotación. Dispone de todas las funciones de un lector de PDF completo y personalizable. Una barra de herramientas personalizable le permite crear un conjunto de botones de fácil acceso.

Tenga en cuenta que, por defecto, los archivos PDF se abren en el navegador web Chromium, que solo dispone de funciones básicas de lectura. Para abrir un documento PDF en **PDF Viewer**, siga estos pasos:

⇉ En el administrador de archivos, haga clic con el botón derecho en el archivo PDF que desea abrir y seleccione **Abrir con**.

⇉ En la ventana **Elegir una aplicación** que aparece, muestre la pestaña **Aplicaciones instaladas**.

⇉ Desplácese hasta **Accesorios** y seleccione **Visor de PDF**.

⇉ Si desea establecer **PDF Viewer** como aplicación predeterminada en lugar del navegador web Chromium, marque la casilla **Establecer la aplicación seleccionada como predeterminada para abrir este tipo de archivo** en la parte inferior de la ventana.

⇉ Haga clic en **Validar** para abrir el documento.

3.8.7 Raspberry Pi Diagnostics

La herramienta **Raspberry Pi Diagnostics** ha sido diseñada para proporcionar a los usuarios una serie de pruebas para la solución de problemas de su sistema. Hasta la fecha, solo hay una, la prueba de velocidad de la tarjeta SD (véase el apartado La velocidad del capítulo Instalar Raspberry Pi OS).

Conocida como **SD Card Speed Test**, se utiliza para comprobar que su tarjeta SD tiene las características necesarias para que su sistema funcione correctamente. Para que sea relevante, esta prueba debe realizarse en una tarjeta SD recién instalada. Cuanto más se utilice el sistema, mayor será el riesgo de que la prueba de lectura/escritura secuencial de archivos largos se vea ralentizada por una tarjeta SD llena de archivos.

Al hacer clic en el botón **Run Test** se inicia la prueba, que dura unos cuantos segundos. Una vez finalizado el procedimiento, se muestra el resultado de la prueba: **PASS** en verde o **FAIL** en rojo.

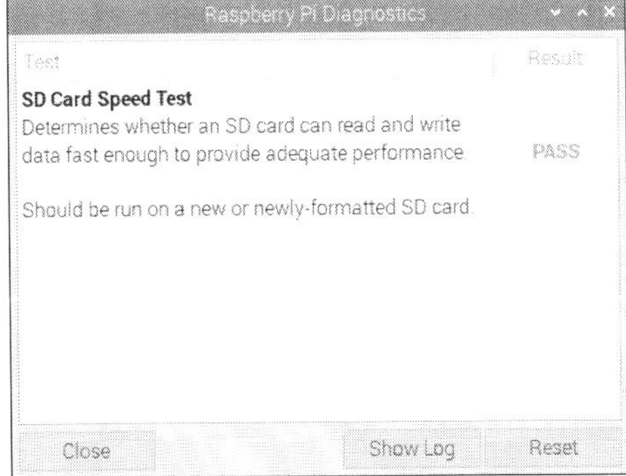

Los resultados detallados y encriptados se registran en un archivo llamado rpidiags.txt guardado en el directorio personal del usuario. Haga clic en el botón **Show Log** para abrir este archivo y ver los detalles de la prueba.

Esta herramienta tiene la ventaja de ofrecer la posibilidad de comparar el rendimiento real de diferentes tarjetas SD, aunque se limite a la tarjeta SD del lector incorporado.

3.8.8 SD Card Copier

Una de las herramientas que faltaba entre las muchas utilidades disponibles en Raspbian era un copiador de tarjetas SD. Para hacer una copia de seguridad de un sistema en ejecución, había que apagarlo, extraer la tarjeta SD y copiar la tarjeta a un lector de tarjetas SD conectado a un PC o Mac. Con **SD Card Copier**, Raspberry Pi OS ahora tiene una herramienta para hacer una copia de un sistema activo a otra tarjeta SD. Las siguientes capturas de pantalla le guiarán paso a paso a través de la copia de seguridad o clonación de su tarjeta SD.

Para copiar la tarjeta micro SD de su Raspberry, primero necesita conectar un lector de tarjetas SD a uno de los puertos USB. Si desea copiar una tarjeta SD distinta de la que se encuentra en su Raspberry Pi actual, necesitará un segundo lector de tarjetas SD conectado a un segundo puerto USB.

Inserte una tarjeta micro SD con una capacidad al menos igual a la que desea copiar, ya que la herramienta no cambia el tamaño de la partición, y el espacio no utilizado de la tarjeta SD de origen también se copia sin cambios en la tarjeta de destino.

⇉ Inicie **SD Card Copier** desde el **Menú Raspberry**, luego **Accesorios**. Se abrirá la ventana de la herramienta.

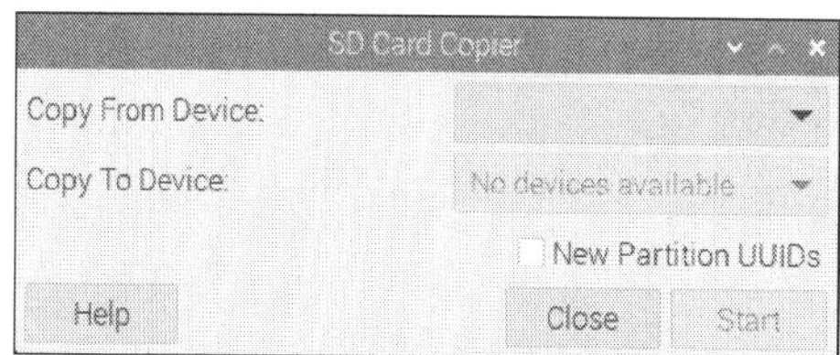

La tarjeta desde la que se va a copiar se puede seleccionar en la lista **Copy From Device**. La tarjeta de destino se muestra en la lista **Copy To Device**.

La casilla de verificación **New Partition UUIDs** se utiliza para regenerar el *Universal Unique Identifier* (Identificador Único Universal) de las particiones que se van a copiar. El sistema operativo identifica cada partición por este identificador, pudiendo aparecer un mensaje de error crítico si intenta montar dos particiones con el mismo UUID en el mismo sistema. Si quiere guardar una copia de seguridad de su sistema por si acaso, y está seguro de no utilizar la copia al mismo tiempo que el original, puede dejar la casilla sin marcar. Por otro lado, si quiere clonar un sistema y potencialmente tener que usar este clon en el mismo sistema, es esencial marcar la casilla.

⇉ Seleccione el origen de la copia en **Copy From Device** y, a continuación, seleccione el destino en **Copy To Device**.

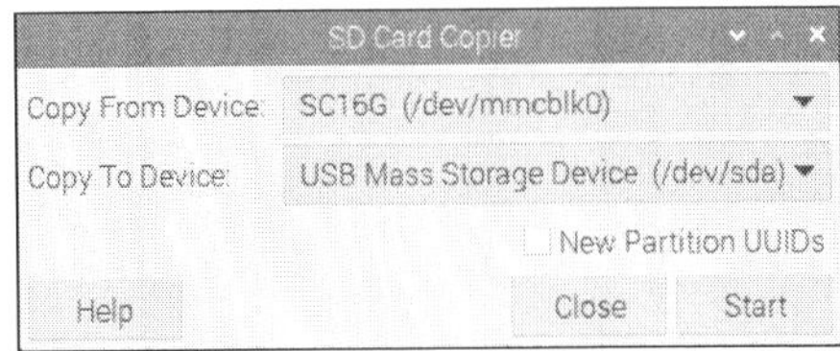

⇉ Haga clic en el botón **Start**.

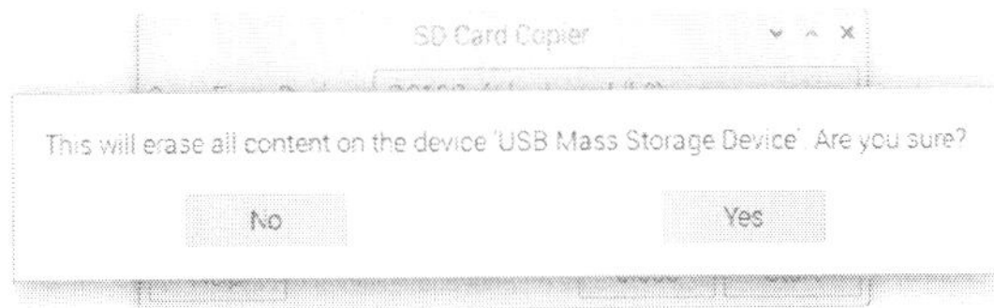

⇉ El programa le informa de que la operación es peligrosa. Se perderán todos los datos de la tarjeta de destino. Si está seguro de que puede borrar el contenido de la tarjeta SD de destino sin arrepentirse, haga clic en **Sí**.

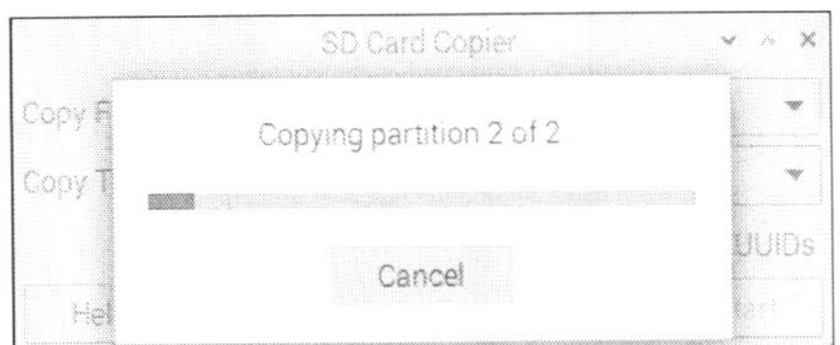

Una barra de progreso le permite seguir la evolución de las operaciones. El software prepara la tarjeta de destino creando particiones y, a continuación, copia el contenido de las particiones de origen en la de destino. Copiar una tarjeta micro SD de 16 GB a una Raspberry Pi 3 lleva unos diez minutos. Es importante entender que el software realiza una copia estricta byte a byte, incluyendo los que están en el espacio libre, por lo que sea cual sea el espacio ocupado, el tiempo de copia será el mismo para una tarjeta de 16 GB.

Una vez finalizada la operación, la ventana que aparece a continuación indica el final de la copia.

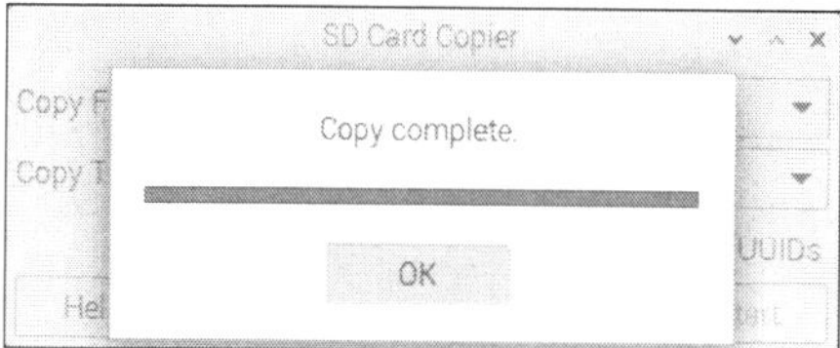

⇉ Pulse el botón **OK**.

La tarjeta micro SD en la que se ha copiado la tarjeta original puede extraerse ahora del lector de tarjetas. Compruébela insertándola en una Raspberry Pi para ver que funciona. Puede utilizarla en otra Raspberry Pi o guardarla en un lugar seguro para poder reiniciar rápidamente una Raspberry Pi cuya tarjeta se haya dañado.

3.8.9 Text Editor (Editor de texto)

Mousepad es ahora el editor de texto instalado en Raspberry Pi OS. Este editor de texto rápido y sencillo le permite realizar operaciones comunes en archivos de texto.

Como la mayoría de los programas Pixel, los documentos se organizan en pestañas. La barra de menús ofrece todas las operaciones clásicas, como abrir, guardar, copiar y pegar texto y buscar, así como funciones más avanzadas para editar archivos binarios o código fuente. Desde el menú Edición y luego Preferencias, así como Documento, es posible configurar la visualización de caracteres especiales (saltos de línea, por ejemplo), los colores del software, los números de línea, localizar pares de corchetes, gestionar la sangría con tabuladores, etc.

La siguiente captura de pantalla muestra un informe de prueba de tarjeta SD realizado con Raspberry Pi Diagnostics (apartado Raspberry Pi Diagnostics de este capítulo) mostrando espacios y saltos de línea.

~/Documentos/rdiags.txt - Mousepad

Archivo Editar Buscar Ver Documento Ayuda

```
Raspberry Pi Diagnostics - version (unknown)
Fri Aug 18 09:45:04 2023

Test : SD Card Speed Test
Run 1
prepare-file;0;0;16094;31
seq-write;0;0;18113;35
rand-4k-write;0;0;3193;798
rand-4k-read;9186;2296;0;0
Sequential write speed 18113 KB/sec (target 10000) - PASS
Random write speed 798 IOPS (target 500) - PASS
Random read speed 2296 IOPS (target 1500) - PASS
Test PASS
```

Al igual que el **PDF Viewer, Mousepad** no es el software predeterminado para los archivos de texto con extensión .txt. Si desea abrir todos los archivos .txt, deberá seguir el mismo procedimiento descrito en el apartado Visor de PDF de este capítulo.

3.8.10 Xarchiver

Al igual que 7-Zip, WinZip, WinRar y The Unarchiver, **Xarchiver** comprime y archiva ficheros y carpetas en un único archivo. Soporta formatos estándar actuales como 7-zip, arj, bzip2, gzip, rar, lha, lzma, lzop, deb, rpm, tar, zip, así como formatos más específicos como Android .apk. Es capaz de generar archivos zip, 7-zip y rar autoextraíbles, lo que significa que no será necesario tener instalado software de descompresión en la máquina de destino, ya que el propio archivo incorpora su propio software de descompresión. También permite navegar por el interior de los archivos, añadir contraseñas y encriptarlos.

Por supuesto, **Xarchiver** fue elegido por su ligereza y las pocas dependencias que requiere para funcionar. Es fácil de utilizar y la interfaz es clara e intuitiva.

Crear un archivo con Xarchiver

⇉ Desde el **Menú Raspberry**, haga clic en **Xarchiver** en **Accesorios**.

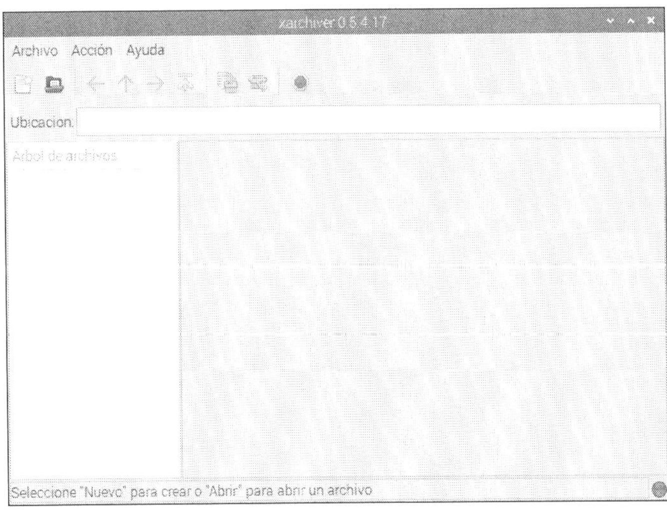

⇉ Cree un nuevo archivo haciendo clic en **Archivo - Nuevo** o en el icono **Crea un archivo** en la parte superior izquierda de la ventana.

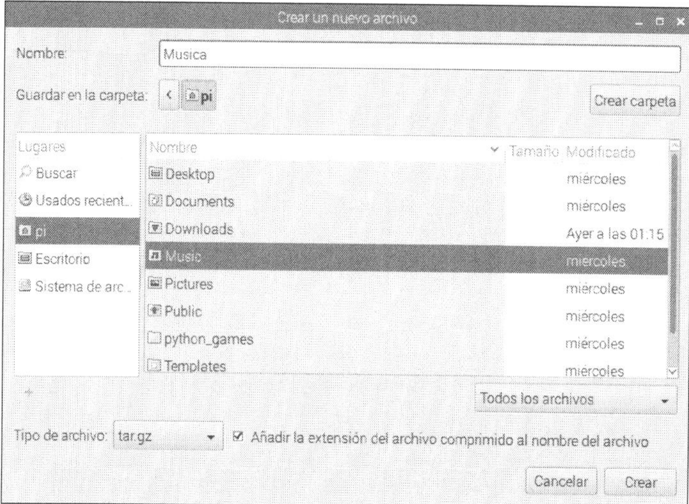

⇉ Escriba el nombre que desee dar al archivo en la línea superior de la ventana (aquí: **Musica**).

⇉ Elija la carpeta en la que se guardará el archivo (aquí: **~/osboxes/Downloads**).

⇉ En la lista desplegable Tipo de archivo, situada en la parte inferior de la ventana, seleccione el formato de archivo que desee (aquí:**tar.gzip**).

⇉ Haga clic en el botón **Crear** para confirmar sus opciones y crear el fichero de archivo.

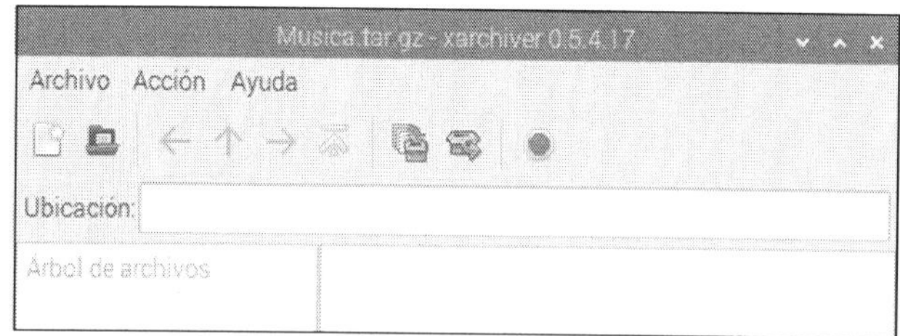

En esta captura de pantalla, puede ver que el archivo acaba de ser creado porque su nombre musica.tar.gz aparece en la barra de título, antes del nombre del programa. Su contenido está vacío.

Añadir ficheros al archivo

- Haga clic en **Acción - Añadir** en la barra de menús.

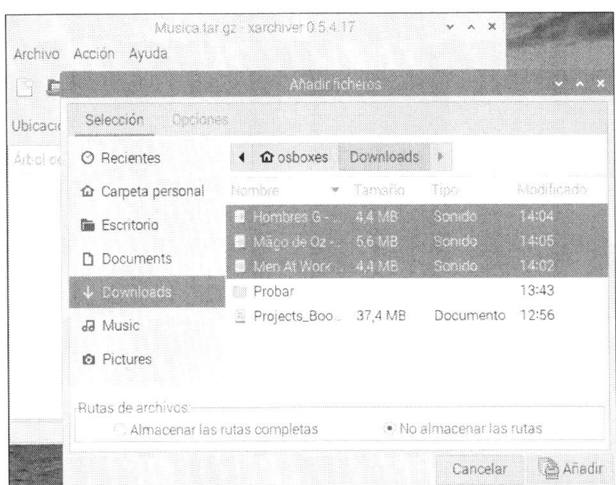

Se abre la ventana **Añadir ficheros**. Aquí puede seleccionar los ficheros que desea añadir al archivo.

- Seleccione la carpeta que contiene los archivos que desea añadir.
- Seleccione los archivos haciendo clic en su nombre. Utilice las teclas [Mayús] y [Ctrl] para realizar selecciones múltiples.
- Una vez completada la selección, pulse el botón **Añadir** situado en la parte inferior derecha de la ventana. Repita la operación si necesita añadir más archivos.

La luz LED (parte inferior derecha de la ventana) parpadea mientras se añaden ficheros al archivo. Cuando los archivos se han añadido, aparecen en la parte central de la ventana.

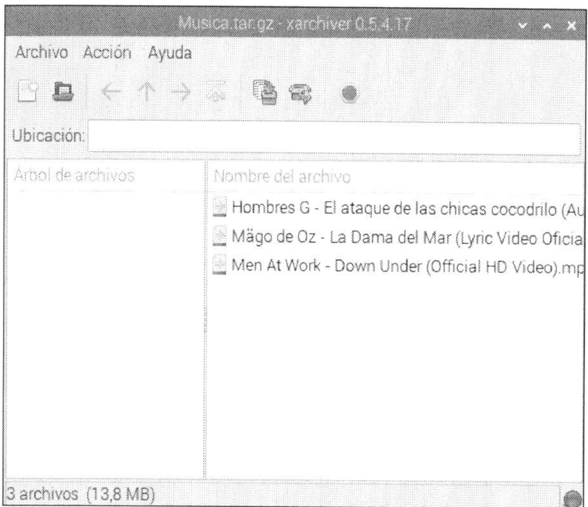

⇉ Cierre la ventana haciendo clic en el botón **Cerrar** simbolizado por una cruz en la parte superior derecha de la ventana, o seleccionando **Archivo - Salir** en la barra de menús.

La siguiente ventana muestra el archivo `musica.tar.gz` creado en la `carpeta ~/ pi/ Music`.

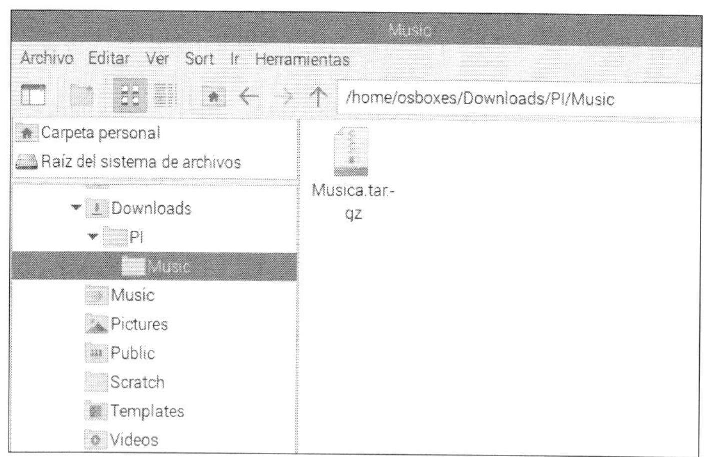

Extraer ficheros del archivo

⇉ En la carpeta `~/pi/Music`, haga doble clic en el archivo de almacenamiento `musica.tar.gz` para abrirlo.

Aparece la ventana de **Xarchiver**, que muestra el contenido del archivo.

⇉ Seleccione el archivo o archivos que desea extraer. Haga clic en el icono de extracción, que representa una flecha que sale de un recuadro (el recuadro de información muestra **Extraer archivos** al pasar el ratón por encima del icono).

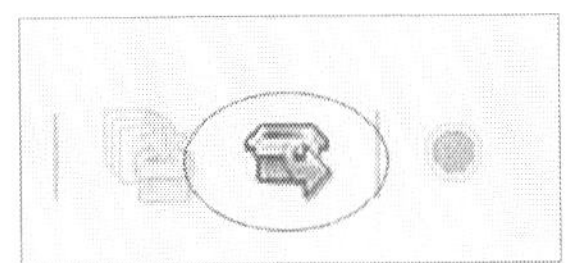

Aparecerá la siguiente ventana:

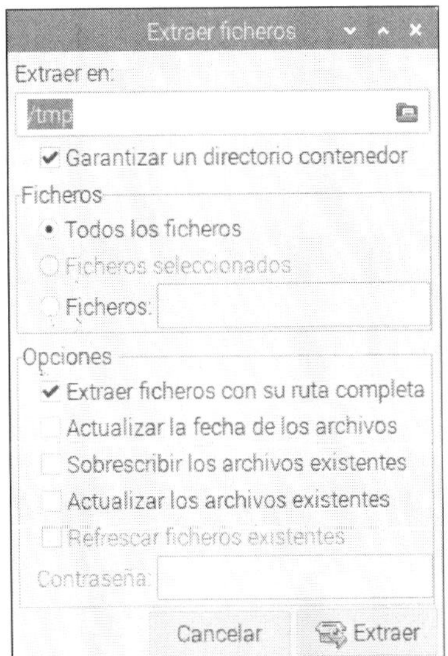

⇉ Ajuste la configuración a sus necesidades y, a continuación, haga clic en el botón **Extraer**.

Xarchiver descomprime los archivos seleccionados y los guarda en la ubicación especificada. El archivo no se modifica con esta operación y siempre que sea necesario será posible repetir la operación.

3.9 Help

La sección Help proporciona documentación y enlaces para ayudar a los usuarios de Raspberry Pi OS.

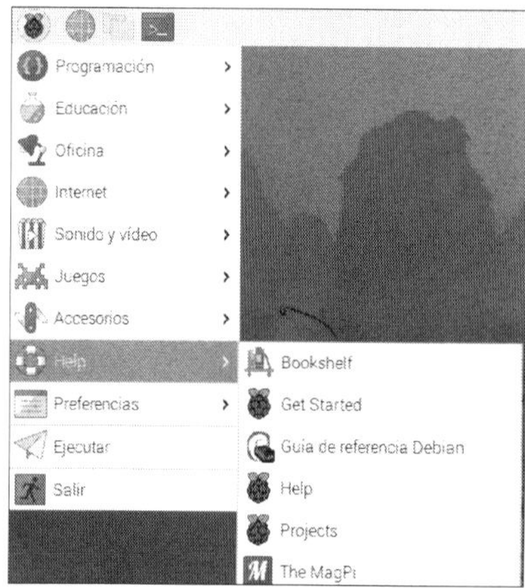

3.9.1 Bookshelf

Bookshelf es un programa que le permite acceder a libros digitales y revistas relacionadas con la Raspberry Pi.

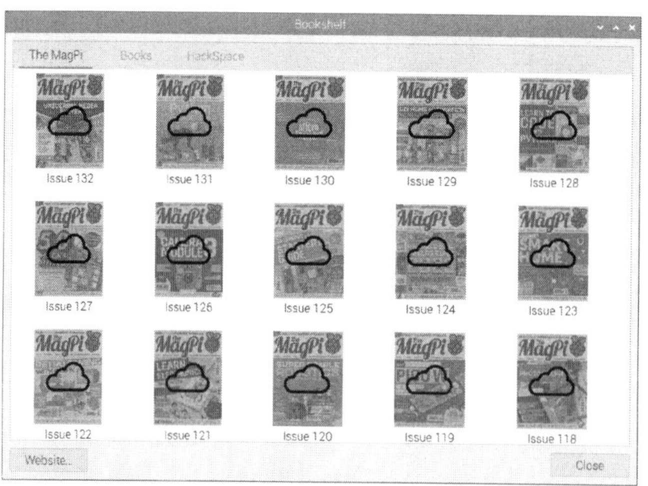

Bookshelf presenta tres pestañas:

- **The MagPi** es la revista mensual oficial de la Raspberry Pi. Creada al mismo tiempo que el nano-ordenador, ofrece a los lectores artículos de presentación de los productos, ejemplos de proyectos y sus programas. La revista está disponible gratuitamente en versión digital PDF, pero también puede suscribirse a la versión en papel.
- **Books** es una colección de libros digitales gratuitos, normalmente en inglés, que explican un área de aplicación concreta para la Raspberry Pi. Por ejemplo, puede descubrir cómo programar en C, crear proyectos de asistente de voz o utilizar FreeCAD (software de diseño 3D).
- **HackSpace** es una revista mensual gratuita en inglés que presenta técnicas, proyectos y logros para aficionados y creadores. Desde la impresión 3D hasta el corte por láser y objetos conectados.

Cada pestaña muestra una lista de revistas o libros descargables en forma de iconos. Los iconos grises marcados con una nube son documentos descargables, mientras que los demás iconos sin nube son documentos PDF ya descargados. Haga doble clic en un icono para descargar y ver el documento. Si hace clic con el botón derecho del ratón sobre el icono, tendrá otras acciones posibles, incluida la eliminación de la descarga, muy útil cuando se necesita espacio en disco. Si señala un icono, obtendrá en unos segundos una descripción completa del documento.

El botón **Website...**, abajo a la derecha, le lleva al sitio web de la revista.

Aunque la mayoría de estos documentos están en inglés, le recomiendo que los hojee con regularidad, ya que contienen muchas ideas para proyectos, obras y técnicas que nunca habría imaginado.

3.9.2 Get Started

Get Started le envía al sitio web de la Fundación para consultar la documentación de puesta en marcha de la Raspberry Pi. Puede seleccionar su idioma en la parte superior de la página para ver las traducciones disponibles.

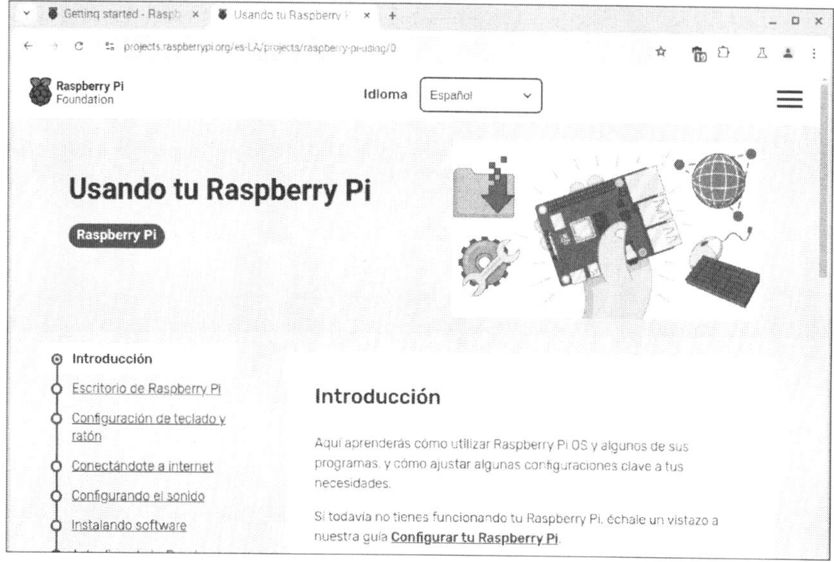

El estilo utilizado está más dirigido a los niños que descubren la tarjeta, pero la información facilitada también puede ser útil para mayores.

3.9.3 Guía de referencia de Debian

La **Guía de referencia de Debian** de Osamu Aoki es una forma interesante de aprender más sobre Debian y, por tanto, sobre el sistema operativo Raspberry Pi. La versión en inglés está integrada directamente en el sistema operativo, por lo que no necesita Internet para consultarla. Si prefiere la versión en español, aquí tiene el enlace:
http://www.debian.org/doc/manuals/debian-reference/

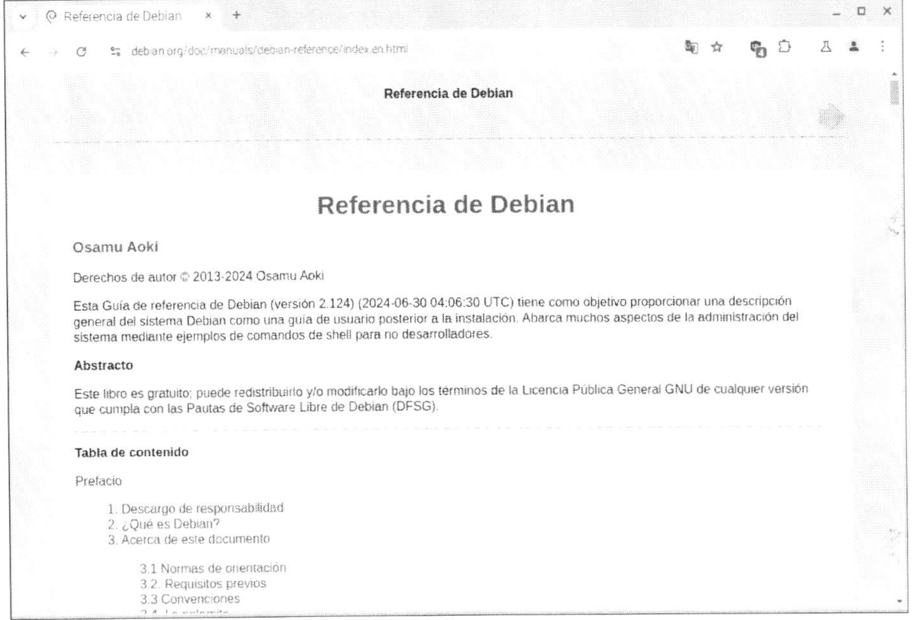

Este documento se distribuye bajo la licencia GNU GPL y es de libre redistribución.

3.9.4 Help

El elemento **Help** proporciona un enlace a las páginas de ayuda de la Fundación.

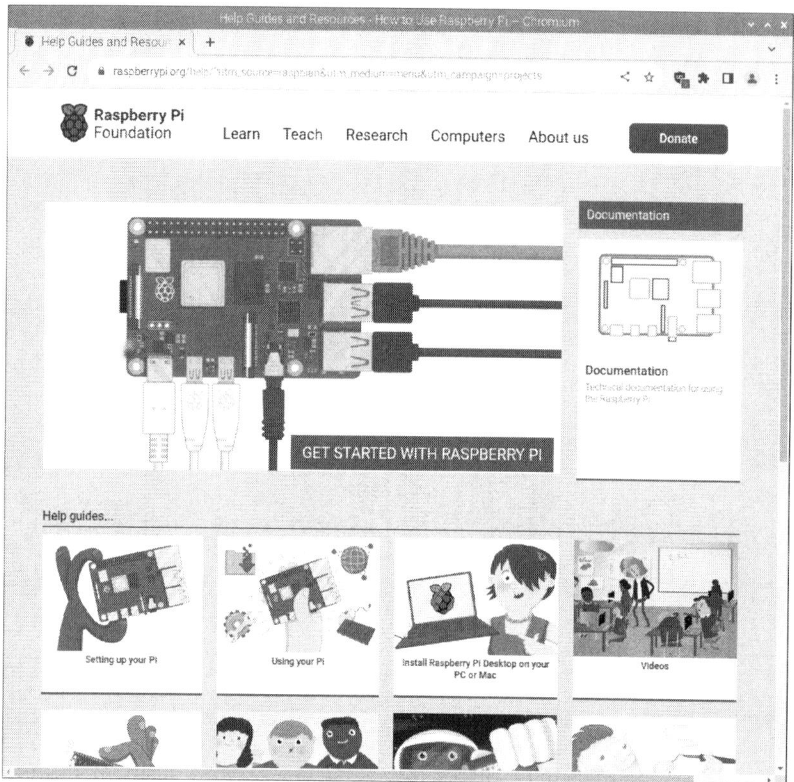

La ayuda que se ofrece aquí es más detallada y precisa que la del enlace **Get Started** y está pensada para que también la consulten los usuarios más experimentados.

3.9.5 Projects

El enlace **Projects** le lleva a la página web de la Fundación, donde puede elegir sus primeros proyectos Raspberry Pi según sus preferencias y habilidades iniciales.

La página, que está disponible en español, ofrece un asistente en el que puede elegir sus preferencias para guiar a los niños hacia creaciones que se ajusten a su nivel.

3.10 Preferencias

La sección **Preferencias** contiene las aplicaciones y programas que le permiten adaptar el sistema operativo a sus necesidades o sus hábitos.

Aquí puede personalizar la apariencia del escritorio, los programas y paquetes instalados, el uso del teclado, el ratón, el **Menú Raspberry**, etc.

3.10.1 Add / Remove Software

La traducción literal de **Add / Remove Software** es *Añadir/Quitar Software*. Sin embargo, aquí significar Añadir/Quita **Paquetes** lo que es ligeramente distinto.

En pocas palabras, el software suele constar de varios paquetes. Cuando es muy pequeño y sencillo, puede reducirse a uno solo. Pero en general, el software se descompone en varios componentes, opcionales u obligatorios, que también pueden compartirse entre programas. Por ejemplo, si hablamos de LibreOffice, encontramos los programas Writer, Calc, Draw y Base, entre otros. Y es fácil imaginar que estos paquetes utilizan bibliotecas de código comunes contenidas en otros paquetes.

Llevando el concepto un paso más allá, también es posible compartir código entre paquetes de software (por ejemplo, gestión de menús) para reutilizar lo que ya está desarrollado por otros.

Un paquete no solo contiene los archivos con el código ejecutable, sino también las relaciones que puede tener con otros paquetes (dependencias, gestión de versiones, actualizaciones sugeridas, etc.). El gestor de paquetes es el software encargado de leer esta información y proponer la instalación (o eliminación) de otros paquetes en función de las dependencias, con el fin de mantener la coherencia del conjunto, lo que no siempre es fácil, ¡créame!

El gestor de paquetes utilizado aquí es **PiPackage**, que está basado en Package Kit. Permite a los usuarios gestionar los paquetes instalados en su máquina. Es el equivalente gráfico de apt, el gestor de paquetes utilizado en la línea de comandos.

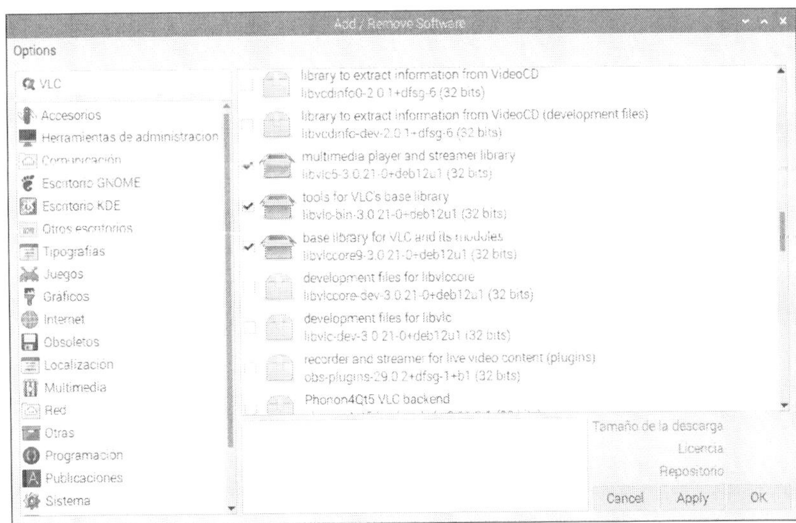

A la izquierda de la ventana aparece una lista de los epígrafes en los que se clasifican los paquetes disponibles. Encima de esta lista hay un cuadro de texto en el que puede introducir una palabra clave para buscar paquetes relacionados con ella. La parte central de la ventana enumera los paquetes disponibles según la búsqueda realizada o el epígrafe seleccionado. Al hacer clic en la línea de un paquete, aparece una breve descripción en la parte inferior de la ventana.

Las casillas de verificación situadas junto a cada paquete le informan de si está instalado en la máquina (marcado) o disponible para su instalación (sin marcar). Si realiza un cambio en la lista de casillas de verificación, las instalaciones o eliminaciones solicitadas no se llevarán a cabo hasta que haga clic en el botón **Apply**.

En la mayoría de los casos, la instalación de software se puede hacer en la línea de comandos a través de `apt`, con el nombre del paquete, que llamaré 'el paquete principal, permitiendo que todas las dependencias necesarias se instalen a la vez. Esta operación también se puede realizar con **PiPackage**, buscando el nombre del paquete principal e instalándolo.

Mientras que las instalaciones no suelen ser problemáticas, las eliminaciones de paquetes pueden provocar "agujeros" en otros programas existentes (conjuntos de paquetes), aunque el gestor de paquetes normalmente debería avisarle de ellos. Por tanto, esta herramienta debe utilizarse con precaución, especialmente al eliminar paquetes.

Como puede ver, **Agregar/Eliminar software bajo Raspberry Pi OS** no es para nada herramienta tan sencilla como **Agregar/Eliminar programas** en Windows. Para acercarse a ello, le invito a explorar el elemento **Recommended Sotware** en el apartado Recommended Software de este capítulo.

3.10.2 Apparearance Settings

El elemento **Appearance Settings** se utiliza para configurar la apariencia del escritorio y de los menús. Se describe en detalle en el apartado El escritorio de este capítulo.

3.10.3 Teclado y ratón

La opción **Teclado y ratón** permite configurar las opciones del teclado y del ratón, como la velocidad a la que se mueve el cursor o la velocidad a la que se repite una tecla que se mantiene pulsada.

3.10.4 Configuración de impresión

Sea cual sea el sistema operativo, instalar una impresora puede convertirse rápidamente en una carrera de obstáculos, por la complejidad de la tarea desde el punto de vista técnico. Desde el punto de vista del usuario, "Archivo + Imprimir" es una operación sencilla, pero esconde una complejidad considerable debido a la cantidad de fabricantes de impresoras, las diferentes técnicas de impresión, las funciones que ofrece la impresora y las posibilidades de conectarla al ordenador (red, USB, etc.).

En Linux, CUPS (*Common Unix Printing Standard* o en español Sistema común de impresión para Unix) es el componente del sistema operativo encargado de la impresión, desde cualquier software con un comando **Imprimir** hasta el controlador de hardware de la impresora. Durante mucho tiempo, CUPS tuvo que ser instalado a posteriori en Raspbian. Ahora está preinstalado en Raspberry Pi OS y su interfaz web está disponible en http://localhost:631.

Mejor aún, la herramienta *system-config-printer*, a la que se puede acceder desde el elemento **Configuración de impresión**, hace que la instalación de los controladores de impresora sea aún más sencilla de lo que podría ser en Windows, por ejemplo. De hecho, *system-config-printer* permite detectar, buscar y seleccionar el modelo de impresora, así como instalar los controladores y configurar la cola de impresión en CUPS.

Añadir una impresora de red

Al iniciarse por primera vez, *system-config-printer* presenta una lista vacía de impresoras instaladas. Pulse el botón **Añadir** para iniciar la instalación de su impresora. Tenga en cuenta que se puede acceder a la misma función desde el menú **Servidor**, **Nuevo**, **Impresora**.

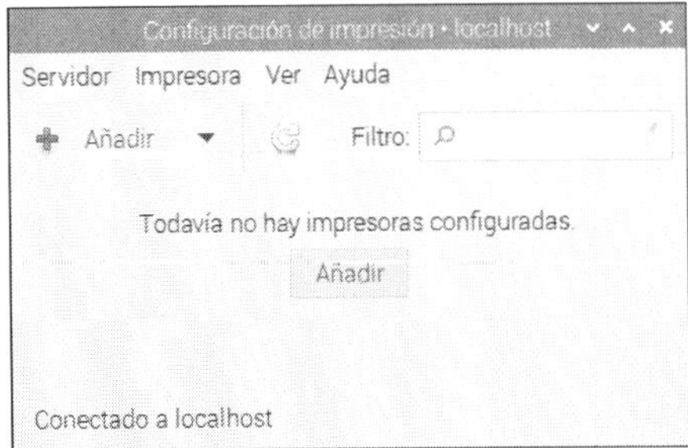

Pulse el botón **Añadir** para iniciar el proceso de añadir la impresora.

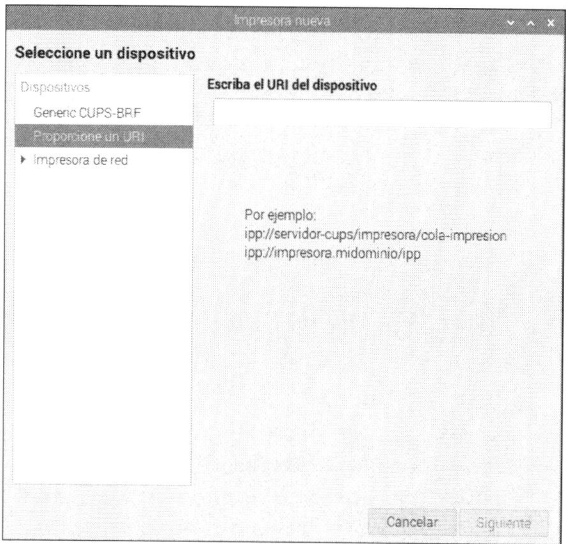

Se abre una ventana **Impresora nueva**, que ofrece diferentes formas de acceder a su impresora. Hay muchas opciones, no siempre fáciles de entender para el usuario novato. Sin poder abarcar todos los casos posibles en estas pocas líneas, vamos a ver cómo añadir una impresora conectada a la red local, el escenario más habitual. Tendrá que adaptar los pasos siguientes a la marca y tipo de su impresora.

⇒ En la lista **Dispositivos**, desplácese hasta **Impresora de red** y seleccione **Buscar impresora de red**.

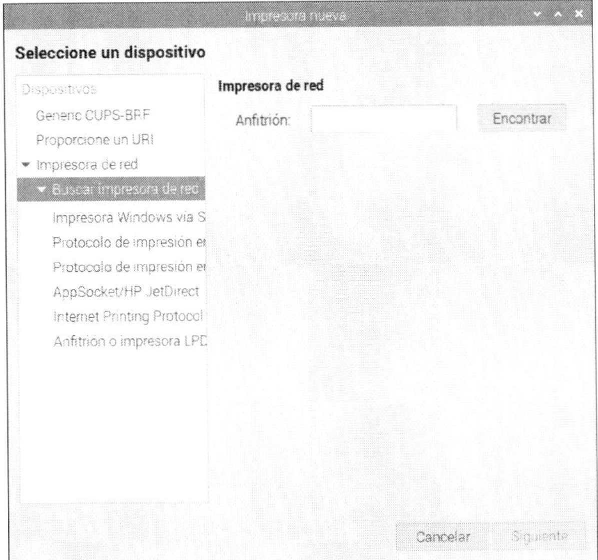

⇉ A la derecha, en el campo **Anfitrión**, introduzca la dirección IP de su impresora y haga clic en **Encontrar**.

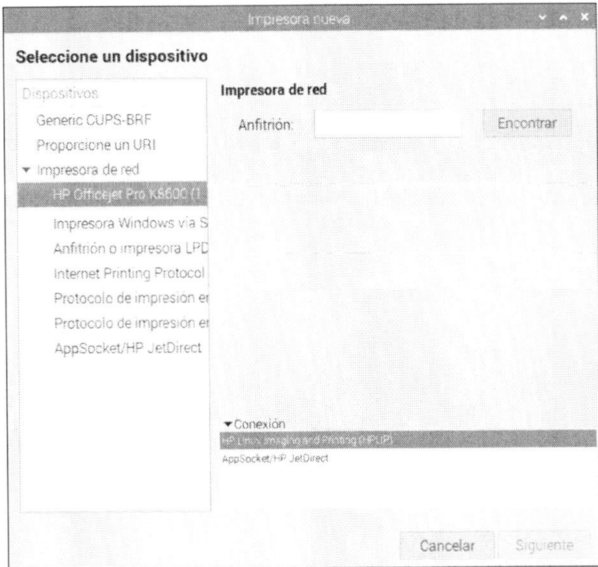

Dependiendo de su impresora y de su fabricante, *system-config-printer* le sugerirá uno o varios controladores compatibles con su dispositivo. En el ejemplo siguiente para una impresora HP, se propone la instalación del controlador HPLIP (*HP Linux Imaging and Printing*), dedicado a la comunicación con escáneres e impresoras multifunción HP.

⇉ Haga clic en **Siguiente** para iniciar la instalación.

Una vez descargados e instalados los controladores, aparecerá la siguiente ventana.

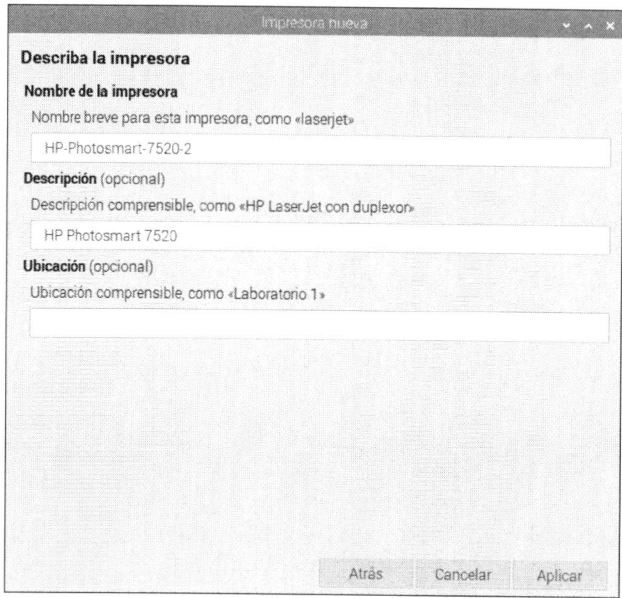

⇉ En la ventana **Describa la impresora**, puede personalizar el nombre, la descripción y la ubicación de su impresora. A continuación, haga clic en el botón **Aplicar**.

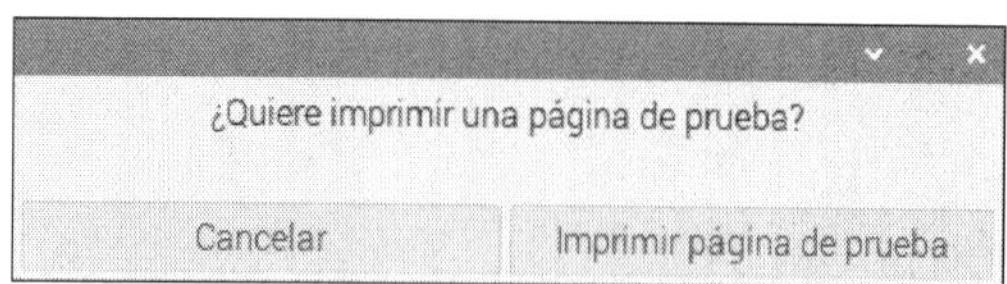

⇉ Aparece una ventana que ofrece imprimir una página de prueba. Para comprobar que el controlador de impresora funciona correctamente, le recomendamos que imprima una página de prueba haciendo clic en el botón **Imprimir página de prueba**.

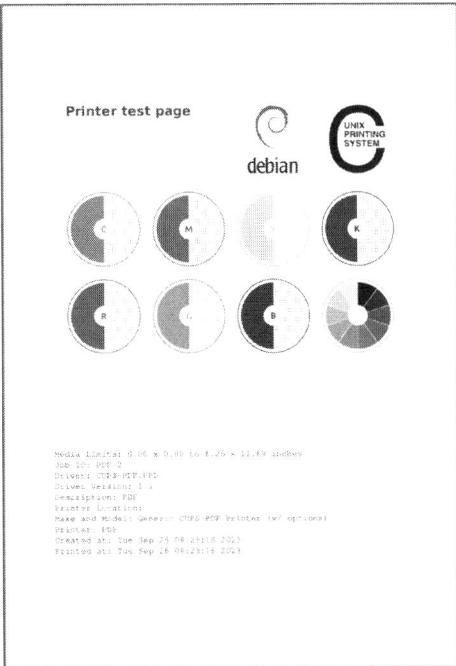

De vuelta a la ventana principal, verá su impresora recién instalada.

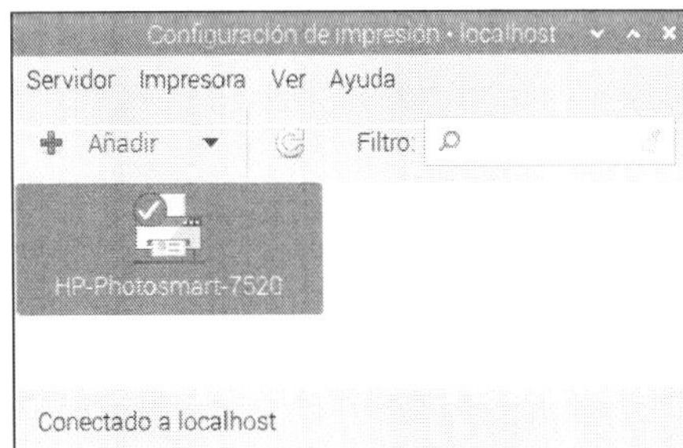

Una marca verde le indica que es la impresora por defecto. Pulsando con el botón derecho del ratón sobre ella, aparece su menú contextual. La opción **Propiedades** da acceso a las opciones de su impresora, específicas a sus capacidades.

Imprimir en PDF

A menudo resulta útil poder imprimir virtualmente en un archivo PDF, para luego enviarlo por correo electrónico o imprimirlo físicamente desde una memoria USB en una impresora multifunción. Para añadir esta funcionalidad a CUPS, deberá instalar el paquete **printer-driver-cups-pdf** (consulte el apartado Add/Remove software de este capítulo).

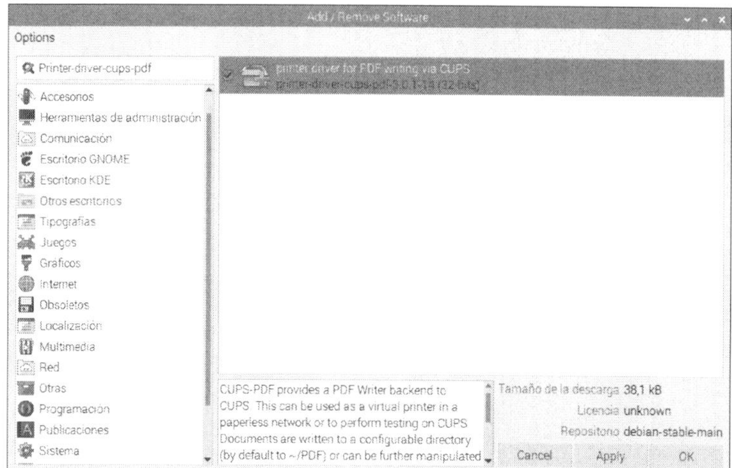

Una vez instalado este paquete, aparecerá una nueva impresora en la herramienta *system-printer-confg-printer*, llamada PDF.

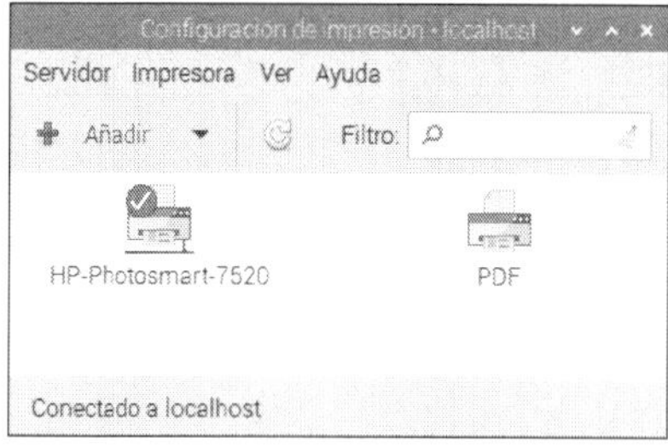

Cada impresión realizada en esta impresora virtual se dirigirá a un archivo PDF guardado en la carpeta PDF de su carpeta personal.

Y otras posibilidades

CUPS no es un software específico para la Raspberry Pi; se ha convertido en un estándar en el mundo Linux y Unix, así como en el mundo Apple. Sus funcionalidades son enormes y la herramienta *system-config-printer* que aquí se presenta solo muestra una parte de ellas, lo esencial para debutantes. No obstante, conviene saber que es posible compartir impresoras entre ordenadores de la misma red, detectar e instalar automáticamente los controladores de una impresora que se acaba de conectar por USB o administrar el servidor CUPS de otra máquina (**Connected to localhost** indica que la herramienta administra el servidor CUPS local).

La documentación y el código fuente en Python están disponibles en el siguiente enlance: https://github.com/OpenPrinting/system-config-printer.

3.10.5 Configuración de Raspberry Pi

En el apartado Configuración de la Raspberry Pi del capítulo Instalar Raspberry Pi OS, puede encontrar una descripción completa de la herramienta de Configuración de Raspberry Pi.

3.10.6 Main Menu Editor

Main Menu Editor (en español Editor del Menú Principal) es la herramienta que le permite personalizar el **Menú Raspberry**.

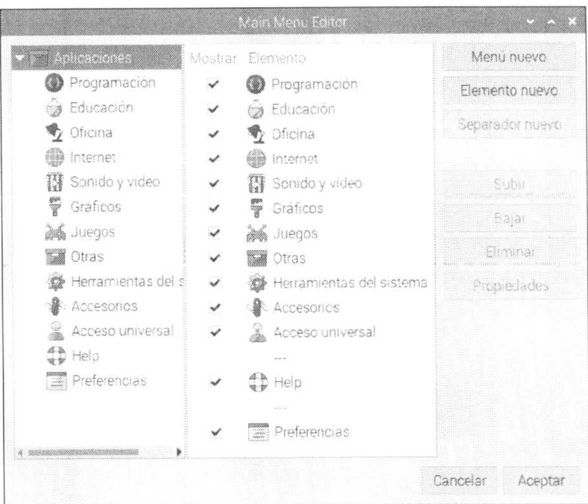

Añadir nuevos elementos y submenús, cambiar su orden, nombre o icono, ocultar elementos e incluso eliminarlos son las principales funciones. Al igual que con el Panel de Control, no hay manera de volver al **Menú Raspberry** original, por lo que si elimina elementos se perderán para siempre. A medida que avanza por las secciones, verá elementos ocultos (sus casillas de verificación están desmarcadas). Estos son elementos opcionales o elementos que no son funcionales en Raspberry Pi OS.

3.10.7 Recommended Software

Como ya hemos mencionado en el apartado Add / Remove software, **Recommended Software** es la herramienta de la Fundación para instalar software adicional.

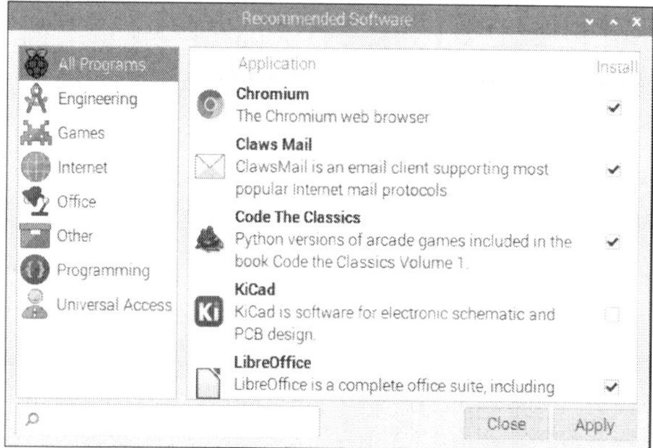

Cada vez que se inicia, la herramienta busca el software recomendado actualmente por la Fundación y lo ofrece para su instalación de una forma más sencilla que el gestor de paquetes. Todo lo que tiene que hacer es marcar el software que desee, y estará listo para instalarse.

Este es un punto de entrada ideal cuando se utiliza la variante Desktop de Raspberry Pi OS para instalar solo determinado software de la variante Full.

3.10.8 Screen Configuration

Con la llegada de la generación 4 de Raspberry Pi y su capacidad de doble pantalla, **Screen Configuration** le permite organizar la visualización de acuerdo a la posición física de sus pantallas.

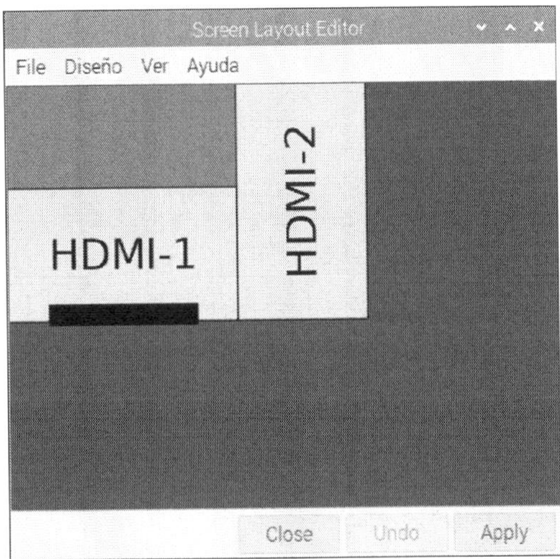

Para mover una pantalla, haga clic en su rectángulo etiquetado como HDMI-1 o HDMI-2, mantenga pulsado el botón izquierdo y muévalo con respecto a la otra. Al hacer clic con el botón derecho en una pantalla, aparecen las opciones de pantalla. La pantalla principal, marcada por la barra negra, es donde se muestran el panel de control y el **Menú Raspberry**. También puede utilizar este menú para cambiar la resolución y la orientación.

Pulse el botón **Apply** para aplicar los cambios. En general, es necesario reiniciar el sistema para que se aplique la nueva disposición. A veces son necesarios varios intentos, y cuando se realizan varios cambios a la vez no siempre se aplican al reiniciar. Por lo tanto, es preferible reiniciar entre cada una de estas modificaciones y proceder paso a paso.

El botón **Close** le permite salir de la herramienta sin aplicar los cambios de diseño.

3.10.9 Ejecutar

La opción **Ejecutar** abre una pequeña ventana en la que puede introducir un comando.

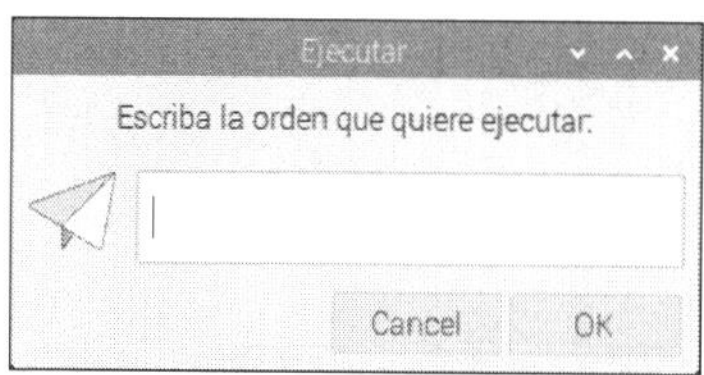

A diferencia de una ventana de terminal, solo podrá ejecutar un único comando y no verá la salida en la consola. Este elemento **Ejecutar** es útil para lanzar principalmente herramientas gráficas o comandos y scripts personalizados cuya sintaxis exacta conoce y que no están presentes como iconos en el escritorio o en el **Menú Raspberry**.

En cuanto se teclean los primeros caracteres, aparece una ayuda. Este comando **Ejecutar** también es útil para iniciar rápidamente programas como LibreOffice o Vlc. En este caso, recuerde su atajo de teclado: [Alt] + [F2]. A continuación, escribe las letras l, i, b y r, seguidas de [Intro]. Si está familiarizado con el teclado, esto es mucho más rápido que utilizar el ratón para encontrar el elemento LibreOffice en el **Menú Raspberry**. Lo mismo ocurre para lanzar una ventana de Terminal con las letras l y x, que preseleccionan lxterminal.

3.10.10 Salir

En la opción **Salir** se encuentran las diferentes formas de apagar el sistema.

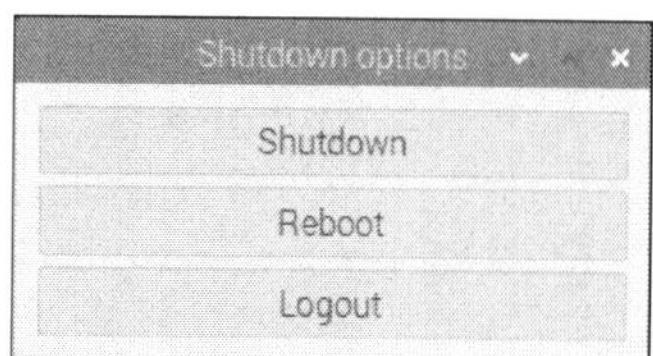

El botón **Shutdown** apaga limpiamente el sistema y pone la tarjeta en modo "Halt". Aunque su tarjeta siga recibiendo alimentación, el procesador se detiene. Para reiniciar el sistema, el usuario tendrá que desconectar y volver a conectar la fuente de alimentación de la Raspberry Pi. También es posible reiniciar la tarjeta haciendo contacto entre los terminales Run de su tarjeta, si dispone de ellos.

Hay una excepción, sin embargo, en la Raspberry Pi 400, donde la fuente de alimentación general de la placa está realmente cortada. Para lograr el mismo efecto, puede utilizar la combinación de teclas [Fn] + [F10] (con el icono ⏻ durante un momento. Para volver a encender su Pi 400, puede utilizar la misma combinación de teclas.

El botón **Reboot** apagará limpiamente su sistema y lo reiniciará de inmediato.

Por último, el botón **Logout** cierra su entorno de trabajo, el escritorio y todo el software en ejecución, y deja el sistema Linux funcionando, a la espera de que un usuario se conecte. Esta opción es útil para asegurar el acceso físico al sistema, conservando al mismo tiempo la posibilidad de acceder al sistema de forma remota a través de la red, por ejemplo. Si hay varios usuarios declarados en el sistema, este botón permite cambiar de usuario sin tener que reiniciarlo o apagarlo.

4. Los iconos de la derecha del panel de control

La parte derecha del panel de control, de la que se ha hablado brevemente en el apartado Descripción de este capítulo, presenta una serie de iconos que permiten acceder al estado de varios elementos del sistema.

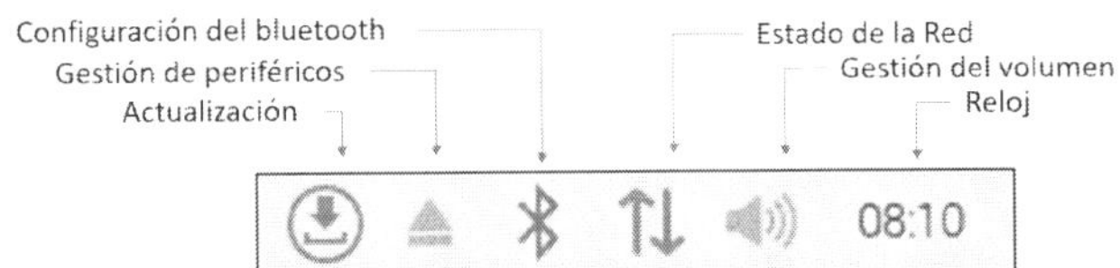

Algunos iconos no aparecen necesariamente todo el tiempo, como las actualizaciones del sistema o el icono de expulsión de periféricos, que solo aparecen cuando tienen sentido. Otros pueden cambiar de aspecto en función del estado de lo que representan, como en el caso del estado de la red, que puede adoptar distintas formas.

En el resto de esta sección, veremos los iconos más comunes y los más útiles para el uso diario de Raspberry Pi OS.

4.1 Actualizaciones del sistema

El icono de actualización del sistema aparece cuando hay actualizaciones que realizar.

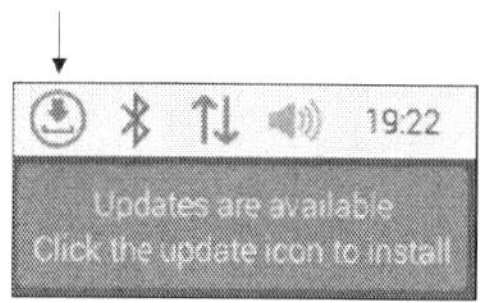

Al pulsar con el botón izquierdo del ratón sobre el icono, aparece un menú en el que se pueden visualizar las actualizaciones que se pueden realizar mediante la opción **Show updates**, o instalarlas directamente mediante la opción **Install Updates**.

Las operaciones de actualización se muestran en una pequeña ventana en el centro de la pantalla, y pueden tardar unos minutos en función de la cantidad que haya que realizar, la velocidad de su conexión a Internet y la velocidad de su sistema.

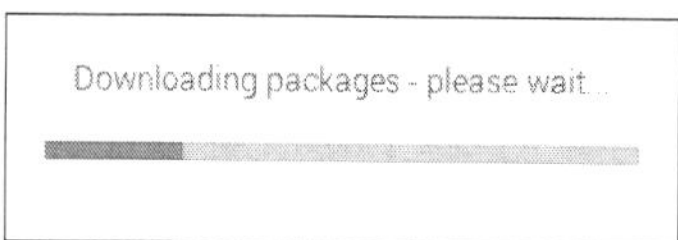

Una vez realizadas todas las operaciones, la ventana y el icono desaparecerán y se aconseja reiniciar el sistema.

4.2 Expulsar dispositivos extraíbles

El icono de expulsión de dispositivos de almacenamiento extraíbles aparece cuando hay al menos un dispositivo extraíble montado en el sistema. Puede tratarse de una memoria USB, un disco duro externo, un lector de tarjetas SD externo, etc.

4.2.1 Inserción

Cuando inserta un dispositivo extraíble, como una memoria USB, el sistema operativo detecta esta inserción y monta automáticamente la estructura de árbol de los archivos que contiene. Aparecen en el escritorio uno o varios iconos con el nombre de cada partición contenida en su dispositivo.

Aparece la ventana Se ha insertado un medio extraíble, que ofrece una lista de acciones posibles para cada partición.

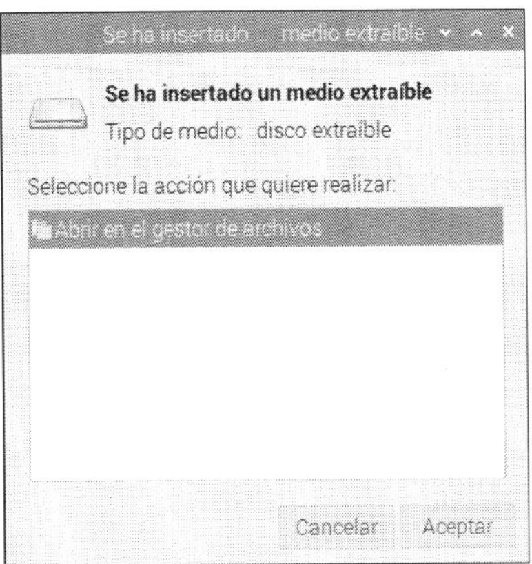

En este caso, se sugiere abrir el fichero en el Administrador de ficheros. Al hacer clic en el botón **Aceptar**, se abre el **Gestor de archivos**. Este se situará en la carpeta donde esté montado el dispositivo USB, que tendrá la forma `/media/<NombreUsuario>/.<NombrePeriférico>`.

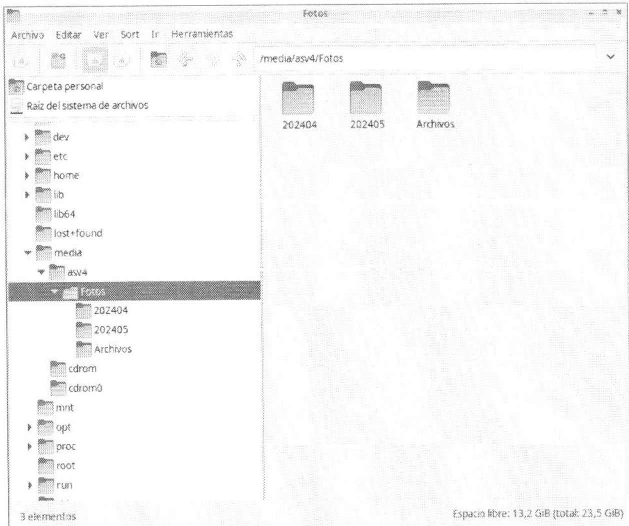

Observación

Observe también la aparición de una línea en la parte superior izquierda de la ventana llamada nombre de la partición montada. Esta línea también tiene un icono de expulsión para el mismo propósito.

Al hacer clic en el botón **Cancelar** no se realiza ninguna acción, pero el dispositivo extraíble permanece montado en el sistema de archivos.

4.2.2 Expulsión

Es aconsejable expulsar cualquier dispositivo extraíble utilizando el icono de expulsión del Panel antes de desconectarlo físicamente. Esto se debe a que las operaciones de escritura diferida (almacenamiento de datos en caché en la memoria para que se puedan escribir en segundo plano) pueden estar en curso, y expulsar el dispositivo permite que se completen limpiamente. Esta es una buena práctica para preservar los archivos del dispositivo. Si un dispositivo se desconecta bruscamente, es posible que el sistema de archivos del dispositivo se corrompa y, en el peor de los casos, ya no podrá acceder a los archivos que contiene. En ese caso, habrá que volver a formatear el dispositivo, con la consiguiente pérdida de todo el contenido.

Haga clic con el botón izquierdo del ratón en el icono de expulsión para elegir el dispositivo que desea expulsar.

Una vez seleccionado el dispositivo, el sistema lo desmonta y confirma con el siguiente mensaje:

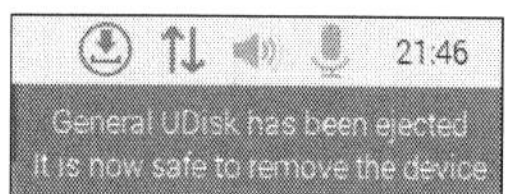

La desconexión física es entonces posible. Si desea volver a utilizar un dispositivo expulsado, tendrá que desconectarlo físicamente y volver a conectarlo para que el sistema lo detecte de nuevo.

4.3 Bluetooth

Bluetooth en la Raspberry Pi

El icono Bluetooth aparece en el panel de control cuando un controlador Bluetooth está presente en el sistema. Este es automáticamente el caso de las placas de generación 3 y 4, así como las placas Raspberry Pi Zero con la extensión 'W', que tienen este controlador integrado en el chip Wi-Fi. Para acceder a esta tecnología en otras placas, necesitará insertar un dongle Bluetooth en un puerto USB.

Bluetooth permite una conexión en un radio de hasta diez metros. En general, los dos dispositivos estarán separados por unos pocos metros (de tres a cuatro) para garantizar una buena calidad de transmisión. El principio se basa en emparejar los dos dispositivos para que puedan comunicarse entre sí automáticamente, incluso después de un reinicio. Para organizar las comunicaciones, el protocolo Bluetooth define la noción de maestro/esclavo, de modo que el maestro es el conductor de todos los intercambios con los esclavos. El controlador Bluetooth de la Raspberry Pi puede funcionar en ambos modos.

Pulse con el botón izquierdo del ratón sobre el icono Bluetooth para acceder a las siguientes operaciones:

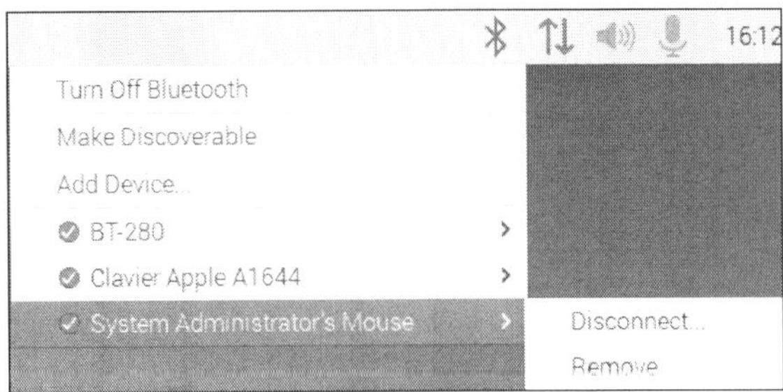

Activar o desactivar Bluetooth

Los elementos **Turn On Bluetooth** (o **Turn Off Bluetooth**) sirven para activar o desactivar el Bluetooth. El símbolo de Bluetooth en el cuadro de instrumentos aparece en gris si el Bluetooth está desactivado, o en azul si está operativo.

Hacer Raspberry Pi visible

Los elementos **Make Discoverable** (o **Stop Discoverable**) permiten habilitar o deshabilitar la detectabilidad de su placa Raspberry Pi en el entorno Bluetooth inmediato. El símbolo de Bluetooth parpadea en verde cuando su Raspberry Pi es detectable. Su Raspberry Pi aparecerá entonces en los emparejamientos posibles en otros controladores Bluetooth cercanos (por ejemplo, otra Raspberry Pi). Por razones de seguridad, le recomendamos que permanezca indetectable la mayor parte del tiempo y solo active la detectabilidad durante las operaciones de emparejamiento.

Observación

Por razones de seguridad, el modo detectable se detiene automáticamente tras unos minutos.

Añadir un dispositivo Bluetooth

⇒ Para añadir un dispositivo Bluetooth, o más concretamente para emparejar un nuevo dispositivo con nuestra Raspberry Pi, es necesario elegir la opción **Add Device....** Una nueva ventana llamada **Add New Device** aparecerá en la pantalla, mostrando una lista de dispositivos Bluetooth presentes en su entorno, listos para ser emparejados.

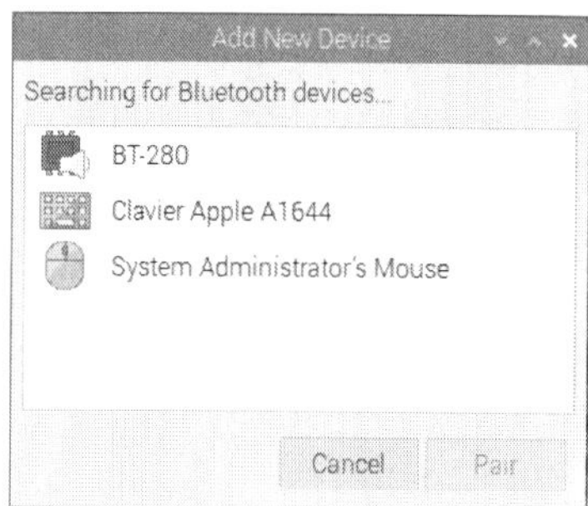

Observación

Para que un dispositivo aparezca en la lista, puede ser necesario hacerlo detectable. Consulte la documentación del dispositivo para saber cómo configurarlo para que entre en modo de emparejamiento.

A continuación, solo tiene que seleccionar el dispositivo de la lista y elegir el botón **Emparejar**. Los pasos que siguen dependen del tipo de dispositivo a emparejar. En algunos casos, el emparejamiento se realizará directamente y concluirá con el siguiente mensaje (en este caso, un altavoz Bluetooth, al que tendrá que dirigir la producción de sonido mediante el selector de audio).

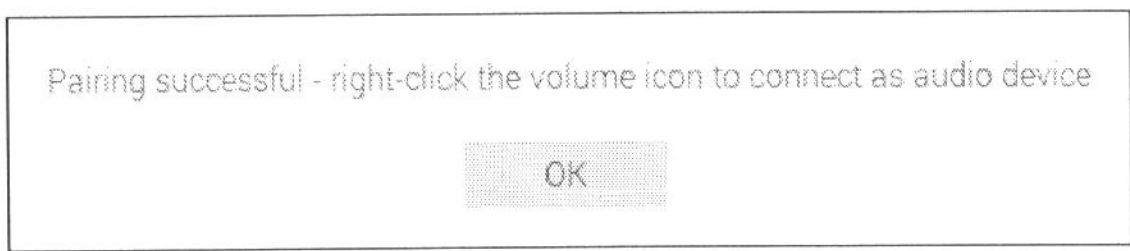

Para otros dispositivos, puede ser necesario intercambiar un código para identificar claramente el dispositivo que se va a emparejar. Consulte detenidamente la documentación del dispositivo para conocer sus características específicas.

Gestión de dispositivos Bluetooth emparejados

Al final del menú de iconos Bluetooth hay una lista de dispositivos Bluetooth que se han emparejado con su sistema. Los que están conectados tienen una marca verde y los que están apagados o desconectados,una cruz roja. Para cada dispositivo, hay un submenú que permite acceder a sus funciones, así como una opción **Quitar** para eliminar el emparejamiento.

Tenga en cuenta que la herramienta Bluetooth disponible aquí se limita a gestionar el emparejamiento y la comunicación con todos los dispositivos. Como cada dispositivo Bluetooth tiene sus propias funciones, estas se gestionan en otro lugar, como la elección del dispositivo de producción de audio brevemente comentada al emparejar el altavoz Bluetooth y que se describirá en la subsección Sonido.

4.4 Red

Uno de los iconos más importantes del Panel de control es el de gestión de la red. Puede adoptar las siguientes formas:

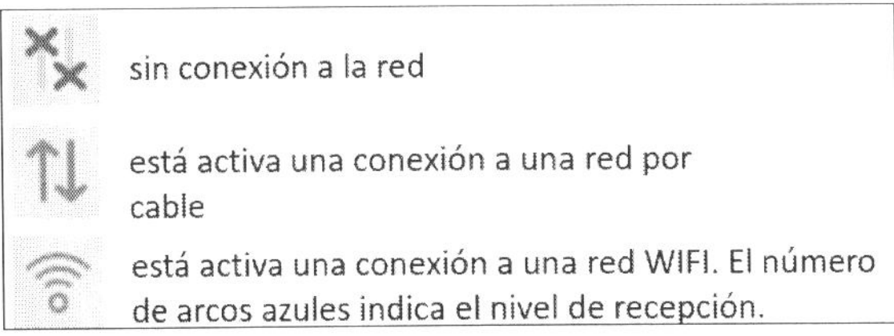

4.4.1 Visualización de la configuración de red

Cuando se sitúa el ratón sobre el icono del panel de control, se muestra el estado de las distintas interfaces de red en un mensaje emergente.

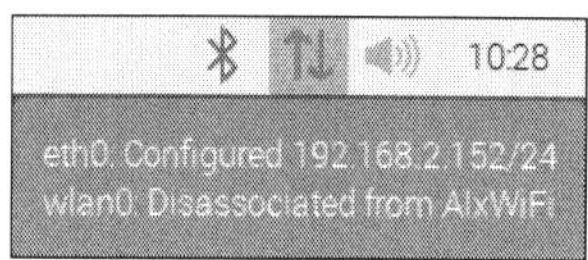

En general, **eth0** se refiere a la tarjeta de red por cable (eth = Ethernet) y **wlan0** a la tarjeta Wi-Fi (wlan = Wireless LAN). El número se utiliza para numerar las interfaces cuando se reconocen varias tarjetas de red a la vez, por ejemplo, con un dongle Wi-Fi/USB adicional.

Para cada interfaz, se muestra una descripción del estado. Esta descripción es esencial a la hora de diagnosticar una conexión de red para guiar al usuario hasta el problema.

- **Link is down** indica que el enlace está interrumpido, como un cable de red desconectado.
- **Configured** seguido de la dirección IP/máscara significa que la interfaz está configurada con la dirección IP y la máscara indicada (aquí, 24 significa que los primeros 24 bits de la máscara están a 1 y equivalen a 255.255.255.0).
- **Disassociated from** seguido de un nombre de red Wi-Fi indica que la red Wi-Fi asociada no está conectada o está fuera de cobertura.
- **Associated with** seguido de un nombre de red Wi-Fi indica la red Wi-Fi conectada actualmente.

Estas últimas líneas muestran ejemplos de visualizaciones y no son exhaustivas. La complejidad de los distintos modos de comunicación de la red puede conllevar muchos mensajes diferentes. Lo importante es recordar que consultar estas líneas debe ser el primer reflejo a la hora de solucionar problemas de la red.

4.4.2 Conectarse a una red Wi-Fi

Haga clic con el botón izquierdo del ratón en el icono del panel de control para abrir el menú de opciones de configuración Wi-Fi.

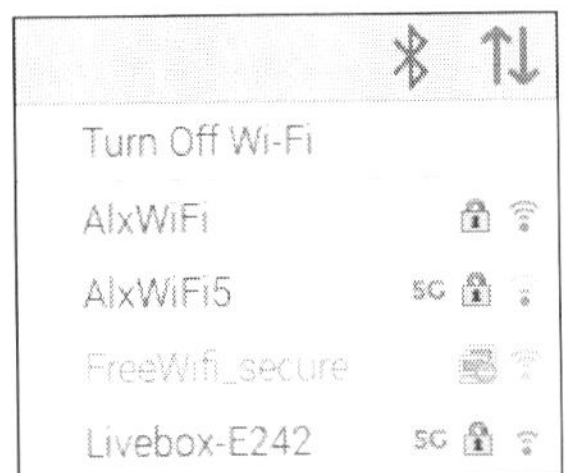

Observación

Si su placa Raspberry Pi no tiene una interfaz Wi-Fi, este menú mostrará el texto **No wireless interfaces founded**. El icono seguirá mostrando el estado de la interfaz de red cableada= y la información asociada en su mensaje emergente.

La opción **Turn Off Wi-Fi** (o **Turn On Wi-Fi**) desactiva (o activa) la comunicación Wi-Fi. Por tanto, es el enunciado de la primera opción el que nos indica si el Wi-Fi está activado o desactivado.

A continuación, aparece una lista de las redes Wi-Fi dentro del alcance. Están representadas por su nombre y una serie de pequeños iconos que indican la banda de frecuencia (5G significa Wi-Fi de 5 GHz), si la red es segura o no y el nivel de recepción.

⇒ Para conectarse a una red Wi-Fi, seleccione la que desee en el menú.

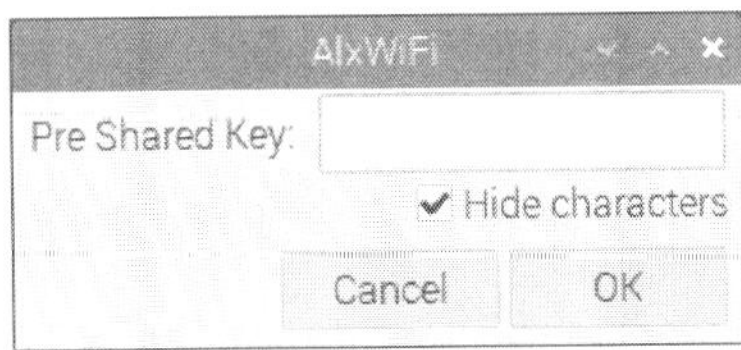

⇒ Aparecerá una nueva ventana con el nombre de la red Wi-Fi seleccionada. Introduzca la contraseña de la red Wi-Fi en el campo denominado **Pre Shared Key**. Utilice la casilla **Hide characters** para mostrar u ocultar los caracteres introducidos. Una vez que haya introducido y comprobado la contraseña, haga clic en **OK**.

Si la asociación se realiza correctamente, el icono cambiará a Wi-Fi. Si hace clic con el botón izquierdo, su red Wi-Fi aparecerá en primer lugar en la lista de redes Wi-Fi disponibles y tendrá una marca negra delante.

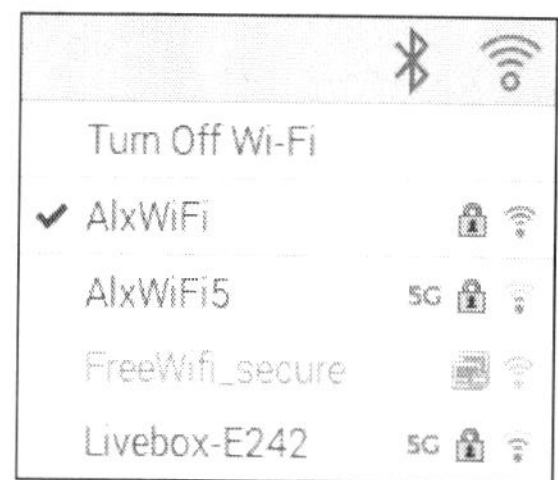

⇒ Para desconectarse de la red Wi-Fi a la que esté conectado, selecciónela en el menú.

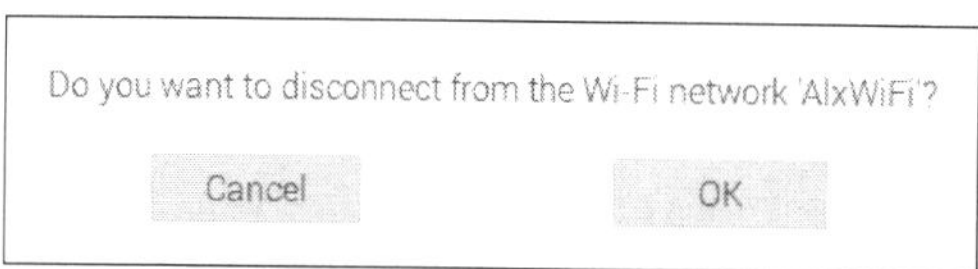

⇒ Aparece una ventana de confirmación. Haga clic en OK para confirmar la desconexión.

4.4.3 Configurar la red

A menudo se confunde la configuración Wi-Fi con la configuración de red. Tenga en cuenta que, técnicamente, una tarjeta Wi-Fi asociada a una red Wi-Fi se comporta como una tarjeta de red cableada convencional: necesita una dirección IP y una máscara de subred. Por lo tanto, si se conecta a una red Wi-Fi que no tiene DHCP, tendrá que configurar la dirección IP y la máscara manualmente, siguiendo las instrucciones del administrador de la red informática.

En la mayoría de los casos, el servidor DHCP distribuye y gestiona las direcciones IP. Sin embargo, en algunos casos concretos, puede ser necesario configurar manualmente los parámetros IP.

⇒ Para acceder a estos ajustes, haga clic con el botón derecho del ratón en el icono de red.

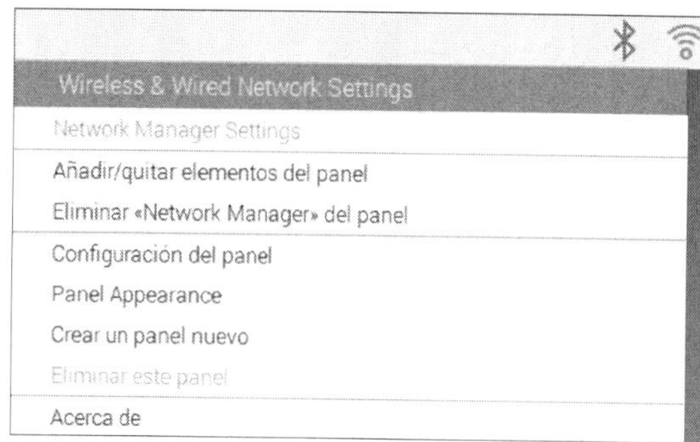

⇉ Seleccione la opción **Wireless & Wired Network Settings**.

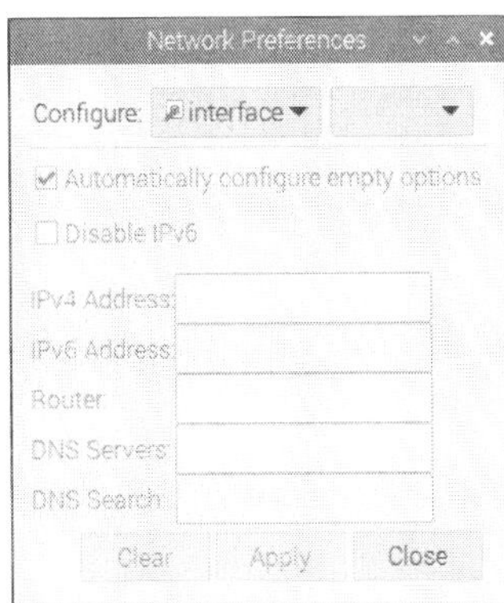

⇉ Aparece una nueva ventana llamada **Network Preferences**. La primera línea, **Configure**, ofrece dos listas desplegables en las que puede seleccionar lo que desea configurar. Para configurar la interfaz cableada, seleccione **Interface** y **eth0**.

Se activa la parte inferior de la ventana, que permite introducir los parámetros de red.

Todos estos parámetros se describirán detalladamente en el capítulo Gestión de la red, pero debe saber que, para todos los operadores, la casilla **Automatically configure empty options** permite que esta configuración se realice automáticamente con el servidor DHCP.

Para una configuración móvil, es posible fijar una configuración a una red Wi-Fi y no a una tarjeta de red. En este caso, seleccione **SSID** en lugar de **Interface**. La lista desplegable de la derecha mostrará entonces las redes Wi-Fi disponibles a las que puede aplicar la configuración.

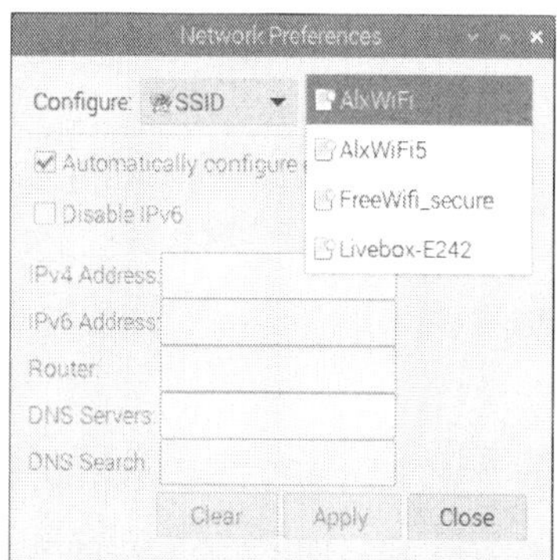

Para aplicar los ajustes introducidos, haga clic en **Apply**. El botón **Close** cierra la ventana. El botón **Clear** se utiliza para volver rápidamente a la configuración automática con DHCP.

En la siguiente captura de pantalla, observe la doble línea **wlan0**, una muestra la asociación Wi-Fi y la otra la configuración de red.

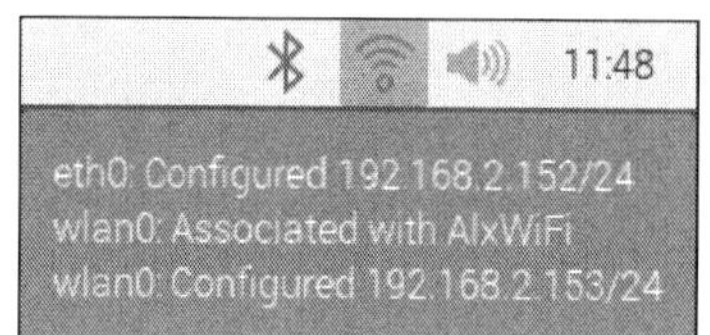

4.5 El sonido

El icono con forma de altavoz del panel de control le permite gestionar el sonido. Su primera función es ajustar el volumen del sonido. Para ello, haz clic con el botón izquierdo del ratón en el icono.

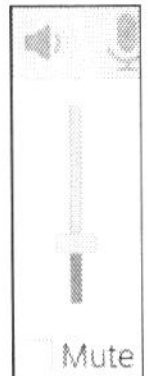

El cursor se mueve de 0 a 100. La casilla **Mute** se utiliza para silenciar el sonido sin mover el control deslizante. El altavoz aparece tachado en rojo.

El número de arcos azules a la derecha del altavoz indica el nivel de volumen. Para saber exactamente qué volumen tiene, pase el ratón por encima del icono y el valor aparecerá en un mensaje emergente.

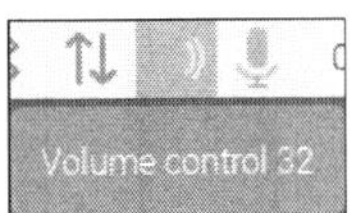

Su segunda funcionalidad es la posibilidad de seleccionar el dispositivo que se encargará de producir el sonido. Para ello, haga clic con el botón derecho del ratón en el icono del altavoz.

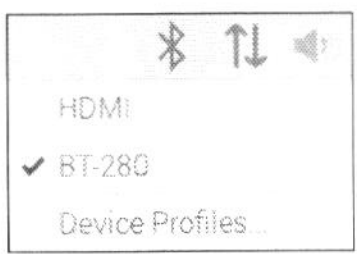

Se abre un menú con una lista de todos los dispositivos de producción de sonido reconocidos en el sistema. En la captura de pantalla anterior, puede ver los altavoces de la pantalla como HDMI y el pequeño altavoz Bluetooth BT-280. El dispositivo con la marca es el que se está utilizando actualmente. Para cambiarlo, solo tiene que seleccionar el que quiera.

La opción **Device Profiles...** le permite acceder a las opciones de reproducción de sonido de cada dispositivo.

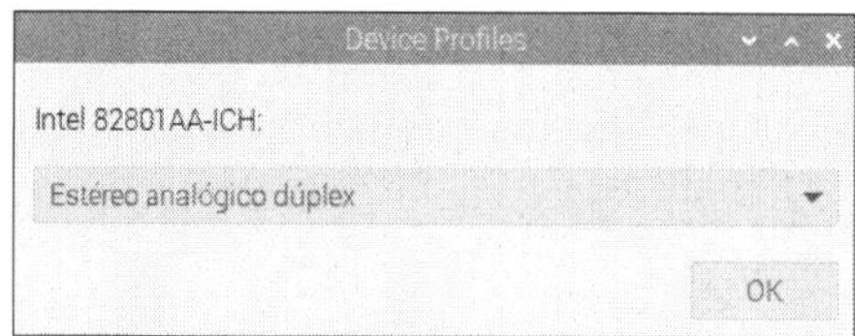

Por regla general, las mejores opciones se seleccionan por defecto. La mayoría de las veces, estas opciones influyen en la calidad de la reproducción del sonido y están estrechamente relacionadas con el hardware utilizado internamente. Consulte la documentación de su dispositivo de sonido para más detalles.

Por último, como habrá notado en las capturas de pantalla, también hay un icono de micrófono para gestionar la entrada de sonido. Como las placas Raspberry Pi no tienen entrada de sonido, este icono solo aparece cuando conecta unos auriculares Bluetooth o cualquier otro dispositivo con entrada de sonido. Las funciones son idénticas a las descritas para el altavoz: control de volumen, silencio, selección del dispositivo activo.

4.6 El reloj

El reloj digital muestra la hora... como cualquier otro reloj. Al pasar el ratón por encima, se muestra brevemente un mensaje emergente con la fecha.

Observación

El reloj de la Raspberry Pi no se basa en un reloj RTC alimentado por batería. La Raspberry Pi se conecta a un servidor de tiempo (NTP, de *Network Time Protocol*). Si no se puede establecer una conexión a Internet, la hora mostrada no corresponde con la hora real.

Al hacer clic con el botón izquierdo del ratón sobre el reloj, aparece un calendario que se cierra haciendo de nuevo clic en él.

Haga clic con el botón derecho y, a continuación, en **Reloj digital Settings** para acceder a la configuración del reloj digital.

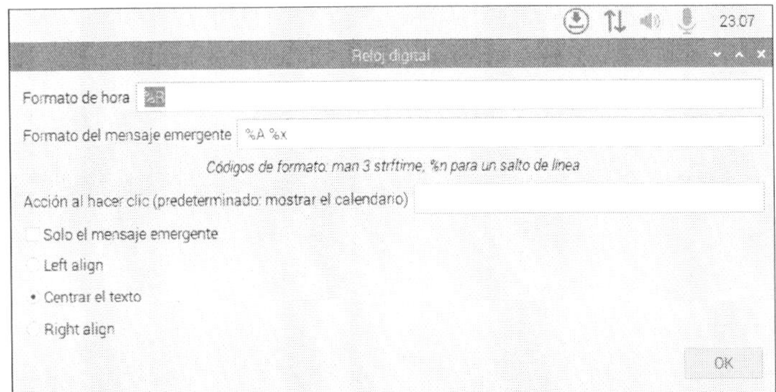

Los campos Formato de hora Formato del mensaje emergente afectan al modo en que se representan la fecha y la hora. Existen más de cuarenta etiquetas %, que están documentadas en la siguiente dirección: http://php.net/manual/es/function.strftime.php. He aquí un pequeño extracto:

- **%A** nombre completo para el día de la semana (sábado).
- **%a** Nombre abreviado del día de la semana (sáb.).
- **%B** nombre completo del mes (diciembre).
- **%b** nombre abreviado del mes (dic.).
- **%c** fecha y hora en formato nacional (dependiendo de la configuración regional).
- **%d** día del mes en forma decimal (01 a 31).
- **%e** día del mes en forma decimal (1-31); los dígitos simples van precedidos de un espacio.
- **%R** equivale a %H:%M. Este es el valor original del reloj.
- **%x** se sustituye por la fecha mostrada en formato nacional (dependiendo de la configuración regional).

El campo **Acción al hacer clic** se utiliza para especificar el comando que se ejecutará cuando se haga clic en el reloj. Si este campo se deja en blanco, se muestra el calendario (por defecto). Para probarlo, introduzca pcmanfm y confirme. Al hacer clic en el reloj, se abrirá el gestor de archivos.

Cuando la casilla (**Solo el mensaje emergente**) está marcada, se sustituye la visualización de la hora por un icono fijo. Para leer la hora, mueva el ratón sobre el reloj para mostrar el mensaje emergente.

El mensaje emergente muestra aquí el resultado del formato %A %x, la configuración por defecto.

Las selecciones **Left align**, **Centrar el texto** y **Right align**, que se utilizan para alinear el texto a la izquierda, al centro o a la derecha, no tienen ningún efecto visible real.

5. Conclusión

Este capítulo cubre todas las funciones básicas proporcionadas por el entorno gráfico Pixel integrado en Raspberry Pi OS. Estas se pueden utilizar para aplicaciones ofimáticas o para aplicaciones más específicas añadiendo software según sus necesidades.

Tenga en cuenta, sin embargo, que estas funciones gráficas requieren recursos de memoria y procesador bastante considerables. Para una respuesta gráfica conveniente, recomendamos una tarjeta Raspberry Pi con al menos 1 GB de RAM. Las placas de Generación 4 con 2, 4 u 8 GB de RAM ofrecen un funcionamiento suave y cómodo.

Aunque esta interfaz gráfica es flexible e intuitiva para el usuario medio, no todos los proyectos basados en Raspberry Pi requieren el uso de una pantalla gráfica que consuma muchos recursos para funcionar. Este es el tema del próximo capítulo.

Capítulo 6

Utilizar la línea de comandos

1. Introducción

Si se ha optado por la variante *Lite* de Raspberry Pi OS, su Raspberry Pi va a iniciarse en modo consola. Todas las interacciones con el sistema deberán realizarse desde la línea de comandos, que ya hemos visto ligeramente con el uso del terminal LXTerminal en el capítulo anterior.

Tenga en cuenta que este modo de línea de comandos es la base de cualquier sistema Linux, por lo que no hay necesidad de reinstalar su sistema para acceder a él, incluso desde una variante *Desktop* o *Full*. Simplemente configure la opción **S5 - Boot / Autologin** en la herramienta *raspi-config* para cambiar automáticamente al modo de línea de comandos la siguiente vez que reinicie (consulte el apartado Opciones del Sistema del capítulo Instalar Raspberry Pi OS).

Pero ¿por qué usar este modo texto arcaico, cuando es posible trabajar con maravillosas pantallas gráficas con el ratón? Varias razonas explican esta elección.

El modo texto está disponible en todas las distribuciones

Históricamente, el modo texto es el modo nativo de Linux. Las interfaces gráficas son un recubrimiento. En todas las distribuciones, el modo texto está accesible a través de las consolas o *tty* (*TeleType* = máquina de escribir controlada en modo remoto). Las combinaciones de teclas desde la [Ctrl][Alt][F1] a la [Ctrl][Alt][F6] dan acceso a seis consolas, en las que de los diferentes usuarios pueden ejecutar tareas diferentes. La combinación [Ctrl][Alt][F7] permite pasar al modo gráfico (si existe).

El modo texto consume pocos recursos

En todo ordenador, el microprocesador comparte su tiempo entre las diferentes tareas que debe ejecutar. La creación y gestión de un conjunto de ventanas, así como de su contenido, consume potencia de cálculo. En ciertas máquinas, algunas veces hay una decena de ventanas abiertas correspondientes a varias aplicaciones, un navegador web en el que hay pestañas abiertas... Todo esto se gestiona con un único procesador y cada tarea ocupa espacio en memoria.

En modo texto, una página solo representa algunos kilobytes y el microprocesador solo envía texto a la consola cuando es necesario. La ocupación de memoria se reduce al mínimo estricto. El procesador se puede dedicar por completo a la ejecución del trabajo que le corresponde.

El procesador ARM de la Raspberry Pi 3 no es de última generación. Funciona a 1200 MHz y dispone solamente de 1 Go de memoria, que comparte con la GPU. En la Raspberry Pi Zero, la frecuencia de funcionamiento es de 1 GHz y la memoria está limitada a 512 MB. El uso del modo texto permite optimizar los recursos disponibles.

El modo texto normalmente es más rápido

Con la costumbre, el uso del modo texto normalmente es más rápido que el modo gráfico. Mientras que con el modo gráfico es necesario algunas veces navegar en varios niveles de ventanas para alcanzar la opción que se quiere modificar, la misma modificación en modo texto se reduce a una línea de comandos. Además, si debemos repetir la operación, la función de recuerdo de comandos anteriores acelera todavía más la operación.

El modo texto para que la comunidad te ayude

En general, en los foros, la asistencia que se da por los participantes se hace en modo texto. Las numerosas interfaces gráficas disponibles en Linux hacen complicada la asistencia en modo gráfico. El modo texto es válido en todas las distribuciones, independientemente del entorno gráfico. Además, para enviar el resultado de los comandos al foro, basta con copiar-pegar, sin necesidad de realizar capturas de pantalla y añadir imágenes voluminosas.

Este capítulo ofrece información de los comandos necesarios para empezar con Linux en modo texto. Este manual de supervivencia de comandos es el mínimo básico que permite a un principiante:

- Arrancar y detener el sistema operativo.
- Navegar por el sistema de archivos y modificarlo.
- Administrar el sistema.

Convenciones utilizadas para la sintaxis

```
comando [opciones opcionales] argumento_obligatorio
```

La primera palabra de la línea es el comando objeto de la descripción.

Entre corchetes figuran las opciones o argumentos opcionales. Su ausencia no impide que el comando se ejecute. En algunos casos, hay comandos que utilizan argumentos por defecto.

El o los argumentos obligatorios deben figurar en la línea de comandos. Su ausencia provoca un mensaje de error.

Para saber más acerca de los comandos

Cada comando puede tener una gran cantidad de opciones. A continuación, solo se enumeran las utilizadas con más frecuencia. Para saber más acerca de cada comando, existe un comando universal en todas las distribuciones Linux: ¡man!

```
man [nombre_de_comando]
```

Este comando muestra una página de ayuda de cada comando. Pulse la tecla [Espacio] o [Intro] para moverse, [q] para volver al intérprete de comandos, [h] para mostrar la ayuda y todas las opciones. Además, [/] permite hacer búsquedas en el texto. Algunas veces esas páginas de ayuda son un poco áridas para los principiantes, pero pronto se convierten en recursos indispensables para cualquier usuario de Linux.

2. La arborescencia de Linux

El sistema de archivos de Linux se organiza a partir de un punto de inicio, llamado root, raíz e incluso /. En esta raíz se despliegan los directorios que contienen los archivos y programas necesarios para el sistema operativo. La forma de árbol inverso de esta estructura hace que se haya llamado arborescencia.

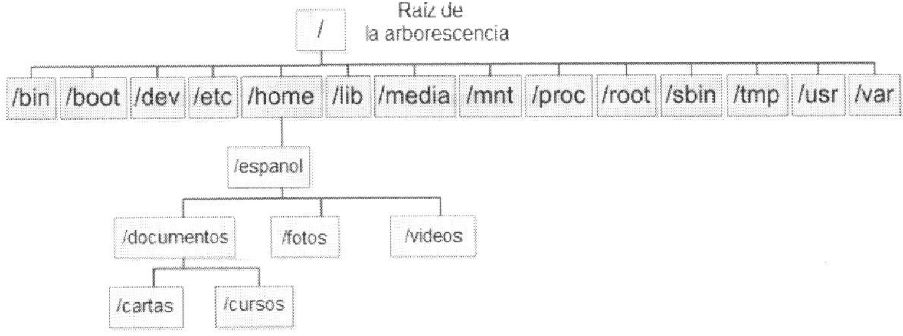

Cada usuario puede crear en su directorio la arborescencia que le convenga. No es necesario el conocimiento completo de la arborescencia de Linux para usar Linux. La siguiente descripción puede ayudarle a encontrar el archivo que le interesa.

Principales directorios de la arborescencia Linux	
/	Raíz o root, contiene los directorios de la arborescencia Linux.
bin	Ejecutables binarios del sistema *cp*, *ls*, *mount*, *rm*, etc.
boot	Archivos de inicio de Linux.
dev	Archivos especiales que garantizan el enlace con los periféricos.
etc	Archivos de configuración del sistema, servicios, etc.
home	Directorio personal de los usuarios.
lib	Librerías del sistema compartidas.
media	Punto de conexión de las llaves USB, CD-ROM, etc.
mnt	Punto de conexión temporal de particiones y periféricos.
proc	Información de los procesos y el núcleo Linux.
root	Directorio personal del super-usuario.
sbin	Binarios de sistema y herramientas como *fsck*.
tmp	Archivos temporales.
usr	Archivos binarios y comandos de usuario.
var	Sistema de archivos "variables" (modificables); aquí encontramos el contenido web (directorio www) y los logs (archivos de traza).

Estos directorios contienen otros directorios que conforman la arborescencia de Linux. Puede haber algunas diferencias entre las distribuciones, pero la mayor parte de la arborescencia es común.

3. La línea de comandos

Al arrancar en modo texto, se muestra el logotipo de Raspberry Pi en la parte superior izquierda de la pantalla (cuatro frambuesas para la Raspberry Pi 3, una sola para la Raspberry Pi Zero). Los mensajes enviados por el sistema durante su fase de arranque se desplazan bajo el logotipo.

```
[    3.454510] hub 1-1:1.0: USB hub found
[    3.454635] hub 1-1:1.0: 5 ports detected
Welcome to Raspbian GNU/Linux 8 (jessie)!

[    3.613261] NET: Registered protocol family 10
[    3.624908] systemd[1]: Inserted module 'ipv6'
[    3.638628] systemd[1]: Set hostname to <raspberrypi>.
[    3.733127] usb 1-1.1: new high-speed USB device number 3 using dwc_otg
[    3.753296] uart-pl011 3f201000.uart: no DMA platform data
[    3.853534] usb 1-1.1: New USB device found, idVendor=0424, idProduct=ec00
[    3.865578] usb 1-1.1: New USB device strings: Mfr=0, Product=0, SerialNumber=0
[    3.881180] smsc95xx v1.0.4
[    3.947824] smsc95xx 1-1.1:1.0 eth0: register 'smsc95xx' at usb-3f980000.usb-1.1, smsc95xx USB 2.0 Ethernet, b8:27:eb:f4:de:06
[    4.043069] usb 1-1.2: new high-speed USB device number 4 using dwc_otg
[    4.136623] systemd[1]: Expecting device dev-ttyAMA0.device...
         Expecting device dev-ttyAMA0.device...
[    4.154694] usb 1-1.2: New USB device found, idVendor=7392, idProduct=7811
[    4.154707] usb 1-1.2: New USB device strings: Mfr=1, Product=2, SerialNumber=3
[    4.154717] usb 1-1.2: Product: 802.11n WLAN Adapter
[    4.154726] usb 1-1.2: Manufacturer: Realtek
[    4.154735] usb 1-1.2: SerialNumber: 00e04c000001
[    4.209969] systemd[1]: Starting Forward Password Requests to Wall Directory Watch.
[    4.223397] systemd[1]: Started Forward Password Requests to Wall Directory Watch.
[    4.236418] systemd[1]: Starting Remote File Systems (Pre).
[  OK  ] Reached target Remote File Systems (Pre).
[    4.253662] systemd[1]: Reached target Remote File Systems (Pre).
[    4.263049] usb 1-1.4: new low-speed USB device number 5 using dwc_otg
[    4.277131] systemd[1]: Starting Encrypted Volumes.
[  OK  ] Reached target Encrypted Volumes.
[    4.293703] systemd[1]: Reached target Encrypted Volumes.
[    4.304678] systemd[1]: Starting Arbitrary Executable File Formats File System Automount Point.
[  OK  ] Set up automount Arbitrary Executable File Formats File System Automount Point.
[    4.325770] systemd[1]: Set up automount Arbitrary Executable File Formats File System Automount Point.
[    4.340781] systemd[1]: Starting Swap.
```

Cuando el sistema se inicia, indica la dirección IP que está utilizando, informa al usuario de que está trabajando en la consola tty1 y espera a que un usuario se conecte.

Este es el primer contacto con la línea de comandos.

3.1 Conexión a Raspberry Pi OS

En los sistemas Linux hay dos tipos de usuarios. El usuario normal, que tiene permisos limitados, lo que le impide cometer errores de configuración o destruir por error el sistema. Limita la propagación de virus en GNU/Linux. Puede ejecutar aplicaciones y modificar archivos a los que tiene acceso, pero no puede intervenir totalmente en el sistema.

El super-usuario tiene permisos completos sobre el sistema. Puede realizar las actualizaciones y eliminar o modificar cualquier archivo. El super-usuario se llama también *root*. No hay que confundir *root*, raíz del sistema de archivos, con *root*, el super-usuario e incluso */root*, el directorio del super-usuario.

En ciertas distribuciones, *root* no tiene permisos para conectarse al sistema por razones de seguridad. Esto evita que un intruso o un virus puedan usar los privilegios de *root* para sabotear el sistema o introducir programas dañinos. En Raspbian, *root* no tiene permisos para conectarse por defecto.

3.1.1 Conexión como usuario normal

Al inicio, la Raspberry Pi muestra el nombre del ordenador y la palabra **login**: que invita al usuario a identificarse introduciendo su nombre.

El nombre de usuario que se debe introducir es el que haya parametrado en la instalación (vea el apartado En la línea de comandos del capítulo Instalar Raspberry Pi OS). Valide con la tecla [Intro].

Observación

Atención: a diferencia de otros sistemas operativos, Linux es sensible a las mayúsculas y minúsculas. Considera que las mayúsculas y las minúsculas son caracteres diferentes. Esto es así porque sus códigos ASCII son diferentes. Conviene respetar las mayúsculas/minúsculas en la escritura de los comandos.

A continuación el sistema pide la contraseña asociada para autentificar al usuario. Escriba la contraseña que introdujo durante el proceso de instalación y valide con la tecla [Intro].

Observación

La contraseña introducida por el usuario no provoca ninguna acción en pantalla. Es una medida de seguridad para evitar que una persona que esté observando pueda adivinar el número de caracteres de la contraseña.

El sistema muestra información como: la fecha de la última conexión del usuario, la versión del núcleo Linux... y, en la última línea, la línea de comandos compuesta aquí de 16 caracteres (sin contar los espacios): `pi@raspberrypi ~ $`

```
Debian GNU/Linux wheezy/sid raspberrypi tty1

raspberrypi login: pi
Password:
Last login: Sat Jul 20 17:06:08 CEST 2013 from 192.168.1.114 on pts/0
Linux raspberrypi 3.1.9+ #2 Mon Apr 16 04:53:15 EST 2012 armv6l

The programs included with the Debian GNU/Linux system are free software;
the exact distribution terms for each program are described in the
individual files in /usr/share/doc/*/copyright.

Debian GNU/Linux comes with ABSOLUTELY NO WARRANTY, to the extent
permitted by applicable law.

Type 'startx' to launch a graphical session

pi@raspberrypi ~ $ _
```

Observación

A partir de ahora en este capítulo, el nombre de usuario será *pi*, *user* o *espanol* y el nombre de la máquina *raspberrypi*. Adapte estos dos datos a los que haya introducido durante el proceso de instalación.

Esta línea de comandos se interpreta de la siguiente manera: el usuario *pi* se ha conectado al ordenador *raspberrypi*. Trabaja en su directorio personal ~ (*/home/pi*). Solo puede ejecutar un número limitado de acciones, porque solo es un usuario normal. Esto se indica con el símbolo $ al final de la línea de comandos. Todo esto se expresa con 16 caracteres, lo que muestra cómo de conciso es el modo texto.

Si el usuario *pi* intenta parar el sistema:

```
pi@raspberrypi ~ $ shutdown -h now
shutdown: you must be root to do that!
Usage:    shutdown [-akrhPHfFnc] [-t sec] time [warning message]
```

Un mensaje le advierte que solo *root* puede parar el sistema.

El usuario tiene dos posibilidades:

- Desconectarse y conectarse como *root*.
- Convertirse momentáneamente en super-usuario.

3.1.2 Desconexión

Para cerrar una sesión Linux, escriba `logout` seguido de la tecla [Intro].

```
logout
```

La sesión termina y el sistema sigue funcionando. La consola muestra de nuevo `raspberry-pi login:` y espera la conexión de un nuevo usuario.

El usuario ahora puede reconectarse como *root* para, por ejemplo, detener la máquina.

3.1.3 Convertirse momentáneamente en super-usuario

Un usuario normal puede convertirse momentáneamente en super-usuario, el tiempo de ejecutar un comando que únicamente *root* puede ejecutar. Existen dos maneras de alcanzar este resultado.

La primera es `sudo` (*Substitute User Do* = ejecutar como otro usuario). Para usar `sudo`, este usuario debe figurar en un archivo llamado *sudoers*, que enumera los usuarios autorizados a realizar esta operación. Es el administrador el que decide los miembros de la lista de *sudoers*.

```
sudo [comando]
```

Para probar `sudo`, el uso de `ls` simplemente muestra el contenido del directorio (consulte la sección Moverse en la arborescencia de este capítulo) sin peligro.

```
pi@raspberrypi ~ $ sudo ls
Desktop python_games
```

La contraseña solicitada por `sudo` es la del usuario que desea convertirse en super-usuario. Por defecto, se memoriza durante 15 minutos. El usuario puede volver a utilizar el comando `sudo` sin necesidad de introducir de nuevo la contraseña, durante estos 15 minutos.

El comando `ls` se ha ejecutado como super-usuario. Si un usuario no autorizado (*user*) intenta realizar la misma operación:

```
user@raspberrypi ~ $ sudo ls

We trust you have received the usual lecture from the local
System Administrator.
It usually boils down to these three things:

   #1) Respect the privacy of others.
   #2) Think before you type.
   #3) With great power comes great responsibility.

[sudo] password for user:
user is not in the sudoers file. This incident will be reported.
user@raspberrypi ~ $
```

El usuario *user* no forma parte de los usuarios autorizados para usar el comando `sudo`. Si lo intenta, será rechazado.

`sudo` permitirá al usuario detener el sistema de la misma manera:

```
pi@raspberrypi ~ $ sudo shutdown -h now

Broadcast message from root@raspberrypi (pts/0) (Sat Jul 20
17:43:56 2013):
The system is going down for system halt NOW!
pi@raspberrypi ~ $
```

La otra posibilidad para convertirse en super-usuario es iniciar una sesión temporal con otra identidad. Esto autoriza el comando `su`. Si ningún nombre de usuario sigue al comando `su`, es el super-usuario *root* el que se usa por defecto.

Sintaxis

`su [nombre_de_usuario]`

`nombre_de_usuario`	Argumento opcional. Si se omite `nombre_de_usuario`, es el usuario root el que se selecciona por defecto.
`- nombre_de_usuario`	La presencia del guión después del comando su permite ejecutar un shell recuperando las variables del usuario correspondiente .
`-`	El guión únicamente ejecuta un shell con el entorno por defecto de *root*. Por tanto, `su -` es mejor que `su`.

El funcionamiento de `su` se resume a continuación. Un usuario (*user*) inicia una sesión. Durante esta sesión, se conecta momentáneamente como *root* utilizando el comando `su`. Cuando sale de esta sesión *root*, vuelve a su sesión anterior.

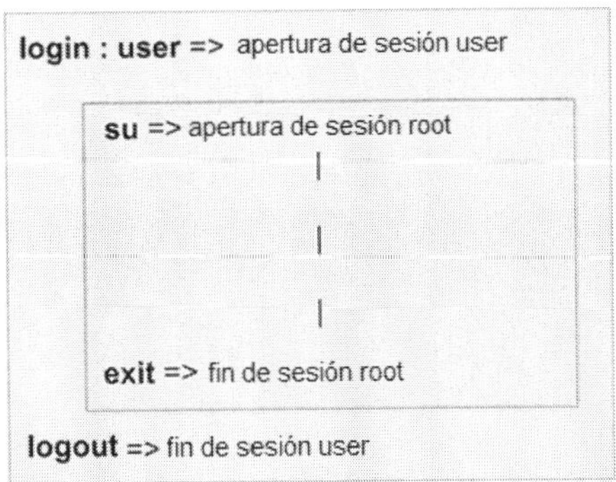

La contraseña solicitada por `su` es la del usuario cuya identidad se corresponde con la que el usuario actual desea conectarse. En el siguiente ejemplo, se espera la contraseña de *root*.

```
user@raspberrypi ~ $ su
Contraseña:
root@raspberrypi:/home/user# ls
```

```
archivo1.txt
root@raspberrypi:/home/user# exit
exit
user@raspberrypi ~ $
```

Esto implica que el administrador comunicó su contraseña a, al menos, una persona. En materia de seguridad informática, está totalmente prohibido. Por el contrario, en su propia Raspberry Pi, nada le impide usar `su` para convertirse momentáneamente en super-usuario.

Para finalizar una sesión como super-administrador abierta con `su`, debe usar el comando `exit`, que provoca una vuelta a la línea de comandos de inicio (ver la captura de pantalla anterior).

El comando `su` también puede servir para convertirse momentáneamente en otro usuario:

```
pi@raspberrypi ~ $ su user
Contraseña:
user@raspberrypi /home/pi $ ls
Desktop python_games
user@raspberrypi /home/pi $ exit
exit
pi@raspberrypi ~ $
```

Esta vez, el usuario *pi* recibe momentáneamente la identidad del usuario *user*, por tanto, conoce su contraseña. Sin embargo aunque tiene la identidad de *user*, permanece en su carpeta personal propia: */home/pi* salvo si utiliza el comando `su - user`. El comando `exit` terminar la sesión abierta como *user* y vuelve a la línea de comandos `pi@raspberrypi ~ $`.

3.1.4 Conectarse como root

Para permitir la conexión del super-usuario *root* a Raspberry Pi OS, en primer lugar es necesario activar la cuenta del super-usuario y asociarle una contraseña:

⇉ Con la cuenta del usuario *pi*, es necesario pasar por el comando `sudo` y el comando `passwd`:

```
pi@raspberrypi ~ $ sudo passwd root
Indique la nueva contraseña UNIX:
Repita la nueva contraseña UNIX:
passwd: la contraseña se ha actualizado con éxito
pi@raspberrypi ~ $
```

Observe la contraseña que acaba de asignar a *root*.

⇉ Cierre la sesión con el comando `logout`.

⇉ Cconéctese de nuevo escribiendo el login *root* y valide con la tecla [Intro].

⇉ El sistema solicita la contraseña del usuario para autentificarlo. Escriba la contraseña y valide. El sistema envía una serie de información a la pantalla de la consola que se está utilizando (tty1), antes de mostrar: `root@raspberrypi:~#`.

```
Debian GNU/Linux wheezy/sid raspberrypi tty1

raspberrypi login: root
Password:
Last login: Sat Jul 20 15:14:05 CEST 2013 from 192.168.1.114 on pts/0
Linux raspberrypi 3.1.9+ #2 Mon Apr 16 04:53:15 EST 2012 armv6l

The programs included with the Debian GNU/Linux system are free software;
the exact distribution terms for each program are described in the
individual files in /usr/share/doc/*/copyright.

Debian GNU/Linux comes with ABSOLUTELY NO WARRANTY, to the extent
permitted by applicable law.

Type 'startx' to launch a graphical session

root@raspberrypi:~#
```

Esta línea significa que el usuario *root* está conectado en la máquina *raspberrypi* y que su directorio de trabajo es ~ (abreviación de «directorio personal», aquí */root*). El signo # al final de la línea significa que los comandos se ejecutan a nivel de super-usuario, por tanto sin restricción.

Una vez conectado, *root* tiene acceso al conjunto del sistema. Puede ejecutar todos los comandos sin que el sistema le rechace. La peligrosidad de ciertos comandos hace que la cuenta *root* se use el menor tiempo posible en las máquinas Linux.

3.1.5 Detener correctamente el sistema

Solo el super-usuario está autorizado a detener el sistema.

Linux utiliza un sistema de caché para la escritura en los dispositivos de almacenamiento (tarjeta SD, disco duro, llave USB, etc.). Almacena el mayor tiempo posible los datos en memoria RAM. La escritura de datos al final de un archivo de traza modifica con frecuencia el tamaño del archivo. Si el archivo está en memoria, su modificación es muy rápida, solo durante la parada del sistema se escriben en la tarjeta SD o el disco duro, tanto el archivo como su tamaño.

En caso de parada accidental, los archivos permanecen abiertos, los datos se pierden, los tamaños de archivos ya no corresponden, etc. Un reset o una desconexión de la alimentación pueden dejar el sistema de archivos en un estado tal que el sistema no pueda arrancar de nuevo. Es una de las razones del uso de un convertidor encargado de mantener una alimentación permanente en los puestos de trabajo o servidores sensibles.

Durante una parada iniciada por el administrador con el comando `shutdown`, en primer lugar el sistema solicita a los procesos terminar su actividad. Fuerza la parada de los que siguen funcionando, se escriben las cachés en los dispositivos de almacenamiento y las particiones se desmontan correctamente. Solo cuando se ha hecho esto el sistema se detiene realmente.

Sintaxis

```
shutdown [-t segundos] [-hfFr] hora [mensaje a los usuarios]
```

-t segundos	Argumento opcional. Indica el tiempo de espera en segundos entre el envío del mensaje de advertencia a los usuarios y la parada de los procesos.
-h	Argumento opcional. Indica que la máquina se debe detener después de la parada del sistema.
-f	Argumento opcional. Indica que no hay que realizar comprobación del sistema de archivos después de reiniciar.
-F	Argumento opcional. Indica que es necesario obligatoriamente realizar una comprobación del sistema de archivos después de reiniciar.
-r	Argumento opcional. Indica que es necesario reiniciar la máquina después de su parada (reboot).
Hora	Argumento obligatorio. Indica la hora a la que el sistema se debe detener. hh:mm: hora en formato hora:minuto. +m: número de minutos antes de la parada. now: detener ahora, equivalente a +0.
mensaje a los usuarios	Mensaje enviado a todos los usuarios conectados para indicar la hora de parada de la máquina y permitir su desconexión.

Para detener la Raspberry Pi correctamente de manera inmediata utilice el siguiente comando:

```
root@raspberrypi:~# shutdown -h now
```

Espere la parada completa del sistema. No es suficiente con que la pantalla se apague para garantizar la parada del sistema. Hay que observar los LED, en particular el LED ACT, que indica el acceso del sistema a la tarjeta SD. La parada del sistema se traduce en que se apagan todos los LED, excepto el LED de alimentación PWR.

Observación

El sistema está detenido, pero la Raspberry Pi no tiene sistema de apagado. Al final de la secuencia de parada (el LED rojo PWR encendido en la Raspberry Pi 3 y el LED rojo ACT apagado en la Raspberry Pi Zero), es necesario desenchufarla manualmente de la alimentación.

3.2 Moverse en la arborescencia

Una vez conectado a un sistema operativo, es necesario conocer el directorio de trabajo (o directorio actual) y ser capaz de moverse en la arborescencia.

3.2.1 Identificar el directorio actual

Cuando un usuario se conecta, el sistema se sitúa automáticamente en su directorio personal, lo que se indica mostrando ~, que es la abreviatura correspondiente:

```
user@raspberrypi ~ $
```

El comando pwd (*print name of working directory*= mostrar el nombre del directorio de trabajo) permite conocer el directorio actual de manera más detallada:

```
user@raspberrypi ~ $ pwd
/home/user
```

Este comando confirma que el directorio de trabajo es */home/user*, que es el directorio personal del usuario *user*.

3.2.2 Listar el contenido de un directorio

Para poder moverse en la arborescencia, es necesario conocer el nombre de los directorios a los que desea acceder. El comando `ls` (*list sort* = lista ordenada), muestra el contenido de un directorio: archivos y sub-directorios. Este comando soporta numerosas opciones, en particular las opciones de ordenación para la presentación del resultado. Únicamente se enumeran a continuación las más útiles.

Sintaxis

`ls [opciones] [nombre_de_archivo]`

La siguiente tabla presenta algunas opciones útiles para el uso del comando `ls`. Consulte el manual de este comando para descubrir todas sus posibilidades (`man ls`).

`-F`	Añade una / al final del nombre de los directorios.
`-R`	Muestra recursivamente el contenido de los sub-directorios. Si un subdirectorio existe, se muestra su contenido.
`-l`	Muestra información muy completa de los archivos y directorios (tipo, permisos de acceso, nombre del propietario...).
`-a`	Muestra todos los archivos, incluidos lo que empiezan por un . y que son archivos cacheados.
`nombre_de_archivo`	Nombre de archivo a mostrar, acepta los "comodines" * y ?.

Ejemplo de comando ls

```
user@raspberrypi /etc $ ls -al n*
-rw-r--r-- 1 root root 8453 marzo  30 2012 nanorc
-rw-r--r-- 1 root root  767 mayo    2 2011 netconfig
-rw-r--r-- 1 root root   60 julio  15 2012 networks
-rw-r--r-- 1 root root  475 agosto 28 2006 nswitch.conf
-rw-r--r-- 1 root root 1988 mayo   18 2012 ntp.conf

network:
total 28
drwxr-xr-x 6   root root  4096 julio 15  2012 .
drwxr-xr-x 87  root root 4096 julio 20 19:52 ..
drwxr-xr-x 2   root root  4096 julio 15  2012 if-down.d
drwxr-xr-x 2   root root  4096 julio 15  2012 if-post-down.d
drwxr-xr-x 2   root root  4096 julio 15  2012 if-pre-up.d
drwxr-xr-x 2   root root  4096 julio 15  2012 if-up.d
-rw-r--r-- 1   root root    53 julio 15  2012 interfaces
lrwxrwxrwx 1   root root    12 julio 15  2012 run -> /run/network
user@raspberrypi /etc $
```

El directorio actual es */etc*. El usuario introduce el comando `ls -al n*`, lo que significa:

`ls` = mostrar la lista de los archivos y carpetas.

`-al` = incluso los archivos cacheados, con todos los detalles.

`n*` = solamente los archivos que empiezan por la letra n.

El sistema muestra cinco archivos y el contenido del directorio *network*, antes de volver a la línea de comandos.

El comando `ls` permite fijarse en los directorios: la primera letra de la línea es una d si se trata del nombre de un directorio. Un – indica que el nombre corresponde a un archivo normal.

```
user@raspberrypi /etc $ ls -al | more
total 804
drwxr-xr-x 87 root root  4096 julio 20 19:52 .
drwxr-xr-x 22 root root  4096 julio 15  2012 ..
-rw-r--r--  1 root root  2981 julio 15  2012 adduser.conf
drwxr-xr-x  2 root root  4096 julio 15  2012 alternatives
drwxr-xr-x  7 root root  4096 julio 15  2012 apm
drwxr-xr-x  2 root root  4096 julio 15  2012 apparmor.d
drwxr-xr-x  6 root root  4096 julio 15  2012 apt
drwxr-xr-x  3 root root  4096 julio 15  2012 avahi
-rw-r--r--  1 root root  1762 abril 30   2012 bash.bashrc
```

La barra después del comando `ls -al` se obtiene pulsando simultáneamente las teclas [Alt Gr] 1. Esta barra se llama *pipe*. La salida del comando `ls`, que se habría enviado a la pantalla, se envía al comando `more`, encargado de gestionar la visualización. Para avanzar pulse en [Espacio] (avanza una página) o [Intro] (avanza una línea), para salir pulse en [q].

Observación

Cualquier comando seguido de `| more` provocará que su salida se envíe a la pantalla, página a página.

3.2.3 Cambiar de directorio

El comando `cd` (*change working directory* = cambiar de directorio de trabajo) permite cambiar el directorio actual.

Sintaxis

```
cd [nuevo_directorio]
```

Si se omite `nuevo_directorio`, el usuario permanece en su directorio personal. Hay que escribir obligatoriamente un espacio entre el comando `cd` y el siguiente argumento.

Ejemplo del uso del comando cd

```
1 - user@raspberrypi ~ $ cd /
2 - user@raspberrypi / $ ls
3 - bin  dev home lost+found mnt proc run  selinux sys
4 - usr
5 - boot etc lib  media      opt root sbin srv     tmp
6 - var
7 - user@raspberrypi / $ cd usr
8 - user@raspberrypi /usr $ ls -al
9 - total 64
10 - drwxr-xr-x  10 root root   4096 julio 15 2012 .
11 - drwxr-xr-x  22 root root   4096 julio 15 2012 ..
12 - drwxr-xr-x   2 root root  20480 julio 20 14:50 bin
13 - drwxr-xr-x   2 root root   4096 junio  2 2012 games
14 - drwxr-xr-x  56 root root   4096 julio 15 2012 include
15 - drwxr-xr-x  64 root root  12288 julio 20 14:50 lib
16 - drwxrwsr-x  10 root staff  4096 julio 15 2012 local
17 - drwxr-xr-x   2 root root   4096 julio 15 2012 sbin
18 - drwxr-xr-x 144 root root   4096 julio 20 14:50 share
19 - drwxr-xr-x   2 root root   4096 junio  2 2012 src
20 - user@raspberrypi /usr $ cd bin
21 - user@raspberrypi /usr/bin $ cd
22 - user@raspberrypi ~ $
```

Línea 1: el usuario está en su carpeta personal y solicita ir a la raíz.

Línea 2: el usuario está en la raíz y solicita la lista de archivos y carpetas.

Líneas 3 a 6: el sistema muestra la lista.

Línea 7: el usuario está en la raíz y solicita ir al directorio *usr*.

Línea 8: el usuario está en el directorio *usr* y solicita la lista de archivos y carpetas con detalles.

Líneas 9 a 19: el sistema muestra el resultado. Todas las líneas empiezan por una **d**, por tanto solo hay directorios.

Línea 20: el usuario está en el directorio *usr* y solicita ir al directorio *bin*.

Línea 21: el directorio de trabajo es la carpeta */usr/bin*. El usuario introduce **cd** sin argumento.

Línea 22: el directorio de trabajo es la carpeta personal de *user*: **~**.

Observe las líneas 10 y 11. Hay dos directorios que tienen nombres extraños: `.` y `..`.

- El primero, llamado `.`, es el directorio actual. Es aquí donde el sistema guarda el directorio de trabajo o carpeta activa.
- El segundo, llamado `..`, es el directorio padre, es decir, el que se encuentra inmediatamente antes de la carpeta actual en la arborescencia.

Estos nombres particulares se pueden utilizar en los comandos.

Ejemplo de uso de ..

```
1 - user@raspberrypi ~ $ cd /usr/bin
2 - user@raspberrypi /usr/bin $ cd ..
3 - user@raspberrypi /usr $
```

Línea 1: el usuario trabaja en su directorio personal y solicita el cambio de directorio a */usr/bin*.

Línea 2: el directorio activo es */usr/bin*. El usuario solicita al sistema volver al directorio padre del directorio de trabajo.

Línea 3: el directorio de trabajo es ahora */usr*.

3.2.4 Ruta relativa y ruta absoluta

Existen dos maneras de moverse en la arborescencia: el modo absoluto, que sale sistemáticamente de la raíz, y el modo relativo, que sale del directorio de trabajo activo.

El siguiente esquema muestra un ejemplo de arborescencia, en la que el usuario desea moverse.

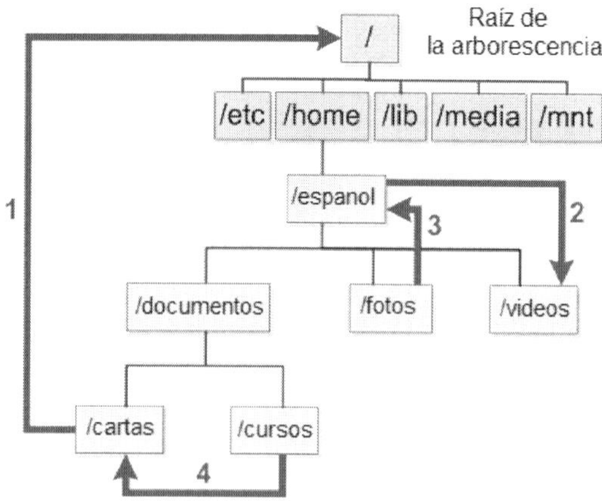

La siguiente tabla enumera los comandos que el usuario debe usar si utiliza el direccionamiento absoluto.

Utilización del direccionamiento absoluto		
	Punto de inicio	**Direccionamiento absoluto**
1	/home/espanol/documentos/cartas	cd /
2	cd /home/espanol/documentos	cd /home/espanol/videos
3	cd /home/espanol/fotos	cd /home/espanol
4	cd /home/espanol/documentos/cursos	cd /home/espanol/documentos/ cartas

La siguiente tabla enumera los comandos que el usuario debe usar si utiliza el direccionamiento relativo.

Utilización del direccionamiento relativo		
	Punto de inicio	**Direccionamiento relativo**
1	/home/espanol/documentos/cartas	cd ../../../..
2	cd /home/espanol/documentos	cd videos
3	cd /home/espanol/fotos	cd ..
4	cd /home/espanol/documentos/cursos	cd ../cartas

Las dos formas de moverse en la arborescencia tienen usos diferentes. Nunca estamos seguros de llegar a la dirección correcta. El direccionamiento relativo se utiliza normalmente en los sitios web, lo que permite mover una parte de la arborescencia en la que se ha utilizado el direccionamiento relativo, sin consecuencia para los enlaces entre las páginas.

Para entender correctamente el mecanismo de los movimientos absolutos y relativos, construya una arborescencia (consulte la siguiente sub-sección: Modificar la arborescencia) en su carpeta personal, como en el ejemplo anterior, y muévase en la arborescencia utilizando ambos métodos.

3.2.5 Modificar la arborescencia

El usuario puede unir a la arborescencia origen dispositivos de almacenamiento externos (disco duro USB, llave USB, etc.). Esta "conexión" de periféricos externos se aborda en el capítulo Utilizar una memoria de almacenamiento externa.

El usuario también puede necesitar modificar la arborescencia origen de Linux. Esto puede servir para crear o eliminar sub-directorios en su directorio personal, clasificar documentos, fotos, vídeos...

Crear un directorio

La creación de un directorio se hace con el comando `mkdir` (*make directory* = crear un directorio). Si se pasa como argumento un nombre de directorio, se crea en el directorio de trabajo actual. Para crearlo en otro sitio diferente al directorio activo es necesario informar la ruta en modo absoluto.

Sintaxis

```
mkdir nombre_del_directorio
```

Ejemplo de uso del comando mkdir

```
1 - espanol@raspberrypi ~ $ ls
2 - documentos fotos vacios
3 - espanol@raspberrypi ~ $ mkdir musica
4 - espanol@raspberrypi ~ $ ls
5 - documentos fotos musica vacios
6 - espanol@raspberrypi ~ $ mkdir musica
7 - mkdir: imposible crear el directorio “musica”:
8 - El archivo ya existe
9 - espanol@raspberrypi ~ $
```

Línea 1: el usuario lista los archivos y directorios presentes en su directorio personal.

Línea 2: el sistema muestra los archivos y directorios.

Línea 3: el usuario crea un directorio *musica*.

No hay mensaje de error, por tanto el comando se ha ejecutado sin problema.

Línea 4: el usuario solicita la lista de archivos y directorios.

Línea 5: el sistema muestra los archivos y directorios. Un directorio *musica* se ha creado correctamente.

Línea 6: el usuario crea de nuevo un directorio *musica*.

Líneas 7 y 8: el sistema rechaza el comando porque ya existe un directorio con este nombre. Si hubiera existido un archivo *musica*, el sistema también hubiera rechazado ejecutar el comando.

Observación

Para crear los directorios padres si no existen, es necesario usar la opción *-p*. Por ejemplo, si el directorio */data* no existe, el comando *mkdir -p /data/copia__seguridad*, creará ambos directorios.

Eliminar un directorio

La eliminación de un directorio se hace con el comando `rmdir` (*remove directory* = eliminar un directorio) o con el comando `rm` si el directorio no está vacío.

Sintaxis

```
rmdir nombre_del_directorio
```

Ejemplo de uso del comando rmdir

```
espanol@raspberrypi ~ $ ls
documentos fotos musica vacios
espanol@raspberrypi ~ $ rmdir musica
rmdir: error eliminando «musica»: El directorio no está vacío
```

El directorio *musica* contiene un archivo. Es imposible borrarlo con `rmdir`. Hay que usar `rm -r`:

```
espanol@raspberrypi ~ $ rm -r musica
espanol@raspberrypi ~ $ ls
documentos fotos vacios
```

Esta vez, el archivo se ha borrado correctamente. El comando `rm` normalmente se utiliza para eliminar un archivo. Con la opción `-r` se elimina un directorio no vacío.

```
espanol@raspberrypi ~ $ rmdir -p musica/clasica/mozart
espanol@raspberrypi ~ $ ls
documentos fotos vacios
```

El usuario quiere eliminar el directorio *mozart* y sus padres *musica* y *clasica*. La opción `-p` permite esta eliminación, con la condición de que el directorio esté vacío. Si un directorio padre no está vacío, la eliminación de los padres se detiene a este nivel.

3.3 Administrar los archivos

La intervención en la estructura de la arborescencia permite preparar directorios para recibir los archivos de los usuarios. Los comandos de copiado, movimiento, eliminación, etc., sirven para poblar los directorios.

3.3.1 Copiar los archivos

La copia de archivos y directorios en Linux se hace con el comando `cp`. Este comando acepta varias sintaxis para:

- Copiar un archivo en otro archivo. Si el archivo no existe, el archivo se copia. Si el destino existe, el archivo se borra (ver la opción `-i` a continuación).
- Copiar varios archivos a un directorio.
- Copiar un directorio y sus sub-directorios a un directorio.

Sintaxis 1

`cp [-iu] archivo destino`

`archivo`	Nombre del archivo a copiar, también llamado archivo fuente.
`destino`	Si `destino` es un nombre de archivo, el archivo fuente se copia de nuevo en el archivo destino. Si `destino` es un nombre de directorio, el archivo fuente se copia en este directorio.
`-i`	Esta opción indica al sistema que debe preguntar al usuario antes de eliminar un archivo existente.
`-u`	El sistema no hace la copia si el archivo destino tiene una fecha de última modificación igual o más reciente que el archivo fuente.

Ejemplo de uso de la sintaxis 1

El archivo *bolero.wav* (archivo fuente) se copia al archivo *alcyone.wav* (archivo destino).

```
espanol@raspberrypi ~/musica/clasica $ ls
bolero.wav espejos.wav ravel
espanol@raspberrypi ~/musica/clasica $ cp bolero.wav
alcyone.wav
espanol@raspberrypi ~/musica/clasica $ ls
alcyone.wav bolero.wav espejos.wav ravel
espanol@raspberrypi ~/musica/clasica $
```

Sintaxis 2

`cp [-iu] archivo_1 archivo_2, etc archivo_n directorio`

`archivo_n`	Los archivos 1 a n son los archivos a copiar.
`directorio`	El directorio en el que se copiarán los archivos.
`-i y-u`	Estas opciones tienen el mismo efecto que en la sintaxis 1.

Ejemplo de uso de la sintaxis 2

Dos archivos, *bolero.wav* y *espejos.wav*, se copian al directorio *ravel*.

```
espanol@raspberrypi ~/musica/clasica $ ls
bolero.wav espejos.wav ravel
espanol@raspberrypi ~/musica/clasica $ cp bolero.wav
espejos.wav ravel
espanol@raspberrypi ~/musica/clasica $ cd ravel
espanol@raspberrypi ~/musica/clasica/ravel $ ls
bolero.wav espejos.wav
```

Sintaxis 3

```
cp [-iuR] directorio_fuente directorio_destino
```

`directorio_fuente`	Directorio a copiar.
`directorio_destino`	Directorio en el que se copiará el directorio fuente y sus sub-directorios.
`-i` y `-u`	Estas opciones tienen el mismo efecto que en la sintaxis 1.
`-R`	Copia recursivamente los sub-directorios del directorio fuente. La presencia de `-R` durante la copia de directorios evita la visualización de un mensaje de error.

Ejemplo de uso de la sintaxis 3

Un directorio se copia a otro directorio que ya contiene los archivos. Con la opción `-i` el sistema solicita confirmación antes de eliminar los archivos existentes.

```
espanol@raspberrypi ~ $ cp -R -i musica copia_seguridad
cp: ¿Desea eliminar
«copia_seguridad/musica/clasica/bolero.wav»? o
cp: ¿Desea eliminar
«copia_seguridad/musica/clasica/espejos.wav»? o
cp: ¿Desea eliminar
«copia_seguridad/musica/clasica/alcyone.wav»? o
cp: ¿Desea  eliminar
«copia_seguridad/musica/clasica/ravel/bolero.wav»?
```

3.3.2 Mover y renombrar los archivos

El comando `mv` (*move* = mover) permite mover y renombrar archivos y directorios.

Sintaxis

```
mv [-fiuv] fuente destino
```

`fuente`	Nombre del archivo o del directorio fuente.
`destino`	Nombre del archivo o del directorio destino. Si `destino` es un nombre de directorio, `mv` mueve los archivos fuente a este directorio. Si `fuente` y `destino` son archivos en el mismo sistema de archivos, `mv` renombra el archivo. Si `fuente` y `destino` son archivos en sistemas de archivos diferentes, `mv` mueve el archivo. Si `fuente` es un nombre de directorio, `mv` renombra este directorio.
`-f`	Fuerza el borrado de los archivos existentes.
`-i`	Pregunta al usuario antes de eliminar un archivo. Si `-f` y `-i` existen en la línea de comandos, es la última la que se tiene en cuenta.

-u	El sistema no hace la copia si el archivo destino tiene una fecha de última modificación igual o más reciente que la del archivo fuente.
-v	Indica por pantalla el nombre de los archivos que se han movido.

Ejemplo de uso del comando mv

El usuario renombra el archivo *bolero.wav*, que se convierte en *bolero_de_ravel.wav*.

```
espanol@raspberrypi ~/musica/clasica $ ls
alcyone.wav bolero.wav espejos.wav ravel
espanol@raspberrypi ~/musica/clasica $ mv bolero.wav
bolero_de_ravel.wav
espanol@raspberrypi ~/musica/clasica $ ls
alcyone.wav bolero_de_ravel.wav espejos.wav ravel
```

3.3.3 Eliminar archivos

La eliminación de archivos se hace con el comando `rm` (*remove* = eliminar).

Sintaxis

`rm [-fiRv] nombre_de_archivo`

nombre_de_archivo	Nombre del archivo o del directorio a eliminar.
-f	No advierte al usuario si un archivo que se debe eliminar no existe. Fuerza la eliminación sin solicitar confirmación si el archivo existe.
-i	Pregunta al usuario antes de eliminar un archivo. Si `-f` y `-i` existen en la línea de comandos, es la última la que se tiene en cuenta.
-R	Elimina recursivamente los subdirectorios del directorio fuente y del propio directorio.
-v	Indica por pantalla el nombre de los archivos eliminados.

Ejemplo de uso del comando rm

El usuario decide eliminar todos los archivos *.wav* del directorio actual. El asterisco * sustituye al nombre de todos los archivos. La opción `-v` indica al sistema que muestre por pantalla los nombres de los archivos eliminados.

```
espanol@raspberrypi ~/musica/clasica $ rm -v *.wav
«bolero_de_ravel.wav» eliminado
«espejos.wav» eliminado
```

3.3.4 Mostrar el contenido de un archivo

La visualización del contenido de un archivo se hace con el comando `cat`.

Sintaxis

```
cat [-n] nombre_de_archivo_1 nombre_de_archivo_2
```

`nombre_de_archivo_1`	Nombre del archivo del que el usuario quiere visualizar el contenido. Si hay varios nombres de archivos en la línea de comandos, `cat` muestra su contenido en la pantalla siguiente.
`-n`	Numera las líneas mostradas en la pantalla. Es útil cuando es necesario encontrar una línea que tiene problemas.

Ejemplo de uso del comando cat

El usuario muestra el contenido de */etc/timezone*, en primer lugar sin ningún argumento y después con numeración de las líneas.

```
espanol@raspberrypi /etc $ cat timezone
Europa/Madrid
espanol@raspberrypi /etc $ cat -n timezone
   1 Europa/Madrid
```

Observación

En caso de un archivo con un número importante de líneas, la visualización que proporciona *cat* desfila demasiado rápido. Piense en usar *less* para facilitar la lectura. La separación entre el comando *cat passwd* y *less* es el signo pipe, que se obtiene pulsando simultáneamente [Alt Gr] 1.

```
espanol@raspberrypi /etc $ cat passwd | les
```

3.3.5 Modificar el contenido de un archivo

Desde los orígenes de Linux existen editores de archivos. Más o menos prácticos, más o menos complicados de usar, se han sustituido en el año 2000 por *nano*, un editor libre disponible en todas las distribuciones.

Los editores como *vi* y *emacs* se continúan utilizando puntualmente, fundamentalmente para las búsquedas y las sustituciones.

Sintaxis

```
nano nombre_de_archivo
```

Si el archivo existe, *nano* lo abre y muestra su contenido. El movimiento del cursor se realiza con las fechas de dirección. Es posible añadir o eliminar caracteres.

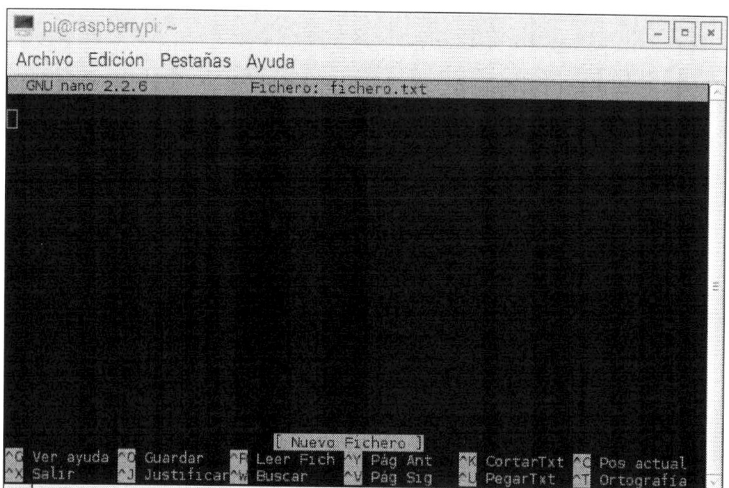

En la parte superior izquierda, *nano* muestra su número de versión. En el centro figura el nombre del archivo.

En la parte inferior, en la mitad de la pantalla, la indicación **[Nuevo Fichero]** muestra que el archivo *fichero.txt* no existe y que *nano* lo creará.

Las dos líneas inferiores de la pantalla recuerdan los comandos disponibles precedidos por el signo ^, que hace referencia a la tecla [Ctrl]. Por ejemplo, para buscar una palabra, pulse [Ctrl] W para que aparezca una zona llamada **Buscar**. Si escribe una palabra y pulsa [Intro], el cursor va a esta palabra. La siguiente búsqueda propondrá por defecto la misma palabra. Pulse en [Intro] para buscar la siguiente ocurrencia de la palabra en el texto. Si escribe otra palabra seguida de [Intro], provoca una nueva búsqueda.

La escritura del archivo se hace con [Ctrl] O. La combinación de teclas [Ctrl] X sale de *nano*. Si el archivo se ha modificado, pregunta si desea guardarlo.

La combinación de teclas [Ctrl] G es la más importante de *nano*. Permite acceder a la ayuda del software. La correspondencia entre las combinaciones de teclas y las teclas de función figura en la ayuda, así como otra información útil.

Para entretenerse, cree un archivo con *nano*. Introduzca texto y guarde el archivo. Vuelva a abrirlo con *nano* y explore las funciones disponibles.

En poco tiempo dominará este editor de texto. Su manejo permite ahorrar mucho tiempo durante la intervención sobre los archivos de configuración, por ejemplo.

3.3.6 Comprimir y descomprimir un archivo

El almacenamiento de numerosos archivos poco utilizados se puede optimizar usando `gzip`. Este comando sustituye un archivo por su versión comprimida, añadiendo *.gz* después del nombre de origen. También descomprime los archivos con la opción `-d`.

Sintaxis

`gzip nombre_de_archivo_1 nombre_de_archivo_2... nombre_de_directorio`

`nombre_de_archivo_n`	Se comprimirán todos los archivos cuyo nombre figura en la línea de comandos.
`nombre_de_directorio`	Si uno o varios nombres son nombres de directorios, se ignoran, salvo si se indica la opción `-r`.
`-d`	Descomprime un archivo comprimido.
`-l`	Proporciona información de los archivos comprimidos (tamaño del archivo comprimido, tamaño del archivo original, tasa de compresión y nombre del archivo original).
`-r`	Si en la lista hay uno o varios nombres de directorios, recorre los directorios recursivamente comprimiendo individualmente todos los archivos que encuentra. El directorio en sí mismo no se comprime.
`-t`	Comprueba la integridad de un archivo comprimido.
`-v`	Modo conversación, que ofrece información de cada archivo comprimido o descomprimido.

Ejemplo de uso del comando gzip

El usuario desea comprimir el archivo *archivo1.txt*, que ocupa 35 KB. El comando `gzip` genera un archivo *archivo1.txt.gz* que sustituye al archivo original, pero solo ocupa 12 KB.

```
espanol@raspberrypi ~/documentos $ ls -al
total 44
drwxr-xr-x 2 espanol espanol 4096  julio 22 18:13 .
drwxr-xr-x 7 espanol espanol 4096  julio 21 17:32 ..
-rw-r--r-- 1 espanol espanol 35379 julio 22 17:48 archivo1.txt
espanol@raspberrypi ~/documentos $ gzip archivo1.txt
espanol@raspberrypi ~/documentos $ ls -al
total 24
drwxr-xr-x 2 espanol espanol 4096  julio 22 18:13 .

drwxr-xr-x 7 espanol espanol 4096  julio 21 17:32 ..
-rw-r--r-- 1 espanol espanol 12703 julio 22 17:48
archivo1.txt.gz
```

El usuario quiere visualizar la información de todos los archivos *.gz* del directorio de trabajo.

```
espanol@raspberrypi ~/documentos $ gzip -l *.gz
         compressed        uncompressed ratio uncompressed_name
              12703               35379 64.2% archivo1.txt
```

El usuario lanza la descompresión de todos los archivos comprimidos del directorio activo.

```
espanol@raspberrypi ~/documentos $ gzip -d *.gz
```

La compresión de *archivo1.txt* se ejecuta en modo *detallado* (conversación). Se muestra la información relativa a la compresión.

```
espanol@raspberrypi ~/documentos $ gzip -v archivo1.txt
archivo1.txt:   64.2% -- replaced with archivo1.txt.gz
```

El usuario vuelve a su carpeta personal y quiere comprimir todos los archivos contenidos en los directorios y subdirectorios, con una visualización por pantalla de las operaciones realizadas por `gzip`.

```
espanol@raspberrypi ~/documentos $ cd ..
espanol@raspberrypi ~ $ ls
documentos copia_seguridad fotos musica video217
espanol@raspberrypi ~ $ gzip -rv *
gzip: documentos/archivo1.txt.gz already has .gz suffix --
unchanged
musica/clasica/ravel/bolero.wav:          22.2% -- replaced with
musica/clasica/ravel/bolero.wav.gz
musica/clasica/ravel/alcyone.wav:        -11.1% -- replaced with
musica/clasica/ravel/alcyone.wav.gz
copia_seguridad/musica/clasica/bolero.wav:        22.2% --
replaced with copia_seguridad/musica/clasica/bolero.wav.gz
copia_seguridad/musica/clasica/espejos.wav:      -11.1% --
replaced with copia_seguridad/musica/clasica/espejos.wav.gz
copia_seguridad/musica/clasica/alcyone.wav:       22.2% --
replaced with copia_seguridad/musica/clasica/alcyone.wav.gz
copia_seguridad/musica/clasica/ravel/bolero.wav:  22.2% --
replaced with copia_seguridad/musica/clasica/ravel/bolero.wav.gz
espanol@raspberrypi ~ $
```

Observación

También es posible descomprimir directamente los archivos con *gunzip*, que acepta los mismos argumentos que *gzip*. En GNU/Linux, el comando *tar* también se utiliza para generar archivos comprimidos en formato tar.gz.

3.4 Acelerar la escritura de los comandos

La escritura repetitiva de los comandos puede convertirse en algo molesto. Afortunadamente Linux ofrece soluciones para acelerar la escritura.

3.4.1 Recordar los comandos anteriores

El primer método es el uso de las fechas arriba y abajo para recordar los comandos introducidos anteriormente.

Uso de las fechas de dirección

Las fechas arriba y abajo dan acceso a la lista de comandos introducidos por un usuario. Una vez que se muestra el comando buscado, puede validarlo de nuevo pulsando la tecla [Intro]. Si desea modificar el comando antes de usarlo, muévase con ayuda de las fechas derecha e izquierda, elimine los caracteres, añada los que necesite y valide de nuevo el comando con la tecla [Intro].

 **Observación**

Si cambia de usuario en el mismo puesto, el histórico de comandos queda vinculado al usuario. Por ejemplo, el usuario pi inicia una sesión root con *su*, cuando está en la sesión del usuario root ya no tiene acceso a su propio histórico. Después, con el comando *exit* sale de la sesión root y de nuevo tiene acceso a su histórico.

Uso del comando history

El comando `history` memoriza los últimos comandos de un usuario. Es el comando que se pone en marcha cuando el usuario acciona las teclas arriba y abajo para moverse por los comandos memorizados. Este comando recibe un determinado número de opciones o argumentos. A continuación se muestran los más útiles.

Sintaxis

```
history [!cifra] [!letras] [-c]
```

`history`	`history` sin argumento muestra la lista de los últimos comandos que un usuario ha introducido (hasta 500 comandos por defecto). Para recuperar el comando que le interesa: `history	less` muestra el comienzo de la lista. Vaya a la parte superior e inferior con las fechas de dirección, recupere el comando que desea reutilizar y salga con la tecla **q**.
`!16`	Recuerda la línea de comandos n° 16 de la lista mostrada por `history`.
`!ls`	Recuerda el último comando que empieza por `ls` de la lista mostrada por `history`.
`-c`	Elimina la lista de comandos almacenados por `history`.

!!	Recuerda el último comando.
!$	Recuerda el último argumento. Por ejemplo: `mkdir rep ls -l !$`

Observación

La lista completa de los comandos de un usuario es visible en su directorio personal $HOME. Es el archivo cacheado *.bash_history* el que contiene esta lista.

Ejemplo de uso del comando history

```
user@raspberrypi ~ $ history
    1 ls
    2 rm archivo2.txt
    3 ls
    4 cp archivo1.txt archivo2.txt
    5 ls
    6 ls -al
    7 date
    8 history
user@raspberrypi ~ $ !7
date
sábado 20 de julio 2013, 19:43:11 (UTC+0200)
user@raspberrypi ~ $ !ls
ls -al
total 32
drwxr-xr-x 2 user user 4096 julio 20 19:42 .
drwxr-xr-x 4 root root 4096 julio 20 17:51 ..
-rw-r--r-- 1 user user   19 julio 20 19:20 archivo1.txt
-rw-r--r-- 1 user user   19 julio 20 19:42 archivo2.txt
user@raspberrypi ~ $ history -c
user@raspberrypi ~ $ history
    1 history
```

3.4.2 Función autocompletar

La función autocompletar es otro de los métodos utilizados para ahorrar tiempo cuando escribe en la línea de comandos. Si pulsa la tecla [Tab], le permite automáticamente escribir el final del comando y de los nombres de archivos y directorios si solo hay una posibilidad de autocompletar.

Si hay varias soluciones posibles, se presenta la lista de las opciones disponibles. Basta con pulsar una o varias letras y de nuevo la tecla [Tab] para terminar de escribir el comando.

Esta función está disponible en el shell (el intérprete de línea de comandos) `bash`, que es normalmente el shell por defecto cuando se ejecuta con Raspberry Pi OS.

Para comprobar que el shell utilizado en su sistema es `bash`:

⇒ Escriba `echo $SHELL` en la línea de comandos y valide. Respete las mayúsculas.

```
root@raspberrypi:/home/user# echo $SHELL
/bin/bash
```

La respuesta del sistema `/bin/bash` confirma que el intérprete de comandos en servicio es `bash`.

Si el comando `echo $SHELL` devuelve otra cosa, por ejemplo:

```
$ echo $SHELL
/bin/sh
```

El shell por defecto se ha modificado. Aquí se usa `sh`.

El comando `cat /etc/shells` enumera los intérpretes de comandos disponibles en su sistema:

```
$ cat /etc/shells
# /etc/shells: valid login shells
/bin/sh
/bin/dash
/bin/bash
/bin/rbash
```

Puede cambiar el intérprete de comandos por defecto del usuario actual gracias al comando `chsh`. El sistema le pedirá su contraseña, la ruta y el nombre del intérprete de comandos que desea utilizar:

```
$ chsh
Contraseña:
Modificación del intérprete de comandos inicial para pi
Introduzca el nuevo valor o "Intro" para conservar el valor del
         intérprete de comandos inicial [/bin/sh]: /bin/bash
```

Observación

No use el comando *sudo chsch* porque modifica el shell por defecto del usuario root.

Cierre la sesión ([Ctrl] **D**) y vuelva a conectarse como usuario. Su shell será `/bin/bash`.

Observación

SHELL es una variable de sistema que contiene el nombre del intérprete de comandos. El comando *echo* con $ delante de la variable envía el contenido de esta variable a la pantalla.

Ejemplo de uso de la función autocompletar

En la carpeta */home/user* hay dos archivos llamados *archivo1.txt* y *archivo2.txt*. El super-usuario desea mostrar el contenido de *archivo2.txt*.

```
1 - root@raspberrypi:/home/user# ca
2 - cal         caller     case        catchsegv
3 - calendar    captoinfo  cat         catman
4 - root@raspberrypi:/home/user# cat archivo
5 - archivo1.txt archivo2.txt
6 - root@raspberrypi:/home/user# cat archivo2.txt
7 - Este es el contenido del archivo archivo2.txt
8 -
```

Línea 1: escriba `ca` y pulse en [Tab] (dos veces).

Línea 2 y 3: el sistema muestra todos los comandos que empiezan por `ca` (lo que puede ser útil cuando el usuario no recuerda exactamente el comando).

Línea 4: el usuario completa su comando escribiendo una `t`, un [Espacio] y una a. A continuación pulsa [Tab]. El sistema completa la palabra archivo y se detiene porque hay dos posibilidades: *archivo1.txt* y *archivo2.txt*, que se muestran.

Línea 5: visualización de las dos posibilidades que el sistema ha encontrado.

Línea 6: el usuario completa su comando introduciendo un 2 y después pulsa en [Tab]. El sistema completa el nombre de archivo añadiendo `.txt`. La línea de comandos ahora está completa. El usuario valida con la tecla [Intro].

Líneas 7 y 8: visualización del contenido del *archivo2.txt*.

Observación

Incluso si la descripción del funcionamiento de la función autocompletar puede parecer larga, la combinación de la función, que recuerda los comandos anteriores junto con el uso de la función autocompletar hace que se gane mucho tiempo con la costumbre.

3.5 Administrar el sistema

Aprender a navegar en la arborescencia y a gestionar archivos es la primera etapa en la gestión de un sistema Linux. La administración del sistema es el objetivo de este aprendizaje. La mayor parte de los comandos de administración solo son accesibles por el super-usuario *root*.

3.5.1 Administrar los usuarios y los grupos

Un usuario es un individuo identificado por un nombre y autentificado mediante una contraseña. Incluso en un ordenador que solo usa una única persona es interesante crear usuarios con permisos diferentes. Esto permite separar y proteger las diversas actividades que se pueden hacer en la misma máquina.

- Un usuario *webmaster* se conecta directamente al directorio del sitio web para hacer las actualizaciones de este directorio.
- Un usuario de *copia de seguridad* podrá ejecutar las copias de seguridad.

Si varias personas comparten la misma máquina, esto permite separar y proteger sus datos.

Solo se solicitará el usuario *root* para las operaciones de mantenimiento del sistema.

Un grupo es un conjunto de usuarios. Durante la creación de cada usuario, Debian crea por defecto un grupo con el mismo nombre que este usuario y sitúa al usuario en este grupo.

El super-usuario o un usuario convertido en super-usuario es el que gestiona los usuarios y los grupos.

Crear un grupo

La creación de un grupo se hace con el comando `addgroup`. El grupo creado está vacío.

Sintaxis

```
addgroup nombre_grupo
```

Ejemplo de uso del comando addgroup

```
root@raspberrypi:/etc# addgroup musicos
Adición del grupo "musicos" (GID 1004)...
Terminado.
```

Se ha creado el grupo *musicos*. El sistema le ha asignado el GID (*Group ID* = identificador de grupo) 1004.

Solo se ha creado el grupo, no contiene ningún miembro.

Añadir un usuario

La adición de un usuario se hace con el comando `adduser`. Es posible introducir directamente la información por línea de comandos, o dejar al sistema actuar por defecto.

Sintaxis

```
adduser [opciones] nombre_de_usuario
```

`nombre_de_usuario`	Nombre del usuario a crear.
`--home directorio_personal`	Es posible asignar un directorio personal, cuyo nombre es diferente del que corresponde al usuario. Por defecto, este directorio se crea en */home*.
`--ingroup grupo_primaria`	Indica el grupo principal del usuario. El grupo debe existir antes de la creación de la cuenta del usuario.

Ejemplo de uso del comando adduser

El usuario se crea con el comando `adduser`, sin indicar opción alguna. El sistema solicita la contraseña del usuario (y después su confirmación). La contraseña no se muestra por motivos de seguridad.

```
root@raspberrypi:/etc# adduser ravel
Adición del usuario «ravel» ...
Adición del nuevo grupo «ravel» (1005) ...
Adición del nuevo usuario «ravel» (1003) con el grupo
«ravel» ...
Creación del directorio personal «home/ravel»...
Copia de los archivos desde «/etc/skel»...
Introduzca la nueva contraseña UNIX
Repita la nueva contraseña UNIX
passwd: la contraseña se ha actualizado con éxito
Modificación de la información relativa al usuario ravel
Introduzca el nuevo valor o pulse «Intro» para conservar el valor
mostrado
        nombre completo []: Maurice RAVEL
        N° de oficina []:
        Teléfono profesional []:
        Teléfono personal []:
        Otra información []:
¿Esta información es correcta? [S/N]S
```

A continuación, se solicita información administrativa opcional antes de la validación. Sin precisar las opciones, la carpeta personal del usuario se crea en */home* y forma parte del grupo que tiene el mismo nombre que él (el comando `groups` anterior muestra los grupos de los que forma parte un usuario).

Para comprobar que las operaciones se han desarrollado correctamente, tome la identidad de *ravel* y compruebe la existencia de su directorio personal y su pertenencia al grupo *ravel*.

```
root@raspberrypi:/etc# su ravel
ravel@raspberrypi /home $ cd ~
ravel@raspberrypi ~ $ pwd
/home/ravel
ravel@raspberrypi ~ $ groups ravel
```

Observación

Los comandos *addgroup* y *adduser* son específicos de Debian y de las distribuciones que derivan de él. Existen los equivalentes en las demás versiones de Linux.

Cambiar la contraseña de un usuario

El administrador se enfrenta a un problema recurrente: un usuario ha perdido u olvidado su contraseña. En Debian, las contraseñas se almacenan en el archivo */etc/shadow*, pero cifradas y ningún sistema actual es capaz de descifrarlas.

Sin embargo, un ataque con un diccionario que contenga las contraseñas más habituales puede tener éxito sin necesidad de descifrar la contraseña.

El comando `passwd` permite modificar la contraseña de un usuario. Solo el super-usuario *root* o el propietario de una contraseña la pueden la cambiar.

Sintaxis

```
passwd nombre_de_usuario
```

-d	Solo root puede usar esta opción, que desactiva la contraseña. El usuario se conecta sin contraseña.
-l	Bloqueo (*lock*) de la cuenta del usuario, poniendo un `!` delante de la contraseña cifrada. La contraseña ya no se reconoce más.
-u	Desbloqueo (*unlock*) de la cuenta de un usuario. Elimina la `!` que añadió la opción `-l`.

Ejemplo de uso del comando passwd

El usuario *mozart* intenta modificar la contraseña del usuario *wolfgangamadeus*. No tiene permiso para hacerlo.

```
mozart@raspberrypi ~ $ passwd wolfgangamadeus
passwd:  no puede mostrar o modificar la información
de contraseña de wolfgangamadeus.
```

El super-usuario modifica la contraseña del usuario *wolfgangamadeus*. Debe introducir dos veces la contraseña. Si las dos son diferentes, la contraseña no se modifica.

```
root@raspberrypi:~# passwd wolfgangamadeus
Introduzca la nueva contraseña UNIX:
Repita la nueva contraseña UNIX:
passwd: la contraseña se ha actualizado con éxito
```

Modificar un usuario

Los datos de un usuario se modifican con el comando `usermod`.

Sintaxis

```
usermod [opciones] login_del_usuario
```

-a	Añade el usuario a un grupo adicional. Solo se usa con la opción -G.
-d directorio_personal	Modifica el directorio personal del usuario. Si se indica la opción -m, el nuevo directorio se crea si no existe y los archivos contenidos en el directorio actual del usuario se mueven a este directorio.
-g grupo	Modifica el grupo principal del usuario. El grupo se debe crear antes de usar el comando.
-G grupo1,grupo2,...	Añade el usuario a todos los grupos secundarios listados después de -G. Atención, si el usuario pertenece a un grupo que no se lista, ya no volverá a formar parte de él. Ver la opción -a, que permite añadir al usuario a grupos sin modificar los grupos a los que pertenece.
-l nuevo_login	El nombre del usuario (su login), se convierte en nuevo_login. Sin más cambios, por ejemplo el directorio personal conserva el nombre correspondiente al antiguo login. Será necesario renombrarlo manualmente o con la opción -d.
-m	Mueve el contenido del antiguo directorio personal del usuario a su nuevo directorio personal.
-s nuevo_shell	Modifica el shell del usuario durante su conexión. Para asociar el shell por defecto, deje el campo nuevo_shell vacío. Todos los shells disponibles se listan en */etc/shells*. El shell se debe indicar con la ruta absoluta.

Ejemplo de uso del comando usermod

El usuario *user* pertenece únicamente al grupo *user*:

```
user@raspberrypi /etc $groups
user
```

El administrator añade el usuario *user* al grupo *musicos*, además de mantenerlo en el grupo *user*:

```
root@raspberrypi:/etc# usermod -G musicos user
```

El usuario *user* pertenece ahora a los dos grupos:

```
user@raspberrypi /etc $ groups
user musicos
```

Eliminar un usuario

La eliminación de un usuario se hace con el comando `userdel`.

Sintaxis

`userdel [opciones] login_del_usuario`

`-f`	Destruye la cuenta del usuario, incluso si está conectado. También destruye el directorio principal de este usuario, incluso si se usa por otro usuario.
`-r`	Se eliminan los archivos del directorio del usuario en el directorio personal. Por el contrario, los archivos que pertenecen a este usuario y se ubican fuera se deben buscar y destruir manualmente.

Ejemplo de eliminación de un usuario

El administrador intenta eliminar el usuario *user*, que está conectado en el sistema. El sistema indica que el usuario está conectado. Cuando el super-usuario toma la identidad de *user*, se puede conectar.

```
root@raspberrypi:/etc# userdel user
userdel: user user is currently used by process 2241
root@raspberrypi:/etc# su user
user@raspberrypi /etc $
```

El administrador fuerza con `-f` la eliminación del usuario *user*. El sistema le indica que el usuario está conectado, pero lo elimina. Cuando el super-usuario intenta tomar la identidad de *user*, el sistema lo rechaza.

```
root@raspberrypi:/etc# userdel -f user
userdel: user user is currently used by process 2241
root@raspberrypi:/etc# su user
No passwd entry for user 'user'
root@raspberrypi:/etc#
```

3.5.2 Administrar los repositorios

Linux utiliza un sistema de actualización basado en *repositories* (repositorios en español). Un repositorio es un espejo (accesible con el protocolo HTTP), una copia del repositorio de origen de la distribución. Durante la instalación, es posible seleccionar un espejo en ciertas distribuciones. En otras distribuciones, el espejo se asigna automáticamente en función de la situación geográfica de la estación de trabajo.

En la distribución Debian y sus derivados, el archivo */etc/sources.list* contiene los sitios espejo en los que el sistema debe buscar la lista de archivos disponibles, su versión, etc. Los archivos y sus dependencias se guardan como paquetes que contienen todo lo necesario para la instalación.

APT (*Advanced Packaging Tool* = administrador avanzado de paquetes) es la herramienta utilizada por Debian para actualizar e instalar los paquetes. Los paquetes Debian están en formato *.deb*. Este formato también se ha adoptado por las distribuciones derivadas de Debian.

En Raspberry Pi OS, el archivo *sources.list* contiene, por defecto:

- La rama *main*, que es la rama principal de Raspberry Pi OS, completamente libre.
- La rama *contrib*, en la que los paquetes son libres pero utilizan dependencias no libres.
- La rama *non-free*, cuyos paquetes no son libres sino simplemente redistribuibles. Debian considera que la rama no libre no forma parte de Debian. Solo se proporciona por comodidad para los usuarios.
- La rama *rpi*, destinada a recibir paquetes específicos de Raspberry Pi OS.

El tipo *deb* contiene los programas binarios ejecutables por el microprocesador. El tipo *deb-src* corresponde al código fuente de los paquetes. Los programas se proporcionan en forma de texto y se llaman sources. Por ejemplo, se podrían utilizar para modificar y recompilar algunos paquetes. Generalmente el tipo *deb-src* no es necesario para un uso básico de la Raspberry Pi.

Contenido del archivo /etc/apt/sources.list de la distribución Raspberry Pi OS bullseye

```
deb http://raspberrypi.org/raspbian bullseye main
contrib non-free rpi
```

Observación

http://... es el enlace al espejo y bullseye es el nombre de la versión de Debian de la que deriva Raspberry Pi OS.

3.5.3 Tener el sistema actualizado

APT se compone de varios programas. Uno de ellos, `apt-get`, se usa para la actualización del sistema y la instalación de paquetes nuevos.

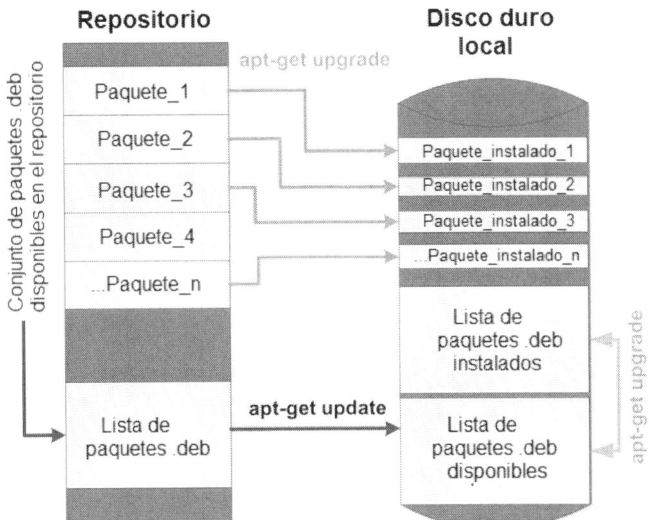

La actualización empieza obligatoriamente con el comando `apt-get update`, que va a sincronizar la lista de paquetes disponibles en el disco duro local con la lista del repositorio.

Una vez sincronizados, se pueden ejecutar los comandos `apt-get upgrade` y `apt-get dist-upgrade`.

En algunos casos, es útil actualizar el firmware de la Raspberry Pi. Este programa es el equivalente a la BIOS de un PC. Gracias a él el SoC se dirige al hardware de la tarjeta. En este caso el comando `rpi-update` se ejecutará antes de `apt-get dist-upgrade`.

Observación

Si tiene datos importantes en la tarjeta micro SD, realice sistemáticamente una copia de seguridad de la tarjeta antes de lanzar operaciones de actualización.

Sintaxis

apt-get update	Sincroniza los archivos enumerando los paquetes disponibles en el repositorio y en la estación de trabajo.
apt-get upgrade	Instala las versiones más recientes de los paquetes instalados en el disco duro local. No añade paquetes que no se hubieran instalado. No elimina paquetes instalados en la máquina.
apt-get dist-upgrade	Realiza la actualiza de los paquetes, generando los eventuales cambios de dependencia de los paquetes nuevos. Favorece la actualización de los paquetes más importantes frente a los paquetes menores.

Ejemplo de uso del comando apt-get

```
root@raspberrypi:~# apt-get update
0% [Working]
Hit http://mirrordirector.raspbian.org wheezy InRelease
0% [Waiting for headers]
Hit http://archive.raspberrypi.org wheezy InRelease
0% [Working]
0% [InRelease gpgv 14.9 kB]
7% [Working]
7% [InRelease gpgv 7,737 B] [Waiting for headers]
Hit http://mirrordirector.raspbian.org wheezy/main armhf Packages
13% [InRelease gpgv 7,737 B]
...
Reading package lists... 83%
Reading package lists... Done...
```

Actualiza la lista de los paquetes disponibles. Una vez actualizada la lista de paquetes con `apt-get update`, es posible ejecutar la actualización de los paquetes con `apt-get upgrade`.

```
root@raspberrypi:~# apt-get upgrade
Reading package lists... Done
Building dependency tree... 87%
...
Reading state information... Done

The following packages have been kept back:
 alsa-base gnome-themes-standard lxde lxsession omxplayer
openssh-client
 openssh-server scratch wpasupplicant
The following packages will be upgraded:
 alsa-utils apt apt-utils aptitude aptitude-common base-files
bash binutils
 bsdutils bzip2 ca-certificates console-setup console-setup-
linux consolekit
 coreutils cpio cpp cpp-4.6 cryptsetup-bin curl dbus dbus-x11
...
312 upgraded, 0 newly installed, 0 to remove and 9 not upgraded.
Need to get 263 MB of archivos.
After this operation, 25.8 MB disk space will be freed.
```

```
Do you want to continue [Y/n]? y
0% [Working]
Get:1 http://archive.raspberrypi.org/debian/ wheezy/main
libpixman-1-0 armhf 0.26.0-4+raspi [1,200 kB]
0% [Waiting for headers] [1 libpixman-1-0 156 kB/1,200 kB 13%]
...
```

En el caso anterior, la actualización va a necesitar la descarga de 312 paquetes, es decir, 263 MB. Los paquetes se descomprimen a continuación y, por último, se hace la actualización. Esta operación puede durar cerca de 10 minutos en la Raspberry Pi. La duración depende de las diferencias existentes entre los paquetes instalados y los paquetes disponibles.

Observación

Se aconseja actualizar regularmente la distribución para instalar las últimas versiones de los paquetes, que corrigen fallos o bugs.

3.5.4 Instalar/eliminar un programa

La instalación de un programa en Raspberry Pi OS también pasa por el uso del comando `apt-get`. La ejecución del comando `apt-get update` antes de la instalación de un programa garantiza que la versión del programa que se va a instalar será la más reciente.

Observación

El programa a instalar debe estar disponible en un repositorio presente en sources.list. Por defecto será necesario añadir, con nano o con el comando *add-apt-repository*, el repositorio susceptible de ofrecer el paquete correspondiente o instalar el programa siguiendo las indicaciones del desarrollador.

Sintaxis

```
apt-get install nombre_del_programa
apt-get remove nombre_del_programa
```

Ejemplo de instalación y eliminación de programa

El usuario desea ejecutar el programa `tree`, que es una herramienta que muestra por pantalla la arborescencia del sistema de archivos.

```
root@raspberrypi:~# tree /home/user
-bash: /usr/bin/tree: Ningún archivo o directorio de este tipo
```

El usuario instala el programa `tree`, disponible en el repositorio Raspberry Pi OS.

```
root@raspberrypi:~# apt-get install tree
Lectura de las listas de paquetes... Terminado
Construcción del árbol de dependencias
Lectura de la información de estado ... Terminado
Se instalarán los siguientes paquetes nuevos:
 tree
0 actualizados, 1 instalados de nuevo, 0 eliminados y 10 no actualizados.
```

```
Es necesario dejar 0 o/43,4 KB en los archivos.
Después de esta operación, se utilizarán 108 KB de espacio en disco
adicionales.
Selección del paquete tree anteriormente no seleccionado.
(Lectura de la base de datos... 54271 archivos y directorios
ya instalados)
Despliegue de tree (desde .../tree_1.6.0-1_armhf.deb) ...
Tratamiento de las acciones en segundo plano («triggers») para «man-db»...
Configuración de tree (1.6.0-1) ...
```

`tree` está ahora disponible para mostrar la arborescencia del directorio personal del usuario *user*.

```
root@raspberrypi:~# tree /home/user
/home/user
├── documentos
│   ├── archivo1.txt
│   └── archivo2.txt
├── musica
│   └── bolero_de_ravel.txt
└── video

3 directorios, 3 archivos
```

El usuario desinstala ahora el programa `tree` y confirma la eliminación del programa.

```
root@raspberrypi:~# apt-get remove tree
Lectura de las listas de paquetes... Terminado
Construcción del árbol de dependencias
Lectura de la información de estado... Terminado
0 actualizados, 0 instalados de nuevo, 1 eliminados y 10 no
actualizados.
Después de esta operación, se liberarán 108 KB de espacio en disco.
¿Desea continuar [S/N]? S
(Lectura de la base de datos... 54279 archivos y directorios
ya instalados.)
Eliminación de tree ...
Tratamiento de las acciones en segundo plano («triggers») para «mandb»...
```

El programa se ha eliminado: el comando `tree` ya no funciona más.

```
root@raspberrypi:~# tree
-bash: /usr/bin/tree: Ningún archivo o carpeta de esto tipo
```

3.5.5 Administrar los permisos

El comando `ls -l` muestra la información de los archivos y directorios, en particular los permisos asociados a cada archivo, así como el propietario del archivo y el grupo propietario.

```
root@raspberrypi:/home/user# ls -l
total 12
-rwxrw-rw- 1 user user 120 Jul 24 13:14 archivo1.txt
-rwxrw-rw- 1 user user 180 Jul 24 13:14 archivo2.txt
drw-r--r-- 2 user user 4096 Jul 24 13:15 letras
root@raspberrypi:/home/user#
```

El comienzo de cada una de las líneas da información acerca del archivo o directorio cuyo nombre figura en el extremo derecho de la línea. El primer bloque de 10 caracteres afecta a los permisos asociados al archivo o directorio listado.

La primera letra indica el tipo del archivo:

- **d** para un directorio (*directory* en inglés).
- **-** para un archivo ordinario.
- **c** para un periférico de tipo carácter (puerto serie, módem...).
- **b** para un periférico de tipo bloque (disco duro).

Los nueve caracteres siguientes se reparten en tres bloques:

- Los permisos del propietario del archivo.
- Los permisos del grupo propietario del archivo.
- Los permisos del resto.

Cada bloque tiene tres letras que, cuando existen, indican que el permiso correspondiente está disponible. Cuando el permiso no existe, la letra se sustituye por un guión -.

- **r** permiso de lectura.
- **w** permiso de escritura.
- **x** permiso de ejecución.
- **-** el permiso no existe.

Los permisos también se pueden indicar utilizando las letras o cifras inscritas bajo cada una de las casillas.

A continuación siguen dos nombres: ***user user***, que indican para el primero el nombre del propietario del archivo, para el segundo el nombre del grupo propietario del archivo. Aquí el usuario *user* pertenece al grupo *user*, de ahí la repetición del nombre. Esta información proviene del usuario que ha creado el archivo: su login y su grupo principal.

Análisis de los permisos de un archivo

```
-rwxrw-rw- 1 user user 120 Jul 24 13:14 archivo1.txt
```

Tipo	Propietario			Grupo propietario			El resto		
-	r	w	x	r	w	-	r	w	-
	4	2	1	4	2	1	4	2	1
	7			6			6		

El archivo pertenece al usuario *user* y al grupo *user*.

Los permisos corresponden a un archivo, porque la primera letra es un -.

El propietario tiene los permisos `r`, `w` y `x`: puede leer, escribir (modificar, eliminar) y ejecutar este archivo (lo que tiene poco interés en este caso, porque se trata de un simple archivo de texto). Los permisos `rwx` corresponden a 4+2+1 y se pueden expresar con la cifra 7.

Los miembros del grupo *user*, además del propietario *user*, tienen permisos para leer y escribir este archivo (`rw`). Los permisos `rw` corresponden a 4+2 y se pueden expresar con la cifra 6.

Los usuarios que no son ni *user* ni miembros del grupo *user* (el resto) también tienen permisos para leer y escribir sobre este archivo (`rw`). Los permisos `rw` corresponden a 4+2 y se pueden expresar con la cifra 6.

Los permisos de este archivo se pueden escribir `rwxrw-rw-` o `766`, lo que es equivalente.

Observación

Los permisos en Linux se expresan en octales, sistema de numeración en base 8. Cada grupo de 3 signos representa 1 bit y el valor digital es la traducción en octal del número binario correspondiente. rwxrw-rw- es equivalente a 111110110 en binario y 766 en octal.

Permisos sobre un directorio

Los permisos sobre un directorio tienen un significado diferente que los permisos de un archivo.

r mostrar el contenido del directorio con **ls**.

w crear o eliminar archivos en el directorio con **mv**, **cp**, **rm**.

x acceder al directorio con el comando **cd**.

- el permiso no existe.

Si un directorio tiene el permiso w, se debe dar el permiso x para autorizar el acceso al directorio, y también r para poder acceder a los archivos contenidos en el directorio. Cuando existe el permiso w en un directorio, un usuario puede eliminar todos los archivos que contiene, incluso aunque no tenga permisos explícitos sobre estos últimos. El Sticky Bit permite limitar este permiso, limitando únicamente al propietario de un archivo el permiso para eliminarlo.

Permisos extendidos

SUID (*Set owner User ID up on execution* = ejecutar con la identidad del propietario) permite ejecutar un programa con los permisos de su propietario, en lugar de los permisos del que lanza la ejecución. No tiene efecto en los directorios. La aplicación de SUID sobre un archivo del que root es propietario podría permitir a un atacante ejecutar un programa con los permisos de root, lo que constituye un riesgo para la seguridad.

SGID (*Set Group ID up on execution* = ejecutar con la identidad del grupo) aplicado a un archivo, tiene el mismo efecto que SUID pero a nivel del grupo, con el mismo riesgo para la seguridad. Aplicado a un directorio, SGID hace heredar su grupo propietario a todos los archivos y directorios creados en este directorio. En una compartición, esto permite a todos los miembros de un grupo modificar archivos comunes.

El Sticky Bit definido en un directorio impide a un usuario no propietario de un archivo que pueda eliminarlo.

Modificación del propietario y del grupo propietario

El propietario y el grupo propietario de un archivo o directorio se fija durante la creación, con el login y el grupo principal del que los ha creado.

El cambio de propietario se hace con el comando chown, el del grupo propietario con chgrp. Solo el super-usuario puede cambiar el propietario y el grupo de un archivo o directorio del que no es propietario.

Cuando se modifica el propietario de un archivo, el antiguo propietario ya no tiene permisos sobre este archivo. Si pertenece al mismo grupo que el nuevo propietario, tendrá los permisos del grupo. Si no pertenece al mismo grupo que el nuevo propietario, tendrá los permisos del resto de usuarios.

Sintaxis

```
chown nuevo_propietario nombre_del_archivo
chgrp nuevo_propietario nombre_del_archivo
```

Ejemplo de cambio del usuario propietario de un archivo

El usuario *user* intenta hacer a *mozart* propietario de su archivo. El sistema indica que esta operación no se permite.

```
user@raspberrypi ~ $ chown mozart archivo1.txt
chown: changing ownership of 'archivo1.txt': Operation not
permitted
```

Solo el super-usuario puede cambiar el propietario de un archivo:

```
root@raspberrypi:/home/user# chown mozart archivo1.txt
root@raspberrypi:/home/user# ls -l
total 12
-rw-r--r-- 1 mozart  user 120 Jul 24 13:14 archivo1.txt
-rw-r--r-- 1 user    user 180 Jul 24 13:14 archivo2.txt
drw-r--r-- 2 user    user 4096 Jul 24 13:15 letras
```

Ejemplo de cambio del grupo propietario de un archivo

El super-usuario cambia el grupo propietario de *archivo1.txt*.

```
root@raspberrypi:/home/user# chgrp mozart archivo1.txt
root@raspberrypi:/home/user# ls -l
total 12
-rw-r--r-- 1 mozart mozart 120 Jul 24 13:14 archivo1.txt
-rw-r--r-- 1 user  user    180 Jul 24 13:14 archivo2.txt
drw-r--r-- 2 user  user   4096 Jul 24 13:15 letras
```

Modificación de los permisos

La modificación de los permisos de los archivos y directorios se hace con el comando chmod. El propietario de un archivo y el super-usuario pueden ejecutar el comando chmod.

chmod funciona de manera literal (modo simbólico), agregando o eliminando permisos o de manera digital, aplicando directamente el conjunto de los permisos.

Sintaxis

```
chmod [u g o a] [+ - =] [r w x] nombre_del_archivo
chmod NNN nombre_del_archivo
```

u	Aplicar las modificaciones al usuario propietario (*user*).
g	Aplicar las modificaciones al grupo propietario (*group*).
o	Aplicar las modificaciones a los demás (*others*).
a	Aplicar las modificaciones a los tres bloques (*all*).
+	Añadir un permiso.
-	Retirar un permiso.
=	Eliminar un permiso.
r	Permiso de lectura.

w	Permiso de escritura.
x	Permiso de ejecución.

Ejemplo de uso de chmod en modo simbólico

Un archivo llamado *archivo1.txt* tiene los permisos *rwxrwxrwx*.

```
root@raspberrypi:/home/user# ls -l
total 4
-rwxrwxrwx 1 user user 180 Jul 24 13:14 archivo1.txt
```

Para todos los usuarios (*a*), el super-usuario borra los permisos (=) y los sustituye por lectura (*r*).

```
root@raspberrypi:/home/user# chmod a=r archivo1.txt
root@raspberrypi:/home/user# ls -l
total 4
-r--r--r-- 1 user user 180 Jul 24 13:14 archivo1.txt
```

Para el grupo solamente (*g*), el super-usuario añade (+) el permiso de ejecución (*x*).

```
root@raspberrypi:/home/user# chmod g+x archivo1.txt
root@raspberrypi:/home/user# ls -l
total 4
-r--r-xr-- 1 user user 180 Jul 24 13:14 archivo1.txt
```

Para el propietario solamente (*u*), el super-usuario añade (+) los permisos de escritura y ejecución (*wx*).

```
root@raspberrypi:/home/user# chmod u+wx archivo1.txt
root@raspberrypi:/home/user# ls -l
total 4
-rwxr-xr-- 1 user user 180 Jul 24 13:14 archivo1.txt
```

Para el propietario y el grupo (*ug*), el super-usuario retira (-) el permiso de ejecución (*x*).

```
root@raspberrypi:/home/user# chmod ug-x archivo1.txt
root@raspberrypi:/home/user# ls -l
total 4
-rw-r--r-- 1 user user 180 Jul 24 13:14 archivo1.txt
root@raspberrypi:/home/user#
```

Ejemplo de uso de chmod en modo digital

Con un poco de costumbre, este método es muy rápido. Permite configurar, de una sola vez todos los permisos de un archivo o directorio. Combinado con la función de recuerdo de los comandos anteriores, permite ahorrar un tiempo considerable.

El archivo *archivo1.txt* tiene los permisos *rw-r--r--*.

```
root@raspberrypi:/home/user# ls -l
total 4
-rw-r--r-- 1 user user 180 Jul 24 13:14 archivo1.txt
```

El super-usuario da todos los permisos a todo el mundo.

```
root@raspberrypi:/home/user# chmod 777 archivo1.txt
root@raspberrypi:/home/user# ls -l
total 4
-rwxrwxrwx 1 user user 180 Jul 24 13:14 archivo1.txt
```

El super-usuario da todos los permisos, pero solamente al propietario; al grupo y al resto no le da ningún permiso.

```
root@raspberrypi:/home/user# chmod 700 archivo1.txt
root@raspberrypi:/home/user# ls -l
total 4
-rwx------ 1 user user 180 Jul 24 13:14 archivo1.txt
```

El super-usuario deja todos los permisos al propietario y el permiso de lectura y de escritura al grupo y al resto.

```
root@raspberrypi:/home/user# chmod 766 archivo1.txt
root@raspberrypi:/home/user# ls -l
total 4
-rwxrw-rw- 1 user user 180 Jul 24 13:14 archivo1.txt
```

Observación

Durante la creación de un archivo, se aplica una máscara a los permisos por defecto de Raspberry Pi OS. El comando *umask* devuelve el valor 0022 que corresponde a `----w--w-`. Esta máscara se sustrae de los permisos fundamentales de la distribución. Los archivos creados no son modificables ni por el grupo propietario ni por el resto.

3.5.6 Conocer la ocupación de la tarjeta micro SD

Para saber la ocupación de la tarjeta micro SD y de otros periféricos de almacenamiento masivos conectados a la Raspberry Pi, Linux dispone del comando `df` que indica el tamaño de cada sistema de archivos, el espacio ocupado y el espacio que aún queda disponible. Por defecto `df` muestra los resultados en número de bloques. Las opciones permiten obtener una visualización más legible.

Sintaxis

```
df [-hkm]
```

-h	Añade a cada valor mostrado, una letra de unidad que facilita la lectura. Es la forma más legible para el usuario.
-k	Añade los valores en número de bloques de 1 KB.
-m	Muestra los valores en número de bloques de 1 MB

Ejemplo de uso del comando df

```
pi@raspberrypi:~ $ df -h
Filesystem      Size  Used Avail Use% Mounted on
/dev/root        15G  4.0G   11G  29% /
devtmpfs        459M     0  459M   0% /dev
tmpfs           463M     0  463M   0% /dev/shm
tmpfs           463M  6.6M  457M   2% /run
tmpfs           5.0M  4.0K  5.0M   1% /run/lock
tmpfs           463M     0  463M   0% /sys/fs/cgroup
/dev/mmcblk0p1   63M   21M   43M  33% /boot
tmpfs            93M     0   93M   0% /run/user/1000
```

A partir de estos datos es posible determinar el momento en que un sistema de archivos o un periférico de almacenamiento necesita una intervención porque está demasiado lleno. Por ejemplo, más atrás vemos que / tiene 4 GB ocupados de los 15 GB disponibles.

3.5.7 Escribir un script shell

Un script shell es un archivo de texto que contiene un conjunto de comandos, habitualmente introducidos por línea de comandos. Se agrupan en forma de archivo, cuya ejecución se puede realizar como un comando Linux habitual.

Esta sección no pretende ofrecer en pocas líneas una formación en la escritura de scripts shell. El objetivo es más modesto y se trata de mostrar el mecanismo desde la escritura de un script hasta su ejecución.

¿Para qué sirve un script shell?

Un script shell sirve para automatizar las tareas que un administrador debe hacer de manera repetitiva. Esto puede ser, por ejemplo, una copia de seguridad regular o una acción iniciada por la presencia de un archivo particular.

Para mostrar de manera sencilla la utilidad de un script shell, a continuación se presenta un script de copia de seguridad del directorio personal de un usuario. Responde a las especificaciones siguientes:

Un usuario utiliza regularmente su Raspberry Pi. Los documentos que realiza se guardan en su directorio personal. Cuando termina de trabajar, quiere hacer una copia de seguridad de sus directorios y de los archivos que contienen en una llave USB. El nombre del archivo de copia de seguridad debe contener la fecha actual para facilitar la clasificación y la búsqueda.

Observación

En primer lugar, se debe conectar la llave USB. La conexión de la llave USB al sistema de archivos se detalla en el capítulo Utilizar una memoria de almacenamiento externa.

Contenido del script copiaSeguridad.sh

```
#!/bin/bash
# Archivo de copia de seguridad del directorio personal del usuario pi

# El nombre del archivo de copia de seguridad es la fecha actual
en formato AAAAMMDD
# La llave USB está conectada en el directorio /mnt/llave_usb

# Registro de la fecha en la variable $DATE
# Indicando el formato solicitado: AAAAMMDD
DATE=$(date +"%Y%m%d")

# Directorio personal del usuario pi
DIR_PERSONAL="/home/pi"

# Mensaje que indica que la copia de seguridad empieza
echo "Al inicio de la copia de seguridad"
echo "-----------------------"

# Creación del archivo con compresión de los archivos
# El comando tar crea un archivo que agrupa todos los archivos del
directorio.
# La opción j indica que el archivo se debe comprimir
# La opción v indica el modo conversación
# La opción f indica que el nombre del archivo sigue a las opciones
# La opción c indica que es necesario crear un nuevo archivo
tar -cjvf /mnt/llave_usb/$DATE.tar.bz2 $DIR_PERSONAL

# Anuncia el fin de la copia de seguridad
echo "Copia de seguridad terminada"
echo "-------------------"
```

Algunas explicaciones

Los # al comienzo de una línea indican los comentarios. Esto significa que el intérprete de comandos ignora el resto de la línea que sigue al #.

`DATE=...` crea una variable llamada DATE y guarda en esta variable lo que está a la derecha del signo =, aquí la fecha en formato AAAAMMDD, con ayuda del comando `date` y del formato adaptado.

`DIR_PERSONAL=...` crea la variable DIR_PERSONAL y en ella guarda */home/pi*.

`echo "..."` escribe simplemente en la pantalla el texto entre comillas.

`tar` crea un archivo en función de los argumentos que siguen.

`/mnt/llave_usb/$DATE.tar.gz2` es la ruta absoluta del archivo. La variable DATE se sustituye por la fecha actual que contiene desde el inicio del programa. El $ delante de la variable permite llamar a su valor.

Aplicación del script

- Conéctese como super-usuario *root*.
- Cree un archivo *copiaSeguridad.sh* con *nano* escriba el texto del script. Eventualmente, modifique la ruta del directorio donde se guardará el archivo o la ruta del directorio personal que deba guardarse. Cierre *nano* asegurándose haber guardado su trabajo.
- Haga el script ejecutable con el comando `chmod +x copiaSeguridad.sh`.
- Ejecute a continuación el script (es necesario obligatoriamente introducir `./` delante del nombre del archivo para poder ejecutar el script desde el directorio actual; también se puede lanzar con la ruta absoluta).

```
pi@raspberrypi ~ $ sudo ./copiaSeguridad.sh
Al inicio de la copia de seguridad
----------------------
/20130725.tar.bz2
tar: Eliminación de «/» al comienzo de los nombres de los miembros
/home/pi/
/home/pi/.profile
...
...        #Lista de todos los archivos añadidos al archivo
...
/home/pi/python_games/inkspilllogo.png
/home/pi/python_games/catgirl.png
/home/pi/.bash_history
Copia de seguridad terminada
-------------------
pi@raspberrypi ~ $
```

El archivo se ha creado y contiene todos los archivos del usuario *pi*. Por tanto, el script cumple su función, ya que un solo comando realiza toda una serie de operaciones de manera automática.

 **Observación**

Este script es minimalista, no hace ninguna comprobación antes de realizar la copia de seguridad, para comprobar que el directorio de destino está disponible, por ejemplo.

3.5.8 Planificar las tareas

Si es interesante disponer de un script que automatice ciertas operaciones, también sería práctico un script que se lance automáticamente a ciertas horas. Linux dispone de esta función. Es `crontab` y permite la ejecución de un script o de un comando a una hora determinada o siguiendo un ciclo definido por el usuario. `crontab` es el diminutivo de chrono table (tabla de planificación). Esta tabla especifica las tareas a ejecutar, así como la hora a la que la ejecución se debe iniciar. También se puede indicar una periodicidad para cada una de las tareas.

Para crear una tabla o editarla, el comando es `crontab -e`.

Este comando abre el editor de texto por defecto (*nano* en Raspberry Pi OS) en la *crontab* personal del usuario. Por defecto, este archivo solo contiene las líneas de explicación que empiezan con un # y ninguna planificación de tarea.

```
# Edit this file to introduce tasks to be run by cron.
#
# Each task to run has to be defined through a single line
# indicating with different fields when the task will be run
# and what command to run for the task
#
# To define the time you can provide concrete values for
# Minute (m), hour (h), day of month (dom), month (mon),
# and day of week (dow) or use '*' in these fields (for 'any').#
# Notice that tasks will be started based on the cron's system
# daemon's notion of time and timezones.
#
# Output of the crontab jobs (including errors) is sent through
# email to the user the crontab file belongs to (unles redirected).
#
# For example, you can run a backup of all your user accounts
# at 5 a.m every week with:
# 0 5 * * 1 tar -zcf /var/backups/home.tgz /home/
#
# For more information see the manual pages of crontab(5) and cron(8)
#
# m h dom mon dow  command
```

Al final del archivo, bajo los comentarios, el usuario puede programar las tareas y el momento de su ejecución.

Sintaxis de las líneas en la crontab de usuario

`m h dom mon dow comando`

m	Minutos de 0 a 59.
h	Hora de 0 a 23.
dom	*day of month* = día del mes de 1 a 31.
mon	*month* = mes de 1 a 12 o la abreviatura del mes (en inglés, es decir: jan, feb, mar, apr, may, jun, jul, aug, sep, oct, nov y dec).
dow	*day of week* = día de la semana con 0 y 7 para domingo, 1 para lunes, etc.
comando	Al menos, el script debe tener permisos de ejecución para el usuario que lanza la tarea.

Para cada unidad de tiempo, hay varias notaciones:

`*` la tarea se ejecuta cada unidad de tiempo.

`3-6` la tarea se ejecuta a las unidades de tiempo 3, 4, 5 y 6.

`*/2` la tarea se ejecuta cada dos unidades de tiempo 0, 2, 4, 6, 8...

`2,7` la tarea se ejecuta a las unidades de tiempo 2 y 7.

Ejemplos de programación de la tarea copiaSeguridad.sh

La copia de seguridad se lanza cada media hora:

```
30  *  *  *  *  /home/pi/copiaSeguridad.sh
```

La copia de seguridad se lanza todos los días a las 18:00h:

```
00  18  *  *  *  /home/pi/copiaSeguridad.sh
```

La copia de seguridad se lanza cada 10 minutos:

```
10,20,30,40,50,0  *  *  *  *         /home/pi/copiaSeguridad.sh
*/10  *  *  *  *          /home/pi/copiaSeguridad.sh
```

La copia de seguridad se lanza el jueves a 12:30h:

```
30  12  *  *  4      /home/pi/copiaSeguridad.sh
```

La comprobación de las tareas programadas se hace con el comando `crontab -l`, que muestra la lista de tareas presentes en la *crontab* del usuario.

También es posible programar una tarea para que se ejecute cuando arranca la máquina:

Sintaxis

```
@reboot comando
```

La directiva `@reboot` sustituye los cinco campos de fecha y hora.

3.5.9 Administrar los procesos

Cada programa que se lanza en Linux se convierte en un proceso mientras dura su ejecución por el microprocesador. Un proceso se ejecuta con los permisos del usuario que lo lanza. Es una de las razones que explican la casi total ausencia de virus en Linux. Si un usuario normal lanza un programa malintencionado, este no podrá realizar operaciones no autorizadas para este usuario. No podrá modificar los archivos de sistema, por ejemplo.

Al inicio de Linux, se arranca un primer proceso: *init*. Tiene el PID 1 (PID = *Process ID* = identificador de proceso). Este proceso es el padre de todos los demás procesos. Arranca los procesos del núcleo y los procesos de sistema, que reciben cada uno un PID diferente. Cada proceso tiene un padre, el proceso que lo ha creado, y él mismo puede ser padre de otros proceso.

Hay disponibles varios comandos para enumerar y analizar los procesos que se están ejecutando.

Mostrar los procesos de forma arborescente

El comando `pstree` permite mostrar de forma arborescente los procesos activos en un sistema Linux. La opción `-p` muestra el número de los PID entre paréntesis.

```
root@raspberrypi:~# pstree -p
init(1)─┬─console-kit-dae(2437)─┬─{console-kit-dae}(2438)
        │                       ├─{console-kit-dae}(2439
...
        ├─cron(2282)
        ├─dbus-daemon(2317)
        ├─dhclient(2065)
        ├─getty(2430)
        ├─getty(2431)
        ├─getty(2432)
        ├─getty(2433)
        ├─getty(2434)
        ├─getty(2435)
        ├─ifplugd(1885)
        ├─ifplugd(1912)
        ├─login(2429)───bash(2514)
        ├─ntpd(2361)
        ├─polkitd(2504)───{polkitd}(2506)
        ├─rsyslogd(2235)─┬─{rsyslogd}(2236)
        │                ├─{rsyslogd}(2238)
        │                └─{rsyslogd}(2239)
        ├─sshd(2395)───sshd(2549)───bash(2556)───pstree(2562)
        ├─thd(2420)
        └─udevd(145)─┬─udevd(235)
                     └─udevd(236)
```

Seguir los procesos en tiempo real

Para hacerse una idea de los procesos que consumen más recursos, el comando `top` muestra en tiempo real los procesos y su consumo de recursos de sistema. En las primeras líneas se muestra información del tiempo de funcionamiento del sistema, las tareas activas, la ocupación de la CPU y de la memoria.

```
top - 18:37:13 up 7 min,  1 user,  load average: 0,07, 0,14, 0,09
Tasks: 171 total,   1 running, 170 sleeping,   0 stopped,   0 zombie
%Cpu(s):  0,9 us,  1,7 sy,  0,0 ni, 97,3 id,  0,0 wa,  0,0 hi,  0,1 si,  0,0 st
KiB Mem:    882772 total,   299516 used,   583256 free,    17696 buffers
KiB Swap:   102396 total,        0 used,   102396 free,   145512 cached Mem

  PID USER      PR  NI    VIRT    RES    SHR S  %CPU %MEM     TIME+ COMMAND
 3489 pi        20   0   85584  20752   8616 S   2,3  2,4   0:01.37 Xtightvnc
 6624 pi        20   0   49972  19632  16112 S   2,3  2,2   0:00.53 lxterminal
 6714 pi        20   0    6812   2524   2132 R   1,0  0,3   0:00.09 top
 1682 pi        20   0   97040  25852  21052 S   0,3  2,9   0:01.64 lxpanel
 3643 pi        20   0   96956  25996  21292 S   0,3  2,9   0:01.29 lxpanel
    1 root      20   0   23856   3948   2736 S   0,0  0,4   0:03.31 systemd
    2 root      20   0       0      0      0 S   0,0  0,0   0:00.00 kthreadd
    3 root      20   0       0      0      0 S   0,0  0,0   0:00.04 ksoftirqd/0
    4 root      20   0       0      0      0 S   0,0  0,0   0:00.00 kworker/0:0
    5 root       0 -20       0      0      0 S   0,0  0,0   0:00.00 kworker/0:+
    6 root      20   0       0      0      0 S   0,0  0,0   0:00.19 kworker/u8+
    7 root      20   0       0      0      0 S   0,0  0,0   0:00.26 rcu_sched
    8 root      20   0       0      0      0 S   0,0  0,0   0:00.00 rcu_bh
    9 root      rt   0       0      0      0 S   0,0  0,0   0:00.04 migration/0
   10 root      rt   0       0      0      0 S   0,0  0,0   0:00.03 migration/1
   11 root      20   0       0      0      0 S   0,0  0,0   0:00.02 ksoftirqd/1
   13 root       0 -20       0      0      0 S   0,0  0,0   0:00.00 kworker/1:+
```

Este comando dispone de una gran cantidad de opciones (ver `man top`), pero generalmente las más utilizadas son las letras (respetar las mayúsculas/minúsculas):

- P: clasificar los procesos por porcentaje de ocupación del procesador.
- `M`: clasificar los procesos por porcentaje de ocupación de memoria.
- k: "matar" un proceso.
- q: salir de `top`.

Resultan útiles para localizar un proceso que "bloquea" la Raspberry Pi, monopolizando el tiempo de procesador, por ejemplo. La letra k escrita por el teclado abre una petición en la sexta línea de `top`:

```
pid to signal/kill
```

Basta con introducir el PID del proceso a eliminar y pulsar en la tecla [Intro]. La línea se convierte en:

```
Send pid 2602 signal [15/sigterm].
```

Por defecto, `top` ofrece enviar *SIGTERM* al proceso. Esta señal, que tiene el número 15, solicita al proceso que haga una copia de seguridad de sus datos y se detenga. Algunas veces es suficiente para provocar la parada de un proceso, pero el proceso también puede interceptar o ignorar a *SIGTERM*.

Para enviar *SIGTERM* simplemente pulse la tecla [Intro].

Si *SIGTERM* no detiene el proceso, será necesario forzar la parada del mismo enviándole *SIGKILL*, la señal número 9. Basta con introducir 9 y validar para eliminar de un plumazo el proceso.

Mostrar los procesos en forma de lista

El comando `ps` muestra los procesos que se están ejecutando, pero en forma de una lista más estética.

Sintaxis

`ps [opciones]`

`ps`	Ejecutado sin opciones, el comando `ps` muestra los procesos lanzados por el usuario conectado en la consola que se están ejecutando. En general no son muchos.
`ps -ef`	Enumera todos los procesos lanzados por el conjunto de usuarios de todas las consolas del sistema. A menudo hay que ejecutar `ps -ef | less` para explotar correctamente esta información.
`ps -aux`	a enumera todos los procesos. u muestra el usuario de los procesos. x muestra la lista de los procesos sin terminal.
`ps -u usuario`	Enumera los procesos lanzados por un usuario.

Ejemplo de uso de ps

Procesos del usuario conectado a la consola:

```
root@raspberrypi:~# ps
 PID TTY          TIME CMD
 2556 pts/0    00:00:01 bash
 2659 pts/0    00:00:00 ps
```

Procesos del usuario *pi*:

```
root@raspberrypi:~# ps -u pi
 PID TTY          TIME CMD
 2672 tty1     00:00:00 bash
 2679 tty1     00:00:00 nano
```

Todos los procesos de todos los usuarios, incluido el sistema:

```
root@raspberrypi:~# ps -ef
UID        PID  PPID  C STIME TTY          TIME  CMD
root         1     0  0 18:44 ?        00:00:00  init [2]
root         2     0  0 18:44 ?        00:00:00  [kthreadd]
root         3     2  0 18:44 ?        00:00:00  [ksoftirqd/0]
root         4     2  0 18:44 ?        00:00:00  [kworker/0:0]
root         5     2  0 18:44 ?        00:00:00  [kworker/u:0]
root         6     2  0 18:44 ?        00:00:02  [rcu_kthread]
root        28     2  0 18:44 ?        00:00:00  [jbd2/sda2-8]
root        29     2  0 18:44 ?        00:00:00  [ext4-dio-unwrit]
```

```
root        145       1  0 18:44 ?      00:00:00  udevd -daemon
root        235     145  0 18:44 ?      00:00:00  udevd -daemon
root        236     145  0 18:44 ?      00:00:00  udevd -daemon
|
|                LISTA REDUCIDA POR SER DEMASIADO LARGA...
|
/usr/lib/policykit-1/polkitd -n
root       2514 2429 0 18:58 tty1     00:00:01 -bash
root       2549 2395 0 19:00 ?        00:00:03 sshd: root@pts/0
root       2556 2549 0 19:01 pts/0    00:00:01 -bash
root       2665 2514 0 19:58 tty1     00:00:00 su pi
pi         2672 2665 0 19:58 tty1     00:00:00 bash
root       2678    2 0 19:58 ?        00:00:00 [flush-8:0]
pi         2679 2672 0 19:58 tty1     00:00:00 nano archivo1.txt
root       2686 2556 0 20:00 pts/0    00:00:00 ps -ef
```

Podemos localizar en esta lista la siguiente información (primera línea de la lista):

```
UID        PID PPID C STIME TTY          TIME CMD
```

- UID = usuario que ha lanzado este proceso.
- PID = identificador del proceso.
- PPID = identificador del padre de este proceso.
- C = prioridad del proceso (valor grande = prioridad grande).
- STIME = *start time* = hora de comienzo de ejecución del proceso.
- TTY = terminal en el que el proceso se ha lanzado.
- TIME = tiempo de ocupación de la CPU por este proceso.
- CMD = comando que ha lanzado este proceso.

Detener un proceso

El comando `kill` permite eliminar un proceso.

Sintaxis

```
kill -numero_signal PID_del_proceso
```

Ejemplo de eliminación de proceso

El usuario *pi* ha abierto el editor *nano* en un terminal.

```
root@raspberrypi:~# ps -upi
  PID TTY          TIME CMD
 2672 tty1     00:00:00 bash
 2750 tty1     00:00:00 nano
```

El super-usuario desea cerrar la ventana de *nano*.

```
root@raspberrypi:~# kill -9 2750
```

Se cierra la ventana *nano* del terminal utilizado por el usuario *pi* y se muestra el mensaje **`Proceso terminado`**.

Observación

kill PID provoca un parada normal del proceso (*-15* por defecto). *kill -9 PID* fuerza la parada del proceso, con el riesgo de provocar pérdidas de información.

3.5.10 Configurar la fecha del sistema

Aparte de las de la generación 5, las Raspberry Pi no tiene reloj RTC mantenido por batería. A veces es necesario ajustar la fecha manualmente.

El comando `date` utilizado sin argumentos permite mostrar la hora del sistema.

Muestra la hora del sistema:

```
pi@raspberrypi ~ $ date
miércoles 4 de enero de 2017, 21:01:12 (UTC+0200)
```

El comando `date` utilizado con argumentos permite configurar la hora del sistema. Solo el super-usuario puede modificar la hora del sistema.

Actualización de la hora del sistema:

Sintaxis

`date MMDDhhmm[YYAA.ss]`

MM	Mes
DD	Día del mes
hh	Hora
mm	Minuto
YY	Dos primeras cifras del año (opcional)
AA	Dos últimas cifras del año (opcional)
.ss	Segundo (opcional)

Ejemplo:

```
pi@raspberrypi ~ $ sudo date 081008242016.00
miércoles 10 de agosto de 2016, 08:24:00 (UTC+0200)
```

4. Guardar su sistema

Después de la aplicación de las opciones, la actualización y personalización del sistema, Raspberry Pi OS está listo para su uso en la Raspberry Pi.

La tarjeta micro SD contiene una versión de Raspberry Pi OS en buen estado. Es prudente hacer una copia de seguridad, que evitará volver a pasar por todas las etapas anteriores. La Raspberry Pi es una herramienta formidable para experimentar, lo que algunas veces hace imposible reiniciar con un sistema "modificado".

Exactamente como para las imágenes puestas a disposición en el sitio de la Fundación, el sistema presente en la tarjeta SD se va guardar en su estado actual, en forma de archivo *.img*.

4.1 Con un PC con Windows

La herramienta *Win32DiskImager* es la solución histórica para Windows. En las primeras versiones de Raspbian, esta utilidad permitía crear e instalar el sistema operativo en una tarjeta SD, lo que ahora hace *Raspberry Pi Imager*. Esta herramienta también tiene la capacidad de hacer lo contrario: copiar todo el contenido de una tarjeta SD a un archivo .img.

⇉ Apague correctamente la Raspberry Pi. Saque la tarjeta SD del conector e introdúzcala en el lector de tarjetas de su PC.

⇉ Inicie la herramienta *Win32DiskImager*.

⇉ Compruebe cuidadosamente que la letra del lector seleccionado **Device** de corresponde a su tarjeta micro SD.

⇉ Haga clic en la carpeta azul a la derecha de la zona **Image File**, seleccione el directorio en el que desea guardar la imagen y asígnele un nombre al archivo.

⇉ Haga clic en el botón **Read**.

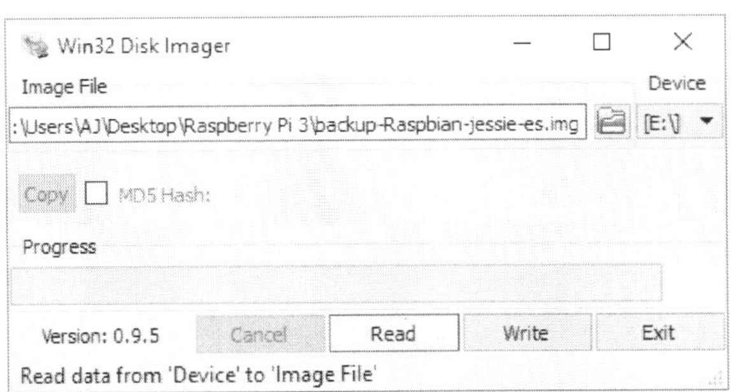

La lectura de la tarjeta micro SD comienza, con la transferencia de los bytes que contiene al PC. El archivo .img que se crea contiene una copia del sistema.

Cuando la copia de seguridad completa ha terminado, *Win32DiskImager* muestra el siguiente mensaje:

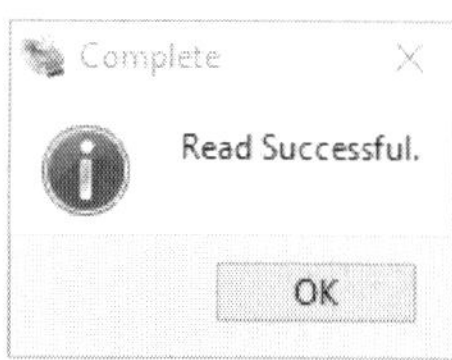

La imagen ahora se guarda en su disco duro, en la ubicación que haya seleccionado.

Para restaurar la imagen, seleccione su archivo*.img* así como su lector **Device** de destino y haga clic en **Write** para escribir el contenido de su archivo *.img* en la tarjeta micro SD.

4.2 Con un PC con Debian 7

En Linux, el comando dd se utiliza para copiar el contenido de la tarjeta micro SD a un archivo. Sin embargo, este comando también se puede utilizar para copiar a otro medio de almacenamiento, como una memoria USB u otro disco duro conectado a su sistema. Si no se controla lo suficiente el origen if y el destino of de los parámetros no están estrictamente controlados, este comando dd puede sobrescribir cualquier disco de su PC, por lo que se le conoce como el "Destructor de discos".

⇉ Apague correctamente la Raspberry Pi. Saque la tarjeta micro SD del conector e introdúzcala en el lector de tarjetas de su PC.

⇉ Ejecute el comando `fdisk -l`.

```
root@debian7:~# fdisk -l

.../...

Disco /dev/sdb: 15.7 GB, 15720251392 bytes
64 encabezados, 32 sectores/pistas, 14992 cilindros, total 30703616 sectores
Unidades = sectores de 1 * 512 = 512 bytes
Tamaño del sector (lógico/físico): 512 bytes/512 bytes
Tamaño de E/S (mínimo/óptimo): 512 bytes/512 bytes
Identificador de disco: 0x000c7b31

Periférico Arranque Inicio    Fin      Bloques   Id  Sistema
/dev/sdb1           8192      122879   57344     c   W95 FAT32 (LBA)
/dev/sdb2           122880    3788799  1832960   83  Linux
```

Este comando le permite listar los dispositivos de guardado con todas sus características.

⇉ Controle el tamaño de las particiones y el tamaño total de la tarjeta para evitar cualquier error en la identificación de su tarjeta micro SD. Puede aparecer, por ejemplo, en */dev/sda* o */dev/sdb*.

⇉ Escriba el siguiente comando con una tarjeta detectada en */dev/sdb* y después valide para iniciar la copia de la tarjeta en el archivo que se indica como argumento después de `of=` (*Output File* = archivo de destino).

```
sudo dd if=/dev/sdb of=/home/user/20141023_raspbian_wheezy_es.img bs=1M
```

La copia de la tarjeta tendrá el tamaño de la tarjeta. Por tanto, la imagen de una tarjeta micro SD de 16 GB ocupará 16 GB de espacio en disco. Puede comprimir el archivo para reducir el espacio ocupado con el comando:

```
gzip /home/user/raspbian-jessie-es-20160810.img
```

Para restaurar su imagen, simplemente invierta el contenido de los parámetros if y of, teniendo cuidado de identificar su dispositivo de destino usando el comando fdisk. Tenga en cuenta que sus dispositivos de almacenamiento pueden cambiar con el tiempo y que necesita identificar las rutas cada vez que restaure.

4.3 En modo gráfico con Raspberry Pi OS

Como vimos y detallamos en la sección Copia de la tarjeta SD, del capítulo Uso del modo gráfico, la herramienta gráfica *SD Card copier* permite realizar una copia de la tarjeta SD de un sistema que está funcionando, es decir, "en caliente". Es el método más sencillo y no requiere un PC adicional. Tenga en cuenta que solo está disponible con el entorno gráfico.

Si ha optado por la variante Lite de Raspberry Pi OS, tendrá que recurrir a una de las dos soluciones detalladas en las secciones anteriores.

5. Conclusión

La totalidad de los comandos que se han presentado en este capítulo constituye un kit básico para iniciarse en el uso de Linux en modo consola.

No se han mencionado muchas de las opciones, hay miles de otros comandos. Solo la práctica permite a un usuario/administrador formarse una caja de herramientas personal. La consulta de las páginas `man` de estos comandos es un complemento indispensable en la práctica regular de la línea de comandos.

Capítulo 7

Conectarse de forma remota a la Raspberry Pi

1. Introducción

En los dos últimos capítulos hemos visto las dos formas principales de interactuar con su placa Raspberry Pi, que son el modo gráfico y el modo consola. Estos implican tener una pantalla y un teclado para el modo consola, y un ratón adicional para el modo gráfico.

A veces, por razones de espacio, una Raspberry Pi se utiliza sin pantalla ni teclado conectados. Otras aplicaciones requieren que la tarjeta se instale en un entorno poco accesible para las personas, donde no hay interés en tener la pantalla y el ratón conectados físicamente a la tarjeta. En estos casos, es útil poder conectarse a ella de forma remota para realizar diferentes tareas sin estar físicamente cerca.

En este capítulo veremos los dos modos de control remoto, uno que se aplica al modo consola y otro al modo gráfico. El modo consola, que utiliza el protocolo SSH (*Secure Shell* = Shell seguro), está siempre disponible, sea cual sea la versión o el sistema operativo. El modo gráfico, por otro lado, requiere un software adicional que se ha integrado en Raspberry Pi OS.

Tenga en cuenta que, para el propósito de este capítulo, utilizaremos regularmente los términos host (o servidor) y cliente. El host representa la máquina de la que está tomando el control, mientras que el cliente representa la máquina desde la que está iniciando el control. En este libro, el host siempre será una Raspberry Pi ejecutando Raspberry Pi OS, y veremos diferentes clientes en Linux y Windows. Sin embargo, también es posible tomar el control de un host Windows desde una Raspberry Pi en Raspberry Pi OS.

2. Modo texto

2.1 El protocolo SSH

Desde los albores de la informática, el modo por defecto de acceso remoto entre ordenadores ha sido el modo consola, porque consume muy poco ancho de banda en el enlace de comunicación entre dos máquinas. El protocolo SSH (*Secure Shell* = Shell seguro) se convirtió rápidamente en un estándar universal para el acceso en modo consola, garantizando al mismo tiempo la seguridad de los intercambios. En modo consola, solo se transmiten por el enlace de red los caracteres tecleados y los generados por el esclavo; es fácil observar los intercambios en este enlace y, por tanto, reconstruir las comunicaciones, o incluso modificarlas. Imagine que su contraseña circula por la red durante la fase de autenticación, o que el contenido de su archivo de texto se edita en nano o vi.

SSH incluye un mecanismo de cifrado de datos mediante claves de cifrado. En la primera conexión al host, estas claves de cifrado se generan automáticamente (de forma aleatoria) y deben intercambiarse entre el host y el cliente para que hablen el mismo idioma. Una vez intercambiadas, ambas partes las memorizan, y no hay razón válida para volver a intercambiarlas, salvo que uno de los dos protagonistas ocupe el lugar de aquél con el que se esperaba contactar. Para decirlo claramente, los programas siempre indican si hay un intercambio de claves, y si es normal que se produzca en la primera conexión, ya no lo es en las conexiones siguientes, por lo que este es un elemento que debería indicarle que quizás existe un problema seguridad, o incluso de piratería.

Debido a que este protocolo es tan utilizado, se ha convertido gradualmente en una puerta abierta al control remoto malicioso. A menudo su número de puerto (TCP 22) está bloqueado por defecto en los cortafuegos para restringir su uso a quienes realmente lo necesitan y, por tanto, controlan los temas y la configuración. Esta postura es similar a la adoptada por la Fundación, que por defecto proporciona el sistema operativo Raspberry Pi OS con este acceso cerrado. Para conectarse remotamente, tendrá que activarlo de una de las siguientes maneras:

- A través de la herramienta *raspi-config*, **Interface Options, I2 – SSH** (apartado Pestaña Interfaces del capítulo Instalar Raspberry Pi OS).
- A través de la herramienta gráfica *Raspberry Pi Configuration*, pestaña **Interfaces** (apartado Pestaña Interfaces del capítulo Instalar Raspberry Pi OS).
- A través de la configuración avanzada del *Raspberry Pi Imager*, **Activation SSH** (apartado Configuración avanzada del capítulo Instalar Raspberry Pi OS,). Tenga en cuenta que este método activa el acceso antes de la instalación y ofrece la posibilidad de arrancar una placa Raspberry Pi por primera vez sin teclado ni pantalla.

Una vez que haya activado este acceso, el principio es que sepa lo que está haciendo. En una red doméstica local detrás de su router de Internet, todos los clientes conectados a su red local, ya sea WiFi o Ethernet, podrán utilizar este acceso, que es lo que generalmente se pretende. Por defecto, el router de Internet rechazará las solicitudes de conexión entrantes en este puerto 22, a menos que especifique una redirección del puerto 22 a su Pi o declare una DMZ. En estos casos, ¡todo Internet podrá conectarse a su Pi!

Por abuso del lenguaje, ssh también puede referirse al programa cliente que debe ejecutarse para conectarse al host. Esto es lo que vamos a explorar en las siguientes secciones.

Observación

En este capítulo, se dará cuenta de que la dirección IP de la Raspberry Pi a veces es diferente. Esto se debe a que DHCP asigna direcciones diferentes en función del momento en que se realizaron las pruebas.

2.2 Desde una máquina Linux en la línea de comandos

Para conectarse vía SSH desde una máquina Linux, el comando que debe utilizar es `ssh`.

⇉ Busque la dirección IP de la Raspberry Pi utilizando, por ejemplo, el comando `ifconfig` (consulte el capítulo Utilizar la línea de comandos).

⇉ Desde su máquina Linux, inicie Terminal.

⇉ Escriba el siguiente comando:

```
ssh <NombreUsuario>@<IPRaspberry>
```

⇉ Si es la primera vez que se conecta, verá la alerta de seguridad sobre el intercambio de claves. Confirme el intercambio y su registro escribiendo **yes** seguido de [Intro].

⇉ Introduzca su contraseña y pulse [Intro].

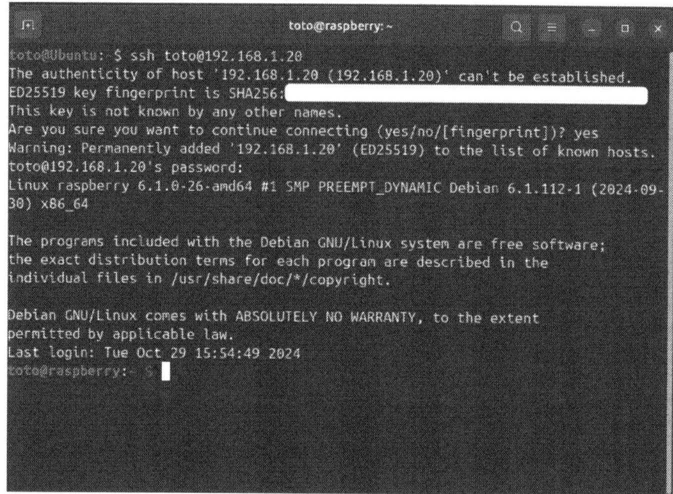

⇉ Ahora está conectado a su Pi en modo consola.

⇉ Para cerrar la conexión, escriba el comando `exit`. Volverá a la línea de comandos de su máquina cliente.

```
toto@raspberry:~ $ exit
cerrar sesión
Connection to 192.168.1.20 closed.
toto@Ubuntu:~$
```

⇉ Observe el cambio de valor en el prompt que le indica a qué máquina (y a qué usuario) se aplicará su línea de comandos (*raspberry* corresponde a la Raspberry Pi y toto corresponde a la máquina virtual Ubuntu utilizada como máquina cliente de ejemplo para la demostración).

Las claves se almacenan en el archivo `~/.ssh/known_hosts`.

2.3 Desde Windows 10 en línea de comandos

En octubre de 2018, Microsoft incrustó el programa SSH en la línea de comandos de Windows 10 (y versiones posteriores). No hace falta instalar nada, el parecido con la línea de comandos de Linux es total.

⇉ Inicie un **símbolo del sistema** desde el menú Inicio.

⇉ Siga los mismos pasos que en el apartado anterior.

```
Microsoft Windows [Versión 10.0.19045.5011]
(c) Microsoft Corporation. Todos los derechos reservados.

C:\Users\rse01>ssh toto@192.168.1.20
The authenticity of host '192.168.1.20 (192.168.1.20)' can't be established.
ED25519 key fingerprint is SHA256:
This key is not known by any other names.
Are you sure you want to continue connecting (yes/no/[fingerprint])? yes
Warning: Permanently added '192.168.1.20' (ED25519) to the list of known hosts.
toto@192.168.1.20's password:
Linux raspberry 6.1.0-26-amd64 #1 SMP PREEMPT_DYNAMIC Debian 6.1.112-1 (2024-09-30) x86_64

The programs included with the Debian GNU/Linux system are free software;
the exact distribution terms for each program are described in the
individual files in /usr/share/doc/*/copyright.

Debian GNU/Linux comes with ABSOLUTELY NO WARRANTY, to the extent
permitted by applicable law.
Last login: Tue Oct 29 16:04:04 2024 from 192.168.1.21
toto@raspberry:~ $
```

2.4 Desde una máquina Windows con PuTTY

Si su máquina Windows es anterior a Windows 10 de octubre de 2018, o si prefiere una aplicación cliente a la línea de comandos, tendrá que instalar un cliente SSH. La forma más sencilla de hacerlo es descargar el programa **PuTTY** desde su sitio web oficial: https:// www.putty.org/. La versión Package files (archivo .msi) es una versión instalable que contiene varias herramientas. Opte por el archivo putty.exe en forma de ejecutable, que no requiere instalación. Basta con copiar el archivo .exe descargado en el escritorio o en cualquier otro directorio y hacer doble clic en él, para que aparezca su interfaz gráfica.

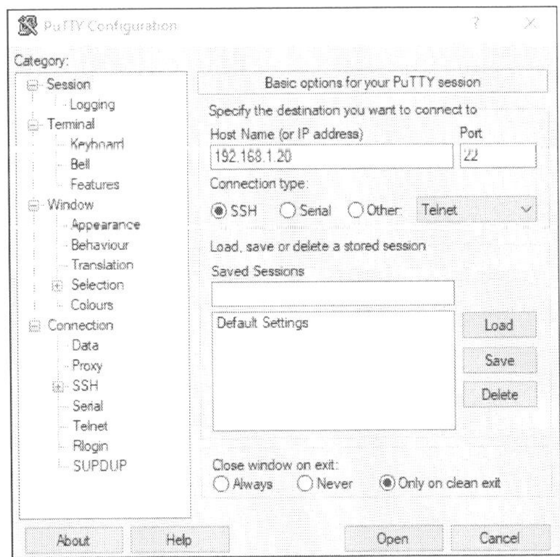

⇉ Ejecute `putty.exe`.

⇉ Introduzca la dirección IP de su Raspberry Pi en el campo **Host Name (or IP address)**.

⇉ En **Connection type**, compruebe que la opción **SSH** está marcada.

⇉ Haga clic en el botón **Open**.

Si esta es su primera conexión entre su cliente PuTTY y su Raspberry Pi, verá la famosa alerta de seguridad sobre el intercambio de claves de cifrado.

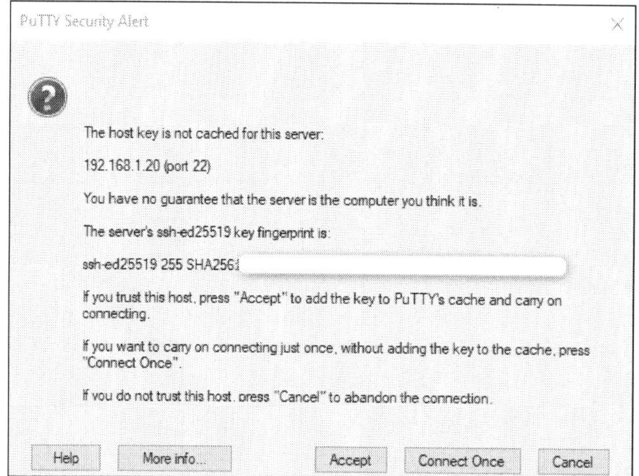

- Si hace clic en **Cancel**, el proceso de conexión se detendrá, PuTTY se cerrará y no se producirá ningún intercambio de claves.
- Si hace clic en **Connect Once**, se producirá el intercambio de claves, pero no se guardará en su máquina Windows. La próxima vez que se conecte, se le pedirá que vuelva a intercambiar las claves.
- Si hace clic en **Accept**, se producirá el intercambio de claves y se guardará en el registro de su máquina Windows. Esta ventana de alerta de seguridad dejará de aparecer para futuras conexiones.

⇉ Haga clic en **Accept** para validar y guardar el intercambio de claves definitivamente.

⇉ En respuesta al texto **login as:** escriba su nombre de usuario y pulse [Intro].

⇉ En respuesta al texto **password**: escriba su contraseña y pulse [Intro].

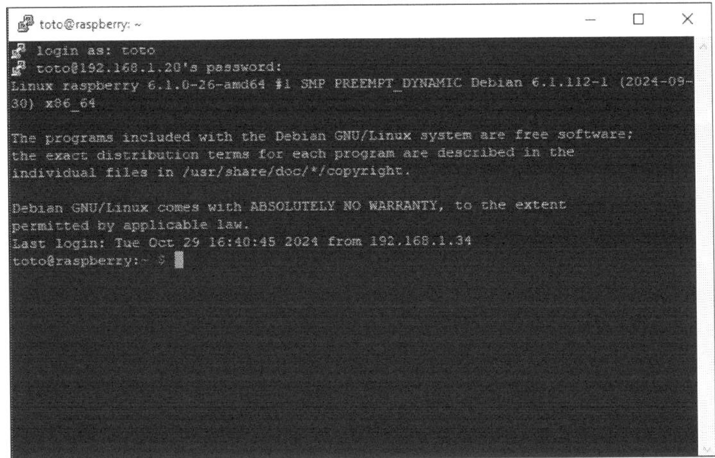

Ahora que está conectado a su Raspberry Pi en modo consola. El título de la ventana muestra el nombre de usuario que ha utilizado y el nombre de la máquina a la que está conectado, así como el directorio actual. Recuerde, este es el prompt que se muestra al inicio de la línea de comandos.

⇉ Para finalizar la sesión SSH, introduzca `exit` en la línea de comandos y confirme.

Observación

Para que los caracteres acentuados se muestren correctamente, es preferible elegir el juego de caracteres UTF-8 en la zona de categorías **Window**, **Translation**, **Remote Character Set**. PuTTY dispone de numerosas opciones para personalizar la pantalla, grabar sesiones, configurar manualmente las claves de cifrado, etc. La información presentada anteriormente representa el mínimo necesario para una conexión remota en modo texto.

Observación

El sistema de registro de claves de cifrado es específico de cada aplicación cliente. Así, si inicia una primera conexión con PuTTY, las claves intercambiadas no se utilizarán con SSH en la línea de comandos y viceversa. Cada aplicación cliente tendrá que intercambiar sus propias claves de cifrado.

3. Modo gráfico

3.1 VNC Server

El control remoto de la Raspberry Pi también puede realizarse en modo gráfico (para las variantes de Raspberry Pi OS con un entorno gráfico, es decir, Desktop o Full). En este caso, es necesario activar un servidor en la Raspberry Pi, cuya función será transmitir la imagen de la pantalla a la máquina remota, recuperar las pulsaciones de las teclas y los movimientos del ratón. Esta información se transmitirá entre las máquinas a través de la red. Ni qué decir tiene que la cantidad de información que se va a transmitir es mucho mayor que con el protocolo SSH.

Si su Raspberry Pi es una Pi Zero, por ejemplo, le recomendamos que utilice la línea de comandos, ya que el modo gráfico consume muchos más recursos.

La Fundación ha optado por integrar *VNC Server* en Raspberry Pi OS. Este programa se encargará de gestionar las conexiones de los clientes, proporcionar imágenes de pantalla, recibir las pulsaciones de las teclas y los movimientos del ratón.

Al igual que con SSH, *VNC Server* deberá instalarse y/o activarse de una de las siguientes maneras:

- A través de la herramienta *raspi-config*, **Interface Options, I3 - VNC** (apartado Interface Options del capítulo Instalar Raspberry Pi OS).
- A través de la herramienta gráfica equivalente a la *Raspberry Pi Configuration*, pestaña **Interfaces** (apartado Pestaña Interfaces de capítulo Instalar Raspberry Pi OS).

Tenga en cuenta que no es posible activar *VNC Server* antes de la instalación. Si desea tomar el control de forma gráfica inmediatamente después de la instalación, existen dos soluciones posibles:

- Conecte temporalmente la pantalla, el teclado y el ratón a su Raspberry Pi mientras activa VNC Server.
- Active SSH durante la instalación. Realizará una conexión inicial de línea de comandos en la que lanzará raspi-config para acceder a **Interface Options, I-3 VNC**.

Una vez activado, el servidor VNC aparece como un pequeño icono R VNC (Real VNC) en el panel de control:

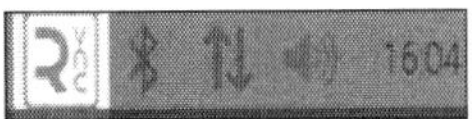

Haga clic con el botón izquierdo del ratón en este icono y accederá rápidamente a la información de identidad de su Raspberry Pi, es decir, el **Alias** y la **Firma**. Esta información se combinará con la proporcionada por el cliente para autenticar la conexión.

VNC (*Virtual Network Computing* o Información virtual en Red) es un sistema que se ha desarrollado en forma de código libre y abierto. Con los años, se creó una empresa comercial, Real VNC, que ofrece servicios unificados de control remoto y asistencia al usuario en muchos sistemas operativos empresariales. A veces puede resultar difícil para el pequeño usuario medio encontrar un cliente gratuito e ilimitado para instalar.

Recuerde que el cliente gratuito se llama ahora VNC Viewer y está disponible para muchos sistemas operativos (https://www.realvnc.com/es/connect/download/viewer/):

Sin embargo, también existen otros clientes como TightVNC (https://www.tightvnc.com/) o Remote Ripple (https://remoteripple.com/) que son ideales porque son totalmente compatibles con el protocolo RFB/VNC (*Remote Frame Buffer*).

3.2 Desde una máquina Windows con VNC Viewer

⇉ En la página de descarga de VNC Viewer, haga clic en el icono de Windows.

⇉ La lista desplegable situada debajo de los sistemas operativos ofrece posibles alternativas. Elija **Standalone EXE x86**, que es la solución más sencilla y compatible sin instalación.

⇉ Una vez descargado el archivo `VNC-Viewer-x.x.x-Windows-32bit.exe`, haga doble clic en él para iniciarlo.

⇉ Acepte el acuerdo de licencia marcando la casilla **He leído y acepto las condiciones de uso** y haga clic en **OK**.

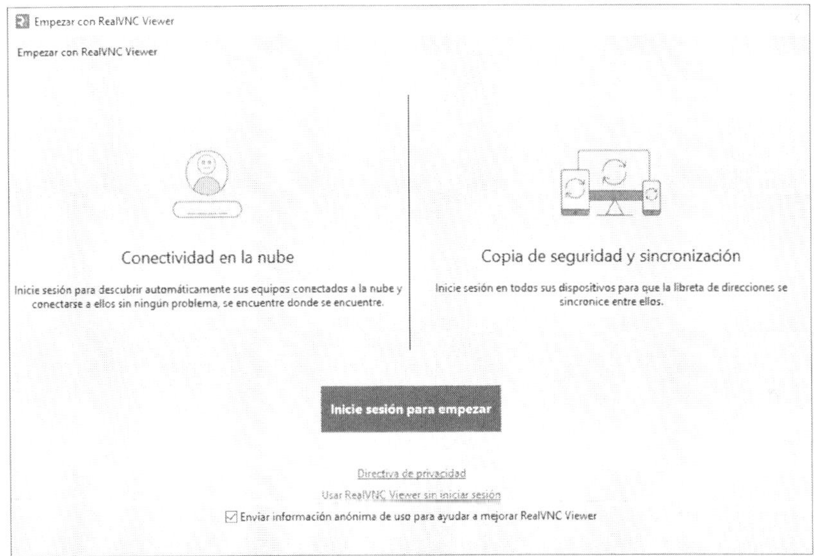

La ventana **Empezar con RealVNC Viewer** le presenta los servicios de Real VNC, a veces de pago, que requieren que inicie sesión con una cuenta de Real VNC.

⇉ Marque la casilla **Enviar información anónima de uso para ayudar a mejorar RealVNC Viewer**.

⇉ Haga clic en el enlace azul donde se detalla **Usar RealVNC Viewer sin iniciar sesión**.

Ahora se encuentra ante la interfaz gráfica principal de RealVNC Viewer.

⇉ En el campo a la derecha de la inscripción azul **RVNC CONNECT**, introduzca la dirección IP de su Raspberry Pi y, a continuación, pulse [Intro] para confirmar (tenga en cuenta que el botón **Abrir una sesión** le redirigirá a los servicios de la empresa. Asegúrese de pulsar [Intro] para validar su dirección IP).

La ventana de **Comprobación de Identidad** se utiliza para autenticar la máquina a la que desea conectarse cuando lo hace por primera vez. Compare los valores de los campos **Alias** y **Firma** con los que aparecen en su Raspberry Pi.

⇉ Pulse el botón **Continuar** para validar la identidad de la máquina contactada.

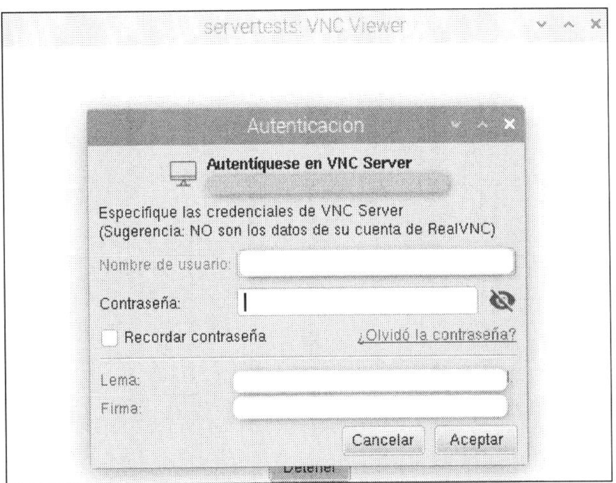

⇉ En la ventana **Autenticación**, introduzca el nombre y la contraseña del usuario que creó cuando instaló Raspberry Pi OS. A continuación, haga clic en **Aceptar**.

Ahora puede ver el escritorio de su Raspberry Pi desde su máquina Windows. Tenga en cuenta que el icono R VNC en el panel de control cambia a un fondo negro para advertir al posible usuario de la Raspberry Pi que un control remoto está en progreso.

Cada movimiento del ratón y cada pulsación de tecla se muestran en su Raspberry Pi. Al hacer clic con el botón izquierdo del ratón en el icono de la ventana de RealVNC Viewer aparece un menú con varias opciones, como escalar la pantalla, enviar teclas especiales e información sobre la sesión actual.

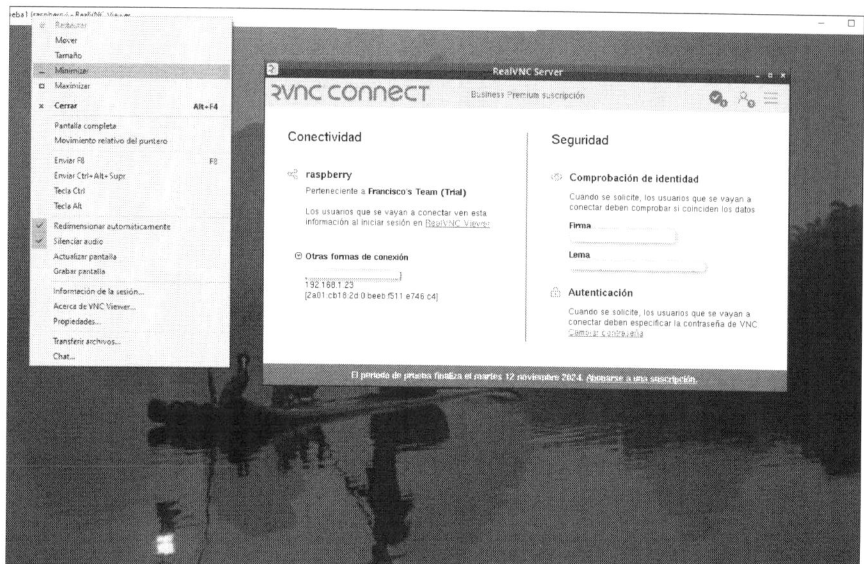

Moviendo el ratón al centro del borde superior de la ventana, aparece una barra de botones que da acceso a una serie de acciones similares a las del menú.

Del mismo modo, en la Raspberry Pi, al hacer clic con el botón derecho en el icono R VNC del panel de control, aparece un menú con varias opciones.

3.3 En una máquina macOS con VNC Viewer

En una máquina macOS, el principio es casi el mismo. El formato de descarga en macOS es el formato DMG, como para *Raspberry Pi Imager*. Una vez descargado el archivo, basta con hacer doble clic en él para abrirlo.

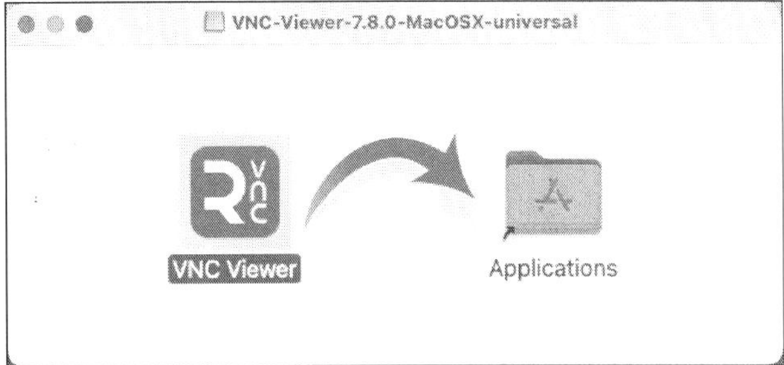

Una vez que haya abierto el archivo DMG como se muestra en la captura de pantalla anterior, tiene dos opciones:

- Instalar *VNC Viewer* en su Mac y estará permanentemente disponible en su Dock. Para ello, arrastre el icono de VNC Viewer a la carpeta **Applications**.
- Ejecutar *VNC Viewer* directamente desde el archivo DMG haciendo doble clic en él.

La primera vez que ejecute VNC Viewer, se le pedirá que acepte una advertencia de seguridad sobre la ejecución de aplicaciones descargadas de Internet. Una vez que aparezca la ventana de aceptación del acuerdo de licencia de VNC Viewer, el procedimiento es exactamente el mismo que el descrito para Windows en la sección anterior.

3.4 En una máquina Linux con VNC Viewer

También en este caso, el principio es similar, solo difiere el formato del archivo descargado. En la página de descarga, si hace clic en Linux, obtendrá, entre otras, la opción **Standalone x64**. Sin embargo, tendrá que hacer que el archivo sea ejecutable.

⇒ Haga clic con el botón derecho en su archivo `VNC-Viewer-x.x.x-Linux-x64` y seleccione **Propiedades**.

⇒ Visualice la pestaña **Permisos** (o la pestaña **Derechos de acceso**, según la distribución).

⇒ Marque la casilla **Ejecutable como un programa**.

⇒ Cierre la ventana de propiedades del archivo.

Al hacer doble clic en el archivo, aparecerá la ventana de aceptación del acuerdo de licencia de VNC Viewer. A partir de este momento, el procedimiento vuelve a ser idéntico al descrito para Windows.

3.5 Transferencia de archivos con VNC Viewer

Una vez establecido el enlace entre el *VNC Server* en su Raspberry Pi y el *VNC Viewer* en su PC, puede transferir archivos entre las dos máquinas. Las transferencias pueden realizarse en cualquier dirección.

3.5.1 De Raspberry Pi a PC

En el PC, mueva el ratón a la parte superior central de la ventana de inicio para mostrar la barra de menús de VNC Viewer.

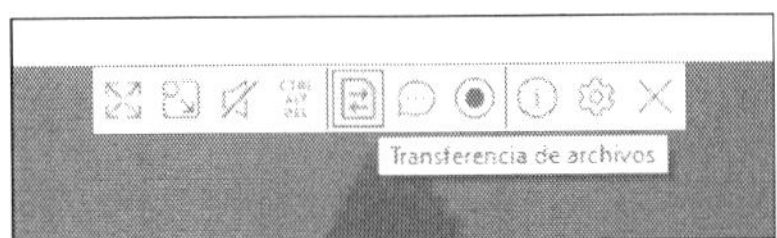

⇉ Haga clic en el botón **Transferencia de archivos**.

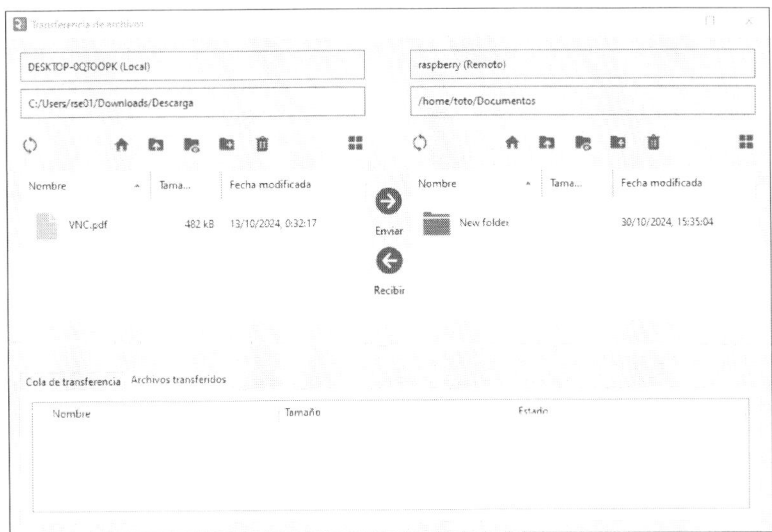

Se abre la ventana **Transferencia de archivos** en el PC.

⇉ En la lista **Capturar archivos a :**, seleccione la carpeta del PC en la que desea recibir los archivos de la Raspberry Pi.

⇉ Cierre la ventana de transferencia de archivos haciendo clic en la cruz de la parte superior derecha.

⇉ Desde la Raspberry Pi (es decir, desde el área de inicio), haga clic con el botón derecho en el icono **R VNC** para abrir el menú Real VNC.

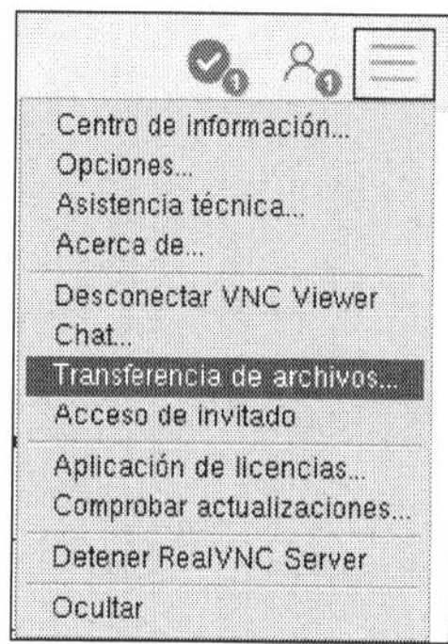

⇉ Seleccione **Transferencia de archivos...**

La ventana de **Transferencia de archivos** se abre en la Raspberry Pi.

⇉ LHaga clic en el botón **Enviar archivos...** en la parte inferior izquierda.

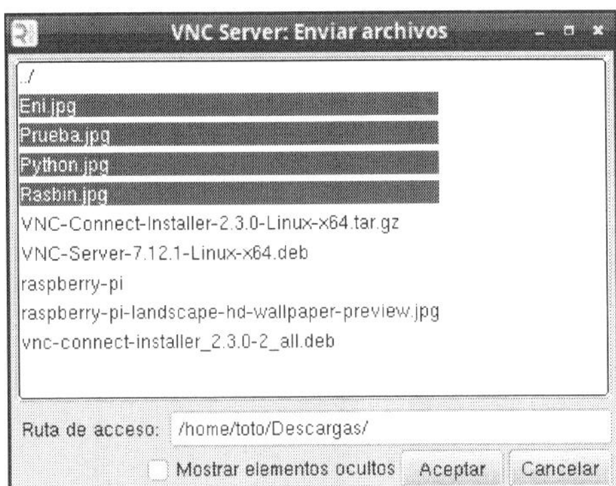

⇉ Se abre la ventana para seleccionar los archivos que se deban enviar. Seleccione los archivos que desea transferir; si se trata de varios, utilice la tecla [Ctrl] si son individuales, o la tecla [Mayús] para una selección contigua.

⇉ Haz clic en **Aceptar** para iniciar la transferencia.

En el PC, la ventana de **Transferencia de archivos** vuelve a aparecer en la pantalla con el seguimiento de la transferencia.

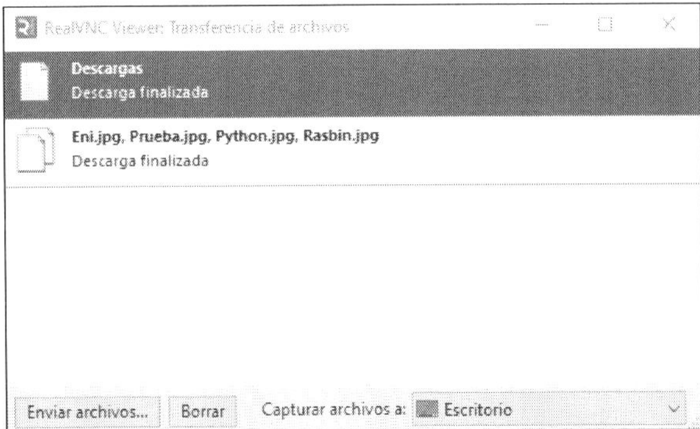

Una vez finalizada la transferencia, verá el mensaje **Descarga finalizada**. Todo lo que tiene que hacer entonces es ir a la carpeta previamente seleccionada en **Capturar archivos a:** para acceder a su(s) archivo(s) en su PC.

3.5.2 Del PC a la Raspberry Pi

A la inversa, el procedimiento es idéntico, pero se inicia en el PC.

⇉ En la Raspberry Pi, seleccione la carpeta que recibirá los archivos en la lista desplegable **Capturar archivos a:**.

⇉ En el PC, haga clic en el botón **Enviar archivos...** seleccione los archivos que desea enviar, y haga clic en **Aceptar**.

A continuación, se abrirá la ventana de seguimiento de la transferencia en la Raspberry Pi. Una vez finalizada la transferencia, podrá acceder a los archivos transferidos en la ubicación definida en **Colocar archivos** en.....

Observación

Si ya existe un archivo con el mismo nombre en la carpeta de destino, los caracteres (1) se añaden a su nombre.

3.6 En una máquina Windows con TightVNC Viewer o Remote Ripple

VNC Viewer no es el único cliente de control remoto que utiliza el sistema VNC y el protocolo RFB. Es el caso de TightVNC Viewer (https://www.tightvnc.com/) y Remote Ripple (https://remoteripple.com/). Ambos proceden del mismo equipo de desarrollo, siendo TightVNC el software "histórico" principalmente para Windows, mientras que Remote Ripple tiene una interfaz gráfica multiplataforma más moderna.

Por defecto, el instalador de **TightVNC** para Windows instala automáticamente un cliente y un servidor en su PC. Para nuestro propósito, preferimos instalar solo el cliente. Para ello, elija Custom Setup (botón **Personalizar**) y desmarque la instalación de **TightVNC Server** como en la siguiente captura de pantalla:

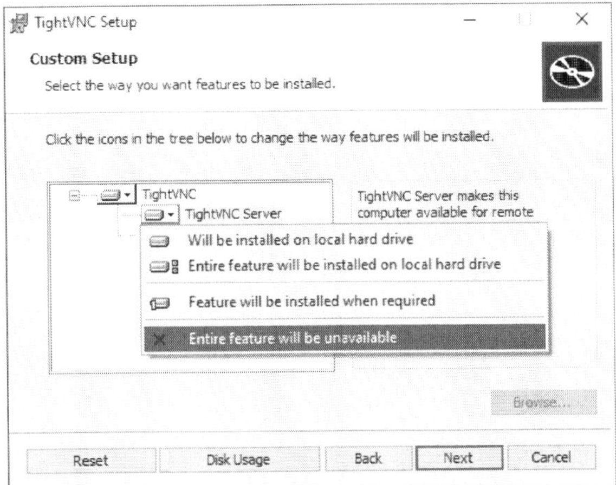

Por último, para que **TightVNC Viewer** o **Remote Ripple** establezcan una conexión con **RealVNC Server**, tendrá que cambiar la siguiente configuración en la Raspberry Pi:

- En la Raspberry Pi, haga clic con el botón derecho del ratón en el icono **RealVNC** del panel de control y seleccione **Opciones**.
- En la página **Seguridad**, cambie **Cifrado** a **Preferiblemente inactivo** y **Autenticación** a **Contraseña VNC** y, a continuación, haga clic en **Aplicar**.

RealVNC le pedirá que introduzca una contraseña para las sesiones VNC. A partir de ahora, esta será la contraseña que deberá utilizar para conectarse a través de VNC, en lugar de la cuenta de usuario de Raspberry Pi que creó cuando instaló Raspberry Pi OS.

⇉ Introduzca la contraseña que desee, confírmela con la segunda entrada y, a continuación, marque la casilla **Permitir la conexión de usuarios heredados de VNC Viewer**.

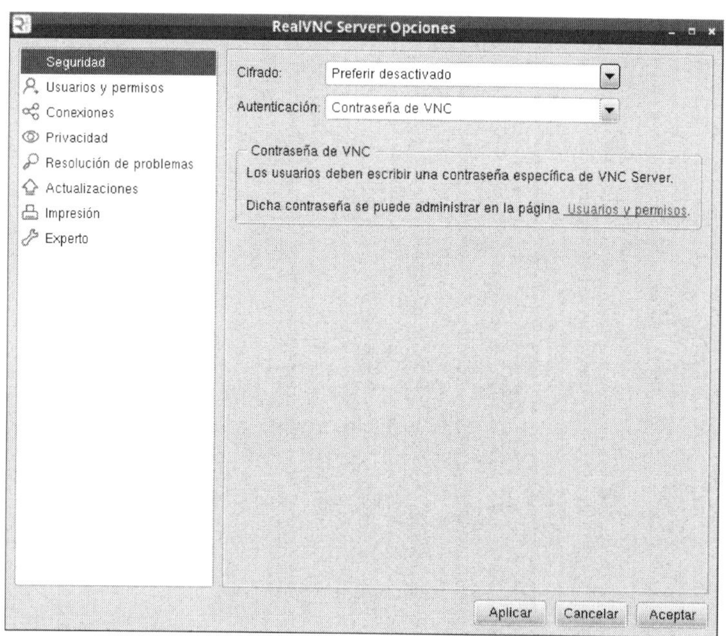

⇉ Haga clic en **Aplicar**. Tenga en cuenta que la contraseña se limitará a 8 caracteres y vuelva a hacer clic en **Aceptar**.

Cierre la ventana de opciones pulsando **Aceptar**.

Ahora puede tomar el control de su Raspberry Pi con **TightVNC Viewer** o **Remote Ripple** especificando su dirección IP y utilizando la contraseña configurada en **RealVNC Server**. Tenga en cuenta que ya no hay intercambio de claves ni visualización de información de identificación, ya que se ha reducido la seguridad para que el cliente y el servidor sean compatibles.

4. Conclusión

A veces es necesario poder utilizar una Raspberry Pi de forma remota. Incluso puede ser la única manera de ejecutar comandos en una Raspberry Pi que es físicamente inaccesible.

El método que ofrece la máxima compatibilidad entre el cliente y la Raspberry Pi es la línea de comandos con SSH. Este es el modo de copia de seguridad definitivo que funcionará con todas las placas Raspberry Pi y en todo tipo de redes, ya que consume muy pocos recursos y casi no requiere software adicional.

El modo gráfico es más cómodo, pero tiene más limitaciones técnicas. Tenga en cuenta, por ejemplo, que en el momento de escribir este libro, RealVNC Server todavía no funciona con la última versión de Raspberry Pi OS *Bookworm*, ya que usa *Wayland* en lugar de *X11* como motor de renderizado de gráficos. Con *TightVNC Server* se plantea el mismo problema, ya que no se ha mantenido al día con los desarrollos específicos de Raspberry Pi OS.

Capítulo 8
Gestión de la red

1. Conceptos básicos de red

1.1 Introducción

Muchas aplicaciones implican la implementación de la Raspberry Pi en la red. Ya sea sobre una red local (detrás de una unidad de acceso, por ejemplo) o para permitir un acceso desde Internet a una Raspberry Pi situada en una red local, esta conexión plantea normalmente preguntas. En particular, se debe al hecho de que conectar alguna máquina detrás de una unidad de conexión se puede hacer en la actualidad sin ninguna habilidad especial. Por el contrario, en caso de funcionamiento incorrecto, la búsqueda del error solo se puede hacer apoyándose en el entendimiento de los mecanismos implicados.

La presentación de los siguientes conceptos básicos de red no pretende ser ni exhaustiva ni completamente exacta. Contiene la mínima información para que un usuario que descubra este dominio pueda configurar su máquina y entender el funcionamiento de la red.

Observación

Las soluciones que se presentan en este capítulo únicamente tienen un carácter pedagógico y no abordan los problemas de seguridad de las máquinas conectadas a Internet. Sea extremadamente prudente si una Raspberry Pi que realiza funciones importantes es accesible a través de Internet.

1.2 Como una carta en el correo

Una red informática permite a diferentes máquinas intercambiar datos. Estos datos se presentan como paquetes que contienen unos y ceros, que se envían por los cables de la red o por radio, en el caso del Wi-Fi.

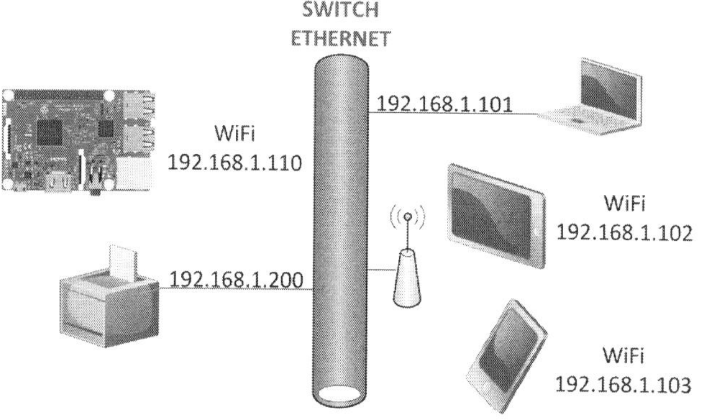

Como en el caso del correo que recibe cada día, los paquetes tienen una dirección de remitente y una dirección de destino. Cuando un paquete se envía a la red, los dispositivos encargados de distribuirlos pueden saber también hacia qué otro dispositivo es necesario enviarlo. Es exactamente lo que pasa con una carta que deposita en un buzón. El enrutamiento de su correo se hace en función de la dirección que se indica en el sobre.

El enrutamiento de los datos se puede hacer con hardware (cable de red) o por radio (Wi-Fi).

1.2.1 Asignación de direcciones

En la red que se representa más arriba figuran algunos dispositivos conectados solo a un switch (o al conmutador). La asignación de direcciones se hace en este caso por el usuario. Se dice que el direccionamiento es estático, porque las direcciones se asignan manualmente una vez para todos.

Dispositivo	Dirección
Raspberry Pi	192.168.1.110
Ordenador móvil	192.168.1.101
Tableta	192.168.1.102
Smartphone	192.168.1.103
Impresora	192.168.1.200

1.2.2 Dirección física

Antes de que una dirección IP se asigne a un ordenador, este debe poder comunicarse en la red, en particular si debe hacer una consulta para obtener su dirección IP automáticamente. En este caso, el inicio de la "conversación" se hace usando la dirección física de la tarjeta de red. Posteriormente, el diálogo puede continuar usando la dirección IP cuando el ordenador ha recuperado una.

La dirección física también se llama dirección MAC (*Media Access Control*). Es única (salvo si la modifica), porque cada interfaz de red está numerada por su fabricante.

Encontrar la dirección física

```
pi@raspberrypi:~ $ ifconfig
eth0      Link encap:Ethernet  HWaddr b8:27:eb:84:90:03
          dir inet6: fe80::613:94b0:2db4:d3ae/64 Scope:enlace
...
wlan0     Link encap:Ethernet  HWaddr b8:27:eb:d1:c5:56
          inet dir:192.168.1.110  Bcast:192.168.1.255
          Máscara:255.255.255.0
          dir inet6: fe80::c0da:6a5d:7ed6:6aa3/64 Scope:enlace
```

Un `ifconfig` ejecutado sobre una Raspberry Pi 3 en la que solo se ha configurado la interfaz Wi-Fi muestra que cada interfaz de red tiene una dirección física.

El puerto Ethernet eth0 tiene la dirección física (**HWaddr** = *Hardware address*) :27:eb:84:90:03. Para la interfaz wlan0 (Wi-Fi) la dirección es b8:27:eb:d1:c5:56.

La dirección MAC está compuesta por 48 bits, es decir 6 bytes. Los tres bytes de la izquierda identifican al constructor (aquí b8:27:eb = la Fundación Raspberry) y los tres bytes de la derecha representan el identificador único de la interfaz.

Por convención, en la dirección MAC o dirección física, los bytes se escriben en hexadecimal.

1.2.3 ¿Qué es una dirección IP?

IP (*Internet Protocol*) es el protocolo adoptado para gestionar el intercambio de información en la red Ethernet. Las direcciones IP son direcciones utilizadas por el protocolo IP para encaminar los paquetes a su destino.

Una dirección IP se compone de 4 bytes (es decir 32 bits), traducidos en decimal como una sucesión de cuatro números comprendidos cada uno entre 0 y 255, separados por un punto.

192 . 168 . 1 . 110

La dirección anterior es un ejemplo de lo que puede observar en su Raspberry Pi. En modo gráfico, deje un momento el ratón sobre el icono de red para que aparezca la configuración de las interfaces:

La captura de pantalla anterior se ha realizado en una Raspberry Pi conectada al Wi-Fi (wlan0). El puerto Ethernet (toma RJ45) no está conectado.

En modo texto, el comando `ifconfig` proporciona esta información:

```
pi@raspberrypi:~ $ ifconfig
wlan0     Link encap:Ethernet  HWaddr b8:27:eb:d1:c5:56
          inet dir:192.168.1.110  Bcast:192.168.1.255
          Máscara:255.255.255.0
...
```

La dirección de la Raspberry Pi en la interfaz wlan0 (el Wi-Fi) es **192.168.1.110**.

Observación

En una misma red, cada dirección IP debe ser única. Si dos ordenadores tienen la misma dirección IP, esto provoca un "conflicto de direcciones".

1.2.4 Utilidad de la máscara de sub-red

La dirección IP por sí misma no es suficiente para situar de manera precisa un ordenador en una red. El dato adicional indispensable se llama máscara de sub-red, en inglés *netmask* o *subnet-mask*.

Esta máscara de sub-red se puede expresar de dos maneras:

- Por el número de bits a 1 que tiene, aquí 24 bits, lo que se indica en modo gráfico por /24:

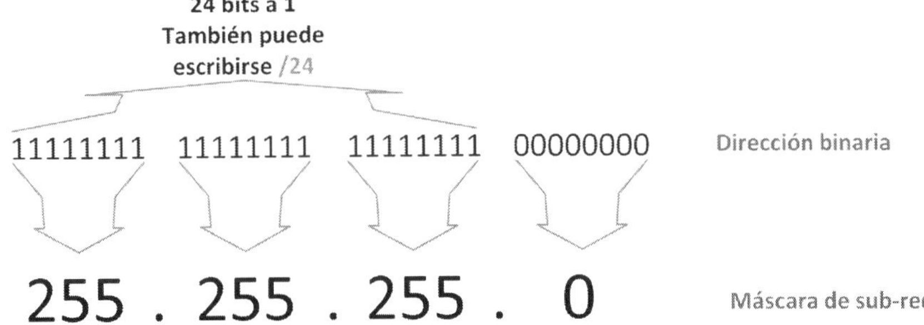

- Por la conversión a decimal de estos 24 bits a 1, seguidos de 8 bits a cero: 255.255.255.0

Ambas formas son equivalentes y designan el mismo valor.

La máscara de sub-red permite descomponer la dirección IP en dos partes:

- La dirección de red en la que se encuentra el ordenador.
- La dirección del ordenador en sí misma, también llamada dirección del host o *host address*.

Cálculo de la dirección de red

A partir de la dirección del host y de la máscara de sub-red es posible determinar en qué red se sitúa el ordenador. Además, esta operación se realiza sistemáticamente cuando un ordenador accede a la red.

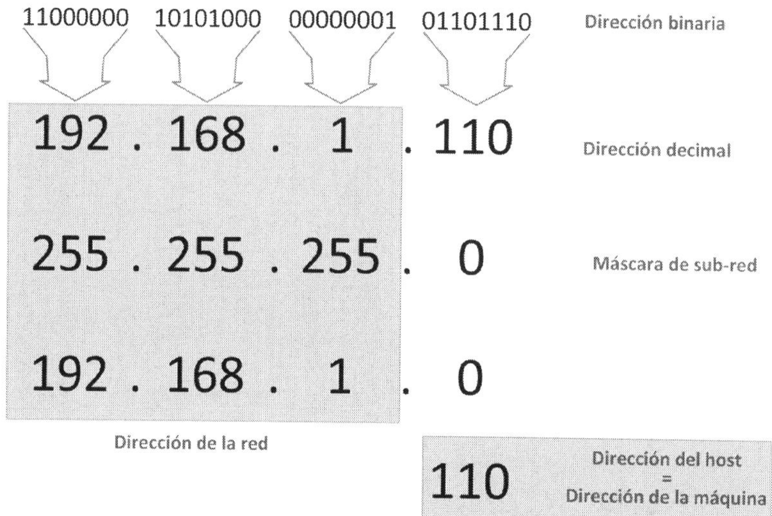

Si se superponen como se muestra más arriba la dirección IP y la máscara de sub-red, el cálculo de la dirección de red consiste en conservar solo las cifras de la dirección IP en las que figura el número 255. Cuando la máscara vale 0, esta parte de la dirección de red también vale 0. Esta operación proporciona la dirección de la red, aquí 192.168.1.0.

Observación

La operación realizada entre la dirección IP y la máscara de sub-red es un Y lógico, realizado en binario. La operación es sencilla cuando la máscara solo está formada por números 255. Sin embargo, se necesitan más cálculos (conversiones decimales > binario y binario > decimal cuando la máscara de sub-red es más complicada, como por ejemplo 255.255.240.0...).

1.2.5 Dirección del host

En esta red, el host tiene una dirección que también se puede deducir de su dirección IP y de la máscara de sub-red: en el ejemplo anterior, la dirección del host es el número que se encuentra debajo de los 0 de la máscara de sub-red, es decir 110.

En la red 192.168.1.0, los ordenadores pueden ocupar todas los direcciones comprendidas entre 0 y 255 (salvo algunas excepciones, como se explica más adelante). Esto significa que los ordenadores de esta red podrían tener direcciones comprendidas entre 192.168.1.0 y 192.168.1.255.

Por tanto, habrá posibilidad de conectar 256 máquinas a esta red.

Máscara de sub-red diferente

La máscara de sub-red podría tener un valor diferente. Por ejemplo /16, es decir 255.255.0.0. En este caso el método de cálculo sigue siendo exactamente el mismo:

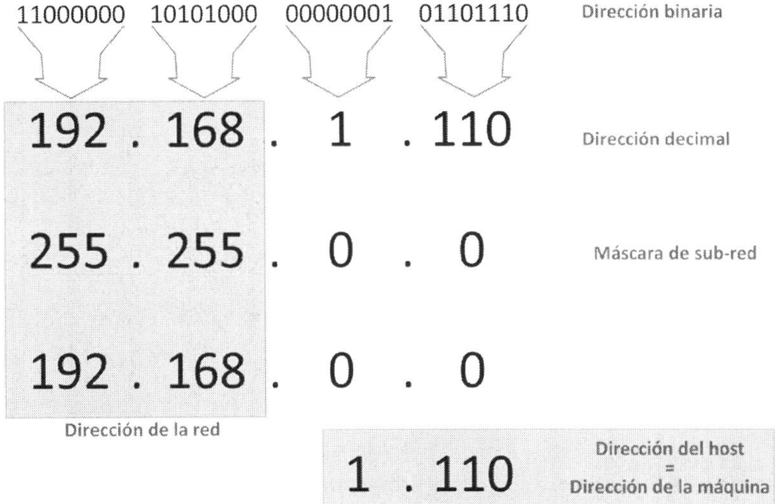

Esta vez, la red es 192.168.0.0. La gran diferencia viene de la dirección del host, que esta vez está escrita con 2 bytes, es decir 16 bits. Las direcciones de los ordenadores de esta red pueden ir desde 0.0 a 255.255 (con las mismas excepciones que antes). Esta vez son 256 x 256 = 65.536 máquinas las que se podrían conectar a la red.

Observación

Hay redes con un máscara de /8 es decir, 255.0.0.0. En este caso, son más de 16 millones de máquinas las que puede acoger la red.

1.2.6 Las direcciones particulares

Red

La dirección de la red calculada anteriormente se reserva para la red. Convencionalmente, ninguna máquina de la red tendrá esta dirección. En los ejemplos anteriores, las direcciones 192.168.1.0 y 192.168.0.0 no se podrán asignar a un ordenador, porque son direcciones de red.

Broadcast

Cuando un ordenador realiza una petición a la red sin saber a qué dirección, se envía a una dirección particular, llamada dirección de difusión o *Broadcast Address*. A continuación, los datos se envían a todas las máquinas presentes en la red. Por convención, esta dirección es la última dirección disponible en la red. En los ejemplos anteriores, esta dirección valdría 192.168.1.255 o 192.168.255.255. Ninguna máquina de la red puede tener esta dirección.

 **Observación**

El uso de la dirección de red y de la dirección de difusión reduce la franja de direcciones disponibles de dos unidades. Una máscara de sub-red con /24 podría componer 254 direcciones y un máscara con /16 dejaría 65.534 direcciones disponibles para los hosts.

Direcciones privadas

Dentro de una red local, las direcciones utilizadas obligatoriamente son direcciones privadas. Estas direcciones no se pueden enrutar a Internet y se reservan solo al uso en las **LAN** (*Local Area Network* = red local).

Franja de direcciones	Número de dirección	Red y máscara
10.0.0.0 a 10.255.255.255	16.777.216	10.0.0.0/8
172.16.0.0 a 172.31.255.255	1.048.576	172.16.0.0/12
192.168.0.0 a 192.168.255.255	65.536	192.168.0.0/16

Si tiene que asignar direcciones en una red, es necesario obligatoriamente respetar estas franjas de direcciones. El resto de direcciones son susceptibles de ser utilizadas en Internet y es necesario evitar asignarlas a máquinas en una red LAN.

Hay algunas excepciones que se detallan a continuación.

1.2.7 Las excepciones

Las redes reservadas

Hay dos redes reservadas para usos particulares. Por tanto, no hace falta usarlas en su plan de direccionamiento:

- La red 127.0.0.0 está reservada para las pruebas de bucle local. Cuando todas las capas TCP/IP funcionan correctamente en una máquina, la dirección IP 127.0.0.1 es la dirección que permite probar el correcto funcionamiento del conjunto de programas puesto en marcha para TCP/IP (con un ping, por ejemplo). Es el bucle local de su PC, también llamado localhost.

```
pi@raspberrypi:~ $ ping localhost
PING localhost (127.0.0.1) 56(84) bytes of data.
64 bytes from localhost (127.0.0.1): icmp_seq=1 ttl=64 time=0.095 ms
```

Esta prueba muestra que la parte de software de la red, se ha instalado correctamente y funciona en la Raspberry Pi.

- La red 0.0.0.0 también está reservada: se utiliza para definir una ruta por defecto en el router.
- La red 100.64.0.0/10 está reservada desde 2012 para su uso en las NAT (*Network Address Translation* = traducción de dirección red) de grandes dimensiones, a escala de una metrópoli, por ejemplo. Este bloque de dirección no se debe utilizar ni en redes privadas, ni en Internet. Esta red tiene más de cuatro millones de direcciones.

Dirección APIPA

El direccionamiento APIPA (*Automatic Private Internet Protocol Addressing* = direccionamiento IP automática) permite a un sistema operativo asignar automáticamente una dirección IP a un ordenador cuando esta no se ha asignado manualmente y no se puede unir a un DHCP (véase la siguiente imagen). Las direcciones APIPA se asignan en la franja 169.254.0.0/16. Las direcciones van de 169.254.0.0 hasta 169.254.255.255. Esta franja se reserva exclusivamente a este uso.

Observación

Si el comando `ifconfig` indica que su Raspberry Pi tiene una dirección que empieza por 169.254... es que ha habido un problema de conexión en su unidad de conexión o no le ha asignado dirección manualmente, si trabaja con direccionamiento estático.

1.2.8 Dirección pública

Las direcciones públicas son aquellas que se utilizan en Internet. Admiten todas las direcciones no mencionadas en las excepciones anteriores.

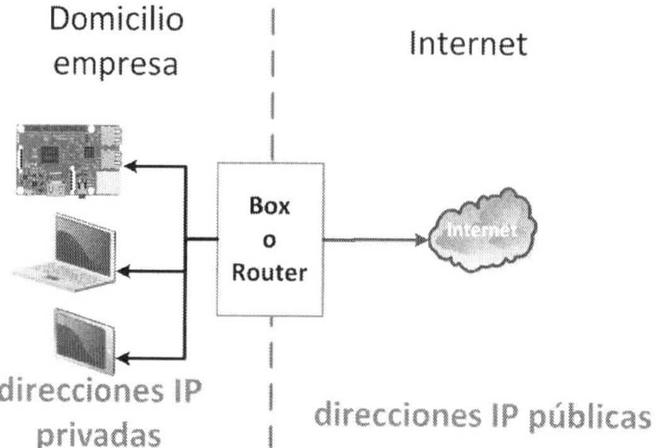

Observación

Internet es el sistema que une las redes locales entre ellas = Inter Network.

1.3 Llegada a buen puerto

1.3.1 Puertos TCP/IP

En una Raspberry Pi o en cualquier otro ordenador hay un gran número de servicios que funcionan al mismo tiempo y deben poder acceder al exterior. Sola hay una única dirección IP en la tarjeta de red o la interfaz Wi-Fi. A cada cliente presente se le asigna un número de puerto, codificado con 2 bytes, es decir 16 bits. Por tanto, el número de puerto puede estar comprendido entre 0 y 65.535.

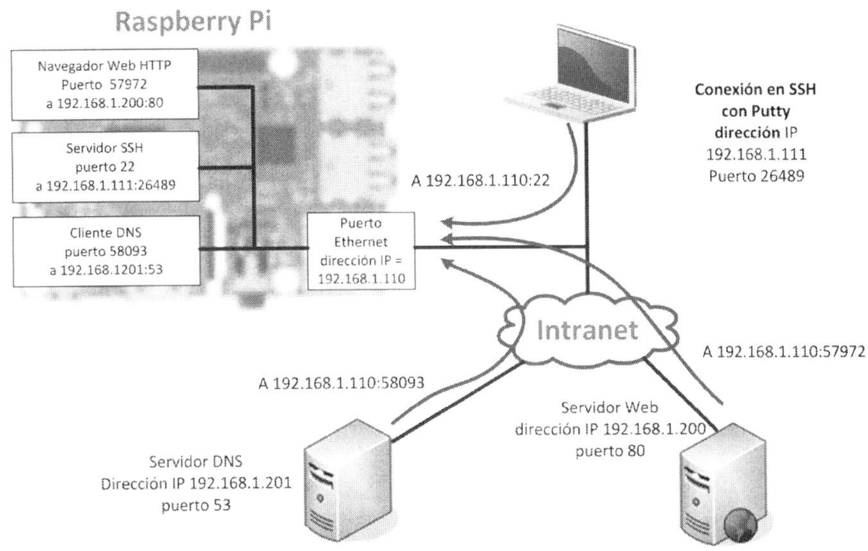

Observación

El término Intranet utilizado en el esquema anterior, indica una red interna de una empresa. Un servidor web o un DNS que operan en Internet no podrían enviar mensajes a la dirección privada de la Raspberry Pi.

Por defecto, se asignan algunos números de puerto a los servicios:

- 20 y 21: FTP
- 22: SSH
- 23: TELNET
- 53: DNS
- 80: HTTP
- 443: HTTPS

1.3.2 Utilización de los puertos

En el esquema anterior, que representa una red local de empresa, funcionan un cliente DNS y un navegador web. Estos dos clientes han recibido números de puerto: 57.972 para el navegador web y 58.093 para el cliente DNS.

El servidor SSH ha recibido el número de puerto por defecto correspondiente a su función, es decir, el puerto 22. Cuando el ordenador portátil se conecta en SSH con PuTTY, abre una conexión en el socket (véase la siguiente sección) 192.168.1.110:22. El servidor SSH de la Raspberry Pi le responderá en el socket 192.168.1.111:26489.

Cuando el navegador Web hace una petición al servidor web, abre una conexión TCP en el socket 192.168.1.200:80. El servidor web responde al socket 192.168.1.110:57972.

El cliente DNS abre una conexión en el socket 192.168.1.201:53. El servidor DNS responde al socket 192.168.1.110:58093.

Este mecanismo permite, con una sola dirección, gestionar múltiples servicios asignado a cada uno un número diferente.

1.3.3 Socket TCP/IP

Cuando la Raspberry Pi intercambia datos con el mundo exterior, lo hace a través de su toma Ethernet (o de su interfaz Wi-Fi). Los datos que vuelven hacia él tienen todos como destino la dirección única de la tarjeta red, aquí 192.168.1.110. Pero cada mensaje tiene además de la dirección del destinatario un número de puerto. Este número se indica después de la dirección IP, separada por dos puntos 192.168.1.110:60351. Esta dirección completa tiene la dirección IP de la máquina más el número de puerto del servicio implicado, llamado *socket*. Es el punto de conexión que va a permitir a un cliente conectarse a un servidor, o a la inversa.

1.4 Roles de la unidad de conexión

Para los particulares, la solución más extendida para conectarse a Internet es usar una unidad de conexión o box. Hay muchos proveedores de acceso a Internet que ofrecen su solución, cada uno rivalizando en términos de funcionalidades, para conseguir el máximo número de clientes. Las funciones principales de una box utilizada en red con la Raspberry Pi se describen a continuación.

1.4.1 Servidor DHCP

En la actualidad, el número de dispositivos conectados está en constante aumento. Normalmente tenemos un PC de escritorio, un ordenador portátil, algunas tabletas, varios smartphones e incluso una o varias Raspberry Pi. Cuando no queremos gestionar manualmente las direcciones IP de cada dispositivo conectado en nuestra casa, delegamos esta función a un servidor DHCP (*Dynamic Host Configuration Protocol* = Protocolo de Configuración Dinámica de Host).

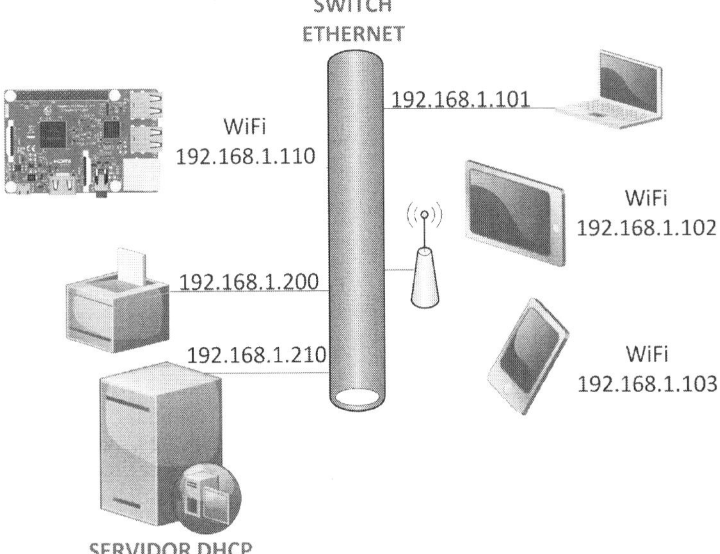

El rol de servidor DHCP generalmente queda garantizado por la box instalada en casa. Sin embargo, cualquier otro servidor DHCP podría garantizar la distribución de las direcciones... Una Raspberry Pi, por ejemplo.

Petición DHCP

Cuando enchufa una Raspberry Pi (o cualquier otro ordenador), las interfaces no se inicializan y, por tanto, no tienen dirección IP.

- La Raspberry Pi envía una petición *DHCP DISCOVER* en broadcast, cuyo destino son todas las máquinas de la red. Esta petición tiene su dirección MAC para que pueda recibir una respuesta.
- Un servidor DHCP existente en la red, cuando recibe este tipo de petición, envía una respuesta *DHCP OFFER* cuyo destino es la dirección física del solicitante. Esta respuesta tiene la dirección IP del servidor, la dirección IP y la máscara de sub-red que le ofrece al cliente.

- El cliente recibe la respuesta (o las respuestas si hay varios servidores DHCP en la red). En primer lugar, retienen la respuesta que reciben y después la envían en broadcast *DHCP REQUEST*. Este mensaje contiene la dirección IP del servidor DHCP del destinatario y la dirección IP que este ha propuesto al cliente. Solicita al servidor correspondiente que le sea asignada la dirección IP, así como el envío de determinados parámetros llamados opciones. Este mismo mensaje informa a los servidores DHCP cuya respuesta no se ha retenido de que pueden disponer de nuevo de la dirección IP que habían propuesto.
- El servidor DHCP correspondiente prepara un mensaje de acuse de recibo (*DHCP ACK* = validación de la petición) para transmitir al cliente su dirección IP, su máscara de sub-red, el tiempo de validez para esta dirección y eventualmente, opciones como la dirección IP de la pasarela por defecto, el servidor DNS... (ver más adelante).
- El servidor DHCP registra la dirección IP que ha distribuido con la dirección MAC del cliente implicado.
- El cliente conserva la misma dirección para una duración igual a la mitad del periodo de validez.

  A partir de este momento, solicita periódicamente al servidor que le asigne, la renovación de su dirección, que conservará. Como el cliente tiene una dirección IP válida, estos intercambios se realizan a través de las direcciones IP del cliente y del servidor. Si la renovación de la dirección es imposible por una razón u otra, cuando se llega al 87,5 % del tiempo de la validez temporal, el cliente vuelve a hacer una petición de dirección en broadcast.
- Si el cliente está inactivo más tiempo que el tiempo de validez, vuelve a solicitar una nueva dirección durante el siguiente arranque y eventualmente puede obtener una dirección diferente.

Con el uso de un servidor DHCP, la gestión de la asignación de las direcciones en una red local está totalmente automatizada. Es posible definir de manera más fina el funcionamiento del DHCP, como la franja de direcciones distribuidas, las reservas o exclusiones de direcciones, etc... Si tiene que configurar un servidor DHCP, hay una documentación importante en línea disponible que le ayudará.

Observación

El DHCP resuelve el problema de los conflictos de direcciones, porque gestiona la distribución de direcciones IP únicas. Sin embargo, si en la misma red hay una máquina configurada manualmente que tiene la misma dirección IP que alguna de las máquinas gestionadas por el DHCP, esto provocará un conflicto de direcciones.

1.4.2 Nombre de dominio

Normalmente, debe consultar muchos sitios web para su trabajo o a título personal. Cada servidor alberga un sitio web que tiene su propia dirección IP. Imagine que tiene que recordar de memoria una cantidad de direcciones:

- 172.217.19.131 para acceder a Google,
- 74.6.50.24 para acceder a Yahoo,
- 176.34.135.167 para acceder a Duckduckgo,
- 145.242.11.48 para acceder al sitio web de la agencia tributaria,
- etc.

Si las máquinas se ajustan perfectamente a esto, la memorización de esta sucesión de cifras rápidamente se hace inmanejable para un usuario humano. Para evitar este uso de las direcciones IP se ha creado el nombre de dominio.

Es mucho más fácil memorizar un nombre que una cifra. Por tanto, se ha decidido crear dominios para facilitar el uso de Internet. A continuación veremos algunos ejemplos:

.es es el dominio que contienen los ordenadores registrados en dominios .es, que dependen del Ministerio de energía, turismo y agenda digital.

.com es el dominio que contienen los ordenadores que alojan actividades comerciales

.org es el dominio que contienen los ordenadores que alojan a organizaciones sin ánimo de lucro.

Dentro de estos dominios, cada sitio web recibe un nombre único, seleccionado por el creador del sitio web. En función del dominio correspondiente, las condiciones de asignación de nombres pueden ir desde la liberad total (el primero que llega es quien que se lleva el nombre) hasta reglas muy estrictas (identificación, documentación, etc...). A continuación se muestran algunos ejemplos: raspberrypi.org, elpais.com, debian.org. Cada una de las máquinas que alojan estos sitios web tiene una dirección IP, por lo que es necesario un sistema que permita traducir automáticamente la dirección literal informada por el usuario en una dirección IP, utilizable por los sistemas de gestión de Internet. Este es el rol del DNS.

1.4.3 DNS

Cuando introduce una dirección en su navegador web, este no sabe a qué dirección debe ir a buscar la página que desea mostrar. Entonces se dirige a DNS (*Domain Name Server* = servidor de nombre de dominio) la dirección que tiene asignada.

En una Raspberry Pi en Raspbian Jessie, el DNS utilizado se registra en el archivo */etc/resolv.conf*.

```
pi@raspberrypi:~ $ cat /etc/resolv.conf
# Generated by resolvconf
nameserver 192.168.1.254
```

Generalmente la dirección DNS proporcionada por un box o un router es la propia dirección del box o del router que juega el rol de transmisor. Un transmisor DNS envía las peticiones que no puede responder al DNS del ISP (proveedor de acceso a Internet).

El cliente (su navegador web) envía su petición al DNS en forma "¿Me puedes decir cuál es la dirección de www.google.es?" (por ejemplo).

- Si el transmisor DNS local ya ha tratado esta petición, guarda la respuesta en caché (en memoria) y responde instantáneamente enviando la dirección IP correspondiente a www.google.es.
- Si el transmisor DNS local no conoce la respuesta, pregunta al DNS del ISP.
  - Si este conoce la dirección IP de www.google.es, la envía al transmisor DNS de su box.
  - Si el DNS del ISP no conoce la dirección IP solicitada, pregunta al servidor DNS "especialista" del .es, llamado servidor raíz, que le ofrece las direcciones de servidores DNS que le puedan indicar la dirección IP de Google.
  - El DNS del ISP interroga al primer servidor DNS de la lista para obtener la dirección IP de www.google.es. Si la obtiene, la guarda en caché (para evitar solicitarla de nuevo posteriormente) y, por último, transmite la respuesta al transmisor DNS de su box, que la envía a su navegador.
  - Si no obtiene la respuesta, pregunta al segundo servidor DNS de la lista, etc.

Vemos que la obtención de la dirección IP correspondiente a la URL (*Uniform Resource Locator* = localizador uniforme de recursos) www.google.es no es instantánea y puede necesitar varias peticiones antes de que el nombre sea "resuelto" en su dirección IP.

La dirección de DNS que figura en un ordenador algunas veces es directamente la dirección del DNS del ISP. Cuando se regsitran dos DNS en la configuración, el segundo DNS se llama secundario. Se consulta si el primer DNS no ha podido ofrecer la dirección IP solicitada (congestión, error, etc...).

El DNS se puede comparar con un directorio que contiene las direcciones IP de todos los servidores del mundo asociados a su nombre. Esta gigantesca base de datos proporciona a cada solicitud que recibe la dirección IP correspondiente a la URL introducida por un usuario.

Cuando se compra un nombre de dominio, se paga al que vende este servicio para registrar la inscripción del nombre de dominio en la base de datos mundial de nombres de dominio. Al registrarse se establece una entrada DNS que une al nombre de dominio que ha comprado con la dirección IP del servidor que alberga su sitio web.

1.4.4 Pasarela

Otro argumento importante que hay que conservar durante la configuración de una Raspberry Pi en la red es la dirección de la pasarela (Gateway).

Para entender qué representa la pasarela en la red local, imagine que circula en coche. Va dirección a Madrid. Llega a una rotonda:

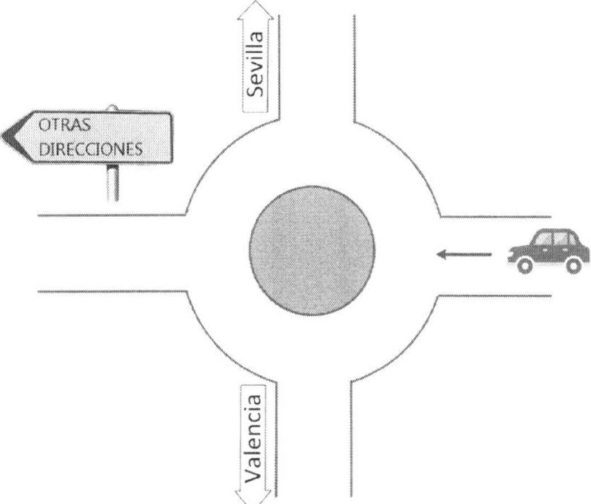

Los paneles indicadores muestran la ruta hacia Sevilla y Valencia. Ninguna de estas direcciones le conviene. Por tanto, toma la dirección que indica "OTRAS DIRECCIONES".

En una red, una máquina que envía datos a una máquina situada en la misma red local sabe que lo puede hacer sin problemas (ver más atrás cómo se calcula la dirección de la red).

Si el cálculo de la dirección de red muestra que la máquina de destino no está en la misma red, la única solución es seguir por la ruta "OTRAS DIRECCIONES", es decir la pasarela.

La pasarela es la dirección a la que se envían los datos que no están destinados a máquinas que pertenezcan a la misma red local que el emisor. Esta dirección corresponde a una interfaz de router situada en la red local. Por tanto, la dirección de esta interfaz está obligatoriamente en la misma red local que las máquinas que la usan. Sin que esto sea una obligación, la dirección IP de la pasarela normalmente es la última dirección disponible en la red (justo antes de la dirección de broadcast). Aquí será 192.168.1.254.

Observación

Un router es un hardware de red encargado de garantizar el enrutamiento entre dos interfaces situadas cada una en una red diferente. En un box, está integrado en la caja.

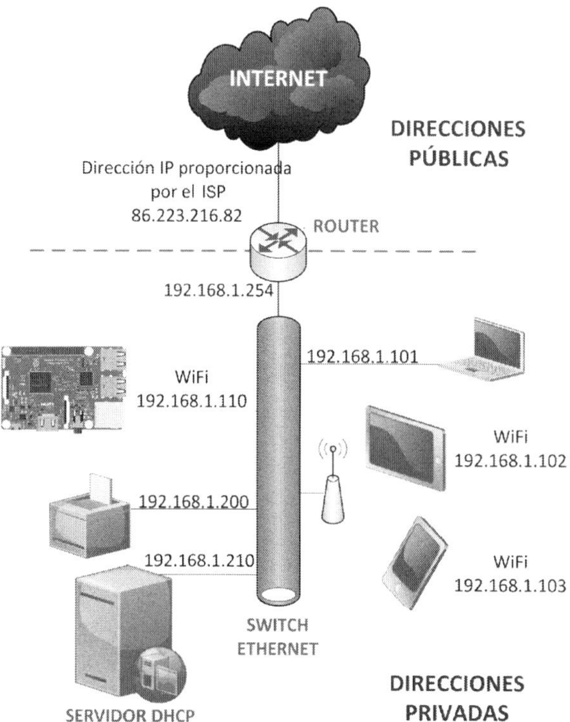

El otro lado del router está conectado a Internet. La dirección pública del lado de Internet (82.223.216.82) se asigna por el ISP. Para algunos ISP esta dirección pública puede estar fija, para otros ISP cambia regularmente.

Ejemplo de consulta del sitio web

Los elementos de la red empiezan a desplegarse. Revisemos el funcionamiento de este conjunto.

- Enchufe la Raspberry Pi. Esta se pone en contacto con el servidor DHCP para obtener una dirección. El DHCP le asigna la dirección IP 192.168.1.110.
- La Raspberry Pi arranca, y usted inicia el navegador web. En la barra de dirección, escribe google.es.
- El navegador pregunta al relé DNS para obtener la dirección IP de google.es.
- El relé DNS envía la dirección IP 216.58.211.99, que es la dirección de uno de los servidores de google.es.
- El ordenador mira si la dirección 216.58.211.99 está en su red. Para ello usa su propia dirección IP 192.168.1.110 y su máscara de sub-red 255.255.255.0.
- La red del servidor de Google 216.58.211.0 es diferente de la red de la Raspberry Pi 192.168.1.0. La Raspberry Pi no puede enviar la petición a un ordenador situado fuera de su red local. La única solución que tiene es transmitir su petición a la dirección de la pasarela que le ha sido indicada.
- La Raspberry Pi envía su petición a la pasarela (por tanto, al router). El rol del router va a ser gestionar el envío de la petición a Internet hasta el servidor Google a través de muchos otros routers.
- El servidor Google recibe la petición generada por la Raspberry Pi y responde enviando la página de bienvenida del servicio. Esta página vuelve hasta el router del box.

Durante este tiempo...

- Otro usuario ha hecho una petición desde la tableta conectada a la red local, para acceder al motor de búsqueda DuckDuckGo.
- Se produce la misma secuencia anterior hasta devolver la página de bienvenida de DuckDuckGo hasta el router del box.

El router acaba de recibir dos páginas web enviadas como destino su dirección pública, porque es él quién ha enviado la petición a través de Internet. Para poder gestionar estas peticiones múltiples, las cuales reciben respuestas, el router pone en marcha la técnica NAT.

1.4.5 Router NAT

La implementación de la función NAT en un box o router permite a las múltiples máquinas de una red local disponer cada una de una dirección IP privada diferente para comunicarse con los servidores situados en Internet a partir de una dirección única pública.

Principio de router NAT

La situación del router se parece a la de un conserje de un edificio al que el cartero ha entregado todo el correo destinado a las empresas del edificio.

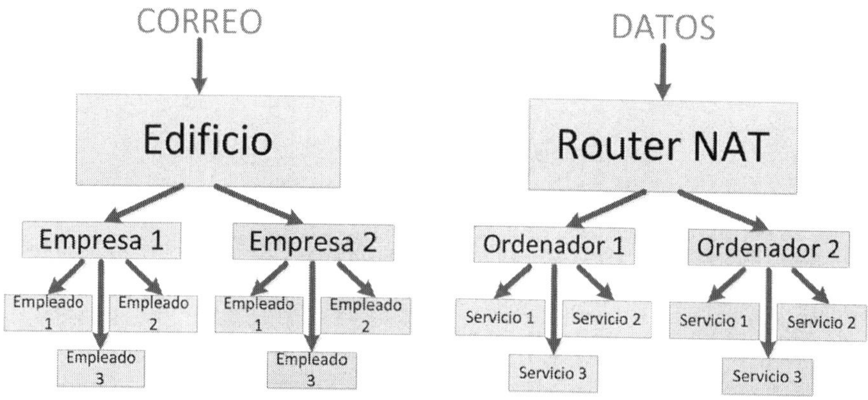

El conserje deja en el buzón de cada empresa su correo. La persona encargada de la distribución del correo de cada empresa recoge este correo del buzón de mensajes de la empresa. Cuando llega a la empresa, lo distribuye a las personas correspondientes.

Un router NAT funciona de la misma manera: cuando recibe los datos que llegan de Internet cuyo destino es los ordenadores de la red local, envía los datos a cada ordenador destinatario en función de la dirección IP del destinatario, después estos datos se dirigen a los servicios en función de los numerosos puertos.

Es el principio (simplificado) de la función NAT del router.

Funcionamiento del router NAT

Cuando un ordenador de la red local desea contactar con un servidor en Internet, envía su petición a la pasarela de la red local con su dirección IP y el número de puerto que usa. El router envía la petición a Internet. Sustituye previamente la dirección del ordenador por su propia dirección y el número de puerto por un número aleatorio que memoriza en una tabla.

El servidor que ha recibido la petición responde enviando los datos en dirección al router en el número de puerto que le ha indicado:

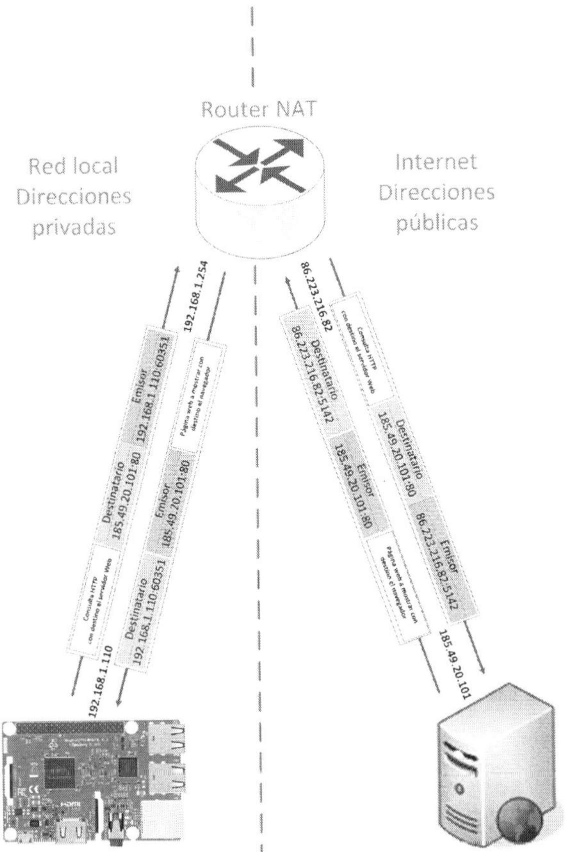

En el esquema anterior (disponible para su descarga en formato PDF para una mejor legibilidad) la Raspberry Pi envía una petición HTTP a un servidor web situado en Internet a través de un box que garantiza la función de router NAT. Para gestionar los datos que se envían del servidor, el router NAT mantiene actualizada una tabla que le permite saber a dónde enviarlo en la red local:

	Puerto externo	Hacia	Puerto interno	Protocolo	Dirección IP interna
HTTP	5142		60351	TCP	192.168.1.110

En el ejemplo anterior, la tabla indica que todo el tráfico IP recibido por el router en el puerto externo 5142 se debe enviar al puerto 60.351 de la Raspberry Pi, en la dirección IP 192.168.1.110.

Conclusión

El router NAT integrado en los box ofrece la posibilidad de compartir una única dirección pública entre muchos ordenadores de una red local en la que se usa la traducción de dirección. Por otro lado, diferentes redes locales pueden utilizar las mismas franjas de direcciones sin interferir las unas con las otras, porque estas direcciones se ocultan por el router NAT y nunca aparecen en Internet.

El NAT ha sido una de las formas utilizadas para resolver momentáneamente la escasez de direcciones IPv4. El arranque difícil de la nueva norma IPv6 sin duda va a perpetuar esta situación.

1.5 Acceder a una Raspberry Pi desde Internet

Cuando se usa una Raspberry Pi, en particular para las aplicaciones domóticas, es interesante poder conectarse desde cualquier sitio, para comprobar una temperatura o para controlar el funcionamiento de un dispositivo en modo remoto.

Dos dificultades frenan este uso:

- Es difícil recordar la dirección pública del box y, con algunos proveedores, esta dirección cambia regularmente.
- El box no deja pasar las peticiones que vienen del exterior con destino a las máquinas de la red local que gestiona.

Cada uno de estos obstáculos se puede salvar usando los medios que se presentan en las siguientes secciones.

1.5.1 DNS dinámico

El DNS dinámico permite asociar un nombre de dominio a la dirección IP pública de su box, incluso si esta dirección cambia regularmente.

Las soluciones disponibles

Hay varias soluciones en línea para cumplir esta función. Históricamente es Dyndns (www.dyn.com), que ha creado un servicio gratuito. El servicio ahora es de pago (33 € sin IVA/año para un particular).

Actualmente (julio 2016) NoIP ofrece una solución de DNS dinámica gratuita (www.noip.com). La opción del nombre de dominio está limitada y es necesario confirmar la reserva cada 30 días respondiendo a un correo electrónico.

Funcionamiento del DNS dinámico

Algunas box y routers incorporan un software cliente para DynDNS y/o NoIP. En un router TP-Link TD-W8980 existe una sección Dyn DNS que permite configurar una cuenta NoIP para acceder a la red local desde Internet.

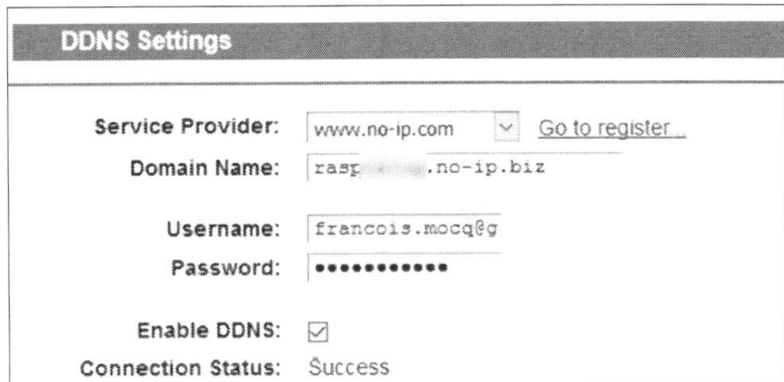

Vemos que el nombre de dominio raspxxxxx.no-ip.biz es un sub-dominio de no-ip. Esto significa que es el DNS de NoIP el que actualizará su dirección IP, en relación con el nombre de dominio que haya seleccionado. Cuando usted (u otro usuario) intenta conectarse usando el nombre de dominio registrado por NoIP, la petición DNS se transmitirá al servidor DNS de NoIP, que devolverá la dirección IP de su box al solicitante.

No todo es tan sencillo

Si es un navegador web el que hace la petición, la envía al puerto 80 de su box, o bien el box no tiene un servidor web... Igualmente, si intenta conectarse con PuTTY, su petición se enviará a la dirección pública del box, esta vez en el puerto 22. En ambos casos, el box no podrá responder, porque no dispone de los servidores solicitados. No transmitirá más las peticiones a los servidores que existen en la red local. No hay ningún medio de saber a qué dirección de red debe reenviar estas peticiones.

1.5.2 Redirección de puerto

También llamado *Port Forwarding* o redirección de puerto, el mapeo del puerto permite responder a esta problemática. Esta técnica va a leer un puerto de la dirección pública (Internet) con la dirección IP y el puerto de un ordenador conectado a la red local (dirección privada).

Tomemos como ejemplo una casa equipada de dos Raspberry Pi encargadas una de la vigilancia (alarma) y otra de la gestión de la calefacción.

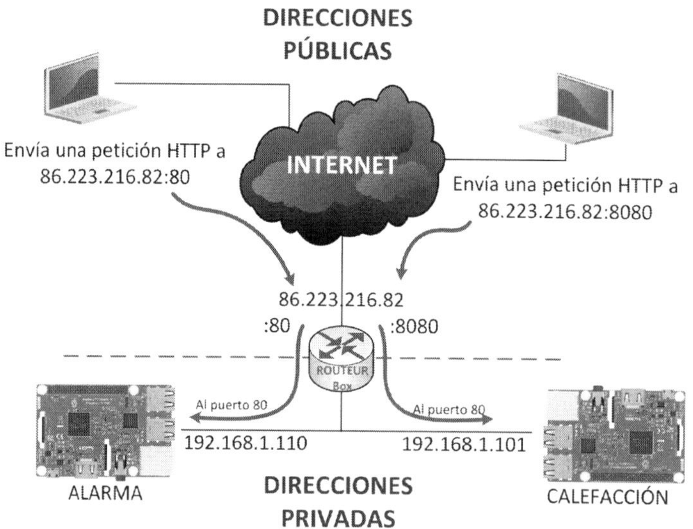

La Raspberry Pi encargada de la alarma (a la izquierda en el esquema anterior) está accesible desde la página Web con la dirección 192.168.1.110:80. También dispone de un acceso SSH que permite conectarse en modo texto de manera remota.

La Raspberry Pi encargada de la gestión de la calefacción está accesible en la dirección 192.168.1.101:80.

Uno de los usuarios de los dos ordenadores portátiles conectados a Internet desea consultar el estado de la alarma. Se conecta con un navegador Web a la dirección pública del box, bien directamente o pasando por NoIP. Su petición llega al puerto externo 80. La box envía esta petición al puerto 80 de la Raspberry Pi 192.168.1.110. El servidor web de la Raspberry envía de vuelta al navegador la página web que contiene los elementos solicitados.

Otro usuario quiere ajustar la calefacción. Se conecta también a la dirección del box. Pero esta vez la dirección utilizada está seguida de :8080. La petición que llega a este puerto se envía por el box al puerto 80 de la Raspberry Pi 192.168.1.101. El servidor web de esta Raspberry Pi envía al navegador la página de gestión de la calefacción.

Puede suceder que sea necesaria una conexión SSH. Es la Raspberry Pi 192.168.1.110 la que ofrece este servicio en el puerto 22. Para no facilitar la tarea a eventuales intrusos, el puerto externo se obtiene al azar: 6954. Se mapeará en el puerto 22 de la Raspberry Pi.

Observación

Algunas box o routers, usan el puerto externo 80 para la gestión remota. En este caso habría que utilizar otro puerto y agregar el puerto en la dirección en el navegador.

	Puerto externo	Hacia	Puerto interno	Protocolo	Dirección IP interna
HTTP	80		80	TCP	192.168.1.110
SSH	6954		22	TCP	192.168.1.110
HTTP	8080		80	TCP	192.168.1.101

La tabla anterior indica la configuración que hay que realizar en el box o router para implementar la redirección del puerto.

En la práctica, el router gestiona una única tabla que agrupa la información estática de redirección de puertos y la información dinámica generada por el enrutamiento NAT (vista más atrás). Esta tabla le sirve para determinar los respectivos destinatarios de los paquetes recibidos.

1.6 Box Internet

Llega al final de esta inicialización de red y ahora es posible mostrar el esquema de un box de Internet. Todavía no se han presentado todas las funciones, pero las principales relacionadas con la red figuran en este resumen.

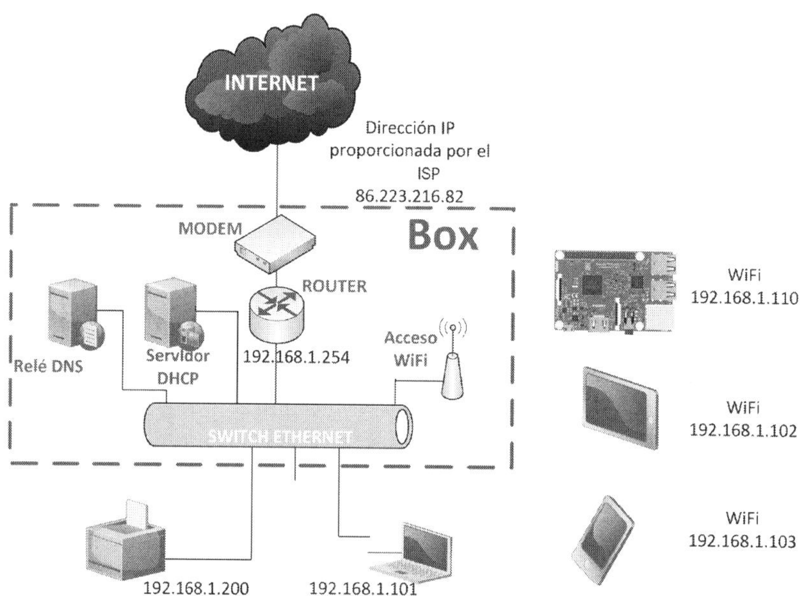

En las empresas, las funciones que se presentan aquí quedan garantizadas por servidores, switches, enrutadores y accesos Wi-Fi separados.

2. Gestionar la conexión de red alámbrica de la Raspberry Pi

2.1 Mostrar la información de la conexión

El comando `ifconfig` (*interfaz configuration*) muestra la información de la conexión de red.

```
pi@raspberrypi:~ $ ifconfig
eth0      Link encap:Ethernet  HWaddr b8:27:eb:37:bc:ee
          inet addr:192.168.1.230  Bcast:192.168.1.255
             Mask:255.255.255.0
          inet6 addr: fe80::76c2:5219:50c4:ac63/64 Scope:Link
          UP BROADCAST RUNNING MULTICAST  MTU:1500  Metric:1
          RX packets:296694 errors:0 dropped:163 overruns:0
             frame:0
          TX packets:187970 errors:0 dropped:0 overruns:0
             carrier:0
          collisions:0 txqueuelen:1000
          RX bytes:416225559 (396.9 MiB)  TX bytes:18700015
            (17.8 MiB)
```

```
lo        Link encap:Local Loopback
          inet addr:127.0.0.1  Mask:255.0.0.0
          inet6 addr:::1/128 Scope:Host
          UP LOOPBACK RUNNING  MTU:65536  Metric:1
          RX packets:244 errors:0 dropped:0 overruns:0 frame:0
          TX packets:244 errors:0 dropped:0 overruns:0 carrier:0
          collisions:0 txqueuelen:1
          RX bytes:19296 (18.8 KiB)  TX bytes:19296 (18.8 KiB)
```

eth0 corresponde a la tarjeta Ethernet de la Raspberry Pi. La dirección IP es 192.168.1.230 y la máscara de sub-red 255.255.255.0.

lo es el bucle local, que permite probar la pila TCP/IP (el correcto funcionamiento de la capa TCP/IP). Su dirección es 127.0.0.1.

2.2 Modificar los argumentos de la red

Observación

Los argumentos que siguen se aplican a Raspbian Jessie.

Una de las novedades que han aparecido con Raspbian Jessie es la gestión del Wi-Fi. Esta gestión ahora está en manos de `dhcpcd`. De hecho, el archivo */etc/network/interfaces* ya no juega el rol que jugaba en las anteriores versiones de Raspbian. La Fundación recomienda no añadir modificaciones al archivo *interfaces* en Jessie.

```
auto lo
iface lo inet loopback

auto eth0
allow-hotplug eth0
iface eth0 inet manual

auto wlan0
allow-hotplug wlan0
iface wlan0 inet manual
wpa-conf /etc/wpa_supplicant/wpa_supplicant.conf

auto wlan1
allow-hotplug wlan1
iface wlan1 inet manual
wpa-conf /etc/wpa_supplicant/wpa_supplicant.conf
```

Si ha modificado el archivo interfaces, es absolutamente necesario restaurarlo al estado inicial, como antes.

2.2.1 Configuración automática por DHCP

La ventaja de *dhcpcd* cuando se usa con una box o un router configurado en DHCP (caso mayoritario en una instalación domestica o escolar) es que funciona en modo automático sin tener que intervenir en la configuración.

2.2.2 Configurar una dirección estática

El uso de una dirección estática normalmente no es la mejor solución. Si quiere/necesita una dirección IP fija, defina una reserva estática en su router (si es posible) o use una implementación libre de Zeroconf como avahi.

Si define **ip_address**, *dhcpcd* no intentará obtener un contrato DHCP y utilizará el valor que le haya indicado para la dirección con una duración de contrato indefinida.

A continuación se muestra un ejemplo en el se configura una dirección estática, la pasarela y un DNS.

Modifique el archivo */etc/dhcpcd.conf* como sigue (extracto de la página man de `dhcpcd.conf`):

```
sudo nano /etc/dhcpcd.conf
```

⇛ Añada las siguientes líneas al final del archivo:

```
interface eth0

static ip_address=192.168.0.10/24
static routers=192.168.0.1
static domain_name_servers=192.168.0.1
```

Asegúrese de que la dirección que asigna es única en la red, que la máscara de red (/24 = `255.255.255.0`) y la dirección de la pasarela (`static routers`) son correctas, así como la del DNS (`static domain_name_servers`). Por defecto, su Raspberry Pi no podrá conectarse a las máquinas de la red, acceder a Internet o resolver los nombres de dominio.

Después de intervenir en el archivo */etc/dhcpcd.conf*, solo se ha modificado este archivo de texto. Hay que forzar que se tengan en cuenta las modificaciones por parte del servicio que gestiona la red en Raspbian.

2.2.3 Reinicio de la red para tener en cuenta las modificaciones

Para tener en cuenta las modificaciones realizadas en el archivo dhcpcd.conf, reinicie el demonio `systemctl` para que recargue la configuración de los servicios. La modificación del archivo */etc/dhcpcd.conf* se tendrá en cuenta después de este reinicio.

```
sudo systemctl daemon-reload
```

3. Configurar una conexión Wi-Fi

La Raspberry Pi 3 integra una interfaz Wi-Fi. En la Raspberry Pi Zero habría que conectar una llave Wi-Fi al puerto USB con un adaptador.

3.1 Mostrar la información de la conexión

Observación

Raspbierry Pi OS reconoce la mayor parte de las llaves Wi-Fi USB automáticamente. En caso de duda, compruebe la compatibilidad de su llave en http://elinux.org/RPi_VerifiedPeripherals#USB_Wi-Fi_Adapters.

El comando `ifconfig` muestra la información relativa a la conexión de red. En la Raspberry Pi Zero no hay puerto Ethernet alámbrico (eth0). Solo aparece el Wi-Fi.

```
pi@raspberrypi:~ $ ifconfig
lo        Link encap:Local Loopback
          inet addr:127.0.0.1  Mask:255.0.0.0
          inet6 addr: ::1/128 Scope:Host
          UP LOOPBACK RUNNING  MTU:65536  Metric:1
          RX packets:0 errors:0 dropped:0 overruns:0 frame:0
          TX packets:0 errors:0 dropped:0 overruns:0 carrier:0
          collisions:0 txqueuelen:1
          RX bytes:0 (0.0 B)  TX bytes:0 (0.0 B)

wlan0     Link encap:Ethernet  HWaddr 00:90:4c:0e:81:23
          inet addr:192.168.1.110  Bcast:192.168.1.255
             Mask:255.255.255.0
          inet6 addr: fe80::8290:be4d:43ff:3026/64 Scope:Link
          UP BROADCAST RUNNING MULTICAST  MTU:1500  Metric:1
          RX packets:45177 errors:0 dropped:29433 overruns:0
             frame:0
          TX packets:10548 errors:0 dropped:0 overruns:0
             carrier:0
          collisions:0 txqueuelen:1000
          RX bytes:6288763 (5.9 MiB)  TX bytes:1148318 (1.0 MiB)
```

En el ejemplo anterior, la llave Wi-Fi que equipa la Raspberry Pi Zero está conectada a la red y ha recuperado la dirección **192.168.1.110** proporcionada por el DHCP. A continuación se muestran las etapas que permiten tener en cuenta la llave Wi-Fi y su uso en la Raspberry Pi Zero.

3.1.1 Comprobación de la detección de la llave USB

El comando `lsusb` muestra los periféricos reconocidos en el bus USB:

```
pi@raspberrypi:~ $ lsusb
Bus 001 Device 004: ID 046d:c52b Logitech, Inc. Unifying Receiver
Bus 001 Device 003: ID 0a5c:bd1e Broadcom Corp.
Bus 001 Device 002: ID 05e3:0610 Genesys Logic, Inc. 4-port hub
Bus 001 Device 001: ID 1d6b:0002 Linux Foundation 2.0 root hub
```

La segunda línea confirma que la llave Broadcom se ha identificado correctamente en el bus USB.

3.1.2 Modificación del archivo /etc/wpa_supplicant/wpa_supplicant.conf

Abra el archivo */etc/wpa_supplicant/wpa_supplicant.conf*

```
sudo nano /etc/wpa_supplicant/wpa_supplicant.conf
```

Contiene:

```
country=GB
ctrl_interface=DIR=/var/run/wpa_supplicant GROUP=netdev
update_config=1
```

Modifique la primera línea para indicar en qué país se utiliza el Wi-Fi(en nuestro ejemplo, en España). . Los canales autorizados, así como la potencia, se ajustarán automáticamente.

Al final del archivo, añada la definición de su red.

```
country=ES
ctrl_interface=DIR=/var/run/wpa_supplicant GROUP=netdev
update_config=1

network={
        ssid="el_SSID_de_su_red"
        psk="su clave "
        key_mgmt=WPA-PSK
}
```

La definición de su red se sitúa entre llaves. `ssid` designa el identificador de su red Wi-Fi (ssid=*Service Set Identifier*) y `psk` (*pre-shared key* = clave compartida) la clave que permite acceder a la red Wi-Fi.

Esta configuración supone que su punto de acceso Wi-Fi usa WPA (*Wi-Fi Protected Access* = acceso Wi-Fi protegido). El WEP (*Wired Equipment Privacy* = Red alámbrica privada) es demasiado vulnerable, de modo que no se debe utilizar.

3.1.3 Asignar una dirección fija a una llave USB Wi-Fi

La forma de proceder es la misma que para la asignación de una dirección IP fija a un puerto alámbrico Ethernet. Será necesario tener las mismas precauciones para la asignación de direcciones.

Después de abrir el archivo */etc/dhcpcd.conf*

```
sudo nano /etc/dhcpcd.conf
```

añada estas líneas al final del archivo

```
interface wlan0
static ip_address=192.168.1.43/24
static routers=192.168.1.254
static domain_name_servers=192.168.1.254
```

Observación

Esta configuración se ha probado con varias llaves Wi-Fi de marcas y orígenes diferentes, así como con varios routers y box de Internet.

Capítulo 9

Utilizar una memoria de almacenamiento externa

1. Introducción

La tarjeta micro SD (*Secure Digital*) de la Raspberry Pi ofrece a los usuarios una gran flexibilidad de uso. Basta con cambiar la tarjeta micro SD para iniciar rápidamente en otro sistema.

Sin embargo, en algunos casos, la conexión de almacenamiento adicional a su Raspberry Pi le permite compartir sus datos con otros ordenadores, ya sea para ampliar la capacidad de almacenamiento más allá de lo que ofrecen las tarjetas micro SD, o para utilizar discos duros que ofrecen velocidades más altas que las tarjetas micro SD.

Este capítulo presenta los elementos que debe tener en cuenta durante la elección de una solución, así como un ejemplo de puesta en marcha con una llave USB de 4 GB dividida en dos particiones de 2 GB. Esta descripción se aplica a los soportes externos de cualquier tamaño.

Después de la preparación de la llave USB para su uso con la Raspberry Pi, el montaje manual o automático de las particiones presentes en el soporte externo permitirá ampliar las posibilidades de la Raspberry Pi.

El uso de la línea de comandos para realizar todas las operaciones facilitará adquirir el control de este entorno, que desde un punto de vista de su uso es sencillo y habitualmente mucho más potente que las herramientas en modo gráfico. Normalmente esto no es más que una forma de ocultar la flexibilidad y riqueza del shell.

El uso de una memoria de almacenamiento masivo externa en modo gráfico, se trata en el capítulo Utilizar el modo gráfico, pero le invito más bien a abrir un Terminal y experimentar con los comandos descritos en este capítulo para descubrir todo su potencial.

2. Elegir una memoria de almacenamiento externo

2.1 Características de las tarjetas microSD

La tarjeta micro SD, creada en el 2000 por Panasonic, SanDisk y Toshiba, se ha convertido en un soporte necesario para el almacenamiento de los datos en muchos dispositivos con un sistema embebido (aparatos de toma de imágenes, reproductores de música, smartphones, tabletas, etc.).

Se divide en miniSD y microSD, que mantienen las características de la tarjeta micro SD original, pero con un tamaño adaptado a la miniaturización de los dispositivos actuales.

A lo largo de los años, la capacidad de las tarjetas SD han aumentado, pero por término medio sigue estando muy por debajo de la de los discos duros. También ofrecen velocidades de lectura y escritura inferiores a las de los discos duros.

2.1.1 Tecnología de las tarjetas micro SD

Las tarjetas SD están construidas a partir de EEPROM (*Electrically Erasable Programmable Read-Only Memory* = memoria de solo lectura programable y borrable). La escritura de los datos en estas memorias de tipo NAND (*Not-AND* = memoria construida a base de puertas lógicas NO-SÍ) necesita el uso de una tensión más elevada que la utilizada en lectura. Si bien la lectura de las tarjetas SD puede hacerse indefinidamente sin deterioro, las escrituras repetidas provocan a la larga una degradación de las células de memoria.

Los fabricantes implementaron procesos que administran el lugar en que se producen las escrituras en las memorias. Un componente de la tarjeta guarda el número de escrituras por zona de memoria y optimiza el uso de estas zonas.

2.1.2 Tiempo de vida de las tarjetas micro SD

El tiempo de vida de las tarjetas micro SD actuales se estima en alrededor de 100.000 escrituras. Esto puede parecer suficiente y sería el caso, por ejemplo, para un aparato de fotos personal o un lector MP3. Por el contrario, para un uso más intensivo por la Raspberry Pi (actualización frecuente de datos, swap, etc.) se corre el riesgo de que la tarjeta micro SD alcance rápidamente los límites de su tiempo de vida.

2.2 Comparativa de los dispositivos de almacenamiento

La Raspberry Pi puede usar varios tipos de dispositivos de almacenamiento, para el almacenamiento de los programas y los datos.

Las diferentes opciones posibles

- la tarjeta micro SD integrada;
- una llave USB conectada a un puerto USB;
- un disco duro externo conectado a un puerto USB;
- un disco externo SSD (*Solid-State Drive* = disco duro únicamente compuesto de memorias electrónicas, sin partes móviles)

Cada uno de estos tipos de memoria tiene tiempos de acceso diferentes. Para las memorias estáticas (tarjeta micro SD o llave USB), el tiempo determinante es el de escritura.

2.3 Velocidad de transferencia

Las velocidades de transferencia de las tarjetas SD se indican en forma de distintas inscripciones más o menos normalizadas, detalladas en el apartado La velocidad en el capítulo Instalar Raspberry Pi OS. Hemos visto que las velocidades de escritura oscilan entre 2 y 30 MB/s, siendo la gran mayoría de alrededor de 10 MB/s.

Las llaves USB se estabilizan habitualmente a 10 MB/s en modo escritura, la velocidad disminuye durante la escritura de muchos pequeños archivos. Y no hay indicaciones claras ni garantías como las de las tarjetas SD, así que es un poco una lotería.

Una unidad externa ofrece un rendimiento mucho mayor, sobre todo si se trata de una SSD. Sin embargo, la tecnología USB 2.0 limita la velocidad de transferencia a un máximo de 60 MB/s (480 Mb/s teóricos). El uso de un puerto USB 3.0 (puerto azul) presente a partir de la generación 4 nos libera de esta limitación, permitiendo varios gigabits por segundo. Con el USB 3.0, es una vez más el diseño de la unidad lo que limita la velocidad, pero sigue siendo muy superior a las llaves USB o las tarjetas SD.

En todos los aspectos, es la unidad externa, incluso con USB 2.0, la que gana en velocidad. Sin embargo, hay que relativizar este punto, porque el bus USB comparte su ancho de banda entre todos los periféricos USB. Y hay que tener en cuenta que hay un dispositivo USB que no se puede desconectar físicamente: la tarjeta de red. En caso de una gran transferencia a la red, esto repercutirá en la velocidad a los puertos USB.

2.4 Coste del GB almacenado

El precio de las tarjetas micro SD sigue bajando si se compara el precio por gigabyte. Más capacidad por el mismo precio de media.

Las memorias USB, construidas con una tecnología similar a la de las tarjetas SD, se acercan a las mismas limitaciones, pero siguen siendo un dispositivo de transferencia único que cabe en el bolsillo, y los fabricantes no han desarrollado realmente sus capacidades, sino su diseño y su bajo coste en caso de pérdida.

Los discos duros externos ofrecen enormes aumentos de capacidad a precios cada vez más bajos. Estos discos superan las decenas de terabytes. Sin duda, siguen siendo la forma más barata de almacenar datos por byte, con una fiabilidad cada vez mayor, aunque hay que recordar que pueden averiarse, no lo olvidemos.

El disco duro SSD está formado por componentes electrónicos estáticos, sin ninguna restricción mecánica. Sin embargo, la tecnología utilizada es parecida a la de las tarjetas SD y tienen los mismos límites en relación a la escritura. El disco SSD puede soportar centenares de miles de escrituras. Su tiempo de vida se amplía con el uso de discos de gran capacidad y por la gestión del reparto de la escritura en las celdas de memoria menos utilizadas. Su precio por gigabyte se acerca al de las tarjetas SD.

2.5 La fuente de alimentación

Aunque los discos duros parecían destacar en nuestra comparación inicial, algunos tienen un gran inconveniente debido a su diseño mecánico: el consumo de energía. Pueden superar el límite de corriente suministrada por el puerto USB, o incluso necesitar una fuente de alimentación externa de 12 voltios. Esto es algo a tener en cuenta cuando se trabaja en proyectos donde el espacio es un bien escaso.

2.6 Es hora de elegir

Con toda esta información, ¿cómo orientar su elección?

El uso de su Raspberry Pi será uno de los criterios determinantes:

- Si la Raspberry Pi solo es una herramienta de iniciación y desea mantener el precio lo más bajo posible, con una facilidad de uso máxima y sin preocuparse de la fiabilidad, la tarjeta micro SD se adapta a sus necesidades. Pasará fácilmente de un sistema a otro, simplemente cambiando la tarjeta micro SD. De esta manera puede experimentar rápidamente diferentes sistemas operativos. En caso de problema, la reconstrucción de una tarjeta micro SD es muy rápida.
- Si va a usar la Raspberry Pi para aplicaciones más críticas, para las que el tiempo de acceso a la memoria de almacenamiento es importante, decántese por una llave USB o un disco duro.
- Si necesita capacidades de almacenamiento importantes (vídeos para un centro multimedia, por ejemplo), el disco duro la mejor opción. El disco SSD está en una gama de precio elevado, que no guarda relación con el bajo coste de la Raspberry Pi.

También hay que tener en cuenta que la mejor solución de almacenamiento es la que se recicla. Y teniendo esto en cuenta, el disco duro "mecánico", actualmente abandonado por los microordenadores portátiles, sigue siendo completamente eficaz con una Raspberry Pi. Es totalmente posible instalar una caja USB-IDE o USB-SATA adaptado a su disco.

3. Los discos y las particiones en Linux

En el sistema Linux, los discos no aparecen directamente en el sistema de archivos (la arborescencia) como en Windows. El acceso a los discos y particiones se hace a través de los archivos especiales, que sirven de interfaz entre el sistema y el periférico.

3.1 Identificación de los discos en Linux

Un disco externo USB, conectado a una máquina que funciona con Windows, se detecta y aparece como una partición en el administrador de discos. Estas particiones se llaman *F:*, *G:* u otra, según la primera letra disponible después de las reservadas para los lectores locales.

En Linux, un disco aparece en la carpeta */dev* como un archivo especial que permite al sistema acceder al disco.

Los discos IDE (*Integrated Drive Electronics* = disco duro de integración electrónica) conectados a la placa base de los PC por una capa de 40 cables tienen el nombre de *hda*, *hdb*... en la carpeta */dev*. Desde hace algunos años, se han sustituido por los discos SATA (*Serial Advanced Technology Attachment* = unión en serie en tecnología de puntos).

Los discos SATA o SCSI (*Small Computer System Interface* = interfaz para pequeños sistemas informáticos) se llaman *sda*, *sdb*... en la carpeta */dev*.

3.2 Identificación de las particiones en Linux

En Linux, las particiones reciben un nombre que se forma con el nombre del disco duro en el que se encuentran (nombre del disco completo seguido de una cifra). Por ejemplo, un disco llamado *sda* y con dos particiones, se mostrará como *sda1* y *sda2*. Las particiones están accesibles en el directorio */dev*, que agrupa todos los archivos especiales del sistema Linux.

3.2.1 Archivos especiales

Para tener una visión general de los archivos especiales presentes en el directorio */dev* de la Raspberry Pi, escriba el comando:

```
pi@raspberrypi ~ $ ls /dev
```

```
pi@raspberrypi:~ $ ls /dev
autofs           loop5               ram3        tty16  tty43      urandom
block            loop6               ram4        tty17  tty44      vc-cma
bsg              loop7               ram5        tty18  tty45      vchiq
btrfs-control    loop-control        ram6        tty19  tty46      vcio
bus              mapper              ram7        tty2   tty47      vc-mem
cachefiles       mem                 ram8        tty20  tty48      vcs
char             memory_bandwidth    ram9        tty21  tty49      vcs1
console          mmcblk0             random      tty22  tty5       vcs2
cpu_dma_latency  mmcblk0p1           raw         tty23  tty50      vcs3
cuse             mmcblk0p2           rfkill      tty24  tty51      vcs4
disk             mmcblk0p5           sda         tty25  tty52      vcs5
fb0              mmcblk0p6           sda1        tty26  tty53      vcs6
fd               mmcblk0p7           serial1     tty27  tty54      vcsa
full             mqueue              sg0         tty28  tty55      vcsa1
fuse             net                 shm         tty29  tty56      vcsa2
gpiomem          network_latency     snd         tty3   tty57      vcsa3
hidraw0          network_throughput  spidev0.0   tty30  tty58      vcsa4
hidraw1          null                spidev0.1   tty31  tty59      vcsa5
hidraw2          ppp                 stderr      tty32  tty6       vcsa6
hidraw3          ptmx                stdin       tty33  tty60      vcsm
hwrng            pts                 stdout      tty34  tty61      vhci
initctl          ram0                tty         tty35  tty62      watchdog
input            ram1                tty0        tty36  tty63      watchdog0
kmsg             ram10               tty1        tty37  tty7       xconsole
log              ram11               tty10       tty38  tty8       zero
loop0            ram12               tty11       tty39  tty9
loop1            ram13               tty12       tty4   ttyAMA0
loop2            ram14               tty13       tty40  ttyprintk
loop3            ram15               tty14       tty41  uhid
loop4            ram2                tty15       tty42  uinput
pi@raspberrypi:~ $
```

Llave USB

Esto son cerca de 160 archivos especiales que existen en */dev*. Es aquí donde aparecen los discos y particiones que nos interesan.

3.2.2 Nomenclatura de los archivos especiales

La tarjeta micro SD se identifica con el nombre *mcblk0* (*Memory Card Block*) y sus particiones *mcblk0p1* (partición 1) a *mcblk0p6* (partición 6).

La llave USB aparece como **sda**. Está en la categoría de los discos SCSI/SATA (*sd* = *SCSI Disk*) y como es el primer disco tiene la letra *a*. Un segundo disco conectado a un puerto USB de la Raspberry Pi toma el nombre **sdb**. Las particiones de estos discos se indican con cifras:

- ***sda1*** = primera partición del primer disco
- ***sda2*** = segunda partición del primer disco
- ***sdb1*** = primera partición del segundo disco

Linux es capaz de administrar varias particiones en los dispositivos extraíbles (llave USB, tarjeta micro SD).

3.3 Label y UUID

Las particiones, una vez formateadas, se pueden identificar con su nombre de archivo especial, pero también se les puede asignar una etiqueta o usar el UUID (*Universal Unique IDentifier* = identificador único universal) del sistema de archivos generado durante el formateo.

3.3.1 Identificación de una partición con etiqueta

La etiqueta es una facilidad que permite al usuario llamar a una partición según sus costumbres. No hay ninguna seguridad en la nomenclatura y se pueden asignar etiquetas idénticas a particiones diferentes.

3.3.2 Identificación de una partición por UUID

Linux asigna el UUID de manera pseudo-aleatoria a cada sistema de archivos. Está formado por 128 bits, y la probabilidad de que dos UUID sean idénticos es extremadamente baja.

Según las versiones de los generadores de UUID, se utilizan ciertas características de la máquina (dirección MAC, número de disco duro, etc.), así como la hora de creación en décimas de microsegundo, para crear el número. A esto se puede añadir funciones de hash criptográfico. El número astronómico de posibilidades garantiza que cada UUID generado es único.

Ejemplo de UUID: 548da5o2-ebde-45c0-9ab2-de5e2431ee0b

3.4 Ejemplo concreto

Para ilustrar estos conceptos, vamos a utilizar una llave USB (de 4 GB en este caso) y a describir cada comando necesario en cada etapa.

3.4.1 Preparación de la llave USB

⇉ Para empezar, enchufe su llave USB.

⇉ Localice el nombre del archivo especial correspondiente:

```
pi@raspberrypi ~ $ ls /dev/sd*
/dev/sda
```

Si su llave USB es la única memoria de almacenamiento conectada a la Raspberry Pi, debería existir un archivo **sda** en la carpeta */dev*.

La llave utilizada para estas pruebas nunca se ha utilizado y no tiene ninguna partición. Si su llame tiene una o más de estas, aparecerán como **sda1**, **sda2**, etc.

3.4.2 Creación de las particiones

Atención: a partir de este momento las operaciones que se realicen en la llave USB van a eliminar los datos presentes en ella. Si es necesario, haga una copia de seguridad de los datos existentes en la llave en otro soporte.

La llave USB utilizada para este ejemplo es una llave 4 GB, que se dividirá en dos particiones de 2 GB.

⇉ Inicie el comando `fdisk` en el periférico *sda* para crear las particiones en la llave.

```
pi@raspberrypi ~ $ sudo fdisk /dev/sda
Device contains neither a valid DOS partition table, nor Sun, SGI
or OSF disklabel
Building a new DOS disklabel with disk identifier 0x06b2422c.
Changes will remain in memory only, until you decide to write
them.
After that, of course, the previous contain won't be recoverable.

Warning: invalid flag 0x0000 of partition table 4 will be
corrected by w(rite)

Command (m for help):
```

Observación

Si su llave ya tiene particiones, utilice el comando d (delete) para eliminarlas.

⇉ Escriba n para crear una nueva partición.

⇉ Cree una partición primaria (p por defecto).

- Deje la dirección del primer sector (tecla [Intro]).
- Indique el tamaño deseado, +2G.
- Compruebe por último que la partición se ha guardado correctamente con el comando p.

```
Command (m for help): n
Partition type:
   p   primary (0 primary, 0 extended, 4 free)
   e   extended
Select (default p):
Partition number (1-4, default 1):
Using default value 1
First sector (2048-7831551, default 2048):
Using default value 2048
Last sector, +sectors or +size{K,M,G} (2048-7831551, default
7 831 551): +2G

Command (m for help): p

Disk /dev/sda: 4009 MB, 4 009 754 624 bytes
124 heads, 62 sectors/track, 1018 cylinders, total 7831552 sectors
Unites = sectors of 1 * 512 = 512 bytes
Sector size (logical/physical): 512 bytes / 512 bytes
I/O size (minimum/optimal): 512 bytes / 512 bytes
Disk identifier: 0x06b2422c

Device Boot      Start         End        Blocks   Id System
/dev/sda1        2048    4 196 351     2 097 152   83 Linux
```

- Con la ayuda de un segundo comando n, cree una segunda partición, que ocupará la totalidad del espacio disponible en la llave.
- Compruebe la tabla de partición con el comando p.

```
Device Boot      Start         End        Blocks   Id System
/dev/sda1          2048    4 196 351     2 097 152   83 Linux
/dev/sda2       196 352    7 831 551     1 817 600   83 Linux
```

De momento, esta tabla de partición solo existe en la memoria RAM de la Raspberry Pi. Para que sea efectiva en la llave USB hay que dar la orden de escribir en ella las operaciones que acabamos de realizar. Escriba w (*write* = escribir) para escribir las operaciones en la llave:

```
Command (m for help): w
The partition table has been altered!

Calling ioctl() to re-read partition table.

WARNING: Re-reading the partition table failed with error 22:
Argument invalide.
The kernel still uses the old table. The new table will be used
at the next reboot or after you run partprobe(8) or kpartx(8)
Syncing disks.
```

Observación

La tecla q permite salir de `fdisk` sin guardar las modificaciones.

Después de escribir la tabla de partición, el sistema indica que el núcleo Linux utiliza todavía la antigua tabla de partición. Aquello que se escriba solo tendrá efecto durante el próximo reinicio.

Por tanto, hay que reiniciar el sistema para tener en cuenta las modificaciones:

```
pi@raspberrypi ~ $ sudo reboot
```

Después de reiniciar el sistema, la llave USB aparece siempre bajo el nombre *sda*, y las dos particionse credas *sda1* y *sda2* también se muestran.

```
pi@raspberrypi ~ $ ls /dev/sd*
/dev/sda   /dev/sda1  /dev/sda2
```

3.4.3 Formateo de las particiones

Las particiones existen, pero no contienen nada. En particular, falta el sistema de archivos, necesario para que el sistema pueda almacenar y después encontrar los archivos.

La siguiente etapa es el formateo de la partición. Esta operación va a preparar la partición para que el sistema pueda almacenar sus datos. Es un poco como si hubiera pedido un armario (la partición) para guardar los elementos de bricolaje: habrá que poner las estanterías y cajones (el sistema de archivos) para poder almacenar sus tornillos, tuercas y arandelas (los datos), etc. Sin esto, el armario no se podrá utilizar.

Existen diferentes sistemas de archivos que se pueden usar con GNU/Linux:

- *ext2* o *ext2fs* (*second extended file system* = segundo sistema de archivos extendido), es el sistema de archivos histórico de GNU/Linux.
- *ext3* es una evolución de *ext2*. El seguimiento del log que apareció con *ext3* permite recuperar más fácilmente los datos en caso de parada repentina del sistema operativo (fallo del sistema o corte de la alimentación eléctrica). El tamaño máximo de un archivo es de 2 TB y el tamaño máximo del sistema de archivos es de 16 TB.
- *ext4* se adapta mejor a los equipamientos modernos. Gestiona archivos de 16 TB como máximo y un sistema de archivos de 1024 PB. Es más fiable y con mejor rendimiento para los archivos voluminosos.

Observación

1024 PB = 1024 Peta Byte, es decir, 1024 x 10^{15} bytes, es decir 10^{18} bytes.

El comando `mkfs` (*make file system* = crear un sistema de archivos) realiza esta operación. Necesita dos argumentos:

- El tipo de sistema de archivos a crear (si este argumento se omite, la partición se formateará en *ext2*).
- El nombre de la partición a formatear.

⇒ Formatee la primera partición de la llave USB con el sistema de archivos *ext4*.

```
pi@raspberrypi ~ $ sudo mkfs -t ext4 /dev/sda1
mke2fs 1.42.5 (29-Julio-2012)
Etiqueta del sistema de archivos=
Tipo de sistema operativo: Linux
Tamaño del bloque=4096 (log=2)
Tamaño del fragmento =4096 (log=2)
"Stride" = 0 bloques, "Stripe width" = 0 bloques
131 072 i-nodos, 524 288 bloques
26 214 bloques (5.00%) reservados para el super usuario
Primer bloque de datos=0
Número máximo de bloques del sistema de archivos=536870912
16 grupos de bloques
32 768 bloques por grupo, 32 768 fragmentos por grupo
8192 i-nodos por grupo
Super bloques de seguridad almacenados en los bloques:
32 768, 98 304, 163 840, 229 376, 294 912

Asignación de las tablas de grupo: 0/16 1/16 2/16 3/16 4/16 5/16
6/16 7/16 8/16 9/1610/1611/1612/1613/1614/1615/16   terminada
Escritura de las tablas de i-nodos: 0/16 1/16 2/16 3/16 4/16 5/16
6/16 7/16 8/16 9/1610/1611/1612/1613/1614/1615/16   terminada
Creación del log (16 384 blocs): terminada
Escritura de los super bloques y de la información de compatibilidad
del sistema de archivos: 0/16 1/16 2/16 3/16 4/16 5/16 6/16 7/16 8/16
9/1610/1611/1612/1613/1614/1615/16   terminada
```

⇒ Formatee de la misma manera la segunda partición de la llave USB.

3.4.4 Asignación de una etiqueta a las particiones

Las particiones `sda1` y `sda2` están formateadas, pero no tienen nombre. En la captura de pantalla anterior, la zona que muestra la etiqueta está vacía:

```
Etiqueta del sistema de archivos=
```

Es posible, pero no obligatorio, dar a las particiones `sda1` y `sda2` una etiqueta que facilite su identificación. El tamaño máximo de la etiqueta es de 16 caracteres.

El programa *e2label*, instalado por defecto con Raspbian, se encarga de esta operación.

⇒ Asigne un nombre a la primera partición:

```
pi@raspberrypi ~ $ sudo e2label /dev/sda1 data_01
```

⇒ Llame de la misma manera a la segunda partición: `data_02`.

3.4.5 Mostrar etiqueta y UUID

El comando `blkid` muestra, para cada partición, la información disponible:

```
pi@raspberrypi ~ $ sudo blkid
/dev/mcblk0p1: LABEL="RECOVERY" UUID="C6C9-01A3" TYPE="vfat"
/dev/mcblk0p5: SEC_TYPE="msdos" LABEL="boot" UUID="5D2D-B09A"  TYPE="vfat"
/dev/mcblk0p6: UUID="41cd5baa-7a62-4706-b8e8-02c43ccee8d9"  TYPE="ext4"
/dev/sda1: LABEL="data_01" UUID="90424b84-50cf-4d80-a45e-65e85a6e1a80" TYPE="ext4"
/dev/sda2: LABEL="data_02" UUID="b1efcef0-1fb4-4a19-8a2f-e0b736ac85cd" TYPE="ext4"
```

La partición de la tarjeta micro SD */dev/mcblkp01*, de tipo *vfat*, tiene la etiqueta RECOVERY. Esta etiqueta se ha asignado durante la creación de la partición por NOOBS, herramienta que facilita el inicio de la Raspberry Pi y la creación de la tarjeta micro SD. Su UUID es corto: C6C9-01A3, es decir, 4 bytes (32 bits). La probabilidad de que haya otra partición con el mismo UUID es mayor para las particiones *vfat* que para las particiones Linux, cuya longitud del UUID es de 16 bytes (*128 bits*).

La siguiente partición */dev/mcblkp05*, de tipo *msdos*, tiene la etiqueta *boot* y también tiene un UUID corto.

/dev/mcblkp06 es una partición *ext4*. No tiene etiqueta, pero tiene un UUID.

/dev/sda1 y */dev/sda2*, creadas anteriormente en la llave USB, tienen cada una un UUID y una etiqueta.

vfat corresponde al sistema FAT32 utilizado por las últimas versiones de Windows 95 y posteriores. *msdos* es el tipo utilizado por MS-DOS y las primeras versiones de Windows 95 (FAT16).

4. Definir un punto de conexión

En Windows, cada partición se identifica con una letra distinta *C:*, *D:*, etc. En Linux las particiones simplemente se "cuelgan" en la arborescencia general del sistema, con un "Punto de conexión".

4.1 La arborescencia en Linux

En Linux, el sistema de archivos se organiza en forma de árbol (consulte el capítulo Utilizar la línea de comandos).

```
pi@raspberrypi ~ $ ls /
bin  dev home lost+found mnt proc run  selinux sys usr
boot etc lib  media      opt root sbin srv     tmp var
```

Hay dos directorios que nos interesan particularmente:

- ***/media*** destinado a la conexión de los medios extraíbles.
- ***/mnt*** habitualmente utilizado para la conexión temporal de sistemas de archivos.

Para acceder a las particiones de la llave USB, es necesario crear un directorio a partir del cual el sistema operativo podrá acceder al sistema de archivos presente en el soporte.

Este directorio se puede situar en cualquier parte del árbol, pero una buena práctica consiste en usar los directorios previstos para este efecto.

Para probar las etapas de conexión/desconexión de un sistema de archivos, */mnt* es el directorio adecuado.

4.2 Crear un punto de conexión

La creación de un punto de conexión se resume en la creación de un directorio */mnt/partition1*, destinado a acoger el sistema de archivos situado en la llave USB.

Después de la conexión de la partición situada en la llave USB, los archivos escritos en este directorio */mnt/partition1* se escribirán en la partición correspondiente de la llave USB.

Para poder montar las dos particiones de la llave USB, será necesario crear dos directorios con los comandos:

```
pi@raspberrypi /mnt $ sudo mkdir partition1
pi@raspberrypi /mnt $ sudo mkdir partition2
```

5. Utilizar una memoria externa

Tan pronto como se han creado los directorios que van a servir de punto de conexión, es posible colgar sistemas de archivos externos a la arborescencia de la Raspberry Pi.

5.1 Conexión manual de la llave USB

Después de crear los puntos de conexión, es necesario montar las particiones en estos directorios para que aparezcan en el sistema de archivos de la Raspberry Pi. El comando `mount` realiza esta operación.

⇒ La partición presente en la llave USB, llamada */dev/sda1* por el sistema, se conecta en el punto de conexión */mnt/partition1* con el comando:

```
pi@raspberrypi /mnt $ sudo mount -t ext4 /dev/sda1
/mnt/partition1
```

Sintaxis

El comando `mount` recibe tres argumentos:

- ***-t ext4*** indica el tipo de partición a montar. Los tipos de partición reconocidos son muchos (*ext*, *ext2*, *ext3*, *ext4*, *hpfs*, *msdos*, *vfat*, *nfs*, *iso9660*, *smbfs*, etc.). De esta manera, es posible montar una gran variedad de soportes de memoria de almacenamiento en el sistema de archivos de la Raspberry Pi.
- ***/dev/sda1*** es la partición que es necesario montar en el punto de conexión.
- ***/mnt/partition1*** es el directorio en el que aparecerá */dev/sda1*.

El comando `mount` también acepta opciones con argumentos `-o`, entre los que figuran:

- ***ro*** autoriza únicamente la lectura en el sistema de archivos montado.
- ***rw*** autoriza la lectura y la escritura en el sistema de archivos montado.
- ***user*** autoriza a los usuarios normales (los que no son root) a montar un sistema de archivos.

⇉ Monte la segunda partición de la llave USB en el directorio */mnt/partition2* y dele permisos de solo lectura. Compruebe con el comando mount que la opción `ro` se ha aplicado correctamente en */mnt/partition2*. El comando `mount` utilizado solo muestra la lista de los archivos montados.

```
/dev/sda1 on /mnt/partition1 type ext4 (rw,relatime,data=ordered)
/dev/sda2 on /mnt/partition2 type ext4 (ro,relatime,data=ordered)
```

La conexión manual de las particiones da una gran flexibilidad para administrar memorias de almacenamiento externas. Sin embargo, el sistema Linux utiliza un sistema que ahorra las transferencias USB. Cuando escribe en la llave, el sistema guarda los archivos en la memoria RAM de la Raspberry y solo escribe en la llave USB si el tamaño de los datos a escribir es suficiente, o para garantizar una desconexión correcta.

Esto significa que entre el momento en que escribe "lógicamente" en la llave y el momento en que se produce la escritura "física" en el soporte puede transcurrir un periodo no despreciable, y totalmente invisible para el usuario.

La extracción de la llave USB sin precaución se puede hacer siempre y cuando la sincronización entre la memoria RAM y la llave USB no se haya realizado, o tras una escritura en la llave USB. Puede ser que haya archivos presentes en la llave USB que estén bloqueados o que no se hayan cerrado correctamente y tengan incoherencias.

Desafortunadamente, el defecto solo aparecerá cuando se vuelva a conectar la llave USB. Con un poco de suerte, solo uno o varios archivos no serán legibles. En el peor de los casos será imposible acceder a la llave USB.

Observación

En Linux es importante retirar una llave USB o un disco duro externo asegurándose de que los datos se han escrito correctamente en el soporte extraíble. La sección siguiente describe esta operación.

5.2 Desmontar una partición

La desconexión de una partición en Linux se hace con el comando `umount`. Este comando va a desconectar correctamente el sistema de archivos presente en la partición de la llave USB del sistema Linux.

En primer lugar, `umount` llama al comando `sync` cuya función es transferir los datos de la memoria RAM del sistema a la partición de la llave USB con el objetivo de sincronizar los archivos y terminar las escrituras actuales.

En segundo lugar, `umount` va a desconectar del sistema Linux de la partición presente en la llave USB. Como esto se hace con motivo de la sincronización, ya no hay riesgo de corromper los datos. `umount` devuelve un error si un archivo queda abierto y hay alguna aplicación que lo utiliza. En este caso, es el usuario el responsable de cerrar la aplicación.

Desconexión de la partición */dev/sda1*:

```
pi@raspberrypi /mnt $ sudo umount /dev/sda1
```

Comprobación con el comando `mount` de la desconexión de */dev/sda1*:

```
pi@raspberrypi /mnt $ mount
...
/dev/sda2 on /mnt/partition2 type ext4 (ro,relatime,data=ordered)
```

La partición */dev/sda1* ya no aparece más en la lista de los sistemas de archivos montados.

Observación

Desmontar la partición /dev/sda1 no elimina el directorio /mnt/partition1, que continúa estando presente (pero vacío) en /mnt.

Atención: la desconexión de la partición *sda1* no afecta a la partición */dev/sda2*, que continúa montada. Por tanto, hay que desmontar también la partición *sda2* para poder retirar la llave USB con total seguridad. Esta precaución vale para todas las particiones que se hayan montado en el sistema.

5.3 Conexión automática al inicio

En Linux es posible montar automáticamente una partición durante el inicio del sistema. En este caso la llave (o el disco duro USB) se debe conectar a la Raspberry Pi antes de iniciar el sistema. El archivo de configuración que permite automatizar la conexión de una partición se llama *fstab* (*file system table* = tabla de los sistemas de archivos). Está situado, como la mayoría de los archivos de configuración, en el directorio */etc* de la arborescencia del sistema operativo Linux.

Para examinar su contenido, utilice el comando `cat`:

```
pi@raspberrypi /etc $ cat fstab
proc            /proc       proc      defaults          0   0
/dev/mmcblk0p5  /boot       vfat      defaults          0   2
/dev/mmcblk0p6  /           ext4      defaults,noatime  0   1
# a swapfile is not a swap partition, so no using swapon|off from
here on, use dphys-swapfile swap[on|off] for that
pi@raspberrypi /etc $
```

En conexión automática al inicio figuran en el orden:

- ***/proc***, un sistema de archivos especial que da, en tiempo real, información acerca del sistema y los procesos que se están ejecutando (consulte el capítulo Utilizar la línea de comandos). Está montado en el punto de conexión */proc*. El tipo de partición también es especial: *proc*.
- ***/dev/mcblk0p5***, la partición de inicio del sistema en la Raspberry Pi. Está situada en la tarjeta micro SD y montada en */boot*. El tipo de esta partición es *vfat*.
- ***/dev/mcblk0p6***, la partición que contiene el sistema de archivos raíz del sistema Linux en la Raspberry Pi. Está situada en la tarjeta micro SD y montada en /. El tipo de esta partición es *ext4*.

Para que las particiones de la llave USB se carguen al inicio del sistema es necesario añadir dos líneas al final de *fstab*, respetando la sintaxis necesaria (use *nano*):

```
/dev/sda1  /mnt/partition1  ext4  defaults  0  2
```

Observación

Antes de modificar fstab, haga una copia de seguridad. Un error de sintaxis en este archivo puede impedir que el sistema pueda arrancar. Volviendo al fstab original en lugar del modificado es posible retomar el control de la Raspberry Pi.

En orden, esto es lo que encontraremos en esta línea:

- ***/dev/sda1***: el nombre de la partición a montar.
- ***/mnt/partition1***: el punto de conexión de la partición.
- ***ext4***: el tipo de partición a montar.
- ***defaults***: los parámetros por defecto (*rw,suid,dev,exec,auto,nouser,async*).
- ***0***: indica a `dump` no hacer backup de este sistema de archivos.

- *2*: orden de comprobación por `fsck` (*file system check* = comprobación del sistema de archivos).

La modificación se tendrá en cuenta durante el próximo inicio de la máquina, o forzando la carga de *fstab* con el comando `mount -a`, que monta todos los sistemas de archivos presentes en *fstab* si no están montados:

```
pi@raspberrypi /mnt/partition1 $ sudo mount -a
```

La ausencia de mensajes de error indica que todo ha ido bien. Compruebe que la partición se ha montado correctamente:

```
pi@raspberrypi /mnt/partition1 $ mount
...
/dev/sda1 on /mnt/partition1 type ext4 (rw,relatime,data=ordered)
```

⇉ Agregue la segunda partición presente en la llave USB a *fstab* y compruebe que el sistema la ha conectado correctamente.

Atención: la conexión automática de particiones externas no implica la automatización de la desconexión. Respete el procedimiento de desconexión si tiene que desconectar un soporte extraíble de la Raspberry Pi.

5.4 Uso de los UUID

En ocasiones, cuando están conectados varios discos o llaves USB a una Raspberry Pi, puede suceder que la detección de los periféricos de almacenamiento no se realice sistemáticamente en el mismo orden.

Por ejemplo, la partición que desea montar está en la llave USB y se identifica como */dev/sda1* durante un primer inicio. Durante el siguiente inicio, se detecta otro periférico en primer lugar y se convierte en *sda*. Por tanto, su llave USB se verá como *sdb* y la partición que le interesa se convertirá en */dev/sdb1*.

Este riesgo puede tener pocas o ninguna consecuencia, ya que se trata de una partición que contiene datos. Pero no será igual cuando se trate de una partición que se usa durante el arranque. En este caso, el inicio se interrumpirá por no poder acceder a los archivos del sistema.

La solución a este problema reside en el uso de los UUID, que permiten identificar de manera determinada y única las particiones de los dispositivos de almacenamiento.

En este caso, la conexión de la primera partición de la llave USB en *fstab* se convierte en:

```
UUID=90424b84-50cf-4d80-a45e-65e85a6e1a80  /mnt/partition1
ext4  defaults  0  2
```

El comando mount permite comprobar que la conexión de la partición se ha realizado correctamente:

```
pi@raspberrypi /etc $ mount
...
/dev/sda1 on /mnt/partition1 type ext4 (rw,relatime,data=ordered)
```

Solo se modifica el inicio de la línea en *fstab*: */dev/sd1*, cambiándola por *UUID=90424b84-50cf-4d80-a45e-65e85a6e1a80*. El resto de la línea permanece inalterada.

Observación
El UUID se puede obtener con el comando *blkid*.

Al inicio del sistema, el comando mount va a cargar las particiones presentes en *fstab*. Cuando llega a la línea correspondiente a la primera partición de la llave USB, esta se identifica por su UUID. Poco importa si se ha detectado en */dev/sda1* o */dev/sdb1*: su identificador único garantiza que esta será la partición que se montará.

⇒ Monte automáticamente la segunda partición de su llave USB, utilizando su UUID. Compruebe con mount que la operación se ha realizado correctamente.

6. Modificación de los permisos

Durante la preparación de la llave USB se aplican los permisos del administrador. Para que un usuario normal pueda usar el periférico, es necesario modificar los permisos de acceso.

Aplicar el permiso 777 al conjunto del disco puede parecer sencillo, pero resulta peligroso porque abre el disco a cualquier acceso sin ningún control.

6.1 Partición FAT o NTFS

Para una partición FAT o NTFS es mejor crear un grupo que tenga acceso al disco y darle los permisos al conjunto del disco. Basta con añadir a continuación los usuarios a este grupo para asignarles dichos permisos. Estos usuarios pueden ser usuarios reales o usuarios establecidos por las aplicaciones.

Cree el grupo *diskuser*, autorizado a usar el disco:

```
pi@raspberrypi ~ $ sudo groupadd diskuser
```

A continuación hay que añadir el usuario *pi*, y el resto que desee, al grupo *diskuser*:

```
pi@raspberrypi ~ $ sudo usermod -a -G diskuser pi
```

Añada ahora la siguiente línea al archivo */etc/fstab*, para montar automáticamente la partición FAT:

```
/dev/sda2 /mnt auto auto,async,gid=diskuser,umask=007  0 2
```

El argumento *umask* elimina los permisos indicados. Aquí, el valor 7 indica que los usuarios que no son ni propietarios ni miembros del grupo propietario no tendrán ningún permiso. Este valor es opcional.

Una vez se ha montado la partición, todas las carpetas y archivos de la partición pertenecen al grupo *diskuser*. El comando `mount` indica que el *gid* es el 1005, que es el *id* del grupo *diskuser*.

```
pi@raspberrypi /mnt $ mount
... /...
/dev/sda2 on /mnt type vfat
(rw,relatime,gid=1005,fmask=0007,dmask=0007,allow_utime=0020,code
page=cp437,iocharset=ascii,shortname=mixed,errors=remount-ro)
```

Cuando el usuario *pi* o cualquier otro usuario que pertenezca al grupo *diskuser* crea un archivo, este pertenece al grupo *diskuser*.

```
pi@raspberrypi /mnt $ touch Pepe
pi@raspberrypi /mnt $ ls -al
total 20
drwxrwx---  2 root diskuser 16 384 noviembre  5 19:28 .
drwxr-xr-x 22 root root       4096 noviembre  5 06:24 ..
-rwxrwx--- 1 root diskuser       0 noviembre  5 19:28 Pepe
```

6.2 Partición Linux

Para las particiones Linux *ext2*, *ext3*, *ext4*, etc. los permisos que se aplican no dependen del usuario que monta la partición. Se basan únicamente en los metadatos almacenados en el sistema de archivos.

En este caso, es necesario usar el comando `bindfs` para ofrecer un acceso a un sistema de archivos, con permisos diferentes. Por defecto `bindfs` no se instala. En primer lugar hay que instalarlo con el comando:

```
pi@raspberrypi ~ $ sudo apt-get install bindfs
```

El sistema de archivos se debe haber montado previamente. Aquí, el sistema de archivos *ext4* presente en el soporte externo se ha montado en */mnt*. Se ha creado un directorio *hdd* en el directorio del usuario *pi*, destinado a acoger al sistema de archivos.

`bindfs` permite indicar el propietario de todos los archivos (argumento -u), así como el grupo propietario (argumento -g). Después de la ejecución de `bindfs`, el usuario *pi* se convierte en propietario de los archivos y directorios accesibles desde */home/pi/hdd*.

```
pi@raspberrypi ~ $ sudo bindfs -u pi -g pi /mnt /home/pi/hdd
```

Si comparamos el contenido de */mnt*:

```
pi@raspberrypi /mnt $ ls -al
total 100
drwxr-xr-x 22 root root 4096 agosto     12 10:09 .
drwxr-xr-x 22 root root 4096 noviembre  5 06:24 ..
drwxr-xr-x  2 root root 4096 julio      26 14:19 bin
...
```

con el de */home/pi/hdd*:

```
pi@raspberrypi ~/hdd $ ls -al
total 100
drwxr-xr-x 22 pi pi 4096 agosto     12 10:09 .
drwxr-xr-x 38 pi pi 4096 noviembre   6 06:01 ..
drwxr-xr-x  2 pi pi 4096 julio      26 14:19 bin
```

veremos que es posible acceder al sistema de archivos cuyo propietario y grupo propietario son ahora *pi*.

bindfs utiliza FUSE (*Filesystem in Userspace* = sistema de archivos en el espacio del usuario). El uso de FUSE es susceptible de aumentar la ocupación de memoria y provocar una ralentización de la máquina, provocada por el consumo de recursos.

7. Conclusión

El uso de una tarjeta micro SD limita la cantidad de memoria disponible. El uso de una memoria de almacenamiento externo da acceso a capacidades de almacenamiento más extendidas, particularmente considerables si la Raspberry Pi se usa como centro multimedia.

Capítulo 10

Arrancar desde una unidad externa

1. Introducción

El capítulo anterior (Utilizar una memoria de almacenamiento externa) muestra cómo usar una memoria de almacenamiento externa para almacenar los datos. Esta memoria puede ser una llave USB o un disco duro USB. El disco duro externo, conectado en modo USB, presenta la ventaja de tener una velocidad de transferencia elevada y un bajo coste por cada GB de memoria.

Cuando arranca la Raspberry Pi B+ es necesaria la tarjeta micro SD. Es en la primera partición de esta tarjeta, formateada en FAT, donde obligatoriamente el SoC va a cargar los primeros archivos de su secuencia de inicio.

Con la Raspberry Pi 3 y el SoC BCM2837 es posible no arrancar desde la tarjeta micro SD, sino directamente desde la llave USB o el disco duro conectado a la Raspberry Pi 3.

Será necesario, obligatoriamente, prever una alimentación externa para el disco duro en caso de que encuentre problemas durante la conexión del disco duro a la Raspbery Pi. Algunos discos duros (cada vez menos) se entregan con una fuente de alimentación. Otros disponen de dos tomas USB, una reservada únicamente a la alimentación y la otra para la alimentación y la transferencia de los datos en el bus USB.

Hay que enchufar el cable de alimentación y datos a una de las tomas de la Raspberry Pi, y conectar la toma de alimentación a otra fuente de alimentación, por ejemplo un hub USB alimentado.

Para los discos duros más actuales, que solo tienen una toma USB y consumen poco, en ocasiones puede ser suficiente la conexión a la Raspberry Pi. En caso de pérdida de velocidad durante los accesos a disco será necesario conectar la toma USB a un hub alimentado.

Vigile también la aparición de una franja coloreada en la parte superior derecha de la pantalla o el parpadeo del diodo LED rojo PWR. Esto indica que la tensión de la alimentación de la tarjeta Raspberry Pi es inferior a 4,6 voltios, lo que puede provocar fallos o problemas de escritura en la tarjeta micro SD.

 **Observación**

No todos los hubs USB funcionan con la Raspberry Pi. Compruebe la lista de hubs en: http://elinux.org/RPi_VerifiedPeripherals#Working_USB_Hubs.

Las operaciones y principios descritos en este capítulo y los siguientes se aplican tanto al sistema operativo Raspbian y Raspberry Pi OS, aunque a partir de ahora solo utilizaremos el nombre Raspberry Pi OS.

2. Secuencia de boot de la Raspberry Pi

En la partición FAT de la tarjeta micro SD se encuentran los archivos:

- *bootcode.bin*: la segunda etapa del bootloader.
- *start.elf*: el firmware de la GPU proporcionado en binario.
- *kernel.img*: el núcleo del OS, es decir, de Linux con Raspberry Pi OS.
- *cmdline.txt*: el archivo que contiene los argumentos que se pasan al núcleo durante el boot.
- *config.txt*: archivo opcional, que lee la GPU antes de inicializar la CPU ARM. Contiene información del reparto de la RAM, el overclocking, el modo de vídeo a usar, etc.

En primer lugar, la GPU carga en memoria el archivo *bootcode.bin*, que luego ejecuta. *bootcode.bin* carga *start.elf*, el firmware de la GPU, en la SDRAM. *start.elf* realiza la compartición de la memoria entre la CPU y la GPU y después carga el núcleo Linux *kernel.img* en la memoria reservada a la CPU.

 **Observación**

Para la generación 4 y 5 Raspberry Pi, el archivo bootcode.bin ya no se carga desde la tarjeta micro SD, sino desde una memoria flash en la tarjeta.

El siguiente esquema muestra el funcionamiento de la Raspberry Pi cuando el sistema de archivos raíz no está situado en la tarjeta micro SD, sino en un disco duro externo.

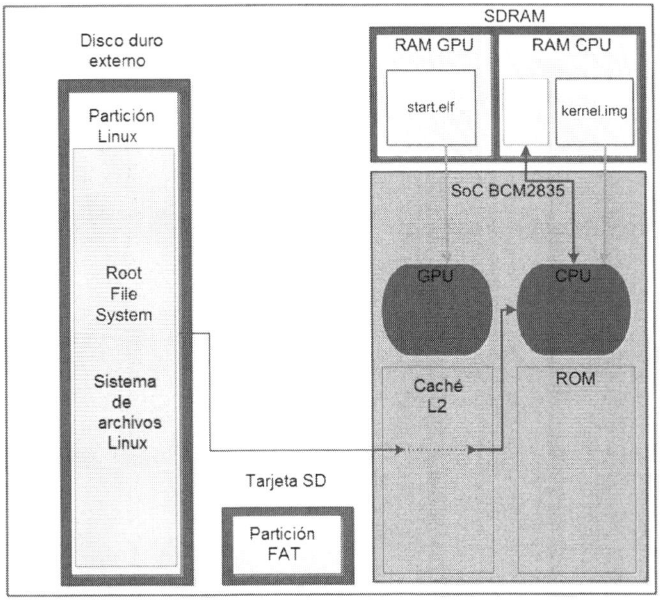

kernel.img busca el sistema de archivos raíz (RFS = *Root file System*) en función del argumento root (`root=/dev/mmcblk0p2`) que se pasa en *cmdline.txt*. Por defecto es */dev/mmcblk-0p2*, que contiene la RFS. Por tanto, será necesario modificar este argumento para que el núcleo acceda al disco duro.

Después del inicio, el sistema no accede más a la tarjeta micro SD.

3. Preparación del disco

El disco duro seleccionado para el inicio de la Raspberry Pi es un disco duro USB 3.0, de la marca Toshiba y de 1 TB de capacidad. Funcionará en modo USB 2.0 en la Raspberry Pi.

Cuando se compra el disco, solo tiene una partición exFAT de 1 TB.

La preparación del disco va a consistir en eliminar esta partición y crear una o varias particiones para el uso del disco con la Raspberry Pi.

Si el disco se debe utilizar tanto en un PC con Windows como en la Raspberry Pi, por ejemplo para leer en la Raspberry Pi vídeos del PC, es necesario prever dos particiones. Una partición Linux para alojar el sistema de archivos raíz y una partición FAT para almacenar los vídeos.

3.1 Eliminar la partición origen

El disco duro se ha utilizado inicialmente en una máquina que funciona con Windows. Por tanto, solo tiene una partición del mismo tamaño que el disco.

Disco 1
Básico
931,51 GB
En pantalla

TOSHIBA EXT (E:)
931,51 GB exFAT
Correcto (Partición primaria)

3.1.1 Identificación de la partición a eliminar

El administrador de los discos de Windows identifica el disco como Disco 1, con una partición principal de 931 GB con formato exFAT.

⇉ Conecte el disco duro en el hub USB conectado a la Raspberry Pi.

El disco arranca y el sistema lo reconoce, lo que se puede comprobar con el comando `dmesg` (*Display Message* = mostrar mensajes), que muestra en pantalla los mensajes enviados por el núcleo Linux.

⇉ Use el comando `dmesg` para visualizar los mensajes del núcleo.

```
[ 1336.537049] usb 1-1.3.2: Product: Portable USB 3.0 Drive
[ 1336.537063] usb 1-1.3.2: Manufacturer: Toshiba
[ 1336.537075] usb 1-1.3.2: SerialNumber: 21302B120345
[ 1336.543037] scsi0 : usb-storage 1-1.3.2:1.0
[ 1340.639583] scsi 0:0:0:0: Direct-Access     TOSHIBA
MQ01ABD100       AX00 PQ: 0 ANSI: 2
[ 1340.645009] sd 0:0:0:0: [sda] 1953525164 512-byte logical
blocks: (1.00 TB/931 GiB)
[ 1340.646124] sd 0:0:0:0: [sda] Write Protect is off
[ 1340.646161] sd 0:0:0:0: [sda] Mode Sense: 00 06 00 00
[ 1340.647250] sd 0:0:0:0: [sda] No Caching mode page present
[ 1340.647284] sd 0:0:0:0: [sda] Assuming drive cache: write through
[ 1340.656251] sd 0:0:0:0: [sda] No Caching mode page present
[ 1340.656322] sd 0:0:0:0: [sda] Assuming drive cache: write through
[ 1340.685400]  sda: sda1
[ 1340.696530] sd 0:0:0:0: [sda] No Caching mode page present
[ 1340.696600] sd 0:0:0:0: [sda] Assuming drive cache: write through
[ 1340.696624] sd 0:0:0:0: [sda] Attached SCSI disk
```

Como se acaba de conectar el disco, los mensajes que le afectan se encuentran al final de la cola de mensajes.

Si la conexión del disco duro provoca un reinicio de la Raspberry Pi, la lectura de los mensajes del núcleo ya no se puede realizar.

La herramienta *fdisk* se usa en todos los sistemas operativos para modificar las particiones de los discos duros. En Linux, es accesible por línea de comandos.

Sintaxis

`fdisk`

d	Destruir una partición.
l	Enumerar los tipos de partición conocidos.
n	Añadir una partición.
p	Mostrar la tabla de particiones.
q	Salir sin aplicar las modificaciones.
t	Modificar el identificador de sistema de una partición.
v	Comprobar la tabla de partición.
w	Escribir la tabla de partición.

Observación

Esta tabla indica los principales comandos que se pueden usar en modo interactivo después de ejecutar *fdisk*. Para obtener la lista de las particiones existentes, use el comando *fdisk -l* como super-usuario.

⇒ Use el comando `fdisk -l` para mostrar los discos conectados a la Raspberry Pi.

```
pi@raspberrypi ~ $ sudo fdisk -l

Disk /dev/mmcblk0: 4008 MB, 4008706048 bytes
4 heads, 16 sectors/track, 122336 cylinders, total 7829504 sectors
Units = sectors of 1 * 512 = 512 bytes
Sector size (logical/physical): 512 bytes / 512 bytes
I/O size (minimum/optimal): 512 bytes / 512 bytes
Disk identifier: 0x00047c7a

Device Boot        Start         End      Blocks   Id  System
/dev/mmcblk0p1      8192      122879       57344    c  W95 FAT32 (LBA)
/dev/mmcblk0p2     22880     7829503     3853312   83  Linux

Disk /dev/sda: 1000.2 GB, 1000204883968 bytes
255 heads, 63 sectors/track, 121601 cylinders, total 1953525164
sectors
Units = sectors of 1 * 512 = 512 bytes
Sector size (logical/physical): 512 bytes / 512 bytes
I/O size (minimum/optimal): 512 bytes / 512 bytes
Disk identifier: 0x40bc56d3

Device Boot      Start          End      Blocks    Id System
/dev/sda1         2048   1953521663   976759808     7 HPFS/NTFS/exFAT
pi@raspberrypi ~ $
```

En primer lugar, *fdisk* muestra la tarjeta micro SD y sus dos particiones *mmcblk0p1* y *mmcblk-0p2* y después el disco */dev/sda* de 1.000 GB, con su partición única */dev/sda1*. Este es el disco duro que se va a particionar de nuevo para recibir el sistema de archivos raíz de la Raspberry Pi y la partición destinada a los datos.

Como sucede con el uso de una llave USB, como vimos en el capítulo anterior, la identificación del disco es una etapa capital que evita la pérdida de datos en caso de error.

3.1.2 Eliminación de la partición

Atención: a partir de este punto, las operaciones que realice sobre el disco duro van a eliminar los datos presentes en el disco. Haga una copia de seguridad de los datos que desea conservar en otro soporte.

⇒ Ejecute el comando: `sudo fdisk /dev/sda`

```
pi@raspberrypi ~ $ sudo fdisk /dev/sda

Command (m for help):
```

⇒ Escriba p, seguido de la tecla [Intro], para mostrar la tabla de particiones y comprobar que puede trabajar correctamente en el disco duro externo.

```
Command (m for help): p

Disk /dev/sda: 1000.2 GB, 1000204883968 bytes
255 heads, 63 sectors/track, 121601 cylinders, total 1953525164
sectors
Units = sectors of 1 * 512 = 512 bytes
Sector size (logical/physical): 512 bytes / 512 bytes
I/O size (minimum/optimal): 512 bytes / 512 bytes
Disk identifier: 0x40bc56d3

Device Boot      Start         End      Blocks   Id  System
/dev/sda1         2048  1953521663   976759808    7  HPFS/NTFS/exFAT

Command (m for help):
```

⇒ Escriba d para eliminar una partición. Como solo existe una partición, esta se selecciona por defecto.

⇒ Escriba p para confirmar que la partición se ha eliminado.

```
Command (m for help): d
Selected partition 1

Command (m for help): p

Disk /dev/sda: 1000.2 GB, 1000204883968 bytes
255 heads, 63 sectors/track, 121601 cylinders, total 1953525164
sectors
```

```
Units = sectors of 1 * 512 = 512 bytes
Sector size (logical/physical): 512 bytes / 512 bytes
I/O size (minimum/optimal): 512 bytes / 512 bytes
Disk identifier: 0x40bc56d3

   Device Boot      Start         End      Blocks   Id  System

Command (m for help):
```

La tabla de particiones está vacía, pero estas modificaciones solo tendrán efecto cuando se escriba en disco la tabla de particiones modificada.

⇉ Escriba w; `fdisk` escribe la tabla de particiones en disco y termina su ejecución.

3.2 Creación de dos particiones

La siguiente tabla muestra la información que se usará para preparar el disco duro.

Partición	Sistema	Tipo	Formateo	Nombre	Tamaño
1	Linux	Primaria	ext4	BOOT	300 GB
2	Dos	Primaria	FAT32	DATA	700 GB

Creación de la primera partición

⇉ Escriba el comando `sudo fdisk /dev/sda` para modificar la tabla de particiones del disco duro.

⇉ Escriba n para crear una nueva partición, p para crear una partición primaria (también es el valor por defecto). Escriba 1 para indicar a *fdisk* que es la partición número 1, guarde el valor por defecto para el sector de comienzo de la partición (2048) e indique el tamaño de la partición: `+300G`, es decir, 300 GB.

```
Command (m for help): n
Partition type:
   p   primary (0 primary, 0 extended, 4 free)
   e   extended
Select (default p): p
Partition number (1-4, default 1): 1
First sector (2048-1953525163, default 2048):
Using default value 2048
Last sector, +sectors or +size{K,M,G} (2048-1953525163, default
1953525163): +300G
```

Creación de la segunda partición

⇉ Escriba n para crear una nueva partición, p para crear una partición primaria (también es el valor por defecto). Escriba 2 para indicar a *fdisk* que es la partición número 2, guarde el valor por defecto para el sector de inicio de la partición. Por defecto, *fdisk* ofrece crear una partición que ocupe todo el espacio todavía disponible. Valide esta opción.

```
Command (m for help): n
Partition type:
   p   primary (1 primary, 0 extended, 3 free)
   e   extended
Select (default p): p
Partition number (1-4, default 2): 2
First sector (629147648-1953525163, default 629147648):
Using default value 629147648
Last sector, +sectors or +size{K,M,G} (629147648-1953525163,
default 1953525163):
Using default value 1953525163
```

⇉ Muestre de nuevo la tabla de particiones para comprobar la configuración.

```
Command (m for help): p

Disk /dev/sda: 1000.2 GB, 1000204883968 bytes
255 heads, 63 sectors/track, 121601 cylinders, total 1953525164
sectors
Units = sectors of 1 * 512 = 512 bytes
Sector size (logical/physical): 512 bytes / 512 bytes
I/O size (mínimo/optimal): 512 bytes / 512 bytes
Disk identifier: 0x40bc56d3

   Device Boot      Start         End      Blocks   Id System
/dev/sda1            2048   629147647   314572800   83 Linux
/dev/sda2       629147648  1953525163   662188758   83 Linux
```

Las dos particiones se visualizan correctamente. Solo se modifica el tipo de partición indicado por el identificador Id 83. El tipo 83 corresponde a una partición Linux. Es necesario modificar el tipo de la partición 2 en FAT32 con un identificador Id a c.

⇉ Modifique el Id de sistema de la partición 2 para que cambie a c. Para ello, escriba t y después el valor c.

```
Command (m for help): t
Partition number (1-4): 2
Hex code (type L to list codes): c
Changed system type of partition 2 to c (W95 FAT32 (LBA))
```

⇉ Muestre de nuevo la tabla de particiones para comprobar la configuración.

```
Command (m for help): p

Disk /dev/sda: 1000.2 GB, 1000204883968 bytes
255 heads, 63 sectors/track, 121601 cylinders, total 1953525164 sectors
Units = sectors of 1 * 512 = 512 bytes
Sector size (logical/physical): 512 bytes / 512 bytes
I/O size (minimum/optimal): 512 bytes / 512 bytes
```

```
Disk identifier: 0x40bc56d3

   Device Boot      Start         End      Blocks   Id  System
/dev/sda1            2048   629147647   314572800   83  Linux
/dev/sda2       629147648  1953525163   662188758    c  W95 FAT32(LBA)
```

Observación

La partición */dev/sda2* es de tipo W95 FAT32 a causa de la modificación del Id de sistema. El formateo que se realiza en la siguiente sección va a hacer efectiva la configuración del sistema de archivos FAT32.

La tabla de particiones está lista para la escritura en el disco. Después de esta acción, las modificaciones serán irreversibles.

⇉ Escriba w para finalizar las modificaciones.

```
Command (m for help): w
The partition table has been altered!

Calling ioctl() to re-read partition table.

WARNING: If you have created or modified any DOS 6.x partitions,
please see the fdisk manual page for additional information.
Syncing disks.
```

El disco duro está listo para recibir los sistemas de archivos seleccionados.

3.3 Formateo de las particiones

La partición *sda1* se va a formatear en *ext4*, formato presente por defecto en el núcleo Linux. Por el contrario, la partición *sda2* va a recibir un sistema de archivos FAT. Hay que añadir las herramientas de gestión *msdos* al sistema antes de poder usarlas.

⇉ Instale las herramientas de gestión de sistemas de archivos *msdos* con el comando `sudo apt-get install dosfstools`.

```
pi@raspberrypi ~ $ sudo apt-get install dosfstools
```

3.3.1 Partición Linux

⇉ Inicie el formateo de la partición *sda1* en *ext4* con el comando `sudo mkfs.ext4 /dev/sda1 -L BOOT`.

Observación

La opción -L permite definir la etiqueta de la partición.

```
pi@raspberrypi ~ $ sudo mkfs.ext4 /dev/sda1 -L BOOT
mke2fs 1.42.5 (29-Jul-2012)
Etiqueta de sistema de archivos=BOOT
Tipo de sistema operativo: Linux
Tamaño de bloque=4096 (log=2)
Tamaño de fragmento=4096 (log=2)

...
Asignación de las tablas de grupo: terminado
Escritura de las tablas de i-nodos: terminado
Creación del log (32768 bloques): terminado
Escritura de los superbloques y de la información de compatibilidad
del sistema de archivos: terminado
```

3.3.2 Partición FAT

⇒ Inicie el formateo de la partición *sda2* en FAT32 con el comando `sudo mkfs.vfat /dev/sda2 -n DATA`.

Observación

La opción *-n* permite definir el nombre de la unidad de la partición.

```
pi@raspberrypi ~ $ sudo mkfs.vfat /dev/sda2 -n DATA
mkfs.vfat 3.0.13 (30 Jun 2012)
```

4. Copia del sistema de archivos

El disco está listo para recibir el sistema de archivos raíz. El uso del comando `cp`, si bien está previsto para copiar el contenido de la tarjeta micro SD al disco duro, es sensible a los permisos que existan en los archivos y directorios. Más radical, el comando `dd` realiza una copia sector por sector, sin tener en cuenta el contenido de los sectores que se están copiando.

Atención: el comando `dd` es peligroso si se utiliza incorrectamente. Si los orígenes y destinos `if` y `of` son erróneos, hay riesgo de eliminación irreversible de datos.

⇒ Inicie la copia de la partición *mmcblk0p2* de la tarjeta micro SD a la partición *sda1* del disco duro con el comando `dd`: `sudo dd if=/dev/mmcblk0p2 of=/dev/sda1 bs=32M`.

```
pi@raspberrypi ~ $ sudo dd if=/dev/mmcblk0p2 of=/dev/sda1 bs=32M
117+1 líneas leídas
117+1 líneas escritas
3945791488 bytes (3,9 GB) copiados, 253,2 s, 15,6 MB/s
```

Al cabo de algunos minutos, el contenido del sistema de archivos raíz se copia al disco duro.

Ahora es posible montar la partición *sda1* en el sistema.

⇉ Cree un directorio */mnt/diskusb*.

⇉ Monte la partición 1 del disco duro en este directorio.

```
pi@raspberrypi /mnt $ sudo mkdir diskusb
pi@raspberrypi /mnt $ sudo mount /dev/sda1 /mnt/diskdur
pi@raspberrypi /mnt $ cd diskdur
pi@raspberrypi /mnt/diskdur $ ls
bin  dev home lost+found mnt proc run  selinux sys usr
boot etc lib  media      opt root sbin srv     tmp var
```

El comando `ls` muestra que el sistema de archivos raíz presente en la tarjeta micro SD se ha copiado correctamente en la partición *sda1*.

⇉ Muestre el uso del espacio en disco con el comando `df-h`.

```
pi@raspberrypi /mnt/diskdur $ df-h
Sys. fich.      1K-blocks    Util. Disponible  Uti% Montada en
rootfs            3791568 1565704     2053488  44% /
/dev/root         3791568 1565704     2053488  44% /
devtmpfs           183620       0      183620   0% /dev
tmpfs               38376     264       38112   1% /run
tmpfs                5120       0        5120   0% /run/lock
tmpfs               76740       0       76740   0% /run/shm
/dev/mmcblk0p1      57288   34760       22528  61% /boot
/dev/sda1         3791568 1565696     2053496  44% /mnt/diskusb
```

Observación

Para obtener una visualización más legible, use el comando *df* con la opción *-h*. El resultado obtenido se muestra en M (megabytes) y G (gigabytes).

El sistema de archivos */dev/sda1* es efectivamente la copia de */dev/root*. Tiene el mismo tamaño, es decir, 1,5 GB (1.565.696 bytes) y 2 GB (2.053.496 bytes, el 44 % del tamaño de la partición) están disponibles. Sin embargo, el tamaño de la partición creada en el disco duro era de 300 GB. Por tanto, hay que ampliar el sistema de archivos que se acaba de copiar a la totalidad del espacio disponible.

Observación

La herramienta **Expand Filesystem** presente en raspi-config hace esta operación, pero únicamente en la partición 2 de la tarjeta micro SD. Por lo tanto, no se puede usar en el caso del disco externo.

El comando `resize2fs` va a permitir redimensionar el sistema de archivos */dev/sda1*.

⇒Inicie el redimensionamiento del sistema de archivos */dev/sda1* con el comando `sudo resize2fs /dev/sda1`.

```
pi@raspberrypi /mnt/diskusb $ sudo resize2fs /dev/sda1
resize2fs 1.42.5 (29-Jul-2012)
El sistema de archivos de /dev/sda1 se ha montado en /mnt/diskusb;
el cambio de tamaño se debe realizar en línea
old_desc_blocks = 1, new_desc_blocks = 19
El sistema de archivos /dev/sda1 ahora tiene una tamaño de
78643200 bloques.
```

El comando `df` muestra la efectividad de esta acción:

```
pi@raspberrypi /mnt/diskusb $ df
Sys. fich.      1K-blocks    Util. Disponible  Uti% Montada en
rootfs            3791568  1565704    2053488   44% /
/dev/root         3791568  1565704    2053488   44% /
devtmpfs           183620        0     183620    0% /dev
tmpfs               38376      264      38112    1% /run
tmpfs                5120        0       5120    0% /run/lock
tmpfs               76740        0      76740    0% /run/shm
/dev/mmcblk0p1      57288    34760      22528   61% /boot
/dev/sda1       309637120  1568096  295471332    1% /mnt/diskusb
```

El espacio disponible ahora es de 295 GB y el sistema de archivos solo ocupa el 1 % de este espacio.

5. Modificación de los archivos de inicio

El sistema de archivos raíz está listo. Para que se pueda informar al sistema de los cambios a realizar durante el inicio también se deben modificar los archivos de inicio.

5.1 cmdline.txt

El archivo *cmdline.txt* contiene los argumentos que se pasan al núcleo durante su inicio. En particular contiene la ruta de acceso al sistema de archivos raíz, que por defecto es */dev/mmcblk-0p2*.

⇒En primer lugar, haga una copia de seguridad de *cmdline.txt*. Siempre puede volver atrás en caso de problema.

```
sudo cp cmdline.txt cmdline.org
```

⇒Abra el archivo */boot/cmdline.txt* con *nano* y sustituya `root=/dev/mmcblk0p2` por `root=/dev/sda1` en la línea de comandos.

⇒Compruebe cuidadosamente la modificación y guarde el archivo modificado.

5.2 fstab

Durante el inicio, el archivo *fstab* indica al sistema las particiones que debe montar, y en qué punto de conexión debe hacerlo.

El *fstab* que nos interesa aquí es el que se solicitará durante el inicio en el disco duro. El *fstab* situado en la tarjeta micro SD no tendrá más utilidad en este momento. Es el *fstab* situado en el disco duro el que es necesario modificar.

⇒ En primer lugar, haga una copia de seguridad de *fstab*.

⇒ En */mnt/diskdur/etc/fstab* comente (ponga una # al comienzo de línea) la línea que contiene */dev/mmcblk0p2*, y añada una línea empezando por */dev/sda1* con los mismos argumentos.

```
#/dev/mmcblk0p2    /      ext4  defaults,noatime 0       1
/dev/sda1          /      ext4  defaults,noatime 0       1
```

Observación

También es posible usar el UUID para la conexión. Es útil si, por motivo del uso de varios periféricos de almacenamiento USB, la partición */dev/sda1* cambia de nombre y se convierte en */dev/sda2*. El uso del UUID garantiza que se montará la partición correcta.

6. Comprobación del funcionamiento

Reinicie la Raspberry Pi. Si todas las modificaciones se han realizado correctamente, el inicio de la Raspberry se hará en la tarjeta micro SD para las primeras etapas y después el sistema de archivos raíz situado en el disco duro se montará en la raíz.

⇒ Compruebe con el comando `df` que el sistema de archivos situado en el disco duro está en servicio.

```
login as: pi
pi@10.25.100.15's password:
Linux raspberrypi 3.6.11+ #474 PREEMPT Thu Jun 13 17:14:42 BST 2013 armv6l

The programs included with the Debian GNU/Linux system are free software;
the exact distribution terms for each program are described in
the individual files in /usr/share/doc/*/copyright.

Debian GNU/Linux comes with ABSOLUTELY NO WARRANTY, to the extent
permitted by applicable law.
Last login: Tue Aug 13 13:36:13 2013
pi@raspberrypi ~ $ df
Sys. fich.      1K-blocks    Util. Disponible  Uti% Montado en
rootfs          309637120  1568180  295471248    1% /
/dev/root       309637120  1568180  295471248    1% /
```

```
devtmpfs          183620        0    183620   0% /dev
tmpfs              38376      260     38116   1% /run
tmpfs               5120        0      5120   0% /run/lock
tmpfs              76740        0     76740   0% /run/shm
/dev/mmcblk0p1     57288    34768     22520  61% /boot
pi@raspberrypi ~ $
```

La Raspberry Pi dispone ahora de 300 GB de espacio para su sistema de archivos.

7. Ir más allá

El disco duro dispone de una segunda partición formateada en FAT.

⇉ Monte manualmente la segunda partición en una carpeta */data*.

⇉ Modifique */etc/fstab* para que la partición *sda2* se conecte automáticamente al inicio del sistema.

Consulte la solución de estos dos ejercicios en el anexo.

8. Arrancar en una llave USB sin tarjeta micro SD

Como se ha indicado en la introducción de este capítulo, durante la escritura de estas líneas esta posibilidad ofrecida por el SoC BCM2837 todavía es experimental. Funciona con Raspberry Pi OS y únicamente con algunas llaves USB y discos duros (clásicos o SSD).

8.1 Principio

Cuando se enchufa, solo está activada la GPU. El procesador ARM está en modo de espera y la SDRAM está desactivada. El SoC tiene una ROM (*Read Only Memory* - Memoria de acceso de solo lectura) en la que el fabricante ha programado la primera etapa del bootloader. Durante su reactivación, la GPU se configura para ejecutar el programa que está en esta ROM. Esto es lo que hace y el único objetivo del firmware contenido en la ROM es acceder a la tarjeta micro SD, que debe estar formateada en FAT (al menos la primera partición), salvo si se ha modificado un registro de la OTP (*One Time Programmable memory*), que dice al BCM2837 que, cuando arranque, compruebe si hay una tarjeta SD operativa. Si no es el caso, puede intentar arrancar en el USB el SPI o Ethernet...

En la foto anterior, la Raspberry Pi equipada de una tarjeta HiFiBerry funciona normalmente. Arranca directamente en la llave USB, sin intervención de la tarjeta micro SD.

8.2 Actualización del sistema operativo

Empiece por actualizar Raspberry Pi OS.

```
sudo apt-get update
sudo apt-get upgrade
```

Después, el firmware (*start.elf y bootcode.bin*) en /boot, se debe sustituir por la versión de la rama NEXT (experimental): `sudo BRANCH=next rpi-update`:

```
pi@raspberrypi:~ $ sudo BRANCH=next rpi-update
*** Raspberry Pi firmware updater by Hexxeh, enhanced by AndrewS and Dom
*** Performing self-update
*** Relaunching after update
*** Raspberry Pi firmware updater by Hexxeh, enhanced by AndrewS and Dom
*** Downloading specific firmware revision (this will take a few minutes)
% Total % Received % Xferd Average Speed Time Time Time Current
Dload Upload Total Spent Left Speed
100 168 0 168 0 0 294 0 --:--:-- --:--:-- --:--:-- 294
100 51.1M 100 51.1M 0 0 413k 0 0:02:06 0:02:06 --:--:-- 468k
*** Updating firmware
*** Updating kernel modules
*** depmod 4.4.15-v7+
*** depmod 4.4.15+
*** Updating VideoCore libraries
*** Using HardFP libraries
*** Updating SDK
*** Running ldconfig
*** Storing current firmware revision
*** Deleting downloaded files
*** Syncing changes to disk
```

```
*** If no errors appeared, your firmware was successfully updated to
47d64831ccbc99080f98c1bc8948717c3416cb0f
*** A reboot is needed to activate the new firmware
```

8.3 Autorización del boot USB

La autorización del boot en un puerto USB se hace modificando un registro de la memoria OTP interna al BCM2837. Esta modificación es la que indica al SoC que puede buscar una partición de arranque en otra parte diferente de la tarjeta micro SD. Esta modificación se hace añadiendo `program_usb_boot_mode=1` al final del archivo *config.txt*. Esta adición se puede hacer manualmente con `nano` o rellenando la siguiente línea de comando:

```
echo program_usb_boot_mode=1 | sudo tee -a /boot/config.txt
```

Ahora se puede reiniciar la Raspberry Pi y comprobar que el registro 17 de la OTP se ha modificado correctamente:

```
sudo reboot
```

Cuando la Raspberry Pi ha terminado de arrancar, inicie una sesión y compruebe que el registro 17 tiene el valor correcto:

```
pi@raspberrypi:~ $ vcgencmd otp_dump | grep 17:
17:3020000a
```

El valor hexadecimal por defecto del registro 17 es 1020000a. La línea añadida a config.txt ha cambiado el valor del registro. Compruebe que el valor que se muestra es correcto: 3020000a.

Observación

vcgencmd es una herramienta que permite obtener información de sistema de la Raspberry Pi.

Si lo desea, puede eliminar la línea `program_usb_boot_mode` al final del archivo *config.txt* (no deje la línea en blanco al final del archivo). De esta manera, si utiliza su tarjeta micro SD en otra Raspberry Pi cuyo SoC no se ha modificado, no programa el modo de boot en USB. Puede utilizar el comando `sudo nano/boot/config.txt`, por ejemplo.

8.4 Elección de la llave USB

Las pruebas, que se han hecho en agosto de 2016, se han realizado con

- Sandisk Cruzer Fit 16GB
- Sandisk Cruzer Blade 16GB
- Samsung 32 GB USB 3.0 drive
- MeCo 16 GB USB 3.0
- Sandisk Cruzer Slice16 GB

Los ensayos descritos aquí, se han realizado en un modelo de llave USB SanDisk Cruzer Slice de 16 GB (imagen anterior). Si su llave no figura en la lista anterior o en la de la Fundación (https://www.raspberrypi.org/blog/pi-3-booting-part-i-usb-mass-storage-boot/) es posible que no permita a la Raspberry Pi arrancar.

 **Observación**

Atención, la llave USB se eliminará y todo su contenido se perderá definitivamente.

8.5 Preparación de la llave USB

Empiece insertando la llave USB en uno de los puertos USB de la Raspberry Pi 3 en funcionamiento. Es el sistema operativo actual funcionando en la Raspberry Pi 3 el que se va a transferir a la llave USB. La fuente (tarjeta micro SD) estará en */dev/mmcblk0* y el destino (llave USB) debería estar en */dev/sda*, suponiendo que no tiene otros periféricos USB conectados. Verifique si es el caso para evitar borrar otro periférico USB.

La primera etapa de preparación de la llave consiste en crear dos particiones:

- una partición FAT32 de 100 de MB
- una partición Linux ext4 que ocupará el resto del espacio disponible.

La herramienta `parted` es la que se usará para crear las particiones en la llave USB conectada en */dev/sda*.

```
sudo parted /dev/sda
```

El software le deja crear las dos particiones con los comandos:

```
mkpart primary fat32 0% 100M
mkpart primary ext4 100M 100%
```

La opción `print` muestra el resultado del particionamiento para que pueda comprobarlo.

A continuación encontrará el avance de la operación:

```
pi@raspberrypi:~ $ sudo parted /dev/sda
GNU Parted 3.2
Using /dev/sda
Welcome to GNU Parted! Type 'help' to view a list of commands.
(parted) mktable msdos
Warning: The existing disk label on /dev/sda will be destroyed and
all data on
this disk will be lost. Do you want to continue?
Yes/No? Y
(parted) mkpart primary fat32 0% 100M
(parted) mkpart primary ext4 100M 100%
(parted) print
Model: SanDisk Cruzer Slice (scsi)
Disk /dev/sda: 16,0GB
Sector size (logical/physical): 512B/512B
Partition Table: msdos
Disk Flags:

Number Start End Size Type File system Flags
1 1049kB 99,6MB 98,6MB primary fat32 lba
2 99,6MB 16,0GB 15,9GB primary ext4 lba

(parted) quit
Information: You may need to update /etc/fstab.
```

Las particiones se han creado y es necesario formatearlas para poner en marcha los sistemas de archivos necesarios para el funcionamiento de la Raspberry Pi OS. La primera partición se llama BOOT y está formateada en FAT, la segunda se llama ROOT y está formateada en *ext4*. En función del tamaño del soporte utilizado (llave USB, disco duro, etc...), esta operación puede ser más o menos larga. Déjela hasta que termine.

```
pi@raspberrypi:~ $ sudo mkfs.vfat -n BOOT -F 32 /dev/sda1
mkfs.fat 3.0.27 (2014-11-12)
pi@raspberrypi:~ $ sudo mkfs.ext4 /dev/sda2
mke2fs 1.42.12 (29-Aug-2014)
Creando un sistema de archivos con 3884032 4k bloques
y 971040 i-nodos.
UUID de sistema de archivos=545cd535-8405-42eb-aafe-e92300be1f10
Superbloques de seguridad almacenados en los bloques:
32768, 98304, 163840, 229376, 294912, 819200, 884736, 1605632,
2654208

Asignación de las tablas de grupo: terminado
Escritura de las tablas de i-nodos: terminado
Creación del archivo de traza (32768 bloques): terminado
Escritura de los superbloques y de la información de compatibilidad
del sistema de archivos: terminado
```

8.6 Transferencia de Raspberry Pi OS a la llave USB

La primera etapa para copiar el sistema operativo Raspberry Pi OS de la tarjeta micro SD a la llave USB es montar la llave USB en el sistema de archivos actual. Para ello es necesario crear un directorio */mnt/target* y otro */mnt/target/boot* en la tarjeta micro SD. Estos dos directorios están destinados al montaje de las particiones presentes en la llave USB.

```
pi@raspberrypi:~ $ sudo mkdir /mnt/target
pi@raspberrypi:~ $ sudo mount /dev/sda2 /mnt/target/
pi@raspberrypi:~ $ sudo mkdir /mnt/target/boot
pi@raspberrypi:~ $ sudo mount /dev/sda1 /mnt/target/boot/
```

La transferencia del sistema operativo se va a confiar a `rsync` (herramienta de sincronización en modo remoto). Hay que instalar esta herramienta en Raspberry Pi OS:

```
pi@raspberrypi:~ $ sudo apt-get install rsync
```

Observación

Es posible que rsync ya esté instalado en su versión de Raspberry Pi OS. En este caso, recibirá el mensaje: *rsync ya es la versión disponible mas reciente. No tenga en cuenta este mensaje y continúe la preparación de la llave USB.*

Ahora que los sistemas de archivos de la llave USB están montados en el sistema de archivos de la Raspberry Pi 3, se puede copiar ahí el *boot* y el *root file system* (rfs)... Tardará media hora, incluso más, según el tamaño del sistema.

```
pi@raspberrypi:~ $ sudo rsync -ax --progress / /boot /mnt/target
```

Como resultado de la sincronización habrá disponible una copia de la tarjeta micro SD en la llave USB.

8.7 Regeneración de las claves SSH

La seguridad de SSH se basa en el intercambio de claves (archivos) entre los diferentes protagonistas (consulte el capítulo Conectarse a la Raspberry Pi en remoto). Estas claves permiten identificar de manera segura al remitente de un mensaje. El nuevo sistema que se está creando no puede tener las mismas claves que el que funciona en la Raspberry Pi actualmente. Tiene que crear sus propias claves:

```
pi@raspberrypi:~ $ cd /mnt/target
pi@raspberrypi:/mnt/target $ sudo mount --bind /dev dev
pi@raspberrypi:/mnt/target $ sudo mount --bind /sys sys
pi@raspberrypi:/mnt/target $ sudo mount --bind /proc proc
pi@raspberrypi:/mnt/target $ sudo chroot /mnt/target
root@raspberrypi:/# rm /etc/ssh/ssh_host*
root@raspberrypi:/# dpkg-reconfigure openssh-server
```

```
Creating SSH2 RSA key; this may take some time ...
2048 7a:f7:33:4c:01:71:a3:fc:c1:2c:b4:9c:3c:3f:4b:19
/etc/ssh/ssh_host_rsa_key.pub (RSA)
Creating SSH2 DSA key; this may take some time ...
1024 28:c6:4b:d1:5e:d9:cb:8c:ca:ad:70:fe:87:08:a1:21
/etc/ssh/ssh_host_dsa_key.pub (DSA)
Creating SSH2 ECDSA key; this may take some time ...
256 f7:f1:9e:3f:6b:13:41:d2:d9:ee:a1:00:e2:ef:ed:db
/etc/ssh/ssh_host_ecdsa_key.pub (ECDSA)
Creating SSH2 ED25519 key; this may take some time ...
256 fc:98:8c:c3:52:45:95:c1:67:78:41:0c:00:c6:23:f0
/etc/ssh/ssh_host_ed25519_key.pub (ED25519)
[ ok ] Restarting OpenBSD Secure Shell server: sshd.
root@raspberrypi:/# exit
```

La Raspberry Pi OS recién creada dispone ahora de sus propias claves SSH.

8.8 Modificación del archivo cmdline.txt

El sistema presente en la llave USB era una copia del que existe en la tarjeta micro SD. Es necesario modificar los parámetros de arranque para que Linux no busque el sistema de archivos *root* en la partición *mmcblk0p2* de la tarjeta micro SD, sino en la partición sda2 de la llave USB. El comando `sed` permite realizar esta operación sustituyendo directamente en el archivo la cadena de caracteres `root=/dev/mmcblk0p2` por `root=/dev/sda2`.

```
pi@raspberrypi:/mnt/target $ sudo sed -i
"s,root=/dev/mmcblk0p2,root=/dev/sda2,"
/mnt/target/boot/cmdline.txt
```

Observación

El comando entre sudo... y ... txt se debe introducir en una sola línea.

8.9 Modificación del archivo fstab

El montaje automático de los diferentes sistemas de archivos se configura en el archivo */etc/fstab*. Originalmente, el montaje de los sistemas de archivos se hacía desde la tarjeta micro SD (*mmcblk0p*). Hay que sustituir el origen de los sistemas de archivos por la llave USB (*sda*). De nuevo, es el comando `sed` el que se va a encargar de la operación:

```
pi@raspberrypi:/mnt/target $
sudo sed -i "s,/dev/mmcblk0p,/dev/sda," /mnt/target/etc/fstab
```

Observación

El comando entre sudo... y ... fstab se debe introducir en una sola línea.

8.10 Desmontar el sistema de archivos

La preparación del nuevo sistema ya ha terminado. Los sistemas de archivos de la llave USB se deben desmontar correctamente:

```
pi@raspberrypi:/mnt/target $ cd ~
pi@raspberrypi:~ $ sudo umount /mnt/target/boot
pi@raspberrypi:~ $ sudo umount /mnt/target
```

8.11 Encender la Raspberry Pi 3

Para tener en cuenta el nuevo sistema operativo, detenga el sistema operativo:

```
pi@raspberrypi:~ $ sudo poweroff
```

Cuando el sistema se haya detenido (el LED ACT parpadea varias veces y después permanece apagado) puede desenchufar la toma micro USB de alimentación.

8.12 Reinicio de la Raspberry Pi 3

Retire la tarjeta micro SD de su conector. Vuelva a enchufar la toma de alimentación. La Raspberry Pi 3 debe arrancar en Raspberry Pi OS desde la llave USB.

Si el sistema no arranca, verifique que ha respetado todas las etapas de implementación y, eventualmente, inténtelo con otra llave USB.

Es posible obtener más información del sistema con los comandos `fdisk` y `df`:

```
pi@raspberrypi:~ $ fdisk -l
/dev/sda1 2048 194559 192512 94M c W95 FAT32 (LBA)
/dev/sda2 194560 31266815 31072256 14,8G 83 Linux
```

El comando `fdisk` muestra que se utilizan correctamente las particiones de la llave USB (`sda`).

```
pi@raspberrypi:~ $ df -h
Sys. de archivos. Tamaño Utilizado Dispo Uti% Montado en
/dev/root 15G 4,0G 9,8G 29% /
devtmpfs 459M 0 459M 0% /dev
tmpfs 463M 0 463M 0% /dev/shm
tmpfs 463M 6,4M 457M 2% /run
tmpfs 5,0M 4,0K 5,0M 1% /run/lock
tmpfs 463M 0 463M 0% /sys/fs/cgroup
/dev/sda1 93M 20M 73M 22% /boot
tmpfs 93M 0 93M 0% /run/user/1000
```

El comando `df` muestra que los sistemas de archivos están conformes a lo que se ha implementado durante la transferencia del sistema operativo:

`/ ocupa 15 GB (/dev/root)` y `/boot` ocupa prácticamente 100 MB (93 MB exactamente para `/dev/sda1`).

9. Conclusión

La Raspberry Pi ahora arranca en el disco duro o en llave USB. La tarjeta micro SD ya solo se pide para las primeras etapas del boot en el primero caso y se puede eliminar en el segundo caso. No se somete a más desgaste debido a las frecuentes escrituras realizadas por Linux durante su funcionamiento.

El tiempo de arranque no se ha modificado fundamentalmente. Pero la capacidad disponible ha aumentado enormemente, lo que puede ser útil para algunas aplicaciones.

La tarjeta micro SD utilizada en este capítulo para el arranque sobre el disco duro, ya no se puede utilizar sola. Marque la tarjeta cuidadosamente para que permanezca asociada al disco duro. Bastará con cambiar la tarjeta para probar otras distribuciones, el disco duro seguirá estando disponible para almacenar los datos.

Por el contrario, la tarjeta micro SD utilizada al inicio del capítulo para transferir Raspberry Pi OS a una llave USB siempre se puede utilizar sola, porque el sistema simplemente se ha clonado y la tarjeta micro SD no se ha modificado.

Capítulo 11

¿Qué hacer con la Raspberry Pi?

1. Introducción

Diseñada con fines educativos, la Raspberry Pi ha demostrado su adaptabilidad. El objetivo inicial era sacar a los jóvenes de su estado de consumidores controlados por la informática, y animarlos a desarrollar aplicaciones.

De hecho, la Raspberry Pi ha alcanzado un público mucho más amplio, porque su flexibilidad le ha abierto el camino a decenas de aplicaciones tan variadas como inesperadas. La encontramos en las escuelas y universidades, en la industria, en organismos locales, etc.

Este ordenador, con el tamaño de una tarjeta de crédito, ha llegado al espacio. Ha tomado fotos que ha enviado a la tierra desde 40 km de altura. Un Airbus A380 no pasa de los 13 km...

De manera más cercana, equipa instalaciones domóticas, alarmas, media centers, estaciones meteorológicas, centrales telefónicas domésticas, etc. Hace funcionar a robots, cuadricópteros, simuladores de consola de videojuegos, etc.

En este capítulo descubrirá algunas aplicaciones sencillas de implementar y que muestran la diversidad de las aplicaciones al alcance de la Raspberry Pi.

2. Un puesto de escritorio

Para las escuelas dotadas de pocos medios, en países emergentes por ejemplo, el uso de una suite de Microsoft Office en un PC equipado con un sistema operativo Windows no es factible por el coste de las licencias y del hardware.

2.1 Usar LibreOffice

La suite LibreOffice se instala con Raspbian Jessie. Ahora puede disfrutar de una suite de escritorio que permite trabajar con todos los tipos de documentos habituales. El funcionamiento en la Raspberry Pi 3 es aceptable, teniendo en cuenta el precio de la solución completa. Vaya al capítulo Utilizar el modo gráfico para iniciar la suite LibreOffice.

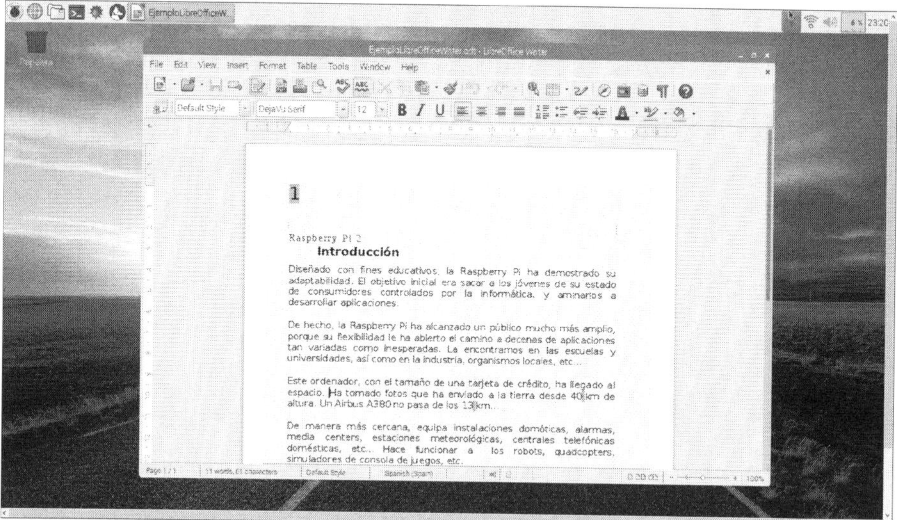

La captura de pantalla anterior muestra este capítulo en LibreOffice.

2.2 Imprimir

La impresión con la Raspberry Pi necesita la instalación de un servidor de impresión CUPS (*Common Unix printing system* = sistema de impresión común a los sistemas Unix y sistemas compatibles).

⇉ Empiece comprobando que su sistema esté actualizado e instale CUPS en la Raspberry Pi.

```
pi@raspberrypi ~ $ sudo apt-get update
pi@raspberrypi ~ $ sudo apt-get upgrade
pi@raspberrypi ~ $ sudo apt-get install cups cups-client
```

⇉ Añada al grupo *lpadmin* el usuario que debe gestionar la impresión. Aquí será *pi*.

```
pi@raspberrypi ~ $ sudo usermod -a -G lpadmin pi
```

Puede comprobar que *pi* pertenece al grupo *lpadmin*, mostrando todos sus grupos de pertenencia:

```
pi@raspberrypi:~ $ groups pi
pi : pi adm dialout cdrom sudo audio video plugdev games users
input netdev spi i2c gpio lpadmin
```

El acceso a CUPS se hace con un navegador local en la Raspberry Pi, en la dirección *localhost* a través del puerto 631. Por defecto, el acceso remoto está prohibido. La interfaz de CUPS está en español.

La versión de CUPS en el momento de escribir estas líneas es la 1.7.5. Esta versión podría ser diferente a la que instale CUPS, pero el uso no será fundamentalmente diferente.

⇉ Dentro de la sección **CUPS para administradores**, seleccione la opción **Añadiendo impresoras y clases**.

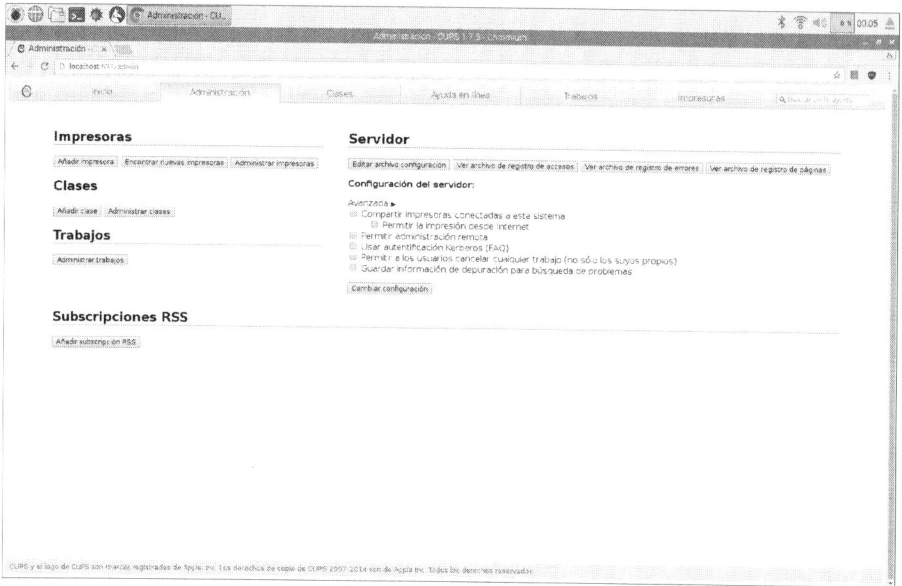

⇉ Se abre la ventana que permite agregar impresoras (imagen anterior). En **Impresoras**, pulse el botón **Añadir impresora**.

Se requiere autenticación ×

http://localhost:631 necesita un nombre de usuario y una contraseña.

Nombre de usuario: pi

Contraseña: *********

✔ Recordar Contraseña

Cancelar | Iniciar sesión

⇉ Se solicita autentificación. Introduzca el identificador y la contraseña del usuario que ha añadido anteriormente al grupo *lpadmin*. Si solo va a utilizar CUPS, seleccione **Recordar Contraseña** y a continuación valide pulsando en el botón **Aceptar**.

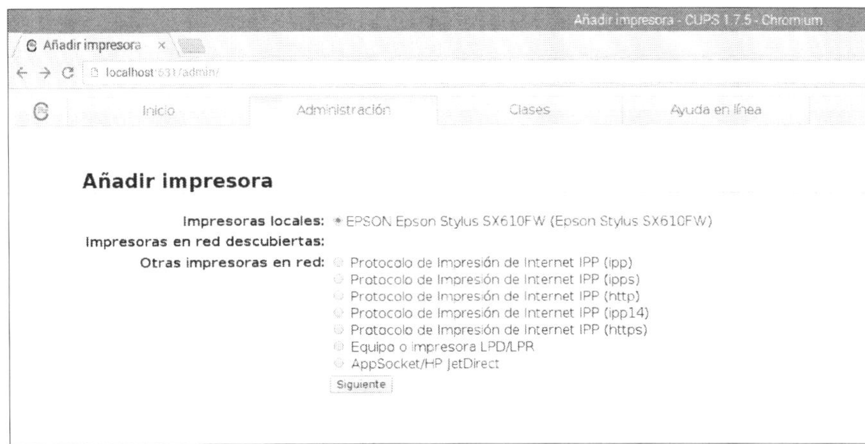

⇉ Seleccione la impresora que desea añadir. Si la impresora está conectada a la Raspberry Pi (en la red o en un puerto USB), se reconocerá y se mostrará. Aquí será una Epson Stylus. Adapte esta selección en función de su impresora. A continuación, será necesario indicar a CUPS cómo enviará la información a la impresora.

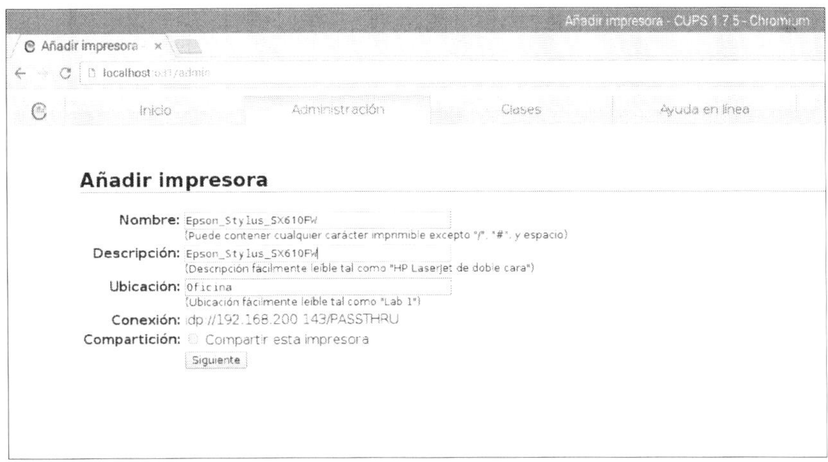

⇉La siguiente pantalla está parcialmente rellena con la información recogida por CUPS. Agregue información acerca de la ubicación de la impresora (aquí: **Oficina**) y pulse en el botón **Siguiente**. Si desea compartir esta impresora con otros usuarios, marque la opción **Compartir esta impresora**.

⇉La pantalla anterior permite realizar una selección en la (larga) lista de modelos disponibles de un fabricante. Seleccione el modelo exacto de su impresora o el modelo más cercano y pulse en el botón **Añadir impresora**.

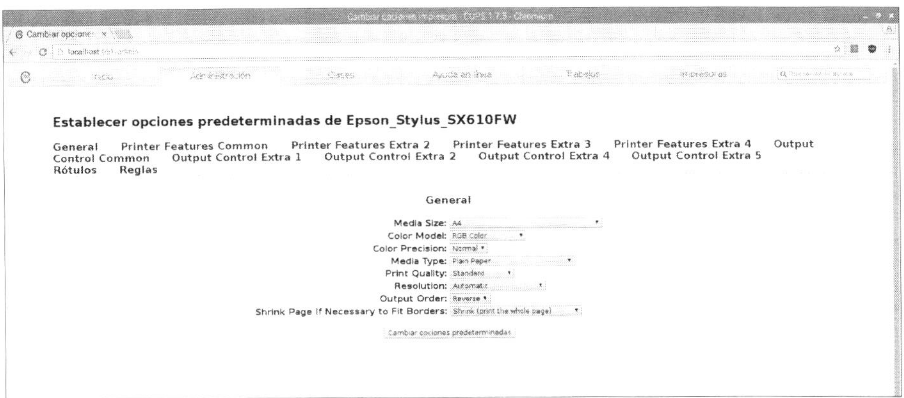

⇉ A continuación podrá definir las opciones por defecto que usará su impresora. En caso de la Epson Stylus puede definir, entre otros, el formato de papel, el modo de impresión de los colores, la calidad de impresión, la resolución, etc... También puede agregar banners entre las diferentes impresiones si hay varios usuarios (menú en la parte superior de la página).

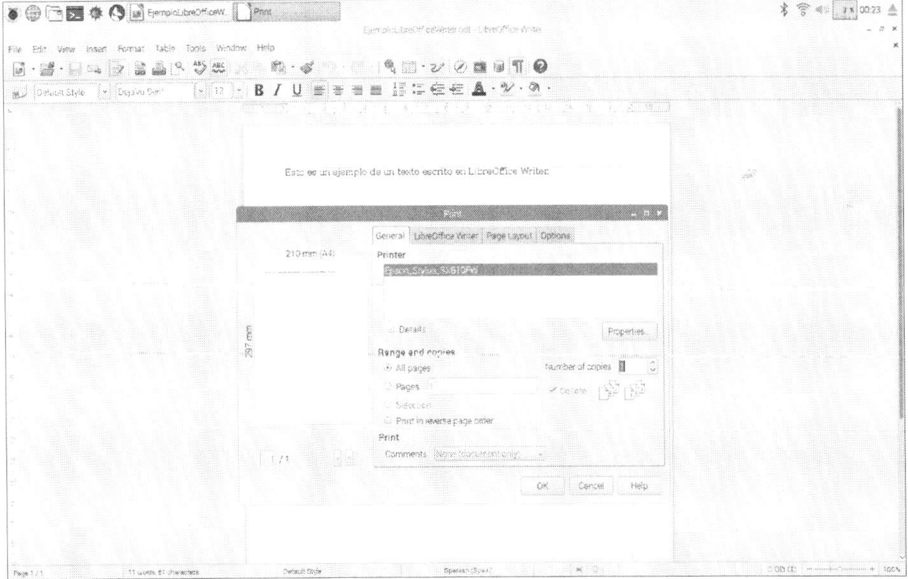

Ahora, la impresora aparece en las aplicaciones. Aquí se va a imprimir un documento abierto en LibreOffice.

⇒ Pulse en **File - Print** para abrir el menú de impresión. Si tiene varias impresoras, aparecen en la ventana **Printer**. Seleccione la impresora que desea utilizar y pulse en el botón **Properties** para configurar la impresión.

La impresión de páginas de texto es prácticamente instantánea. Los documentos con imágenes o los PDF tardan más tiempo en salir, en particular si la Raspberry Pi está ocupada haciendo otras tareas simultáneamente.

3. Un centro multimedia

Con cuatro núcleos funcionando a 1,2 GHz, el SoC de la Raspberry Pi 3 está provisto de una GPU que permite tratar vídeo en 1.080p. Por lo tanto, está adaptado para la realización de un centro multimedia doméstico.

El bajo consumo de la Raspberry Pi permite usar la tarjeta sin ventilación forzada. Normalmente, el ruido de la ventilación es un inconveniente en los aparatos destinados a reproducir vídeo y sonido. Con la Raspberry Pi 3, este inconveniente se elimina totalmente. Sin embargo, para un uso intensivo la utilización de un radiador adaptado permite mantener una temperatura razonable del SoC.

El centro multimedia XBMC se ha adaptado a la Raspberry Pi y varias distribuciones ofrecen un paquete sencillo de instalar y configurar: OpenELEC, Raspbmc o XBian.

Observación

Las capturas de pantalla de LibreElec son muy oscuras en blanco y negro, el fondo de pantalla de esta aplicación era azul oscuro y negro. Sin embargo en una pantalla el texto se lee perfectamente.

3.1 Instalar LibreElec

LibreElec (*Libre Embedded Linux Entertainment Center* = Centro multimedia libre incorporado en Linux) es el elegido porque es relativamente sencillo de desplegar para un primer centro multimedia. LibreElec es una distribución ligera que integra el centro multimedia KODI.

⇉ Para descargarlo, vaya a la página **Download** del sitio web raspberrypi.org.

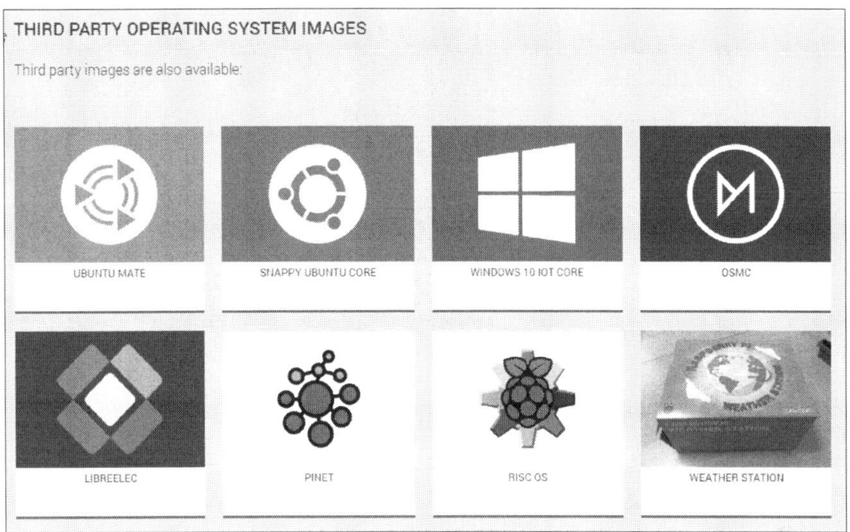

LibreElec está situado en la parte inferior izquierda en la captura de pantalla anterior, pero la página de descarga de la fundación evoluciona y los sistemas propuestos por terceros así como las ubicaciones pueden cambiar cuando instale LibreElec.

⇉ Cuando pulse en el logo LibreElec, el enlace le dirige a la página de bienvenida de LibreElec. En el menú situado en la parte superior de la página de bienvenida de LibreElec, pulse en **Download**.

Una vez en la página de descarga, busque en la página la zona siguiente.

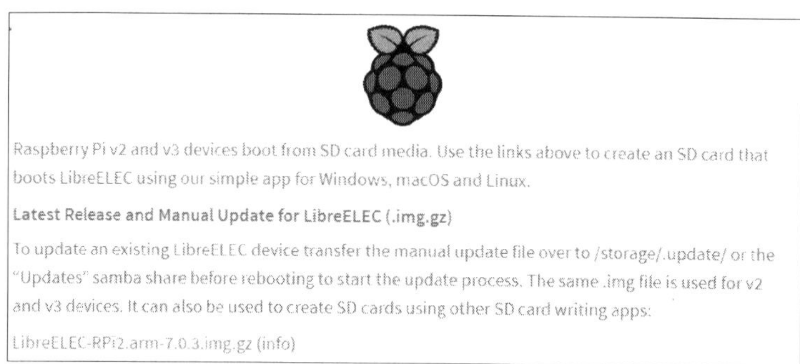

⇉ Pulse en **LibreELEC-RPi2.arm-7.0.3.img.gz (info)** para descargar la imagen en formato .gz que desea instalar en Raspberry Pi 3. Solo ocupa 116 MB. Guárdela después y descomprima el archivo para extraer el archivo .img.

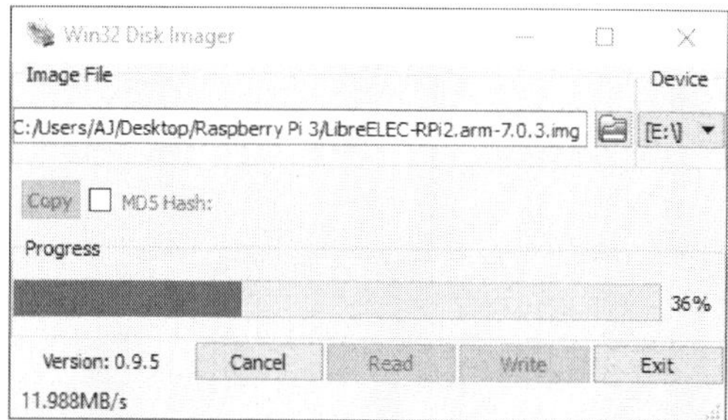

El procedimiento de instalación con Win32DiskImager (imagen anterior) es idéntico al de Raspbian. Vaya al capítulo Preparar la tarjeta micro SD para obtener más detalles.

⇉ Cuando la escritura de la imagen en la tarjeta micro SD haya terminado, inserte la tarjeta en el conector de una Raspberry Pi 3 y conecte la toma de alimentación. LibreElec arranca, muestra una pantalla de bienvenida y redimensiona las particiones, y a continuación reinicia.

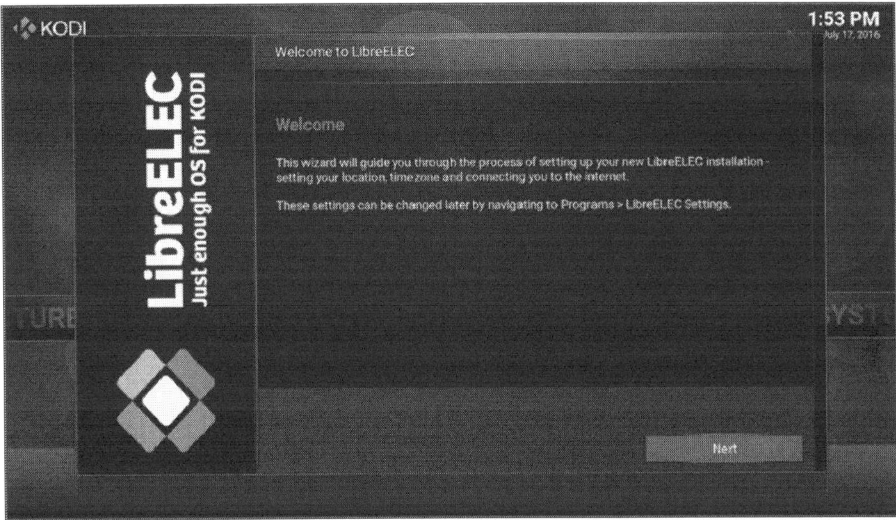

⇉ LibreElec muestra una primera pantalla de bienvenida en inglés. Pulse el botón **Next**. La pantalla siguiente le ofrece renombrar el host, que se llama LibreELEC por defecto. Este es el nombre que designará a la Raspberry Pi en la red. Modifíquelo si le parece necesario y después pulse el botón **Next**.

La siguiente etapa afecta a la conexión de red de su Raspberry Pi.

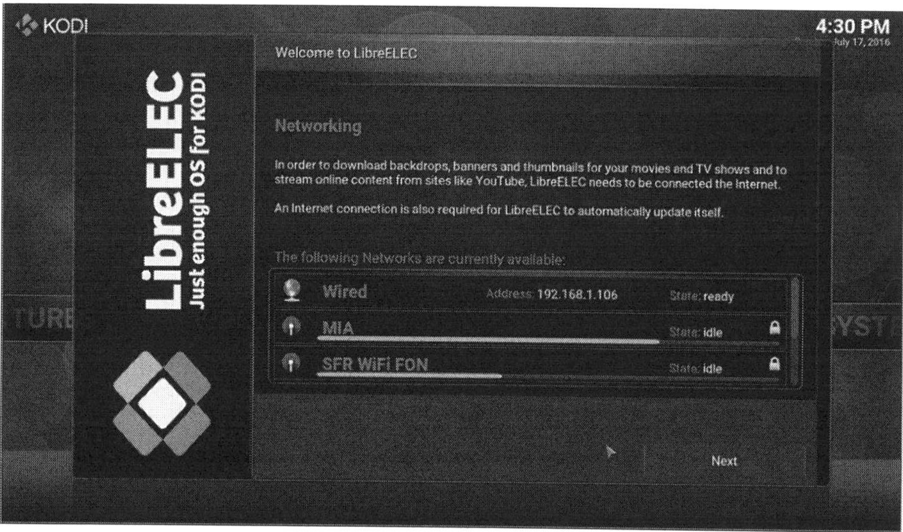

⇉ La red alámbrica (Wired) que estaba conectada a esta Raspberry Pi se ha configurado y está lista. Si desea conectar su máquina al Wi-Fi, seleccione su punto de acceso de la lista (aquí **MIA**). Después pulse en **Next** y en **Connect** en la siguiente pantalla.

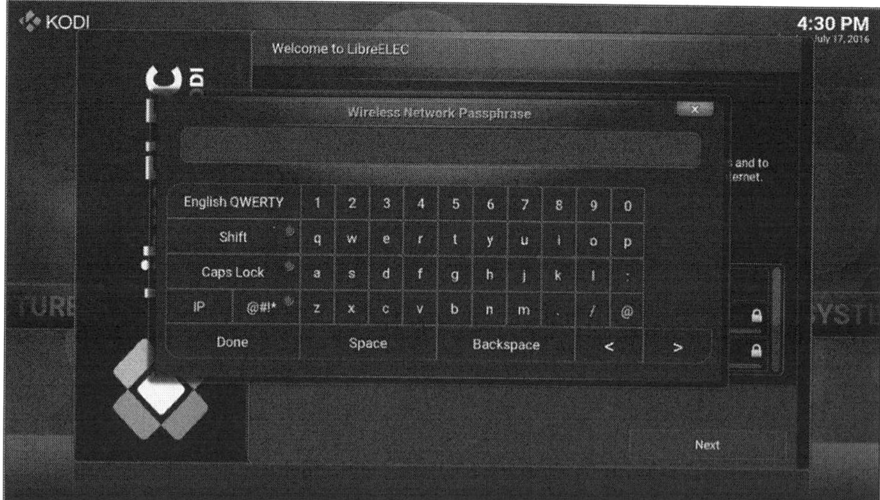

⇉ Ahora debe rellenar la **Passphrase** (la contraseña) de su punto de acceso: el teclado está en QWERTY.

Una vez comprobada la Passphrase, la Raspberry Pi se conecta al Wi-Fi en el punto de acceso y se une a la red.

Ahora LibreElec está conectado a la red. La siguiente pantalla le permite seleccionar si se desea conectar en modo remoto con SSH (utilizando PuTTY, por ejemplo: consulte el capítulo Conectarse a la Raspberry Pi en remoto). En este caso, el login es root y la contraseña libreelec.

Por defecto, está marcada la opción **Samba**. Esto permite compartir LibreElec en la red y poder agregar películas, música, etc... en la memoria de la Raspberry Pi desde un ordenador conectado a la red.

⇉ Termine de arrancar LibreElec pulsando el botón **Next**. Llegará a la pantalla de bienvenida de Kodi (imagen anterior).

3.2 Configuración

Después de la configuración básica, ahora es necesario configurar la distribución para adaptarla a sus necesidades. La primera acción a realizar es pasar Kodi a español.

⇉ Vaya al menú **System** - **Settings** - **Appearance** - **International** (siguiente imagen).

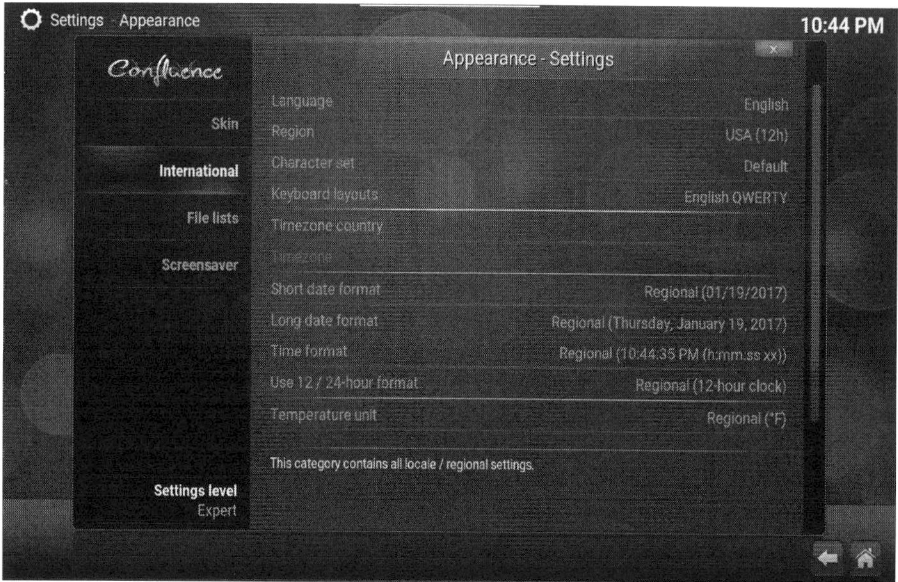

⇉ Modifique los parámetros de esta pantalla para 'españolizar' la distribución:

- Languaje (Idioma): Spanish
- Region (Región): España (24 horas)
- Keyboard layouts (Distribuciones de teclado): Spanish QWERTY
- Timezone country (País del huso horario): Spain

Pulse en la zona a modificar y seleccione la opción adecuada de la lista desplegable.

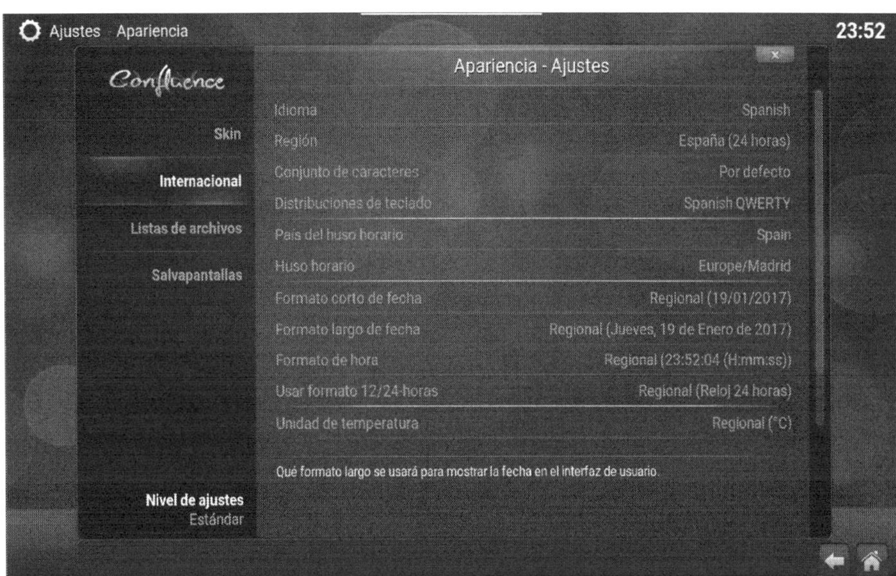

Con esta configuración, los menús de LibreElec estarán en español y la información se mostrará en un formato adaptado a las costumbres locales.

Observe en la parte inferior izquierda de la captura de pantalla anterior la posibilidad de ajustar el **Nivel de ajustes** en función de su dominio del tema (Básico, Estándar, Avanzado, Experto).

Los dos iconos en la parte inferior derecha de la pantalla le permiten volver a la pantalla anterior o al menú principal.

⇉ Para terminar de configurar la distribución, vaya al menú **System - LibreElec**.

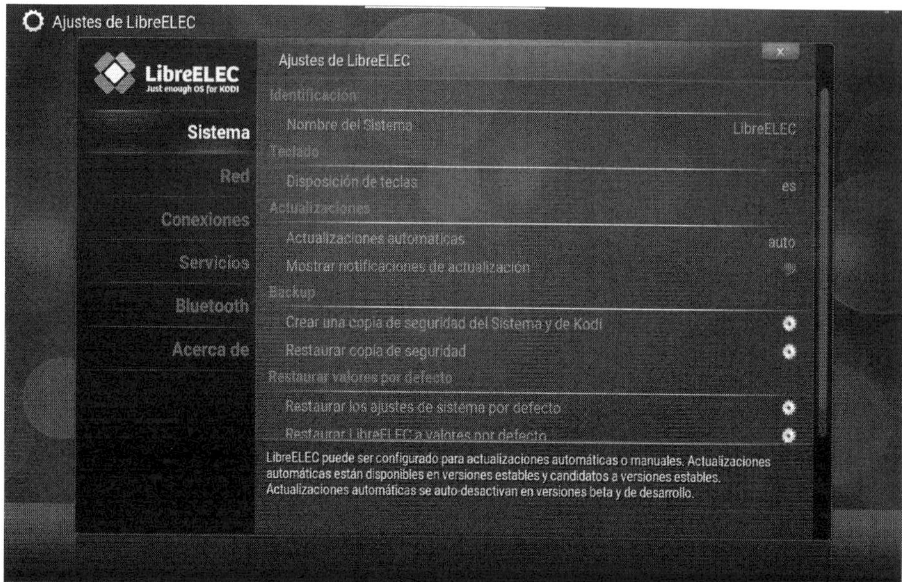

⇉ Ajuste la disposición del teclado en **es-latin9**, configure las actualizaciones en modo **auto**, con lo que no tendrá que preocuparse de hacer una búsqueda manual a partir de este momento.

⇉ Si desea controlar su centro multimedia desde otro ordenador/tableta, es posible partir de un navegador web. Vaya al menú **Sistema** - **Ajustes de LibreELEC** - **Servicios** - **Servidor Web** y rellene los campos de la siguiente manera.

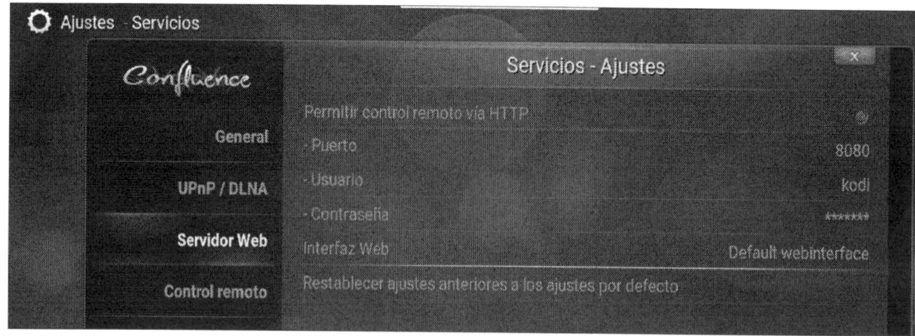

El acceso remoto por http está permitido desde un navegador, en la dirección de la Raspberry Pi a través del puerto **8080: http://192.168.1.107:8080** (cambie la dirección por la de su Raspberry Pi).

⇉ Durante la conexión debe guardar un login (por defecto kodi) y una contraseña (por simplicidad, he conservado kodi).

Ahora tiene acceso a un pantalla que tiene un mando a distancia con el que puede controlar su centro multimedia (en la pantalla anterior, lectura de música).

3.3 Utilizar el centro multimedia

Su centro multimedia ahora está listo para usarse. Para mostrar las posibilidades del software, las siguientes secciones van a explicar cómo leer música desde la tarjeta micro SD de la Raspberry Pi 3 y después cómo leer una película desde un recurso compartido remoto (PC, Box, NAS...).

3.3.1 Escuchar la música en local

En primer lugar es necesario copiar la música disponible en el disco duro de su PC a la carpeta **Music**, accesible en el recurso compartido LibreElec.

⇉ En el Explorador de archivos de su PC, pulse en la sección **Red**. LibreElec debería aparecer entre el resto de recursos compartidos disponibles (impresoras, carpetas, etc...). Si no está, abra el menú de Windows y pulse en **Ejecutar**. En la zona de texto introduzca **\\LibreElec** o **\\direcciónIP_de la_Raspberry_Pi**. Aparecen las carpetas compartidas por LibreElec.

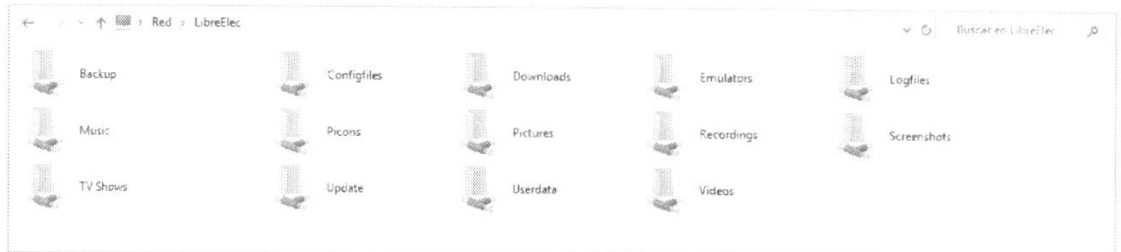

⇉ La carpeta Music está a la derecha de esta captura de pantalla. En su PC, seleccione los títulos mp3 que desee escuchar, haga clic derecho en estos archivos y seleccione **Copiar**. Abra la carpeta compartida **Music** y copie allí los títulos seleccionados.

⇉ En LibreElec, vuelva al menú principal y seleccione **MÚSICA** - **Archivos**, como en la siguiente captura de pantalla.

⇉ En la pantalla siguiente, pulse en la carpeta **Music**. Esta se abre y muestra la lista de canciones disponibles. Haciendo doble clic en una canción, comenzará a sonar.

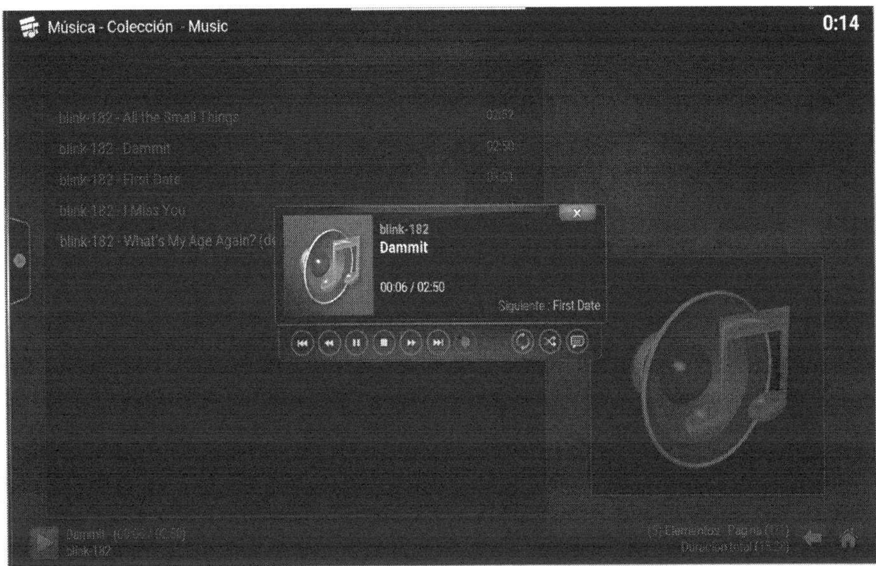

El control de lectura está disponible en la pantalla de LibreElec como antes, pero también en modo remoto en un PC si el sitio web se ha configurado, o incluso en un smartphone como se muestre a continuación.

Esta captura de pantalla, realizada en un Samsung Galaxy S4, muestra que es perfectamente viable gestionar la reproducción de manera remota desde un ordenador, un smartphone o una tableta. Si la Raspberry Pi está conectada a un televisor HDMI compatible con CEC, el control remoto del televisor también se podrá utilizar, las órdenes se enviarán a LibreElec a través del cable HDMI (ver más adelante la sub-sección Utilizar el mando a distancia).

3.3.2 Ver una película en modo remoto

El almacenamiento de las películas generalmente no se hace en la tarjeta micro SD de la Raspberry Pi. Se pueden almacenar en un PC familiar, en el disco duro de una box Internet o en un disco duro de copia de seguridad compartido.

Para la siguiente demonstración, las películas están guardadas en un PC con Windows 7, en una carpeta compartida con el nombre de recurso compartido *FILMS*. El PC y la Raspberry Pi están conectados en una red por cable. Hay que indicar a LibreElec dónde se encuentran las películas que desea ver, añadiendo una fuente de vídeo.

⇉ En el menú principal, pulse en **Vídeo** - **Archivos** y después en la pantalla siguiente **Añadir Videos**. En la ventana que se abre puede indicar la ruta de la fuente de los vídeos, si la conoce. En caso contrario, pulse en el botón **Buscar** (siguiente captura de pantalla).

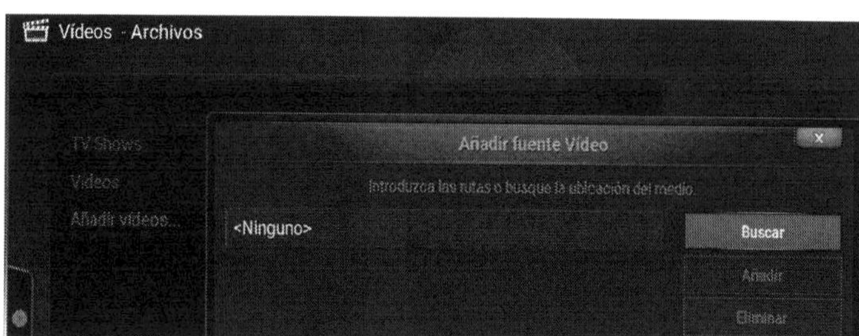

⇉ Una lista le permite seleccionar las posibles fuentes. Pulse en **Examinar** y después en **Red Windows (SMB)**. Examine la red hasta encontrar el recurso compartido al que desea conectarse. Selecciónelo y pulse en **OK**.

⇉ Debe registrar el nombre de usuario y la contraseña para conectarse en la máquina remota. Si tiene que usar varios recursos compartidos, repita la operación tantas veces como sea necesario y después valide la lista de las fuentes de vídeo pulsando en **OK**.

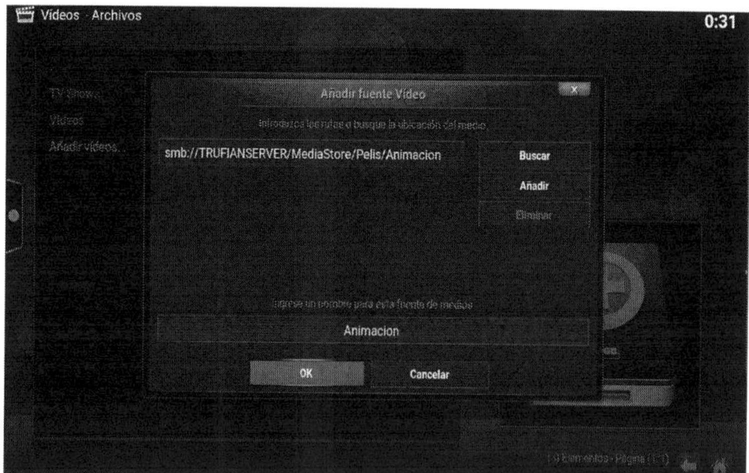

⇉ Una vez agregados el o los recursos compartidos, puede seleccionar la carpeta de la lista en **Vídeos - Archivos**. Se muestra la lista de las películas disponibles. Pulse en la película que desea ver.

La lectura empieza (imagen anterior). La calidad es excelente, sin ningún salto de imagen, a pesar de un vídeo de 1080p.

El uso de LibreElec es muy intuitivo y la reproducción de imágenes, música o vídeos ahora está al alcance de su mando a distancia.

3.4 Utilizar el mando a distancia

La Raspberry Pi es compatible con HDMI CEC (*Consumer Electronics Control* = controlado por el usuario). La mayor parte de las marcas que producen aparatos HDMI garantizan la compatibilidad con esta norma. El nombre comercial dado a la norma varía según los fabricantes: Anynet+ (Samsung), Aquos Link (Sharp), Regza Link (Toshiba), Bravia Theater Sync (Sony), Viera Link (Panasonic), etc.

La norma CEC permite a los diferentes aparatos de un home cinema dialogar entre sí. Por tanto, el mando a distancia de su televisor podrá sustituir al teclado y al ratón de su Raspberry Pi. Muchos usuarios conectan su tarjeta únicamente en HDMI, sin teclado ni ratón.

En este caso, el movimiento por la pantalla del centro multimedia se controla con las teclas del mando a distancia que tienen flecha. Las teclas de lectura, pausa, parada, avance y retroceso rápido se utilizan para la lectura de vídeos.

Son muchas las posibilidades de configuración y ajuste de LibreElec, pero la configuración básica permite usarlo de manera sencilla. Recorra los diferentes menús disponibles para descubrir todas las opciones.

4. Un servidor web

Hoy en día, cualquier persona sube a la web la información que desea compartir. Llega el momento de elegir el almacenamiento. Almacenamiento compartido, servidor dedicado en un datacenter, servidor instalado en un antiguo PC, etc. Las opciones son amplias. La llegada de la Raspberry Pi ofrece una solución para los sitios web que alcanzan un número limitado de visitas. El bajo consumo de la Raspberry Pi permite dejarla conectada permanentemente con un coste mínimo. La Raspberry Pi consume 700 mA bajo 5 voltios, es decir 3,5 W. Durante un año, el consumo es de 3,5 W x 24 h x 365 d = 30.660 Wh, es decir, alrededor de 31 kWh. El kWh cuesta una media de 15 céntimos de euro y el coste de almacenamiento de su servidor web sería inferior a 5 euros/año, aproximadamente.

4.1 Instalar el servidor

Una gran parte de los servidores web instalados (50 %) corren en Apache (datos de Web Server Survey - Marzo de 2016). Este servidor puede funcionar en la Raspberry Pi pero tiene un consumo importante de recursos. Para adaptar el servidor a la Raspberry Pi es preferible una solución ligera.

Los servidores web como Nginx o lighttpd consumen muchos menos recursos, proporcionando un servicio eficaz.

4.1.1 Objetivo de la instalación

El objetivo es publicar en Internet un blog alojado en una Raspberry Pi. Se adquirió el nombre de dominio *raspiblog.es* en el registro de dominios BookMyName. La solución que se aplica en este ejemplo es la instalación en Raspbian de un servidor lighttpd. Esta instalación básica funciona perfectamente con páginas estáticas. En segundo lugar, se añade PHP y MariaDB para permitir instalar WordPress y poner en marcha el blog. Será necesario aceptar una ralentización en la carga de las páginas con esta configuración más pesada.

Por último, el router a la que la Raspberry Pi está conectada se configurará para garantizar la publicación del sitio web en Internet. La dirección IP fija del router se debe añadir en la configuración DNS de BookMyName, para que los internautas que escriban https://www.raspberry-pi.org/blog/ terminen en la Raspberry Pi. Consulte la documentación en línea del registro para encontrar los procedimientos de configuración del DNS.

4.1.2 Instalación de Raspbian Lite

El sistema Raspbian Lite se ha elegido para este servidor. La interfaz gráfica no tiene utilidad en este caso y Raspbian se instala en modo texto únicamente en una tarjeta micro SD dedicada para la realización del blog.

La primera operación que hay que hacer es actualizar el sistema.

```
sudo apt-get update
sudo apt-get upgrade
```

Ejecute *raspi-config* y modifique los argumentos correspondientes (nombre del host, teclado, huso horario, etc...). Inicie de nuevo la Raspberry Pi hasta el final de la configuración.

4.1.3 Modificación del nombre del host

Esta modificación no es obligatoria, pero es interesante llamar a cada Raspberry Pi que acceda a la red de manera personalizada. Esto permite identificar rápidamente las máquinas en caso de consulta del entorno de red o de los clientes que tengan un contrato sobre el DHCP del Box/del router.

4.2 Instalación de lighttpd

La instalación de *lighttpd* se hace en modo consola:

```
pi@raspiblog ~ $ sudo apt-get install lighttpd
```

Esta instalación es rápida. El servidor web está operativo muy rápidamente. A este nivel, puede conectarse desde un navegador web a la dirección de la Raspberry Pi. Se muestra la página de bienvenida de *lighttpd*. La prueba se volverá a hacer después de la modificación de los permisos de acceso al directorio del sitio web.

4.2.1 Modificación de los permisos sobre el sitio web

Lighttpd accede al sitio web con el usuario *www-data*. Para facilitar este acceso y permitir al usuario *pi* realizar modificaciones en el sitio web, hay que proceder a realizar algunas modificaciones:

```
pi@raspiblog ~ $ sudo chown -R www-data:www-data /var/www/html
pi@raspiblog ~ $ sudo usermod -a -G www-data pi
pi@raspiblog ~ $ groups pi
pi : pi adm dialout cdrom sudo audio www-data video plugdev games
users netdev input lpadmin indiecity spiuser spi gpio
pi@raspiblog ~ $ sudo chmod -R g+ws /var/www/html
```

El comando `chown` hace que el usuario y el grupo *www-data* sean propietarios del directorio */var/www/html*, así como de los sub-directorios si existen (-R).

El comando `usermod` añade al usuario *pi* al grupo *www-data*, lo que confirma la visualización de los grupos a los que el usuario *pi* pertenece (comando `groups pi`).

Para terminar, el comando `chmod -R g+ws /var/www/html` establece el bit Setgid. Gracias a este bit Setgid, todos los archivos y directorios creados en */var/www/html* por cualquier usuario pertenecerán obligatoriamente al grupo *www-data*. Esto garantiza el acceso a los archivos y directorios por *lighttpd*, así como por el usuario *pi*.

Observación

Para que estos nuevos permisos se puedan tener en cuenta, desconéctese (cierre la sesión) y conéctese de nuevo.

4.2.2 Verificación del servidor web

⇒ Conéctese con un navegador web desde una máquina en Linux, Windows o Android que esté en la misma red que la Raspberry Pi. En la barra de dirección, escriba la dirección de la Raspberry Pi. El navegador muestra la página por defecto de *lighttpd*.

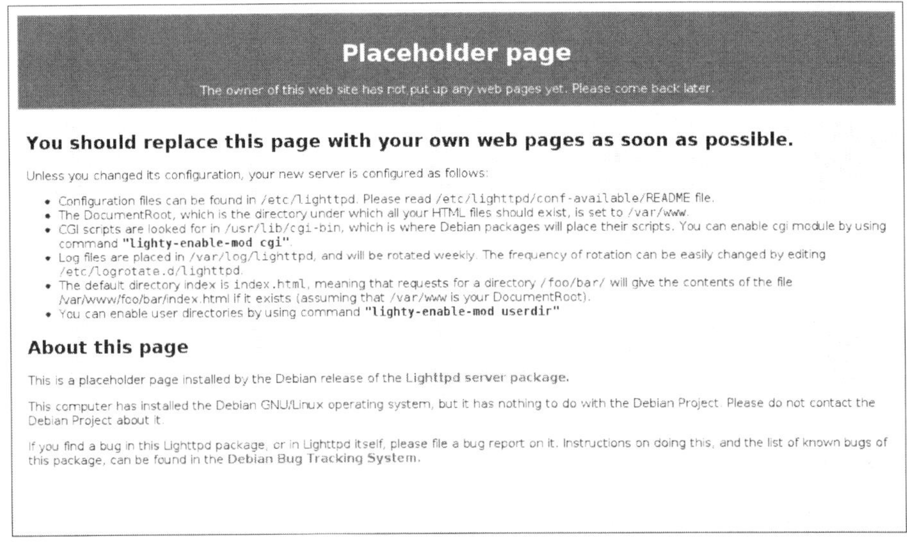

Placeholder page

The owner of this web site has not put up any web pages yet. Please come back later.

You should replace this page with your own web pages as soon as possible.

Unless you changed its configuration, your new server is configured as follows:

- Configuration files can be found in /etc/lighttpd. Please read /etc/lighttpd/conf-available/README file.
- The DocumentRoot, which is the directory under which all your HTML files should exist, is set to /var/www.
- CGI scripts are looked for in /usr/lib/cgi-bin, which is where Debian packages will place their scripts. You can enable cgi module by using command **"lighty-enable-mod cgi"**.
- Log files are placed in /var/log/lighttpd, and will be rotated weekly. The frequency of rotation can be easily changed by editing /etc/logrotate.d/lighttpd.
- The default directory index is index.html, meaning that requests for a directory /foo/bar/ will give the contents of the file /var/www/foo/bar/index.html if it exists (assuming that /var/www is your DocumentRoot).
- You can enable user directories by using command **"lighty-enable-mod userdir"**

About this page

This is a placeholder page installed by the Debian release of the Lighttpd server package.

This computer has installed the Debian GNU/Linux operating system, but it has nothing to do with the Debian Project. Please do not contact the Debian Project about it.

If you find a bug in this Lighttpd package, or in Lighttpd itself, please file a bug report on it. Instructions on doing this, and the list of known bugs of this package, can be found in the Debian Bug Tracking System.

La página web mostrada está en el directorio */var/www/html* y se llama *index.lighttpd.html*. Esta es la página de bienvenida por defecto.

Basta con crear una página *index.html* en el directorio */var/www/html* para que la página de lighttpd se sustituya por esta última.

- Cree la página index.html con el editor de texto nano. Introduzca el contenido siguiente:

```
<html>
<body>
<h1>Página de Test</h1>
</body>
</html>
```

⇉ Refresque y compruebe con su navegador que se muestra la página *index.html*. Debe obtener el siguiente resultado:

Si estas comprobaciones son correctas, puede poner en marcha un sitio web con páginas estáticas. Es posible usar LibreOffice para crear páginas web. Las imágenes se guardarán en el directorio */var/www/html* para evitar errores de visualización.

Observación

Evite dar a sus páginas web nombres que contengan mayúsculas, caracteres acentuados, espacios u otros caracteres especiales.

4.3 Instalación de PHP

Aunque un sitio formado por páginas estáticas es suficiente para empezar en Internet, pronto se convierte en algo pesado de mantener. Establecer un lenguaje de programación ejecutado en el servidor facilita el desarrollo de sitios dinámicos.

El lenguaje PHP presente en las páginas web se ejecuta en el servidor y el resultado del programa PHP se envía al navegador del internauta.

Observación

PHP 7 es la última versión de PHP, más rápida y con menos consumo de recursos que la versión PHP 5. En el momento de escribir estas líneas, esta versión no está disponible en Raspbian.

4.3.1 Instalar PHP 5 en la Raspberry Pi

```
pi@raspiblog :/var/www/html $ sudo apt-get install php5-cgi php5-mysql
Lectura de las listas de paquetes... Terminado
Construcción del árbol de dependencias
.../...
Se instalarán los siguientes paquetes nuevos:
 libmysqlclient18 libonig2 libperl4-corelibs-perl libqdbm14 lsof
mysql-common
  php5-cgi php5-cli php5-common php5-json php5-mysql php5-readline
0 actualizados, 8 instalados de nuevo, 0 eliminados
y 0 no actualizados.
Es necesario 5 803 KB de espacio para los archivos.
Después de esta operación se utilizarán 30,0 MB de espacio adicional
en disco.
¿Desea continuar? [S/N] s
```

4.3.2 Indicar a lighttpd que debe usar PHP

```
pi@raspiblog /var/www/html $ sudo lighttpd-enable-mod fastcgi
Enabling fastcgi: ok
Run /etc/init.d/lighttpd force-reload to enable changes
pi@raspiblog /var/www/html $ sudo lighttpd-enable-mod fastcgi-php
Enabling fastcgi-php: ok
Run /etc/init.d/lighttpd force-reload to enable changes
pi@raspiblog /var/www/html $ sudo service lighttpd force-reload
```

La instalación de los módulos *fastcgi* establece una pasarela que permite a lighttpd comunicarse con PHP. CGI significa *Comon Gateway Interface*, es decir, interfaz de pasarela común.

Después de la instalación de PHP, el refresco de la página *index.html* no muestra ninguna modificación en esta página. Para que PHP funcione, la página debe tener como extensión .php.

4.3.3 Renombrar la página index.html por index.php

```
pi@raspiblog /var/www $ sudo mv index.html index.php
```

El refresco de la página sigue sin cambiar nada: la página PHP se ejecuta, pero solo contiene el código HTML anterior.

4.3.4 Comprobación de la instalación de PHP

Para probar el correcto funcionamiento de PHP, es necesario añadir código PHP en la página. La función `phpinfo()` muestra mucha información de la instalación de PHP. En general, es la primera función que se ejecuta en PHP. Obligatoriamente hay que eliminar el archivo que contiene `phpinfo()` cuando el sitio esté en línea. La cantidad de información proporcionada por esta función facilita los ataques contra su sitio Web.

⇉ Modifique la página *index.php* con el editor de texto *nano*. Añada la línea que contiene `phpinfo()`:

```
<html>
<body>
<h1>Página de Test </h1>
<br> <?php phpinfo();?>
</body>
</html>
```

- **<?php** abre la etiqueta PHP e indica al servidor que la línea contiene código que se debe interpretar on PHP.
- **phpinfo()** es el código PHP a ejecutar.
- **;** marca el final de la línea de código. Este punto y coma es obligatorio.
- **?>** cierra la etiqueta PHP e indica al servidor que el código que viene a continuación es de nuevo HTML.

⇉ Refresque y compruebe con su navegador que la página *index.php* muestra ahora el título **Página de Test**, seguido de la información proporcionada por `phpinfo()`.

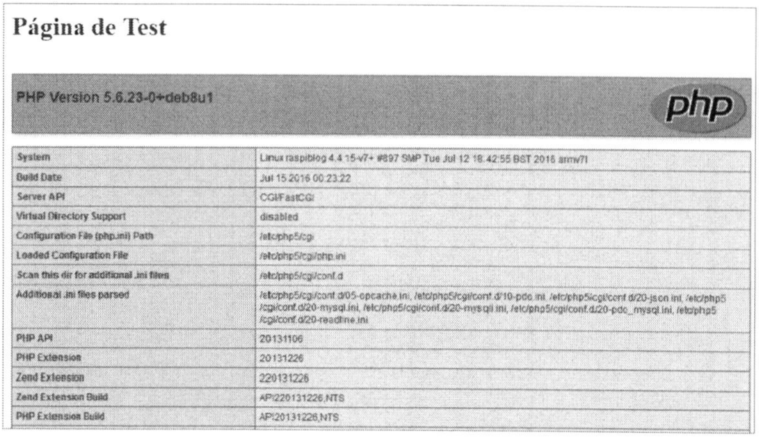

Página de Test

PHP Version 5.6.23-0+deb8u1

php

System	Linux raspiblog 4.4.15-v7+ #897 SMP Tue Jul 12 18:42:55 BST 2016 armv7l
Build Date	Jul 15 2016 00:23:22
Server API	CGI/FastCGI
Virtual Directory Support	disabled
Configuration File (php.ini) Path	/etc/php5/cgi
Loaded Configuration File	/etc/php5/cgi/php.ini
Scan this dir for additional .ini files	/etc/php5/cgi/conf.d
Additional .ini files parsed	/etc/php5/cgi/conf.d/05-opcache.ini, /etc/php5/cgi/conf.d/10-pdo.ini, /etc/php5/cgi/conf.d/20-json.ini, /etc/php5/cgi/conf.d/20-mysql.ini, /etc/php5/cgi/conf.d/20-mysqli.ini, /etc/php5/cgi/conf.d/20-pdo_mysql.ini, /etc/php5/cgi/conf.d/20-readline.ini
PHP API	20131106
PHP Extension	20131226
Zend Extension	220131226
Zend Extension Build	API220131226,NTS
PHP Extension Build	API20131226,NTS

Solo con añadir la función `phpinfo()`, se ha generado en el servidor una página web de varios centenares de líneas. Esto es una típica página web dinámica: un código de pocas líneas que genera la visualización automática de centenares de líneas de información.

4.4 Instalación de MariaDB

Después de instalar PHP, la siguiente etapa es la instalación de una base de datos. La empresa creadora y propietaria de MySQL fue comprada por Sun Microsystems en 2008. En 2009 la compra de Sun Microsystems por Oracle ha generado cierta polémica, ya que Oracle desarrolla su propia base de datos: Oracle Database. Michael Widenius, creador de MySQL creó MariaDB para poder continuar el desarrollo del proyecto en open source. Las pruebas muestran que MariaDB no tiene nada que envidiar a MySQL en la mayor parte de los dominios de uso. En Raspbian, durante mucho tiempo solo ha estado disponible la base de datos MySQL, pero MariaDB ahora está integrada en la distribución. Las dos bases de datos son totalmente compatibles y el cambio de una por otra se hace sin modificaciones particulares. En el futuro, será posible instalar MariaDB en Raspbian.

4.4.1 Instalar la base de datos MariaDB en la Raspberry Pi

```
pi@raspiblog:/var/www/html $ sudo apt-get install mariadb-server
Lectura de las listas de paquetes... Terminado
Construcción del árbol de dependencias
.../...
Se instalarán los siguientes paquetes nuevos:
  mariadb-client-10.0 mariadb-client-core-10.0 mariadb-common
mariadb-server
  mariadb-server-10.0 mariadb-server-core-10.0
0 actualizados, 11 instalados de nuevo, 0 eliminados y 0 no
actualizados.
```

```
Es necesario 10,5 MB de espacio para los archivos.
Después esta operación, se utilizarán 116 MB de espacio en disco
adicionales.
¿Desea continuar? [S/N]
```

Durante la instalación, es necesario introducir una contraseña que se utilizará para el acceso a la base de datos.

Observación

Si la Raspberry Pi está conectada realmente a Internet, seleccione una contraseña robusta formada, al menos, por 8 caracteres y que contenga una mezcla de minúsculas, mayúsculas, cifras y caracteres especiales.

4.4.2 Seguridad de MariaDB

El uso de MariaDB, en particular en una Raspberry Pi conectada a Internet, obliga a dar seguridad de manera rigurosa a la base de datos. El comando `mysql_secure_installation` realiza esta operación. El procedimiento (en inglés) funciona en forma de pregunta-respuesta, para guiarnos con una instalación segura.

```
pi@raspiblog:/var/www/html $ mysql_secure_installation

NOTE: RUNNING ALL PARTS OF THIS SCRIPT IS RECOMMENDED
FOR ALL MariaDB
      SERVERS IN PRODUCTION USE!  PLEASE READ EACH STEP CAREFULLY!

In order to log into MariaDB to secure it, we'll need the current
password for the root user.  If you've just installed MariaDB, and
you haven't set the root password yet, the password will be blank,
so you should just press enter here.

Enter current password for root (enter for none):
```

Para poder ayudarle a configurar MariaDB, a continuación se muestra la traducción de las preguntas en español:

Set root password? [Y/n] = ¿Configurar una contraseña para root?

La protección de la base de datos empieza por el uso de una contraseña robusta. Evite elegir contraseñas que pudieran figurar en un diccionario utilizado para forzar el acceso: nombres comunes, apellidos, diminutivos, años de nacimiento, etc...). Use una sucesión de letras (mayúsculas y minúsculas), signos aleatorios.

Remove anonymous users? [Y/n] = ¿Eliminar usuarios anónimos?

Por defecto, MariaDB tiene un usuario anónimo. Esto permite a cualquiera conectarse a la base de datos sin tener una cuenta personal. Esto está destinado a facilitar las pruebas, pero se debe evitar si la Raspberry Pi está conectada a Internet.

Disallow root login remotely? [Y/n] = ¿Prohibir el acceso remoto a root?

Normalmente, el administrador *root* solo debe poder conectarse en la máquina en local. Esto prohíbe a un usuario conectarse en remoto, como root, incluso si conoce la contraseña.

Remove test database and access to it? [Y/n] = ¿Eliminar la base de datos de prueba?

Por defecto, la base de datos MariaDB integra una base de datos llamada 'test', a la que puede acceder cualquiera. Está prevista para un entorno de pruebas y no se debe conservar para un uso normal.

**Observación**

En algunas distribuciones, la base de datos 'test' no existe y puede que se le avise mediante un mensaje de error, lo cual no afecta en nada a la configuración de MariaDB.

Reload privilege tables now? [Y/n] = ¿Recargar la tabla de permisos?

Al final de esta operación, la tabla de permisos debe recargarse para tener en cuenta las modificaciones realizadas anteriormente. Cuando la tabla se ha recargado, un mensaje le advierte de que la operación ha terminado y que su base de datos MariaDB es segura.

```
All done!  If you've completed all of the above steps,
your MariaDBinstallation should now be secure.
Thanks for using MariaDB!
```

4.4.3 Probar la instalación de MariaDB

La etapa anterior ha mostrado que MariaDB funciona. Pero después de asignar la seguridad, es interesante probar el funcionamiento de MariaDB.

⇉ Indique la contraseña que ha definido para el acceso a MariaDB, el prompt `MariaDB [(none)]>` aparece después de algunas líneas de información. Para salir de MariaDB, introduzca el comando `exit`; y después [Intro] para volver a la línea de comando.

**Observación**

MariaDB y MySQL eran compatibles, los comandos son idénticos. Esto permite a las aplicaciones diseñadas para funcionar con MySQL migrar a MariaDB sin modificación.

```
pi@raspiblog:/var/www/html $ mysql -u root -p
Enter password:
Welcome to the MariaDB monitor.  Commands end with ; or \g.
Your MariaDB connection id is 51
Server version: 10.0.25-MariaDB-0+deb8u1 (Raspbian)

Copyright (c) 2000, 2016, Oracle, MariaDB Corporation Ab and others.

Type 'help;' or '\h' for help. Type '\c' to clear the current
input statement.
```

```
MariaDB [(none)]> help

General information about MariaDB can be found at
http://mariadb.org

List of all MySQL commands:
Note that all text commands must be first on line and end with ';'
?         (\?) Synonym for `help'.
clear     (\c) Clear the current input statement.
connect   (\r) Reconnect to the server. Optional arguments are db
and host.
.../..
warnings  (\W) Show warnings after every statement.
nowarning (\w) Don't show warnings after every statement.

For server side help, type 'help contents'

MariaDB [(none)]> exit
```

Esta conexión a la base de datos y la ejecución del comando `help` son una muestra de que la base de datos funciona correctamente.

4.4.4 Creación de la base de datos para WordPress

El CMS (*Content Management System* = sistema de gestión de contenido) WordPress se basa en el uso de una base de datos. En esta base de datos se han registrado los artículos y sus comentarios, los enlaces a las imágenes, los usuarios, etc... Para permitir la instalación de WordPress, inicialmente es necesario crear una base de datos que le permita trabajar.

La creación de una base de datos necesita ejecutar MariaDB como usuario *root*. Introduzca la contraseña que haya utilizado durante la instalación de MariaDB. La base de datos creada para WordPress se llama raspiblog. El comando `CREATE DATABASE raspiblog`; realiza esta operación. `USE raspiblog` indica a MariaDB que debe usar esta base de datos. MariaDB indica el éxito de la operación, mostrando el nombre de la base de datos entre paréntesis en el prompt. `SELECT DATABASE();` permite mostrar la información relativa a la base de datos que se está usando.

Observación

El punto y coma con el que termina cada comando, indica a MariaDB que el comando ha terminado y que puede ejecutarlo. Ante todo, no hay que omitirlo.

```
pi@raspiblog:/var/www/html $  mysql -u root -p
Enter password:
Welcome to the MariaDB monitor.  Commands end with ; or \g.
Your MariaDB connection id is 52
Server version: 10.0.25-MariaDB-0+deb8u1 (Raspbian)

Copyright (c) 2000, 2016, Oracle, MariaDB Corporation Ab and others.

Type 'help;' or '\h' for help. Type '\c' to clear the current
```

```
input statement.

MariaDB [(none)]> CREATE DATABASE raspiblog;
Query OK, 1 row affected (0.00 sec)

MariaDB [(none)]> USE raspiblog;
Database changed
MariaDB [raspiblog]> SELECT DATABASE();
+------------+
| DATABASE() |
+------------+
| raspiblog  |
+------------+
1 row in set (0.00 sec)

MariaDB [raspiblog]>
```

4.4.5 Asignación de los permisos en la base de datos

Ahora hay que asignar al usuario de la base de datos (*root*) los permisos que le permitirán acceder a todas las tablas de la base de datos. Los permisos se dan en raspiblog.* para garantizar este acceso.

Observación

El signo * es un carácter llamado comodín. Sustituye a todos los caracteres. De esta manera, el usuario tendrá acceso a todas las tablas de la base de datos.

Sustituya `contraseña` por la contraseña seleccionada durante la instalación de MariaDB.

```
MariaDB [raspiblog]> GRANT ALL PRIVILEGES ON raspiblog.* TO
root@localhostIDENTIFIED BY "contraseña";
Query OK, 0 rows affected (0.00 sec)
```

Para tener en cuenta las modificaciones de los permisos asignados a root, ejecute el comando `FLUSH PRIVILEGES;`.

```
MariaDB [raspiblog]> FLUSH PRIVILEGES;
Query OK, 0 rows affected (0.00 sec)
```

La configuración de la base de datos ha terminado y puede salir de MariaDB con el comando `exit;`.

```
MariaDB [raspiblog]> exit;
Bye
```

El sitio web está listo para la puesta en marcha de páginas web dinámicas. La primera solución es desarrollar las páginas en PHP-MariaDB, aunque actualmente existen soluciones de CMS. Implementan de manera transparente para el usuario los lenguajes de programación de la parte servidora (PHP) y las bases de datos (MariaDB).

4.5 Instalación de WordPress

Entre estos CMS están Drupal, Joomla y WordPress. Los dos primeros permiten realizar sitios web de envergadura, mientras que WordPress inicialmente estaba más orientado a la creación de blogs, aunque ahora se utiliza para la creación de sitios web estándares. WordPress representa el 38 % de los CMS utilizados (estadísticas 2016 http://trends.builtwith.com/cms). Actualmente es el producto más extendido en este dominio.

4.5.1 Descarga del archivo WordPress

⇉ Descargue del sitio web es.wordpress.org la última versión española de WordPress. El paquete disponible en el repositorio Raspbian no es la última versión disponible. Las versiones más recientes contienen actualizaciones de seguridad importantes si su Raspberry Pi está conectada a Internet.

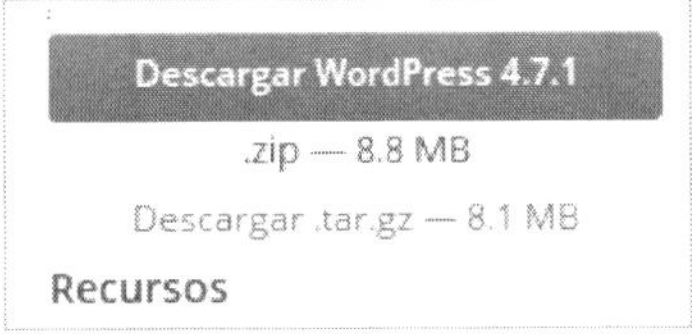

En la página de inicio de WordPress en español, sitúe el ratón en el texto **Descargar .tar.gz - 8.1 MB**. Haga clic con el botón derecho del ratón y copie la dirección del enlace (en la captura de pantalla anterior el enlace se muestra junto al texto para facilitar la lectura). Esta dirección va a servir para descargar el archivo de WordPress en la Raspberry Pi. Sitúese en el directorio */var/www/html*.

Observación

Compruebe el número de la última versión y adapte los comandos que tienen wordpress-4.7.1-es_ES a la versión actual en el momento en que instale WordPress.

```
pi@raspiblog:/var/www/html $ wget https://es.wordpress.org/
wordpress-4.7.1-es_ES.tar.gz
--2016-07-20 19:27:46   https://es.wordpress.org/
wordpress-4.7.1-es_ES.tar.gz
Resolución de es.wordpress.org (es.wordpress.org)...
66.155.40.249, 66.155.40.250
Conexión a es.wordpress.org (es.wordpress.org)
|66.155.40.249|:443... conectado.
Petición HTTP enviada, esperando respuesta... 200 OK
Tamaño: 8210897 (7,8M) [aplicación/byte-stream]
Hacer una copia de seguridad en: «wordpress-4.7.1-es_ES.tar.gz»

wordpress-4.7.1-es_ 100%[====================>]   7,83M
418KB/s   ds 20s
```

```
2016-07-20 09:10:47 (405 KB/s) – « wordpress-4.7.1-es_ES.tar.gz »
registrado [8210897/8210897]
```

4.5.2 Extracción de WordPress

El archivo que contiene WordPress ahora está almacenado en la tarjeta micro SD, en el directorio */var/www/html*. El comando `tar` extrae todos los archivos y crea de nuevo la arborescencia necesaria para el funcionamiento de WordPress.

```
pi@raspiblog:/var/www/html $ tar -xvf wordpress-4.7.1-
es_ES.tar.gz
```

Este comando crea una carpeta *wordpress* que contiene los archivos del CMS.

```
pi@raspiblog:/var/www/html $ ls -al
total 8040
drwxrwsr-x 3 www-data www-data    4096 jul. 20 09:15 .
drwxr-xr-x 3 root     root        4096 jul. 19 21:55 ..
-rw-rwSr-- 1 www-data www-data    3373 jul. 19 21:55
index.lighttpd.html
-rw-r--r-- 1 pi       www-data      84 jul. 19 22:34 index.php
drwxr-sr-x 5 pi       www-data    4096 jun  22 10:17 wordpress
-rw-r--r-- 1 pi      www-data 8210897 jun  22 10:19 wordpress-4.7.1-
es_ES.tar.gz
```

El directorio */var/www/html* está en el estado en el que le ha dejado la instalación y la prueba de lighttpd. Para tener una instalación "propia", es conveniente eliminar los archivos utilizados durante las pruebas:

```
pi@raspiblog:/var/www/html $ rm index.*
```

⇉ Para que WordPress se ejecute en la raíz del sitio Web, mueva todos los archivos y directorios contenidos en el directorio *wordpress* a la raíz del sitio Web y después elimine el directorio *wordpress*.

Observación

Atención, esta copia eliminará los archivos que tengan el mismo nombre en la raíz del sitio web. Piense si necesita hacer una copia de seguridad de sus archivos antes de mover el contenido de este directorio.

```
pi@raspiblog:/var/www/html $ mv wordpress/* -t ./
pi@raspiblog:/var/www/html $ rmdir wordpress/
pi@raspiblog:/var/www/html $ rm wordpress-4.7.1-es_ES.tar.gz
```

⇉ Después de mover el directorio *wordpress* a la raíz del sitio web, los dos comandos `rmdir` eliminan el directorio *wordpress* vacío de su contenido y el archivo *wordpress-4.7.1-es-_ES.tar.gz*.

Puede comprobar que WordPress se ha transferido correctamente a */var/www/html* con el comando `ls`:

```
pi@raspiblog:/var/www/html $ ls
index.php                     wp-comments-post.php  wp-login.php
license.txt                   wp-config-sample.php  wp-mail.php
readme.html                   wp-content            wp-settings.php
wordpress-4.7.1-es_ES.tar.gz  wp-cron.php           wp-signup.php
wp-activate.php               wp-includes           wp-trackback.php
wp-admin                      wp-links-opml.php     xmlrpc.php
wp-blog-header.php            wp-load.php
```

El sitio web está preparado. Tan solo queda configurar WordPress para poder usarlo.

4.5.3 Configuración de WordPress

La primera operación de configuración consiste en autorizar la escritura en la arborescencia *wp-content* de WordPress para que los uploads no provoquen mensajes de error.

```
pi@raspiblog:/var/www/html $ sudo chmod -R g+w wp-content
```

⇉ La configuración de WordPress se hace en el archivo *wp-config.php*. Este archivo no existe inicialmente. En primer lugar, hay que copiar el archivo *wp-config-sample.php*, renombrándolo por *wp-config.php*.

```
pi@raspiblog:/var/www/html $ cp wp-config-sample.php wp-config.php
```

⇉ A continuación abra *wp-config.php* con *nano*.

```
pi@raspiblog:/var/www/html $ nano wp-config.php
```

⇉ Escriba los campos que se indican a continuación:

```
/** nombre de la base de datos de WordPress. */
define('DB_NAME', 'nombre de su base de datos' );

/** Usuario de la base de datos MySQL. */
define('DB_USER', 'usuario de su base de datos');

/** contraseña de la base de datos MySQL. */
define('DB_PASSWORD', 'contraseña de su base de datos');

/** Dirección del almacenamiento MySQL. */
define('DB_HOST', 'localhost');
```

Escriba respectivamente el nombre de la base de datos, el nombre de su usuario, la contraseña que haya definido durante la instalación de MariaDB y por último el nombre de host del ordenador.

Ahora puede acceder a la página de configuración rápida *install.php*. Esta página permite configurar de WordPress en algunos minutos.

```
http://192.168.1.106/wp-admin/install.php
```

Observación

Sustituya la dirección IP por la de su Raspberry Pi.

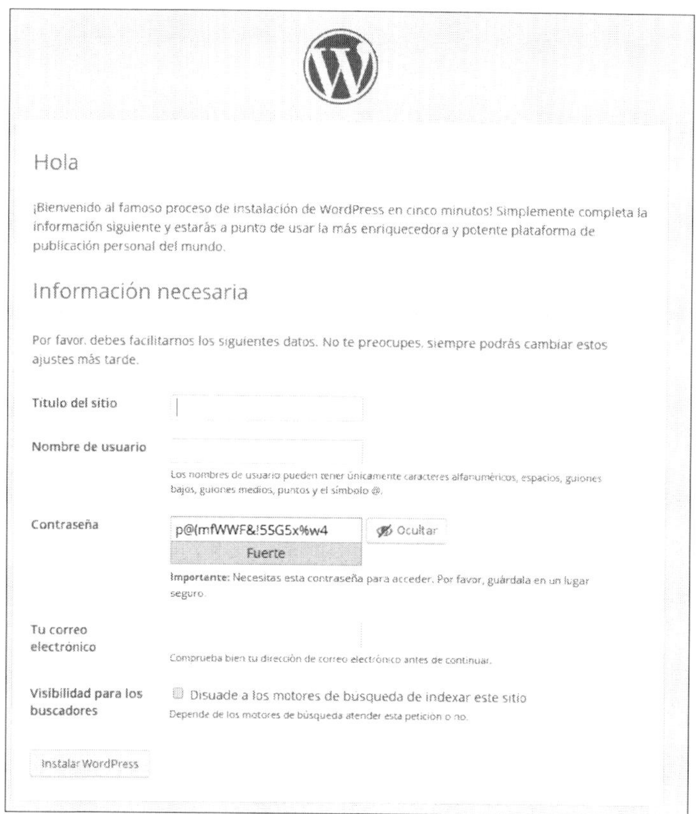

⇉ Escriba el título del sitio Web y el identificador. Es aconsejable no usar admin como identificador, ya que los ataques a blogs WordPress se hacen generalmente suponiendo que el identificador es *admin*. Use otro identificador, en la configuración detallada de WordPress será posible mostrar *admin* como administrador del blog, lo que reducirá la efectividad de los ataques, porque este no será el verdadero nombre del administrador.

WordPress le propone una contraseña "robusta" que puede utilizar. Si desea utilizar otra contraseña, escriba una para el administrador del blog. No dude en seleccionar una contraseña larga, de más de 10 caracteres, que contenga una mezcla aleatoria de minúsculas, mayúsculas, cifras y caracteres especiales. Esto garantizará una buena resistencia del blog frente a los ataques.

Observación

No use la contraseña que figura en las capturas de pantalla de este capítulo.

⇉ Introduzca también una dirección de correo electrónico válida y pulse el botón **Instalar WordPress**. Después de una espera durante la que WordPress inicializa el servidor web obtiene esta pantalla que confirma el éxito de la instalación:

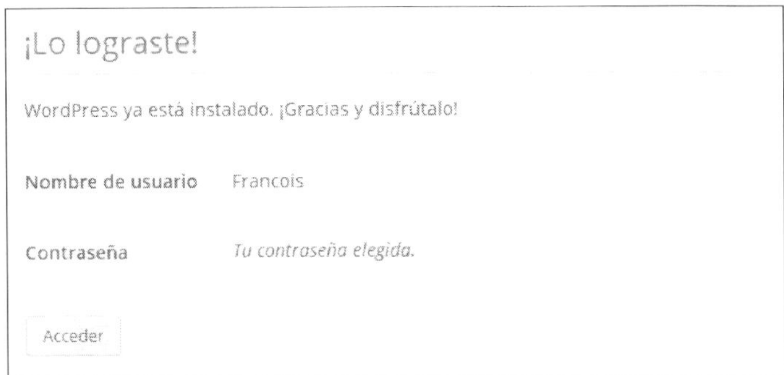

⇉ Pulse el botón **Acceder** para pasar a la etapa siguiente, es decir, probar el sitio web.

4.6 Comprobación del sitio web

La aparición de la ventana de conexión cuando pulsa en el botón **Acceder** ya es una primera prueba concluyente.

⇉ Escriba el identificador y la contraseña que ha seleccionado para el administrador del sitio web, y después pulse en el botón **Acceder**.

El panel de control de WordPress le da la bienvenida. Está preparado para crear las páginas y los artículos.

⇉ Para empezar la personalización de su sitio, pulse el botón **Personaliza tu sitio**. Un conjunto de pestañas situado en la parte izquierda de la pantalla le permite definir un determinado número de parámetros.

El libro de Christophe Aubry: *WordPress 4.5 y 4.6 - Un CMS para crear y administrar blogs y sitios web* publicado por Ediciones ENI en la colección *Objetivo Web* le será de gran ayuda para continuar el desarrollo de su sitio web.

⇉ Conéctese a la dirección local de su Raspberry Pi para descubrir la interfaz por defecto de sitio eb totalmente nuevo WordPress.

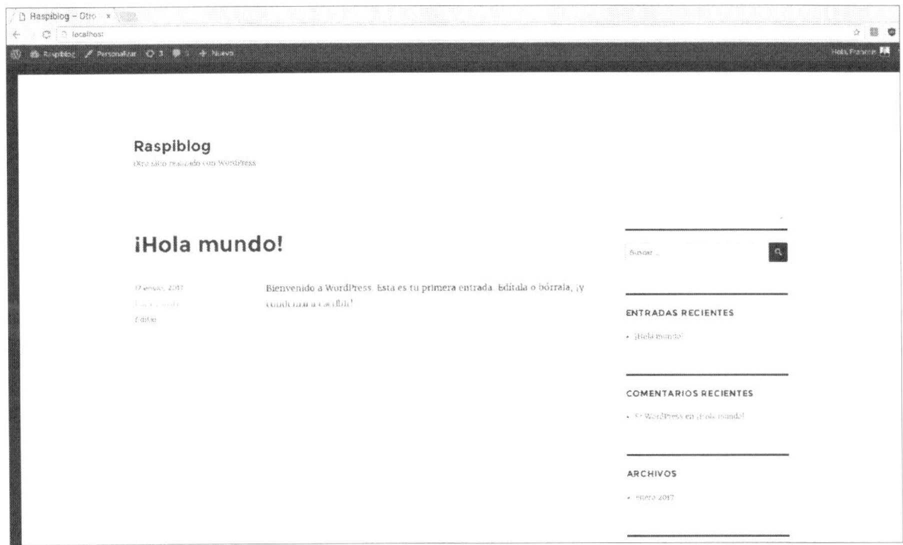

Por defecto, WordPress 4.7.1 utiliza el tema Twenty Seventeen. Puede modificar este tema o cambiarlo por otro. Se presenta un primer artículo y un comentario a efectos demostrativos. Puede eliminarlos y empezar a crear su propio contenido.

4.7 Poner en línea el sitio web

Después de tener preparado su sitio web en local, llega el momento de ponerlo a disposición de los internautas del mundo entero.

4.7.1 Nombre de dominio

Para poner en línea un sitio web, se necesita una dirección pública, es decir, una dirección IP accesible desde Internet (para más información de las direcciones IP, consulte el capítulo Gestión de la red). Las direcciones distribuidas en los box o routers, generalmente del tipo 192.168.1.xxx, son direcciones privadas. Los paquetes de datos que salen de su box, así como los que llegan, utilizan la dirección pública de la box. Es su responsabilidad encontrar la información de la máquina correcta en función de una tabla de traducción de direcciones (NAT) que tiene actualizada permanentemente.

Es posible indicar la dirección IP del box para acceder al sitio web, conservar una gran cantidad de direcciones públicas no es sencillo. La solución la proporcionan los DNS, encargados de convertir los nombres de hosts y de dominios en direcciones IP. De esta manera, los usuarios de Internet memorizan solo los nombres.

Por tanto, hay que asociar el nombre de dominio del blog raspiblog.es con una dirección IP. El nombre de dominio se ha reservado en BookMyName. Este registro ofrece al usuario la posibilidad de definir su propia información de DNS.

Después de reservar el nombre de dominio, se ha definido una zona DNS personalizada en BookMyName para asociar el nombre del servidor web del blog https://www.raspberrypi.org/blog/ con la dirección pública del router, detrás del cual se encuentra la Raspberry Pi.

Esta solución es posible porque la dirección pública del router es fija. Algunos proveedores de acceso modifican regularmente la dirección pública proporcionada a la box. En esto caso una solución como No-IP o DynDNS garantiza la actualización del DNS para cada cambio de la dirección IP pública.

4.7.2 Configuración del router

Las peticiones que llegan al router destinadas a la Raspberry Pi se emiten con el protocolo http. Cada protocolo utiliza un puerto diferente, lo que permite separar la información que circula por Internet. El protocolo http utiliza el puerto 80. Cuando una petición llega a la router en el puerto 80, no sabe tratarla. Por tanto, hay que indicarle que reenvíe todo lo que llegue al puerto 80 a la dirección interna de la Raspberry Pi. Esta operación se llama "redirección de puerto". El servidor web lighttpd activo en la Raspberry Pi recibirá la petición http y podrá responderla.

El reparto de las direcciones en el router es el siguiente:

- 192.168.1.10 a 192.168.1.50, direcciones distribuidas por DHCP a las máquinas que se conectan al router.
- 192.168.1.53, dirección fija de la Raspberry Pi.
- 192.168.1.200, dirección fija de la impresora láser.
- 192.168.1.254, dirección del router = dirección de la pasarela para las máquinas en red.

La redirección de puerto del router se ajusta en la sección **Configuración básica - Red local IPV4**.

⇒ Escriba el puerto que se va a redirigir: 80 en la zona **Puerto o rango de puertos (externo) WAN**.

⇒ El protocolo por defecto es **TCP**, manténgalo.

⇒ Indique la dirección de la Raspberry Pi 192.168.1.53 en la zona **Puerto o rango de puertos (INTERNO) LAN**.

⇒ Configure el **Puerto o rango de puertos (interno) LAN** igual a 80, es en este puerto de la Raspberry Pi donde se enviarán las peticiones que lleguen al puerto 80 de la box desde Internet.

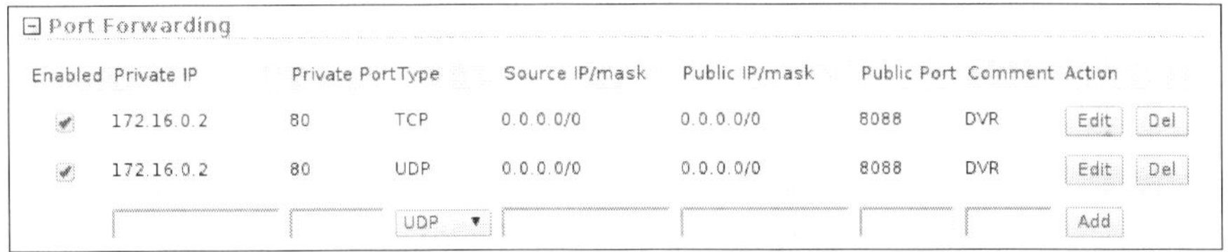

Enabled	Private IP	Private Port	Type	Source IP/mask	Public IP/mask	Public Port	Comment	Action
✔	172.16.0.2	80	TCP	0.0.0.0/0	0.0.0.0/0	8088	DVR	Edit Del
✔	172.16.0.2	80	UDP	0.0.0.0/0	0.0.0.0/0	8088	DVR	Edit Del
			UDP					Add

⇒ Pulse en **Add** para validarla y añadir una línea de redirección adicional vacía.

⇒ Rellene la ventana **Port forwarding**, en función de su red.

⇒ A continuación, pulse el botón **Apply** en la parte inferior de la ventana. Esto valida la modificación. Reinicie su router para que tenga en cuenta la redirección de puerto.

Después del inicio completo de su router, su sitio web es accesible.

Hay procedimientos equivalentes en otras box de Internet. Consulte la ayuda en línea de su proveedor de acceso a Internet.

Observación

En función de la versión de su router y proveedor y de las actualizaciones, el procedimiento puede ser diferente.

4.8 Conectarse al servidor web

Para probar el acceso al servidor web desde la red local situada en su box, será necesario introducir dirección IP de la Raspberry Pi en la barra de direcciones del navegador. Este acceso interno confirma el correcto funcionamiento del sitio alojado en la Raspberry Pi.

Para los accesos desde máquinas conectadas a Internet (fuera de su red), será necesario introducir en la barra de direcciones del navegador el nombre del sitio que haya seleccionado.

Pasados algunos segundos, su sitio web debe aparecer.

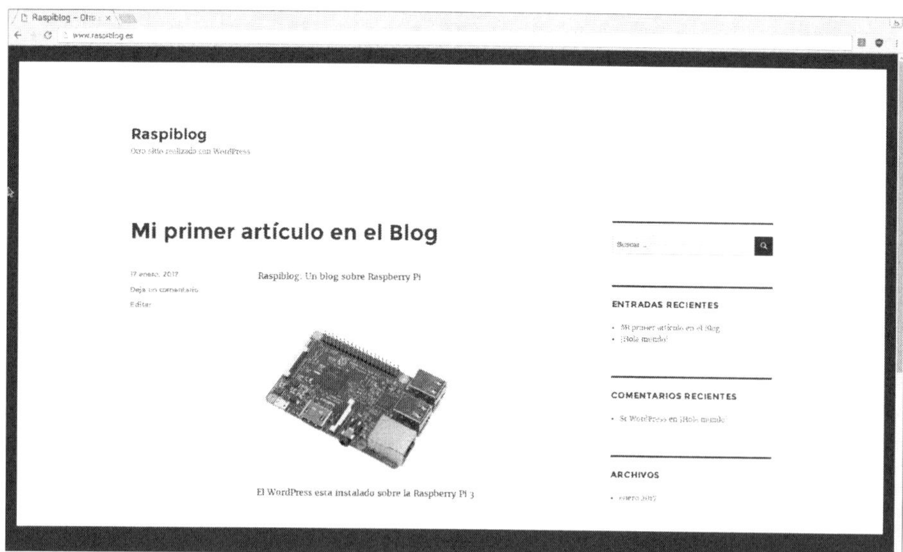

En caso de problema, es necesario implementar un procedimiento de resolución de problemas. Empiece haciendo un `ping` al nombre de dominio. Incluso si su box o su router está configurado para no responder al `ping`, puede comprobar que la dirección IP enviada por el DNS corresponde con su dirección pública.

```
C:\Windows\system32\cmd.exe
Microsoft Windows [Versión 6.1.7601]
Copyright (c) 2009 Microsoft Corporation. Reservados todos los derechos.

C:\Users\Angel> ping www.apuntesde.com

Haciendo ping a www.apuntesde.com [72.52.4.91] con 32 bytes de datos:
Tiempo de espera agotado para esta solicitud.
Tiempo de espera agotado para esta solicitud.
Tiempo de espera agotado para esta solicitud.
Tiempo de espera agotado para esta solicitud.

Estadísticas de ping para 72.52.4.91:
    Paquetes: enviados = 4, recibidos = 0, perdidos = 4
    (100% perdidos),
```

Si esta dirección es correcta, compruebe que la redirección en la box está configurada correctamente y se ha tenido en cuenta. Si estas comprobaciones no aportan una solución al problema, un análisis de los paquetes IP con Wireshark puede aportar elementos adicionales. Wireshark es un analizador de protocolo que hace necesario tener buenos conocimientos de redes para explotar las capturas que contiene.

Observación

Para acceder a la sección de control, entre en la barra de dirección del web http://direccion_ip_del_servidor/wp-admin y conéctese.

5. Una cámara de vídeo vigilancia con Pi Zero

La calidad de las imágenes proporcionadas por los 8 mega píxeles de la cámara de la Raspberry Pi, la disponibilidad de cámaras infrarrojas que captan imágenes nocturnas y el precio moderado de la Raspberry Pi Zero, permiten hacerse con un una cámara de vigilancia con un coste bajo.

Será posible alojar el conjunto de componentes en una caja de cámara ficticia (foto anterior), que se vende por menos de diez euros en las tiendas. Provista de articulaciones, el índice de protección IP44 de esta caja protege al equipamiento que contiene de cuerpos sólidos de dimensiones superiores a 1 mm y del impacto del agua que provenga de cualquier dirección.

Observación

La puesta en marcha de una cámara de vigilancia en su casa, en una empresa o en la vía pública está sujeta a obligaciones reglamentarias y legislativas que debe respetar.

5.1 La distribución motionEyeOS

Desarrollada por Calin Crisan, esta distribución reducida (menos de 70 MB), dispone de todos los ingredientes necesarios para la puesta en marcha de una cámara de vigilancia. Por el momento, está disponible en inglés. Después de la instalación de motionEyeOS veremos las diferentes opciones para configurar las más importantes en la aplicación que nos interese.

motionEyeOS puede gestionar varias cámaras. La cámara de la Raspberry Pi y también webcams USB. Será necesario comprobar que estas últimas sean compatibles con Raspbian.

5.2 Instalación de motionEyeOS

⇒ Vaya a la página de la distribución:
https://github.com/ccrisan/motioneyeos/releases

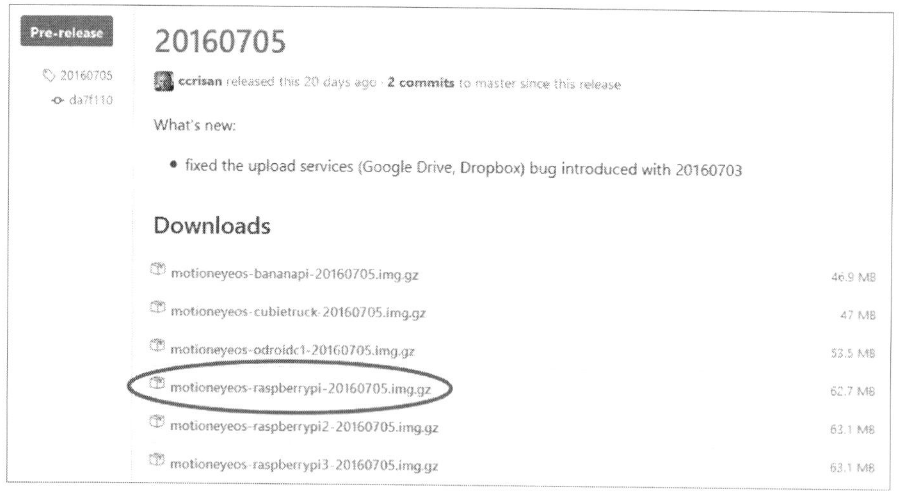

⇒ Descargue la última versión de motionEyeOS para la Raspberry Pi. Esta versión funcionará con la Raspberry Pi Zero.

Observación

Si desea utilizar otro modelo de Raspberry Pi, descargue la versión correspondiente a su tarjeta.

⇒ Descomprima el archivo obtenido para extraer la imagen (con 7zip, por ejemplo). Vaya al capítulo Preparar la tarjeta micro SD para más información. En Windows, la herramienta Win32DiskImager transferirá la imagen de la distribución a la tarjeta micro SD (siguiente imagen). Visto el tamaño reducido de la distribución, esta operación es muy rápida.

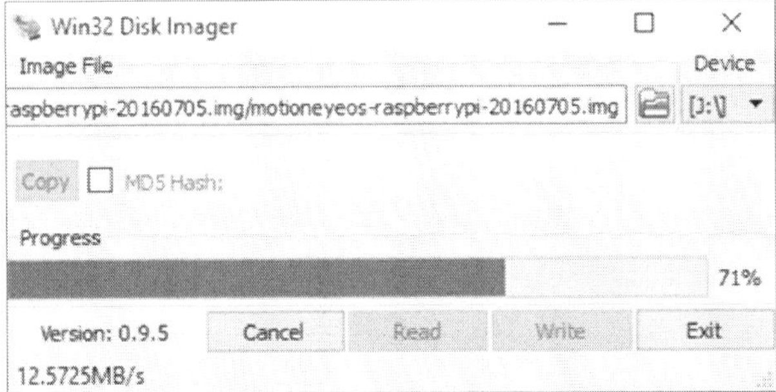

Inserte la tarjeta micro SD en el conector de la Raspberry Pi Zero, conecte los cables HDMI y USB si es necesario.

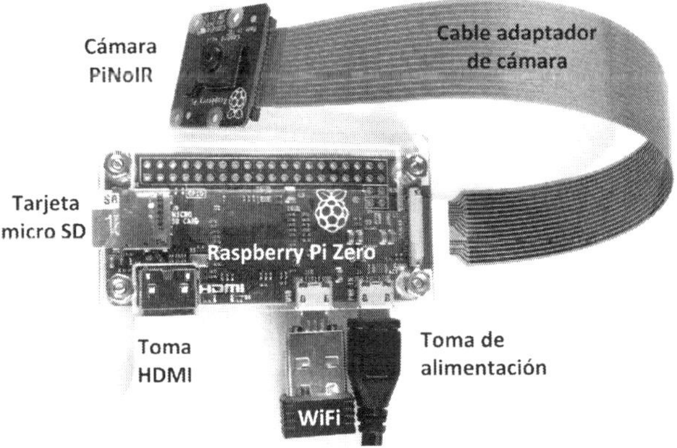

El sistema anterior que ha servido para realizar esta cámara, está compuesto de:

- una Raspberry Pi Zero
- una caja transparente para la Raspberry Pi Zero
- una tarjeta micro SD
- una cámara infrarroja PiNoIR
- un cable adaptador para la cámara
- un adaptador de toma HDMI mini <-> HDMI
- una llave Wi-Fi USB equipada de un adaptador micro USB <-> USB
- una alimentación 5v - 2,5A

Observación

La Raspberry Pi Zero no tiene puerto Ethernet. motionEyeOS transmite las imágenes y se configura a través de la red, de ahí el uso de una llave Wi-Fi y de un adaptador micro USB.

motionEyeOS gestiona automáticamente la dirección IP en una conexión alámbrica. Si usa una llave USB Wi-Fi como antes, debe crear en la partición /boot de la tarjeta micro SD un archivo *wpa_supplicant.conf* que contenga:

```
update_config=1
ctrl_interfaz=/var/run/wpa_supplicant

network={
    scan_ssid=1
    ssid="SSID_de_su_wifi"
    psk="contraseña_de_su wifi"
}
```

La distribución utilizará esta información en el momento del arranque, para conectarse a través del Wi-Fi al punto de acceso designado (unidad de conexión Internet, router, etc...).

Observación

La partición /boot es accesible directamente en Windows, cuando la tarjeta micro SD está en un lector de tarjetas SD.

5.3 Arrancar motionEyeOS

Conecte el cable de alimentación a la Raspberry Pi. Si ha conectado una pantalla, en primer lugar verá una frambuesa que representa el único núcleo del SoC. Tras algunas inicializaciones, entre ellas la extensión de la partición a toda la tarjeta micro SD, motionEyeOS arranca. Al final de la secuencia de arranque, la dirección IP de la Raspberry Pi se muestra.

ID	Client Name	MAC Address	IP Address	Valid Time
8	meye-d2c1cfdf	00:0F:55:A7:C9:5D	192.168.1.108	19:22:07

En ausencia de pantalla habrá que enumerar, como se muestra aquí arriba, los clientes del servidor DHCP de su red y descubrir la dirección IP de aquel cuyo nombre empiece por *meye-*.

5.4 Conexión a motionEyeOS

Una vez ha arrancado motionEyeOS, es posible conectarse desde un navegador que funcione en una máquina situada en la misma red. Aparece una ventana de login.

⇉ Introduzca el login **admin** sin contraseña y valide.

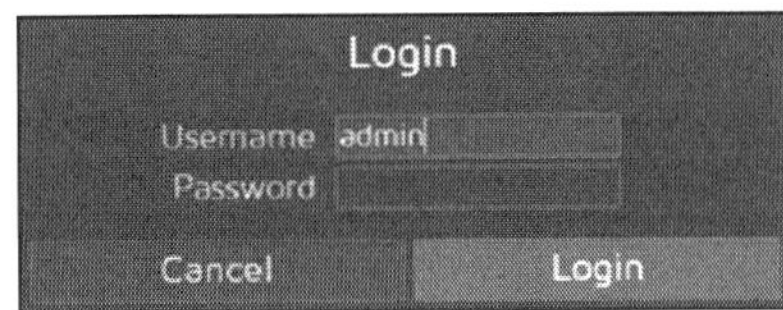

Durante los siguientes reinicios, la conexión se establece por defecto para un usuario llamado *user*. Este solo tiene acceso a la visualización de la imagen y a la configuración de la pantalla (número de columnas y ajuste de las imágenes).

⇉ Para conectarse como administrador, pulse en la silueta que representa una persona en la parte superior de la pantalla, a la izquierda del nombre del ordenador. El icono situada más a la izquierda representa tres líneas horizontales, y abre la ventana de configuración.

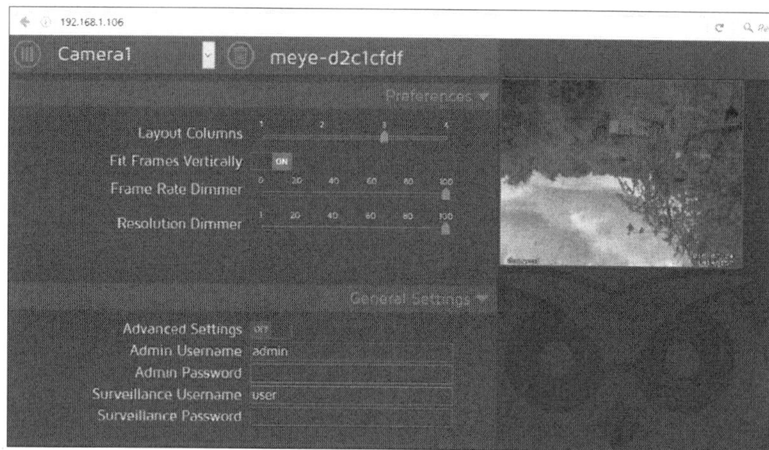

Obtiene la pantalla anterior con una configuración mínima por defecto.

⇉ Para acceder a la configuración completa, configure **General Settings - Advanced Settings** a **ON**.

⇉ Para validar esta modificación, así como todas las modificaciones futuras, pulse el botón rojo **Apply** (imagen anterior) que aparece en la parte superior de la página web cuando modifique algún argumento.

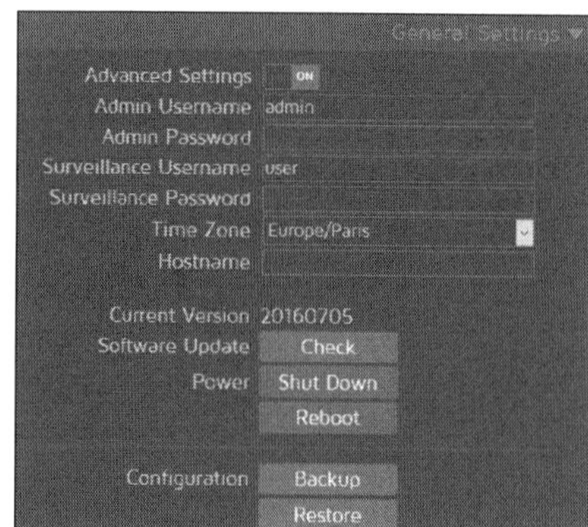

⇉ Ahora dispone de opciones adicionales. Ajuste el huso horario (**Time Zone**) en función de su situación geográfica. Esto relacionará la fecha y la hora de las imágenes y de las películas con la hora local.

Si lo desea, puede modificar los logins y las contraseñas del administrador y del usuario. Este no es necesario para realizar las pruebas pero es indispensable si se conecta la cámara a Internet.

En la parte inferior de la captura de pantalla anterior aparecen los botones que permiten comprobar la presencia de nuevas versiones de la distribución (**Check**), detener el sistema (**Shut Down**) o reiniciarlo (**Reboot**).

Observación

Cuando haya configurado motionEyeOS según sus necesidades, es posible (y muy aconsejable) guardar la configuración en su disco duro o en una llave USB (**Backup**). También puede recargar una configuración guardada con antelación (**Restore**).

5.5 Configuración de motionEyeOS

La distribución tiene muchas opciones. Las principales se verán aquí. Para el resto, dispone de una ayuda en forma de icono que aparece junto a cada opción cuando pasa por encima de la zona.

5.5.1 Cámara Ethernet

⇉ Para ilustrar esta ayuda, despliegue la zona de argumentos **Expert Settings**.

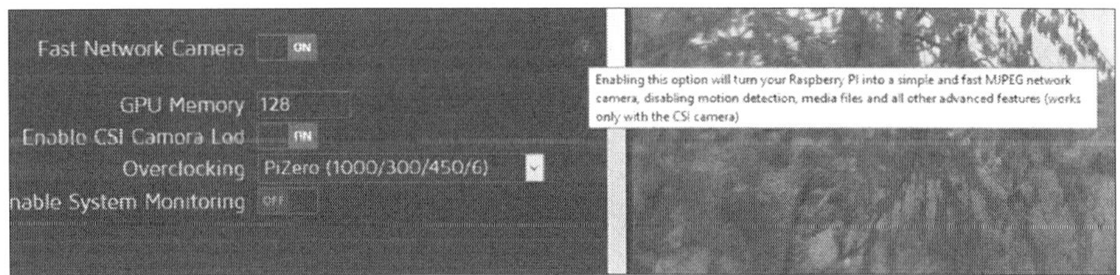

Junto a la opción **Fast Network Camera** (Cámara Ethernet rápida) aparece un signo de interrogación cuando pasa por encima del texto. Pulse en el signo de interrogación para que aparezca un cuadro de texto. En él encontrará información sobre esta opción: solo se puede usar con la cámara conectada al bus CSI. Además, anula la detección de movimiento y el registro de archivos. La Raspberry Pi ahora se ha convertido en una simple cámara que envía un flujo.

⇒ Para probar el funcionamiento como cámara Ethernet, configure la opción **Fast Network Camera** a **ON**. Valide pulsando en **Apply** en la parte superior de la página.

⇒ Conéctese a la dirección de la Raspberry Pi desde un navegador para ver las imágenes transmitidas por la cámara.

⇒ Para continuar con la configuración de motionEyeOS, configure la opción **Fast Network Camera** a **OFF**.

5.5.2 Configuración del vídeo

La función principal de motionEyeOS es tratar el vídeo de la cámara. Por tanto, hay que configurarlo para que responda a sus necesidades.

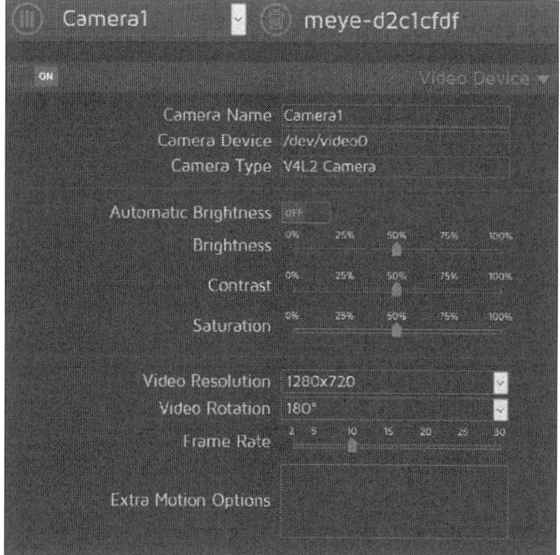

En la sección **Video device** puede seleccionar activar el ajuste automático de luminosidad o ajustar los parámetros de forma manual. La resolución del vídeo es accesible también, así como el número de imágenes por segundo. No hay que olvidar que cuando más aumenta el tamaño de la imagen, más importante es el débito. Lo mismo occure con el número de imágenes por segundo.

Con la cámara de la Raspberry Pi, es frecuente que la imagen sufra una rotación respecto a la posición de la cámara. La opción **Video Rotation** permite poner la imagen en el sentido correcto.

5.5.3 Ajuste de la detección de movimiento

motionEyeOS integra el software motion. Su principal funcionalidad es detectar un movimiento, comparando las sucesivas imágenes proporcionadas por la cámara. Memoriza temporalmente las imágenes, lo que permite crear vídeos que empiecen antes de detectar el movimiento, tomando las imágenes almacenadas en memoria. Motion también puede almacenar imágenes fijas durante la detección de eventos y enviar un correo electrónico a uno o varios destinatarios. Se pueden añadir imágenes de la escena a este correo electrónico.

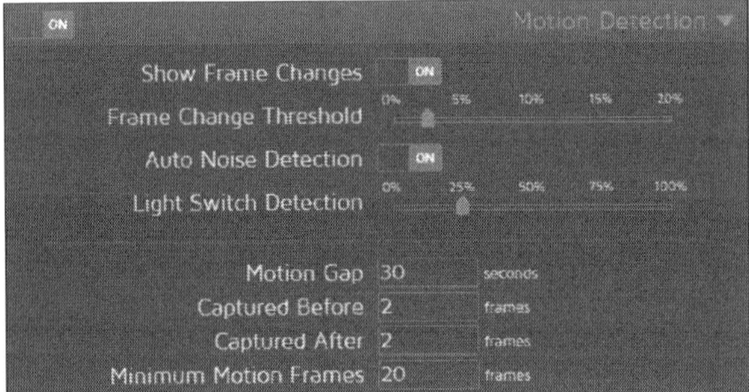

En la sección **Motion Detection** el interruptor situado a la izquierda de la línea del título se debe configurar a **ON** si quiere utilizar la función de detección de movimiento.

Show Frame Changes rodea con un rectángulo rojo la zona de la imagen en la que motion ha detectado un movimiento. En la siguiente captura de pantalla, la detección de movimiento la ha provocado el movimiento de las ramas debido al viento. Se recomienda activar esta opción durante la puesta a punto.

Frame Change Treshold ajusta el umbral a partir del cual el número de píxeles cambia de una trama (imagen), a la otra. Cuando más bajo sea este valor, más sensible es la instalación, pero aumenta mucho las falsas detecciones.

Auto Noise Detection permite el ajuste automático del nivel de ruido de la imagen.

Light Switch Detection indica el porcentaje de la imagen que debe cambiar entre dos tramas, para que se interprete como un cambio importante de luminosidad y no como un movimiento. Ponga el valor a 0 para desactivar esta función.

La parte inferior de esta sección permite ajustar:

- El tiempo durante el que no se hará ninguna detección, tras una primera detección (**Motion Gap**).
- El número de tramas capturadas antes (**Captured Before**) o después (**Captured After**) de una detección.
- El número mínimo de imágenes contenidas en una película (**Minimum Motion Frames**).

5.5.4 Elección del nombre de los archivos guardados

Puede decidir la forma que tomarán los nombres de los archivos que se guardan en la tarjeta micro SD. Por defecto, los dos tipos de archivos se guardan siguiendo los mismos criterios.

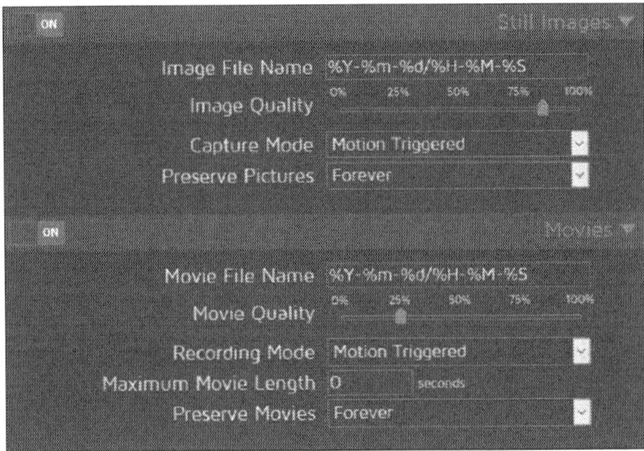

Se crea una carpeta correspondiente a la fecha del día (año-mes-día) en la que los archivos se nombran en función de la hora (hora-minutos-segundos).

El registro de las imágenes fijas (**Still Images**) se puede desencadenar (**Sensor Mode**) por un movimiento (**Motion Triggered**). También se puede tratar de un timelapse (**Interval Snapshot**), con fotos tomadas a intervalos de tiempo regulares. Para terminar, es posible guardar todas las imágenes (**All Frames**).

La conservación de las imágenes (**Preserve Pictures**) puede durar indefinidamente (**Forever**) o un tiempo determinado.

Las opciones **Image Quality** y **Movie Quality** ajustan la calidad de las imágenes registradas.

Para las películas, las opciones son prácticamente idénticas a las de las imágenes fijas. Es posible registrar vídeo continuo (**Continuous Recording**). Será necesario dimensionar la memoria masiva para garantizar un registro durante todo el periodo previsto.

5.5.5 Configuración de las notificaciones

Detectar un movimiento es una cosa, advertir es otra. motionEyeOS permite configurar el envío de uno o varios correos electrónicos para alertar. Es posible adjuntar un mensaje a las imágenes capturadas por la cámara.

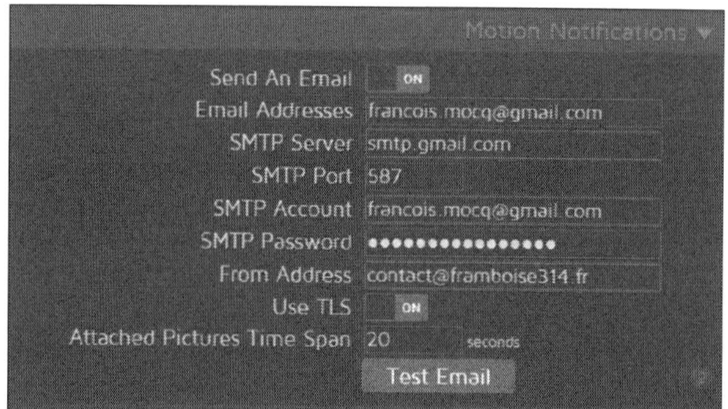

La configuración anterior en la sección **Motion Notifications** funciona con la aplicación de correo electrónico. Será necesario adaptarla en función de la aplicación de correo electrónico que use.

⇉ Después de configurar el interruptor **Send An Email** a **ON**, indique la dirección de correo electrónico a la que se enviará el mensaje. Puede agregar otras direcciones separándolas por comas.

⇉ Guarde la información relativa a la cuenta de correo electrónico (SMTP) utilizada para el envío de correos. En caso de Gmail, si usa la conexión en dos etapas, habría que obtener una contraseña de aplicación para motionEyeOS, porque su contraseña habitual no funcionará aquí.

⇉ Vaya a la página https://security.google.com/settings/security/apppasswords. Después de haber rellenado la contraseña de su cuenta Gmail, acceda a una página que permita generar contraseñas para sus aplicaciones. Pulse en **Seleccionar aplicación** y guarde el nombre de su aplicación pulsando en **Otras (nombre personalizado)**. Valide su petición pulsando el botón **Generar**.

Se abre una ventana:

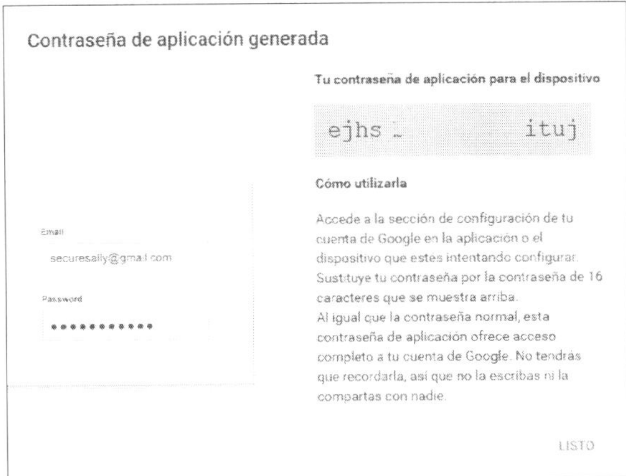

Contiene una contraseña compuesta de 16 caracteres. Esta contraseña es la que usará con motionEyeOS. Obsérvela cuidadosamente porque no podrá encontrarla. Recibirá un correo de confirmación que no contiene la contraseña. La única posibilidad, en caso de olvidarla, es volver a la página de generación de contraseñas, revocar la contraseña olvidada y generar otra.

- Puede indicar una dirección de envío en la zona **From Address**. Esta es la dirección con la que se enviarán los mensajes.
- El botón **Test Email** fuerza el envío de un mensaje de detección. Si obtiene como respuesta un mensaje escrito en rojo en la parte superior de la página, analice cuidadosamente la causa del rechazo del mensaje para remediarlo. Si el envío del correo electrónico se desarrolla normalmente, debe obtener un reporte afirmativo, como sigue.

Cuando la cámara detecta un movimiento, envía un correo electrónico que señala el evento. El valor **Attached Pictures Time Span** se utiliza para fijar el intervalo de tiempo que separa las imágenes adjuntas al mail. Puede desactivar esta opción poniendo el valor a 0.

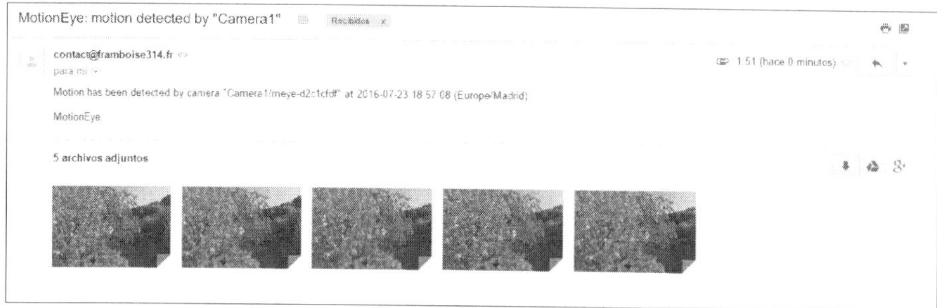

El mensaje anterior señala una detección de movimiento. Cinco imágenes se han añadido como elementos adjuntos. Las zonas en las que los movimientos se han detectado, se enmarcan en rojo.

5.5.6 Información superpuesta en las imágenes

motionEyeOS le permite seleccionar la información que desea ver aparecer como texto superpuesto en las imágenes.

La sección **Text Overlay** anterior da acceso a la configuración de los textos situados a la derecha y a la izquierda de la imagen. Para estos dos textos, puede seleccionar mostrar el nombre de la cámara (**Camera Name**), la fecha y hora (**Time Stamp**), un texto personalizado (**Custom Text**) o ningún texto (**Disabled**).

5.5.7 Difusión de las imágenes

Los usuarios de un sistema de vídeo vigilancia habitualmente desean poder echar un vistazo al espacio que se está vigilando. Como es lógico, motionEyeOS ofrece esta función. La cámara Ethernet presentada al inicio de este capítulo es un ejemplo, aunque su uso implica abandonar otras posibilidades del software.

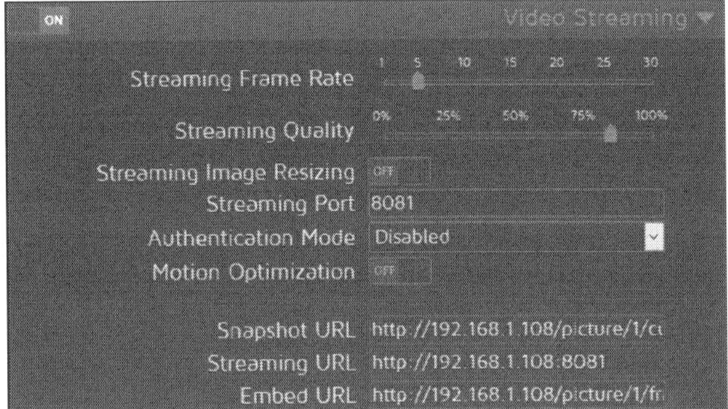

En la sección **Video Streaming**, el número de imágenes por segundo se ajusta con **Streaming Frame Rate** y la calidad con **Streaming Quality**. Estos dos argumentos influyen en el ancho de banda necesario para transmitir el flujo de imágenes. Será necesario permanecer atento y conservar los argumentos que garantizan una transmisión correcta de las imágenes. Cuando **Streaming Image Resizing** está a **ON**, las imágenes se redimensionan antes de su envío al navegador web remoto. Con un procesador poco potente es aconsejable dejar este argumento a **OFF**.

Por defecto, el puerto por el que se transmite el flujo de imágenes es el 8081 para la cámara 1, el 8082 para la cámara 2, etc. Si lo desea, puede modificar estos puertos en la zona de texto **Streaming Port**. Para observar el flujo de imágenes, conéctese con un navegador web a la dirección de la Raspberry Pi e indique el puerto 8081, por ejemplo: 192.168.1.110:8081.

Authentication Mode (tipo de autenticación) está desactivado (**Disabled**) por defecto. Esto significa que no importa quién se pueda conectar a la dirección de la Raspberry Pi para ver las imágenes. Esto no es deseable necesariamente. Seleccione uno de los modos disponibles (**Basic** o **Digest** en función de las aplicaciones que use) para la autenticación. Cuando una persona se conecte, se deberá identificar para visualizar las imágenes. Si no ha modificado los argumentos generales (**General Settings**), se puede conectar como user, sin contraseña, para visualizar las imágenes enviadas.

Motion Optimization está a **OFF** por defecto. Si pasa este argumento a **ON** el flujo de vídeo se gestionará mejor y el número de imágenes enviadas por segundo se reducirá cuando no se detecte ningún movimiento.

Los argumentos **Snapshot URL**, **Streaming URL** y **Embed URL** proporcionan, respectivamente, la última imagen fija capturada por el software, el flujo de imágenes y por último un flujo contenido en una página web ligera (menos de 3KB) que es posible incorporar a una página web.

5.5.8 Registro de imágenes

Para conservar la prueba de una intrusión, es importante registrar las imágenes en la tarjeta micro SD o en un servidor remoto.

Si activa el servicio Samba, puede visualizar las imágenes y los vídeos registrados conectándose al recurso compartido por defecto, como sigue.

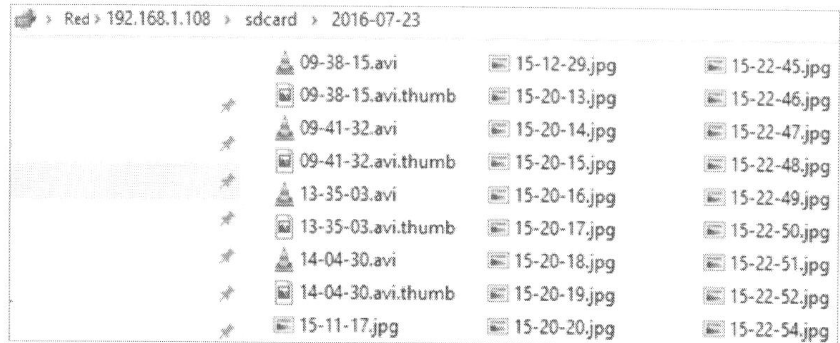

En la sección **File Storage** puede seleccionar registrar los archivos (**Storage Device**) en la tarjeta micro SD, en un directorio de su elección o en un recurso compartido remoto (**Network Share**).

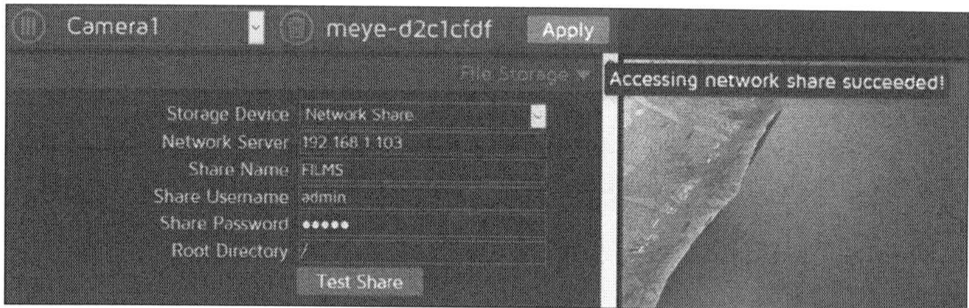

Esta es la opción que se ha tomado aquí. Introduzca el nombre o la dirección IP del servidor (**Network Server**) e indique el nombre del recurso compartido (**Share Name**). En la captura de pantalla anterior, el recurso compartido se llama **Films**. Introduzca el login y la contraseña para acceder al recurso compartido. Verifique la disponibilidad del recurso compartido pulsando el botón **Test Share**. Si obtiene como antes **Accessing network share succeeded!** es que todo ha ido bien y las imágenes se registrarán en el recurso compartido remoto.

5.6 Conclusión

La distribución motionEyeOs es reciente y todavía presenta defectos e inestabilidades. Pero las funciones ya disponibles conforman una herramienta interesante para el establecimiento de un sistema de vigilancia. El tratamiento de imágenes para detectar movimientos implica una latencia de varios segundos en una Raspberry Pi Zero. El flujo visualizado en pantalla está cuatro o cinco segundos retrasado en relación a la toma de la imagen. Lo importante es que las imágenes registradas durante la detección de un movimiento se guardan.

Incluso aunque esta distribución todavía está en plena evolución, la información contenida en esta presentación le permitirá probarla y familiarizarse con motionEyeOS mientras se estabiliza.

Capítulo 12

Programar en Scratch

1. Presentación

Aprender a programar puede ser desagradable. Scratch, con su enfoque visual, colorido y lúdico, permite abordar la programación con los niños. Se presentan los conceptos fundamentales de la programación en forma de fichas que permiten representar visualmente su acción. La puesta a punto de los programas se facilita resaltando las instrucciones que se están ejecutando y la posibilidad de modificar el código durante la ejecución del programa.

1.1 Una larga historia

Scratch es la herencia de una línea de lenguajes de programación. Desde los años 1960 a los años 1980, el lenguaje Logo invadióprogresivamente los ordenadores de la epoca. La democratización de la informática ayudó a su difusión, particularmente en los entornos educativos. El objetivo principal de Logo era programar el movimiento de un objeto móvil bautizado como "tortuga". Logo también podía tratar listas y ejecutar operaciones. Muchos estudiantes descubrieron la programación a través de las instrucciones de Logo.

Squeak es la evolución de Logo. Es un entorno gráfico en el que el niño crea diseños compuestos por muchos objetos.

Scratch es el descendiente de estos pioneros. Este software libre orientado a los niños a partir de 8 años se ha diseñado por la rama educativa del MIT (*Massachusetts Institute of Technology*). Es un entorno de programación visual. Los objetos implementados en la escena de Scratch se llaman *sprites* (del inglés "duendes"). Se trata de objetos que se desplazan y conforman la decoración de la escena siguiendo las instrucciones contenidas en los scripts. Los sprites pueden ser fijos o animados. Las instrucciones se presentan en forma de fichas de colores que facilitan el seguimiento de las funciones:

- Movimientos = azul
- Apariencia = violeta
- Variables = rojo
- Sonidos = rosa
- Controles = naranja
- etc.

1.2 Los proyectos

El lema de Scratch es "Imagina Programa Comparte". En el sitio del MIT hay disponibles cerca de 16 millones de proyectos compartidos (agosto de 2016). Cada uno se puede estudiar, modificar, compartir de nuevo, etc. Es una fuente importante de ejemplos, desde los más sencillos a los más elaborados.

Come sucede habitualmente en programación, después de descubrir las bases de un lenguaje, es interesante ver lo que han creado otros desarrolladores. Esto permite apropiarse de las técnicas y forjarse su propio enfoque sobre la programación a partir de los ejemplos.

Las buenas prácticas (*good practices*, *best practices*) de programación también se adquieren estudiando los proyectos de programadores que han alcanzado buenos resultados utilizando medios elegantes.

La práctica de un lenguaje informático pasa por el descubrimiento de los medios que ofrece y las restricciones a las que están sometidos los desarrolladores.

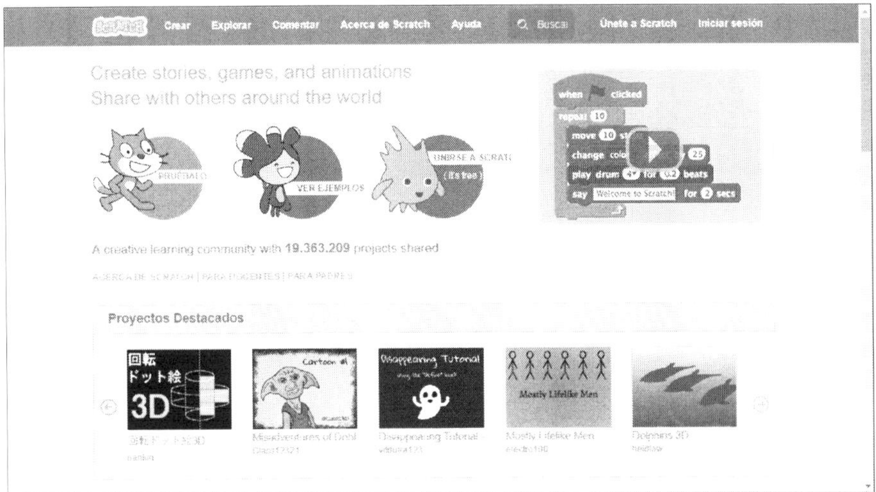

Los proyectos son accesibles en línea desde el sitio http://scratch.mit.edu/. Un motor de búsqueda permite seleccionar los proyectos. El proyecto seleccionado se carga. Entonces es posible ejecutar el programa y mostrar los scripts para estudiarlos... El menú **Archivo** permite descargar el proyecto para poder disponer de él en su ordenador local.

Observación

La versión de Scratch disponible en el sitio es la versión 2. En la Raspberry, la versión que se proporciona con Raspbian es la 1.4. Los proyectos descargados desde el sitio están en .sb2, por lo que son compatibles con la versión 1.4.

1.3 Acceso al hardware

Las últimas versiones de Scratch en la Raspberry Pi se benefician de un motor optimizado. La velocidad de ejecución ha aumentado mucho. Además, se ha integrado un servidor GPIO en Scratch y es accesible a través de la opción de menú **Edición**. Encontrará ejemplos de aplicación de este servidor GPIO en el capítulo La GPIO de la Raspberry Pi. También hay un servidor Mesh. Se accede a través de la opción de menú **Compartir**. Este servidor permite hacer de interfaz entre Scratch y las tarjetas HAT. Encontrará ejemplos de aplicación del uso del servidor Mesh en el capítulo Los periféricos, en la sub-sección PiFace Digital 2.

2. El entorno de Scratch

⇉ Para abrir la ventana del entorno de desarrollo Scratch, pulse en **Menú** y después en **Programación**. Para terminar, pulse en **Scratch**.

2.1 La interfaz gráfica

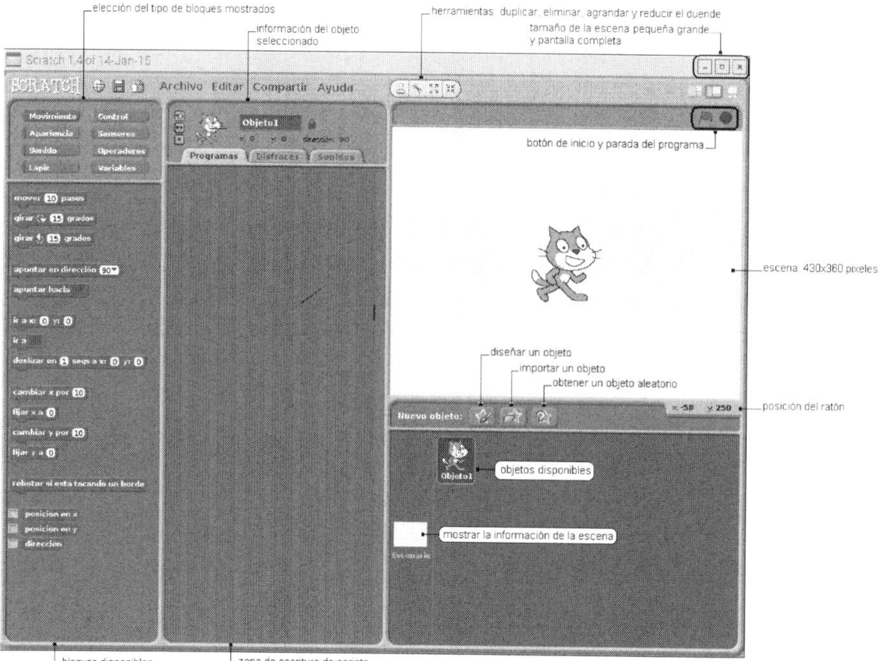

Un menú situado en la parte superior de la interfaz da acceso a un determinado número de funciones. Hay tres iconos situados en la parte izquierda:

- El globo para definir el idioma utilizado.
- El disquete para guardar el proyecto actual.
- El documento con la flecha para compartir el proyecto en el sitio de Scratch.

El menú textual está situado en la parte derecha de estos iconos:

- Archivo
  - Crear un nuevo proyecto
  - Abrir un proyecto existente
  - Guardar el proyecto actual
  - Importar un proyecto
  - Exportar un sprite
  - Hacer anotaciones al proyecto
  - Salir
- Edición
  - Recuperar un objeto eliminado pulsando en **No eliminar**.
  - Ejecutar el programa en modo paso a paso, resaltando el bloque que se está ejecutando
  - Definir cómo funciona el modo paso a paso
  - Comprimir imágenes y sonidos
  - Mostrar los bloques de comando de motores Lego
  - Arrancar el servidor GPIO
- Compartir
  - Compartir del proyecto en línea en el sitio de Scratch
  - Acceso al sitio de Scratch
  - Host Mesh
  - Join Mesh
- Ayuda
  - Acceso a la ayuda en línea en el sitio de Scratch
  - Acceso a las pantallas de ayuda en el sitio de Scratch
  - Muestra la versión y la licencia de Scratch
- A la derecha del menú hay una sección de herramientas que contiene:
  - Un botón para duplicar elementos.
  - Unas tijeras para eliminar elementos.
  - Una herramienta para aumentar el tamaño de un sprite.
  - Una herramienta para reducir el tamaño de un sprite.

Los bloques se muestran en la parte izquierda de la interfaz. Por encima de la zona en la que aparecen los bloques, un menú gráfico permite seleccionar el tipo de bloque que se debe mostrar en la paleta. Los bloques tienen la gran ventaja para los principiantes de eliminar los errores de sintaxis. El montaje de los bloques está guiado por su forma durante la creación de los scripts. Las ubicaciones previstas en los bloques para recibir valores u operaciones terminan con un punto o por un redondel. No hay ningún riesgo de inversión. Para facilitar el aprendizaje de Scratch, este capítulo contiene una descripción de cada bloque.

En el centro de la pantalla, la parte superior corresponde al objeto seleccionado. Aparece la imagen del objeto y sus propiedades. Una línea azul indica en qué dirección se dirige el sprite. Un clic con el ratón y un movimiento de este provocan la rotación del sprite alrededor de su centro. Tres botones a la izquierda del sprite permiten seleccionar si este puede:

- pivotar
- solamente retroceder derecha-izquierda y a la inversa
- no pivotar

Tres pestañas muestran en la parte inferior de la ventana:

- Los scripts relacionados con el objeto: son las instrucciones que el sprite ejecutará. Es aquí donde los scripts se desplazan y unen los bloques que se encuentran en la parte izquierda de la pantalla.
- Los disfraces del objeto: permiten dar diferentes apariencias a un sprite (triste, alegre...) o animarlo (caminar, explosión...).
- Los sonidos del sprite: se reproducirán en función de las instrucciones.

A la derecha de la pantalla está la escena, una zona de 480 píxeles de largo por 360 píxeles de alto. Por encima y en la parte derecha de la escena hay dos series de botones:

- Ajuste del tamaño de la escena
  - Pequeña escena: reduce el tamaño de la escena para dar prioridad a la zona de los scripts, lo que facilita el trabajo durante el desarrollo del programa.
  - Gran escena: la escena ocupa más espacio. El espacio disponible para el desarrollo es reducido. Si hay bloques que se salen de la zona de visualización, una barra de desplazamiento aparece en la parte inferior de la zona de los scripts.
  - Pantalla completa: es el modo de uso durante la ejecución de un programa ya terminado, para aprovechar totalmente el proyecto.
- Inicio y parada del programa:
  - La bandera verde arranca el programa.
  - El octógono rojo, que recuerda una señal de stop por su forma, detiene la ejecución de todos los scripts.

Debajo la escena un indicador muestra en píxeles las coordenadas X e Y del ratón respecto al centro de la escena.

La parte inferior derecha de la interfaz gráfica de Scratch recoge los objetos disponibles para realizar el programa.

La escena forma parte de estos objetos. Se le pueden adjuntar scripts y sonidos, pero no disponen de indumentaria, sino de planos que son la decoración en la que se desenvuelven los sprites.

La zona de los sprites reúne los objetos implementados en el programa. Para depositar un objeto en la escena, es necesario pulsar sobre él con el botón izquierdo del ratón y llevarlo a la escena, dejando pulsado el botón del ratón. Cuando el botón se suelta, el objeto se ubica en la escena.

Por encima de la zona de los objetos disponibles hay tres iconos que permiten:

- crear un nuevo objeto con el editor gráfico de Scratch.
- importar un nuevo objeto almacenado en un directorio de la Raspberry Pi.
- obtener un objeto llamado "objeto sorpresa", que Scratch muestra de manera aleatoria.

Posicionar un sprite en la escena

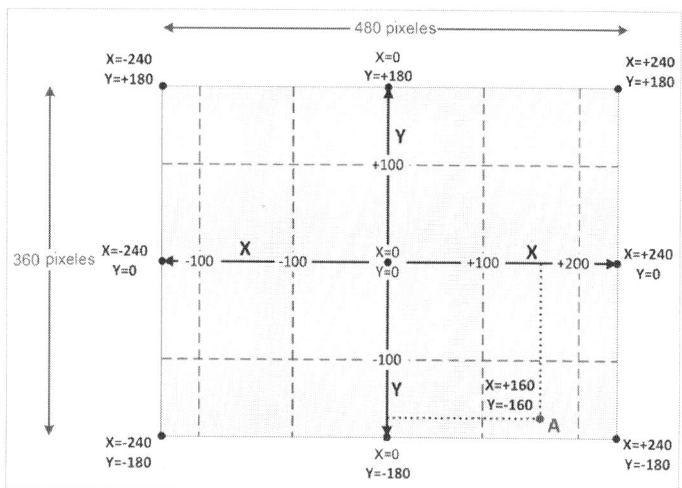

La escena en la que se desenvuelven los objetos o sprites es un rectángulo de 480 píxeles por 360 píxeles.

Observación

Recuerde que la definición del color CGA en los inicios del PC era de 320 x 200 píxeles para toda la pantalla.

Cada píxel de la escena queda identificado por sus coordenadas orto-normales. El centro de la escena tiene la coordenada X=0 e Y=0. Es el punto donde se unen los ejes ortogonales, es decir, que forman entre ellos un ángulo de 90 grados. Todos están posicionados partiendo del centro.

- valores positivos hacia arriba y a la derecha.
- valores negativos hacia abajo y a la izquierda.

El tamaño es idéntico en ambos ejes. Cada unidad vale un píxel.

El eje X de ordenadas está graduado de -240 a la izquierda hasta +240 a la derecha.

El eje Y de abscisas está graduado de -180 en la parte inferior hasta +180 en la parte superior.

Es este sistema de representación en el plano el que permite posicionar con precisión los sprites en la escena y moverlos de un punto a otro.

Ejemplo de posicionamiento de un objeto en la escena

El punto A se define en la parte derecha inferior de la escena. Sus coordenadas en los ejes son X=+160 e Y=-160.

Si un sprite se posiciona con X=+160 e Y=-160, su centro vendrá a ocupar el punto A.

Dirección del movimiento de un sprite

Un sprite se puede posicionar en la escena de manera absoluta, imponiendo las coordenadas en las que se debe ubicar el centro del objeto.

También puede moverse de manera relativa, es decir, respecto al lugar en el que encuentra.

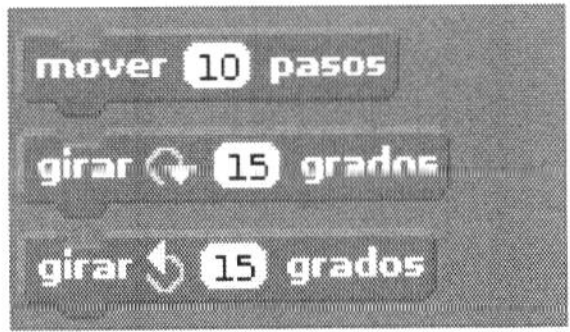

Los bloques de movimiento anterior permiten:

- El movimiento de 10 pasos del sprite en la dirección a la que apunta. Pulsando en el valor 10, es posible cambiarlo por un número positivo o negativo.
- La rotación del sprite de 15 grados en el sentido de las agujas del reloj. Entonces, apunta a una dirección diferente a la anterior a la ejecución del bloque. El valor se puede modificar haciendo clic en la cifra.
- La rotación del sprite 15 grados en el sentido contrario a las agujas del reloj. Este valor se puede modificar.

Un bloque de movimiento permite orientar al sprite en la escena, proporcionándole una dirección hacia la que girar.

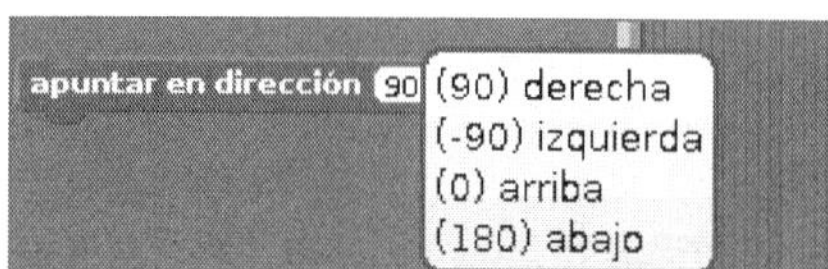

Por tanto, el spirte se puede dirigir en una de estas cuatro direcciones seleccionadas de la lista. Pulsando en la cifra es posible introducir manualmente un valor.

Es conveniente respetar las convenciones de localización de los ángulos previstas en la aplicación para evitar errores de funcionamiento de los scripts.

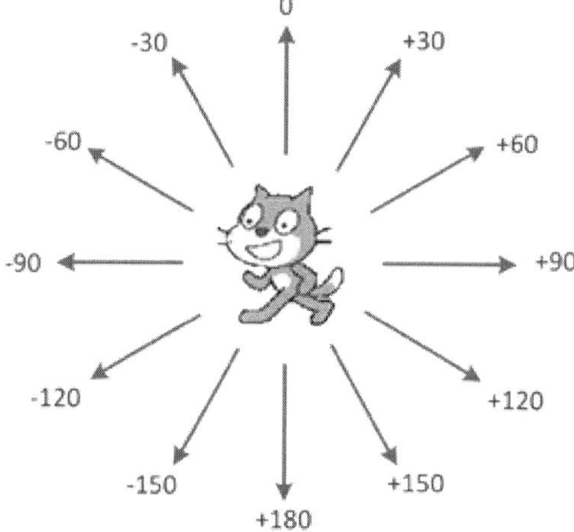

La dirección 0 grado apunta hacia arriba, +180 grados apunta hacia abajo. +90 grados indica la derecha de la escena y -90 grados indica la izquierda.

Por supuesto, son posibles todos los valores intermedios.

Para garantizar un funcionamiento correcto de los scripts, obligatoriamente el valor de los ángulos debe estar comprendido entre -179 grados y +180 grados. De hecho, utilizando valores de ángulo como +300 grados el funcionamiento de los scripts se puede ver afectado. El sprite se dirigirá a la dirección -60 grados, pero será el valor 300 el que figure en el bloque. Esta diferencia puede provocar errores en la ejecución de algunos programas.

2.2 Los bloques de movimiento

Los sprites pueden avanzar y realizar una rotación. Los bloques de movimiento permiten darles las instrucciones correspondientes.

Observación

Los bloques de movimiento, como todos los bloques utilizados en Scratch, disponen de una ayuda (en inglés) accesible haciendo clic con el botón derecho del ratón en el bloque y seleccionando después **Ayuda**.

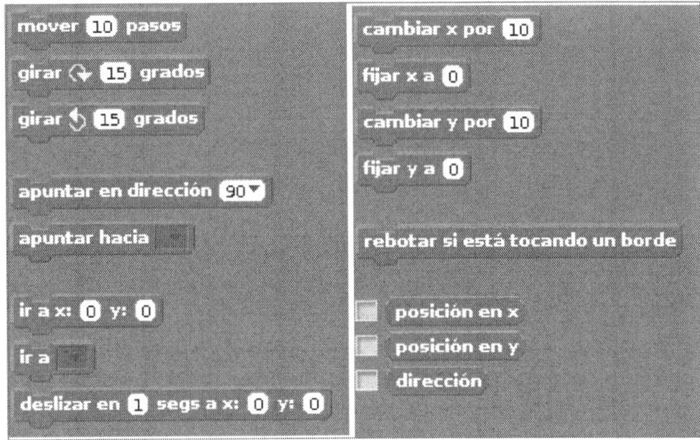

Mover 10 pasos: el sprite avanza en la dirección hacia la que está mirando. Para modificar el valor, basta con pulsar en él. Se aceptan valores positivos y negativos.

Girar 15 grados: estos dos bloques provocan la rotación del sprite 15 grados en el sentido de las agujas del reloj o contrario a las agujas del reloj. El valor se puede modificar.

Apuntar en dirección 90: hace pivotar el sprite para que esté frente a la dirección seleccionada. Por defecto, una lista desplegable ofrece arriba, abajo, derecha e izquierda. Es posible introducir manualmente un valor comprendido entre -179 y +180 grados. El objeto avanzará en esta dirección si se activa a continuación el bloque **Mover 10 pasos**.

Apuntar hacia: una flecha permite abrir una lista desplegable. Cuando solo hay un único sprite en la zona de objetos disponibles, solo aparece en la lista el cursor del ratón. Este bloque va a obligar al sprite a girar permanentemente hacia el cursor del ratón. Cuando hay varios sprites disponibles, podemos forzar a que un sprites siempre se gire hacia otro.

Ir a x: 0 y: 0: obliga al sprite a dirigirse a un lugar concreto de la escena. Con x=0 e y=0, el sprite se posiciona en el centro de la escena. Este bloque es útil cuando es necesario posicionar un objeto en la escena, al comienzo de una animación por ejemplo. Si este bloque se usa durante una animación, el sprite desaparece instantáneamente del lugar donde estaba, para volver a aparecer en las coordenadas fijadas por este bloque. Los dos valores son modificables.

Ir a: este bloque obliga al sprite a dirigirse a un lugar seleccionado de la lista desplegable. Si se selecciona otro sprite, el sprite que ejecutará este bloque se situará en el otro sprite. Si se selecciona el cursor de ratón, el sprite seguirá fielmente el cursor del ratón.

Deslizar en 1 segs a x: 0 y: 0: el sprite va a moverse, con un movimiento deslizante, desde el lugar donde está hasta las coordenadas fijadas por este bloque. Cuanto más largo sea el tiempo, más lento es el movimiento. El tiempo y las coordenadas son modificables.

Cambiar x por 10: se trata de una traducción aproximada. De hecho se aumenta el valor de *x* en un valor numérico, no se sustituye. Este bloque permite mover el sprite horizontalmente sin modificar su altura en la escena.

Fijar x a 0: este bloque fuerza un nuevo valor de *x*. Este valor se puede modificar.

Cambiar y por 10: como en el caso de **Cambiar x**, la traducción es aproximada. *y* se va a aumentar en un valor numérico determinado. Este bloque permite mover el sprite verticalmente sin modificar su posición horizontal en la escena.

Fijar y a 0: este bloque fuerza un nuevo valor de *y*. Este valor se puede modificar.

Rebotar si está tocando un borde: si el sprite llega al borde de la escena, vuelve en sentido inverso, respetando la elección hecha en la zona de las propiedades del objeto, en medio de los tres botones que gestionan el pivoteo del sprite.

Posición en x: muestra la posición x del sprite en la escena.

Posición en y: muestra la posición y del sprite en la escena.

Dirección: muestra en la escena la dirección a la que apunta el sprite.

Estos tres últimos bloques se utilizan para la puesta a punto de los programas. Permiten controlar las coordenadas de un sprite en función de sus movimientos. Es una ayuda considerable cuando es necesario localizar un funcionamiento incorrecto en un script. Una vez que el script funciona, basta con desmarcar las opciones para que desaparezcan estas indicaciones.

Comprobar un bloque de movimiento

Para probar un bloque de movimiento, seleccione un objeto de la lista de sprites disponibles. Cuando inicia Scratch, solo está disponible el gato, logotipo y mascota de Scratch.

⇒ Pulse en el gato en la parte de la escena de la pantalla para seleccionarlo. Sitúelo aproximadamente a izquierda de la escena, centrándolo verticalmente. Intente mostrar x:-150 e y:-25 (aproximadamente) en el indicador de posiciones *x* e *y*, situado bajo la escena. Suelte el ratón.

⇒ Pulse en el bloque **Cambiar x por 10**, bloque que permite añadir un valor a la posición x actual del gato. Deslice el bloque en la zona de script y suéltelo.

⇒ Modifique el valor numérico del bloque, sustitúyalo por 150 y después pulse en la parte coloreada de azul del bloque.

El gato se mueve repentinamente hacia la derecha 150 píxeles.

⇒ Pulse en el bloque **Deslizar en 1 segs a x: 0 y: 0** y llévelo a la zona de script sin encajarlo en el primer bloque. Los dos bloques deben permanecer separados.

⇒ Modifique los valores x:-150 e y:-25, y después pulse en una parte coloreada de azul del bloque.

El gato que antes de desplazó vuelve a la posición x:-150, y:-25.

⇒ Pulse alternativamente en cada uno de los bloques. El gato repite estos movimientos.

Primer script

Un script es el conjunto de instrucciones separadas en un único bloque. Observe los dos bloques presentes en la zona de script. Presentan muescas que tienen la misma forma. Por tanto, se pueden encajar.

⇉ Deslice uno de los dos bloques hacia el otro, de manera que las muescas queden juntas. Cuando los dos bloques estén lo suficientemente cerca, aparece una zona clara entre los dos bloques. Suelte el ratón, los dos bloques se unen por sus muescas.

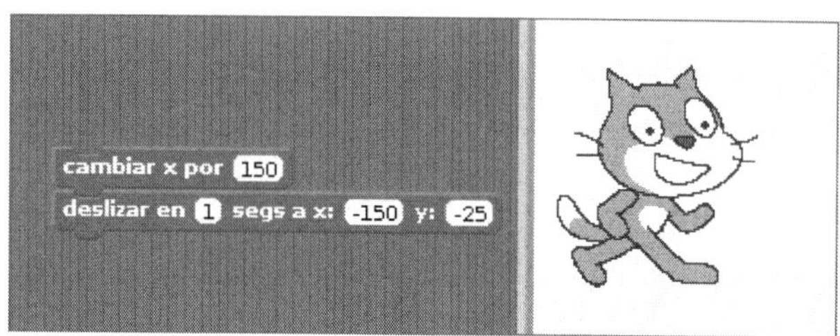

⇉ Pulse en la zona coloreada de azul de uno de los bloques. El conjunto de los dos bloques se resalta durante la ejecución.

Las dos instrucciones se ejecutan una después de la otra: el gato se mueve bruscamente a la derecha y después vuelve a su posición deslizándose.

Acaba de realizar su primer script. A continuación veremos cómo es posible ejecutar un script, además de pulsando encima de él con el ratón.

Eliminar una instrucción

Para eliminar una instrucción, en primer lugar es necesario separar las dos instrucciones que forman el script.

⇉ Pulse en el bloque inferior y muévalo hacia abajo.

Es la única manera de separar dos bloques. Si mueve el bloque superior hacia arriba, mueve los dos bloques juntos hacia arriba. Compruebe también este movimiento de bloque para ver la diferencia.

Cuando el bloque inferior se separe, llévelo a la zona donde se almacenan los bloques de movimiento y suelte el ratón. El bloque ha desaparecido de la zona de los scripts. También puede hacer clic con el botón derecho del ratón en el bloque y seleccionar **Eliminar** en el menú contextual.

2.3 Los bloques de apariencia

Algunos sprites no tienen indumentaria: sirven solo para la apariencia en pantalla. Las únicas modificaciones que aceptan son los movimientos y las rotaciones. Otros sprites pueden tener diferentes aspectos, es decir, pueden presentar formas diferentes. Un sprite puede parecer que anda o vuela, cuando los aspectos se suceden en pantalla.

El loro anterior parece batir las alas cuando las dos imágenes correspondientes a sus dos aspectos se suceden durante su movimiento y crean una animación.

El tiburón que se presenta a continuación tiene tres disfraces que puede adoptar según las necesidades del script:

- **shark-a**: el tiburón triste busca su presa.
- **shark-b**: el tiburón ve una presa.
- **shark-c**: el tiburón atrapa la presa.

Los bloques de apariencia permiten seleccionar la apariencia en pantalla para el tiburón en cada momento, de ahí el nombre de aspecto.

Los bloques de apariencia van a modificar el disfraz del sprite, permitiéndole hablar o pensar al estilo de los bocadillos que aparecen en los dibujos animados, modificar su apariencia con diferentes efectos, cambiar su tamaño, ocultarlo o hacer que aparezca, administra la superposición de los sprites cambiando el plano en el que se muestran, etc.

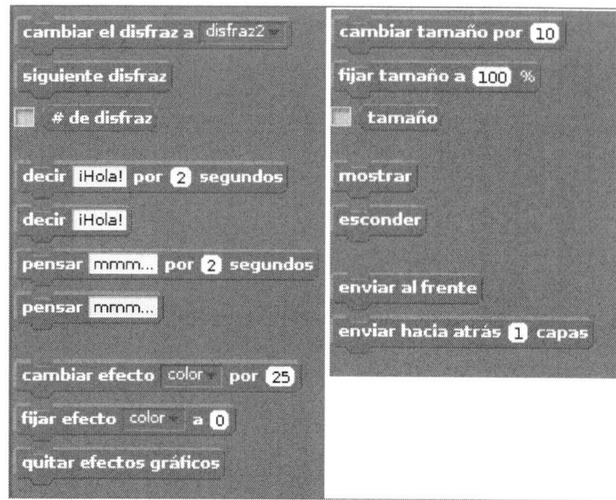

Cambiar el disfraz a [disfraz2]: este bloque permite seleccionar de manera absoluta el disfraz que se va a mostrar en pantalla. La lista desplegable muestra los disfraces disponibles. Si el sprite solo dispone de un disfraz, la lista solo tendrá un elemento.

Siguiente disfraz: cuando un sprite dispone de varios disfraces, se muestra el siguiente disfraz.

N° de disfraz: muestra en la escena el número del disfraz actual adoptado por el sprite. Este bloque se usa para ajustar los scripts.

Decir [¡Hola!] por 2 segundos: el sprite dice Hola en un bocadillo como el de los dibujos animados, durante un tiempo definido, en este caso dos segundos. La frase pronunciada y el tiempo de visualización son modificables, lo que permite jugar en las escenas con los diálogos.

Pensar [mmm...] por 2 segundos: el sprite piensa mmm... en un bocadillo como el de los dibujos animados, durante un tiempo definido, en este caso dos segundos. El pensamiento y el tiempo de visualización son modificables.

Cambiar efecto [color] por 25: modifica los efectos gráficos aplicados al sprite. La modificación por defecto es la del color. Una lista permite seleccionar entre varios efectos:

- **Color**: modifica los colores del sprite.
- **Ojo de pescado**: aplica un efecto de dilatación circular.
- **Remolino**: crea una espiral a partir de los píxeles del sprite.
- **Pixelizar**: solo conserva un determinado número de píxeles del sprite.
- **Mosaico**: divide el sprite en pequeñas copias de sí mismo. El número de copias depende del valor del efecto.
- **Brillantez**: modifica la luminosidad del sprite, aumentando la intensidad de los colores.
- **Desvanecer**: estampa uniformemente los colores del sprite.

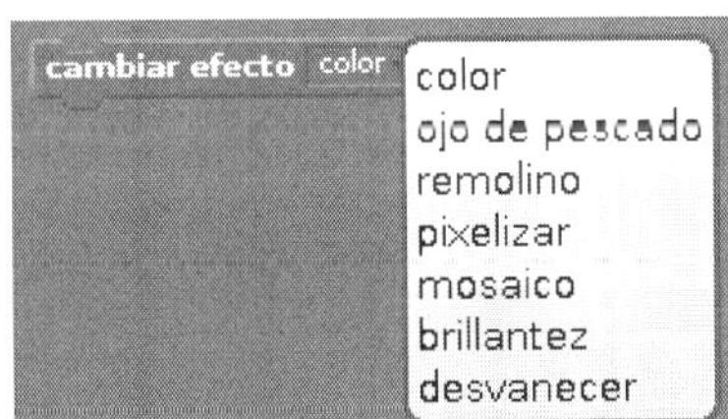

Pruebe con diferentes valores (10, 20, 40) para visualizar los efectos que se generan. Un valor negativo reduce el efecto aplicado al sprite. Observe la diferencia entre la luminosidad que se aplica a la intensidad de los colores y el efecto desvanecer, que estampa progresiva y uniformemente los colores del sprite. Este último se utilizará mucho para hacer desaparecer o aparecer el sprite lentamente.

Fijar efecto [color] a 0: si el valor permanece a 0, vuelve a 0 el efecto seleccionado en la lista anterior (y solo este). También permite fijar un valor para uno de los efectos gráficos, sustituyendo 0 por este valor.

Quitar efectos gráficos: anula todos los efectos gráficos aplicados al sprite. Este vuelve su apariencia a la normalidad.

Cambiar tamaño por 10: modifica el tamaño del sprite en incrementos del 10 %. El valor se puede modificar y puede ser negativo para reducir el tamaño del sprite en pantalla. Esta modificación permite sugerir el enfoque o la distancia de un sprite.

Fijar tamaño a 100 %: recuperar el valor inicial para el tamaño del sprite.

Tamaño: muestra en la escena el tamaño actual del sprite. Este bloque se usa para ajustar los scripts.

Mostrar: cuando este bloque está en funcionamiento durante la ejecución de un script, el sprite se hace visible.

Esconder: cuando este bloque está en funcionamiento durante la ejecución de un script, el sprite desaparece. Atención: a no ser que se haya ejecutado un bloque **Mostrar**, el sprite permanecerá invisible.

Enviar al frente: cuando varios sprites se unen, permite traer uno a primer plano para que no quede oculto por el resto.

Enviar hacia atrás 1 capas: gestión del orden en el que los sprites se superponen. La modificación del valor numérico permite administrar la superposición de los sprites.

2.4 Las estructuras de control

Para controlar el desarrollo de un script desde su inicio hasta su finalización, Scratch pone a disposición del programador un conjunto de bloques. Estos bloques, llamados bloques de control, permiten administrar la ejecución de las acciones, su repetición o incluso ejecutar un conjunto de bloques si una condición es verdadera.

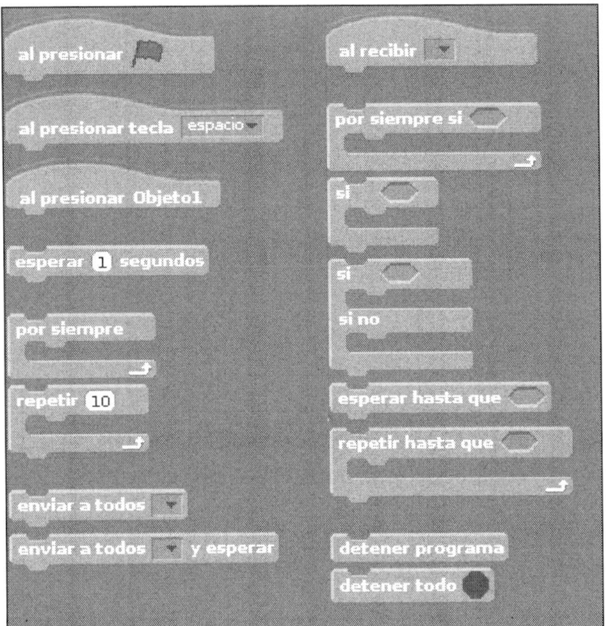

Al presionar la bandera: los bloques conectados a este control se ejecutan cuando se pulsa la bandera verde, situada en la parte superior derecha de la escena.

Al presionar tecla [espacio]: los bloques conectados a este control se ejecutan cuando se pulsa la barra espaciadora. Es posible seleccionar otra tecla de la lista desplegable en su lugar. Las fechas de dirección figuran en la lista y permiten el "control" de un sprite pulsando estas teclas. Pero todas las teclas alfanuméricas del teclado están disponibles.

Al presionar Objeto1: se ejecutan los bloques ubicados bajo este control si se hace clic con el botón izquierdo del ratón en el sprite Objeto1. Cuando un sprite se selecciona, este control muestra automáticamente su nombre.

Esperar 1 segundos: cuando el script llega a este bloque, espera durante un segundo. Es posible modificar el tiempo de espera cambiando el valor de la cifra (en segundos).

Por siempre: los bloques insertados en la agrupación formada por este control se repetirán indefinidamente cuando el bloque se activa. Solo un clic en el icono rojo de stop detendrá el script.

Repetir 10: los bloques insertados en la agrupación formada por este control se repetirán 10 veces cuando el bloque se active. El número de repeticiones de los bloques es configurable modificando el valor numérico.

Enviar a todos: envía un mensaje al resto de sprites, así como a la escena. La flecha de dirección hacia abajo abre una lista si ya existe un mensaje. En caso contrario, permite crear uno nuevo. Haciendo clic en **nuevo** se abre una ventana.

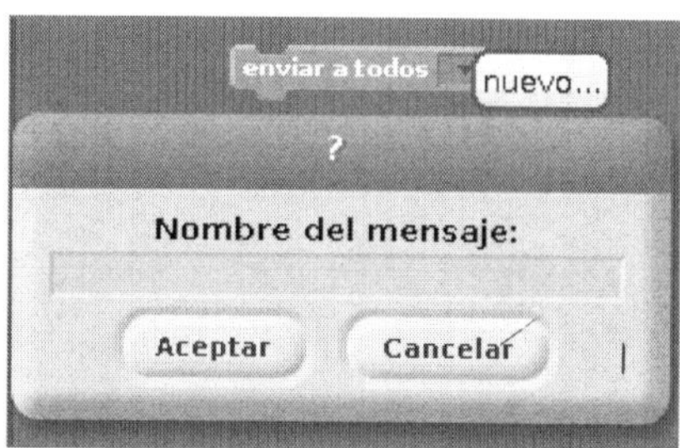

Escriba un nombre de mensaje en la zona de texto de esta ventana y después pulse en **Aceptar**. El mensaje se enviará al resto de sprites y a la escena cuando el bloque se active. Esto permite, por ejemplo, administrar los sprites desde un lugar único. La escena también puede enviar mensajes. Es una manera de agrupar en un único lugar la gestión de los sprites. Por ejemplo, la escena envía un mensaje tras un cambio en su imagen de fondo. Este mensaje posiciona los sprites que intervienen en este decorado y lanza sus acciones.

Enviar a todos y esperar: envía un mensaje al resto de sprites, así como a la escena. Funciona como **enviar a todos**. Cuando se envía el mensaje, se espera a que todas las acciones lanzadas por el mensaje terminen.

Al recibir: los bloques conectados a este control se ejecutan al recibir un mensaje seleccionado de la lista desplegable. Esto permite sincronizar las acciones ejecutadas por los sprites.

Por siempre si <condición>: repite indefinidamente los bloques insertados en la agrupación si la condición presente después del **si** es verdadera. La ubicación en la que se recibe la condición termina en la parte derecha e izquierda por una figura puntiaguda. Esta ubicación solo se puede ocupar por un bloque de la misma forma. Esto evita las sintaxis erróneas u otro tipo de errores.

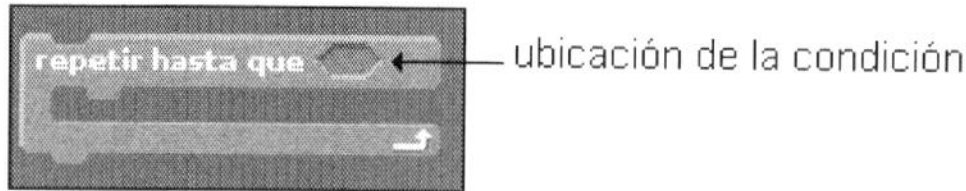

Si <condición>: ejecuta los bloques insertados en la agrupación si la condición es verdadera.

Si <condición> ... si no ...: si la condición es verdadera, ejecuta los bloques insertados en la agrupación del **si**. En caso de que esta condición no sea verdadera, ejecuta los bloques insertados en la agrupación del **si no**.

Esperar hasta que <condición>: el script marca una pausa hasta que la condición sea verdadera. Esto permite, por ejemplo, esperar la pulsación en una tecla para continuar la ejecución del programa.

Repetir hasta que <condición>: repite los bloques insertados en la agrupación hasta que la condición sea verdadera. Cuando la condición es verdadera, detiene la ejecución.

Detener programa: cuando se alcanza este bloque, la ejecución del script que contiene el bloque se detiene.

Detener todo: todos los scripts se paran, este bloque equivale a una pulsación en el botón rojo situado en la parte superior de la escena.

2.5 Los sensores

Los bloques de control de la sección anterior toman decisiones durante la ejecución de los scripts. Estas decisiones derivan del valor de una condición. Los sensores proporcionan la información para que el bloque de control pueda decidir la marcha que se debe seguir. Los sensores con los extremos redondeados devuelven un valor, mientras que los sensores con los extremos puntiagudos devuelven verdadero o falso según el resultado de la verificación indicada por un signo de interrogación.

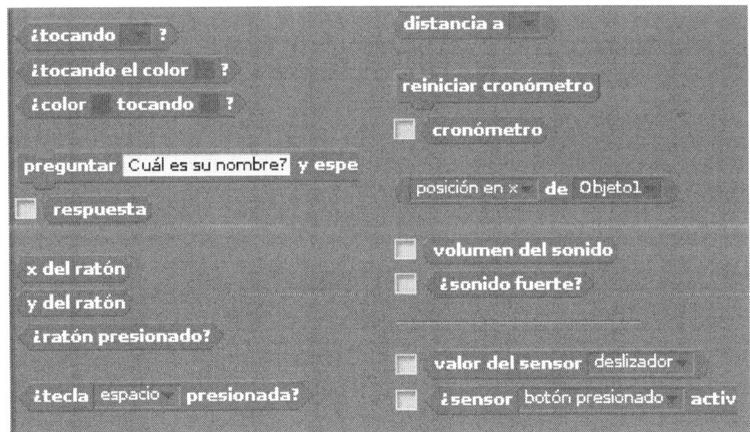

¿Tocando?: esta condición se convierte en verdadera si el sprite toca uno de los objetos seleccionados en la lista desplegable. Los objetos presentes en la lista son: el puntero del ratón, el borde de la escena o los demás sprites.

¿Tocando el color ☐?: esta condición se convierte en verdadera cuando el sprite toca un objeto del color indicado. Para cambiar el color, es necesario pulsar en el cuadrado de color. El cursor se transforma en un cuentagotas, con el que basta con pulsar sobre el color del objeto presente en la escena. Entonces el cuadrado toma este color, que será el desencadenante de la condición cuando sprite lo toque.

¿Color ☐ tocando ☐?: esta condición se convierte en verdadera cuando el primer color toca el segundo color. La elección de los colores se hace como se ha explicado anteriormente, pulsando en el cuadrado de color y después seleccionando cada color con el cuentagotas. Esta condición permite tener más precisión que la anterior. De hecho, esta vez no es todo el sprite el que desencadena la condición, sino una pequeña parte del sprite, cuyo color sea el seleccionado.

Preguntar [su nombre] y esperar: este bloque hace que el sprite hable, como el bloque de apariencia **decir**, pero muestra una zona de texto en la escena y espera a que el usuario responda y valide su respuesta para continuar el desarrollo del script.

Respuesta: un clic en la opción situada a la izquierda de **respuesta** muestra una zona en la escena en la que aparece la respuesta escrita por el usuario. Esta función se puede utilizar durante la puesta a punto de los scripts. También se puede utilizar el sensor de respuesta, como en el siguiente ejemplo:

Esta vez, el sensor **respuesta** se ha deslizado en el bloque de apariencia **decir**. Cuando se pulsa la bandera verde, el sprite pregunta al usuario, solicitándole su nombre y esperando su respuesta (por ejemplo `Ángel`). Después de la validación de la respuesta, dice *hola* durante 2 segundos y a continuación muestra en un bocadillo el texto de la respuesta: *Ángel*.

X del ratón: este sensor devuelve la coordenada *x* del ratón. Es posible usarla para desencadenar las acciones cuando el ratón pasa por encima de una coordenada particular de la escena.

Y del ratón: este sensor devuelve la coordenada *y* del ratón.

¿Ratón presionado?: este sensor devuelve **verdadero** si se pulsa el botón del ratón en cualquier parte de la pantalla.

¿Tecla [Espacio] presionada?: si se pulsa la tecla [Espacio], el sensor devuelve verdadero. La lista desplegable permite definir qué tecla se comprobará. Están disponibles todas las teclas alfanuméricas y numéricas, así como las cuatro fechas de dirección.

Distancia a [ ]: este sensor devuelve la distancia entre el sprite y el puntero del ratón o alguno de los demás sprites presentes en la escena.

Reiniciar cronómetro: pone el cronómetro a cero.

Cronómetro: este sensor devuelve el valor actual del cronómetro. Comprobando este valor en una estructura de control es posible, por ejemplo, limitar la duración de un juego o aumentar su dificultad a lo largo de una determinada franja de tiempo. Si se marca la opción, el valor del cronómetro se muestra en la escena.

[Posición en x] de [Objeto1]: este sensor devuelve la información de las propiedades de un objeto. La lista permite seleccionar entre los valores posición *x*, posición *y*, dirección, aspecto n°, tamaño y volumen. Entre los objetos también figura la escena, por lo que podemos recuperar el número mostrado en segundo plano y el volumen.

Volumen del sonido: este sensor devuelve el valor del nivel de volumen de un sonido captado por el micrófono (en un PC). El valor está comprendido entre 1 y 100. Para que este sensor devuelva un valor, el ordenador debe estar provisto de un micrófono que funcione. Si la opción está marcada, se muestra en la escena el valor del volumen del sonido recibido por el altavoz, lo que puede ser útil para ajustar el programa.

¿Sonido fuerte?: este sensor devuelve **verdadero** si el micrófono recibe un sonido fuerte. Si no hay ruido o si el nivel sonoro es insuficiente, devuelve **falso**. A diferencia del sensor volumen de sonido, que indica el nivel del sonido, este indica únicamente la presencia de un sonido fuerte. Para que este sensor devuelva un valor, el ordenador debe estar provisto de un micrófono que funcione.

Valor del sensor "deslizador": este bloque envía al programa el valor de un sensor analógico o digital, conectado a la GPIO o a una tarjeta de adquisición (Scratch Sensor, Lego, PiFace, etc...). Consulte los capítulos La GPIO de la Raspberry Pi y Los periféricos, para acceder a ejemplos de uso.

¿Sensor "botón presionado" activado?: detecta la pulsación en un botón de la tarjeta Scratch Sensor.

2.6 Los sonidos

Scratch ofrece la posibilidad de jugar con los sonidos. Pueden ser propios de un sprite (maullido de un gato, ladrido de un perro, etc.) o desencadenarse durante una acción (choque de dos sprites, partida perdida, etc.). Algunos sprites tienen uno o varios sonidos asociados. Otros no disponen de esta posibilidad. La pestaña **Sonidos** en la zona central de la pantalla muestra las propiedades de los sonidos asociados a un sprite, si estos sonidos existen.

El usuario tiene la posibilidad de registrar un sonido desde el micrófono del ordenador o importar un sonido (.wav únicamente). La importación se hace pulsando el botón **Importar**. Hay disponible una librería de sonidos variados.

El sonido se puede seleccionar de entre los que hay disponibles en la carpeta **Sonidos** o bien descargarlos y después importarlos desde una carpeta cualquiera del ordenador a la carpeta personal del usuario *pi* o al escritorio.

La prueba de un sonido se realiza pulsando en el botón de reproducción o en el altavoz. Es necesario que el sonido esté operativo tanto en una pantalla HDMI como en unos cascos o un altavoz amplificado conectados a la salida de audio analógica.

Los siguientes bloques permiten intervenir sobre los sonidos de un sprite.

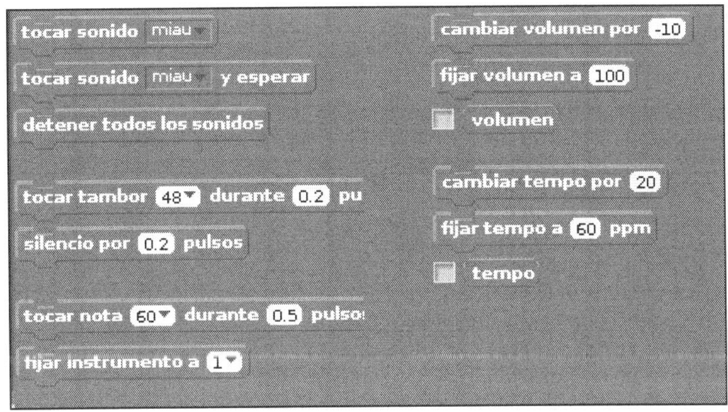

Tocar sonido [miau]: el sprite seleccionado es el gato. El sonido asociado al gato se llama **miau**. Cuando el script pasa por este bloque, desencadena la lectura del sonido **miau** y después el script pasa inmediatamente al siguiente bloque.

Tocar sonido [miau] y esperar: a diferencia del bloque anterior, el script se detiene y espera a que el sonido se haya leído completamente antes de pasar al siguiente bloque.

Detener todos los sonidos: al pasar por este bloque, todos los sonidos que se están ejecutando se detienen. Por ejemplo, este bloque se puede utilizar al final de una partida para detener todos los sonidos antes de reproducir la música de fin.

Tocar tambor [48] durante 0.2 pulsos: el sonido se reproduce durante 0.2 pulsos. Se trata de un sonido de percusión. Desafortunadamente, los diferentes instrumentos ofrecidos en la lista se definen para un sintetizador MIDI que existe en las tarjetas de sonido de un PC, pero no en la Raspberry Pi. Por tanto, Scratch opta por una solución de seguridad y únicamente se emite un ruido de percusión corto, independientemente de los ajustes seleccionados. Sin embargo, la nota se respeta.

Silencio por 0.2 pulsos: cuando se están reproduciendo varias notas, este bloque introduce una pausa de duración igual a 0.2 pulsos.

Tocar nota [60] durante 0.5 pulsos: cuando se pasa por este bloque, se reproduce la nota seleccionada durante la duración indicada.

Fijar instrumento a [1]: permite seleccionar el instrumento que va a reproducir las notas. No funciona en la Raspberry Pi porque falta un sintetizador MIDI. Todas las notas se reproducen de la misma manera.

Cambiar volumen por -10: este bloque cambia el volumen de los sonidos reproducidos o leídos. Es posible aumentar o reducir el volumen. Los valores límite son 0 y 100.

Fijar volumen a 100: este bloque provoca que el volumen pase al valor máximo.

Volumen: permite recuperar el valor del volumen para usarlo en los scripts. Si la opción está marcada, el valor del volumen se muestra en la escena.

Cambiar tempo por 20: este bloque modifica el tempo, es decir la velocidad a la que Scratch reproduce las notas. El tempo se expresa en ppm: pulsos por minuto. Por tanto, un pulso (o tiempo) dura 60 segundos/tempo en ppm. Una nota reproducida durante 0,5 pulsos durará 0,5 segundos. La modificación del tempo cambia la duración de la nota:

Tempo	Duración de la nota
60 ppm	0,5 s
180 ppm	0,16 s

Fijar tempo a 60 ppm: este bloque permite cambiar el tempo, es decir, la velocidad a la que Scratch va a reproducir las notas.

Tempo: este bloque permite recuperar el valor del tempo. Si la opción está marcada, el valor del tempo se muestra en la escena.

2.7 Los operadores

En todo script, como en cualquier programa informático, llega un momento donde el uso de operadores se convierte en obligatorio. Los operadores aritméticos devuelven un valor numérico positivo o negativo. Tienen extremos redondeados. Los operadores lógicos devuelvan verdadero o falso. Sus extremos son en forma de ángulo. La forma de los operadores hace que solo se puedan insertar en una zona con la forma correspondiente en otro bloque.

2.7.1 Operadores aritméticos

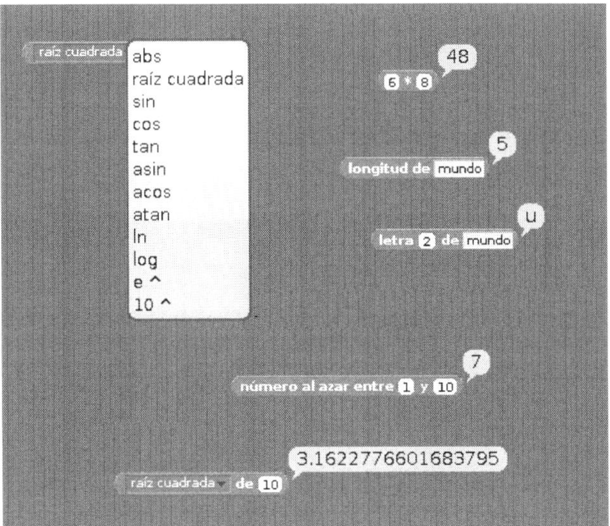

Los operadores aritméticos (extremos redondeados) devuelven el resultado de una operación. Pueden recibir un único argumento, como la raíz o el seno, o dos argumentos como la multiplicación. Basta con rellenar la o las zonas del operador y pulsar en el bloque para que aparezca el resultado. Cuando se está ejecutando un script, la operación se realiza y su resultado se envía al bloque en el que se encuentre el operador.

Los operadores aritméticos solo aceptan cifras en las zonas de introducción de datos.

2.7.2 Operadores lógicos

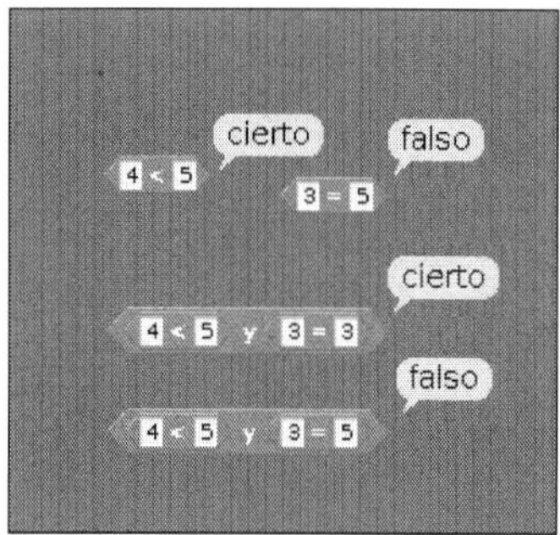

Los operadores lógicos (extremos con forma de ángulo) reciben dos argumentos, salvo el operador **no**. Realizan la operación solicitada y devuelven un resultado: verdadero o falso.

La siguiente captura de pantalla agrupa los bloques aritméticos (+, -, *, /, generador de número aleatorio, módulo, redondeo y raíz), los bloques lógicos (no, y, o) así como los bloques que operan con cadenas de caracteres.

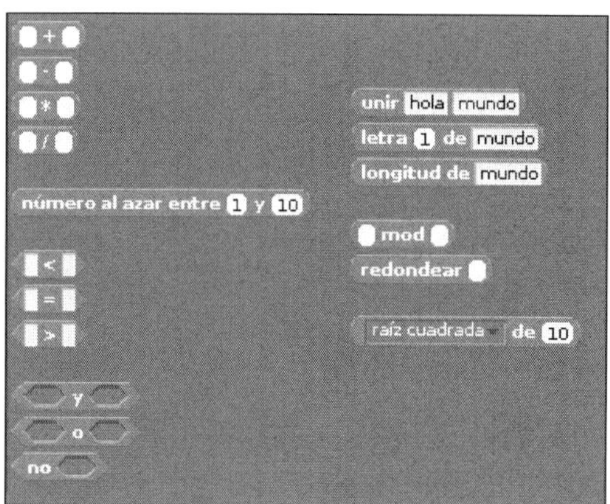

Operaciones aritméticas: las cuatro operaciones están disponibles (+ - * /). Necesitan dos argumentos que pueden ser valores fijos introducidos durante la creación del script o un valor proporcionado por un sensor que se deslizará a la zona de argumento correspondiente.

Número al azar entre 1 y 10: el operador devuelve un número entero seleccionado aleatoriamente entre dos límites modificables, que forman parte de los números que se pueden extraer.

Comparaciones: los operadores de comparación menor que (<), igual (=) y mayor que (>) realizan la comparación entre los dos valores presentes en las zonas derecha e izquierda del signo. Devuelven verdadero o falso, según sea el resultado de la operación.

Los operadores de comparación aceptan letras y cifras en las zonas de introducción de datos. En el caso de las letras, su código ASCII se usa para la comparación. Por tanto, hay que respetar las mayúsculas y minúsculas. Los operadores de comparación pueden trabajar con cadenas de caracteres. <valor = valor> devolverá *verdadero*, lo que permite, por ejemplo, comprobar un valor introducido por el teclado para verificar una respuesta.

Operaciones lógicas: las operaciones lógicas permiten combinar dos valores. El operador **y** devuelve *verdadero* solo si los dos valores presentes en las zonas derecha e izquierda del **y** son verdaderos. Si uno de los dos valores es falso, devuelve *falso*. También si los dos valores son falsos, devuelve *falso*.

El operador **o** devuelve *verdadero* si uno de los dos valores es verdadero. También devuelve *verdadero* si los dos valores son verdaderos.

El operador **no** devuelve el inverso del valor. Por tanto, devuelve *verdadero* si el valor es *falso* y *falso* si el valor es *verdadero*.

Las siguientes tablas, también llamadas "tablas de verdad", representan todos los casos posibles para los operadores **y**, **o** y **no**.

Y		
valor 1	**valor 2**	**resultado**
FALSO	FALSO	FALSO
FALSO	VERDADERO	FALSO
VERDADERO	FALSO	FALSO
VERDADERO	VERDADERO	VERDADERO

O		
valor 1	**valor 2**	**resultado**
FALSO	FALSO	FALSO
FALSO	VERDADERO	VERDADERO
VERDADERO	FALSO	VERDADERO
VERDADERO	VERDADERO	VERDADERO

NO	
valor 1	**resultado**
FALSO	VERDADERO
VERDADERO	FALSO

Unir [hola] [mundo]: este operador realiza una operación llamada concatenación de las cadenas de caracteres, presentes en las zonas de introducción de datos. La concatenación consiste en crear una sola cadena de caracteres a partir de varias cadenas, poniéndolas una detrás de otra.

Esta operación no añade espacios entre las cadenas, sino que se deberá prever durante la escritura del script.

Las posibilidades pueden parecer limitadas con solo las dos zonas pudiendo recibir las cadenas de caracteres. Sin embargo, es posible ubicar en cada una de las zonas otra **agrupación** y aumentar de esta manera las posibilidades de este operador. Una zona puede recibir una palabra, frase o un sensor. En el siguiente ejemplo, una primera **agrupación** crea la cadena *hola a+todo*, una segunda la cadena *el +mundo* y, para terminar, la **agrupación** que recibe las dos anteriores crea la cadena final: *hola a todo +el mundo*.

Letra 1 de [mundo]: este operador devuelve la enésima letra de una cadena de caracteres. Si el número es superior a la longitud de la cadena, no se indica ningún error, pero no se devuelve ninguna letra.

Longitud de [mundo]: devuelve la longitud de la cadena, espacios incluidos.

Mod: este operador devuelve el resto de la división entera. Por ejemplo, para 110 módulo 12, la respuesta será 2. En efecto 110/12 = 9 y restan 2.

Redondear: este operador redondea el valor que recibe como argumento al entero más cercano. Por ejemplo 3,4 dará 3 mientras que 3,5 o 3,7 darán 4.

[Raíz cuadrada] de: este operador permite seleccionar de una lista desplegable la operación a realizar. Es posible elegir entre valor absoluto (abs), raíz cuadrada, seno (sin), coseno (cos), tangente (tan), arcoseno (asin), arcocoseno (acos), arcotangente (atan), logaritmo neperiano (ln), logaritmo decimal (log), exponencial (e^) y potencia de 10 (10^). Da acceso a los cálculos matemáticos en los scripts.

2.8 El lápiz

Los sprites pueden estar provistos de un lápiz que va a dejar una huella por el lugar donde pasan los sprites. El color y el tamaño del lápiz se definen de manera fija. Se pueden modificar por el programa en tiempo de ejecución del script.

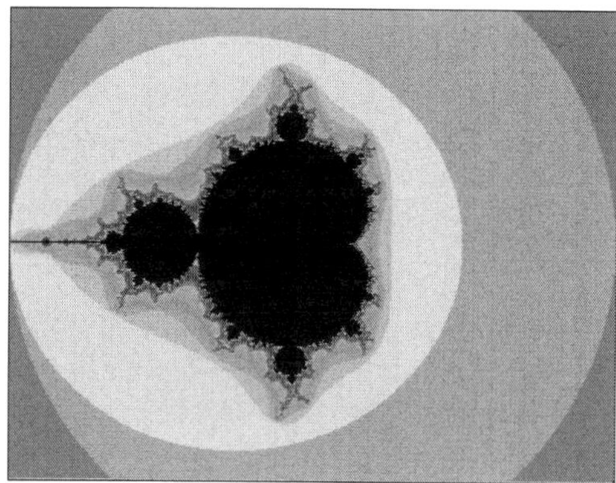

Conjugando la posición y el color del lápiz, es posible realizar diseños complicados como este fractal de Mandelbrot (Mandelbrot Set Fractal remix - Pete D. - http://scratch.mit.edu/projects/11453062/).

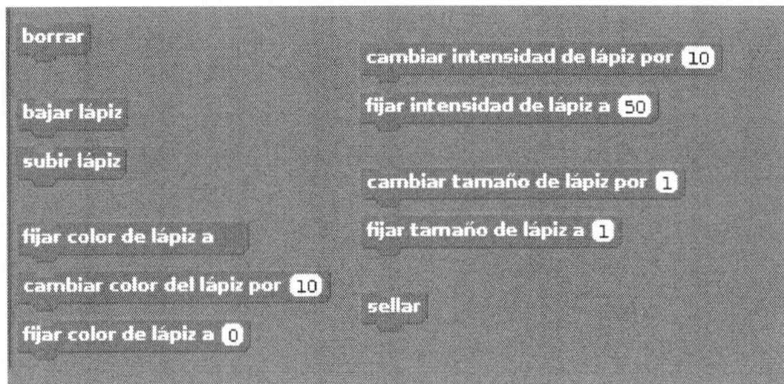

Borrar: elimina todas las trazas dejadas por el lápiz de todos los sprites en la escena.

Bajar lápiz: a partir de este bloque, el lápiz comienza a dejar una traza en la escena.

Subir lápiz: a partir de este bloque, el lápiz no deja más traza en la escena.

Fijar color de lápiz a □: fija el color del lápiz. El color es un número entre 0 y 199. La paleta de colores disponibles va del rojo (0) al rojo (199).

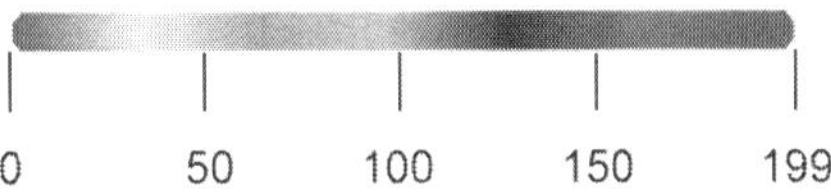

Los colores están en el orden de los colores del arco iris (rojo, naranja, amarillo, verde...). 0 corresponde al rojo, 70 al verde, 130 al azul, 170 al magenta, etc.

Cambiar color del lápiz por 10: cambia el color del lápiz en el valor indicado (positivo o negativo).

Fijar color de lápiz a 0: fija el color del lápiz a un valor dado.

Cambiar intensidad de lápiz por 10: modifica la intensidad del color. El color no se modifica, sino que cambia su luminosidad. La intensidad puede variar de 0 a 100. Con el valor cero, el color se convierte en negro, con 50 el color es normal y con 100 el color se convierte en blanco.

Fijar intensidad de lápiz a 50: fija la intensidad del lápiz a un valor predefinido.

Cambiar tamaño de lápiz por 1: aumenta el tamaño del lápiz en 1 píxel.

Fijar tamaño de lápiz a 1: fija el tamaño del lápiz a un valor predeterminado. Aquí el lápiz tendrá una longitud de 1 píxel.

Sellar: deja una copia del aspecto del sprite en el lugar donde este bloque se ejecuta en el script.

2.9 Las variables

Además de los bloques presentes originalmente en el juego de instrucciones de Scratch, el programador puede necesitar crear sus propias variables. En un juego, por ejemplo, puede ser necesario un contador: un sprite debe evitar los objetos; cada vez que toca uno, el contador se incrementa. Después de tocar cinco objetos, el juego termina. El contador no existe en los bloques disponibles. Es el programador el que debe crearlo.

También es posible crear una lista. Una lista está formada de un conjunto de palabras. Puede servir para un sprite que debe recoger objetos. Cada vez que recoge un objeto, este desaparece de la pantalla y su nombre se añade a la lista.

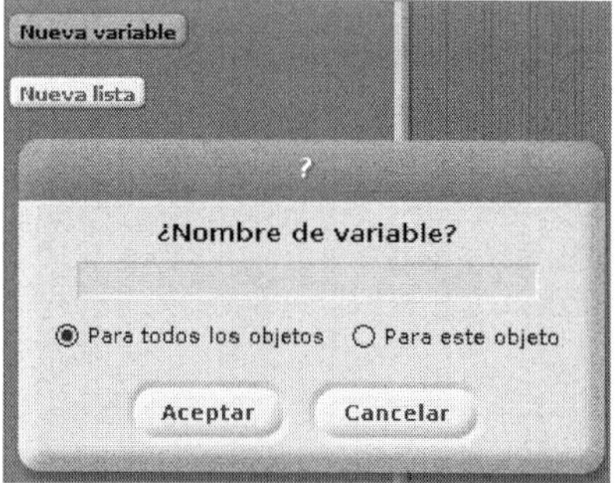

La creación de una variable o de una lista se hace pulsando en **Nueva variable** o en **Nueva lista**. Las ventanas de creación de una variable o de una lista son idénticas. Hay que introducir el nombre de la variable o el de la lista e indicar si esta será accesible por todos los sprites (llamada global) o únicamente por el sprite para la que se crea (llamada local).

2.9.1 Creación de una variable

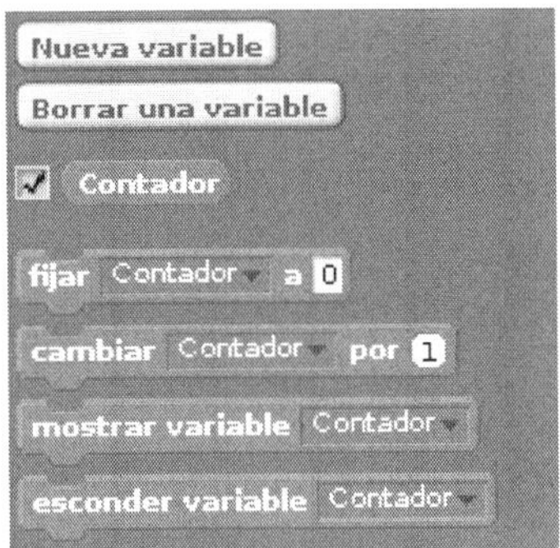

Durante la creación de una nueva variable (aquí la variable **contador**), aparecen bloques adicionales en la paleta de bloques.

Contador: es la variable creada. Este bloque permite usarla en otros bloques para comprobar su valor con los operadores de comparación, por ejemplo. Si la opción está marcada, la variable se muestra en la escena.

Fijar contador a 0: fija un valor a la variable. Aquí **contador** se inicializa a cero.

Cambiar contador por 1: aumenta el valor de la variable en la cantidad indicada. Aquí el valor de **contador** se aumenta en 1. También se dice que el contador se incrementa.

Mostrar variable contador: al pasar por este bloque, la variable se muestra en la escena y permanece visible mientras que el bloque **esconder variable contador** no se ejecute. La opción que hay delante de la variable **contador** se marca automáticamente cuando este bloque se ejecuta.

Esconder variable contador: durante la ejecución de este bloque, la variable contador desaparece de la pantalla. La opción ubicada delante de la variable contador se desmarca automáticamente cuando se ejecuta este bloque.

Atención: la variable permanece oculta mientras no se ejecute el bloque **mostrar variable contador**. Esto puede provocar un funcionamiento que puede parecer incorrecto cuando se prueban los programas. Es mejor tener la costumbre de indicar explícitamente en los scripts los momentos donde una variable se debe mostrar.

Por ejemplo, al comienzo de un juego, si el contador debe aparecer en la escena, es necesario insertar un bloque **mostrar variable contador** para forzar esta visualización. En caso contrario, en algunos casos donde la variable se ha ocultado anteriormente no aparecerá cuando se inicie el juego.

2.9.2 Creación de una lista

Igual que sucedía con la creación de una variable, la creación de una lista (aquí **cesta**) implica la aparición de nuevos bloques.

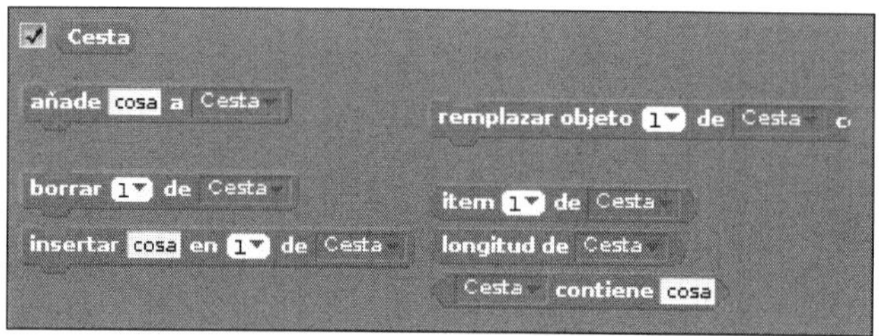

Cesta: este bloque devuelve la lista que tiene ese nombre. Si la opción delante del bloque está marcada, aparece en la escena.

Aquí la lista cesta contiene los objetos: *estrella*, *piedra* y *flor*. La longitud de la lista se indica en la parte inferior de la ventana.

Añade cosa a cesta: añade un ítem (elemento de una lista) a la cesta. El nombre del ítem (**cosa**) se puede modificar, bien indicando otro nombre o utilizando un bloque que devuelva el nombre del ítem que se debe añadir a la lista. Si se crean varias listas, estas aparecen en la lista desplegable con la condición de que sean accesibles por el sprite. Por tanto, solo aparecerán sus listas locales y las listas globales accesibles por todos los sprites. Las listas locales propias de los demás sprites no se muestran en la lista desplegable.

Borrar [1] de cesta: elimina uno de los ítems (**cosa**) de la lista. La ortografía de las dos palabras debe ser exactamente la misma. Si hay ítems por debajo de este en la lista, se recolocan para llenar el vacío creado.

Insertar cosa en [1] de cesta: inserta un ítem (**cosa**) en la posición indicada. El resto de ítems, si existen, se enviarán a la parte inferior de la lista.

Remplazar objeto [1] de cesta: sustituye el primer elemento de la lista por **cosa**. El número del ítem, así como su nombre, se pueden modificar.

Ítem [1] de cesta: devuelve el nombre del primer ítem de la lista. El número del ítem se puede modificar.

Longitud de cesta: devuelve el número de ítems contenidos en la lista.

Cesta contiene cosa: verifica si la lista **cesta** contiene un ítem **cosa**. Devuelve *verdadero* si la lista contiene este ítem, devuelve *falso* si no la contiene. Atención, la ortografía debe ser exactamente la misma.

3. Crear un juego sencillo en Scratch

3.1 Definir el escenario

Provisto de las herramientas disponibles en Scratch, es posible crear escenas, animaciones o juegos.

Para crear un juego, en primer lugar es necesario definir un escenario que va a servir de guía durante la realización.

Proponemos realizar el siguiente juego:

El fotógrafo

Escenario: un fotógrafo está a orillas de un estanque. Los sprites van a pasar por la pantalla. El fotógrafo deber tomar fotos de los sprites, llevando el cursor del ratón al sprite antes de pulsar. Los sprites pasarán 10 veces. Al final del juego, el gato aparece y anuncia el resultado.

Desarrollo: cuando el jugador pulse en la bandera verde, se muestra una pantalla de presentación. Después de un tiempo de espera para permitir la lectura, el pingüino aparece e informa que es necesario pulsar en la barra [Espacio] para jugar.

El jugador pulsa la barra [Espacio]. Aparece la escena de juego, así como el visor del aparato de fotos que sigue al ratón. Los sprites aparecen aleatoriamente y pasan por la pantalla. El jugador intenta hacerles una foto. Después del décimo paso, el juego se detiene. El gato aparece en la escena y anuncia el resultado. Informa al jugador de que, para volver a jugar debe pulsar en la barra [Espacio].

3.2 Definir las interacciones

Escena

La escena será el elemento central del juego. La escena es un sprite particular, aunque acepta scripts como el resto de sprites. Como es el elemento central del juego, será el encargado de la gestión de las secuencias (presentación, juego, fin del juego) y del control de los sprites.

Cuando se pulsa la bandera verde, la escena muestra el segundo plano de la presentación. Pasados algunos segundos, envía un mensaje al pingüino para que aparezca en la escena.

El pingüino recibe el mensaje, aparece en la escena y anuncia al jugador que debe pulsar la barra [Espacio] para jugar, espera algunos segundos y desaparece.

Inicio del juego

Cuando el jugador pulsa en la barra [Espacio], la escena comienza inicializando las variables que se utilizarán durante el juego, en particular el contador de puntos (puntos), el número de intentos (intento) y una variable que indica que un sprite está en la escena (juegoEnCurso).

La escena extrae una cifra que define el sprite que debe aparecer. Envía a todos los sprites un mensaje con su valor top inicial y después espera para hacer un nuevo dibujo a que el sprite haya terminado su recorrido. Solo el sprite cuyo número se corresponde con el extraído inicia su camino. Configura la variable juegoEnCurso a 1 al inicio de su recorrido para indicar que está en la escena. Durante su trayecto, comprueba si el jugador ha pulsado el ratón y, en este caso, comprueba si la distancia del cursor es inferior a 25 píxeles. Si es el caso, el contador de puntos se incrementa. Cuando ha terminado su recorrido, pone a cero la variable que indica su presencia en la escena y desaparece.

Para complicar un poco el juego, uno de los sprites tendrá una velocidad de marcha que acelerará, mientras que el otro tendrá una velocidad de marcha constante.

La escena, que estaba en espera de liberación de la variable, incrementa la variable intento y después extrae un nuevo número aleatorio, hasta completarse los 10 números. Cuando los 10 sprites han pasado por la escena, envía a todos los sprites el mensaje que indica que el juego ha terminado.

Fin del juego

Cuando recibe este mensaje, el gato avanza por la escena y anuncia el marcador. Después informa al jugador de que debe pulsar la barra [Espacio] para volver a jugar.

3.3 Preparar la escena

Para preparar la escena son necesarias dos imágenes de 480 x 360 píxeles. Una será la imagen de presentación del juego y la otra será la escena utilizada durante el juego.

⇛ Pulse en la escena en la zona de los sprites, y después en la pestaña **Fondo**. Pulse en el botón **Importar** y seleccione la imagen a cargar. Repita la operación para la presentación y para la escena del juego. Elimine a continuación la escena vacía presentada al inicio.

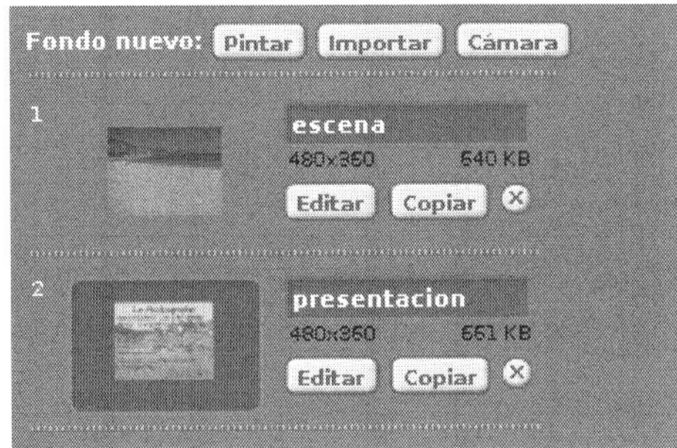

Observación

Las imágenes de la escena y de presentación del juego están disponibles para su descarga en el sitio de Ediciones ENI.

3.4 Diseñar los sprites

Para el juego, por defecto se presenta el gato en la apertura del proyecto. Hay que crear tres nuevos sprites:

- el visor del aparato de fotos.
- el logo de la Raspberry Pi.
- el pingüino.

3.4.1 Visor del aparato de fotos

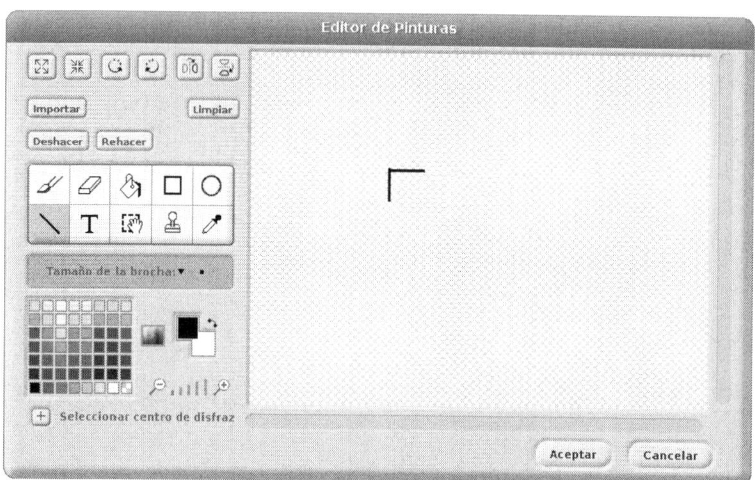

⇉Pulse el botón **Diseñar un nuevo objeto** en la zona de los sprites (una estrella con un pincel). El editor gráfico se abre sobre un fondo transparente (el tapiz blanco y gris). Seleccione el color amarillo en el selector de colores y el pincel en la zona de herramientas. Trace un ángulo recto utilizando la tecla [Mayús] para forzar los trazos horizontales y verticales.

⇉Pulse en el cursor y seleccione su ángulo. Repita el diseño con el cursor hasta tener cuatro ángulos. Seleccione la herramienta de selección (la mano delante de un cuadrado de puntos) y seleccione uno de los cuatro diseños. Pulse los botones **Espejo Horizontal** y **Espejo Vertical** (los dos botones que hay encima del botón **Limpiar**) para obtener la posición deseada. Sitúe sus ángulos para obtener una imagen parecida a la siguiente.

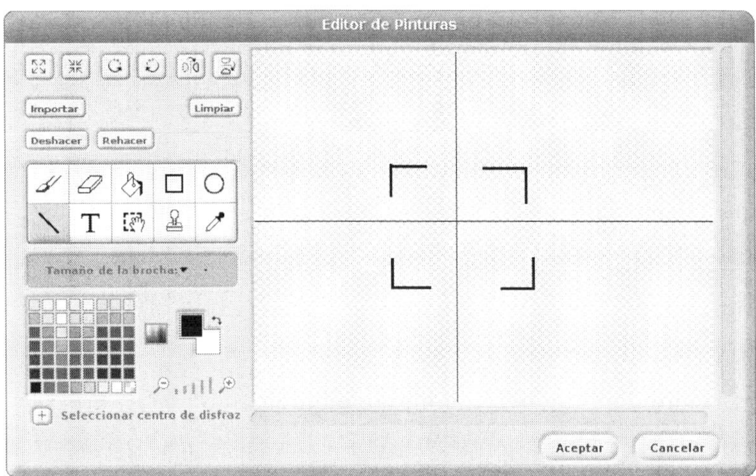

⇉ Pulse el botón **Definir el centro de la escena** en la parte inferior izquierda del editor gráfico. El centro de la escena se situará en el lugar donde pulse en la zona de diseño. Intente que coincidan el punto central de la cruz con el centro de su visor.

⇉ Termine pulsando en el botón **Aceptar**.

3.4.2 El logo Raspberry Pi

⇉ En la zona de los sprites, pulse en el botón **Diseñar nuevo objeto** (botón en forma de estrella sobre la que figura un pincel). Se abre el editor gráfico. Pulse en el botón **Importar**. Recorra las carpetas de la Raspberry hasta encontrar el lugar donde se ha almacenado el logo y pulse sobre él.

Observación

Los logos e imágenes usados para el juego (logo Raspberry Pi, Tux...) están disponibles para su descarga en el sitio de Ediciones ENI.

El logo aparece en la zona de diseño del editor gráfico.

El logo aparece sobre un fondo blanco de forma rectangular. Es así como se verá en la escena: enmarcado por un rectángulo blanco.

⇉ Para eliminar este fondo molesto, pulse en el bote de pintura y seleccione el color transparente (última casilla de la parte inferior en la parte derecha del selector de colores). Haga clic con el extremo del bote de pintura que se desborda en la zona blanca. Esta debería llenarse de cuadrados blancos y grises indicando su transparencia.

⇉ Pulse en el botón **Aceptar** para guardar el sprite.

Eventualmente, si la importación de imágenes genera sprites sobredimensionados o infradimensionados, los dos botones situados encima del botón **Importar** permiten ajustar su tamaño. Pulse en [Mayús] antes de hacer clic para abrir una ventana que permite ajustar el porcentaje del tamaño, de manera mucho más fina que un simple clic en uno de los botones.

3.4.3 El pingüino

La creación del sprite del pingüino se hace de la misma manera que para el logo de la Raspberry Pi, a partir de una imagen de Tux que debe haber descargado. Aquí será necesario tener la precaución de hacer transparentes las zonas de sombra debajo del pingüino.

Tras la creación de los sprites, la zona de los sprites se parecerá a la siguiente:

3.5 Crear las variables

Ahora que la escena y los sprites están definidos, es necesario definir las variables que se utilizarán durante el juego.

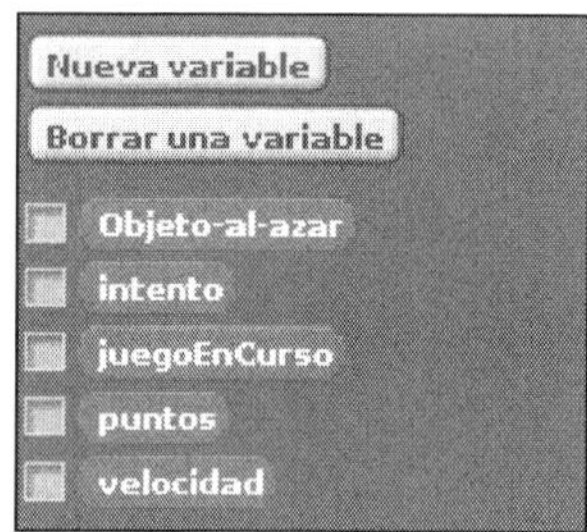

- Objeto-al-azar: variable global – contiene el número aleatorio extraído por la escena. Los sprites leen esta variable para saber si es su turno para pasar a escena. 0 representa el gato, 1 representa el logo de la Raspberry Pi y 2 representa el pingüino.
- intento: variable global – memoriza el número de sprites que han atravesado la escena. Esta variable se ha utilizado durante la puesta a punto del programa. Se podría eliminar.
- juegoEnCurso: variable global – indica que un sprite actualmente está presente en la escena.
- puntos: variable global – cuenta los puntos conseguidos por el jugador.
- velocidad: variable local – utilizada únicamente por el logo Raspberry Pi para aumentar su velocidad de marcha.

3.6 Animar el juego

Ahora cada sprite debe recibir el o los scripts que debe ejecutar. Pruebe cada script individualmente. Cuando un script funciona, se puede integrar al conjunto. La escritura simultánea de un gran número de scripts interactuando los unos con los otros habitualmente hace que sea difícil la búsqueda de las causas de funcionamiento erróneo.

3.6.1 Los scripts de la escena

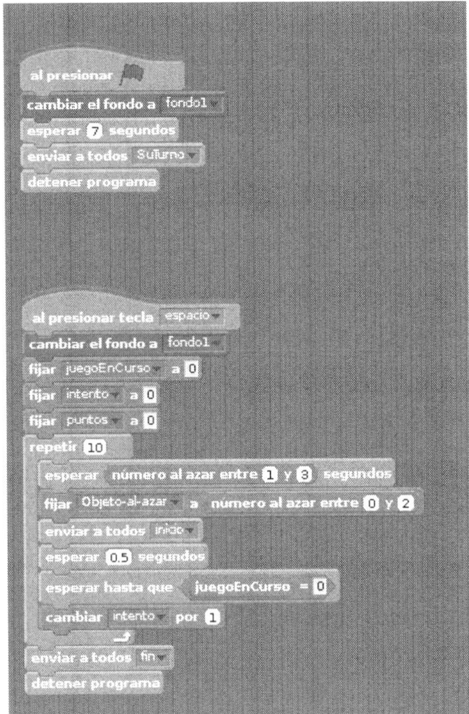

La escena recibe dos scripts:

- Un script de presentación que se activa cuando el jugador pulsa en la bandera verde.
- Un script de juego que se lanza cuando se pulsa la barra de espacio.

El primer script solo muestra el fondo de la presentación durante 7 segundos, antes de activar el script del pingüino con el mensaje *SuTurno*.

El segundo script arranca cuando el jugador pulsa en la barra de espacio. Muestra la escena del juego e inicializa las variables. A continuación, para las 10 pruebas del jugador, el script espera un tiempo entre 1 y 3 segundos. Se extrae un número al azar y se almacena en la variable *Objeto-al-azar*. Envía el mensaje *inicio* a todos los sprites y hace una pausa de 0,5 segundos para permitir al script del sprite arrancar y posicionar *juegoEnCurso* a 1. Espera a que el sprite devuelva el control volviendo a poner a cero *juegoEnCurso* para continuar. Cuando las 10 pruebas terminan, envía el mensaje de fin a todos los sprites y se detiene.

3.6.2 Los scripts del gato

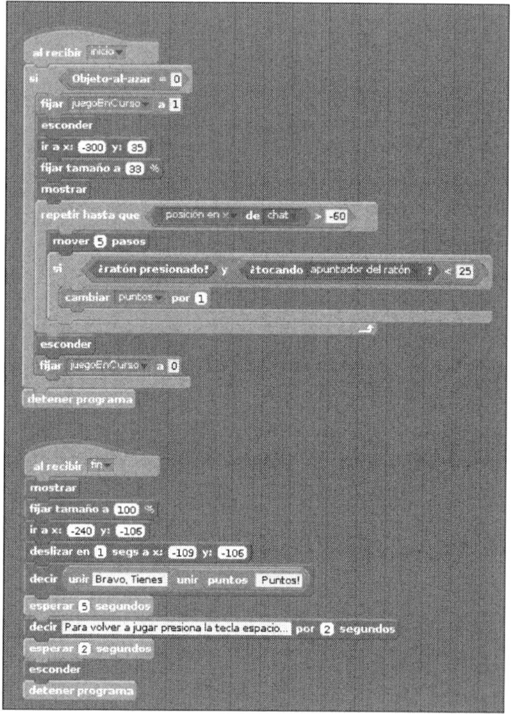

El gato recibe dos scripts: el primero gestiona su movimiento en la escena durante el juego, el segundo gestiona el anuncio del resultado.

Primer script

El primer script arranca cuando la escena envía el mensaje *inicio* a todos los sprites. El script comprueba si se ha extraído el número del gato. Si es así, arranca, en caso contrario se detiene.

Cuando el script arranca, posiciona la variable *juegoEnCurso* para indicar que está en funcionamiento, el gato se sitúa fuera de la escena, su tamaño se reduce al 33 % para simular que se aleja. A continuación avanza hasta -60, lugar donde desaparece detrás de los árboles de la escena.

El gato avanza en grupos de 5 pasos, comprobando si el jugador ha pulsado el ratón cerca (25 píxeles). Si es el caso, el contador de puntos se incrementa. Si el jugador mantiene el ratón pulsado, el contador se incrementa en cada bucle, lo que permite aumentar el número de puntos conseguidos.

Cuando llega a su destino, el gato desaparece y después el script libera la variable *juegoEnCurso* para indicar a la escena que puede empezar otro sprite. El script se detiene.

Segundo script

El segundo script arranca cuando la escena envía el mensaje *terminado*. El gato aparece en la escena con su tamaño normal y después indica el número de puntos obtenidos y la manera de volver a jugar.

3.6.3 Los scripts del pingüino

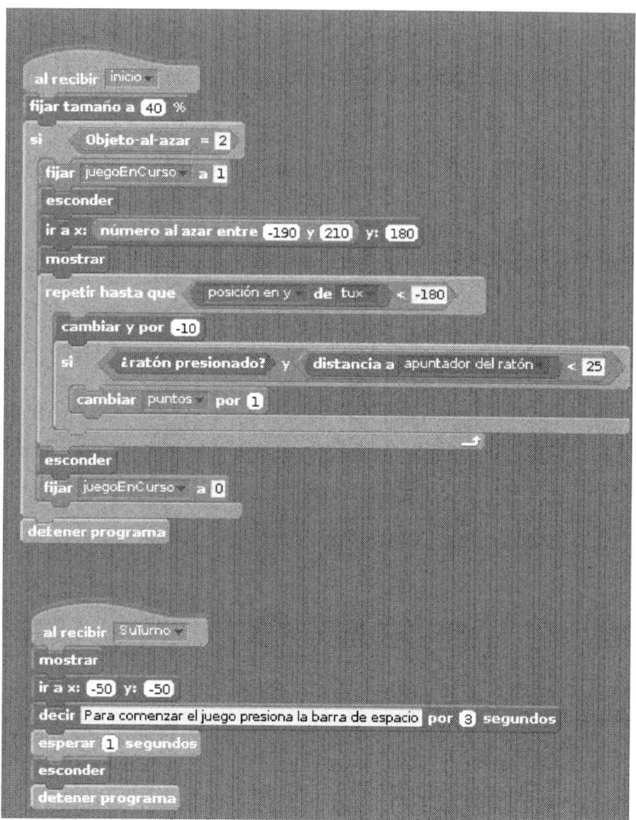

Primer script

El primer script del pingüino es prácticamente idéntico al que gestiona el movimiento del gato. Como el pingüino llega desde la parte superior de la escena el script determina, en primer lugar, la coordenada x extrayendo un número entre -190 y 210. A continuación, el sprite desciende a una velocidad de 10 píxeles por bucle hasta la parte inferior de la escena (-180).

Segundo script

El segunda script arranca cuando la escena envía el mensaje *SuTurno*. El pingüino aparece en la escena e indica al jugador cómo iniciar el juego.

3.6.4 El script del logo

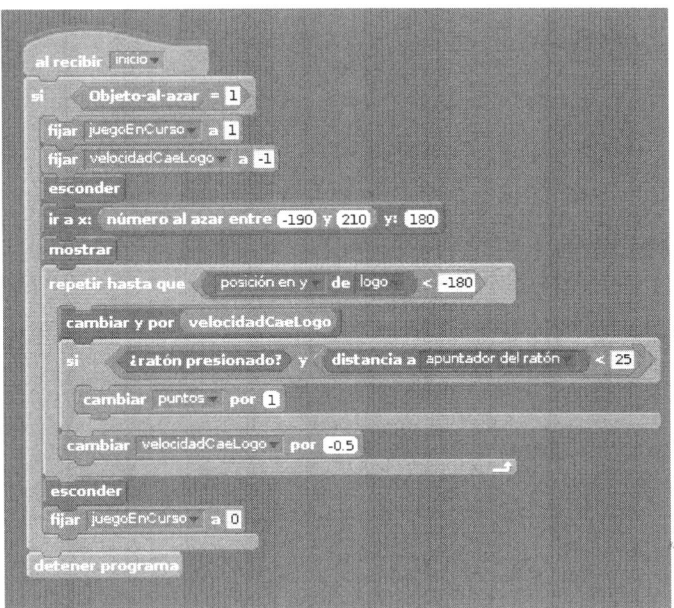

El script es idéntico al del pingüino. La velocidad de marcha se fija al inicio a -1 y aumenta en -0.5 con cada paso del bucle para provocar una aceleración de la marcha.

3.6.5 Los scripts del visor

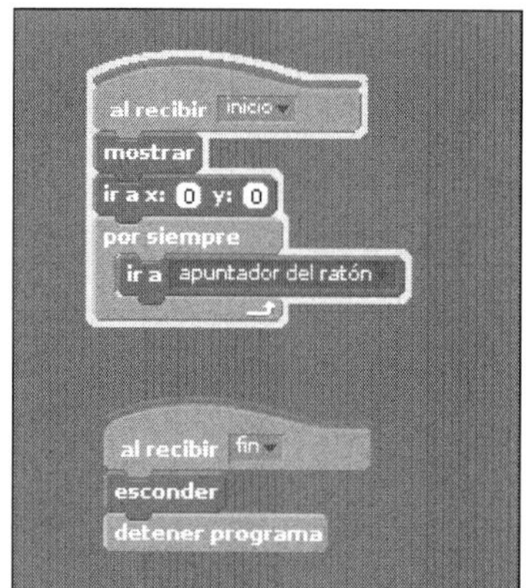

Primer script

El primer script se ejecuta cuando la escena envía el mensaje *inicio* a todos los sprites. El visor se sitúa en el centro de la escena y después sigue los movimientos del puntero del ratón.

Segundo script

Cuando la escena envía el mensaje de finalización a todos los sprites, el segundo script arranca. El visor desaparece y el script se detiene.

3.6.6 La evolución del juego

Todos los elementos del juego, así como el proyecto, están disponibles para su descarga.

No dude en modificar los argumentos del juego, añadiendo otros sprites, por ejemplo. También puede añadir sonidos para que el desarrollo del juego sea más ameno. No hay nada que se pueda "romper" en la Raspberry Pi. En el peor de los casos, el juego no funcionará como desea o no funcionará en absoluto. Siempre es posible volver atrás.

El aprendizaje de la programación pasa por estas etapas de prueba-error, que enriquecen mucho la experiencia.

4. Conclusión

Scratch en la Raspberry Pi sigue en versión 1.4, pero la potencia de la Raspberry Pi 3 y las numerosas mejoras y añadidos al programa, lo hacen mucho más agradable de utilizar.

La versión aparecida a finales de 2015 con Jessie se ha mejorado mucho, en particular con la adopción de una máquina virtual Squeak sobre la que se ejecuta Scratch, sustituyendo el antiguo motor de Scratch. En la misma Raspberry Pi, el rendimiento de Scratch se multiplica por entre 3 y 10 veces, según la prueba realizada. El número de tramos mostrados por segundo se ha doblado, pasando de 15 a 30 para una mayor fluidez de las animaciones.

La introducción de un servidor GPIO ofrece un medio sencillo de acceder a las entradas/salidas y a las tarjetas adicionales. Este servidor también gestiona la cámara y da acceso a la dirección IP, así como a la fecha y hora de la máquina. También es posible imaginar un programa Scratch que tome una foto al pulsar en un pulsador e imprima la fecha y hora de la toma de la imagen en la foto.

En el momento de escribir estas líneas se soportan las tarjetas Sense-HAT, Pibrella, Explorer HAT, PiFace, PiLite y Ryanteck motor Board. Hay otras tarjetas que se deberán añadir a la lista.

Originalmente visto como una herramienta destinada al aprendizaje de la programación por los niños, Scratch se presenta en la actualidad como una solución que permite interactuar de manera sencilla con el mundo real.

Capítulo 13

Programar en Python

1. Historia de Python

Desarrollado en una semana por Guido van Rosum (según la leyenda), el lenguaje Python debe su nombre a los Monty Python, de los que Guido es admirador. Guido explica en su blog (http://python-history.blogspot.com.es/2009/01/personal-history-part-1-cwi.html) que, recién salido de la universidad, en 1982 entra en CWI como programador. CWI (*Centrum Wiskunde & Informatica* = centro de matemáticas e informática) es el centro de investigación holandés de matemáticas e informática, situado en Amsterdam (Países Bajos). Trabajó en un proyecto llamado ABC, que se abandonó por falta de éxito. En ese momento, se une al grupo que desarrolla Amoeba, un sistema distribuido basado en un micro núcleo desarrollado por CWI y la universidad de Amsterdam. Finalmente trabaja en el grupo multimedia. El lenguaje Python es el producto de esta experiencia en CWI. El lenguaje ABC fue la fuente de inspiración para Python, Amoeba la motivación y el grupo multimedia favoreció su desarrollo. Aunque CWI nunca invirtió en Python, se ha convertido en una herramienta importante utilizada tanto por el grupo Amoeba como por el equipo multimedia.

Iniciado a finales del año 1989, el desarrollo de Python produce una versión operativa al cabo de pocos meses. Un determinado número de personas utilizó Python en CWI. Los compañeros de Guido contribuyeron a una parte de su desarrollo.

En febrero de 1991, Python ya se distribuía con el número de versión 0.9.0 y bajo una licencia parecida a la del MIT. Por tanto, Python era open source antes de la invención de este término en 1997.

Después de muchos estímulos y del numeroso feedback recibido, Guido se ve animado para mantener actualizado el producto durante algunos años. En 1993 se crea un newsgroup Python con el aval de Guido, pero sin que él se implique. En el verano de 1994, Guido es investigador invitado durante dos meses por el NIST (*US National Institute for Standards and Technology* = instituto nacional de normalización y tecnología), que cuenta con numerosos usuarios de Python. Los forma en el uso del lenguaje y adapta Python para responder mejor a sus necesidades.

Durante su estancia en NIST, dirige un taller de Python que le vale una proposición de trabajo en CNRI (*Corporation for National Research Initiatives* = asociación de promoción de la investigación nacional), un laboratorio de investigación sin ánimo de lucro, indirectamente financiado por la DARPA (*Defense Advanced Research Projectes Agency* = agencia para los proyectos de investigación avanzada de defensa). La agencia subvenciona numerosos proyectos utilizando Python, pero no soporta directamente el desarrollo del lenguaje.

En CNRI, Guido participa en la creación de un sistema de agente móvil en Python. El equipo del proyecto le ayuda a mantener la infraestructura de la comunidad Python, como el sitio python.org, el servidor CVS (*Concurrent Versions System* = sistema de gestión de versiones) de seguimiento de las versiones o incluso la mailing list. Las versiones 1.3 a 1.6 datan de esta época. Se produce un intento de creación de una "Fundación Python", que no va más allá de la redacción del reglamento.

La CNRI intenta sin éxito financiar el desarrollo de Python con fondos de la DARPA. A continuación crea un consorcio que atrae a pocos miembros. La licencia de la versión 1.6, inicialmente dirigida a los abogados de la CNRI, se modifica después de la distribución por Richard Stallman para responder a los criterios de la Free Software Foundation y a los de la CNRI. Se convierte en una licencia open source (licencia CNRI).

En 2000, antes del estallido de la burbuja de Internet, Guido y una parte del equipo dejan la CNRI para unirse a BeOpen.com, una start-up que recruta a desarrolladores open source.

Como muchas start-up de la época, BeOpen desaparece de manera espectacular, dejando tras ella una deuda enorme y a los desarrolladores completamente desilusionados.

La licencia de Python evoluciona para reflejar la sucesión de propietarios, en primer lugar BeOpen, después la Python Software Foundation (creada en 2001). Guido y su equipo PythonLabs son contratados por Digital Creations, una de las principales empresas que usan Python, que rápidamente toma el nombre de su principal producto open source: Zope.

El lenguaje evoluciona a su versión 2 hasta diciembre de 2008, fecha en la se publica Python 3.0. Esta versión rompe con la compatibilidad hacia atrás de Python, lo que explica la coexistencia actual de las dos ramas 2.x y 3.x.

Python no ha dejado de evolucionar y mejorar su rendimiento a lo largo de estos años.

2. Particularidades de Python

En su origen, Python se diseñó para ser muy legible. Permite a un principiante poder escribir rápidamente un programa que funcione. Es así como los estudiantes o investigadores adoptan fácilmente el lenguaje y lo utilizan para sus trabajos. Encontramos Python tanto en la universidad como en el mundo industrial.

Los desarrolladores Python tienen a su disposición una librería muy extensa. Python está presente en muchos dominios, desde la programación de sistemas de desarrollo web, hasta aplicaciones gráficas de sistemas embebidos e incluso en el dominio del cálculo científico. Se puede comunicar con bases de datos clásicas o con directorios LDAP.

Python es un lenguaje interpretado. Se ejecuta en una máquina virtual que arranca cuando se lanza Python.

3. Python en modo consola

Python se puede utilizar de varias maneras. La más directa es el modo consola, que solo necesita una consola en modo texto y la escritura de comandos directamente en el prompt Python. La segunda posibilidad es el uso de un entorno de desarrollo llamado IDLE. Por último, es posible escribir programas en Python que se ejecutarán por uno u otro entorno.

Las dos ramas de Python están disponibles en la Raspberry Pi. En este capítulo se utilizará Python 3.

El objetivo de este capítulo es permitirle leer y modificar un programa en Python. El uso de programas demostrará las posibilidades del lenguaje, y será un primer paso para descubrir el lenguaje.

3.1 Inicio de Python

El lanzamiento de Python en una consola en modo texto se hace con el comando `python` para ejecutar Python 2.7 y con el comando `python3` para ejecutar Python 3.4.

```
pi@raspberrypi ~ $ python3
Python 3.4.2 (default, Oct 19 2014, 13:31:11)
[GCC 4.9.1] on linux
Type "help", "copyright", "credits" or "license" for more
information.
>>>
```

El prompt con el que Python le indica que espera un comando es `>>>`. Para salir de Python y volver a Linux, escriba `exit()` seguido de [Intro].

Sin entrar en las técnicas de programación, ya es posible usar Python como una calculadora (avanzada).

3.2 Utilizar Python como una calculadora

3.2.1 Operaciones básicas

Estos operadores realizan el cálculo de la expresión y muestran el resultado. Las # presentes en las líneas indican un comentario. Python ignora todo lo que sigue a la # en la línea.

```
>>> 2 + 3         # Suma
5
>>> 12 - 7        # Resta
5
>>> 6 * 4         # Multiplicación
24
>>> 24 / 6        # División
4.0
>>> 137 % 9       # Módulo: 137/9=15 restan 2
2
>>> 7 ** 2        # Elevar a una potencia
49
>>> 11 // 2       # División entera, los decimales se eliminan
5
>>> 3 * (5 + 2) # Calcula en primer lugar el contenido de los paréntesis
21
>>> 3 * 5 + 2   # El signo * es prioritario
17
```

3.2.2 Operadores de comparación

Estos operadores evalúan la expresión. Si es verdadera, devuelven `True`. En caso contrario devuelven `False`.

```
>>> 8 == 4      # Igualdad entre ambos valores
False
>>> 6 != 5      # Ambos valores son diferentes
True
>>> 4 > 2       # El número de la izquierda es más grande
True
>>> 5 < 27      # El número de la izquierda es más pequeño
True
>>> 8 >= 11     # El número de la izquierda es mayor o igual
False
>>> 45 <= 66    # El número de la izquierda es menor o igual
True
```

3.2.3 Operadores de asignación

Los operadores de asignación dan al operando situado a la izquierda el valor de la expresión situada a la derecha del operador. El comando `print(x)` muestra el valor de `x` en la pantalla. Es posible mostrar una variable por línea de comandos simplemente introduciendo su nombre, pero es mejor tener la costumbre de usar `print()`, que será obligatorio en los programas.

```
>>> x = 7         # x toma el valor 7
>>> x             # Mostrar el valor de x en la línea de comandos
7
>>> x = 24        # x toma el valor 24
>>> print(x)      # Mostrar el valor de x
24
>>> x += 4        # x = x + 4
>>> print(x)
28
>>> x -= 7        # x = x - 7
>>> print(x)
21
>>> x *= 2        # x = x * 2
>>> print(x)
42
>>> x /= 2        # x = x / 2
>>> print(x)
21.0
>>> x %= 6        # x = x modulo 6 = resto de la división
>>> print(x)
3.0
>>> x **= 3       # x = x elevado a 3
>>> print(x)
27.0
>>> x //= 2       # x = resultado entero de x / 2
>>> print(x)
13.0
```

3.2.4 Operadores sobre los bits

Los operadores sobre los bits intervienen en los números expresados en binario.

```
>>> x = 6              # x = 6, es decir, 0110 en binario
>>> y = 3              # y = 3, es decir, 0011 en binario
>>> print(x&y)         # 0110 y 0011 = 0010
2
>>> print(x|y)         # 0110 o 0011 = 0111
7
>>> print(x^y)         # 0110 o exclusivo 0011 = 0101
5
>>> print(~x)          # 0110 complemento a 2 de x = 1001
-7
>>> print(~y)          # 0011 complemento a 2 de y = 1100
-4
>>> print(x << 2)             # Desplazamiento de 2 bits a la izquierda
                              # equivale a multiplicar por 4
24
>>> print(x >> 2)             # Desplazamiento de 2 bits a la derecha
1
```

3.3 Escribir una cadena de caracteres

Una cadena de caracteres es una sucesión de caracteres entre comillas.

```
>>> print("Hola a todos")
Hola a todos
```

El comando `print()`, utilizado anteriormente para mostrar el resultado de la operaciones, también permite mostrar las cadenas de caracteres.

3.4 Las variables

Cuando hemos escrito *x = 24* en el párrafo de las operaciones hemos reservado un espacio en la memoria para almacenar el valor *24*, y Python ha dado el nombre *x* a este espacio. Por tanto, la variable *x* es un espacio memoria que puede recibir valores numéricos o caracteres.

En Python, basta con usar una variable para que se cree automáticamente.

```
>>> x = 24              # x se crea y contiene 24
>>> y = x + 8           # y se crea y contiene (24+8)=32
>>> z = x + y           # z se crea y contiene (24+32)=56
>>> print(x, y, z)      # Muestra los valores de las 3 variables
                          24 32 56
>>> x = "mi_variable"   # x contiene una cadena de caracteres
>>> print(x)            # Mostrar la cadena de caracteres
                          mi_variable
```

El primer carácter de las variables es un carácter alfabético. Las cifras, así como los operadores, se excluyen y no pueden ser el inicio de un nombre de variable. El nombre de la variable no puede ser un palabra reservada (and, if, print, try, return...).

El nombre de las variables es sensible a la diferencia entre mayúsculas y minúsculas: *contador* y *Contador* son dos variables diferentes. Las variables que empiezan con el carácter subrayado _ tienen un comportamiento particular. Las variables que empiezan con _ en un módulo, no se exportan. Las variables que empiezan y terminan con dos caracteres de subrayado__ se reservan para el lenguaje Python.

Tenga la costumbre de dar nombres representativos a sus variables. La puesta a punto de un programa con las variables *pepe*, *cosa*, *toto*... habitualmente es (siempre) más complicada que un programa en el que los nombres de las variables son *contador*, *temperatura_maxi* o *distanciaObstaculoDerecho*. Use los caracteres de subrayado _ o las mayúsculas para separar las palabras y facilitar la lectura de los nombres de variables. Por último, intente respetar la misma norma de escritura para todas las variables en un programa.

3.5 Las listas

También existen listas en Python. Una lista es un conjunto de elementos separados por comas y entre corchetes. El primer elemento de la lista recibe el índice 0, los siguientes los índices 1, 2...

Creación de la lista y visualización del contenido:

```
>>> li = ["a", "var1", "xyz", "var2"]
>>> li
['a', 'var1', 'xyz', 'var2']
```

Muestra el elemento de índice 0:

```
>>> li[0]
'a'
```

Muestra el elemento de índice 3:

```
>>> li[3]
'var2'
```

Muestra el segundo elemento, partiendo desde el final (índice negativo):

```
>>> li[-2]
'xyz'
```

Muestra los elementos de índices 1 a 3 (elemento de índice 3 no incluido):

```
>>> li[1:3]
['var1', 'xyz']
```

Adición de un elemento al final de la lista y visualización del contenido de la lista:

```
>>> li.append(« var3 »)
>>> li
['a', 'var1', 'xyz', 'var2', 'var3']
```

Inserción de un elemento en el lugar del elemento 3, que recolocará el resto de elementos en una posición hacia el final de la lista:

```
>>> li.insert(3, « inserción »)
>>> li
['a', 'var1', 'xyz', inserción, 'var2', 'var3']
```

En los ejemplos anteriores, los elementos de la lista se muestran en pantalla. Es posible extraer los elementos de una lista para crear otra:

```
>>> lista2=li[1:3]
>>> lista2
['var1', 'xyz']
```

3.6 Crear un programa en Python

Todos los comandos que se escriben en modo consola o interactivo permiten descubrir rápidamente el lenguaje Python, pero son efímeros. Para volver a ejecutar la misma secuencia de comandos, será necesario introducirlos de nuevo.

Un editor de texto como *nano* en modo consola, o *gedit* en modo gráfico, permite introducir una sucesión de instrucciones en forma de script y después guardarlas en un archivo. A continuación bastará con ejecutar este script para reproducir el funcionamiento del programa sin tener que volver a escribir la totalidad de las instrucciones.

⇉ Escriba el siguiente programa en *nano* y guárdelo con el nombre de *multiplicacion.py*. Los comentarios son opcionales... aunque aconsejables.

```
# Tabla de multiplicación del 4
valor = 1   # Variable utilizada para contar
print("Tabla de multiplicación del 4")
while valor <= 10:
    # Al inicio del bloque a ejecutar
    # Observe la indentación
    print(valor, " x 4 = ",valor*4)
    valor += 1 # Incrementar el valor
print("Fin de la tabla de multiplicación")
```

Observación

Cada línea y cada bloque de este programa se explican a continuación.

Detalles del programa multiplicacion.py

```
# Tabla de multiplicación del 4
```

Línea de comentario ignorada por Python por el # inicial. Piense en incluir en el comentario el nombre del programa y la información necesaria, por si tiene que volver a este script en el futuro (objetivos del programa, nombre del autor, versión de Python, eventuales parámetros...).

```
valor = 1   # Variable utilizada para contar
```

Inicializa la variable, que se multiplicará por 4 en cada línea de la tabla de multiplicación.

```
print("Tabla de multiplicación del 4")
```

Muestra un mensaje por pantalla para informar al usuario.

```
while valor <= 10:
    # Al inicio del bloque a ejecutar
    # Observe la indentación
    print(valor, " x 4 = ",valor*4)
    valor += 1 # Incrementa el valor
```

El bloque `while` se va a ejecutar mientras la condición que sigue a `while` sea verdadera, por tanto, el valor deberá ser inferior a 11. El signo **:** marca el final de la línea. Su ausencia provoca un error de sintaxis.

El bloque se define solo por la indentación, es decir desplazando a la derecha las líneas que lo componen. Habitualmente se desplazan 4 caracteres para delimitar un bloque. Es posible usar la tecla tabulación, pero la tabulación no siempre se define con el mismo número de caracteres según los sistemas. De todas maneras, es absolutamente necesario evitar usar en un mismo script espacios y tabulaciones para indentar. Seleccione una manera de indentar y manténgala durante todo el programa.

La línea `print()` muestra por pantalla la variable, que sirve de contador de línea y después x 4 y, para terminar, el resultado de la operación valor *4.

La última línea del bloque: `valor += 1` incrementa la variable.

Como ya no hay indentación, el bloque `while` termina y Python vuelve a la instrucción `while` para evaluar de nuevo si la condición es verdadera o falsa. El bucle se repite hasta que se alcance el valor límite.

```
print("Fin de la tabla de multiplicación")
```

La última línea del programa informa al usuario del fin del script.

3.7 Ejecutar un programa

Para ejecutar el programa guardado con el nombre de *multiplicacion.py*, es necesario llamar a Python desde la línea de comandos y pasarle el nombre del script como argumento.

```
pi@raspberrypi ~ $ python3 multiplicacion.py
Tabla de multiplicación del 4
1 x 4 = 4
2 x 4 = 8
3 x 4 = 12
4 x 4 = 16
5 x 4 = 20
6 x 4 = 24
7 x 4 = 28
8 x 4 = 32
9 x 4 = 36
10 x 4 = 40
Fin de la tabla de multiplicación
```

3.8 Utilizar el bucle for

La instrucción `for` también permite que el programa repita un bucle un determinado número de veces.

Sintaxis

```
for (x, y, z)
```

x indica el primer valor del rango asignado al `for`.

y indica el último valor del rango asignado al `for`. Cuando se alcanza este valor, el bucle `for` termina sin ejecutar el bloque de instrucciones.

z indica el paso entre los valores. Por defecto z vale +1.

Ejemplo 1

```
# archivo for_ejemplo.py
# Ejemplo de bucle for
# Cuenta de 1 a 10
for n in range(1,11):
    print(n, " " )
print("terminado")
```

Cuando se ejecuta, este programa muestra:

```
pi@raspberrypi ~ $ python3 for_ejemplo.py
1
2
3
4
5
6
7
8
9
10
terminado
```

Ejemplo 2

```
# archivo for_ejemplo2.py
# Ejemplo de bucle for
# Cuenta de 1 a 10, de 3 en 3
for n in range(1,11,3):
  print(n," ")
print("terminado")
```

Este programa muestra los números de 1 a 10, pero esta vez de 3 en 3.

```
pi@raspberrypi ~ $ python3 for_ejemplo2.py
1
4
7
10
terminado
```

Observación

La instrucción *range* detiene la ejecución del bucle cuando n alcanza el valor 11. Por tanto, el bucle se ejecuta 10 veces. El valor 1 representa el valor de inicio del bucle. El valor 3 indica el paso entre cada valor del bucle.

3.9 Recuperar un valor de entrada por el teclado

Es interesante poder modificar el desarrollo del programa introduciendo un valor por el teclado. Para ello, es necesario llamar a la directiva `input()`. El programa espera a continuación la escritura de una cifra por el teclado. A continuación, debe mostrar la cifra en una línea y después el doble de esta cifra en la siguiente línea.

Ejemplo 1

```
# archivo introducido.py
# Ejemplo de escritura por el teclado
# y uso en el interior del programa
numero = input("Escribir una cifra: ")
print(numero)
print(numero + numero)
```

Este script producirá el siguiente resultado si introduce 5 y pulsa [Intro].

```
pi@raspberrypi ~ $ python3 introducido.py
Escribir una cifra: 5
5
55
```

Evidentemente, el segundo `print()` produce un resultado erróneo. La explicación tiene que ver con el hecho de que `input()` devuelve sistemáticamente una cadena de caracteres. El segundo `print()` concatena dos caracteres 5 y devuelve la cadena 55. Por tanto, funciona correctamente en el sentido de Python, pero su resultado no corresponde con lo que esperamos. Para que el cálculo en el segundo `print()` funcione, es necesario convertir el carácter recuperado con `input()` en un número entero con el comando `int()`.

Ejemplo 2

```
# archivo introducido2.py
# Ejemplo de escritura por el teclado
# y uso dentro del programa
# El valor escrito por teclado
# se transforma en entero
numero = int(input("Escribir una cifra: "))
print(numero)
print(numero + numero)
```

El uso de `int()` permite hacer funcionar el programa según nuestras necesidades.

```
pi@raspberrypi ~ $ python3 introducido2.py
Escribir una cifra: 5
5
10
```

3.10 Juegue usted mismo

Parta del programa *multiplicacion.py* y modifíquelo para usar un bucle `for` en lugar del `while`. Haga una copia de seguridad con el nombre *multiplicacion2.py*.

Modifique el programa *multiplicacion2.py* para que el usuario pueda introducir por teclado la tabla de multiplicación que desea mostrar. Haga una copia de seguridad con el nombre *multiplicación2a.py*.

En el Anexo se ofrece una solución para estos ejercicios.

4. Python en entorno gráfico

El uso de un entorno de desarrollo integrado facilita la escritura y puesta a punto de los programas en Python. La Raspberry Pi ofrece un entorno para cada versión de Python. En este capítulo se utilizará IDLE de Python 3.

4.1 El entorno de desarrollo IDLE

⇒ Para abrir la ventana del entorno de desarrollo Python, pulse en **Menú** y después en **Programación**. Por último, pulse en **Python 3 (IDLE)**.

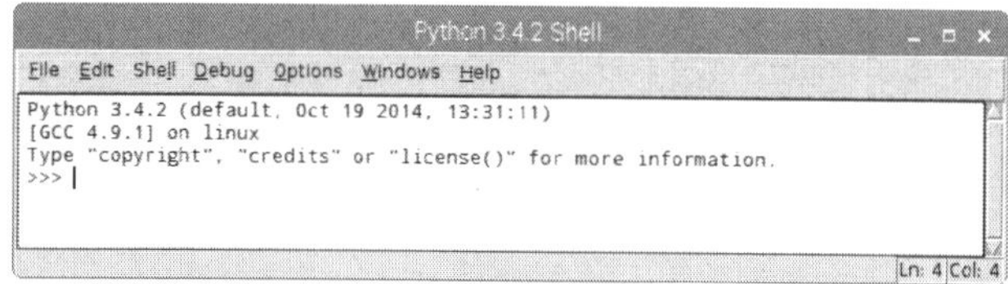

La versión de Python utilizada por el entorno IDLE, se indica en la primera línea. Aquí es la versión 3.4.2. Es posible que la versión disponible cuando utilice Python sea diferente.

El entorno IDLE da asistencia a la escritura de programas en Python con la coloración sintáctica, la indentación automática y la visualización de tooltips de ayuda (*CallTips*).

Ajustar el tamaño de los caracteres

Si los caracteres que se muestran en la ventana IDLE le parecen muy pequeños, puede ajustar su tamaño como desee.

⇉ En el menú **Options**, pulse en **Configure IDLE...** Se abrirá la siguiente ventana.

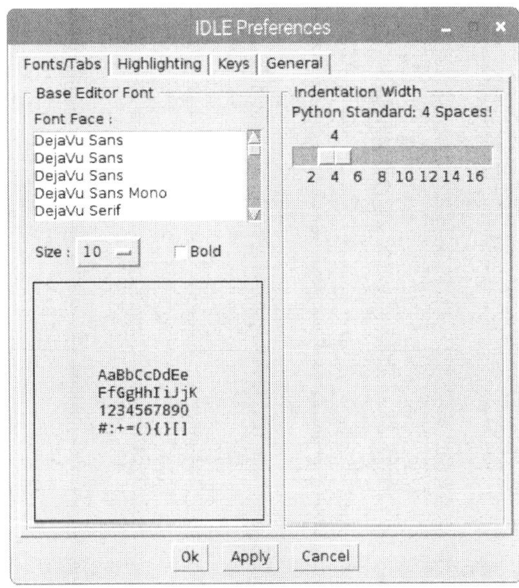

La parte izquierda le permite seleccionar el tipo de letra que desea utilizar, así como su tamaño. También puede marcar la opción **Bold** si desea que el texto esté en negrita.

La parte derecha de esta ventana ajusta la indentación automática de Python, normalmente fijada a cuatro espacios.

4.2 Utilizar el modo prompt

Es posible, como en modo consola, trabajar directamente desde el prompt:

```
Python 3.4.2 Shell
File Edit Shell Debug Options Windows Help
Python 3.4.2 (default, Oct 19 2014, 13:31:11)
[GCC 4.9.1] on linux
Type "copyright", "credits" or "license()" for more information.
>>> x = 7
>>> if x > 9 :
        print("Verdad")
else :
        print("Falso")

Falso
>>> |
Ln: 12 Col: 4
```

Se crea la variable x y toma el valor 7. A continuación, una instrucción `if...else...` compara el valor con 9 y devuelve verdadero si x es superior, `falso` si es inferior. IDLE3 indenta las líneas `print()` automáticamente.

4.3 Crear un programa

El menú **File - New File** abre una ventana llamada *Untitled*.

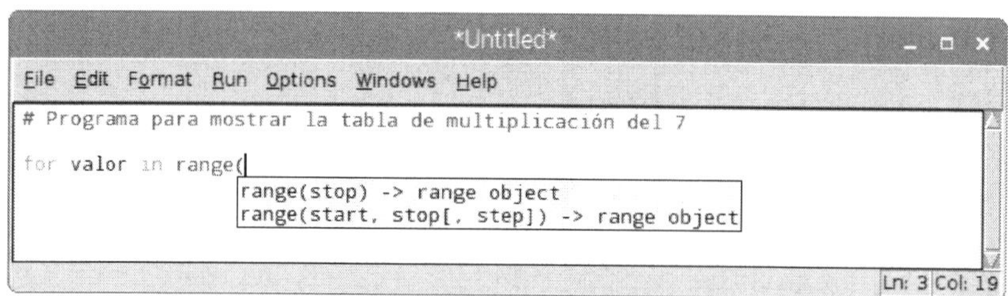

Esta ventana es un editor. La coloración sintáctica, la indentación automática y los tooltips de ayuda facilitan la escritura de programas. En el ejemplo anterior, IDLE3 recuerda automáticamente la sintaxis para dar asistencia al programador en el uso de la función `range()`.

Después de escribir el programa, el menú **File - Save As...** permite guardar el script para su uso en el futuro.

4.4 Ejecutar un programa

Un programa guardado se puede volver a llamar con **File - Open...**. Por ejemplo, el programa *multiplicacion.py* realizado anteriormente.

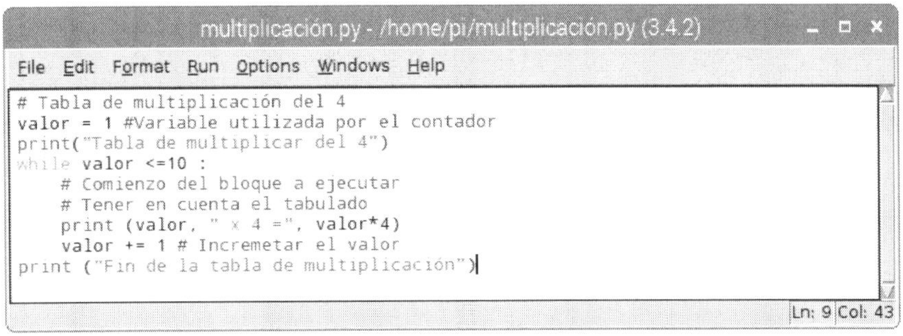

multiplicación.py - /home/pi/multiplicación.py (3.4.2)

File Edit Format Run Options Windows Help

```
# Tabla de multiplicación del 4
valor = 1 #Variable utilizada por el contador
print("Tabla de multiplicar del 4")
while valor <=10 :
    # Comienzo del bloque a ejecutar
    # Tener en cuenta el tabulado
    print (valor, " x 4 =", valor*4)
    valor += 1 # Incremetar el valor
print ("Fin de la tabla de multiplicación")
```

Ln: 9 Col: 43

En la ventana del editor de script, con el menú **Run - Run Module** o pulsando la tecla [F5] se lanza la ejecución del programa en una ventana IDLE3.

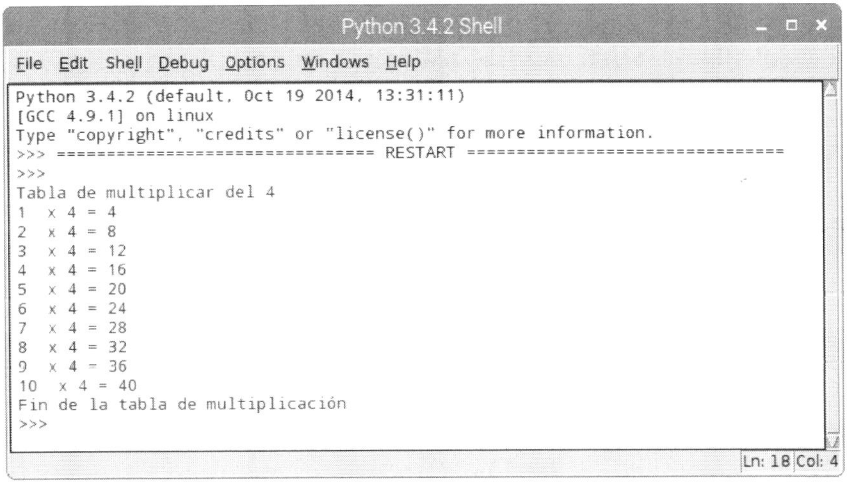

Python 3.4.2 Shell

File Edit Shell Debug Options Windows Help

```
Python 3.4.2 (default, Oct 19 2014, 13:31:11)
[GCC 4.9.1] on linux
Type "copyright", "credits" or "license()" for more information.
>>> ================================ RESTART ================================
>>>
Tabla de multiplicar del 4
1  x 4 = 4
2  x 4 = 8
3  x 4 = 12
4  x 4 = 16
5  x 4 = 20
6  x 4 = 24
7  x 4 = 28
8  x 4 = 32
9  x 4 = 36
10  x 4 = 40
Fin de la tabla de multiplicación
>>>
```

Ln: 18 Col: 4

La prueba y puesta a punto son posibles en IDLE3 para programas que utilizan funciones básicas de Python. Sin embargo, la ejecución de programas de tamaño importante y/o que implementan interfaces gráficas puede ralentizar mucho IDLE3, incluso provocar errores debido a la interacción entre el entorno gráfico del programa verificado y el de IDLE3. Para este tipo de programas es mejor volver al modo consola para las pruebas.

5. Definir una función

Los ejemplos de scripts anteriores son cortos, adaptados a una tarea única y bien definidos. El desarrollo de programas más largos hace necesaria la escritura de numerosas líneas de código. La escritura y el mantenimiento del programa se hacen cada vez más complicados.

Un buen método para abordar un programa complejo consiste en descomponerlo en múltiples tareas sencillas, de tal manera que cada una se pueda tratar por separado. Por otro lado, habitualmente comprobamos que una misma tarea aparece varias veces en un script, y es interesante no reescribir trozos de código idénticos cada vez.

En los ejemplos de scripts, las funciones `print()` e `input()` utilizadas son las funciones predefinidas del lenguaje Python. Es posible enriquecer el lenguaje definiendo sus propias funciones.

Una función se define por:

- Su nombre, que debe ser único para que el intérprete de Python pueda identificarla de manera determinada.
- Sus argumentos, que son los datos que se pasan a la función para que los trate.
- Su salida, que es el resultado que devuelve después del tratamiento de los datos.

Es posible que una función no devuelva ningún valor de retorno y solo ejecute instrucciones. En este caso, usamos el nombre de procedimiento, pero fundamentalmente su uso es idéntico al de una función.

Es obligatorio que una función se defina antes de su primer uso. En caso contrario, el intérprete de Python devuelve un error.

5.1 Crear una función

La directiva `def` se usa para indicar a Python que lo que sigue es una definición de función.

En el programa de la tabla de multiplicación anterior:

```
print("Tabla de multiplicación del N")
for valor in range(1,11):
    # Al inicio del bloque a ejecutar
    # Observe la indentación
    producto = valor * N
    print(valor, " x ",N," = ",producto)
print("Fin de la tabla de multiplicación")
```

Es posible definir una función que ejecute la multiplicación y devuelva el resultado:

```
# Tabla de multiplicación del N
# programa multiplicacion3.py
N = int(input("¿Qué tabla desea mostrar? "))
# input() devuelve sistemáticamente una cadena de caracteres
# es necesario convertir el valor de entrada a un número entero

# Definición de la función multipli
# Nombre: multipli
# Uso: multipli(N1,N2)
# Esta función multiplica los dos números proporcionados como argumentos
# resultado: producto de los dos números proporcionados.
def multipli(numero1, numero2):
  return numero1*numero2

print("Tabla de multiplicación de N")
for valor in range(1,11):
    # Al inicio del bloque a ejecutar
    # Observe la indentación
    producto = multipli(valor, N)
    print(valor, " x ",N," = ",producto)
print("Fin de la tabla de multiplicación")
```

La función `multipli()` se define empezando por la palabra clave `def` seguida del nombre de la función y de los argumentos que se pasan a la función, entre paréntesis. El signo : debe ir obligatoriamente al final de la línea.

Las instrucciones de la función están contenidas en el bloque indentado que sigue y solo tiene una línea en este caso.

La función devuelve el valor que sigue a la instrucción `return:` numero1*numero2, es decir, el producto de los dos números que se pasan como argumentos a la función.

Hay que documentar cada función e indicar en los comentarios: su nombre, uso, lo que hace, los argumentos necesarios y el valor que devuelve. Esto permite garantizar el mantenimiento de una función, incluso durante mucho tiempo después de su creación, sin tener que detenerse en las líneas de código para entender lo que hacen.

5.2 Uso de la función

Una función se utiliza de la siguiente manera:

```
variable = función(argumento1, argumento2...)
```

En el caso de la función `multipli()`, se usa en la línea:

```
producto = multipli(valor, N)
```

A la variable `producto` se le asigna el valor que devuelve la función `multipli()`, que se llama con los argumentes `valor` y N. Si la función se llama varias veces en el script, se hará cada vez con el valor de los argumentos.

El interés de la creación de una función en el caso de la multiplicación es mínimo, pero es necesario contemplar el uso de las funciones en el caso de scripts de varias decenas, incluso varios centenares de líneas.

6. Utilizar los módulos

El desarrollo de un script puede implicar la creación de numerosas funciones. La agrupación de funciones en un módulo permite almacenar juntas las funciones especializadas en módulos separados y llamarlas bajo demanda (cálculos, tratamiento de imágenes, acceso a archivos...). El uso de estas funciones se hace integrando al script el módulo que las contiene.

6.1 Los módulos internos

Durante la instalación de Python, se instala un determinado número de módulos al mismo tiempo que Python. Dan acceso:

- Al tratamiento de cadenas de caracteres (string, curses, etc.),
- Al sistema (sys, time, os),
- A las bases de datos (anydbm, shelve),
- A los cálculos (maths, random).

6.2 Crear un módulo

Un módulo es simplemente un archivo que contiene las funciones que el programador desea agrupar. Integra generalmente un programa de prueba, que permite comprobar que funcionan las funciones incluidas en el módulo. Si es necesaria la modificación de una o varias funciones, el script de prueba validará que las funciones contenidas en el módulo siguen funcionando normalmente.

El siguiente ejemplo muestra cómo crear un módulo llamado `cálculo`. Este módulo contiene la función `multipli()`, así como un programa de prueba destinado a comprobar el funcionamiento correcto de la función.

Este ejemplo utiliza los *docstrings*, que permiten crear comentarios. La cadena de caracteres que constituye un docstring se encierra entre triples comillas dobles. Los docstrings se utilizan para crear automáticamente la documentación de los módulos.

Módulo: cálculo

```
"""
   Este módulo contiene las funciones
   que ejecutan los cálculos
"""
# Definición de la función multipli
def multipli(numero1, numero2):
  """
    Devuelve un resultado igual
    al producto de los dos números
    pasados como argumentos.
  """
  return numero1*numero2

# Comprobación del módulo que permite comprobar su correcto funcionamiento
if __name__ == "__main__":
  print("7 x 3 = ",multipli(7, 3))
```

La función *multipli* es idéntica. El módulo contiene los docstrings y una prueba, cuyo detalle se describe a continuación.

Los docstrings

El primer docstring describe el destino del módulo, el segundo da las indicaciones del uso de la función. Estos docstrings son diferentes a los comentarios, que son internos a las funciones. Cuando se solicita ayuda de un módulo con la función `help(nombre_del_módulo)`, se genera una pantalla de ayuda automáticamente a partir de los docstrings presentes en el módulo. Por ejemplo, si importamos el módulo *calculo* para usarlo en un programa, el comando `help` muestra los docstrings de una manera muy profesional. El uso de docstrings evita crear archivos de ayuda separados.

```
>>> import calculo
>>> help(calculo)
```

genera la siguiente visualización:

```
Help on module calculo:

NAME
    calculo

DESCRIPTION
    Este módulo contiene las funciones
  que ejecutan los cálculos

FUNCTIONS
    multipli(numero1, numero2)
        Devuelve un resultado igual
        al producto de los dos números
        pasados como argumentos.

FILE
    /home/shares/public/python/calculo.py

(END)
```

Comprobación del módulo

La prueba del módulo utiliza las palabras reservadas **`__name__`** y **`__main__`**. Cada palabra se precede y se sigue de dos caracteres subrayados.

Si el módulo se ejecuta como script, la variable `__name__` vale `__main__`. Se ejecuta la prueba y permite comprobar que las funciones del módulo cumplen su papel.

Si el módulo se usa en un script, `__name__` no vale `__main__`: la prueba no se ejecutará y el módulo simplemente se importará.

```
pi@raspberrypi ~ $ python3 calculo.py
7 x 3 = 21
pi@raspberrypi $
```

6.3 Utilizar un módulo en un script

El uso de las funciones contenidas en un módulo se hace después de la importación del módulo en el script:

```
>>> import calculo
```

Para usar la función en el script, basta con preceder el nombre de la función por el nombre del módulo:

```
...
resultado = calculo.multipli(numero1, numero2)
...
```

El script de multiplicación se convierte en (con el nombre *multiplicacion4.py*):

```
# Tabla de multiplicación del N
# Programa multiplicacion4.py

# Importación del módulo calculo.py
import calculo

N = int(input("¿Qué tabla desea mostrar? "))
# input() devuelve sistemáticamente una cadena de caracteres
# es necesario convertir el valor de entrada en un número entero

print("Tabla de multiplicación del N")
for valor in range(1,11):
    # Al inicio del bloque a ejecutar
    # Observe la indentación
    producto = calculo.multipli(valor, N)
    print(valor, " x ",N," = ",producto)
print("Fin de la tabla de multiplicación")
```

También es posible importar una o varias funciones de un módulo con la directiva `from`.

```
>>> from calculo import multipli
```

A continuación, la función se puede utilizar directamente:

```
...
producto = multipli(numero1, numero2)
...
```

Pero ya no indica que la función `multipli()` es originaria del módulo cálculo, lo cual puede resultar desconcertante para el mantenimiento de un script.

6.4 Alias del nombre de módulo

Cuando el nombre de un módulo es largo, la definición de un alias permite usar este módulo con su nombre abreviado.

Ejemplo

```
import miModuloConUnNombreMuyLargo as mod
```

Permite el uso en el programa del alias definido en lugar del nombre original:

```
mod.función(a,b)
```

En lugar de:

```
miModuloConUnNombreMuyLargo.función(a,b)
```

7. Leer y escribir en un archivo

El archivo es un medio práctico para almacenar datos cuando:

- La cantidad de información a conservar es muy importante y puede desbordar la memoria de la Raspberry Pi.
- Los datos se deben conservar después de apagar la Raspberry Pi.
- El archivo contiene datos recuperados mediante descarga (cuenta bancaria, datos del tiempo, etc.).

Por supuesto, Python ofrece mecanismos para acceder a los archivos, en modo de lectura y de escritura.

Como para consultar un libro impreso en una librería, el uso de un archivo necesita conocer su nombre para localizarlo. A continuación hay que abrir el archivo, que se puede leer secuencialmente (como una novela) o accediendo a cualquier lugar del archivo (como un libro de recetas). Cuando se termina el trabajo, el archivo, al igual que el libro, se cierra.

7.1 Creación de un archivo

La creación de un archivo en Python se hace abriendo en primer lugar el archivo con la función `open()` y después escribiendo los datos en este archivo con la función `write()`. La función `open()` devuelve un descriptor que permite el acceso al archivo.

- En modo escritura: si el archivo ya existe, se elimina y se sustituye por el nuevo archivo. La sintaxis es: `open("nombre_archivo","w")`.
- En modo adición: los datos se escriben al final del archivo, sin modificar los datos presentes en el archivo. La sintaxis es:
  `open("nombre_archivo","a")`.

A continuación, se cierra el archivo con `close()`.

Ejemplo de creación de archivo (creaArch.py)

```
# Creación de un archivo en modo escritura
# El archivo se crea si no existe
# El archivo se elimina si ya existe

# archivo es el descriptor que permite a Python acceder al archivo
archivo = open("data.txt","w")
# Escritura de caracteres en el archivo
archivo.write("Datos a escribir en el archivo \n")
# Cierre del archivo
archivo.close()
```

La ejecución de este script crea el archivo *data.txt* en el directorio actual y escribe en él la frase "Datos a escribir en el archivo":

```
pi@raspberrypi ~ $ python3 creaArch.py
pi@raspberrypi ~ $ cat data.txt
Datos a escribir en el archivo
```

Observación

La *\n* al final de la cadena de caracteres inserta un salto de línea.

7.2 Escritura en un archivo

La escritura en un archivo existente sin modificar su contenido se hace en modo adición:

Ejemplo de adición en un archivo (adicionArch.py)

```
# Adición de datos al final de un archivo
# archivo es el descriptor que permite a Python acceder al archivo
# Esta vez, open() utiliza el modo "a"
archivo = open("data.txt","a")
# Escritura de caracteres al final del archivo
archivo.write("Datos a escribir al final del archivo \n")
# Cierre del archivo
archivo.close()
```

La ejecución de este script añade la frase "Datos a escribir al final del archivo" después de los datos ya presentes:

```
pi@raspberrypi ~ $ python3 adicionArch.py
pi@raspberrypi ~ $ cat data.txt
Datos a escribir en el archivo
Datos a escribir al final del archivo
```

7.3 Lectura de un archivo

La función `open()` es la encargada de leer un archivo. Esta vez se llama en modo lectura. La sintaxis es: `open("nombre_archivo","r")`

Ejemplo de lectura de archivo (leeArch.py)

```
# Lectura del contenido de un archivo y visualización por pantalla
# archivo es el descriptor que permite a Python acceder al archivo
# Esta vez, open() utiliza el modo "r"
archivo = open("datos.txt","r")
contenido = archivo.read()
# Muestra por pantalla el contenido del archivo
print("Muestra el archivo:\n======================\n", contenido)
# Cierre del archivo
archivo.close()
```

La ejecución de este script devuelve por pantalla el contenido del archivo:

```
pi@raspberrypi ~ $ python3 leeArch.py
Muestra el archivo:
======================
línea 1 del archivo de datos
línea 2 del archivo de datos
línea 3 del archivo de datos
línea 4 del archivo de datos
fin del archivo de datos

pi@raspberrypi ~ $
```

7.4 Eliminación de un archivo

Para eliminar un archivo, es necesario disponer de un archivo para las pruebas: cree un archivo *prueba.txt* que contenga algunos caracteres.

La eliminación de un archivo necesita el acceso al sistema. En Python, este acceso se proporciona con el módulo *OS*. OS acepta muchos comandos en forma `os.comando(argumentos)`. Para eliminar un archivo, es necesario usar `os.remove(ruta)`.

Ejemplo de script para eliminar un archivo (supArch.py)

```
# Eliminación del archivo prueba.txt
# Importación del módulo os que gestiona los comandos Linux
import os
# Eliminación del archivo
os.remove("prueba.txt")
```

Si el archivo no existe, el script devuelve un error:

```
pi@raspberrypi ~ $ python3 supArch.py
Traceback (most recan call last):
  File "supArch.py", line 7, in <module>
    os.remove("prueba.txt")
OSError: [Errno 2] No such file or directory: 'prueba.txt'
```

Si el archivo existe, no se devuelve ningún mensaje de error.

```
pi@raspberrypi ~ $ python3 supArch.py
pi@raspberrypi ~ $
```

7.5 Gestión de excepciones

Dentro de un script, es posible administrar las excepciones. En caso de eliminación del archivo, sería mejor anunciar al usuario que el archivo no existe, en lugar de mostrar un mensaje de error poco comprensible. Este mecanismo utiliza las instrucciones `try...except`. Si el archivo no existe, `os.remove` pone a 1 la variable `OSError`, utilizada por `except` para desencadenar la visualización del mensaje.

Ejemplo de script para eliminar un archivo con gestión de errores (gesterr.py)

```
# Eliminación del archivo prueba.txt
# Importación del módulo os que gestiona los comandos Linux
import os
# Eliminación del archivo
try:
   os.remove("prueba.txt")
except OSError:
   print("Atención: el archivo no existe.\n")
```

Si el archivo existe, no se devuelve ningún mensaje. Si el archivo no existe, se muestra el mensaje previsto en el script en lugar del mensaje de error interno.

Una primera ejecución del script no da ningún problema, porque el archivo acaba de ser creado y existe.

```
pi@raspberrypi ~ $ python3 supArch2.py
pi@raspberrypi ~ $
```

Una segunda ejecución del script, cuando el archivo se ha eliminado y ya no existe, provoca la visualización del mensaje de error incluido en el script.

```
pi@raspberrypi ~ $ python3 supArch2.py
Atención: el archivo no existe.

pi@raspberrypi ~ $
```

8. Ir más allá con Python

Las páginas de este capítulo sobre Python tienen como objetivo presentar el lenguaje y permitir a un usuario de la Raspberry Pi entender un programa escrito en Python, con el objetivo de aportarle modificaciones.

Si tiene que crear programas para un uso profesional con Python, puede utilizar el libro *Python 3, los fundamentos del lenguaje*. Este libro de Sébastien Chazallet, aparecido en Ediciones ENI dentro de la colección Recursos Informáticos, permite conocer cómo usar Python para resolver problemas (protocolos, servidores, imágenes...). Tiene numerosos ejemplos, en forma de tutoriales, que cubren los dominios actuales: gestión de datos, interfaces web, gráficos, etc.

Como todo lenguaje de programación, Python necesita una inversión que será largamente recompensada por la satisfacción de poder escribir sus propios programas en función de sus necesidades.

Capítulo 14
La GPIO de la Raspberry Pi

1. Descripción de la interfaz GPIO

El capítulo Descripción técnica presenta la GPIO (*General Purpose Input/Output* = entrada/salida de uso general), así como sus revisiones. Es importante referirse a este capítulo antes de conectar la Raspberry Pi a elementos externos.

La GPIO ha evolucionado considerablemente desde su primera versión. Algunas clavijas han cambiado de función a lo largo de las versiones y el número de clavijas ha pasado de 26 a 40. Las 26 primeras clavijas de la GPIO de las Raspberry Pi Zero y Raspberry Pi 3 son estrictamente idénticas a las de la Raspberry Pi modelo B Rev.2. Esto garantiza la compatibilidad entre estos modelos y permite usar tarjetas adicionales de la generación anterior.

Consulte la tabla que presenta la distribución de las clavijas de la GPIO en el capítulo Descripción técnica.

1.1 Funciones disponibles

Las clavijas GPIO de la Raspberry Pi están conectadas a un conector de 40 puntos J8, situado en un borde de la tarjeta. Las clavijas del conector están repartidas a lo largo de dos franjas de 20 clavijas. Hay 26 clavijas GPIO accesibles (GPIO 2 a GPIO 27).

Se corresponden con las entradas/salidas digitales, capaces de enviar y recibir señales digitales 1 y 0, en forma de tensión 0 y 3,3 voltios.

Algunas clavijas se pueden utilizar para ofrecer indistintamente un bus I2C, un bus SPI o una E/S UART. En este caso, las clavijas correspondientes no se pueden utilizar más como entradas-salidas digitales.

La distribución de las clavijas del conector GPIO se define según el siguiente esquema. El número de la GPIO en los SoC BCM2835 y BCM2837 figura en las clavijas de los extremos del conector. Las clavijas impares están a la izquierda y las pares en la parte derecha.

Observación

La GPIO es idéntico en las BCM2835 y BCM2837. A lo largo de este capítulo el SoC se designará como BCM283x.

J8

Izquierda	Clavija	Clavija	Derecha
Alim. +3,3V	1	2	Alim. +5V
GPIO 2 (SDA)			Alim. +5V
GPIO 3 (SCL)			Masa 0V
GPIO 4			GPIO 14 (TXD)
Masa 0V			GPIO 15 (RXD)
GPIO 17			GPIO 18
GPIO 27			Masa 0V
GPIO 22			GPIO 23
Alim. +3,3V			GPIO 24
GPIO 10 (MOSI)			Masa 0V
GPIO 9 (MISO)			GPIO 25
GPIO 11 (SCKL)			GPIO 8 (CE0)
Masa 0V			GPIO 7 (CE1)
ID_SD (EEPROM)			ID_SC (EEPROM)
GPIO 05			Masa 0V
GPIO 06			GPIO 12
GPIO 13			Masa 0V
GPIO 19			GPIO 16
GPIO 26			GPIO 20
Masa 0V	39	40	GPIO 21

Conector GPIO de la Raspberry Pi

1.2 Valores límite (V e I)

Como en todo circuito electrónico, los puertos de la GPIO tienen limitaciones de tensión (V) y de corriente (I), que hay que conocer e integrar para usar la Raspberry Pi con toda seguridad.

1.2.1 Esquema de la interfaz GPIO

El siguiente esquema es una representación simplificada de la salida de una clavija GPIO del SoC Broadcom BCM283x.

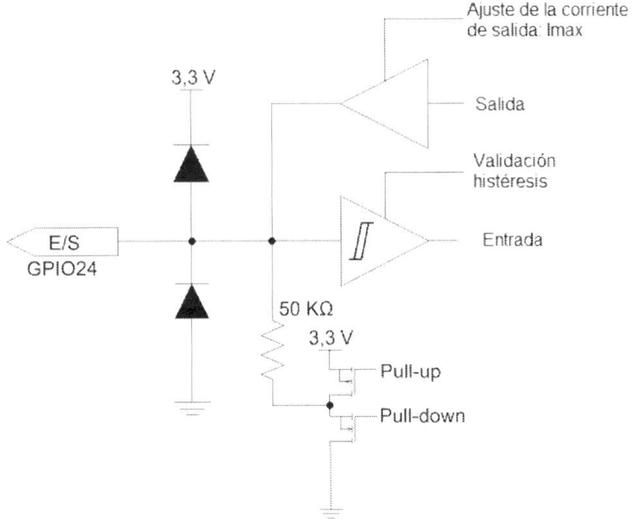

La clavija de entrada/salida (E/S GPIO24) está a la izquierda del esquema. A la derecha de este punto de acceso físico, los componentes representados están en el SoC. Todas las E/S GPIO se basan en el mismo circuito.

Es posible ajustar la corriente de salida de 2 mA a 16 mA, en pasos de 2 mA, seleccionar *slew rate* o velocidad de escaneo de la señal y poner en servicio la histéresis en la entrada. Estas opciones son válidas para el conjunto de clavijas de la GPIO. Es imposible modificar por separado cada clavija.

Observación

La histéresis permite formatear una señal utilizando umbrales diferentes en los extremos positivo y negativo. Se usa para eliminar el ruido de una señal, por ejemplo.

1.2.2 Umbrales de la señal de entrada

La puerta de entrada acepta tensiones entre 0 y 3,3 voltios. Decide si la señal de entrada es baja o alta, comparándola con un umbral de tensión. Por defecto, el umbral vale alrededor de 1,8 voltios pero no está garantizado. El umbral se puede situar en cualquier punto entre la tensión máxima, definida por un 0 y la mínima, definida por un 1, es decir entre 0,8 y 2 voltios.

1.2.3 Histéresis

Es posible poner en servicio la histéresis (la puerta de entrada toma el nombre de trigger de Schmitt) en las puertas de entrada. Si la histéresis está activada, los umbrales son diferentes para el extremo positivo y para el negativo de la señal. Esto permite eliminar eventuales perturbaciones presentes en las señales. Broadcom ya no publica los valores de los umbrales para la BCM283X.

1.2.4 Limitación de la corriente de salida

La puerta situada en la salida puede ofrecer un nivel bajo (0 voltios) o alto (3,3 voltios). Solo se representa una salida en el esquema simplificado. En realidad, son varias puertas las que hay ubicadas en paralelo y se pueden activar por software. En función del número de puertas en servicio, la corriente de salida puede variar de 2 mA a 16 mA, en pasos de 2 mA. Esta corriente está disponible tanto cuando la puerta emite corriente (nivel alto), como cuando la absorbe (nivel bajo).

Atención: la limitación de corriente no corresponde a la puesta en servicio de un dispositivo cualquiera, protegiendo la salida del SoC BCM283X. Si la corriente de salida está limitada a 16 mA, esto significa que más allá de este valor de corriente el nivel no se garantiza. Por ejemplo, si la puerta de salida tiene un nivel alto con una limitación de corriente de 16 mA, y la corriente alcanza 20 mA, la tensión de salida va a caer por debajo del umbral, asegurando que la señal se ve como un nivel alto por los siguientes circuitos. Además, la corriente de salida de la puerta va a sobrepasar el límite autorizado por el fabricante. Corre el riesgo de deteriorarse definitivamente.

1.2.5 Resistencia pull-up

La resistencia pull-up conecta la entrada al raíl +3,3 V o a la masa de 50 kΩ en el esquema. Broadcom no ofrece su valor, pero está entre 40 kΩ y 100 kΩ. Los transistores que conectan la resistencia al raíl +3,3 voltios (*pull-up*) o a la masa (*pull-down*) contribuyen a esta indeterminación: su resistencia interna varía en función de la tensión presente en la entrada.

1.2.6 Configuraciones peligrosas

Corriente máxima de salida

Recuerde que el valor de la corriente de salida especifica únicamente la corriente máxima por debajo de la cual se respetan las especificaciones del nivel de salida. Esta no es ni la corriente que la puerta es capaz de entregar ni una limitación de corriente que impedirá a la puerta ser destruida.

La puerta de salida es un generador de tensión. En el nivel alto, hace todo lo posible por alcanzar la salida a 3,3 voltios. En el nivel bajo, intenta alcanzar la salida a 0 voltios.

El hecho de que llegue (o no) depende únicamente de lo que esté conectado exteriormente a la clavija GPIO.

Si hay un cortocircuito en la clavija GPIO con la masa (0 voltios), la puerta de salida será incapaz de garantizar la presencia de un nivel alto en la clavija. De hecho, intentará al menos enviar el máximo de corriente. El valor de la corriente solo estará limitado por la resistencia interna de la puerta, que será destruida casi al instante.

El mismo razonamiento se aplica si la puerta intenta entregar un nivel bajo y está conectada por un cortocircuito al raíl 3,3 voltios.

Por tanto, hay que estar muy atento cuando se conectan circuitos externos, porque un error puede deteriorar irremediablemente el SoC.

Un consumo importante de corriente en las salidas puede implicar una disipación térmica excesiva del SoC. Hay que evitar que las salidas absorban o generen más corriente de la prevista. Si la corriente máxima de la puerta se fija a 2 mA, la corriente máxima utilizada debe permanecer inferior a este valor.

Corriente total en las salidas

La alimentación a 3,3 voltios de la Raspberry Pi se ha diseñado para una corriente máxima de 3 mA para la salida GPIO. Si cada una de las 26 clavijas de la GPIO debe salir a 16 mA, la corriente alcanzará 26 x 16 mA, es decir, 416 mA. Para una corriente como esta, la tensión proporcionada por la alimentación cae y los condensadores de desacoplamiento repartidos en la tarjeta se utilizan para generar el excedente de corriente.

Tales picos de corriente pueden ocurrir cuando todas las salidas GPIO conmutan al mismo tiempo. Son susceptibles de provocar bajadas de tensión que pueden afectar incluso a la memoria RAM o la tarjeta micro SD. Puede provocar paradas o reinicios de la Raspberry Pi.

Sobrepasar la tensión

La Raspberry Pi trabaja bajo una tensión de 3,3 voltios. La conexión de una salida GPIO a una tensión superior a 3,3 voltios o inferior a 0 voltios puede dañar al instante los diodos de protección de esta salida.

Si la salida se debe someter a tensiones más allá de la franja 0 - 3,3 voltios, es necesario prever una resistencia de protección externa, calculada para limitar la corriente proporcionada o absorbida por la salida a 0,5 mA.

Cargas capacitivas

Las cargas capacitivas (condensadores o componentes que tienen un comportamiento parecido) demandan una corriente importante durante el establecimiento de la tensión. No conecte una carga capacitiva directamente a una salida GPIO. Una resistencia exterior en serie con la carga debe limitar la corriente al valor máximo permitido para la salida GPIO. Por ejemplo, para 16 mA, se debe insertar una resistencia como mínimo de 3,3 voltios / 16 mA = 200 Ω.

2. Uso de la GPIO

En la Raspberry Pi, el acceso a la GPIO se puede hacer directamente por línea de comandos o utilizando librerías o interfaces desarrolladas para este propósito. Para visualizar el estado de una salida GPIO, el diodo LED (*Light Emitting Diode* = diodo electroluminiscente) es un medio sencillo y fácil de implementar.

2.1 Configuración utilizada

Las pruebas se realizan con una Raspberry Pi 3, que funciona con Raspbian. La Raspberry Pi está conectada a una tarjeta de pruebas mediante un cable Pi Cobbler.

2.2 Encender un diodo LED

Los programadores tienen una costumbre: el primer programa que hacen en un lenguaje de programación muestra "Hello world" u "Hola mundo". Esta costumbre se ha transmitido al mundo de los sistemas embebidos: el primer programa consiste en provocar un destello de un LED.

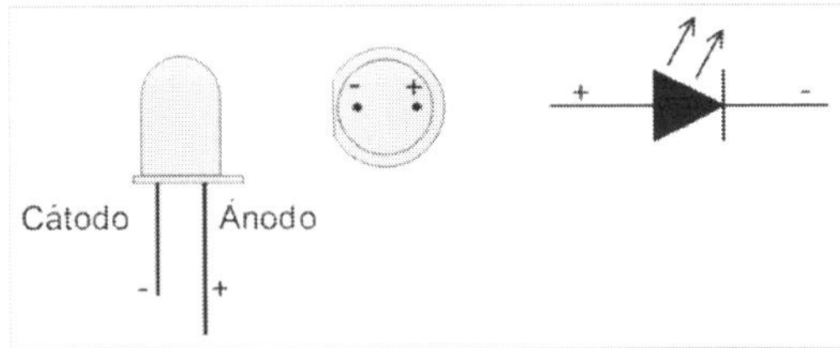

El LED utilizado es un diodo de luz blanca que emite luz cuando lo recorre una corriente en sentido directo. La localización de las pestañas de un LED se representa en el anterior esquema. El cátodo es la pestaña más corta del componente. También se corresponde con la parte plana del cuello del LED.

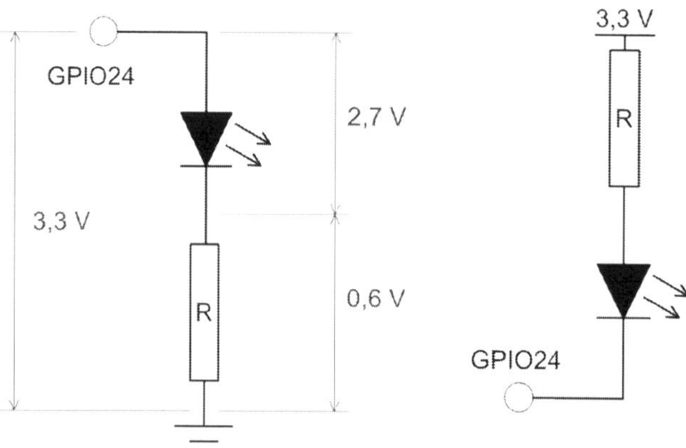

El diodo LED blanco se puede conectar a la clavija GPIO 24 de dos maneras.

- El primer método (a la izquierda del esquema anterior), enciende el LED cuando el nivel de salida de la clavija GPIO 24 es alto (3,3 voltios). El ánodo está conectado a la clavija GPIO 24 y el cátodo está unido a la masa a través de una resistencia destinada a limitar la corriente.
- El segundo método (a la derecha del esquema anterior), enciende el LED cuando el nivel de salida de la clavija GPIO 24 es bajo (0 voltios). El cátodo está conectado a la clavija GPIO 24. El ánodo recibe los 3,3 voltios a través de una resistencia.

En ambos casos, la tensión presente en los bornes del conjunto diodo-resistencia, se reparte entre los dos componentes. La curva característica del LED impone una tensión de 2,7 voltios a sus bornes. La permanencia de la tensión disponible 3,3 voltios - 2,7 voltios = 0,6 voltios aparece en los bornes de la resistencia.

Las características del LED utilizado indica una corriente de 20 mA, más allá de las posibilidades de la salida GPIO (16 mA). El LED emite luz a partir de una corriente inferior a 1 mA, con una luminosidad suficiente para las pruebas. Este valor de corriente no hace correr ningún riesgo a la salida GPIO 24 en la que está conectado el LED.

Para las aplicaciones en las que se debe obtener la luminosidad máxima del LED será necesario prever un buffer capaz de ofrecer la intensidad requerida (transistor, ULN2803...).

Observación

El ULN2803 es un circuito integrado que contiene ocho transistores capaces de suministrar una carga de 500 mA bajo 50 voltios.

El valor de la resistencia se determina por R = U/I, con U = 0,6 voltios e I = 1 mA. Un valor cercano a 600 Ω valdrá (560 o 680 Ω).

En los ejemplos que siguen, el LED se conecta a la GPIO 24 de acuerdo con el esquema izquierdo: ánodo conectado a la GPIO 24 y cátodo conectado a la resistencia que se une a la masa.

2.3 Leer un nivel de entrada

Las clavijas de la GPIO de la Raspberry Pi también se pueden configurar como entrada. Por tanto, pueden detectar si el nivel presente en la entrada es alto o bajo. Configurada como entrada, la clavija GPIO es flotante, es decir, no tiene nivel de tensión definido. Para garantizar el funcionamiento correcto de la entrada será necesario fijar su nivel con una resistencia pull-up.

RECORDATORIO IMPORTANTE: las clavijas GPIO de la Raspberry Pi no están protegidas. No se deben someter a una tensión inversa, ni a una tensión superior a 3,3 voltios. En caso contrario, corre el riesgo de destruirlas. Es obligatorio comprobar detenidamente los circuitos antes de enchufarlos.

Cuando sea necesario desencadenar una acción en la Raspberry Pi, normalmente la solución que se adopta es un interruptor conectado a una entrada de la GPIO.

Según la necesidad, se puede conectar un botón de accionamiento al raíl 3,3 voltios o a la masa. La resistencia R1 de 12 kΩ limita la corriente a 0,3 mA, mientras se pulsa el accionador. La resistencia R2 de 1 kΩ no tiene efecto si GPIO23 está configurado como entrada. Debido a la superior impedancia de la entrada, la corriente que circula en R2 solo provoca una caída de tensión mínima, sin afectar al funcionamiento de la entrada.

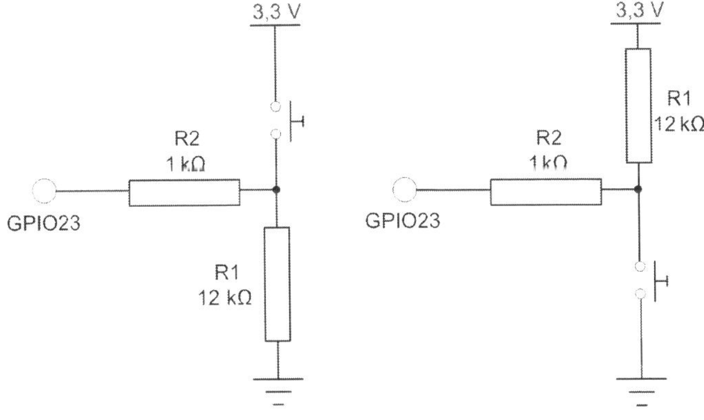

Por el contrario, en el esquema izquierdo, en caso de que el puerto GPIO23 esté configurado como salida y pase a 0, en ausencia de resistencia R2 la salida está conectada directamente al raíl +3,3 voltios si se pulsa el accionador. La salida se destruye por esta conexión directa a la alimentación. La resistencia R2 sirve de protección limitando la corriente en la salida a 3,3 voltios / 1 kΩ = 3 mA. La GPIO está protegida.

La función de la resistencia R2 es idéntica en el esquema derecho: cuando la GPIO23 se configura como salida con un nivel alto y se acciona el conmutador, R2 limita la corriente a unos 3 mA.

Para los scripts de lectura del puerto GPIO23 se utiliza el esquema izquierdo con una resistencia pull-up conectada a la masa.

2.4 Administrar la GPIO por línea de comandos

En los sistemas Linux, todo es un archivo. Por ejemplo, la carpeta */dev* mencionada en el capítulo Utilizar la línea de comandos contiene los archivos que son el medio de acceso del sistema a los periféricos, tanto en modo escritura como lectura (discos duros, terminales, impresoras, etc.). Este enfoque estandariza los accesos y simplifica la tarea de los desarrolladores.

La GPIO es accesible por línea de comandos a través de un sistema de archivos disponible en el espacio del usuario (*userspace*). En este espacio, los comandos o aplicaciones no pueden acceder, ni siquiera de manera accidental, a una zona memoria que no les pertenezca.

Solo *root* puede intervenir en el estado de las entradas/salidas de la Raspberry Pi.

2.4.1 Acceso a la GPIO

Las clavijas de la GPIO están accesibles en */sys/class/gpio*. Esta carpeta contiene:

```
pi@raspberrypi:/sys/class/gpio $ ls -al
total 0
drwxrwx---  2 root gpio    0 jul.   8 18:51 .
drwxr-xr-x 51 root root    0 ene.   1  1970 ..
-rwxrwx---  1 root gpio 4096 jul.   8 18:51 export
lrwxrwxrwx  1 root gpio    0 jul.   8 18:51 gpiochip0 -> ../../
devices/platform/soc/3f200000.gpio/gpio/gpiochip0
lrwxrwxrwx  1 root gpio    0 jul.   8 18:51 gpiochip100 -> ../../
devices/platform/soc/soc:virtgpio/gpio/gpiochip100
-rwxrwx---  1 root gpio 4096 jul.   8 18:51 unexport
```

Los archivos *export* y *unexport* se utilizan para crear un acceso a una clavija de la GPIO. *gpiochip0* contiene la información de la GPIO.

- *export*: archivo en modo solo escritura que permite solicitar al núcleo que exporte el control de una clavija de la GPIO al espacio de usuario. Basta con escribir el número de la clavija de la GPIO en la exportación con una redirección para realizar esta operación. Atención, se trata del número de la clavija de la GPIO en el SoC y no del número de la clavija del conector de salida GPIO, situado en la tarjeta del circuito impreso de la Raspberry Pi.
- *gpiochip0*: el controlador de la GPIO se accede con *gpiochip0*. En esta carpeta figuran, en particular, los archivos en modo solo lectura que permiten leer la información en la GPIO:

```
pi@raspberrypi:/sys/class/gpio/gpiochip0 $ ls -al
total 0
drwxrwx--- 3 root gpio    0 jul.  8 18:51 .
drwxr-xr-x 3 root root    0 jul.  8 18:51 ..
-rwxrwx--- 1 root gpio 4096 jul.  8 18:51 base
lrwxrwxrwx 1 root gpio    0 jul.  8 18:51 device -> ../../../
3f200000.gpio
-rwxrwx--- 1 root gpio 4096 jul.  8 18:51 label
-rwxrwx--- 1 root gpio 4096 jul.  8 18:51 ngpio
drwxrwx--- 2 root gpio    0 jul.  8 18:51 power
lrwxrwxrwx 1 root gpio    0 jul.  8 18:51 subsystem -> ../../../
../../../class/gpio
-rwxrwx--- 1 root gpio 4096 jul.  8 18:51 uevent
```

  Los archivos más útiles de esta carpeta son:
  - *base* que devuelve el número del controlador de la GPIO.
  - *label* que devuelve el nombre asignado a la GPIO.
  - *ngpio* que indica el número de clavijas de la GPIO en el SoC. Es interesante observar que *ngpio* devuelve 54, mientras que solo 26 clavijas de la GPIO son accesibles. No todas las clavijas son accesibles, o se utilizan para controlar otras partes de Raspberry Pi.
- *unexport*: archivo en modo solo escritura, permite informar al núcleo que debe eliminar el acceso a una clavija de la GPIO. Hay que escribir el número de la clavija cuyo acceso es necesario eliminar en *unexport* con una redirección.

2.4.2 Creación de un acceso a una clavija GPIO

Por defecto, no existe ningún acceso a una clavija de la GPIO. Para poder usar una clavija, en primer lugar es necesario solicitar que se cree el acceso:

```
pi@raspberrypi:/sys/class/gpio# $ echo 24 > export
```

Una nueva carpeta *gpio24* aparece en la carpeta */sys/class/gpio*. Es el punto de entrada para configurar la clavija GPIO 24 del SoC:

```
pi@raspberrypi:/sys/class/gpio $ ls -al gpio24
lrwxrwxrwx 1 root gpio 0 jul.   8 19:23 gpio24 -> ../../devices/
platform/soc/3f200000.gpio/gpio/gpio24
```

Para crear accesos a otras clavijas de la GPIO es necesario repetir la operación, indicando cada vez el número de la clavija a la que se desea acceder.

2.4.3 Eliminación del acceso a una clavija GPIO

De la misma manera que el archivo *export* informa al núcleo que debe crear un acceso a una clavija de la GPIO, el archivo *unexport* le va a indicar que debe eliminar un acceso. Para eliminar el acceso a la GPIO 24:

```
pi@raspberrypi:/sys/class/gpio $ ls
export  gpio24  gpiochip0  gpiochip100  unexport
pi@raspberrypi:/sys/class/gpio $ echo 24> unexport
```

Después de escribir el número de la clavija (aquí 24) en el archivo *unexport*, la carpeta *gpio24* desaparece:

```
pi@raspberrypi:/sys/class/gpio $ ls
export gpiochip0  gpiochip100  unexport
```

2.4.4 Recuperar la información de una clavija de la GPIO

Es posible recuperar la información de dirección (clavija como entrada o como salida) y el valor existente actualmente en la clavija de la GPIO:

```
pi@raspberrypi:/sys/class/gpio $ echo 24 > export
pi@raspberrypi:/sys/class/gpio $ ls
export  gpio24  gpiochip0  gpiochip100  unexport
pi@raspberrypi:/sys/class/gpio $ cd gpio24
pi@raspberrypi:/sys/class/gpio/gpio24 $ ls
active_low  device  direction  edge  power  subsystem  uevent  value
pi@raspberrypi:/sys/class/gpio/gpio24 $ cat direction
in
pi@raspberrypi:/sys/class/gpio/gpio24 $ echo out > direction
pi@raspberrypi:/sys/class/gpio/gpio24 $ echo 1 > value
pi@raspberrypi:/sys/class/gpio/gpio24 $ cat value
1
pi@raspberrypi:/sys/class/gpio/gpio24 $ echo 0 > value
```

Aquí la clavija GPIO 24 está configurada como salida (out) y el valor de salida es 0 (0 voltios). La escritura de un 1 en el archivo *value* hace que la salida pase a 1 (3,3 voltios), lo que se confirma durante la nueva lectura de este archivo. El LED conectado a la GPIO 24 se enciende.

Cuando la clavija GPIO 24 se configura como entrada, la lectura de *value* da el nivel presente en la clavija.

2.4.5 Parpadeo de un LED en shell

Utilizando los comandos anteriores, encienda y apague sucesivamente un LED conectado a la GPIO 24. El programa *led_parpadea.sh*, en el anexo, ofrece una solución de script para automatizar el parpadeo.

2.5 Administrar la GPIO en Python

El acceso a la GPIO en Python se facilita por la existencia de un módulo especializado: RPi.GPIO, que ofrece la manera de controlar fácilmente los puertos GPIO de la Raspberry Pi. La versión disponible de RPi GPIO es la versión 0.6.2 en el momento de la escritura de estas líneas (https://pypi.python.org/pypi/RPi.GPIO).

Este módulo no está previsto para aplicaciones en tiempo real:

- Por un lado porque es imposible prever cuándo Python desencadena su recolector de basura (*garbage collector*).
- Por otro porque se ejecuta por el núcleo Linux que no está adaptado actualmente. Se puede asignar otro proceso de manera prioritaria en la CPU, provocando retrasos imprevistos en su programa.

Observación

Las versiones de RPi GPIO para Python 2 y Python 3 se instalan por defecto en Raspbian.

Comprobar la instalación de RPi GPIO

Cree un archivo llamado test_rpigpio.py con nano, y agregue las siguientes líneas:

```
#!/usr/bin/python3
import RPi.GPIO as GPIO
print(GPIO.VERSION)
print(GPIO.RPI_INFO)
```

Convierta el script en ejecutable con el comando

```
chmod 755 test_rpigpio.py
```

Por último, ejecute el script:

```
pi@raspberrypi:~ $ ./test_rpigpio.py
0.6.2
{'RAM': '1024M', 'REVISION': 'a22082', 'P1_REVISION': 3, 'TYPE':
'Pi 3 Model B', 'PROCESSOR': 'BCM2837', 'MANUFACTURER': 'Embest'}
```

El script devuelve la versión de RPi GPIO (0.6.2), así como una serie de información de la tarjeta utilizada: type Pi 3 Model B, 1024 MB de RAM...

Si aparece esta información, RPi GPIO está instalado en su Raspberry Pi y funciona normalmente. Puede continuar con el resto del capítulo.

2.5.1 Controlar un LED

El control de un LED en Python pasa por la carga inicial del módulo `RPi.GPIO` y del módulo `time`.

```
# Script led_parpadea.py

# Importar el módulo de control de la GPIO
# y el módulo time que ofrece las funciones
# relativas a la gestión del tiempo
import RPi.GPIO as GPIO
import time

# indicar que es necesario usar los números de puerto GPIO
GPIO.setmode(GPIO.BCM)
# configuración de las clavijas GPIO a usar
GPIO.setup(24, GPIO.OUT)

while True:
    # Poner la salida al nivel 1
    GPIO.output(24, GPIO.HIGH)
    # Esperar medio segundo
    time.sleep(0.5)
    # Poner la salida al nivel 0

    GPIO.output(24, GPIO.LOW)
    # Esperar medio segundo
    time.sleep(0.5)
```

Hay que indicar a `RPi.GPIO` si los números de clavijas que se usan en el programa son números de clavijas físicas (de 1 a 40) o números GPIO del SoC:

```
GPIO.setmode(GPIO.BCM)
```

Aquí se utilizarán los números GPIO del SoC. A continuación, la salida 24 se pondrá alternativamente al nivel alto (`GPIO.HIGH`) y después al nivel bajo (`GPIO.LOW`), con un tiempo de pausa de 0,5 segundos.

No está prevista la salida de este programa, que se ejecuta indefinidamente. Pulse las teclas [Ctrl] C para interrumpirlo.

Variación de la luminosidad

Desde la versión 0.5.2a, `RPi.GPIO`, dispone de una función de gestión del PWM (*Pulse Width Modulation*= modulación del ancho del pulso). El PWM consiste en hacer variar la relación cíclica de una señal. Esta variación aplicada a un LED modifica la luminosidad resultante, el ojo integra los impulsos y da la sensación de una variación en la intensidad de la luminosidad.

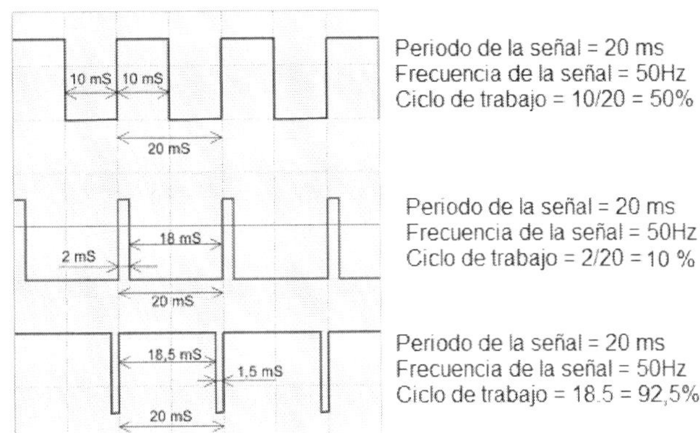

La relación cíclica de una señal rectangular puede variar del 0 % al 100 %. En el ejemplo anterior, la frecuencia es de 50 Hz, el periodo de 20 ms. La relación cíclica es la relación entre el tiempo durante el que la señal está en el estado alto y la duración del periodo.

Cuando la relación cíclica vale 0 %, el LED está completamente apagado. Cuando vale 50 %, el LED está encendido la mitad del tiempo. Cuando la relación cíclica es del 10 %, el LED solo recibe cortos impulsos durante 2 ms cada 20 ms.

El siguiente programa *led_pwm.py* enciende y apaga el LED progresivamente utilizando el PWM.

```
# Script led_pwm.py
# Importar el módulo de control de la GPIO
# y el módulo time que ofrece las funciones
# relativas a la gestión del tiempo
import RPi.GPIO as GPIO
import time

# indicar que es necesario usar los números de puerto GPIO del SoC
GPIO.setmode(GPIO.BCM)
# configuración de las clavijas GPIO a usar
# uso de la clavija GPIO 24 en salida
GPIO.setup(24, GPIO.OUT)

# creación de un objeto para el PWM en el puerto 24
# a una frecuencia de 50 Hertz
led = GPIO.PWM(24,50)

# preparar la variación de ciclo del PWM
cycle = 10
print("Enciende el LED, relación cíclica del 10%")
# iniciar el PWM con un ciclo del 10%
led.start(cycle)
# aumentar el ciclo hasta el 100% por pasos del 10%
for cycle in range (10, 101, 10):
  # mostrar la relación cíclica en pantalla
  print("Relación cíclica = ",cycle)
  # modificar la señal aplicada al LED
  led.ChangeDutyCycle(cycle)
```

```
    # esperar medio segundo
    time.sleep(0.5)
  # cuando el LED se enciende al 100%, esperar 2 segundos
  time.sleep(2)
  # reducir el ciclo hasta el 10%
  for cycle in range (100, 0, -10):
    # mostrar la relación cíclica en pantalla
    print("Relación cíclica = ",cycle)
    # modificar la señal aplicada al LED
    led.ChangeDutyCycle(cycle)
    # esperar medio segundo
    time.sleep(0.5)
  # Cuando el LED se apaga, esperar 2 segundos
  time.sleep(2)

  # salir correctamente del programa
  led.stop()
  GPIO.cleanup()
  print("Apagar el LED y parar el programa")
```

El programa tiene dos bucles *for*: el primero para aumentar la luminosidad del LED y el segundo para reducir la luminosidad. Los comandos `led.start()` y `led.stop()` arrancan y detienen el PWM en la clavija 24. El comando `led.ChangeDutyCycle()` modifica la relación cíclica de la señal PWM.

Servomotores

Los servomodores de radio control reciben el mismo tipo de señal. La frecuencia también es de 50 Hz, pero los impulsos solo varían de 1 a 2 ms y provocan una rotación de 180 grados. Para un impulso de 1 ms, el servomotor actúa en un sentido, para 2 ms en el otro sentido y para 1,5 ms está en posición central.

Photo J.L.Galvez - Licencia CC2.5

Un servomotor se puede controlar por la Raspberry Pi. El sistema operativo de la Raspberry Pi no es un sistema en tiempo real. De modo que hay que aceptar las variaciones de posición o manifestaciones de los sensores del servomotor causadas por señales variables, provocadas por la prioridad de algunos proceso respecto a otros.

2.5.2 Leer el nivel de una entrada

La lectura de una entrada GPIO necesita el uso del módulo `RPi.GPIO`. Este módulo se importa al inicio del script *lectura_gpio.py*. Se usa un bucle `while` para mostrar permanentemente el estado del botón de activación. Para salir del bucle, use [Ctrl] C. En este script, que usa la clavija GPIO 23, será necesario activarla inicialmente.

Recuerde que el esquema utilizado tiene una resistencia pull-up conectada a la masa. Cuando se suelta el botón, el nivel de entrada en GPIO 23 es de 0 voltios.

```
# Script lectura_gpio.py
# Importar el módulo de control de la GPIO
import RPi.GPIO as GPIO

# indicar que es necesario usar los números de puerto GPIO del SoC
GPIO.setmode(GPIO.BCM)

# configuración de las clavijas GPIO a usar
# usar la clavija GPIO 23 como entrada
GPIO.setup(23, GPIO.IN)

# lectura permanente del estado del botón
while True:
    if (GPIO.input(23)):
        print("Botón de activación pulsado")
```

El script utiliza un bucle infinito `while True:` para leer la entrada GPIO 23. `setmode` precisa el uso de los números de puerto del SoC. `setup` configura la clavija GPIO como entrada. `input` lee la entrada GPIO 23.

La ejecución de este script seguida de una acción muy breve en el botón de activación provoca la escritura por pantalla de muchas líneas:

```
pi@raspberrypi ~ $ sudo python3 lectura_gpio.py
Botón de activación pulsado
Botón de activación pulsado
Botón de activación pulsado
Botón de activación pulsado
Botón de activación pulsado
Botón de activación pulsado
...
```

El botón de activación está en el origen de estas numerosas detecciones. La sustitución del botón de activación por un producto de mejor calidad no tiene efecto. Durante la pulsación en el botón, se establece el contacto pero se producen rebotes, provocando una sucesión de cambios en el estado de la entrada GPIO. El programa detecta todos estos cambios y muestra una línea para cualquier valor 1 detectado en la entrada.

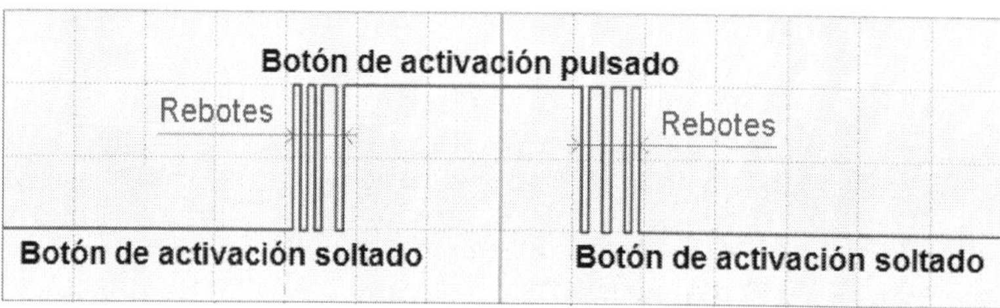

Además, la pulsación en el botón de activación, incluso aunque parezca rápido para un humano, deja al script el tiempo suficiente para hacer muchos bucles. Durante el bucle, el script muestra el texto *Botón de activación pulsado*.

Es posible añadir una pieza de hardware anti-rebotes (báscula, circuito RC o trigger de Schmitt), pero esto complica la implantación de una sencilla activación. La eliminación de los rebotes mediante software es más elegante (y menos cara).

El anti-rebote basado en software se desencadena por la detección del cambio de estado de la entrada GPIO. Cuando se produce el cambio, se tiene en cuenta y se muestra por pantalla. Un temporizador deja tiempo a los rebotes para terminar, antes de probar de nuevo el estado del botón de activación.

```
# Script antirebote.py
# Condición de inicio: el botón de activación se debe soltar
#
# Importar el módulo de control de la GPIO
import RPi.GPIO as GPIO
# Importar el módulo time para el temporizador
import time

# crear la variable para recordar el estado de la salida
# de activación cuando se suelta, entrada_inicial vale 0
entrada_inicial = 0

# indicar que es necesario usar los números de puertos GPIO del SoC
GPIO.setmode(GPIO.BCM)

# configuración de las clavijas GPIO a usar
# uso de la clavija GPIO 23 en entrada
GPIO.setup(23, GPIO.IN)

# lectura del estado del botón
while True:
    entrada = GPIO.input(23)
    # si ha habido un cambio en el estado, mostrar
    # por pantalla el texto que indica la pulsación del botón
```

```
    if (not(entrada_inicial) and entrada):
        print("Botón de activación pulsado")
    # guardar el estado actual en la memoria
    entrada_inicial = entrada
    # esperar a que los rebotes terminen
    time.sleep(0.1)
```

La comprobación se realiza sobre el valor anterior del nivel en la entrada GPIO 23. Al inicio, el valor de `entrada_inicial` es 0. Mientras el botón de activación permanece en reposo, el nivel de entrada de GPIO 23 permanece a 0. En este caso:

`entrada_inicial` = 0 y `entrada` = 0, por tanto, `(not entrada_inicial)` = 1

y `((not entrada_inicial) and entrada)` vale (`1 and 0`) es decir 0: la condición del `if` es falsa.

Durante una pulsación en el botón de activación, la señal de entrada pasa a 1. Tan pronto como la señal es 1, `((not entrada_inicial) and entrada)` vale `(1 and 1)` es decir 0: la condición del `if` se convierte en verdadera. Se muestra en pantalla el texto **Botón de activación pulsado**. La variable `entrada_inicial` se convierte en 1 y el script marca una pausa de 100 ms con *time.sleep(0.1)*. Este lapso de tiempo permite esperar a que los rebotes terminen antes de continuar el programa.

Esta manera de proceder puede ralentizar la activación de una acción controlada por una pulsación en el botón de activación, pero es suficiente la mayor parte del tiempo. Otro enfoque consiste en detectar un cambio de estado, sea cual sea, y esperar a que el estado de la entrada se estabilice. Cuando tres o cuatro lecturas sucesivas devuelvan el mismo resultado, se puede considerar que los rebotes han terminado y se transmite el valor al resto del programa.

Gracias al anti-rebote basado en software, cada pulsación en el botón de activación solo provoca una visualización de la frase **Botón de activación pulsado**.

2.6 Acceder a la GPIO desde Scratch

Desde septiembre de 2015, la versión de Scratch incluida en Raspbian Jessie integra un servidor GPIO que permite controlar los LED, los buzzers, leer el estado de los botones, etc. Con este servidor, Scratch también es capaz de gestionar un determinado número de tarjetas HAT:

- Piglow, una tarjeta que tiene 18 LED RGB, que se controlan de manera individual.
- PiFace una tarjeta que ofrece ocho entradas y ocho salidas, de las cuales dos tienen relés.
- Pibrella, una tarjeta muy sencilla pero muy bien hecha para aprender a utilizar la GPIO: tiene un botón, tres LED (uno rojo, otro naranja y uno último verde) y un vibrador.
- Explorer HAT Pro, más compleja de implementar, comprende los componentes relacionados directamente con la GPIO y otros al bus I2C. Tiene cuatro LED, cuatro entradas con buffer, dos controladores de motor en H, cuatro entradas analógicas y cuatro teclas capacitivas.

- Sense HAT, la tarjeta que el astronauta Timothy PEAKE ha incorporado y utilizado en el ISS durante los seis primeros meses de 2016. Está equipada con muchos sensores (temperatura, humedad, presión, acelerómetro, giroscopio, magnómetro, compás magnético, etc) y de un mini joystick. Una matriz de LED RGB de formato 8x8 permite visualizar mensajes o imágenes.
- PiLite, una matriz de 126 LED organizados en 14x9. Permite ver los mensajes, jugar, etc... Hay disponible un emulador de la tarjeta PiLite para la Raspberry Pi (https://github.com/CisecoPlc/PiLite/tree/master/Python_Examples).
- Ryanteck, Polulu, Camjam Edukit 3 MOTOR CONTROLLER son tarjetas de control de motores para la robótica. Aunque estas tarjetas tienen un diseño diferente, su uso con Scratch tiene exactamente los mismos controles.

Por defecto, el servidor no está activo durante el arranque de Scratch. Es posible iniciarlo con el menú **Editar** - **Start GPIO server** (siguiente imagen).

Pulse en la última línea del menú **Start GPIO server** para permitir a Scratch acceder a la GPIO.

También es posible arrancar el servidor dentro de un programa, enviando el mensaje *gpioserveron* a todos.

Scratch puede acceder a las clavijas de la GPIO en modo entrada, salida todo o nada o en PWM para generar una tensión pseudo analógica (ver *RPi GPIO: Variación de la luminosidad*). También podrá controlar tarjetas adicionales.

Observación

Para más información acerca del uso de Scratch, vaya al capítulo Programar en Scratch.

2.6.1 Configurar los puertos de la GPIO

La primera etapa antes de utilizar los puertos de la GPIO con Scratch consiste en arrancar el servidor y configurar las entradas/salidas que se van a utilizar.

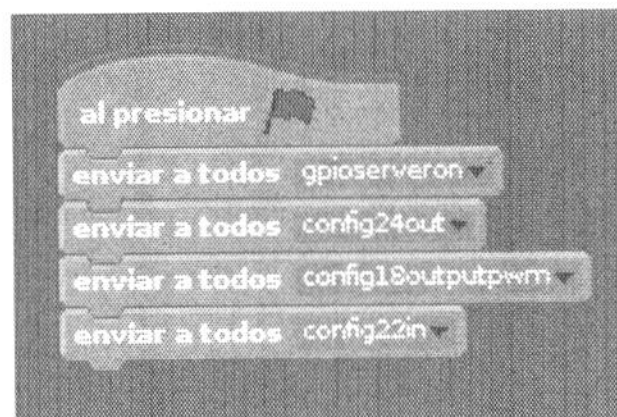

En el ejemplo anterior, un clic en la bandera verde (arranque del programa) provoca el envío de mensajes a todos (broadcast), que van en el orden:

- Iniciar el servidor GPIO (**gpioserveron**)
- Configurar el puerto 24 en modo salida (**config24out**)
- Configurar el puerto 18 en modo salida PWM (**config18outputpwm**)
- Configurar el puerto 22 en modo entrada (**config22in**)

Observación

El número de puertos GPIO indicado aquí no es el número físico de la clavija del conector, sino el del puerto en el SoC BCM2835/BCM2837.

Sintaxis de configuración de las clavijas GPIO

Sintaxis

```
config + N° de puerto + <configuración>
```

`<configuración>`	Ajuste realizado.
`in input inpullup inputpullup`	Configura un puerto en modo entrada, con las resistencias a +3,3v conectadas (pull-up).
`inpulldown inputpull-down inpullnone`	Configura un puerto en modo entrada sin las resistencias a +3,3v conectadas.
`out output`	Configura un puerto GPIO en modo salida.
`Outpwm`	Configura un puerto GPIO en modo salida PWM.

Ejemplo

config12in configura el puerto 12 de la GPIO en modo entrada con las resistencias.

Utilización de las clavijas GPIO

Sintaxis

```
gpio + N° de puerto + <valor>
```

`<valor>`	Valor a aplicar en la salida.
`on high`	Pasa la salida a 1 (3,3v).
`off low`	Pasa la salida a 0 (0v).

Ejemplo

gpio17on pone el puerto 17 de la GPIO a 1 (3,3v)

Salida PWM

```
gpio + N° de puerto + pwm + <valor>
```

`<valor>`	Valor de la salida PWM entre 0 y 1024.

Ejemplo

gpio22pwm522 pone el puerto 22 de la GPIO a una tensión media de 1,68v (3,3v * 522 / 1024)

Lectura de la hora

Enviar un mensaje a todos conteniendo *gettime*.

⇛ La hora está disponible en la sección de los sensores. Muestre los sensores. Acceda a la lista de sensores disponibles del bloque **valor del sensor**, pulsando en la flecha situada a la derecha del deslizador.

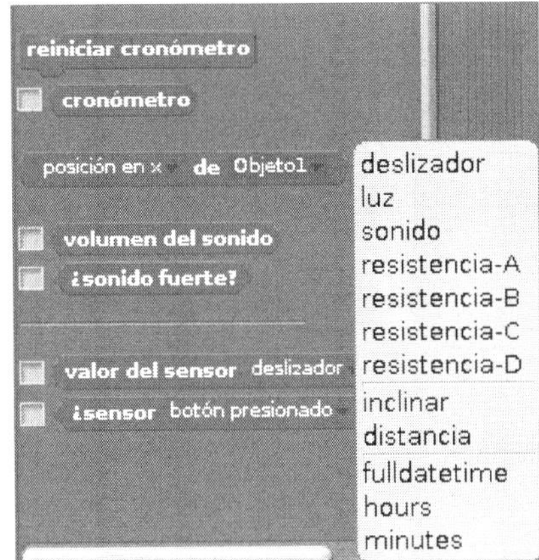

⇒ Seleccione **fulldatetime** para mostrar la fecha y la hora en formato AAMMDDHHMMSS, poco legible, u opte por la visualización de la hora y los minutos (**hours+minutes**), que habría que concatenar con el operador **unir**.

Por ejemplo, su duende le dará la hora de esta manera:

Visualización de la dirección IP

Enviar un mensaje a todos conteniendo **getip**.

⇒ La dirección IP de la Raspberry Pi está disponible en la sección de los sensores. Muestre los sensores. Acceda a la lista de sensores disponibles del bloque **valor del sensor**, pulsando en la flecha situada a la derecha del deslizador. Seleccione **getip** e integre este bloque a un programa:

Su duende ahora puede anunciar la dirección IP de la Raspberry Pi.

2.6.2 Utilizar una tarjeta adicional

Para utilizar una tarjeta adicional, basta con crear una variable llamada **AddOn** y dar a esta variable el valor definido para la tarjeta seleccionada. La tarjeta *PiFace* se presenta en este libro (consulte el capítulo Los periféricos).

Comando de la tarjeta PiFace

Sintaxis

```
output + N° de salida + <valor>
```

`<valor>`	Valor a aplicar a la salida.
`on high`	Pasa la salida a 1 (3,3v).
`off low`	Pasa la salida a 0 (0v).

Ejemplo

output6on pone la salida 6 de la tarjeta PiFace a 1.

Sintaxis

```
all + <valor>
```

<valor>	Valor a aplicar a la salida.
on	Pone todas las salidas de la tarjeta PiFace a 1 (enciende todos los LED).
off	Pone todas las salidas de la tarjeta PiFace a 0 (apaga todas los LED).

⇉ Crea una variable AddOn. En los bloques de esta variable introduzca a **AddOn asignar PiFace** y arrastre este bloque a la zona del programa. El valor de la variable para agregar la tarjeta PiFace es **PiFace**. Esta declaración de tarjeta adicional se encuentra en la parte superior izquierda de la siguiente captura de pantalla.

La adición de este bloque hace que aparezca en la sección **Sensores** - **valor del sensor** la lista de entradas de la tarjeta PiFace (Input0...Input7).

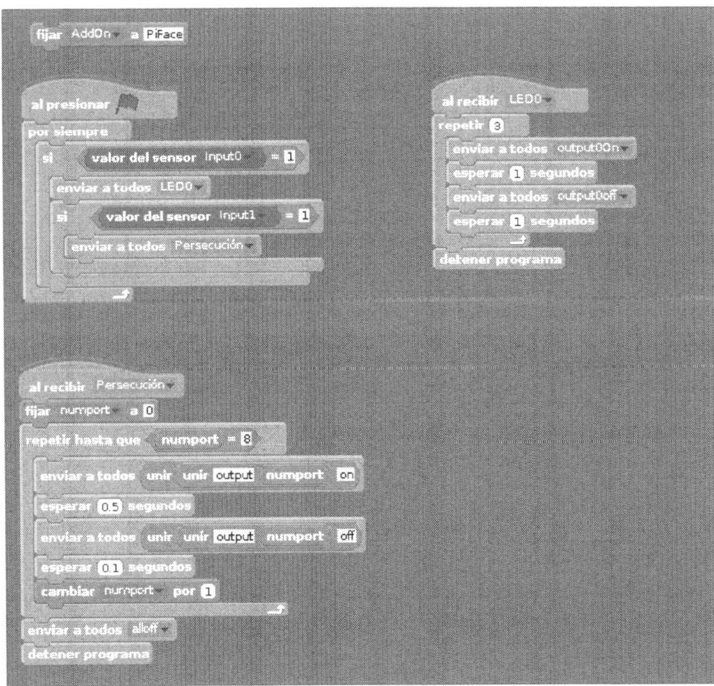

El programa anterior está disponible descargando scratch_piface.sb. Contiene varias secciones:

Cuando Al presionar verde: cuando se pulsa la bandera verde, esta parte del programa entra en un bucle indefinido. Lee los botones 0 y 1 de la tarjeta PiFace. Si se pulsa el botón 0, envía el mensaje **LED0**, si se pulsa el botón 1, envía el mensaje **Persecución**.

Cuando enviar a todos LED0 : este programa hace parpadear tres veces el LED 0 de la tarjeta PiFace. El relé que tiene asociado parpadea rítmicamente, lo que permite comprobar fácilmente que el programa funciona.

Cuando enviar a todos Persecusión: este programa aumenta el número de puerto GPIO de 0 a 7. Enciende durante medio segundo el LED correspondiente y lo apaga. El comando enviado a la tarjeta PiFace se crea concatenando los elementos necesarios con **unir**. Al fina del script, el comando **alloff** apaga todos los LED (incluso si no es necesario).

Como ejercicio, añada a este programa la posibilidad de mover el duende por la escena, utilizando los botones S2 y S3 de la tarjeta PiFace. Se propone una solución en los Anexos, disponible para su descarga: *scratch_piface2.sb*.

2.6.3 Scratch y el aprendizaje del código

Con la posibilidad de controlar los puertos de la GPIO y gestionar las tarjetas de extensión, Scratch se convierte en una herramienta fundamental para el aprendizaje del código. Ofrece la posibilidad de que un programa interactúe fácilmente con el mundo real. Para los profesores, esta posibilidad abre perspectivas interesantes para que los alumnos se interesen por la realización de programas interactivos.

2.6.4 Conclusión

Accesibles por numerosos medios, los puertos de la GPIO abren el acceso de la GPIO al mundo físico. Son relativamente fáciles de configurar, tanto en modo lectura como escritura. El número restringido de puertos GPIO disponibles y sus limitaciones en tensión e intensidad han favorecido el desarrollo de muchas tarjetas de extensión que ofrecen:

- numerosas entradas/salidas.
- entradas/salidas analógicas.
- la posibilidad de controlar potencias más importantes.
- el uso de los buses SPI, I²C o 1-Wire.

El siguiente capítulo presenta alguna de las tarjetas más conocidas.

Capítulo 15
Los periféricos

1. El módulo cámara

En mayo de 2013, el módulo cámara anunciado por la Fundación Raspberry Pi estaba disponible. Resultado de la tecnología utilizada en los smartphones y adaptada a la Raspberry Pi, el módulo cámara presenta características interesantes por un precio de 27 €.

En abril de 2016, la Fundación puso en el mercado una cámara con mejores características, a un precio equivalente.

1.1 Características del módulo Cámara V1.3

El sensor

El primer módulo cámara está equipado de un sensor OmniVision OV5647. Toma fotos con una resolución de 5 megapíxeles (2592 x 1944 píxeles) y vídeos en 720p (1280 x 720 píxeles) a 60 fotogramas por segundo. En este caso, la imagen se capta en la totalidad del sensor, los píxeles están agrupados en grupos de 2 x 2 píxeles para aumentar la sensibilidad. El sensor también puede tomar vídeo en 1080p (1920 x 1080 píxeles) a 30 imágenes por segundo.

Cada píxel tiene una dimensión de 1,4 x 1,4 micras. El sensor mide alrededor de 2,74 x 3,67 mm, es decir, casi diez veces menos que un formato "normal" de fotografía (24 x 36 mm). El sensor está equipado con un objetivo focal de 3,6 mm para una apertura cercana a f/3. Esto equivale a un objetivo de 35 mm (un gran angular) en fotografía clásica. El objetivo está enroscado y ajustado para una claridad infinita. A continuación se pega. La distancia de claridad va de 1 metro al infinito.

El sensor tiene de fábrica un determinado número de funciones automáticas:

- Control de exposición
- Balanceo de blancos
- Filtro de banda
- Detección de iluminación de 50 Hz y 60 Hz
- Ajuste del nivel de negro

El sensor puede ofrecer la imagen en bruto (modo RAW) para un tratamiento posterior.

El circuito cámara

La Fundación Raspberry Pi ha utilizado el sensor OV5647 para diseñar el módulo cámara de la Raspberry Pi. Tiene interfaz con el bus CSI (consulte el capítulo Descripción técnica).

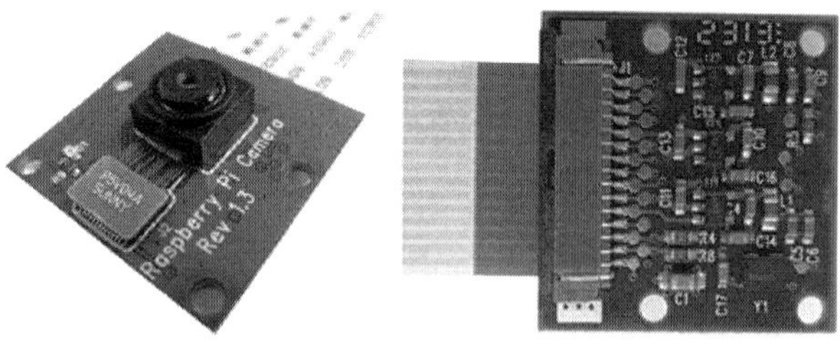

El módulo mide tan solo 25 x 20 x 10 mm. Se conecta a la Raspberry con un cable plano relativamente flexible de 15 cm. Es posible sustituir este cable por un modelo más largo.

El sitio de la Fundación Raspberry Pi insiste en la fragilidad de este módulo, en particular en su sensibilidad a la electricidad estática. Por tanto, es conveniente no manipular inútilmente y sin precaución la cámara, cuya cara posterior deja a la vista componentes y pistas de circuito impreso.

1.2 Características del módulo cámara V2

El sensor OV5647 llega al final de su ciclo de vida. La Fundación ha sustituido el módulo cámara V1.3 por un nuevo modelo V2. Esta cámara está equipada con un sensor de 8 mega píxeles Sony de tipo IMX219. La cámara puede registrar vídeos en alta definición 1080p30, 720p60 y dispone de un modo VGA90 en 640x480 píxeles a 90 frames por segundo. Las imágenes fijas se pueden capturar con una definición de 3280x2464 píxeles.

Las dos versiones son totalmente compatibles con toda la gama de Raspberry Pi, provistas de un puerto CSI.

1.2.1 Una nueva tecnología de sensor

En el sensor de la primera versión de la cámara, la luz seguía el camino tradicionalmente utilizado en los sensores. Los rayos luminosos llegan a una micro lente antes de atravesar un filtro coloreado (rojo, verde o azul) y después atraviesa varias capas que tienen uniones metálicas destinadas a enlazar los fotodiodos utilizados para recibir la luz. Estos sensores FSI (*Front Side Illumination* = Iluminación frontal) han equipado generaciones de aparatos de fotografía digital.

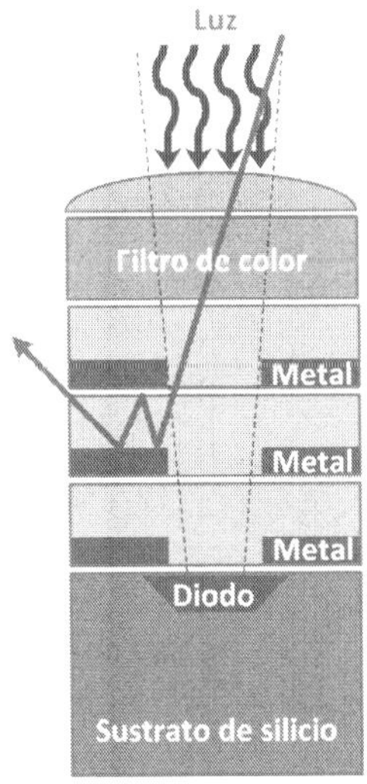

Píxel FSI

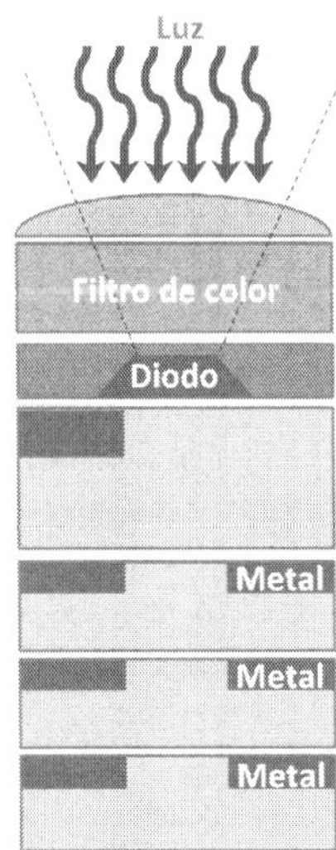

Píxel BSI

Con este sistema FSI (a la izquierda en el esquema anterior), el ángulo de apertura se reduce por la presencia de conductores metálicos en las capas situadas entre la lente y el diodo. Además, algunos rayos se pueden reflejar por los conductores metálicos, lo que implica una reducción de la sensibilidad, una debilitación del contraste y diafonía con los píxeles contiguos a causa de las reflexiones.

La tecnología BSI (*Back Side Illumination* = Iluminación trasera) consiste en montar el sensor de imagen al revés y disponer los filtros de color y las micro lentes en la cara posterior de los píxeles, de manera que la luz se reciba por la cara posterior del sensor. En el sensor BSI, la disposición de las capas está invertida. El metal y las capas dieléctricas se encuentran debajo de la red de sensores, ofreciendo un camino mucho más directo a la luz para que alcance el píxel. Esto optimiza el factor de relleno (tamaño de los píxeles mayor) para ofrecer una mejor sensibilidad con baja luminosidad. El rendimiento del sensor es mejor con baja luminosidad y los colores están más próximos a la realidad.

La cámara Pi modelo V2 está disponible en dos versiones: normal o infrarroja. La versión normal tiene delante del sensor un filtro que elimina el infrarrojo, al que el sensor es particularmente sensible. La versión PiNoIR (a la derecha en la imagen anterior) se distingue del modelo normal por su circuito de color negro. No tiene filtro infrarrojo. Por tanto, el sensor recibe las longitudes de onda correspondientes. En particular, esto permite filmar por la noche aclarando la escena con LED infrarrojos invisibles para el ser humano.

Sin filtro, el sensor recibe la gama completa de colores. Para los botánicos, que desean tener una idea de la actividad de la fotosíntesis de las plantas, es interesante. Las plantas aparecen verdes porque reflejan el color verde. El resto, azul y ultravioleta de un lado de la banda y rojo más infrarrojo, se utilizan por la clorofila para la fotosíntesis. Un botánico puede tener una indicación del lugar en el que la fotosíntesis es más activa en las plantas, intercalando el filtro azul entregado con la cámara. El sensor solo recibirá el infrarrojo y las partes más claras de las plantas, cuando la luz se filtre, serán aquellas en las que la fotosíntesis es más activa.

1.2.2 Tabla comparativa

Comparativo Cámara Pi		
	V1	**V2**
Sensor	5 Mpixeles	8 Mpixeles
Resolución foto	2592x1944	3280x2464
Vídeo maxi	1080p	1080p
Tamaño del módulo	20x25x10 mm	25x23x9 mm

1.3 Conexión a la Raspberry Pi

La conexión del módulo cámara al bus CSI no presenta ningún problema particular. Hay que abrir el conector levantando delicadamente el sistema de bloqueo e inclinándolo hacia el puerto Ethernet.

Hay que poner los contactos metálicos del cable plano del lado de la toma HDMI, deslizar a continuación el cable plano de la cámara en el conector y bajar el sistema de bloqueo para bloquear el cable.

La Raspberry Pi 3 está equipada con su módulo cámara, ahora puede guardar imágenes fijas o vídeos.

La conexión de una cámara en la Raspberry Pi Zero usa el mismo tipo de toma equipada con un sistema de bloqueo. El cable plano adaptador utilizado en función del tamaño reducido del conector de la Raspberry Pi Zero se debe insertar con los contactos metálicos girados hacia la tarjeta del circuito impreso, como se muestra a continuación.

El módulo cámara dispone de cuatro agujeros que se podrán utilizar para fijarla a un soporte que garantice la protección mecánica y eléctrica del circuito.

1.4 Uso de cámaras compatibles

La foto anterior muestra una tarjeta cámara compatible con la cámara original. Está equipada con un objetivo M12 x 0,5. También existen cámaras equipadas con objetivos de tipo CS, de un diámetro más importante. Estas cámaras compatibles pueden estar equipadas con sensores normales o infrarrojos (PiNoIR).

Las cámaras anteriores, equipadas con un objetivo CS, se usan para la vídeo-vigilancia. Los objetivos CS están muy extendidos para este tipo de aplicación. Su precio es muy variable: algunos euros para los objetivos básicos, cuarenta para un zoom como el 5-50 mm y hasta varios cientos de euros para zooms motorizados.

1.5 Activación de la cámara

1.5.1 Activación en modo texto

⇉ Para activar la cámara, inicie raspi-config y seleccione la línea 5 **Enable camera**.

```
pi@raspberrypi ~ $ sudo raspi-config
```

⇉ En la ventana que aparece, seleccione **<Sí>** con la tecla [Tab] y valide. La cámara se activará la próxima vez que reinicie el sistema.

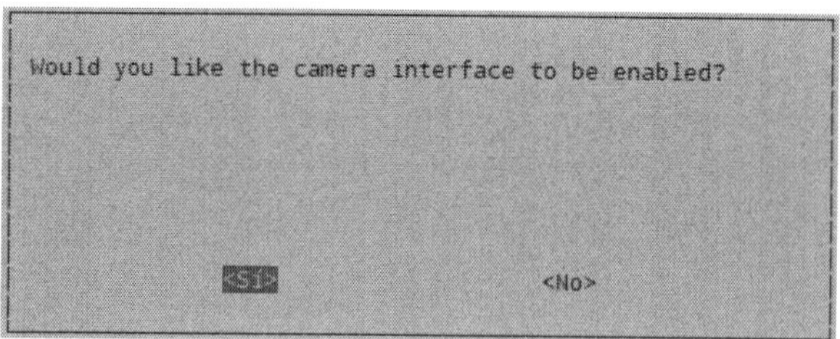

1.5.2 Activación en modo gráfico

⇒ Desde el escritorio de Raspbian, pulse en el botón que da acceso al menú principal.
Menú - Preferencias - Configuración de Raspberry Pi

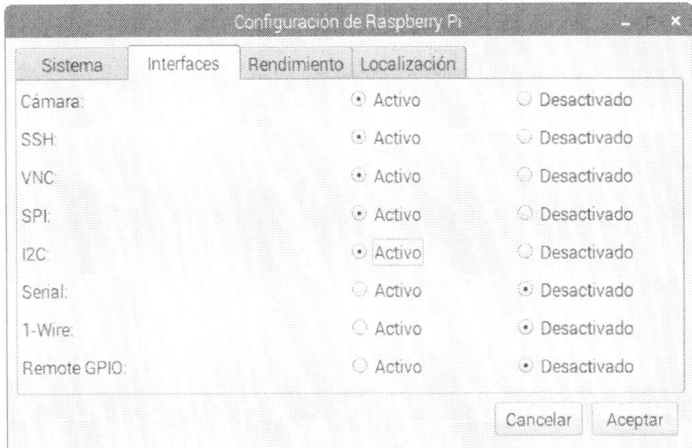

⇒ Pulse en la pestaña **Interfaces** y después en la opción **Activo** en la línea **Cámara**. Confirme su selección pulsando en el botón **Aceptar**. Una ventana le informará entonces que la Raspberry Pi se debe volver a iniciar para que la modificación tenga efecto. Seleccione la opción que le convenga, un reinicio inmediato o reconocer la cámara durante el siguiente inicio de la Raspberry Pi.

1.6 Captura de una imagen fija

El programa *raspistill* se usa para tomar una foto.

```
pi@raspberrypi ~ $ raspistill -o test_camera_01.jpg -t 5000
```

La imagen aparece a pantalla completa, y transcurrido el tiempo fijado (-t 5000 = 5000 ms) desaparece. El directorio actual contiene ahora una imagen *test_camera_01.jpg*.

1.7 Registro de un vídeo

Para el registro de vídeos se usa el programa *raspivid*.

```
pi@raspberrypi ~ $ raspivid -o video_01.h264 -t 5000
```

La línea de comandos anterior guarda un vídeo de una duración de 5 segundos (5000 ms). El registro recibe el nombre *video_01.h264*.

Es posible visualizar el vídeo en un PC con VLC, o en la Raspberry Pi con *omxplayer*, instalado de manera nativa con Raspbian.

```
pi@raspberrypi ~ $ omxplayer video_01.h264
```

1.8 Timelapse

El timelapse es un vídeo realizado tomando imágenes a intervalos regulares y juntando después estas imágenes en un vídeo.

⇒ Cree un directorio para almacenar las imágenes capturadas:

```
pi@raspberrypi:~ $ mkdir timelapse
```

⇒ Muévase al directorio que acaba de crear:

```
pi@raspberrypi:~ $ cd timelapse
```

En un primer lugar, *raspistill* captura las imágenes:

```
pi@raspberrypi:~/timelapse $

raspistill -vf -hf -w 1920 -h 1080 -o test_%04d.jpg -tl 5000 -t
250000
```

-vf (*Vertical Flip*) pivota la imagen verticalmente.

-hf (*Horizontal Flip*) pivota la imagen horizontalmente.

Estas dos opciones permiten poner la imagen en la dirección correcta cuando la cámara esté montada al revés.

-o indica el nombre del archivo de salida (*output*); %04d va a numerar las imágenes con 4 cifras.

-tl (*TimeLapse*) indica el espacio entre dos tomas de imagen en milisegundos: aquí 5.000 milisegundos, es decir, una imagen cada 5 segundos.

-t indica el tiempo de toma de imágenes total, también en milisegundos. 250.000 de milisegundos representan 250 segundos, es decir, poco más de cuatro minutos.

-w y **-h** indican respectivamente la anchura y altura de la imagen, en píxeles.

Después de haber obtenido las 50 imágenes individuales, hay que ensamblarlas. Para esto, hay que usar un programa llamado *avconv*, presente en el paquete libav-tools, que hay que instalar:

```
r pi@raspberrypi:~/timelapse $ sudo apt-get install libav-tools
```

Por último, *avconv* nos va a permitir crear un vídeo:

```
pi@raspberrypi:~/test_tl $ avconv -r 10 -i test_%04d.jpg -r 10 -
vcodec libx264 -crf 20 -g 15 -vf scale=1920:1080 timelapse.mp4
```

Serán necesarios cerca de cuarenta segundos de Raspberry Pi para crear el vídeo *timelapse.mp4*. La tasa de ocupación del procesador será cercana al 100 %.

avconv crea el vídeo a partir de las imágenes .jpg presentes. El número de imágenes por segundo está limitado a 10 (-r 10), lo que es suficiente para un timelapse. *avconv* usa el codec gratuito libx264 (`vcodec=libx264`) para la codificación, con una resolución de 1920x1080 px (`scale=1920:1080`).

Para visualizar el vídeo:

```
pi@raspberrypi:~/test_tl $ omxplayer timelapse.mp4
```

La película se muestra en la pantalla de la Raspberry Pi, superpuesto a todo lo que encuentre, esté en modo texto o en modo gráfico. Los cuatro minutos de timelapse se mostrarán en cinco segundos.

2. Las tarjetas de extensión

La GPIO abierta de la Raspberry Pi ha provocado el mismo entusiasmo que Arduino en su momento. Aparecieron muchas tarjetas de extensión, generalistas o muy especializadas. A continuación se presenta algunos ejemplos con sus características y las posibilidades que ofrecen. La elección no tiene objetivos comerciales, representa un panel de tarjetas normalmente necesarias para acompañar aquellas realizaciones que se hacen con la Raspberry Pi.

2.1 Las tarjetas HAT

2.1.1 Presentación

Con la Raspberry Pi B+ la Fundación introdujo el concepto de tarjeta HAT (*Hardware Attached on Top* = hardware fijado en la parte superior), inspirado en lo que existe en los ecosistemas de Arduino con los Shields y en BeagleBone con los Capes.

La tarjeta HAT está provista de una EEPROM que se detecta al inicio del sistema por el *firmware*. Las clavijas de la GPIO 27 y 28 se reservan exclusivamente para el acceso a la EEPROM a través del bus I^2C y no se deben utilizar o conectar a ninguna otra cosa. Esta prohibición es válida para la Raspberry Pi 3 y para la Raspberry Pi Zero.

2.1.2 Dimensiones

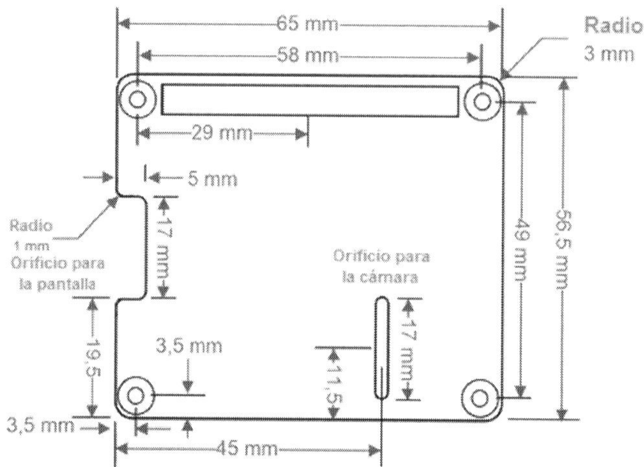

Las dimensiones de las tarjetas HAT se han definido tomando como base los agujeros de fijación previstos en la Raspberry Pi B+ y todas sus sucesoras. Están perfectamente adaptadas para un uso con la Raspberry Pi 3. Esta disposición en rectángulo de los agujeros permite una fijación eficaz y sólida de las tarjetas adicionales.

El formato HAT prevé unas muescas para pasar los cables CSI para la cámara y DSI para una pantalla.

Los espaciadores entre la Raspberry Pi y la tarjeta HAT deben medir 10 o 12 mm, en función del conector GPIO.

Observación

Una familia de tarjetas de extensión con dimensiones adaptadas a la Raspberry Pi Zero está cerca de ver la luz. La diferencia de factor de forma entre la Raspberry Pi Zero y la Raspberry Pi 3 hace que no puedan estar en formato HAT.

2.1.3 Funcionamiento

Las tarjetas HAT se detectan durante el inicio de la Raspberry Pi B+. Tienen una EEPROM que contiene la siguiente información:

- Un **UUID** (*Universal Unique Identifier* = identificador universal único) de 128 bits que permite identificar cada tarjeta de manera única.
- El identificador del producto (**PID** = *Product ID* = identificador del producto) y su versión (**PVER** = *Product Version* = versión del producto).
- El nombre del fabricante (**VSTR** = *ASCII Vendor String* = nombre del fabricante en forma de cadena de caracteres ASCII).
- El nombre del producto (**PSTR** = *ASCII Product String* = nombre del producto en forma de cadena de caracteres ASCII).
- Una tabla de configuración de los puertos GPIO que permite un funcionamiento "plug-and-play".
- Una descripción de la arborescencia de hardware (*Device Tree*) que se va a integrar en la arborescencia de hardware general y permitirá la configuración automática de los componentes de la tarjeta siempre y cuando exista algún controlador disponible para estos componentes.

Observación

Solo se permite una tarjeta HAT a la vez en la Raspberry Pi B+. Por tanto, la dirección de la EEPROM en el bus I^2C puede ser fija. Esta limitación se debe a que incluso si se soportaran múltiples EEPROM, podría haber conflictos entre la programación de los puertos GPIO de las diferentes tarjetas. Por ejemplo, si dos tarjetas apiladas usan el mismo puerto GPIO. No se prevé ningún mecanismo para detectar estos conflictos, el formato HAT obliga a que solo se utilice una tarjeta HAT al mismo tiempo.

2.1.4 Conclusión

Con el formato HAT, la Fundación ha pretendido facilitar la puesta en servicio de tarjetas adicionales para los usuarios que no son necesariamente especialistas en GNU/Linux. Es responsabilidad de los creadores de tarjetas HAT respetar las especificaciones para que sus productos se puedan implantar de la manera más sencilla posible.

2.2 La tarjeta de sonido HiFiBerry DAC+

2.2.1 Presentación de la tarjeta HiFiBerry DAC+

Bautizada HiFiBerry DAC+, esta tarjeta destinada a la Raspberry Pi 3 funciona también con las Raspberry Pi A+, B+ y con la Raspberry Pi 2 modelo B. Está equipada con un doble conversor digital Analógico PCM5122 de la marca Burr-Brown. Este circuito previsto para funcionar con 3 voltios se controla por los buses SPI o I^2C. Convierte en esta tarjeta los datos recibidos en 24 bits a la frecuencia de 192kHz, proporcionando un sonido de una calidad muy por encima del de la Raspberry Pi.

La tarjeta fue diseñada por la empresa suiza Model 9.

La tarjeta es compatible con el estándar HAT de la Raspberry Pi. Integra una EEPROM - protegida en modo escritura - para la configuración automática de la Raspberry Pi. Se entrega con cuatro espaciadores que permiten una fijación sólida de la tarjeta de sonido en la Raspberry Pi. Hay disponibles dos versiones: una con tomas RCA (CINCH) y otra con un jack de 3,5 mm. Las dos versiones cuestan alrededor de 30 €.

La tarjeta HiFiBerry no puede atacar directamente los altavoces. Será necesario prever el uso de un amplificador o de altavoces amplificados, como los que se utilizan en un PC. En este último caso, la calidad del sonido se verá reducida de manera importante por la calidad de los altavoces utilizados. Para mi uso, dispongo de amplificadores provistos de un conector jack 3,5 mm, de modo que es esta la versión que he seleccionado.

2.2.2 Puesta en servicio de la tarjeta HiFiBerry DAC +

El sistema recomendado para arrancar con la tarjeta HiFiBerry es Raspbian. Antes de la puesta en servicio de la tarjeta HiFiBerry DAC+, el sistema se debe actualizar, así como los módulos del núcleo.

```
sudo rpi-update
sync
sudo reboot
```

A continuación, es necesario configurar los controladores para que los buses I2C y SPI funcionen. Es posible hacer esto en modo gráfico usando el menú principal del escritorio de Raspbian Jessie:

⇛ **Menú - Preferencias - Configuración de la Raspberry Pi**

⇛ Haga clic en la pestaña **Interfaces** y después en la opción **Activo** de las líneas SPI y I2C. Confirme su selección haciendo clic en el botón **Aceptar**.

⇛ En modo texto, edite el archivo */boot/config.txt* para que las líneas de texto relacionadas con los buses SPI y I2C se activen (elimine la # al principio de cada línea):

```
# Uncomment some or all of these to enable the optional hardware
interfaces
dtparam=i2c_arm=on
#dtparam=i2s=on
dtparam=spi=on
```

⇛ Desactive el sonido original de la Raspberry Pi :

```
# Enable audio (loads snd_bcm2835)
dtparam=audio=off
```

⇛ Agregue el controlador HiFiBerry DAC+ al final del archivo */boot/config.txt*. Durante el siguiente arranque, el controlador de la tarjeta se integrará automáticamente al nodo Linux.

```
dtoverlay=hifiberry-dacplus
```

⇛ Tras el inicio, puede comprobar con el comando `aplay -l` que el controlador se ha instalado correctamente y que la tarjeta HiFiBerry DAC+ es la tarjeta de sonido por defecto:

```
pi@raspberrypi:/ $ aplay -l
**** lista de los Periféricos de hardware PLAYBACK ****
tarjeta 0: sndrpihifiberry [snd_rpi_hifiberry_dacplus],
periférico 0: HiFiBerry DAC+ HiFi pcm512x-hifi-0 []
  Sub-periféricos: 0/1
  Sub-periférico #0: subdevice #0
```

⇛ Para probar el funcionamiento correcto de la tarjeta, conecte los altavoces amplificados o el sistema de audio a la salida de su tarjeta.

⇉ Copie un archivo .wav en la tarjeta micro SD o descargue el archivo de prueba disponible en el sitio web de Ediciones ENI o en framboise314 (breve extracto de Happyrock por Bensound - Licencia CC):

```
pi@raspberrypi:~ $ cd /home/pi/Music
pi@raspberrypi:~/Music $ wget http://www.framboise314.fr/docs/test.wav
--2016-07-06 18:25:21--  http://www.framboise314.fr/docs/test.wav
Resolución de www.framboise314.fr (www.framboise314.fr)… 185.49.20.101
Conexión a www.framboise314.fr
(www.framboise314.fr)|185.49.20.101|:80... conectado.
consulta HTTP transmitida, esperando respuesta... 200 OK
Tamaño: 2598156 (2,5M) [audio/x-wav]
Copiado en: «test.wav»
test.wav.1           100%[=====================>]   2,48M   418KB/s
ds 6,1s
2016-07-06 18:25:28 (417 KB/s) – « test.wav » copiado
[2598156/2598156]
```

⇉ Seleccione un sonido y reprodúzcalo con el comando `aplay nombre_del_archivo_wav`:

```
pi@raspberrypi:~/Music $ aplay test.wav
Lectura WAVE 'test.wav' : Firma 16 bit Little Endian,
Frecuencia 44100 Hz, Estereo
```

Esto le permite comprobar que toda la cadena funciona. Los altavoces deben reproducir algunos segundos de música.

Si no hay sonido, consulte al foro HiFiBerry. En primer lugar, compruebe que el mezclador digital está ajustado correctamente.

⇉ Escriba `amixer` en la línea de comandos. Busque información sobre **Simple mixer control 'Digital'**. Es posible que el mezclador esté configurado a 0 o a un valor demasiado bajo. Las siguientes líneas lo indican:

```
Front Left: Playback 166 [80%] [-20.50dB] [on]
Front Right: Playback 166 [80%] [-20.50dB] [on]
```

⇉ Si el valor del ajuste es demasiado bajo, configure el parámetro de control del volumen al 80% con el comando:

```
amixer sset Digital 80%
```

⇉ Después compruebe que el parámetro se haya aplicado correctamente con el comando `amixer`:

```
Simple mixer control 'Digital',0
  Capabilities: pvolume pswitch
  Playback channels: Front Left - Front Right
  Limits: Playback 0 - 207
  Mono:
  Front Left: Playback 166 [80%] [-20.50dB] [on]
  Front Right: Playback 166 [80%] [-20.50dB] [on]
```

Observación

Hay que evitar subir el volumen por encima de un valor que pueda provocar la deformación y/o recortar la señal. 80% es un buen valor de partida.

2.2.3 Uso de mpg123

El uso de `aplay` limita la escucha a archivos de tipo voc, wav, raw o au. Para poder escuchar archivos mp3 es necesario usar otras aplicaciones, como por ejemplo *mpg123*, un lector de archivos mp3 para Linux.

⇒ Empiece instalando *mpg123*.

```
pi@raspberrypi $ sudo apt-get install mpg123
```

Ahora es posible oír archivos mp3. Para conocer los parámetros disponibles, escriba `mpg123` en la línea de comandos y valide. Se muestra por pantalla el archivo de ayuda.

⇒ Para empezar, transfiera archivos mp3 al directorio */home/pi/Music* o descargue un archivo mp3 en línea (por ejemplo, desde la página http://www.bensound.com/royalty-free-music/track/happy-rock).

```
pi@raspberrypi:~/Music $ mpg123 bensound-happyrock.mp3
High Performance MPEG 1.0/2.0/2.5 Audio Player for Layers 1, 2 and 3
      version 1.20.1; written and copyright by Michael Hipp and others
      free software (LGPL) without any warranty but with best wishes
Playing MPEG stream 1 of 1: bensound-happyrock.mp3 ...
MPEG 1.0 layer III, 112 kbit/s, 44100 Hz joint-stereo
[1:45] Decoding of bensound-happyrock.mp3 finished.
```

Durante la lectura de un fragmento de música, se ilumina el LED D1 situado en la tarjeta HiFi-Berry DAC+ (imagen anterior).

Conclusión

La tarjeta HiFiBerry permite dotar a la Raspberry Pi de una tarjeta de sonido de calidad y obtener un conjunto que sea capaz de servir de punto de partida para una instalación de audio de alto rendimiento.

El uso de esta tarjeta con otras distribuciones diferentes a Raspbian no es inmediato y necesitará una adaptación, cuyos detalles están disponibles en línea. OpenElec, uno de los centros multimedia más utilizados en la Raspberry Pi, integra controladores para HiFiBerry así como distribuciones como Volumio o RuneAudio.

2.3 La tarjeta ADC Pi Plus

2.3.1 Presentación de la tarjeta ADC Pi Plus

La tarjeta ADC Pi Plus es una tarjeta HAT que se puede usar en la Raspberry Pi 3 incorporando así la posibilidad de leer información analógica. La tarjeta tiene ocho entradas analógicas que aceptan tensiones de 0 a 5 voltios. La conversión analógico/digital se puede hacer en 11 bits (240 muestras por segundo), 13 bits (60 muestras/s), 15 bits (15 muestras/s) o 17 bits (3,75 muestras/s). La elección del muestreo se hará en función de las necesidades de la aplicación, de la precisión de la medida o de la frecuencia de adquisición de la información.

La tarjeta ADC Pi Plus se gestiona por la Raspberry Pi en el bus I²C. Es posible apilar hasta cuatro tarjetas para obtener un máximo de 32 entradas analógicas. Para distinguir las tarjetas en el bus I²C, cada una debe tener una dirección propia.

El modelo ADC Pi Zero (siguiente imagen) es el equivalente a la tarjeta ADC Pi Plus, pero se ha diseñado para adaptarse a la Raspberry Pi Zero.

La tarjeta ADC Pi Plus está equipada con dos circuitos integrados MCP3424 que gestionan cada uno cuatro entradas analógicas. Cada circuito dispone de su propia dirección. Por tanto, la tarjeta es accesible a través de dos direcciones correspondientes cada una a cuatro canales. La configuración de la dirección se realiza con jumpers.

Los dos bits de dirección Dir 0 y Dir 1 pueden tomar los valores **0**, **1** o **flotante**. Este último valor se obtiene cuando no hay ningún puente (entrada de dirección se deja " al el aire"). Por defecto, la tarjeta se entrega configurada en las direcciones 0x68 y 0x69. Los símbolos 0x indican que el valor de la dirección se expresa en hexadecimal.

Direccionamiento ADC Pi Plus		
Dir 0	**Dir 1**	**Dirección**
0	0	0x68
flotante	flotante	0x68
0	flotante	0x69
0	1	0x6A
1	0	0x6B
1	flotante	0x6C
1	1	0x6D
flotante	0	0x6E
flotante	1	0x6F

La dirección 0x68 se puede obtener de dos maneras: dejando las dos entradas al aire (flotantes) o configurando los dos jumpers a 0.

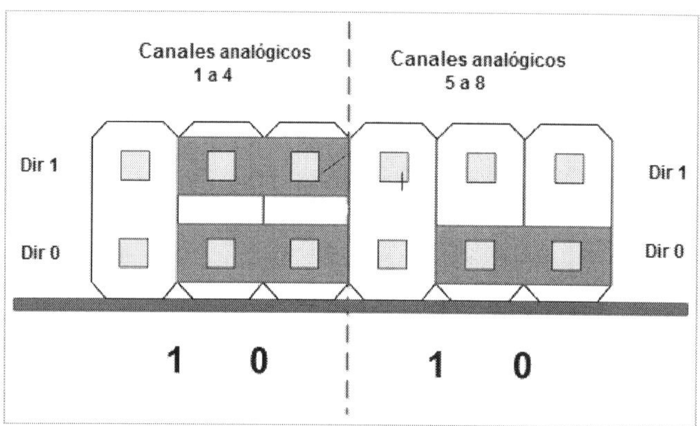

El esquema anterior muestra la configuración por defecto. Los canales 1 a 4 se acceden en la dirección 0x68 (Dir 0 = 0 y Dir 1 = 0), y los canales 5 a 8 en la dirección 0x69 (Dir 0 = 0 y Dir 1 = flotante).

Para simplificar el acceso si se utilizan varias tarjetas es mejor usar pares de direcciones sucesivas: 0x68 y 0x69, 0x6A y 0x6B, 0x6C y 0x6D, 0x6E y 0x6F.

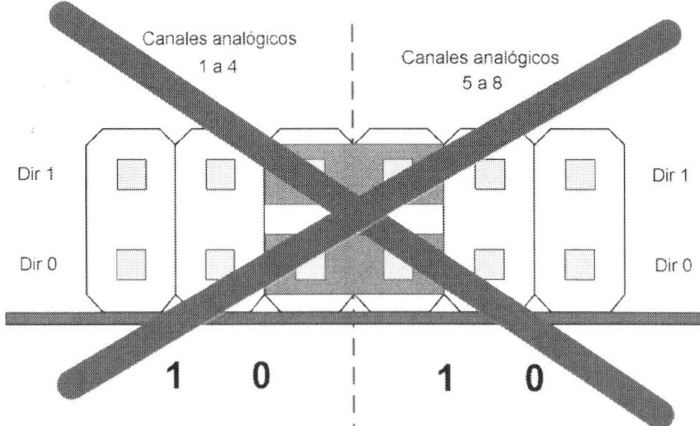

Las clavijas situadas a ambos lados de la línea punteada, dando forma a los dos bloques en el esquema anterior, se conectan respectivamente a la masa y a 5V. Nunca deben configurarse los jumpers en la línea punteada, porque se corre el riesgo de dañar la tarjeta y/o la Raspberry Pi.

Observación

Todas las operaciones de los jumpers de direccionamiento se deben hacer obligatoriamente en modo desenchufado. Lo mismo ocurre para la inserción o retirada de la tarjeta en la Raspberry Pi.

2.3.2 Las entradas analógicas

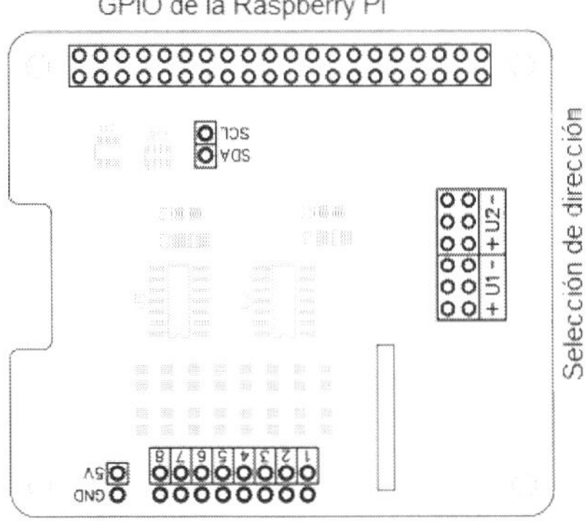

Las entradas analógicas de la tarjeta ADC Pi Plus están numeradas del 1 a 8. Los agujeros del borde de la tarjeta de sonido están conectados entre sí y a su vez con la masa analógica. Esto permite usar un cable blindado para dirigir la señal hasta la tarjeta. Las dos filas de agujeros son de difusión estándar (2,54 mm) y es posible soldar un conector para facilitar la conexión.

2.3.3 Instalación de la tarjeta

La inserción de la tarjeta se hace en modo desenchufado.

⇒ Compruebe detenidamente si el conector de 40 clavijas de la GPIO está bien configurado. A a continuación, ubique los espaciadores entregados con la tarjeta.

La tarjeta utiliza el bus I^{2}C, por lo que es necesario activar la gestión del bus.

⇒ En modo texto, arranque raspi-config:

```
pi@raspberrypi ~ $ sudo raspi-config
```

⇒ Seleccione la opción **9 Advanced Options** y después **A6 I2C**. Valide y confirme su elección respondiendo **<Sí>**. Durante el próximo inicio, se cargará el módulo I^{2}C.

⇒ Instale ahora las herramientas relativas al bus I^{2}C:

```
pi@raspberrypi ~ $ sudo apt-get install i2c-tools
```

⇒ En modo gráfico, active la I2C en **Menu** - **Preferencias** - **Configuración de la Raspberry Pi** - **Interfaces**, como se muestra a continuación:

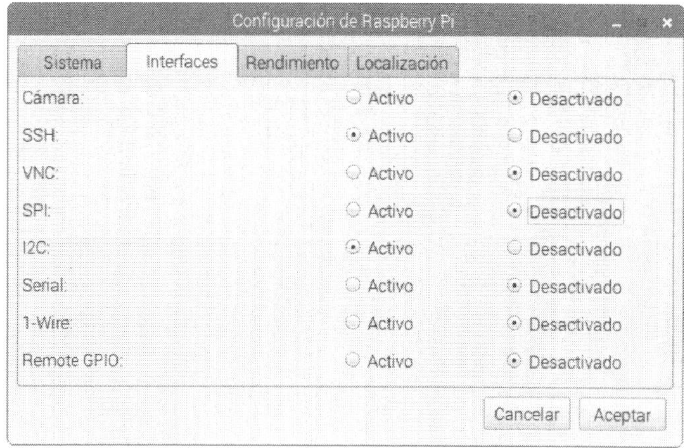

Ahora puede comprobar si se detecta la tarjeta con el comando `i2cdetect` examinando el bus I²C número 1 de la Raspberry Pi B+:

```
pi@raspberrypi:~ $ sudo i2cdetect -y 1
     0  1  2  3  4  5  6  7  8  9  a  b  c  d  e  f
00:          -- -- -- -- -- -- -- -- -- -- -- -- -
10: -- -- -- -- -- -- -- -- -- -- -- -- -- -- -- -
20: -- -- -- -- -- -- -- -- -- -- -- -- -- -- -- -
30: -- -- -- -- -- -- -- -- -- -- -- -- -- -- -- -
40: -- -- -- -- -- -- -- -- -- -- -- -- -- -- -- -
50: -- -- -- -- -- -- -- -- -- -- -- -- -- -- -- -
60: -- -- -- -- -- -- -- -- UU 69 -- -- -- -- -- -
70: -- -- -- -- -- -- -- --
```

Aquí vemos que las direcciones 68 y 69 se reconocen como utilizadas. Corresponden a las direcciones de la tarjeta ADC Pi Plus.

2.3.4 Prueba de la tarjeta

La tarjeta ADC Pi Plus se proporciona con las librerías para Python. Se descargan con el comando `git`, disponible en Raspbian:

```
pi@raspberrypi:~ $git clone
https://github.com/abelectronicsuk/ABElectronics_Python3_Libraries.git
ClonADO EN 'ABElectronics_Python3_Libraries' ...
remote: Counting objects: 177, done.
remote: Total 177 (delta 0), reused 0 (delta 0), pack-reused 177
Recepción de objetos: 100% (177/177), 62.60 KiB | 0 bytes/s, hecho.
Resolución de los deltas: 100% (99/99), terminado.
Comprobación de la conectividad... terminada.
```

La operación solo lleva algunos instantes e importa los programas a una carpeta llamada *ABElectronics_Python3_Libraries*:

```
pi@raspberrypi:~/ABElectronics_Python3_Libraries $ ls
ADCDACPi           ADCPi          ExpanderPi  LICENSE    RTCPi
smbusmodule.c
ADCDifferentialPi  DeltaSigmaPi   IOPi        README.md  ServoPi
```

Los programas para la tarjeta ADC Pi Plus están en el directorio *ADCPi*:

```
pi@raspberrypi:~/ABElectronics_Python3_Libraries/ADCPi $ ls
ABE_ADCPi.py    demo-acs712-30.py   demo-readvoltage.py
ABE_helpers.py  demo-logvoltage.py  README.md
```

Para usar los programas, se necesita el módulo Python *smbus*. Hay que instalarlo previamente:

```
pi@raspberrypi ~/ABElectronics_Python3_Libraries $ sudo apt-get
install python3-smbus
Lectura de las listas de paquetes... Terminado
Construcción del árbol de dependencias
Lectura de la información de estado... Terminado
Se instalarán los siguientes paquetes nuevos:
 python3-smbus
```

A continuación es posible ejecutar el programa de demostración `demo-readvoltage.py`:

```
pi@raspberrypi
~/ABElectronics_Python_Libraries/ABElectronics_ADCPi $ sudo
python3 demo-readvoltage.py
```

No se aplica ninguna señal a las entradas. El resultado debe ser una serie de valores nulos. Sin embargo, esta prueba permite comprobar que el conjunto hardware + software está bien instalado.

```
pi@raspberrypi: ~/ABEl
Channel 1: 0.000000
Channel 2: 0.000000
Channel 3: 0.000000
Channel 4: 0.000000
Channel 5: 0.000000
Channel 6: 0.000000
Channel 7: 0.000000
Channel 8: 0.000000
```

Medida de una tensión

Las pruebas de la tarjeta se han realizado utilizando un potenciómetro de 10 giros y un multímetro.

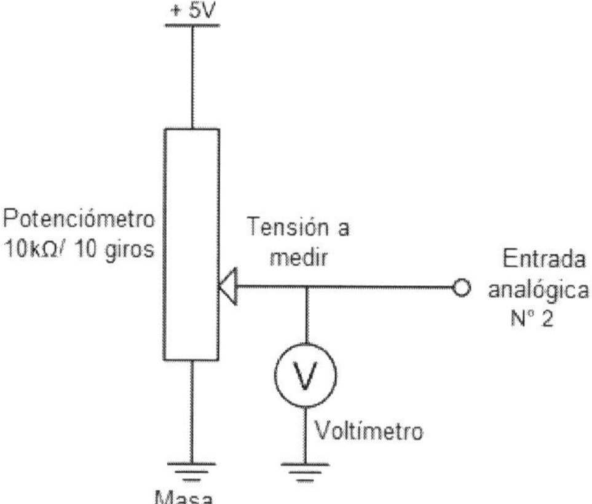

La tensión a medir se aplica a la entrada analógica n°2.

El programa demo-readvoltage.py produce el siguiente resultado:

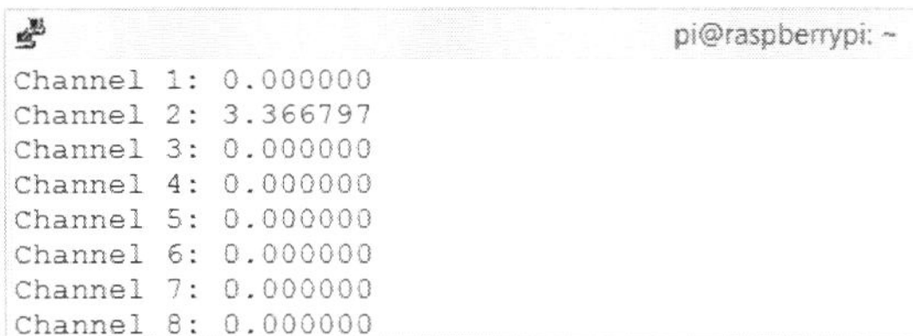

La tensión medida por el voltímetro es 3,40 V. La diferencia entre las dos medidas es inferior a 1 %.

Observación

La tensión aplicada a las entradas analógicas no debe exceder las tensiones de alimentación más de 0,4 V. En caso contrario, se puede deteriorar el circuito integrado. Debe permanecer comprendida entre -0,4 V y +5,4 V.

Conclusión

Esta tarjeta añade ocho entradas analógicas a la Raspberry Pi. Esto abre la vía para la adquisición de datos inaccesibles de otra manera. Los programas de demostración constituyen un buen punto de inicio para el desarrollo de aplicaciones más ambiciosas.

2.4 La tarjeta IO Pi Plus

2.4.1 Presentación de la tarjeta IO Pi Plus

La tarjeta IO Pi Plus es una tarjeta HAT que se puede usar en la Raspberry Pi 3, a la que se agrega 32 entradas/salidas digitales. Esto permite aumentar mucho las posibilidades de entrada/salida de la Raspberry Pi.

La tarjeta IO Pi Plus se gestiona por la Raspberry Pi en el bus I^2C. Es posible apilar hasta cuatro tarjetas para obtener un máximo de 128 entradas analógicas. Para distinguir las tarjetas en el bus I^2C, cada una debe disponer de una dirección propia.

La tarjeta IO Pi Plus está equipada con dos circuitos integrados MCP23017, cada uno gestionando 16 entradas/salidas digitales. Es posible configurar de manera separada cada clavija como entrada o salida. También es posible la gestión de las clavijas en bloques de 8. Hay dos bloques por circuito.

Hay una versión de esta tarjeta destinada a la Raspberry Pi Zero, que le añade 16 entradas/salidas digitales, la tarjeta IO Pi Zero (siguiente imagen). Solo tiene un circuito MCP23017, pero su uso es idéntico al de la versión para la Raspberry Pi 3, vaya al sitio web de ABElectronics para obtener más información.

Cada circuito MCP23017 dispone de su propia dirección en el bus I²C. Por tanto, la tarjeta es accesible por dos direcciones correspondientes cada una a 16 E/S. La configuración de dirección se realiza mediante jumpers.

Durante su entrega, la tarjeta se configura con las direcciones 0x20 y 0x21 (fotografía anterior). La tabla y esquema siguientes permiten encontrar las direcciones en función de la posición de los jumpers.

Para usar varias tarjetas apiladas y aumentar todavía más el número de entradas/salidas es necesario modificar el direccionamiento de las tarjetas para que cada una de las direcciones sea diferente. La siguiente tabla indica las configuraciones que pueden utilizarse.

Direccionamiento IO Pi Plus			
Dir 2	**Dir 1**	**Dir 0**	**Dirección**
X	X	X	0x20
X	X		0x21
X		X	0x22
X			0x23
	X	X	0x24
	X		0x25
		X	0x26
			0x27

La X corresponde a un puente presente en las clavijas. Las clavijas de configuración de dirección se separan en dos bloques: los tres conectores de la izquierda corresponden a IC1 y los tres de la derecha a IC2.

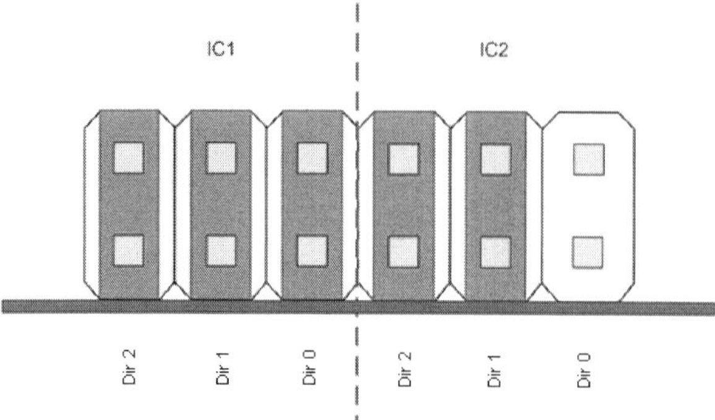

El esquema anterior muestra la configuración por defecto de la tarjeta IO Pi Plus. IC1 recibe la dirección 0x20 e IC2 recibe la dirección 0x21.

Observación

Todas las operaciones de los jumpers de direccionamiento se deben hacer obligatoriamente en modo desenchufado. También es necesario para la inserción o retirada de la tarjeta en la Raspberry Pi.

2.4.2 Las entradas digitales

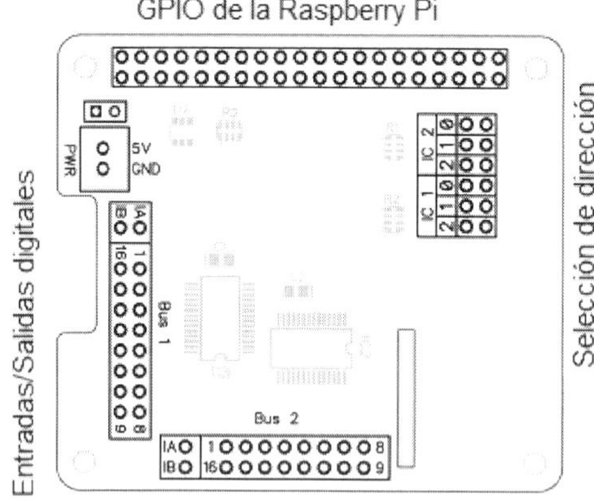

En la tarjeta, las entradas/salidas se reparten en dos bloques llamados Bus 1 y Bus 2. Cada bloque tiene 16 entradas. Cada entrada es capaz de controlar una corriente de 25 mA (de entrada o de salida). Por el contrario, la corriente total máxima aceptable por un bus está limitada a 125 mA.

El puente situado junto a las pastillas marcadas PWR (alimentación) permite aislar la tarjeta de la alimentación de la Raspberry Pi. Si se quita el puente, es necesario alimentar la tarjeta en los bornes PWR: 5V y GND. Esto disminuye la carga en la alimentación de la Raspberry Pi.

2.4.3 Instalación de la tarjeta

La instalación de la tarjeta se hace en modo desenchufado. Compruebe detenidamente que el conector de 40 clavijas de la GPIO está bien configurado. A continuación, ubique los espaciadores que se entregan con la tarjeta.

La tarjeta utiliza el bus I^2C, es necesario activar la gestión del bus. El párrafo anterior (tarjeta ADC Pi Plus) da las indicaciones para la activación del bus I^2C.

Después de situar la tarjeta, arranque la Raspberry Pi y compruebe que se detecta correctamente en el bus I^2C:

```
pi@raspberrypi:~ $ sudo i2cdetect -y 1
     0  1  2  3  4  5  6  7  8  9  a  b  c  d  e  f
00:          -- -- -- -- -- -- -- -- -- -- -- -- _
10: -- -- -- -- -- -- -- -- -- -- -- -- -- -- -- _
20: 20 21 -- -- -- -- -- -- -- -- -- -- -- -- -- _
30: -- -- -- -- -- -- -- -- -- -- -- -- -- -- -- _
40: -- -- -- -- -- -- -- -- -- -- -- -- -- -- -- _
50: -- -- -- -- -- -- -- -- -- -- -- -- -- -- -- _
60: -- -- -- -- -- -- -- -- -- -- -- -- -- -- -- --
```

Los dos circuitos I2C se detectan correctamente en sus respectivas direcciones: 0x20 para el primero y 0x21 para el segundo.

2.4.4 Pruebas de la tarjeta

Conecte un LED en las conexiones correspondientes a la clavija 1 del bus 2 y a la masa. Intercale una resistencia de 330 ohms destinada a limitar la corriente.

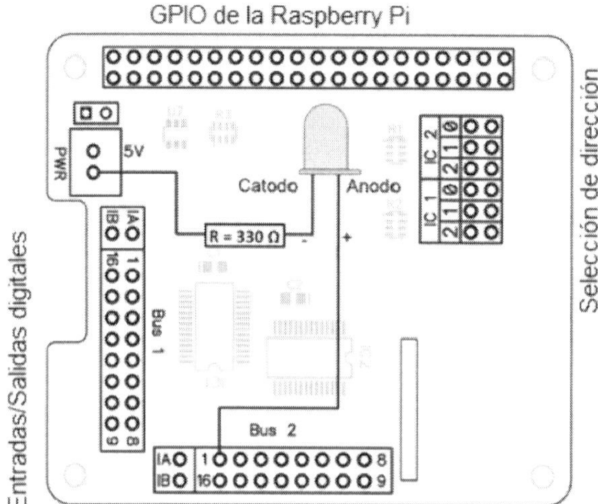

La tarjeta IO Pi Plus, como la tarjeta ADC Pi Plus, se proporciona con las librerías para Python. Se descargan con el comando `git`, disponible en Raspbian:

```
git clone
https://github.com/abelectronicsuk/ABElectronics_Python_Libraries
.git
```

Vaya a la carpeta *ABElectronics_Python3_Libraries/ABElectronics_IOPi*. Los programas de demostración para IOPi están en esta carpeta.

```
pi@raspberrypi:~/ABElectronics_Python3_Libraries/IOPi $ ls
ABE_helpers.py         demo-iopiread.py        __pycache__    tutorial1.py
ABE_IoPi.py            demo-iopireadwrite.py   README.md
 tutorial2.py
demo-iointerrupts.py   demo-iopiwrite.py       tutorial1a.py
```

Ahora es posible ejecutar una de las demostraciones, *tutorial1.py*, que hace pasar alternativamente la salida 1 del bus (al que está conectado el LED) de 1 a 0, cada segundo. El LED parpadea al ritmo del cambio de este valor.

```
pi@raspberrypi:~/ABElectronics_Python3_Libraries/IOPi $ sudo
python3 tutorial1.py
```

Conclusión

Añadiendo 32 entradas/salidas a la Raspberry Pi, la tarjeta IO Pi Plus permite controlar una gran cantidad de relés o detectar fallos y hacer que el sistema reaccione en consecuencia. La presencia de programas de demostración constituye un punto de partida para las pruebas.

2.5 La tarjeta RTC Pi Plus

2.5.1 Presentación de la tarjeta RTC Pi Plus

La tarjeta RTC Pi Plus es una tarjeta HAT que se puede utilizar en la Raspberry 3. Permite añadir un reloj a la Raspberry Pi. Cuando se conectada a Internet, utiliza un servidor de tiempo para recuperar la hora. En las aplicaciones embebidas, cuando la Raspberry Pi se usa sin conexión a Internet (registro de datos, estación meteorológica, etc.) esta tarjeta aporta la solución.

La tarjeta RTC Pi Plus está equipada de un circuito RTC DS1307 conectado al bus I^{2}C. La dirección del reloj es 0x68 en el bus I^{2}C y no se puede modificar. Si la tarjeta RTC Pi Plus se usa con otra tarjeta conectada al bus I^{2}C (IO Pi Plus, ADC Pi Plus...), será necesario vigilar que ninguna de estas tarjetas use la misma dirección.

De manera previa a la puesta en servicio de la RTC Pi Plus, será necesario insertar una pila CR2032 en el soporte previsto para este efecto. Esta es la pila que va a alimentar el reloj cuando la alimentación de la Raspberry Pi se desconecte.

Existe una versión RTC Pi Zero (más abajo) diseñada para la Raspberry Pi Zero.

Observación

El fabricante recomienda no conectar la tarjeta a la Raspberry Pi sin que la pila CR2032 esté instalada en su soporte. Se corre el riesgo de dañar el circuito DS1307 presente en la tarjeta. Durante la carga de pila, hay que desconectar la Raspberry Pi.

La tarjeta RTC Pi Plus dispone de una zona libre, llena de patillas para soldar, que puede servir para cablear prototipos de conexiones electrónicas.

2.5.2 Puesta en hora de la Raspberry Pi

En su origen, la Raspberry Pi está equipada de un reloj RTC, también llamado "guard time". Por defecto, se conecta a un servidor de tiempo que le ofrece una hora precisa y a continuación es el sistema el que mantiene este reloj "de sistema" en hora.

Si la Raspberry Pi no tiene acceso a Internet, el reloj de sistema se debe poner en hora manualmente. En caso contrario, la hora del sistema es falsa:

```
pi@raspberrypi:~ $ sudo date -s "6 jul 2016 19:17:05"
miércoles 6 julio de 2016, 19:17:05 (UTC+0200)
```

La visualización de la fecha y la hora del sistema se hace con el comando `date`:

```
pi@raspberrypi:~ $ date
miércoles 6 julio de 2016, 19:17:53 (UTC+0200)
```

2.5.3 Instalación de la tarjeta

La instalación de la tarjeta se hace en modo desenchufado. Compruebe detenidamente que el conector de 40 clavijas de la GPIO está bien posicionado. A continuación, ubique los espaciadores que se entregan con la tarjeta.

La tarjeta utiliza el bus I^2C, es necesario activar la gestión del bus. Lea los párrafos anteriores (ADC Pi Plus y IO Pi Plus) para la activación del bus I^2C y de la instalación de i2c-tools.

Después de situar la tarjeta, arranque la Raspberry Pi y compruebe que se detecta correctamente en el bus I^2C:

```
pi@raspberrypi:~ $ sudo i2cdetect -y 1
     0  1  2  3  4  5  6  7  8  9  a  b  c  d  e  f
00:          -- -- -- -- -- -- -- -- -- -- -- -- -
10: -- -- -- -- -- -- -- -- -- -- -- -- -- -- -- -
20: -- -- -- -- -- -- -- -- -- -- -- -- -- -- -- -
30: -- -- -- -- -- -- -- -- -- -- -- -- -- -- -- -
40: -- -- -- -- -- -- -- -- -- -- -- -- -- -- -- -
50: -- -- -- -- -- -- -- -- -- -- -- -- -- -- -- -
60: -- -- -- -- -- -- -- -- UU -- -- -- -- -- -- -
70: -- -- -- -- -- -- -- --
```

La tarjeta RTC se detecta correctamente en la dirección 68.

2.5.4 Configuración del reloj RTC

Ahora hay que permitir al sistema acceder al reloj. El procedimiento de instalación se describe en la página https://www.abelectronics.co.uk/kb/article/30/rtc-pi-on-a-raspberry-pi-raspbian-jessie

⇉ Edite el archivo */boot/config.txt* y agregue el overlay de gestión del reloj RTC de tipo DS1307 para integrar el control al inicio del nodo Linux:

```
sudo nano /boot/config.txt
```

⇉ Al final del archivo, añada la línea:

```
dtoverlay=i2c-rtc,ds1307
```

⇉ Guarde el archivo ([Ctrl] X) y agregue el módulo `rtc-ds1307` al archivo /etc/modules.

```
sudo nano /etc/modules
```

⇉ Agregue la siguiente línea al final del archivo:

```
rtc-ds1307
```

⇉ Guarde el archivo ([Ctrl] X).

⇉ Modifique ahora el archivo /lib/udev/hwclock-set

```
sudo nano /lib/udev/hwclock-set
```

⇉ Ponga una # delante de las siguientes líneas:

```
if [ -e /run/systemd/system ] ; then
exit 0
fi
```

Que deben quedar así:

```
#if [ -e /run/systemd/system ] ; then
#exit 0
#fi
```

⇉ Guarde el archivo ([Ctrl] X) y a continuación inicie de nuevo la Raspberry Pi para que se tengan en cuenta estas modificaciones.

```
sudo reboot
```

2.5.5 Uso del reloj RTC DS1307

Durante el primer uso de la tarjeta, la fecha que se muestra es el 1 de enero de 2000.

La lectura del reloj o su puesta en hora con la Raspberry Pi necesita el comando `hwclock`:

<u>Sintaxis</u>

`hwclock [opciones]`

- -r Lee el reloj RTC y muestra el resultado por la salida estándar.
- -s Pone en hora el reloj del sistema a partir del reloj RTC.
- -w Pone en hora el reloj RTC a partir del reloj del sistema.

Para leer el contenido del reloj RTC y mostrar el resultado:

```
pi@raspberrypi:~ $ sudo hwclock -r
sab. 01 de ene. 2000 01:01:07 CET -0. 240807 segundos
```

El reloj RTC se puede poner en hora a partir del reloj del sistema, si está en hora, gracias a una conexión a Internet:

```
pi@raspberrypi ~ $ sudo hwclock -w
```

Como siempre ocurre con Linux, la ausencia de mensaje de error indica que la operación se desarrolla correctamente. El reloj RTC ahora se sincroniza con el reloj del sistema.

Durante los siguientes inicios, el sistema recuperará automáticamente la hora del reloj guardada. Por tanto, es posible usar una Raspberry Pi no conectada a la red pero con la hora de sistema correcta.

2.5.6 Uso de varias tarjetas ABElectronics

La foto anterior presenta el uso de las tarjetas presentes en las secciones anteriores antes de situar los espaciadores y configurar las direcciones.

Conclusión

Para el control de proyectos complejos que necesiten entradas analógicas y numerosas salidas digitales, estas tarjetas proporcionan una solución compacta, gracias a su apilamiento en la GPIO de la Raspberry Pi. La existencia de la tarjeta RTC Pi Plus permite abordar la realización de un sistema autónomo capaz de permanecer sincronizado con la hora real.

2.6 PiFace Digital 2

La tarjeta PiFace Digital 2 se ha puesta a punto por la School of Computer Science (escuela de ciencia de la computación) de la universidad de Manchester.

2.6.1 Presentación de la tarjeta PiFace Digital 2

La tarjeta PiFace Digital 2 se entrega lista para su uso. Sus dimensiones casi respetan el formato HAT (57 x 68 mm). Se conecta al puerto GPIO de la Raspberry Pi y un tope de caucho pegado debajo de la tarjeta se apoya en la toma HDMI para estabilizar la tarjeta e impedir eventuales cortocircuitos.

Está provista de bornes enroscados para todas las entradas y salidas, lo que facilita la conexión de los cables y evita deterioros que podrían aparecer a la larga en otro tipo de conectores (soldaduras, bornes elásticos, etc.).

La tarjeta PiFace Digital 2 pone a disposición del usuario ocho entradas y ocho salidas digitales. Cuatro de las entradas están provistas de botones de activación que se pueden utilizar para las pruebas. Todas las salidas se equipan con un diodo que indica el estado de cada salida. Por último, dos de las salidas controlan cada una un relé. También es posible acceder directamente a los contactos del relé mediante un conjunto de conectores. Esto aumenta considerablemente la potencia que puede conmutar la tarjeta PiFace.

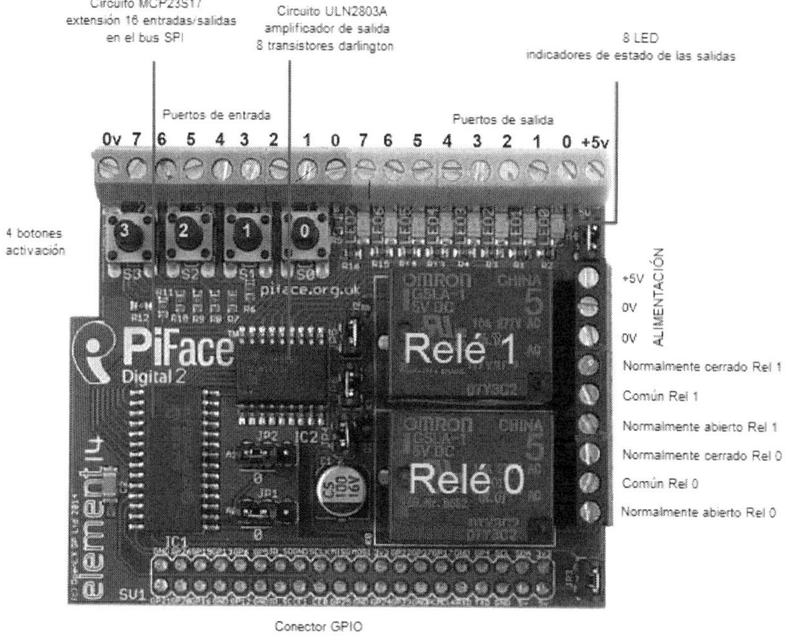

Esta tarjeta, que se vende por 35 € aproximadamente, es una variación de la PiFace original para la Raspberry Pi 3. No responde a las especificaciones HAT porque no hay agujeros de fijación, sin duda por falta de espacio, así como los huecos para los cables planos CSI de la cámara y DSI de la pantalla.

2.6.2 Esquema de la tarjeta

El esquema de la tarjeta PiFace Digital 2 no está disponible. Es posible reconstruirlo a partir de la diversa documentación disponible en Internet.

La tarjeta PiFace utiliza el bus SPI para comunicarse con la Raspberry Pi. Esto deja libres y disponibles los puertos de la GPIO para otros usos.

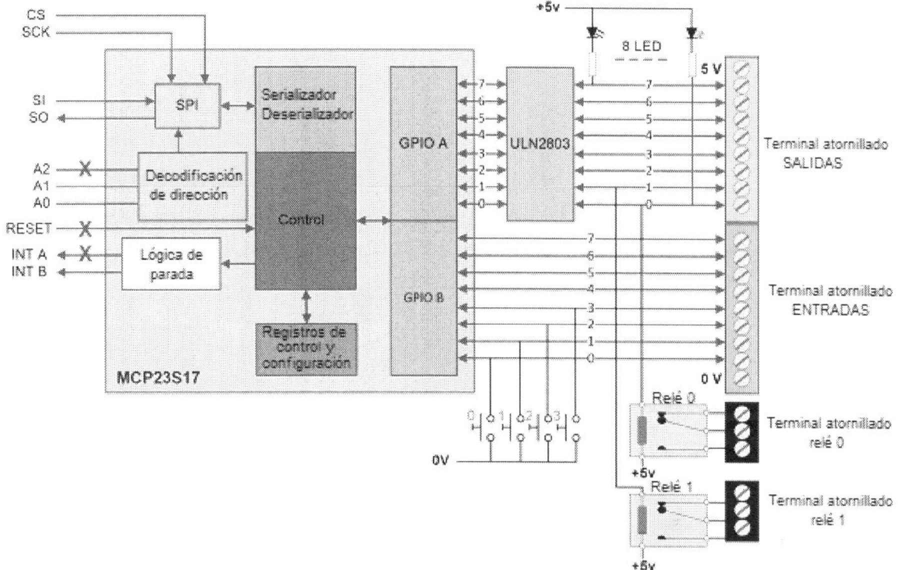

El núcleo de la tarjeta PiFace es un circuito MCP23S17. Este circuito existe en versión I^2C (MCP23017) y en versión SPI. Esta última es la que se usa en la PiFace 2. La MCP23S17 ofrece 16 entradas/salidas digitales repartidas en dos puertos GPIO A y GPIO B, que ofrecen 8 E/S cada uno. Cada clavija del circuito se puede configurar como entrada o salida individualmente. En la tarjeta PiFace 2, los puertos son dedicados: GPIO A se configura como salida y ataca a una red de transistores Darlington capaces de controlar cada uno una carga de 500 mA bajo 50 voltios. Cada salida está equipada con un diodo LED que indica el estado de la salida. Cuando la salida está activada, el LED correspondiente se enciende.

Las salidas 0 y 1 de la GPIO A atacan también un relé. Cada relé tiene una potencia de corte de 10 A bajo 250 voltios. Sin embargo, la proximidad de la tarjeta PiFace 2 con la Raspberry Pi hace que debamos ser prudentes y se desaconseja la aplicación de la tensión del sector en estos relés. Por otro lado, las tarjetas generalmente no están protegidas mediante una cubierta durante las pruebas y es posible el contacto con un punto que tenga corriente. El contacto de alguna parte del cuerpo con el sector puede ser mortal.

Es obligatoria la prudencia más extrema: es necesario absolutamente limitar la tensión conmutada por los relés a 24 voltios como máximo, para evitar cualquier accidente.

Las entradas están provistas cada una de una resistencia pull-up a +5 voltios y se activan cuando el nivel en el borne de entrada pasa a 0. Las cuatro primeras entradas están numeradas con 0, 1, 2 y 3, están equipadas con un botón de activación. Esta disposición es muy útil para las pruebas.

Del lado de la GPIO, la tarjeta está conectada al bus SPI. Las señales SCLK, MOSI y MISO unen las clavijas correspondientes de la MCP23S17. Cada tarjeta está dotada de una dirección configurada por los jumpers JP1 y JP2 que pone a 0 o a 1 la línea de dirección A0 y A1.

En las últimas versiones de la tarjeta PiFace, el cable de interrupción INT B conecta la clavija 22 de la GPIO de la Raspberry Pi (GPIO 25). No se utiliza por el software proporcionado con la tarjeta actualmente.

Observación

Una interrupción es una señal que provoca la parada del programa actual para ejecutar un programa destinado a tratar la interrupción, así como la causa que la provoca. Esto evita, por ejemplo, tener que leer sistemáticamente las entradas para comprobar si se ha pulsado un botón. Con las interrupciones, es la pulsación del botón la que desencadena la ejecución del programa encargado de tratar la información "botón pulsado".

Los cables marcados con una cruz en el esquema de la tarjeta no se conectan a las clavijas de la GPIO (Reset, A2, INT A).

2.6.3 Conexión de la tarjeta

La tarjeta PiFace se conecta directamente a la GPIO de la Raspberry Pi. Por tanto, las precauciones que deden tenerse en cuenta son las mismas que las mencionadas para cualquiera de las tarjetas descritas anteriormente: control visual de la GPIO, restablecimiento de las clavijas desplazadas e inserción cautelosa del conector en la GPIO.

Realice un control visual después de la inserción. No debe haber ningún desplazamiento entre el conector hembra y la GPIO de la Raspberry Pi. No debe ser visible ninguna clavija.

La tarjeta PiFace se adapta perfectamente a la Raspberry Pi, incluso aunque no cumple el formato HAT especificado por la Fundación Raspberry Pi.

2.6.4 Configuración de la tarjeta

La tarjeta PiFace Digital 2 tiene siete conectores provistos de jumpers que permiten configurarla.

JP1 y JP2

Los jumpers JP1 y JP2 se correspondan con las direcciones A0 y A1 del bus SPI. Permiten asignar una dirección entre las cuatro disponibles en la tarjeta PiFace. Por defecto, la tarjeta PiFace 2 se configura en la dirección 0.

Dirección	JP1 - A0	JP2 - A1
0	0	0
1	0	0
2	0	0
3	0	0

JP3

JP3 está situado junto al conector GPIO. Cuando está presente, conecta la alimentación de 5 voltios de la tarjeta PiFace 2 con la alimentación de 5 voltios disponible en el conector GPIO de la Raspberry Pi. La tarjeta PiFace se alimenta con los 5 voltios proporcionados por la Raspberry Pi. Por el contrario, si la alimentación de 5 voltios se aplica al borne de la tarjeta PiFace 2, es esta última la que alimenta a la Raspberry Pi.

JP4

JP4 se sitúa entre los relés y los jumpers JP1 y JP2. Pone en marcha los diodos de protección o diodos de vía libre, que protegen los transistores de salida del circuito ULN2803A. Estos diodos eliminan la sobretensión generada cuando se conecta una carga inductiva. Como la tarjeta tiene dos relés, es prudente dejar JP4 en su lugar para garantizar la protección de los transistores Darlington de salida.

JP5 y JP6

JP5 y JP6 se ubican entre los relés y el circuito ULN2803, poniendo en marcha los relés. Si desea desactivar los relés, elimine estos jumpers.

JP7

JP7 se sitúa en un ángulo de la tarjeta, entre los terminales. Desconecta la alimentación de todas las salidas de la tarjeta PiFace. Si elimina este jumper, los LED y los relés dejan de funcionar. Evite manipular este puente cuando la Raspberry Pi esté en funcionamiento. La subida de corriente que corre el riesgo de producirse cuando la pone en su lugar puede provocar un reinicio de la Raspberry Pi.

2.6.5 Comprobaciones de la tarjeta

La tarjeta PiFace utiliza el bus SPI para comunicarse con la Raspberry Pi. Por defecto el bus SPI está desactivado, porque hay muchos usuarios de la Raspberry que no lo necesitan.

Activación del bus SPI

La primera etapa de la puesta en marcha de la tarjeta es la activación del bus SPI.

⇉ En modo gráfico, active el bus SPI con el menú principal del escritorio de Raspbian Jessie:
Menú - **Preferencias** - **Configuración de la Raspberry Pi** - pestaña **Interfaces**

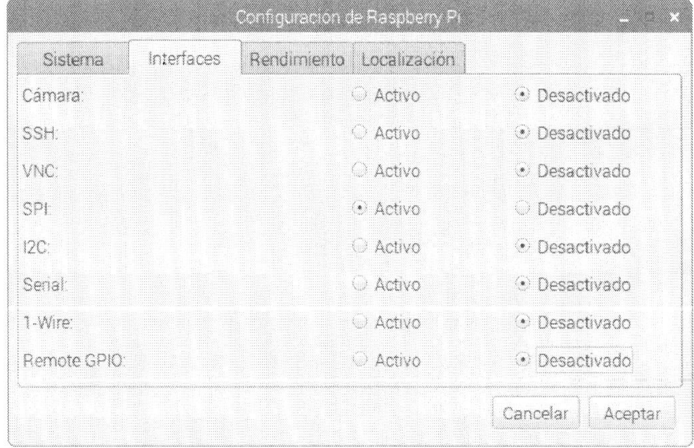

⇉ Para activar el bus SPI, pulse en el botón **Activo** de la línea **SPI**. El bus SPI se activará durante el siguiente inicio de la Raspberry Pi.

⇉ En modo texto, edite el archivo */boot/config.txt*:

```
pi@raspberrypi:~ $ sudo nano /boot/config.txt
```

⇉ Modifique la línea que permite activar el bus SPI. Este se activará durante el siguiente inicio de la Raspberry Pi.

```
# Uncomment some or all of these to enable the optional hardware
interfaces
dtparam=spion
```

⇉ Reinicie la Raspberry Pi.

Instalación de las librerías de la PiFace

La segunda etapa es la instalación de las librerías de gestión de la tarjeta PiFace. Las librerías de la tarjeta PiFace están integradas en la Raspbian. La instalación se hace a partir de los repositorios de la distribución.

⇉ En primer lugar, actualice su distribución.

```
pi@raspberrypi ~ $ sudo apt-get update
pi@raspberrypi ~ $ sudo apt-get upgrade
```

⇉ Instale las librerías de gestión de la tarjeta PiFace, así como el emulador en modo gráfico:

```
[style code] pi@raspberrypi ~ $ sudo apt-get install
python3-pifacedigitalio python-pifacedigitalio
```

⇉ Si desea instalar el emulador y usar la tarjeta PiFace con Scratch:

```
pi@raspberrypi ~ $ sudo apt-get install
python3-pifacedigital-scratch-handler
pi@raspberrypi ~ $ sudo apt-get install
python3-pifacedigital-emulator
```

En función de su versión de Raspbian, se añadirá o actualizará un determinado número de archivos. También es posible que su versión de Raspbian ya integre los archivos necesarios. En este caso, un mensaje le indica que ya dispone de la versión más reciente disponible.

Como consecuencia del procedimiento de instalación, aparece un nuevo icono en el escritorio de su máquina. Este icono abre el emulador gráfico de la tarjeta PiFace.

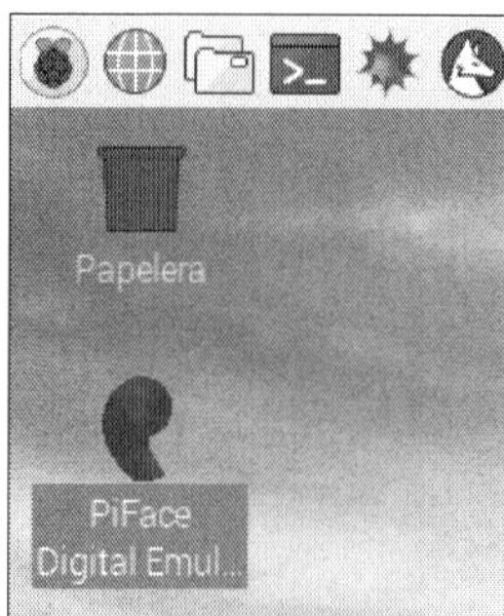

Inicio de la interfaz gráfica

Con un doble clic en el icono, se abre el emulador gráfico de la tarjeta PiFace.

 **Observación**

En función de las evoluciones del emulador, la interfaz puede diferir ligeramente de la que se presenta aquí. Esta versión es la que estaba disponible mientras se redactaba este libro.

Se abre una ventana gráfica en la que figura una representación de la tarjeta PiFace. En la parte inferior de la ventana hay botones que permiten modificar los valores aplicados a las salidas de la tarjeta. Durante la primera apertura de la interfaz, se muestra la versión 2 de la tarjeta PiFace. Si tiene la tarjeta PiFace Digital primera versión, pulse en **Version** en el menú situado en la parte superior de la ventana y después seleccione **PiFace Digital** en la lista. A partir de este momento la interfaz mostrará la tarjeta PiFace Digital.

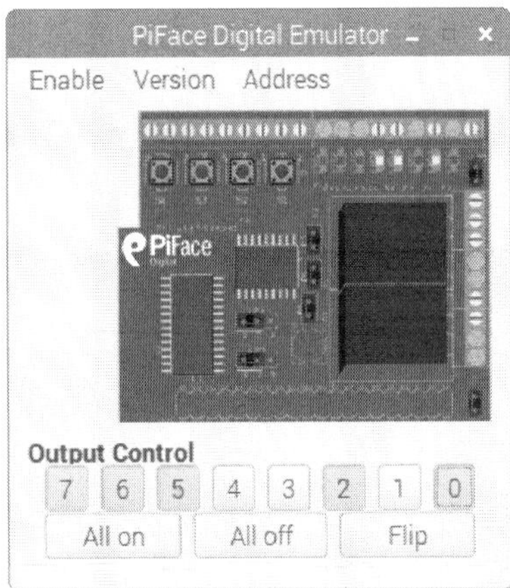

Menu de la interfaz gráfica PiFace

Enable

- **Output Control**: cuando se selecciona esta opción, lo que se indica con una casilla de selección, están habilitados los botones de comando de las salidas. Cuando esta opción no está seleccionada, los botones están deshabilitados, las salidas se ponen a 0 y es imposible modificar su estado.
- **Input Pullups**: cuando se selecciona esta opción, las entradas están conectadas al riel de alimentación 5 V por una resistencia pull-up de 100kΩ.

Version

- **PiFace Digital**: muestra la interfaz de la tarjeta PiFace para el modelo B (GPIO 26 clavijas).
- **PiFace Digital 2**: muestra la interfaz de la tarjeta PiFace para la Raspberry Pi 3 modelo B (y las Raspberry Pi que tienen una GPIO de 40 clavijas).

Address

- Permite seleccionar la dirección de la tarjeta a la que se aplican los comandos (**0**, **1**, **2**, **3**).

Los tres botones ubicados debajo de los comandos de las salidas permiten:

- **All on**: activar todas las salidas.
- **All of**: desactivar todas las salidas.
- **Flip**: invertir el estado de las salidas. Las salidas activadas se desactivan, y a la inversa.

Mostrar los valores de las entradas/salidas

Cuando una salida está activada, un círculo azul sustituye el diseño del tornillo correspondiente en el borne y se ilumina el LED rojo. En los terminales de los relés, los bornes en contacto con cada relé también se representan con un círculo, que sustituye al tornillo.

En las entradas, el círculo azul indica una entrada activada. Los botones de activación S1 a S4 (se corresponden respectivamente con las entradas 0 a 3) son de color amarillo cuando se mantienen pulsados. La entrada correspondiente se indica con un círculo azul. En la imagen anterior, se pulsa el botón S2 y se activa la entrada 1.

La interfaz gráfica permite realizar una prueba rápida, fiable y visual de la tarjeta PiFace.

Programas en Python

Si bien todos los lenguajes de programación pueden acceder a la tarjeta PiFace, el lenguaje predilecto en la Raspberry Pi es Python. Los siguientes ejemplos muestran cómo acceder a las salidas, entradas y cómo usar las interrupciones. Para ejecutar uno de los scripts Python, escriba en línea el comando:

```
python3   nombre_del_script.py
```

Observación

Vaya al capítulo Programar en Python para más información sobre este lenguaje.

Comprobación de parpadeo de un LED

El script *pfio_led_1.py* hace parpadear el LED 0 de la tarjeta PiFace. El relé correspondiente se activa cuando el LED se enciende. Este script está disponible para su descarga.

```
# Script pfio_led_1.py
# Parpadeo del LED 0 de la PiFace
# Con comando del relé

# Importar las funciones de la PiFace
import pifacedigitalio as pfio
# Importar la función sleep
from time import sleep

# Inicialización
pfio.init()
pf=pfio.PiFaceDigital()
while (True):
    # Poner el LED 0 en el estado ENCENDIDO (1)
    pf.leds[0].turn_on()
    # Esperar 0.5 segundos
    sleep(0.5)
    # Poner el LED 0 en el estado APAGADO (0)
    pf.leds[0].turn_of()
    # Esperar 0.5 segundos
    sleep(0.5)
```

Lectura de las entradas

El script *pfio_lit_1.py* lee el estado de la entrada 1 de la tarjeta PiFace. Si se acciona la activación S2 conectada a esta entrada, el programa enciende el LED 1 durante 0,5 segundos. Este script está disponible para su descarga.

```
# Script pfio_lit_1.py
# Leer la entrada 1
# Enciende el LED 1 durante 0,5 segundos
# cuando la activación S2 está activada

# Importar las funciones de la PiFace
import pifacedigitalio as pfio
# Importar la función sleep
from time import sleep

# Inicialización
pfio.init()
pf=pfio.PiFaceDigital()
while (True):
    # Leer la entrada 1
    lectura=pf.input_pins[1].value
    if(lectura==1):
        pf.leds[1].turn_on()
        sleep(0.5)
        pf.leds[1].turn_of()
```

Uso de las interrupciones

El script *pfio_int_1.py* implementa un listener que monitoriza los puertos de entrada y desencadena el tratamiento de esta interrupción, únicamente cuando se produce el evento. Esto evita monopolizar los recursos del procesador para hacer *polling* (escaneo permanente) de las entradas. Este script está disponible para su descarga.

```
# Script pfio_int_1.py
# Lectura de las entradas por interrupción

# Importar el módulo pifacedigitalio
import pifacedigitalio
pifacedigitalio.init()

pfd=pifacedigitalio.PiFaceDigital()
# Definir la función a ejecutar
# que se pasará como argumento al listener
# también llamada función de callback o función de rellamada
def toggle_led0(event):
    pfd.leds[0].toggle()

# Monitorizar los eventos en los puertos de entrada
# y ejecutar la función de callback
listener=pifacedigitalio.InputEventListener()
listener.register(0, pifacedigitalio.IODIR_ON, toggle_led0)
listener.activate()
```

Cada pulsación en el botón de activación S1 provoca alternativamente el encendido y el apagado del LED 0. La desactivación de la interrupción se hace con `listener.deactivate()`, la última instrucción del script.

Conexión de elementos exteriores

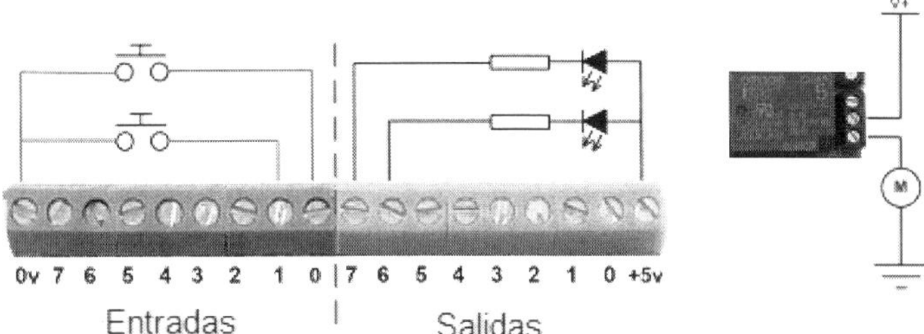

Los esquemas anteriores indican algunas conexiones posibles en la PiFace. De izquierda a derecha tenemos:

- Dos botones de activación, conectados a las entradas 0 y 1.
- Dos diodos LED conectados a las salidas 6 y 7.
- Un motor conectado a una salida relé que se alimentará cuando la salida correspondiente se active.

2.6.6 Control de la tarjeta PiFace en Scratch

Las versiones recientes de Raspbian integran las herramientas de gestión de la tarjeta PiFace y Scratch dispone de bloques que permiten gestionar las entradas/salidas de la tarjeta. Esto abre la puerta al uso de la tarjeta PiFace en unión con Scratch y permite considerar las interacciones sencillas entre el software Scratch y el mundo exterior.

Observación

Vaya al capítulo Programar en Scratch para descubrir las nociones básicas del uso de Scratch.

Principio de funcionamiento

Monte la tarjeta PiFace Digital 2 en la Raspberry Pi 3. Scratch funciona por defecto de manera autónoma en la Raspberry Pi y no se puede comunicar con la tarjeta PiFace. Para que pueda comunicarse con el mundo exterior, es necesario implementar un servidor llamado Mesh. Originalmente se creó para permitir a varios proyectos Scratch interactuar, incluso si se ejecutan en ordenadores diferentes, Mesh permite a los proyectos compartir variables y mensajes. Esto también ofrece la oportunidad de crear programas que se comunican con el mundo real.

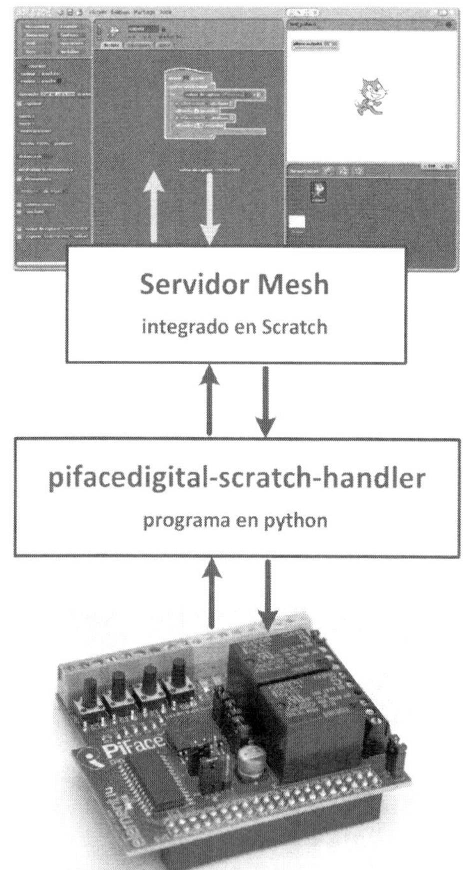

El esquema anterior explica la unión entre los diferentes elementos. Cuando Scratch arranca, es necesario activar de arriba hacia abajo los programas que permiten a Scratch comunicarse con la tarjeta PiFace Digital 2.

Arranque del servidor Mesh

⇉ El servidor Mesh existe en Scratch, pero no está activado por defecto. Para su arranque, lance Scratch. Con la tecla [Mayús] pulsada, pulse en el menú **Compartir** y suelte la tecla [Mayús].

Habitualmente, el menú **Compartir** tiene dos líneas. Pulsar la tecla [Shift], ha permitido mostrar dos líneas adicionales, relativas al servidor Mesh.

⇉ Pulse en **Host Mesh** para iniciar el servidor.

La apertura de una ventana con la dirección de la máquina (imagen anterior), indica que la operación se ha ejecutado correctamente y que el servidor Mesh está disponible en esta dirección.

⇉ Pulse en **Aceptar** para confirmar el arranque del servidor Mesh.

Scratch ahora está listo para hablar con los programas externos.

Arrancar el administrador de la tarjeta PiFace

El programa en Python encargado de garantizar la unión entre el servidor Mesh y la tarjeta PiFace se llama `pifacedigital-scratch-handler`. Para ejecutar este programa, abra un terminal y use el control `/usr/bin/pifacedigital-scratch-handler`:

```
pi@raspberrypi:~ $ /usr/bin/pifacedigital-scratch-handler
Connecting... Connected.
sending: sensor-update "piface-input1" 0
sending: sensor-update "piface-input2" 0
sending: sensor-update "piface-input3" 0
sending: sensor-update "piface-input4" 0
sending: sensor-update "piface-input5" 0
sending: sensor-update "piface-input6" 0
sending: sensor-update "piface-input7" 0
sending: sensor-update "piface-input8" 0
ending main thread
```

El administrador de la tarjeta PiFace está en su sitio y listo para enviar información en ambos sentidos entre Scratch y la tarjeta PiFace.

Activar una salida con Scratch

⇉ Cree una variable en Scratch. Llámela **piface-output1** respetando escrupulosamente la sintaxis, para que se reconozca por el administrador pifacedigital-scratch-handler.

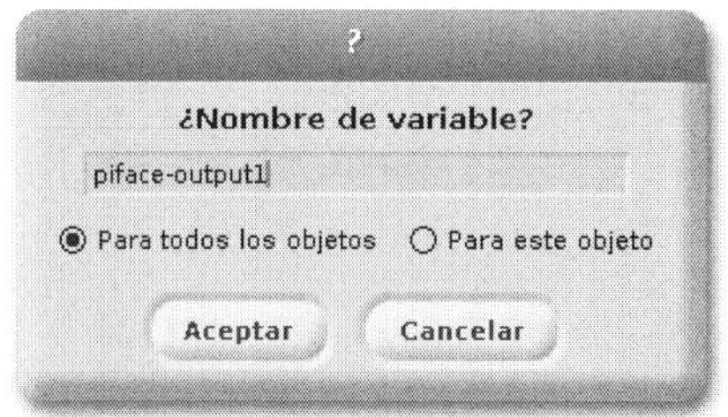

⇒ Valide la creación de esta variable pulsando el botón **Aceptar**. Los bloques correspondientes a esta variable aparecen en la zona situada a la izquierda de la ventana de Scratch, como se muestra a continuación:

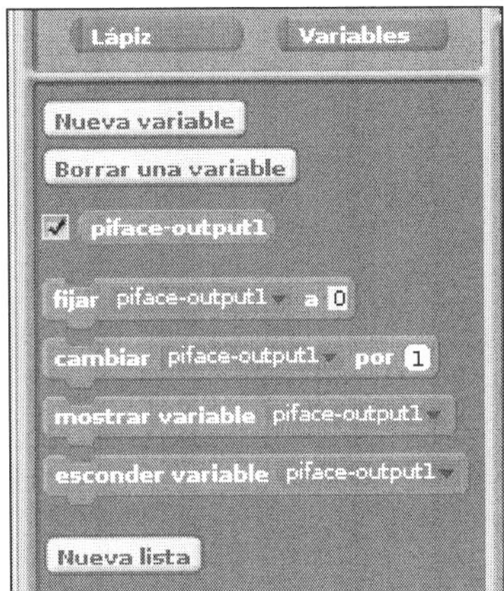

⇒ La variable también se muestra en la escena. Pulse dos veces en la variable para que aparezca un cursor, de la siguiente manera:

⇒ Mueva el cursor: en el terminal puede observar que el movimiento del cursor se transmite bien:

```
received sensor-update: ['"piface-output1"', '0', '']
received sensor-update: ['"piface-output1"', '1', '']
received sensor-update: ['"piface-output1"', '2', '']
received sensor-update: ['"piface-output1"', '3', '']
received sensor-update: ['"piface-output1"', '4', '']
received sensor-update: ['"piface-output1"', '5', '']
received sensor-update: ['"piface-output1"', '6', '']
received sensor-update: ['"piface-output1"', '9', '']
```

Cuando el valor de **piface-output1** es diferente de cero, el LED correspondiente a esta salida en la tarjeta PiFace se enciende y el relé se cierra. Scratch se comunica con el mundo real. Queda por probar este control desde un programa Scratch.

Hacer parpadear un LED

⇒ Cree el siguiente programa en Scratch (disponible para su descarga *led_piface.sb*):

⇒ Arranque el programa pulsando en la bandera verde. El LED 1 de la tarjeta PiFace parpadea una vez por segundo y el relé correspondiente se cierra.

Observación

La tarjeta PiFace dispone de ocho salidas. Estas son accesibles a través de las variables piface-output1, piface-output2...

Ejecutar un programa pulsando un botón

La tarjeta Piface también dispone de ocho entradas. Las cuatro primeras entradas están equipadas de botones para facilitar las pruebas.

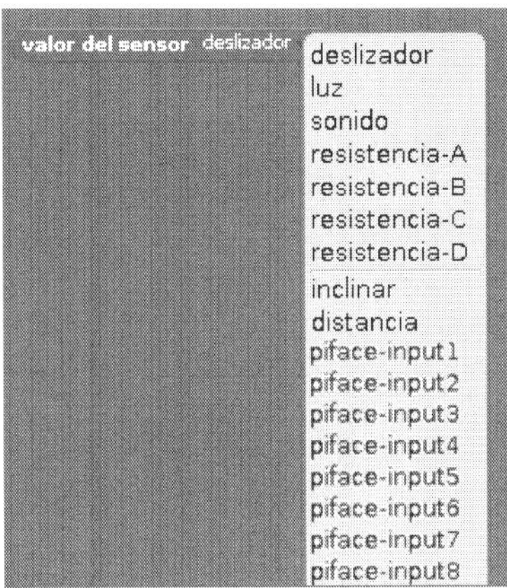

Las entradas de la tarjeta PiFace son accesibles en la sección **Sensores - deslizador**. La captura de pantalla anterior muestra la lista de los sensores que se muestran pulsando en la flecha situada a la derecha de **deslizador**. Los ocho elementos de la parte inferior de la lista son las entradas de la tarjeta: **piface-input1**, **piface-input2**...

⇒ Pulse en **piface-input1** e integre este sensor al programa de la siguiente manera (disponible para su descarga *led_piface_input.sb*):

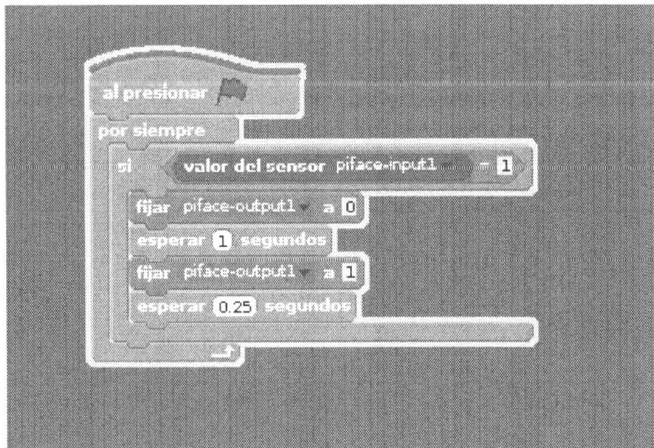

⇒ Ejecute el programa pulsando en la bandera verde. No pasa nada mientras que no pulse el botón S0 unido a la entrada 1. Cuando el botón S0 se pulsa, el LED correspondiente a la salida1 parpadea una vez por segundo.

Observación

Observe que cuando el botón se suelta, el parpadeo se detiene dejando el LED iluminado.

Modifique el programa para que el LED quede apagado (solución disponible para su descarga: *led_piface_input0.sb*)

Conclusión

La PiFace Digital 2 es extremadamente compacta y se adapta perfectamente a la Raspberry 3. Las salidas equipadas con transistores Darlington permiten controlar las cargas correspondientes (50 V/500 mA). Los dos relés permiten la conmutación de fuertes corrientes. Los terminales enroscados dan seguridad a las conexiones en caso de uso de la Raspberry Pi en un sistema que genera vibraciones. El emulador gráfico de la tarjeta y la disponibilidad de módulos incluidos en Raspbian y Scratch facilitan el uso de la tarjeta PiFace, particularmente para un uso escolar. Es una elección a considerar para controlar una instalación que solo necesita entradas/salidas todo o nada.

Solo le falta a esta tarjeta la posibilidad de tratar señales analógicas. Será necesario añadir a la Raspberry Pi tarjetas de conversión analógico-digital y/o digital-analógico para aprovechar esta posibilidad.

3. Utilizar tarjetas específicas

El uso de la Raspberry Pi con componentes externos implica habitualmente la puesta en marcha de una placa prototipada, también llamada breadboard.

3.1 Tarjeta prototipada

La tarjeta prototipada es un soporte de experimentación. Permite probar las conexiones y comprobar su funcionamiento antes de realizar una tarjeta definitiva.

Placa reutilizable

Puede ser reutilizable como la breadboard. En este caso, la placa tiene filas de agujeros conectados entre sí. Estas placas existen en varias dimensiones. Varios raíles distribuyen la alimentación a lo largo de la placa. Las filas de agujeros se identifican con cifras, con el objetivo de ofrecer identificadores para la realización de una conexión.

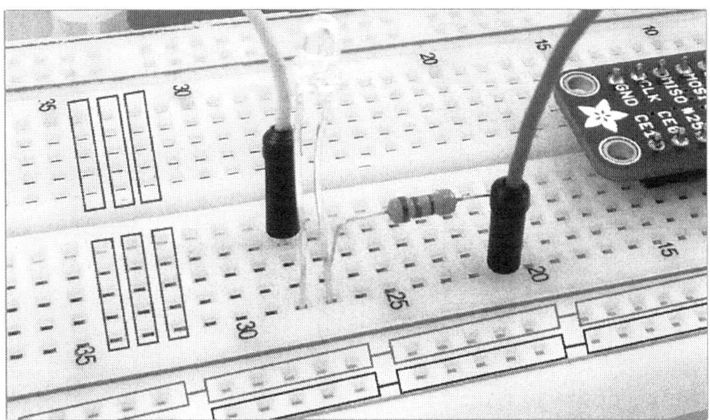

En la foto anterior, se muestran rectángulos que rodean series de agujeros. En las dos zonas centrales, los contactos se juntan en bloques de cinco. No hay relación entre dos bloques contiguos, ni entre las dos partes de la zona central. Por el contrario, en cada lado de la tarjeta cada bloque de un riel de alimentación se conecta a sus vecinos en una misma línea.

Placa no reutilizable

Para los proyectos que utilizan componentes particulares o para entregar corrientes elevadas, los contactos de la breadboard algunas veces son demasiado frágiles. Conviene usar placas de experimentación soldadas. Estas placas son habitualmente de un único uso. Las soldaduras repetidas en las patillas terminan por deteriorarla o despegarla.

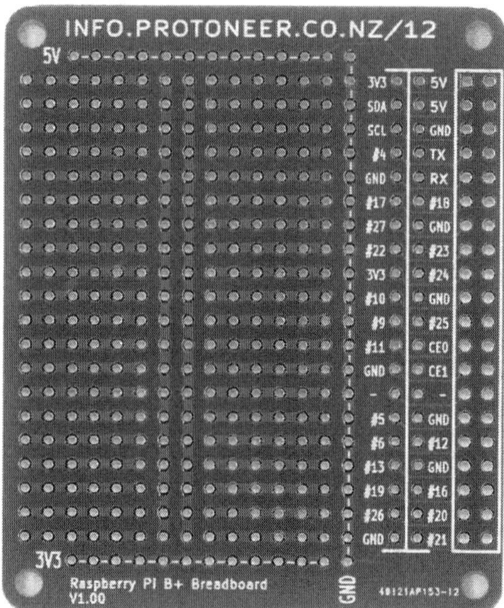

La placa anterior dispone de una ubicación para un conector compatible con la GPIO de la Raspberry Pi (a la derecha). Hay rieles de alimentación de 5V y 3,3V (en la parte superior y en la parte inferior de la placa). La masa GND se sitúa en la parte derecha del bloque de patillas y tiene dos columnas de patillas conectadas todas juntas al centro para distribuir la alimentación si es necesario. Las filas de seis patillas ofrecen una zona de cableado libre. Las señales de la GPIO están disponibles en dos filas de patillas identificadas por serigrafía. Pueden recibir conectores o un cable soldado directamente.

Conexión a la GPIO

La conexión de una placa prototipo a la Raspberry Pi se debe realizar sin correr el riesgo de falsos contactos, que podrían hacer pensar un funcionamiento incorrecto de un programa o de la propia GPIO.

El conector GPIO de la Raspberry Pi es un conector estándar de 40 clavijas, con un difusor de 2,54 mm. Hay conectores hembra de 40 puntos adaptados a la GPIO. Existen en diferentes alturas en su versión soldada a una tarjeta de circuito impreso.

También están disponibles en versión conjunto, con un cable metálico de 40 conductores. En el otro extremo hay una placa de circuito impreso provista de pinchos que garantizan la unión con la placa prototipo.

Algunas tarjetas, como estas descritas a continuación, tienen conectores de pinchos. La unión está garantizada directamente mediante conectores hembra-hembra adaptados a los conectores.

3.2 Control del motor PAP

Para facilitar la puesta en marcha de aplicaciones a base de motores paso a paso (PAP), existen kits con un motor paso a paso 28BYJ-48 alimentado en 5 voltios, además de su circuito de control basado en ULN2803A (ocho transistores Darlington 50 V/500 mA) por unos de 3 €.

Este conjunto se entrega listo para su uso y permite implementar rápidamente el control de un motor paso a paso basado en Raspberry Pi.

Motor paso a paso

El motor 28BYJ-48 es un motor de cinco cables. Cuatro bobinas impulsan un rotor formado por un imán permanente. Están alimentadas siguiendo una secuencia de ocho fases, las cuatro primeras se representan a continuación.

- Durante la primera fase, el cable 4 (naranja) está conectado a la masa. El campo magnético inducido por la bobina atrae el imán en posición vertical.
- Durante la segunda fase, los cables 4 (naranja) y 3 (amarillo) están conectados a la masa. Esto crea dos polos sur y dos norte. El imán se posiciona a medio camino de los polos sur y norte creados de esta manera.
- Durante de la fase 3, es solo el cable 3 (amarillo) el que está conectado a la masa. El imán se posiciona horizontalmente.
- Durante de la fase 4, los cables 2 (rosa) y 3 (amarillo) están conectados a la masa. El imán se posiciona entre los polos sur y norte creados.

Las demás fases reproducen este mecanismo hasta que el imán haya completado una vuelta completa. El ciclo se repite para la siguiente vuelta.

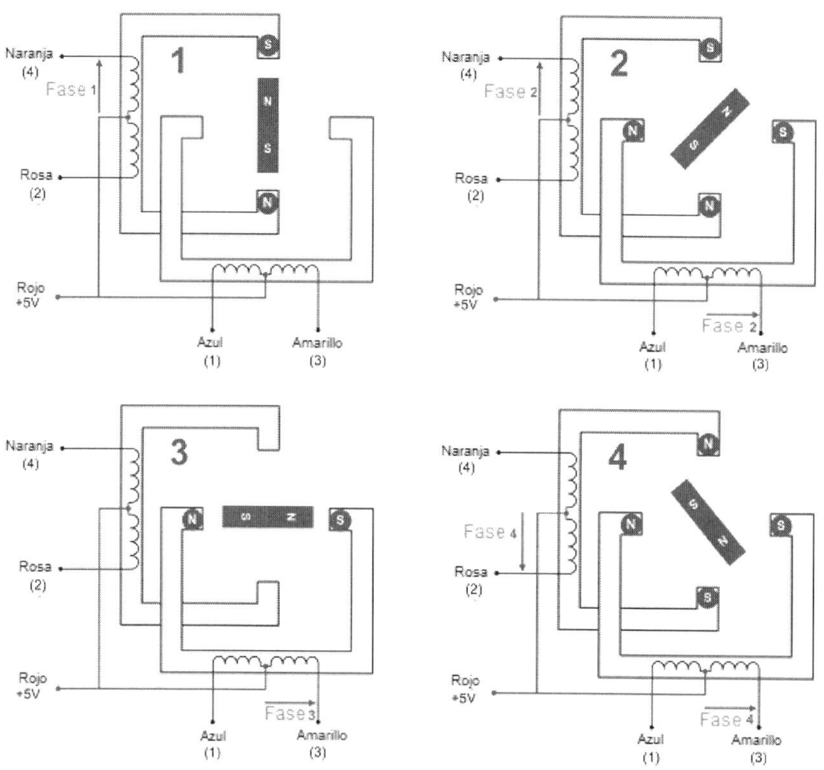

El rotor real es un imán de ocho polos, lo que permite obtener pasos más pequeños que los que se representan en los esquemas. La documentación del motor indica el orden de las fases que se deben respetar para una rotación correcta del motor.

	--> Sentido horario -->							
Fase	**1**	**2**	**3**	**4**	**5**	**6**	**7**	**8**
4 Naranja	●	●						●
3 Amarillo		●	●	●				
2 Rosa				●	●	●		
1 Azul						●	●	●
	<-- Sentido contrario a las agujas del reloj <--							

Conexión a la GPIO

Los bornes de alimentación de la tarjeta del controlador del motor paso a paso se conectan a los bornes 4 (+5 voltios) y 6 (masa).

Los bornes del controlador se conectan respectivamente a:

- IN 1: GPIO 17
- IN 2: GPIO 18
- IN 3: GPIO 27
- IN 4: GPIO 22

Es posible usar otras clavijas del conector GPIO de la Raspberry Pi B+, bastará con modificar el programa en consecuencia.

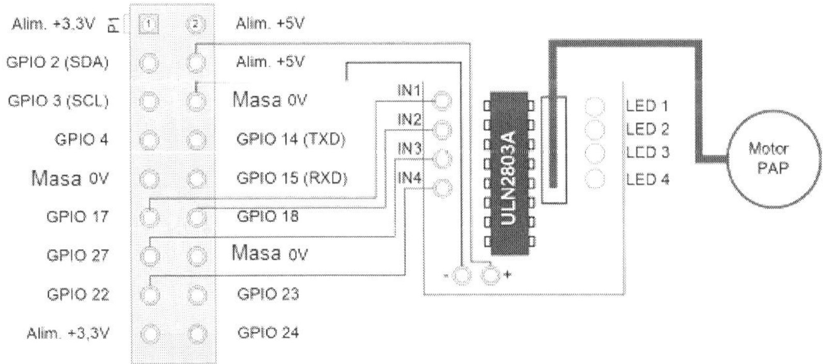

Programa de control

```
#-----------------------------------------------------------
# Scipt pap.py
# Script de control del motor paso a paso 28BYJ-48
# El script recibe un argumento por línea de comandos
# ha o A = sentido contrario a las agujas del reloj
# h o H = sentido de las agujas del reloj
#
#-----------------------------------------------------------
#!/usr/bin/env python

# Importación de las librerías utilizadas
import RPi.GPIO as GPIO
import time
import sys

def DetenerScript():
    print "Hay que poner un argumento después del nombre del programa:"
    print "a = sentido contrario a las agujas del reloj"
    print "h = sentido de las agujas del reloj"
    sys.exit()


# Si no hay argumento, detener el script
if (len(sys.argv) < 2):
    DetenerScript()

# Si el argumento no es válido detener el script
# Leer el argumento
SentidoDeRotacion = sys.argv[1]
# Comprobar la validez del argumento
ArgumentosValidos = ['a', 'A', 'h', 'H']
if SentidoDeRotacion not in ArgumentosValidos:
    DetenerScript()


# Determinar el sentido de rotación
if (SentidoDeRotacion == 'a') or (SentidoDeRotacion == 'A'):
    Sentido = 'contrario a las agujas del reloj'
if (SentidoDeRotacion == 'h') or (SentidoDeRotacion == 'H'):
    Sentido = 'de las agujas del reloj'


# Uso de los números de puerto GPIO del SoC
GPIO.setmode(GPIO.BCM)

# Clavijas utilizadas: GPIO17,GPIO18,GPIO27,GPIO22
Clavijas = [17,18,27,22]

# Configurar las 4 clavijas como salida
for salida in Clavijas:
    print ("Configuración de las salidas")
    print ("para rotación en el sentido %s" %(Sentido))
    GPIO.setup(salida,GPIO.OUT)
```

```
    GPIO.output(salida, False)

# Definición de las variables
ContadorDePaso = 0
TiempoDePausa = 0.5

# Secuencia de las salidas
# según la documentación del 28BYJ-48
NumeroDePaso = 8
Fase = []
Fase = range(0, NumeroDePaso)
Fase[0] = [1,0,0,0]
Fase[1] = [1,1,0,0]
Fase[2] = [0,1,0,0]
Fase[3] = [0,1,1,0]
Fase[4] = [0,0,1,0]
Fase[5] = [0,0,1,1]
Fase[6] = [0,0,0,1]
Fase[7] = [1,0,0,1]

# Apertura de un bloque try except
# para interceptar la pulsación de [Ctrl]+ C
# Esto provoca el reinicio de la GPIO
# y después la parada del programa
try:

   # Bucle principal del programa
   while True:
      # Aplica los valores a las salidas
      # en función de la fase actual
      for salida in range(0, 4):
           SalidaN = Clavijas[salida]
           if Fase[ContadorDePaso][salida]!=0:
               print " Fase %i Activación salida %i"
               %(ContadorDePaso,SalidaN)
               GPIO.output(SalidaN, True)
           else:
               GPIO.output(SalidaN, False)

      if Sentido == 'de las agujas del reloj':
           # Sentido de las agujas del reloj
           ContadorDePaso += 1
      elif Sentido == 'contrario a las agujas del reloj':
           # Sentido contrario a las agujas del reloj
           ContadorDePaso -= 1

      # Cuando se alcanza el final de la secuencia
      # volver al inicio
      if (ContadorDePaso == NumeroDePaso):
           ContadorDePaso = 0
      if (ContadorDePaso < 0):
           ContadorDePaso = NumeroDePaso-1

      # Pausa antes del paso siguiente
      time.sleep(TiempoDePausa)
```

```
except KeyboardInterrupt:
    # Reset GPIO settings
    print "Vuelta de la GPIO al estado inicial"
    GPIO.cleanup()
```

Este programa espera un argumento que indica el sentido de rotación del motor (a = antihorario, h = horario). Después de las inicializaciones, el programa envía sucesivamente comandos destinados a hacer girar el motor en los puertos GPIO 17, 18, 27 y 22.

Estas órdenes corresponden a las fases (numeradas de 1 a 8) que figuran en la documentación del motor. La tabla se escanea tanto en un sentido como en el otro, en función del argumento que se pasa por línea de comandos.

La pulsación en [Ctrl] C detiene el programa y pone la GPIO en su estado inicial.

La modificación de la variable TiempoDePausa permite variar la velocidad del motor. Atención, como consecuencia de la importante ventaja mecánica del motor 28BYJ-48, el eje puede parecer inmóvil con un tiempo de pausa largo (0,5 segundos). Reduzca el valor de esta variable a 0,05 segundos para observar la rotación del motor.

Conclusión

La puesta en marcha de un motor paso a paso con la Raspberry Pi es relativamente fácil. Para el control de varios motores, sin duda será necesario prever una tarjeta de extensión de control de múltiples motores paso a paso. El uso de motores paso a paso reutilizados o de origen indeterminado requiere cierta adaptación del sistema de control.

3.3 Control de un motor CC

El control de un motor de corriente continua (CC) se hace con un puente en H si el motor debe girar en ambos sentidos.

Observación

Un puente en H es un sistema electrónico que permite hacer circular la corriente en la carga a la que se conecta bien en un sentido o en otro en función de una señal de control.

El L298 es un circuito integrado que tiene dos puentes y, por tanto, puede controlar dos motores de corriente continua. Cada puente se debe proteger obligatoriamente con diodos anti-retroceso. La tarjeta anterior, disponible en Internet por algunos euros, facilita la puesta en marcha del circuito integrado L298. Los terminales enroscados aportan seguridad a las conexiones de alimentación y a las uniones de los motores.

Rotación en ambos sentidos

Cada medio-L298 tiene dos amplificadores. El motor se conecta entre sus dos salidas. Cada amplificador puede conectar el borne del motor al que está conectado a la tensión positiva de alimentación o a la masa. Una entrada Enable valida el funcionamiento de cada uno de los dos amplificadores. Cada amplificador se controla por una entrada (I3 y I4) que determina el sentido de circulación de la corriente y, por tanto, el sentido de rotación del motor.

El método clásico consiste en controlar el sentido de rotación del motor con I3 e I4 y aplicar una señal PWM en la entrada Enable para administrar la velocidad de rotación:

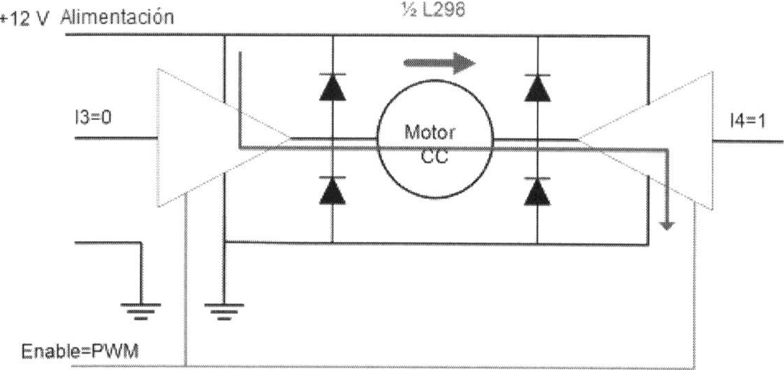

El puente en H contiene los amplificadores, representados por triángulos. La salida del amplificador aplica +12 V o la masa en el borne del motor al que está conectada en función del valor de la entrada. La clavija Enable recibe la señal PWM y permite ajustar la velocidad del motor jugando con la relación cíclica de la señal. En este esquema, el motor gira en el sentido de las agujas del reloj.

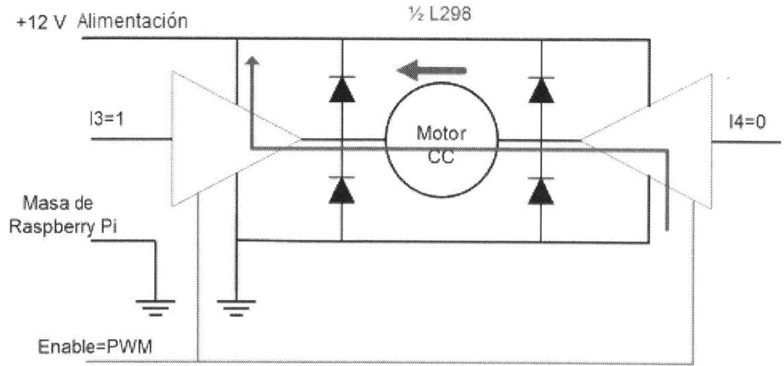

En el esquema anterior, las entradas de los amplificadores reciben niveles inversos. La corriente circula en sentido inverso en el motor. Este gira en sentido contrario a las agujas del reloj. La clavija Enable permite ajustar la velocidad del motor, haciendo variar la relación cíclica de la señal aplicada (PWM).

La siguiente tabla indica el estado del motor en función de las diferentes señales en las entradas:

Enable	**I3**	**I4**	**Motor**
1	0	1	Gira en sentido de las agujas del reloj
1	1	0	Gira en sentido contrario a las agujas del reloj
1	0	0	Detenido
1	1	1	Detenido
0	No aplica	No aplica	Detenido

Vemos que si se impone un sentido de rotación a través de I3 e I4, la aplicación del PWM en Enable permite administrar el tiempo durante el que el motor se alimenta.

Rotación en un único sentido

En caso de que el motor solo deba girar en un sentido, el enfoque se simplifica. La tarjeta utilizada para esta aplicación se vende por algunos euros en varias tiendas online. La L298 se monta sobre un radiador. La tarjeta gestiona dos motores que consumen 2 A, con una alimentación comprendida entre +7,5 y +35 voltios.

Un interruptor permite poner la tarjeta en modo enchufado/desenchufado y un regulador de 5 voltios (78M05) ofrece esta tensión a la tarjeta. Su corriente de salida se limita a 500 mA y no permite alimentar más de una Raspberry Pi. La tensión de +5 voltios está disponible en un borne atornillado.

Se enciende un LED cuando hay 5 voltios y dos LED por motor muestran el estado de las entradas (I1, I2 y I3, I4). Los diodos de protección están presentes en cada salida.

Un puente permite conectar la clavija Enable a los +5 voltios. El control del motor solo se hace con I3 e I4. Una de las clavijas recibe 0, la otra el PWM. El motor gira en un solo sentido a la velocidad marcada por PWM.

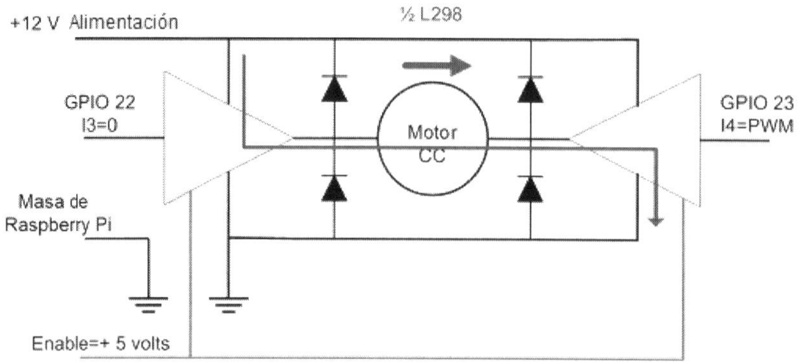

En esta configuración, la clavija Enable recibe una tensión fija de + 5 voltios y permite el funcionamiento permanente de los amplificadores.

Las entradas de los amplificadores reciben una de ellas una señal de parada/encendido y la otra una señal PWM que permite ajustar la velocidad de rotación del motor. En contrapartida a la simplificación del control (dos clavijas en lugar de las tres que hay cuando el motor puede girar en ambos sentidos), el motor solo puede girar en el sentido de las agujas del reloj.

Se utilizan las clavijas GPIO 22 y 23 (BCM). El siguiente programa provoca una aceleración y después una deceleración, y termina parando el motor.

```
# Script cc.py
# Script de control de motor de corriente continua
# Las salidas 22 y 23 (BCM) se utilizan para el control

# Importar las librerías RPi.GPIO y time
import RPi.GPIO as GPIO
import time

# Utilizar la numeración de las clavijas del SoC BCM
GPIO.setmode(GPIO.BCM)

# Configurar la GPIO 23 como salida
GPIO.setup(23, GPIO.OUT)
# Configurar la GPIO 22 como salida
GPIO.setup(22, GPIO.OUT)
print "Configuración de los puertos"

# Crear un objeto I3 para enviar el PWM a 50 Hertz al puerto 22
I3 = GPIO.PWM(22, 50)
# Arrancar el PWM con una relación cíclica de 0 (parada)
I3.start(0)
# Activar el puerto 23 = I4 de la tarjeta de control motor
GPIO.output(23, GPIO.LOW)
```

```
print "Arrancar PWM - 23 LOW"

# Esperar un segundo
time.sleep(1)

# Acelera progresivamente el motor de 0 a 100%
for n in range (10, 105, 5):
    I3.ChangeDutyCycle(n)
    print "Duty ",n
    time.sleep(0.5)

# Decelerar progresivamente el motor de 100% a 0
for n in range (100, 0, -5):
    I3.ChangeDutyCycle(n)
    print "Duty", n
    time.sleep(0.5)

# Para el motor
GPIO.output(23, GPIO.LOW)
print "23 LOW"

# Poner todas las clavijas GPIO en modo entrada
GPIO.cleanup()
```

Conclusión

La variación de tensión entre niveles lógicos de la GPIO (3,3 voltios) y de L298 (5 voltios) no provoca un funcionamiento incorrecto. Sin embargo, para garantizar un funcionamiento estable, se aconseja intercalar un conversor de tensión entre las salidas de la Raspberry Pi y las entradas del L298. De la misma manera, con el objetivo de evitar retrocesos de tensión que pudieran estar causados por cargas inductivas, es necesario prever la protección de las clavijas de la GPIO. Una simple resistencia y un diodo Zener de 3,3 voltios permiten limitar los riesgos. Pero para una protección seria o para aplicaciones industriales es mejor incorporar un diodo Transil o Transzorb.

Observación

Un diodo Zener es un componente diseñado para mantener una tensión constante en sus bornes. Si la tensión aumenta, el diodo Zener se convierte en conductor y evita un aumento de tensión, que sería destructiva para la entrada de la GPIO.

Un diodo Transil o Transzorb es un diodo especial, limitador de voltaje transitorio, utilizado para proteger las conexiones electrónicas delicadas, contactos de relés, etc.

Capítulo 16

Solución de problemas en la Raspberry Pi

1. Fiabilidad de la Raspberry Pi

En fabricación, la tasa de Raspberry Pi defectuosas está cercana a 1 por cada 16.000 tarjetas producidas. Cada Raspberry Pi se prueba individualmente antes de salir de la cadena de fabricación. Preguntado sobre esto en agosto de 2016, Kubii (www.kubii.fr/), el distribuidor francés de la Raspberry Pi, afirma que hay una tasa de devoluciones del 0,5 %. Un primer filtro por teléfono apuesta por una reinstalación de NOOBS o la sustitución de la alimentación. Estas dos operaciones resuelven la mayor parte de los errores encontrados.

Por tanto, la Raspberry Pi es un producto fiable. La mayor parte de los problemas clásicos encontrados durante la puesta en marcha y el uso de la Raspberry Pi se clasifican en la página http://elinux.org/R-Pi_Troubleshooting.

2. Los LED de la Raspberry 3

Los LED de la Raspberry Pi 3 son visibles en la foto anterior. A la derecha, se encuentra el LED rojo de alimentación PWR y, a la izquierda, el LED verde de actividad ACT.

2.1 LED ACT de la Raspberry Pi 3

2.1.1 LED ACT apagado

El LED ACT permanece apagado en ausencia de tarjeta micro SD o si introduce en el conector una tarjeta micro SD virgen (nueva) o defectuosa. Si solo se muestra la pantalla de color es porque hay archivos corruptos, en general *kernel7.img*. Vuelva a crear la tarjeta de nuevo completamente.

En un funcionamiento normal, el LED ACT permanece apagado. Produce destellos de luz cuando el sistema operativo accede a la tarjeta micro SD.

2.1.2 LED ACT encendido de manera fija

Si el archivo *start.elf* existe pero está vacío o corrupto, el LED ACT permanece encendido de manera fija. Si sucede esto, intente formatear la tarjeta con la herramienta oficial SDformatter (consulte la sección Formateo de la tarjeta micro SD en el capítulo Preparar la tarjeta micro SD). Esta herramienta se recomienda para las tarjetas SD, SDHC y/o las tarjetas SDXC. Diferentes sistemas operativos y otras herramientas pueden formatear una tarjeta micro SD de manera que esta no pueda ser reconocida correctamente por la Raspberry Pi. Por ejemplo, algunas herramientas solo pueden formatear la primera partición o usar formatos no compatibles como FAT, NTFS o exFAT.

Por el contrario, SDformatter borra todo el contenido de la tarjeta y crea una única partición formateada en FAT32, que es el único formato accesible para la Raspberry Pi.

2.1.3 LED ACT parpadeando cuatro veces

Con una tarjeta preparada normalmente (win32DiskImager) si el archivo *start.elf* no está, el LED ACT se enciende pero se apaga cuatro veces rápidamente. Se enciende de nuevo dos segundos y comienza de nuevo a parpadear cuatro veces. No se muestra nada en la pantalla, que permanece en negro.

El LED ACT permanece iluminado de manera fija si la tarjeta micro SD es defectuosa, se ha desenganchado o contiene archivos corruptos. Parpadea durante los accesos a la tarjeta micro SD.

2.1.4 LED ACT parpadea siete veces

En la versión Raspbian Jessie, si *start.elf* es correcto, la pantalla muestra el cuadrado coloreado que se ve más abajo, indicando que la GPU ha arrancado. En Raspbian PIXEL, esta pantalla ya no se muestra y la pantalla muestra directamente la o las frambuesas que indican el número de núcleos de la tarjeta utilizada.

Si el nodo *kernel.img* o *kernel7.img* no se pueden cargar porque no están, el LED ACT se enciende siete veces rápidamente y después permanece encendido dos segundos antes de volver a parpadear. Vuelva a copiar un *kernel.img* desde otra tarjeta o vuelva a crear completamente la tarjeta micro SD.

2.2 LED PWR de la Raspberry Pi 3

El LED PWR se enciende cuando se aplican 5V de tensión a la tarjeta. Si la tensión de alimentación de la tarjeta por debajo de los 4,6 voltios, un detector enciende el LED verde PWR.

2.2.1 Parpadeo del LED PWR

Esta caída de tensión se puede deber a una alimentación defectuosa o incapaz de entregar la corriente solicitada por la Raspberry Pi y los periféricos conectados a sus puertos USB.

El cable USB que conecta la alimentación a la toma micro SD de la Raspberry Pi también puede ser el motivo de una caída de tensión importante si es de mala calidad o está defectuoso. Es conveniente comprobarlo en caso de duda.

Es importante vigilar los parpadeos del LED rojo PWR porque las caídas de tensión, incluso si son breves, pueden provocar defectos de escritura en la tarjeta micro SD y comprometer el correcto funcionamiento del sistema.

2.2.2 LED PWR apagado

Si el LED PWR permanece apagado, la alimentación no está conectada correctamente o está fallando. Compruebe en primer lugar si hay tensión en la toma donde está enchufada la alimentación. Tenga cuidado, en particular si utiliza una toma múltiple.

Desconecte todos los periféricos conectados en la o las tomas USB.

Si hay tensión, el problema puede estar en la alimentación. Puede estar fuera de servicio o estar en modo seguro a causa de un consumo de corriente demasiado importante en su salida. En este caso, algunas alimentaciones se protegen. Una alimentación/cargador utilizado sin problema con un teléfono móvil corre el riesgo de ser insuficiente para la Raspberry Pi y se pone en modo seguro. La Fundación recomienda una alimentación 5V / 2,5A para la Raspberry Pi 3.

Compruebe cuidadosamente el cable que une la alimentación a la toma micro USB macho. No debe tener ningún corte ni estar dañado. Controle visualmente el estado de la toma micro USB en el extremo del cable. En caso de duda, cambie la alimentación. Incluso si el cable no presenta daños, puede estar cortado por debajo del recubrimiento en la salida de la alimentación o de la toma USB. Esto se produce a la larga en cables enrollados de manera apretada alrededor de la alimentación.

Controle el estado de la toma hembra micro USB soldada a la tarjeta de la Raspberry Pi. No debe ceder a la presión de un dedo. Una toma que se mueve implica la posibilidad de un deterioro de las soldaduras que la mantienen unida a la placa del circuito impreso.

2.3 Indicador de tensión baja en la pantalla

Las versiones actuales del firmware de la Raspberry Pi integran un detector de tensión baja. Este programa se ejecuta por la GPU y muestra en el ángulo superior derecho de la pantalla un indicador que cambia según la versión del sistema operativo utilizado. Con las versiones anteriores a PIXEL, es un pequeño cuadrado multicolor que se parece al gran cuadrado de color que cubre la pantalla durante el inicio de la Raspberry Pi.

Raspbian PIXEL introduce un símbolo más elocuente, y la sobre-tensión se indica por un rayo amarillo superpuesto en la imagen mostrada.

Este símbolo aparece a veces brevemente durante los primeros segundos del boot. En caso de tensión insuficiente (inferior a 4,6V), se superpone a la imagen normalmente mostrada en la pantalla.

Como sucedía anteriormente, hay que buscar la causa de esta advertencia en el entorno de la alimentación.

Es posible (aunque no está recomendado) eliminar esta visualización (así como la de la temperatura máxima a continuación) añadiendo `avoid_warnings=1` en el archivo *config.txt*.

2.4 Indicador de temperatura máxima en la pantalla

Las versiones recientes del firmware de la Raspberry Pi también integran un detector para el exceso de temperatura máxima del SoC. Este programa se ejecuta por la GPU y esta vez muestra en el ángulo superior derecho de la pantalla un pequeño cuadrado rojo para las versiones anteriores a PIXEL.

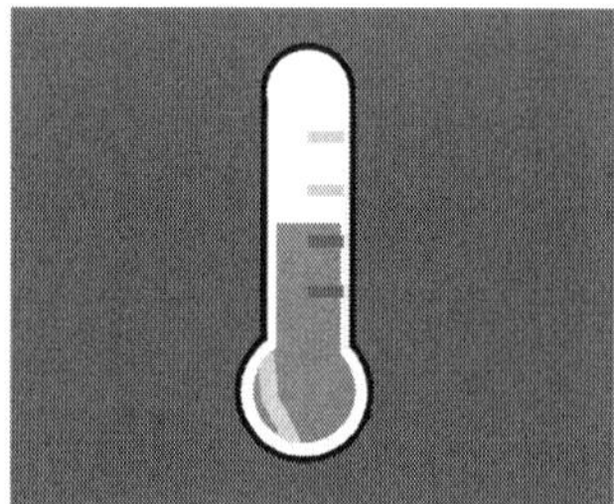

Con PIXEL aparece un termómetro en caso de temperatura excesiva. Este símbolo se superpone a la imagen normalmente mostrada en la pantalla. Por defecto, la temperatura de inicio se fija en 85°C. Es posible modificar este umbral para observar el indicador en la pantalla, añadiendo temp_limit = 50 en el archivo config.txt. El símbolo que indica una temperatura demasiado elevada aparecerá a partir de 50°C.

2.5 Medida de la tensión en la Raspberry Pi 3

La medida de la tensión en la tarjeta de la Raspberry Pi se puede hacer en el conector GPIO de 40 puntos, o en algunos de los puntos de comprobación marcados como PPx ubicados debajo de la tarjeta.

Para controlar la tensión de 5 voltios, conecte un voltímetro entre las clavijas 2 (+ 5V) y 6 (Masa) tomando todas las precauciones necesarias para que las sondas de medición no provoquen un cortocircuito.

Hay puntos de comprobación previstos debajo de la tarjeta de la Raspberry Pi 3 (imagen anterior). Los 5V aplicados al puerto micro USB se miden en PP1 y el valor de la tensión de 5V realmente disponible para la tarjeta (después del polyfuse) en PP7. Los 3,3V son accesibles en el punto de comprobación PP8 y los 1,8V en PP9.

El cable de referencia (masa) del aparato de medida puede estar unido a PP3 o al blindaje (envoltorio metálico) de las tomas USB, RJ45 o al conector micro SD.

Sitúe el voltímetro en la gama de los 20 voltios. La tensión media debe estar entre 4,75 y 5,25 voltios. Una tensión cercana a 4,75 voltios puede provocar reinicios o fallos de la Raspberry Pi. Principalmente es el caso cuando se enchufa un periférico USB que consume mucha corriente, como por ejemplo una llave Wi-Fi, un teclado USB o un disco duro externo. La subida de tensión provocada por el consumo del periférico implica un reseteo del sistema. Una tensión superior a 5 voltios es garantía de estabilidad.

Si es necesario, cambie la alimentación por un modelo de potencia suficiente para alimentar la Raspberry Pi. Una alimentación conveniente para la Raspberry Pi debería entregar más de 5 voltios y ser capaz de ofrecer, al menos, 2 A sin provocar ningún colapso.

2.6 LED del puerto Ethernet

El puerto Ethernet de la Raspberry Pi 3 está equipado con dos LED.

El LED amarillo situado en la parte inferior izquierda en la imagen anterior indica el establecimiento de una conexión de 100 Mb/s cuando se enciende. Se indica una conexión de 10 Mb/s cuando se apaga este LED amarillo.

El LED verde de la parte derecha del conector se enciende cuando se establece el enlace físico. Parpadea cuando hay actividad en el puerto Ethernet.

El puerto Ethernet de la Raspberry Pi es Auto-MDIX. Se adapta automáticamente al hardware al que está conectado y no necesita el uso de un cable de red directo o cruzado, según el caso. Si encuentra problemas de conexión a la red, en primer lugar compruebe que el LED verde está encendido. Si no es el caso, compruebe la correcta inserción del cable en la toma Ethernet del lado de la Raspberry Pi, pero también en el otro extremo.

Si el cable está bien apretado y bloqueado por ambos lados, es el propio cable el que puede estar afectado. Intente sustituirlo por otro cable de calidad.

Si el defecto no está provocado por el cable, pregúntese por el puerto al que está conectado el otro extremo del cable (switch, router, PC, Box...).

Si no se enciende ningún LED, sospeche del cable Ethernet que ha conectado. Compruebe que está bien apretado en los dos lados y que los clips de bloqueo bloquean correctamente ambas tomas. Intente cambiar el cable de Ethernet por otro que sepa que funciona.

La conexión se hace a 10 Mb/s

Con los equipos de red actuales, la conexión se hace a 100 Mbits/s. Solo los antiguos switches o routers usan todavía una velocidad de conexión a 10 Mbit/s.

Puede comprobar la velocidad de conexión del puerto Ethernet consultando el contenido del archivo *speed*:

```
pi@raspberrypi ~ $ cat /sys/class/net/eth0/speed
100
```

Este comando confirma que la Raspberry Pi está bien conectada a 100 Mbit/s.

Si la velocidad indicada es 10 Mbits/s compruebe el equipamiento al que está conectada la Raspberry Pi.

3. El LED ACT de la Raspberry Pi Zero

La Raspberry Pi Zero está equipada con un único LED, debido a su tamaño reducido. El LED que se ha implementado en la Raspberry Pi Zero es el LED ACT.

3.1 Posición del LED ACT

En función de la versión, se sitúa en un lugar u otro:

En la primera versión de la Raspberry Pi, se sitúa en el borde de la tarjeta (imagen anterior).

En la segunda versión, la presencia de un conector para la cámara ha obligado a los diseñadores a mover el LED ACT. Ya no está en el borde de tarjeta sino ligeramente desplazado respeto al ángulo del conector.

3.2 Estados del LED ACT de la Raspberry Pi Zero

En ausencia del LED PWR es el único led, el LED ACT, el encargado de proporcionar información acerca del estado de la Raspberry Pi Zero. Por defecto, el LED está apagado. Es el caso en particular si conecta la alimentación de la Raspberry Pi sin haber insertado antes la tarjeta micro SD.

Observación

Piense siempre en desenchufar la toma micro USB de alimentación antes de insertar o retirar la tarjeta micro SD.

3.2.1 El LED de la Raspberry Pi Zero parpadea cuatro veces

Cuando conecta la toma micro USB de alimentación con una tarjeta micro SD insertada en su conector, el LED ACT se enciende. Si el archivo *start.elf* no está, el LED ACT se apaga cuatro veces, se queda iluminado un momento y se apaga de nuevo...

3.2.2 El LED de la Raspberry Pi Zero parpadea siete veces

Cuando conecta la toma micro USB de alimentación con una tarjeta micro SD insertada en su conector, el LED ACT se enciende. Si el archivo *kernel.img* no está o está corrupto, el LED ACT se enciende siete veces, se queda apagado un momento y se enciende de nuevo siete veces... La pantalla muestra el cuadrado coloreado que indica que la GPU ha arrancado.

3.3 Medir la tensión de la Raspberry Pi Zero

La GPIO de la Raspberry Pi Zero, incluso si no está equipada del conector de 40 clavijas, es idéntica a todas las GPIO de la gama Raspberry Pi.

Para controlar la tensión de 5 voltios, conecte un voltímetro entre las clavijas 2 (+ 5V) y 6 (Masa), tomando todas las precauciones necesarias para que las sondas de medida no provoquen un corto-circuito. La medición también se puede hacer en algunos puntos probados marcados PPx, situados en la tarjeta.

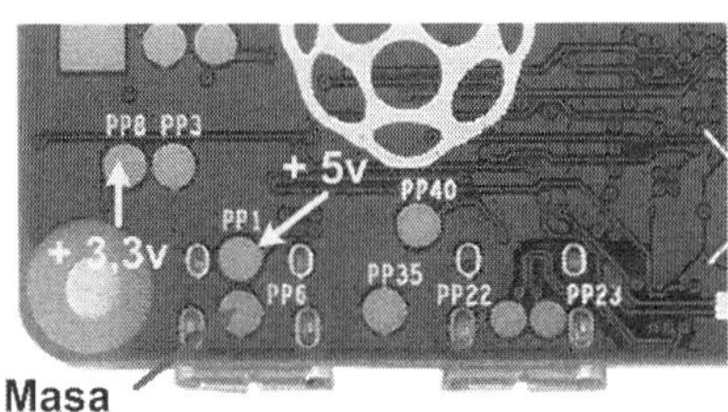

En esta primera versión de la Raspberry Pi Zero, también hay puntos de comprobación previstos en la tarjeta (imagen anterior). Los 5V aplicados al puerto micro USB se miden en PP1. Los 3,3V son accesibles en el punto de comprobación PP8. El cable de referencia (masa) del aparato de medición puede estar unido a PP6 o al blindaje (envoltorio metálico) de la toma micro USB o en el conector micro SD.

En la Raspberry Pi Zero V1.3 de segunda generación, el punto de comprobación PP8 se ha movido hacia el conector GPIO.

4. La Raspberry Pi no arranca

Los problemas de inicio de la Raspberry Pi se relacionan principalmente con problemas de alimentación o de la tarjeta micro SD.

Observe los LED y consulte a las secciones anteriores si observa un comportamiento anormal de los LED ACT y PWR en particular. Compruebe que la tensión de alimentación es suficiente (superior a 5 voltios). Compruebe el inicio utilizando una alimentación que entregue una corriente mayor. Algunas alimentaciones baratas, previstas para la carga de smartphones, dan una corriente máxima de 1 o 2 A, pero ven su tensión de salida caer cuando entregan esta corriente.

Incluso si la Raspberry Pi arranca, muestra la pantalla de color, después el texto y arranca de nuevo a continuación, es necesario suponer que se trata de un problema de alimentación. El inicio en modo gráfico interviene después de la visualización del texto en modo consola. El modo gráfico consume más corriente de alimentación. Con ciertas alimentaciones, la puesta en marcha del modo gráfico provoca una caída de tensión de la alimentación, lo que implica el reinicio de la Raspberry Pi. Si los reinicios se suceden regularmente, en ese caso, sustituya la alimentación por un modelo más potente.

Controle la tarjeta micro SD y su soporte (tipo de tarjeta micro SD, presencia de los archivos en la tarjeta, integridad de los archivos, estado del soporte de la tarjeta micro SD, etc). Intente con otra tarjeta (otra marca, de clase 10) para despejar la duda respecto a la compatibilidad de la tarjeta micro SD. No dude en comprar una tarjeta de marca, ligeramente más cara pero normalmente de mejor calidad.

5. Problema de conexión a la red

Su Raspberry Pi 3 se conecta físicamente y los LED situados en la toma Ethernet se encienden. Pese a esto, la conexión a la red se pierde cuando utiliza algunos periféricos USB o las transferencias de datos en la red son importantes. Las siguientes secciones aportan elementos de respuesta.

5.1 Un periférico USB deja colgada la red

La conexión de un periférico USB bloquea el acceso a la red. La causa reside habitualmente en la mala calidad de la alimentación. Una alimentación un poco justa para alimentar la Raspberry Pi se puede colapsar durante la conexión de un periférico USB. Compruebe la calidad de la alimentación como se ha explicado anteriormente (use los puntos de comprobación PPx). Intente usar una alimentación con mayor rendimiento.

Algunos periféricos USB consumen mucha corriente (más de 100 mA) y se deben conectar a un hub USB alimentado. Sin embargo, algunos hubs USB de mala calidad consumen corriente en el puerto USB de la Raspberry Pi, incluso cuando se conectan a una alimentación principal. Compruebe la compatibilidad del hub con la Raspberry Pi (http://elinux.org/RPi_Powered_USB_Hubs).

Algunos periféricos USB (ratón y teclado) conformes a la norma USB 1 provocan bloqueos del puerto Ethernet cuando se conectan a un hub USB alimentado. Si consumen menos de 100 mA, intente conectarlos directamente a los puertos USB de la Raspberry Pi o sustitúyalos por modelos más recientes conformes a la norma USB 2.

5.2 Mover la tarjeta micro SD bloquea la red

Cuando un usuario tiene varias Raspberry Pi, resulta práctico tomar la tarjeta micro SD de una para usarla en otra.

Algunas distribuciones memorizan la dirección MAC (dirección de hardware) de la Raspberry Pi en la que se instalan. En este caso existe un archivo */etc/udev/rules.d/70-persistent-net.rules* en el que el sistema operativo memoriza la dirección MAC asociada a eth0. Los siguientes dispositivos de red, cuando se detecten, se llamarán eth1, eth2... porque tienen direcciones MAC diferentes.

Este problema se puede resolver editando el archivo */etc/udev/rules.d/70-persistent-net.rules* y eliminando los ajustes inapropiados, por ejemplo:

```
ACTION=="add", SUBSYSTEM=="net",
SYSFS{address}=="00:e0:4c:12:34:56", NAME="realtek"
```

Durante el siguiente inicio, el sistema reconocerá el dispositivo con normalidad.

5.3 Bloqueo de la red bajo una fuerte carga

El núcleo reserva memoria para el control USB (que también gestiona el puerto Ethernet). Sin embargo, durante un tráfico importante en el puerto Ethernet (descarga, uso de torrent...) la memoria se puede saturar, provocando bloqueos. Compruebe que el archivo */etc/sysctl.conf* contiene la línea:

```
vm.min_free_kbytes = 8192
```

Esta línea indica al núcleo que debe conservar permanentemente 8 KB de RAM disponibles en todo momento. En primer lugar, intente disminuir este valor a 1634 (edite el archivo con el comando `sudo nano /etc/sysctl.conf`).

Si esta modificación no es eficaz, añada las siguientes líneas en */boot/cmdline.txt* con *nano*:

```
smsc95xx.turbo_mode=N
dwc_otg.dma_enable=1
dwc_otg.dma_burst_size=256
```

La primera línea indica que la conexión Ethernet no debe usar el modo turbo. Esto no provoca generalmente cambios visibles en el rendimiento.

Las dos líneas siguientes especifican el uso de la DMA (*Direct Memory Access* = acceso directo a la memoria) para el acceso a los archivos de espera FIFO (*First In First Out* = primero en entrar, primero en salir) en los que se almacenan los datos que llegan del puerto Ethernet. La última línea fija el tamaño de los bloques de datos transferidos a 256 bytes (por defecto vale 32 bytes).

Si estas modificaciones no tienen efecto para prevenir la ralentización o los bloqueos, intente limitar el ancho de banda con *wondershaper* (disponible para Raspbian), en particular la velocidad de subida:

```
pi@raspberrypi ~ $ sudo apt-get install wondershaper
Lectura de las listas de paquetes... Terminado
Construcción del árbol de dependencias
Lectura de la información de estado... Terminado
Se instalarán los siguientes paquetes nuevos:
 wondershaper

... / ...

Configuración de wondershaper (1.1a-6) ...
```

<u>Sintaxis</u>

```
sudo wondershaper <nombre_interfaz_red> <velocidad_descarga>
<velocidad_subida>
```

Las velocidades de descarga y de subida se expresan en Kbits/s.

```
pi@raspberrypi ~ $ sudo wondershaper eth0 10000 1500
```

Los valores de descarga (10 000 Kbits/s) y de subida (1 500 Kbits/s) seleccionados en este ejemplo fijan el límite de débito de la tarjeta eth0. Si constata un funcionamiento lento, intente reducir progresivamente el valor de cada uno de estos argumentos.

Para finalizar la acción de *wondershaper*, utilice el siguiente comando:

```
sudo wondershaper clear <nombre_interfaz_red>
```

```
pi@raspberrypi ~ $ sudo wondershaper clear eth0
Wondershaper queues have been cleared.
```

6. Visualización anormal en la pantalla

Por defecto, la Raspberry Pi se configura con el modo overscan, lo que provoca en general la aparición de franjas negras antiestéticas alrededor de la imagen. Una alimentación un poco justa o un cable HDMI de calidad mediocre también puede comprometer la calidad de la imagen proporcionada por la Raspberry Pi.

6.1 Imagen rodeada de bordes negros

Por defecto, la imagen proporcionada por la Raspberry Pi está rodeada de bordes negros. Al principio, estos bordes estaban destinados a dejar tiempo a los televisores con tubo catódico para hacer volver el spot luminoso al borde de la pantalla o hasta la parte superior de la imagen. Con las pantallas digitales actuales esta precaución es inútil.

⇒ En modo gráfico, a partir del **Menú** vaya a **Preferencias** y después a **Configuración de Raspberry Pi**:

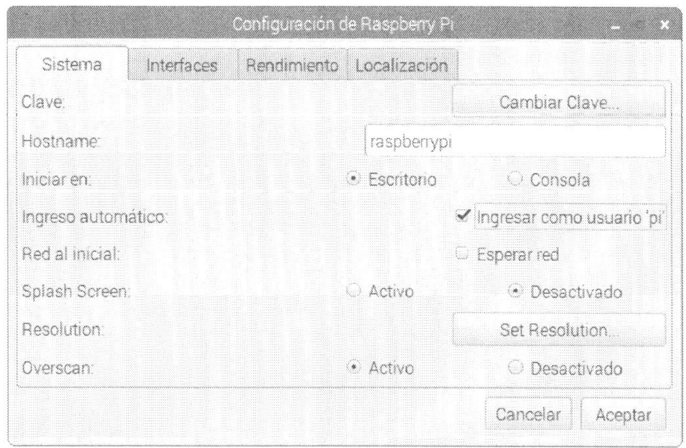

⇉ En la ventana que aparece (imagen anterior), pulse en **Desactivado** en la línea **Overscan**. La modificación se tendrá en cuenta después del reinicio de la Raspberry Pi.

⇉ En modo texto, durante la configuración inicial en el menú de *raspi-config* seleccione **Advanced Options** y **Overscan**. La ventana que se abre le pide usar el *overscan*. Seleccione **<Desactivado>** y después arranque de nuevo la Raspberry Pi. Las franjas negras habrán desaparecido.

El ajuste de este argumento también puede realizarse en el archivo */boot/config.txt*. Edite este archivo con *sudo nano* y busque la línea que contiene *disable_overscan*. Ponga el valor a 1:

```
disable_overscan=1
```

Si la línea no existe, agréguela la al final del archivo. Reinicie la Raspberry Pi para tener en cuenta esta modificación.

6.2 Imagen que se desborda de la pantalla

Es posible ajustar con precisión el tamaño de la imagen si esta es más pequeña que la superficie de la pantalla o, por el contrario, si desborda la pantalla.

En el archivo */boot/config.txt*, copie las siguientes líneas:

```
# uncomment the following to adjust overscan. Use positive
#numbers if console goes off screen, and negative
#if there is too much border
#overscan_left=16
#overscan_right=16
#overscan_top=16
#overscan_bottom=16
```

Elimine los signos # delante de las líneas que empiezan por `overscan_` y sustituya el valor 16 por un valor conveniente para su configuración. Ajuste de manera aproximada el *overscan* modificando el número de píxeles a 10 para afinar el ajuste y después afine para ajustar la imagen al tamaño exacto de su pantalla. Si quedan bordes con un valor ajustado a cero, indique valores negativos para reducir todavía más la longitud de los bordes negros. Los cuatro valores no tienen por qué ser necesariamente idénticos. Ajuste cada valor para que la imagen ocupe la totalidad de la pantalla.

Anote estos valores de overscan, servirán para configurar la Raspberry Pi la próxima vez que instale un sistema operativo.

6.3 Puntos de colores e interferencias

Un cable HDMI demasiado largo o de calidad insuficiente puede provocar pérdidas de señal entre la Raspberry Pi y la pantalla. En general, la pérdida de señal se traduce en la desaparición total de la imagen. Ocasionalmente, las perturbaciones provocadas por estas pérdidas aparecen en forma de puntos blancos o de colores en la imagen.

Intente sustituir el cable HDMI por otro de mejor calidad. Los cables HDMI más caros no funcionan necesariamente mejor que el resto.

La potencia de la señal enviada por la Raspberry Pi al bus HDMI puede ajustarse en */boot/config.txt*.

```
# uncomment to increase signal to HDMI, if you have interference,
# blanking, or no display
#config_hdmi_boost=4
```

Elimine la # al comienzo de la línea `config_hdmi_boost=4` que fija el nivel de salida en el puerto HDMI. El valor 1 es adecuado para cables muy cortos y el valor 7 para cables HDMI largos o durante el uso de adaptadores HDMI a DVI, que pueden atenuar la señal. Permanezca entre 1 y 7 si es posible. El valor máximo es 11, pero no es adecuado para algunos monitores cuya entrada HDMI se puede deteriorar por señales fuertes.

Una alimentación de 5 voltios demasiado baja también puede crear este defecto. Compruebe la calidad de la alimentación (use los puntos de comprobación PPx). Intente usar una alimentación con mejor rendimiento.

6.4 No hay visualización en la pantalla

La ausencia total de visualización en la pantalla puede ser el resultado de un arranque de la Raspberry Pi con la toma HDMI desconectada o el monitor desenchufado. La Raspberry Pi comprueba el puerto HDMI al inicio y activa la salida de video compuesta si el puerto HDMI no responde. Conecte el cable HDMI a la Raspberry Pi y al monitor. Enchufe el monitor y, si es necesario, seleccione la entrada HDMI en el menú. Arranque a continuación la Raspberry Pi. La imagen debería aparecer en la pantalla.

Forzar el modo HDMI

Si el monitor HDMI no muestra ninguna imagen cuando arranca, el inicio se ha realizado con el cable HDMI en su lugar y el monitor está enchufado, es necesario forzar el inicio en HDMI.

En el archivo */boot/config.txt*, añada:

```
hdmi_safe=1
```

La Raspberry Pi arranca con la compatibilidad máxima en HDMI y el monitor debería mostrar una imagen.

6.5 La resolución no es la adecuada

Si la resolución de su pantalla no es satisfactoria, puede forzar la resolución de su elección en el archivo */boot/config.txt*. Seleccione el grupo (1 para un televisor, 2 para un monitor) y el modo de visualización. Aquí `hdmi_mode=16` fuerza la resolución a 1024 x 768 píxeles (consulte el capítulo Arrancar Raspbian):

```
# uncomment to force a specific HDMI mode (this will force VGA)
# Fuerza el vídeo en 1024x768 px
hdmi_group=2
hdmi_mode=16
```

Durante el próximo reinicio de la Raspberry Pi, la resolución se adaptará a sus ajustes.

7. El sonido no funciona

7.1 Sin sonido en un monitor HDMI

Algunos monitores dotados de una toma de vídeo HDMI conmutan la entrada en modo DVI, incluso cuando la entrada HDMI está conectada a la Raspberry Pi. Otros aparatos HDMI pueden funcionar perfectamente con este monitor HDMI.

Edite el archivo */boot/config.txt* y active la siguiente línea, eliminando la # que la precede:

```
hdmi_drive=2
```

Esta línea fuerza la elección del modo HDMI.

7.2 Sin sonido completamente

En modo texto, abra *alsamixer*. Use el cursor (flecha hacia arriba) para aumentar el volumen. Compruebe que el mute no esté activado (tecla M).

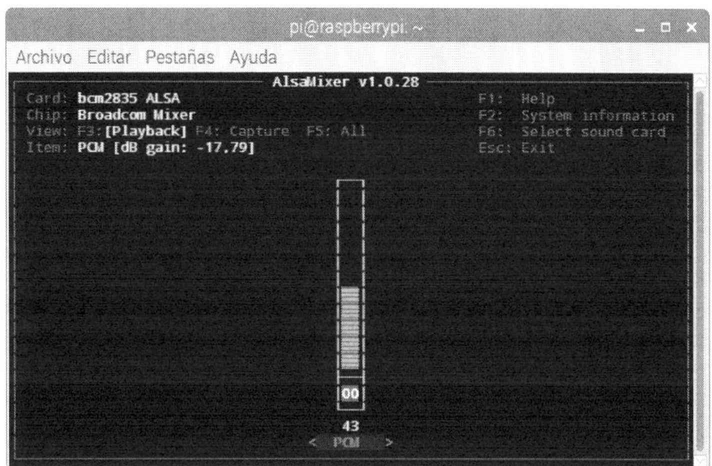

Con Raspbian, el módulo *snd_bm2835* se carga por defecto. El comando `aplay` permite probar la salida de sonido analógico, si no se ha detectado un monitor que acepte el sonido HDMI:

```
pi@raspberrypi ~ $ aplay /usr/share/sounds/alsa/Front_Center.wav
Lectura WAVE '/usr/share/sounds/alsa/Front_Center.wav': Signed
16 bit Little Endian, Frecuencia 48000 Hz, Mono
```

Una voz femenina dice "Front center". Por defecto, la elección de la salida utilizada para el sonido es automática: HDMI si el monitor HDMI soporta el audio, analógica en el resto de casos. Puede forzar la salida analógica utilizada por la Raspberry Pi:

```
pi@raspberrypi ~ $ amixer cset numid=3 <n>
```

`<n>` puede recibir los valores:

- 0 para la selección automática.
- 1 para la salida de sonido analógica.
- 2 para la salida de sonido HDMI.

Por ejemplo, para forzar la salida de sonido por la toma jack (analógico), utilice el comando: `amixer cset numid=3 1`

Las versiones recientes de *raspi-config* permiten configurar la salida de sonido por la salida analógica o hacia la salida HDMI (opción 9, opción A8).

8. El teclado es AZERTY

A pesar de la elección del teclado realizada en el menú gráfico de configuración o en *raspi-config*, sucede que el teclado no está configurado correctamente en modo gráfico o en modo consola. Este funcionamiento incorrecto ya no debería suceder en las versiones más recientes de los sistemas operativos de la Raspberry Pi.

8.1 Teclados AZERTY y QWERTY

El teclado QWERTY es el utilizado normalmente en los países hispanoparlantes.

Todos los teclados, ya sean AZERTY, QWERTY (países angloparlantes, hispanoparlantes, norte de Europa, etc.) o QWERTZ (países germano parlantes y de Europa Central), no envían el código ASCII correspondiente al carácter que figura en la tecla que se pulsa. Envían un código correspondiente a la posición de la tecla en una matriz líneas/columnas. Cada pulsación en una tecla envía el código del teclado correspondiente a la tecla. Al soltar la tecla, se envía el mismo código al que el micro controlador del teclado añade 128 (el bit más significativo del byte se pone a 1).

Al pulsar la tecla A de un teclado AZERTY o Q de un teclado QWERTY se produce el envío del código binario 00010101 (0x15 en hexadecimal). Es a nivel del sistema operativo donde el código se traduce en código ASCII, en función de los argumentos seleccionados por el usuario.

Por lo tanto, es a nivel del sistema donde es necesario intervenir para corregir la traducción incorrecta de los códigos de teclado en códigos ASCII.

Las siguientes disposiciones de teclados le permitirán localizar, si es necesario, las ubicaciones de las teclas que debe pulsar si su teclado está mal configurado (las imágenes de los siguientes teclados tienen licencia Creative Commons: Asignación - Compartición en las mismas condiciones 3.0 España - Autor: Michka B).

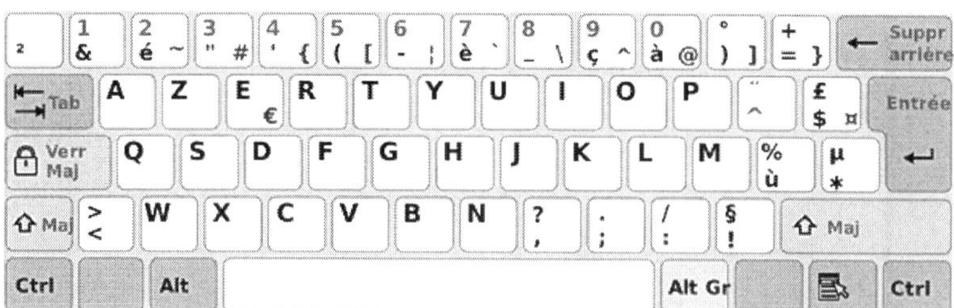

Disposición de las teclas del teclado AZERTY

Disposición de las teclas del teclado QWERTY

- En modo gráfico, vaya al **Menú - Preferencias - Configuración de Raspberry Pi**.
- En modo texto, inicie *raspi-config* y configure el código de letra a *es_ES.UTF-8*. En las opciones de internacionalización (**Internationalization Options**) seleccione **I3 Change keyboard Layout**. Seleccione a continuación **Teclado genérico PC 105 teclas** y **Español - variante Latin 9**. Reinicie la Raspberry Pi.

Normalmente, en las consolas accesibles por [Alt][F1], [Alt][F2]... el teclado está en QWERTY. El teclado QWERTY es el utilizado normalmente en los países hispanoparlantes.

Por el contrario, es posible que en un terminal abierto en modo gráfico, el teclado esté incluso en AZERTY.

En este caso, es necesario informar al servidor X del tipo de teclado utilizado:

```
pi@raspberrypi ~ $ sudo setxkbmap es
```

Esta modificación solo es válida para la sesión actual. El defecto va a reaparecer después de reiniciar la Raspberry Pi.

- Para guardar de manera definitiva esta modificación, abra con *nano* el archivo oculto *.bashrc*, que se encuentra en su directorio personal (en principio */home/pi*). Agregue una línea que contenga `sudo setxkbmap es` al final del archivo. Esta línea se ejecutará cada vez que se inicie una sesión y fuerza el teclado español.

9. Monitorización de la Raspberry Pi

Puede ser interesante conocer, en un momento dado, el estado general de la Raspberry Pi. Hay muchas herramientas de supervisión gráfica que presentan los datos en páginas HTML. Esta información, mostrada en forma de curvas, permite monitorizar la evolución del sistema a lo largo del tiempo.

Para un uso básico, una herramienta de monitorización en modo texto, poco consumidora de recursos, normalmente da las primera indicaciones en caso de funcionamiento incorrecto. EZ Server Monitor es una de ellas. Es un script fácil de instalar y ejecutar en modo remoto para obtener rápidamente información acerca del estado de un sistema. También hay una versión web de esta herramienta.

9.1 Instalación de EZ Server Monitor

⇒ En primer lugar, hay que descargar el script con el comando `wget` desde el sitio web de origen, http://www.ezservermonitor.com:

```
pi@raspberrypi:~ $ wget --content-disposition
http://www.ezservermonitor.com/esm-sh/downloads/version/2.2
--2016-08-16 15:39:13--
http://www.ezservermonitor.com/esm-sh/downloads/version/2.2
Resolución de www.ezservermonitor.com (www.ezservermonitor.com)...
213.186.33.17
Conexión a www.ezservermonitor.com
(www.ezservermonitor.com)|213.186.33.17|:80... conectado.
petición HTTP enviada, esperando respuesta... 200 OK
Tamaño: 3993 (3,9K) [application/zip]
Copiado en: « ezservermonitor-sh_v2.2.zip »

ezservermonitor-sh_ 100%[=====================>]   3,90K  --.-KB/s
ds 0,006s

2016-08-16 15:39:14 (600 KB/s) — «ezservermonitor-sh_v2.2.zip»
copiado [3993/3993]
```

El archivo *ezservermonitor-sh_v2.2.zip* se guarda en el directorio actual.

⇒ Descomprima el archivo para extraer el script con el comando *unzip*:

```
pi@raspberrypi:~ $ unzip ezservermonitor-sh_v2.2.zip
Archive:  ezservermonitor-sh_v2.2.zip
  inflating: eZServerMonitor.sh
```

⇒ Convierta el script en ejecutable (respete las mayúsculas y minúsculas):

```
pi@raspberrypi:~ $ chmod u+x eZServerMonitor.sh
```

⇒ Ejecute el script en local o en remoto con la opción -a para mostrar toda la información (respete las mayúsculas y minúsculas):

```
pi@raspberrypi:~ $ ./eZServerMonitor.sh -a
```

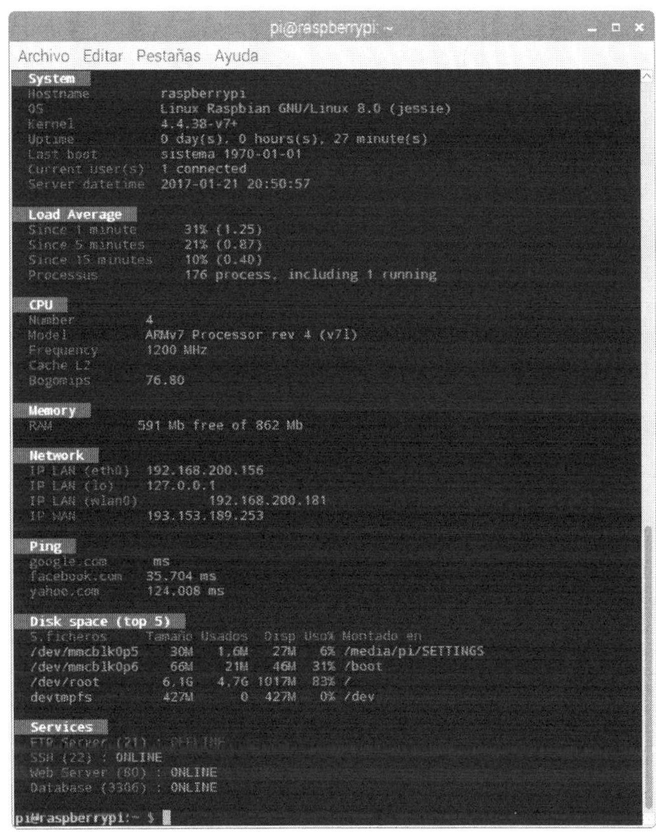

Se agrupa en una única pantalla la información del sistema.

10. Conclusión

Intervenir en la Raspberry Pi en caso de problemas hace necesario un buen conocimiento de los principios de funcionamiento de un sistema informático. Incluso si parece sencillo reducir el tamaño de la Raspberry Pi, hay que tener en cuenta que es un sistema informático completo.

El uso de una herramienta como EZ Server Monitor ofrece las primeras indicaciones que pueden ayudar al usuario a localizar la causa de un funcionamiento incorrecto.

Sea cual sea, la solución de problemas de la Raspberry Pi solo se puede hacer siendo riguroso. Cada hipótesis de error se debe comprobar individualmente.

Con su experiencia sobre los distribuidores de la Raspberry Pi, la mayoría de los errores se deben a una tarjeta micro SD defectuosa o corrupta y a un defecto en la alimentación (bloque sector o cable). Empiece siempre haciendo estas dos comprobaciones.

Capítulo 17
Anexo

1. Respuestas al ejercicio del capítulo Arrancar sobre un disco externo

⇉ Monte manualmente la segunda partición en una carpeta */mnt/data*.

```
pi@raspberrypi ~ $ cd /
pi@raspberrypi / $ sudomkdir data
pi@raspberrypi / $ sudo  mount  /dev/sda2  /data
```

⇉ Modifique */etc/fstab* para que la partición *sda2* esté conectada automáticamente al inicio del sistema.

```
proc             /proc  proc    defaults          0  0
/dev/mmcblk0p1   /boot  vfat    defaults          0  2
#/dev/mmcblk0p2  /      ext4    defaults,noatime  0  1
/dev/sda1        /      ext4    defaults,noatime  0  1
/dev/sda2        /data  vfat    defaults,noatime  0  2
```

Lo que da:

```
pi@raspberrypi ~ $ df
Sis.arch.      1K-blocks   Util. Disponible Uti% Montada en
rootfs         309637120 1568392  295471036   1% /
/dev/root      309637120 1568392  295471036   1% /
devtmpfs          183620       0     183620   0% /dev
tmpfs              38376     260      38116   1% /run
tmpfs               5120       0       5120   0% /run/lock
tmpfs              76740       0      76740   0% /run/shm
/dev/mmcblk0p1     57288   34768      22520  61% /boot
/dev/sda2      661865536      16  661865520   1% /data
```

2. Respuestas a los ejercicios del capítulo Programar en Python

⇒ Parta del programa *multiplicacion.py* y modifíquelo para usar un bucle `for` en lugar del `while`. Haga una copia de seguridad con el nombre *multiplicacion2.py*.

```
# Tabla de multiplicación por 4

valor = 1   # Variable utilizada para contar
print("Tabla de multiplicación por 4")
for valor in range(1,11):
    # Al inicio del bloque a ejecutar
    # Observe la indentación
    print(valor, " x 4 = ",valor*4)
print("Fin de la tabla de multiplicación")
```

⇒ Modifique el programa *multiplicacion2.py* para que el usuario pueda introducir por teclado la tabla de multiplicación que desea mostrar. Haga una copia de seguridad con el nombre *multiplicacion2a.py*.

```
# Tabla de multiplicación por N
# La instrucción input() muestra en pantalla el mensaje que se pasa
# como argumento y devuelve la cadena de caracteres escrita por
# teclado. La instrucción int() transforma la cadena
# de caracteres en un número entero
N = int(input("¿Qué tabla desea mostrar? "))

# La variable llamada contador se usa para contar
# el número de bucles realizados
# Se inicializa a 1, que es su valor de inicio.
contador = 1
# La instrucción print() muestra el texto pasado como argumento,
# así como el valor de la variable N
print("Tabla de multiplicación por ", N)
# El bucle for va a ejecutar el bloque que sigue a la instrucción for
# para el rango de valores proporcionado en la directiva range()
# El primer valor será 1
# El último valor será 10 (11-1)
# En ausencia del tercer argumento, el valor de
# la variable contador se incrementa (aumenta en 1)
# con cada paso del bucle
for contador in range(1,11):
    # Al inicio del bloque a ejecutar
    # Observe la indentación
    # La siguiente instrucción realiza la multiplicación
    # y guarda el resultado en producto
    producto = contador * N
    # Muestra en pantalla una línea
    # de la tabla de multiplicación
    print(contador, " x ",N," = ",producto)
# El print() final informa al usuario del final del programa
```

```
print("Final de la tabla de multiplicación")
```

⇉ Ejecute el programa con Python:

```
pi@raspberrypi ~ $ python3 multiplicacion2a.py
```

3. Respuestas al ejercicio del capítulo La GPIO de la Raspberry Pi

Utilizando los comandos anteriores, escriba un script que haga parpadear un LED conectado al puerto GPIO 24.

⇉ Abra el editor de texto nano:

```
pi@raspberrypi ~ $ nano led_parpadea.sh
```

⇉ Escriba el script destinado a hacer parpadear un LED conectado al puerto GPIO 24.

```
#/bin/bash
# Script led_parpadea.sh
# Parpadeo de un LED en línea de comandos
# Este script no tiene prueba destinada a la interrupción
# Se detiene pulsando CTRL C

# Haga que el directorio /sys/class/gpio esté activo
cd /sys/class/gpio

# Cree el acceso al puerto GPIO 24
echo 24 > export

# Haga el directorio gpio24 activo
cd gpio24/

# Configure el puerto GPIO 24 en salida
echo out > direction

# Inicializar la variable x a 1
x="1"

# Bucle while: este bucle se ejecuta mientras
# se cumple la condición
# aquí la condición siempre es verdadera:
# el bucle nunca se interrumpe
while[ $x -gt 0 ]

# Se ejecuta el bloque incluido entre do y done
# por el bucle while

# Al inicio del bloque de instrucciones
do
  # La instrucción echo envía el valor 1 al archivo value
  # Esto tiene como efecto encender el LED
  echo 1 > value

  # Un mensaje en pantalla informa al usuario
  # del encendido del LED
  echo "LED encendido"

  # El comando sleep suspende la ejecución del programa
```

```
    # durante la duración especificada (en segundos)
    sleep 2

    # La instrucción echo envía el valor 0 al archivo value
    # Esto tiene como efecto apagar el LED
    echo 0 > value

    # Un mensaje en pantalla informa al usuario
    # del apagado del LED
    echo "LED apagado"

    # El comando sleep suspende la ejecución del programa
    # durante la duración especificada (en segundos)
    sleep 2

# Fin del bloque de instrucciones
done
```

⇉ Haga el script ejecutable con el comando `chmod`:

```
pi@raspberrypi ~ $ sudo chmod +x led_parpadea.sh
```

⇉ Ejecute el script. El uso de `sudo` es obligatorio para acceder a la GPIO.

```
pi@raspberrypi ~ $ sudo ./led_parpadea.sh
```

El script ejecuta un bucle infinito. No está previsto interrumpirlo pulsando en una tecla del teclado. Para detener la ejecución de *led_parpadea.sh* pulse la secuencia de teclas [Ctrl] C.

Puede modificar la velocidad de parpadeo cambiando el valor que sigue a la instrucción `sleep`.

4. Sonic Pi

```
Frère Jacques
2.times do
  play 60
  sleep 0.5
  play 62
  sleep 0.5
  play 64
  sleep 0.5
  play 60
  sleep 0.5
end
2.times do
  play 64
  sleep 0.5
  play 65
  sleep 0.5
  play 67
  sleep 1
end
2.times do
  play 67
  sleep 0.25
  play 69
  sleep 0.25
  play 67
  sleep 0.25
  play 65
  sleep 0.25
```

```
  play 64
  sleep 0.5
  play 60
  sleep 0.5
end
2.times do
  play 60
  sleep 0.5
  play 55
  sleep 0.5
  play 60
  sleep 1
end
```

5. Tabla de configuración del vídeo

Valores hdmi-mode CEA - Televisión

Esta tabla ofrece los valores de hdmi-mode que permiten configurar una Raspberry Pi conectada a un televisor. Los modos que utilizan el formato 16:9 se detectan por la letra H en la columna Formato.

hdmi_mode: valores utilizables en modo CEA: hdmi_group=1				
N° del modo	**Modo**	**Frecuencia de imagen**	**Agrupación de píxeles**	**Formato**
hdmi_mode=1	VGA			
hdmi_mode=2	480p	60 Hz		
hdmi_mode=3	480p	60 Hz		H
hdmi_mode=4	720p	60 Hz		
hdmi_mode=5	1080i	60 Hz		
hdmi_mode=6	480i	60 Hz		
hdmi_mode=7	480i	60 Hz		H
hdmi_mode=8	240p	60 Hz		
hdmi_mode=9	240p	60 Hz		H
hdmi_mode=10	480i	60 Hz	4x	
hdmi_mode=11	480i	60 Hz	4x	H
hdmi_mode=12	240p	60 Hz	4x	
hdmi_mode=13	240p	60 Hz	4x	H
hdmi_mode=14	480p	60 Hz	2x	

hdmi_mode: valores utilizables en modo CEA: hdmi_group=1				
N° del modo	**Modo**	**Frecuencia de imagen**	**Agrupación de píxeles**	**Formato**
hdmi_mode=15	480p	60 Hz	2x	H
hdmi_mode=16	1080p	60 Hz		
hdmi_mode=17	576p	50 Hz		
hdmi_mode=18	576p	50 Hz		H
hdmi_mode=19	720p	50 Hz		
hdmi_mode=20	1080i	50 Hz		
hdmi_mode=21	576i	50 Hz		
hdmi_mode=22	576i	50 Hz		H
hdmi_mode=23	288p	50 Hz		
hdmi_mode=24	288p	50 Hz		H
hdmi_mode=25	576i	50 Hz	4x	
hdmi_mode=26	576i	50 Hz	4x	H
hdmi_mode=27	288p	50 Hz	4x	
hdmi_mode=28	288p	50 Hz	4x	H
hdmi_mode=29	576p	50 Hz	2x	
hdmi_mode=30	576p	50 Hz	2x	H
hdmi_mode=31	1080p	50 Hz		
hdmi_mode=32	1080p	24 Hz		
hdmi_mode=33	1080p	25 Hz		
hdmi_mode=34	1080p	30 Hz		
hdmi_mode=35	480p	60 Hz	4x	
hdmi_mode=36	480p	60 Hz	4x	H
hdmi_mode=37	576p	50 Hz	4x	
hdmi_mode=38	576p	50 Hz	4x	H
hdmi_mode=39	1080i	50 Hz	Borrado reducido	
hdmi_mode=40	1080i	100 Hz		
hdmi_mode=41	720p	100 Hz		

hdmi_mode: valores utilizables en modo CEA: hdmi_group=1				
N° del modo	Modo	Frecuencia de imagen	Agrupación de píxeles	Formato
hdmi_mode=42	576p	100 Hz		
hdmi_mode=43	576p	100 Hz		H
hdmi_mode=44	576i	100 Hz		
hdmi_mode=45	576i	100 Hz		H
hdmi_mode=46	1080i	120 Hz		
hdmi_mode=47	720p	120 Hz		
hdmi_mode=48	480p	120 Hz		
hdmi_mode=49	480p	120 Hz		H
hdmi_mode=50	480i	120 Hz		
hdmi_mode=51	480i	120 Hz		H
hdmi_mode=52	576p	200 Hz		
hdmi_mode=53	576p	200 Hz		H
hdmi_mode=54	576i	200 Hz		
hdmi_mode=55	576i	200 Hz		H
hdmi_mode=56	480p	240 Hz		
hdmi_mode=57	480p	240 Hz		H
hdmi_mode=58	480i	240 Hz		
hdmi_mode=59	480i	240 Hz		H

La letra H indica un formato de imagen de 16:9, variación de un formato normalmente en 4:3.

2x indica multiplicar por dos los píxeles: cada píxel se repite dos veces.

4x indica multiplicar por cuatro los píxeles: cada píxel se repite cuatro veces.

Los modos que utilizan el doble y el cuádruple de la imagen aumentan artificialmente el número de píxeles. Provocan una degradación de la imagen.

En las pantallas con tubo catódico, la eliminación corresponde al retroceso del haz de electrones después del escaneo de una línea o de una imagen. En las pantallas digitales actuales, el tiempo de retroceso no existe. Por tanto, la duración correspondiente a la eliminación se puede reducir.

Valores hdmi-mode DMT - Monitores informáticos

Esta tabla ofrece los valores de hdmi-mode que permiten configurar una Raspberry Pi conectada a un monitor informático. Para algunos modos, la frecuencia de imagen no está disponible. En la Raspberry Pi, el modo más elevado que se acepta corresponde a 1920 x 1200 píxeles @ 60 Hz, con eliminación reducida. Esta limitación se impone por la frecuencia de píxeles seleccionada.

hdmi_mode: valores utilizables en modo DMT: hdmi_group=2				
N° del modo	**Resolución**	**Frecuencia de imagen**		
hdmi_mode=1	640x350	85 Hz		
hdmi_mode=2	640x400	85 Hz		
hdmi_mode=3	720x400	85 Hz		
hdmi_mode=4	640x480	60 Hz		
hdmi_mode=5	640x480	72 Hz		
hdmi_mode=6	640x480	75 Hz		
hdmi_mode=7	640x480	85 Hz		
hdmi_mode=8	800x600	56 Hz		
hdmi_mode=9	800x600	60 Hz		
hdmi_mode=10	800x600	72 Hz		
hdmi_mode=11	800x600	75 Hz		
hdmi_mode=12	800x600	85 Hz		
hdmi_mode=13	800x600	120 Hz		
hdmi_mode=14	848x480	60 Hz		
hdmi_mode=15	1024x768	43 Hz	No usar, incompatible con Raspberry Pi	
hdmi_mode=16	1024x768	60 Hz		
hdmi_mode=17	1024x768	70 Hz		
hdmi_mode=18	1024x768	75 Hz		
hdmi_mode=19	1024x768	85 Hz		
hdmi_mode=20	1024x768	120 Hz		
hdmi_mode=21	1152x864	75 Hz		

hdmi_mode: valores utilizables en modo DMT: hdmi_group=2				
Nº del modo	**Resolución**	**Frecuencia de imagen**		
hdmi_mode=22	1280x768		Borrado reducido	
hdmi_mode=23	1280x768	60 Hz		
hdmi_mode=24	1280x768	75 Hz		
hdmi_mode=25	1280x768	85 Hz		
hdmi_mode=26	1280x768	120 Hz		
hdmi_mode=27	1280x800		Borrado reducido	
hdmi_mode=28	1280x800	60 Hz		
hdmi_mode=29	1280x800	75 Hz		
hdmi_mode=30	1280x800	85 Hz		
hdmi_mode=31	1280x800	120 Hz	Borrado reducido	
hdmi_mode=32	1280x960	60 Hz		
hdmi_mode=33	1280x960	85 Hz		
hdmi_mode=34	1280x960	120 Hz	Borrado reducido	
hdmi_mode=35	1280x1024	60 Hz		
hdmi_mode=36	1280x1024	75 Hz		
hdmi_mode=37	1280x1024	85 Hz		
hdmi_mode=38	1280x1024	120 Hz	Borrado reducido	
hdmi_mode-39	1360x768	60 Hz		
hdmi_mode=40	1360x768	120 Hz	Borrado reducido	
hdmi_mode=41	1400x1050		Borrado reducido	
hdmi_mode=42	1400x1050	60 Hz		
hdmi_mode=43	1400x1050	75 Hz		
hdmi_mode=44	1400x1050	85 Hz		
hdmi_mode=45	1400x1050	120 Hz	Borrado reducido	
hdmi_mode=46	1440x900		Borrado reducido	
hdmi_mode=47	1440x900	60 Hz		
hdmi_mode=48	1440x900	75 Hz		

hdmi_mode: valores utilizables en modo DMT: hdmi_group=2				
N° del modo	**Resolución**	**Frecuencia de imagen**		
hdmi_mode=49	1440x900	85 Hz		
hdmi_mode=50	1440x900	120 Hz	Borrado reducido	
hdmi_mode=51	1600x1200	60 Hz		
hdmi_mode=52	1600x1200	65 Hz		
hdmi_mode=53	1600x1200	70 Hz		
hdmi_mode=54	1600x1200	75 Hz		
hdmi_mode=55	1600x1200	85 Hz		
hdmi_mode=56	1600x1200	120 Hz	Borrado reducido	
hdmi_mode=57	1680x1050		Borrado reducido	
hdmi_mode=58	1680x1050	60 Hz		
hdmi_mode=59	1680x1050	75 Hz		
hdmi_mode=60	1680x1050	85 Hz		
hdmi_mode=61	1680x1050	120 Hz	Borrado reducido	
hdmi_mode=62	1792x1344	60 Hz		
hdmi_mode=63	1792x1344	75 Hz		
hdmi_mode=64	1792x1344	120 Hz	Borrado reducido	
hdmi_mode=65	1856x1392	60 Hz		
hdmi_mode=66	1856x1392	75 Hz		
hdmi_mode=67	1856x1392	120 Hz	Borrado reducido	
hdmi_mode=68	1920x1200		Borrado reducido	
hdmi_mode=69	1920x1200	60 Hz		
hdmi_mode=70	1920x1200	75 Hz		
hdmi_mode=71	1920x1200	85 Hz		
hdmi_mode=72	1920x1200	120 Hz	Borrado reducido	
hdmi_mode=73	1920x1440	60 Hz		
hdmi_mode=74	1920x1440	75 Hz		
hdmi_mode=75	1920x1440	120 Hz	Borrado reducido	

hdmi_mode: valores utilizables en modo DMT: hdmi_group=2				
N° del modo	**Resolución**	**Frecuencia de imagen**		
hdmi_mode=76	2560x1600		Borrado reducido	
hdmi_mode=77	2560x1600	60 Hz		
hdmi_mode=78	2560x1600	75 Hz		
hdmi_mode=79	2560x1600	85 Hz		
hdmi_mode=80	2560x1600	120 Hz	Borrado reducido	
hdmi_mode=81	1366x768	60 Hz		
hdmi_mode=82	1080p	60 Hz		
hdmi_mode=83	1600x900		Borrado reducido	
hdmi_mode=84	2048x1152		Borrado reducido	
hdmi_mode=85	720p	60 Hz		
hdmi_mode=86	1366x768		Borrado reducido	

Existe en la Raspberry Pi una frecuencia máxima de reloj para los píxeles, lo que limita el modo más elevado a 1920 x 1200 píxeles con una frecuencia de imagen de 60 Hz y una eliminación reducida.

En las antiguas pantallas con tubos catódicos, la eliminación corresponde al retroceso del haz de electrones después del escaneo de una línea o una imagen. En las pantallas digitales actuales, el tiempo de retroceso no existe porque no hay escaneo por un haz de electrones. Por tanto, la duración correspondiente a la eliminación se puede reducir.

6. Controlar la tarjeta PiFace desde Scratch

Este programa añade la posibilidad de mover el duende Scratch por la escena con los botones 2 y 3:

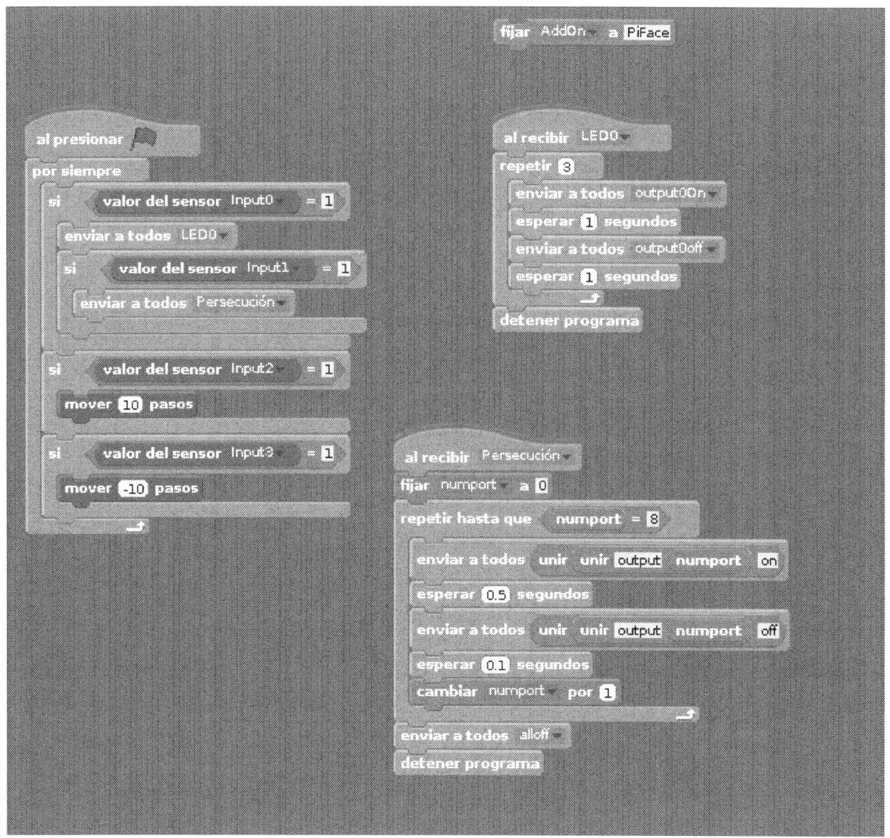

El programa está disponible para su descarga (*scratch_piface2.sb*).

!

A

B

C

D

E

F

G

N

O

P

S

T

U

Para poder acceder durante un año
a la versión online de este libro,
envíenos su justificante de compra a

librodigital@ediciones-eni.com

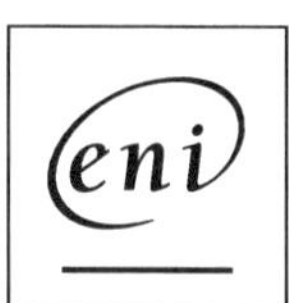